Verhandlungen

des

Dreiundzwanzigsten Deutschen Juristentages.

Herausgegeben

von

dem Schriftführer-Amt der ständigen Deputation.

Erster Band.

Gutachten.

Berlin SW. 48.
Wilhelmstraße 119/120.
Commissions-Verlag von J. Guttentag, Verlagsbuchhandlung.
1895.

Inhaltsverzeichniß.

Gutachten.

(Erster Band.)

I.

Gutachten des Herrn Oberbürgermeister Dr. André in Chemnitz

über die Frage:

Sind Maßregeln zur Einführung des Anerbenrechts vorzuschlagen, und wie sind sie zu gestalten?

Bevor ich die mir vorgelegten Fragen beantworte, gestatte ich mir, über das hannöversche Höferecht vom 2. Juni 1874 und über die auf der Grundlage der freiwilligen Eintragung in eine Höferolle erlassenen anderen preußischen Provinzialgesetze Einiges voranzuschicken, auch sonst noch zur Orientirung aus anderen deutschen Landestheilen einiges Material anzuführen. Meiner unmaßgeblichen Ansicht nach ergiebt sich aus den bestehenden thatsächlichen und rechtlichen Verhältnissen die grundsätzliche Auffassung für die auf die vorgelegten Fragen zu ertheilende Antwort von selbst. Eine gedrängte Uebersicht des Bestehenden erleichtert und verkürzt daher die Beantwortung wesentlich, während eine ausschließliche Verweisung auf anderswo aufzusuchendes Material für den Einen oder Anderen unbequem sein würde. Neben dieser wegen des großen Umfangs nothwendigen Verweisung sollen daher mit thunlichster Beschränkung einige Auszüge hier eingerückt werden. Ueber die Entstehung des hannöverschen „Höferechts“ möge man mir gestatten, etwas ausführlicher zu berichten, weil ich bei der Abfassung desselben seiner Zeit wesentlich betheiligt war und daher ein gewisses, einem väterlichen Gefühl ähnliches Interesse für das hannöversche Höferecht mir noch immer geblieben ist.

I.

In der Provinz Hannover beruht das Anerbenrecht auf dem Gesetze über das Höferecht vom 2. Juni 1874. Dasselbe ist in einigen Punkten durch spätere Gesetze abgeändert. In dem ursprünglichen Gesetze (§ 5) war die Eintragung eines Hofes in die vorgesehene Rolle, von welcher Eintragung das Anerbenrecht abhängt, nnr zulässig, wenn für die betreffende Besitzung nach dem bisherigen bäuerlichen Recht bereits ein Anerbenrecht galt. Da nun die eingetragenen Höfe beliebig gelöscht, aber nur bis zum 1. Juli 1885 eingetragen werden konnten, stellte sich das Gesetz als ein Uebergangsgesetz dar. Denn abgesehen von der gedachten Beschränkung der Eintragung, welche die Eintragung natürlich sehr erschwerte, mußte sich der Bestand der eingetragenen Höfe auf die Dauer allmählich verringern, weil nach dem 1. Juli 1885 kein Hof eingetragen werden konnte. Durch das Gesetz vom 24. Februar 1880 ist diese Beschränknng der Eintragungsfähigkeit auf Höfe, für welche bereits ein Anerbenrecht bestand, weggefallen, es kann nunmehr jede landwirthschaftliche, mit einem Wohnhause versehene Besitzung in die Höferolle eingetragen werden, wie dieses in dem von den Provinzialständen vorgelegten Entwurfe von vornherein vorgesehen war. Ursprünglich war in dem Entwurfe der Provinzialstände die Eintragung landtagsfähiger Rittergüter ausgeschlossen. Diese Beschränkung war in dem Gesetze vom 2. Juni 1874 weggefallen, weil sie bei der vorhin erwähnten Einschränkung der Eintragungsfähigkeit auf solche Höfe, für welche bereits ein Anerbenrecht galt, sich von selbst verstand. Sie wurde daher in das Gesetz vom 24. Februar 1880 aufgenommen, ist indeß später durch Gesetz vom 20. Februar 1884 wieder aufgehoben. Gegenwärtig ist sonach in Hannover jede landwirthschaftliche mit einem Wohnhause versehene Besitzung eintragungsfähig. Eine zweite Aenderung des Gesetzes vom 2. Juni 1874 bezieht sich auf eine Einschränkung, welche nach der ursprünglichen Fassung des § 21 unter 1 eintreten sollte. Darnach fiel, wenn der Erblasser bei seinem Tode seinen Wohnsitz nicht auf dem Hofe hatte, das Anerbenrecht weg. Diese Einschränkung ist durch das Gesetz vom 24. Februar 1880 gestrichen.

Die Vorgeschichte des Gesetzes vom 2. Juni 1874 ist deshalb von Interesse, weil sie zeigt, in welcher Weise der Grundgedanke des Gesetzes allmählich zur Geltung gekommen ist.

Das in der Provinz Hannover geltende Privatrecht war (und ist) mannigfaltiger Art: in einzelnen Theilen der Provinz gilt das preußische Landrecht (Ostfriesland, Eichsfeld, Lingen, in Lingen mit besonderen Abänderungen), in anderen Theilen zwar das gemeine Recht, aber wiederum mit sehr wesentlichen, örtlich verschiedenen Aenderungen. Ganz besonders stark waren die Abweichungen vom gemeinen Recht im Landdrosteibezirke Osnabrück. Hier gilt im Fürstenthum Osnabrück in den Städten und einigen anderen Orten die sog. statutarische Gütergemeinschaft nach dem Consolidationsprincip mit Todttheilung bei der Schichtung. Der überlebende Ehegatte behält (nicht erhält) darnach das gesammte Vermögen beim Tode des anderen Ehegatten so, als ob es von allem Anfang an ihm allein gehört hätte, bis zur zweiten Ehe. Durch die davon eintretende Schichtung verlieren die Kinder erster Ehe ihr Erbrecht, welches nur als Intestaterbrecht wieder auflebt, wenn der schichtende Ehegatte in zweiter Ehe der überlebende Theil ist und Kinder aus zweiter Ehe nicht vorhanden sind. Auf dem Lande gilt im Allgemeinen Dotalrecht, dagegen für vormals eigenbehörige Höfe (für welche seit dem 1. Juli 1836 das gutsherrliche Recht allgemein in eine trockene Rente verwandelt war, so daß seitdem keine Gutsherrschaft im Sinne der übrigen Landestheile bestand) die sog. eigenbehörige Gütergemeinschaft. Diese galt aber auch für eine Reihe schon vor 1831 freigekaufter Höfe auf Grund von Verträgen, denen man mit einiger Mühe eine constituirende Rechtswirkung für alle Nachbesitzer beilegte, so daß gelegentlich ein Richter das Scherzwort mit einigem Sinn gebrauchen konnte, „die Autonomie sei ein Vorrecht des hohen Adels und des Osnabrückschen Bauernstandes". Derartige Verträge waren sehr zahlreich und reichten bis in das vorige Jahrhundert zu Justus Möser zurück, der eine besondere Form von sog. Behandlungsgütern erfunden hatte. Unter den eigenbehörigen Höfen war wieder ein Unterschied, je nachdem die Höfe nach Ritterrecht (strenges Leibeigenthum) oder nach Hofrecht eigenbehörig gewesen waren. Bei letzterem war der Sterbfall milder. Bei der eigenbehörigen Gütergemeinschaft behandelte man den überlebenden Ehegatten wie bei der statutarischen Gütergemeinschaft der Städte nach dem Consolidationsprincip, wie dies aus dem Wesen der Eigenbehörigkeit freilich von selbst folgte. Bei zweiter Ehe trat aber nicht die für ländliche Besitzungen wenig passende Schichtung, vielmehr eine gesetzliche Einkindschaft ein, bei der auch der rechte Vater oder die rechte Mutter sich Mahljahre (bestimmte Jahre) bis zur Großjährigkeit des Anerben setzen lassen mußte, dergestalt, daß nach Ablauf derselben eine anticipirte Erbfolge in das dann vorhandene gesammte Vermögen der Eheleute — auch des in zweiter Ehe aufgeheiratheten — eintrat. Dieses Institut der Mahljahre hatte sich in recht herber Weise entwickelt, weil die früher dem Gutsherrn zugestandenen Rechte ohne Weiteres dem Anerben beigelegt wurden, so daß dieser das gesammte bewegliche Vermögen unentgeltlich erhielt. Früher gehörte das bewegliche Vermögen theoretisch dem Gutsherrn kraft des Sterbfallrechts. Der Gutsherr begnügte sich freilich meistens mit einem mäßigen Abfindungsbetrage. Man nahm nach Wegfall der Eigenbehörigkeit und Gutsherrschaft an, daß der Anerbe das gesammte Vermögen bei Beendigung der Mahljahre zu beanspruchen habe, ebenso wie er bei gewöhnlichen Erbfällen alles erhielt, insbesondere das, was früher vermöge des Sterbfallrechts dem Gutsherrn zugefallen war. Da man nun das Recht des Anerben als ein wohlerworbenes und verkäufliches Recht ansah, sobald Mahljahre gesetzt waren, so ereigneten sich auf Grund dieser so geschaffenen Rechtsordnung geradezu unglaubliche Dinge. Diesen vorzubeugen, hatte man in den letzten Jahren ein Mittel entdeckt, das richtig und zeitig angewandt, allerdings helfen konnte. Da nämlich vor Eingehung der zweiten Ehe der überlebende Ehegatte den Hof verkaufen konnte, so konnte er mit einer desfallsigen Drohung auch der Obervormundschaft gegenüber zu einer vernünftigen Abänderung der Bestimmungen über die Mahljahre gelangen. Ausgeführt ist eine solche Drohung allerdings wohl selten. In der geschilderten Gestalt konnte das Institut der Mahljahre natürlich nicht fortbestehen.

Bei den eigenbehörigen Höfen war allgemein der jüngste Sohn der Anerbe, auch bei freien Höfen kam das Anerbenrecht des Jüngsten in einzelnen Kirchspielen oder auf einzelnen Höfen vor.

In der Grafschaft Bentheim gilt territorial Gütergemeinschaft mit Schichtung und Anerbenrecht. Im Herzogtum Aremberg-Meppen gilt Münstersche Gütergemeinschaft und bei beerbter Ehe das Consolidationsprincip, bei zweiter Ehe Schichtung.

In den sog. Münsterschen Absplissen gilt die Münstersche Gütergemeinschaft neben dem preußischen Landrecht, in der Voigtei Emsbüren neben dem gemeinen Rechte. In der Niedergrafschaft Lingen, in welcher das allgemeine preußische Landrecht Geltung erlangt hatte, beruhte die Gütergemeinschaft auf dem Lingenschen Landrecht vom 31. October 1639; auch bestand ein besonderes Recht für die vormals eigenbehörigen Höfe nach einer Verordnung vom 9. Mai 1823 (vgl. Verordnung vom 1. Juni 1867), welches durch § 3 des Gesetzes vom 2. Juni 1874 beseitigt ist. In der Herrlichkeit Lage gilt Gütergemeinschaft, doch ist der dortige Rechtszustand einigermaßen unsicher.

Im Fürstenthum Osnabrück versuchte man schon am Ausgang der 1850er Jahre durch gemeinsames privates Zusammenwirken verschiedener Kreise auf Anregung des landwirthschaftlichen Hauptvereins einen Gesetzentwurf über die bäuerlichen Rechtsverhältnisse zu Stande zu bringen. Dieser Gesetzentwurf, welcher auch an die Osnabrückschen Provinzialstände gelangte, ist später liegen geblieben. Er versuchte auf Grundlage der Rechtsverhältnisse der vormals eigenbehörigen Höfe ein allgemeines Recht zu schaffen für die Höfe des Fürstenthums Osnabrück mit Beibehaltung der eigenbehörigen Gütergemeinschaft und Einkindschaft bei zweiter Ehe, jedoch entsprechender Aenderung der Bestimmungen über die Mahljahrswirthschaft u. s. w. (In diesem Entwurfe kommt, beiläufig bemerkt, bereits die Eintragung der Höfe in eine Rolle vor, welche nach dem Entwurfe von Amts wegen seitens der Obrigkeit geführt werden sollte.) Späterhin suchte man für das Fürstenthum Osnabrück ein Gesetz, welches allgemein die Gütergemeinschaft einführte, fertig zu stellen, neben Schichtung und Anerbenrecht. Die desfallsigen Bemühungen laufen parallel mit der Bearbeitung eines Entwurfs des Höferechts für die Provinz Hannover, wobei für Osnabrück einige den Zusammenhang des Anerbenrechts mit dem Gütergemeiuschaftsrecht herstellende Bestimmungen in Aussicht genommen wurden. Die Bestimmungen des Entwurfs über die Geschlossenheit der Höfe sollten auch für Osnabrück Geltung haben. Alle diese Bestrebungen sind aber ohne Erfolg geblieben, ebenso wie die Bemühungen, für den Landdrosteibezirk Osnabrück ein gemeinsames eheliches Güterrecht im Anschluß an das in der Provinz Westfalen geltende Recht (mit Modificationen für Lingen) herzustellen. Da man also gemeines Recht als territoriales Recht im Fürstenthum Osnabrück voraussetzen und beibehalten mußte, weil man ein besonderes Gütergemeinschaftsrecht für Bauernhöfe ohne geeignete Grundlage nicht herstellen konnte, so mußte man darauf verzichten, neben den Bestimmungen über Anerbenrecht überhaupt etwas zu verfügen und kam solchergestalt zu den Grundlagen des Gesetzes vom 1. Juni 1874 und zwar sowohl für das Fürstenthum Osnabrück wie für den Landdrosteibezirk Osnabrück überhaupt.

Die Herstellung eines Gesetzentwurfs für die Provinz Hannover überhaupt und insbesondere für das Gebiet des Meierrechts war seit der in den Ablösungsgesetzen schon im Jahre 1831 gegebenen Zusicherung vielfach Gegenstand von Commissionsarbeiten, sowie von Arbeiten einzelner Mitglieder oder Beauftragten des Justizministeriums gewesen. Schließlich wurde kurz vor 1866 ein Entwurf von einer Commission hergestellt, der nach 1866 von einer anderweiten Commission weiter bearbeitet wurde.

Der erste Theil dieses Entwurfes, welcher die Geschlossenheit der Höfe betraf, nahm von diesem Theile des Gesetzes aus Ostfriesland, das Land Hadeln und den Bremenschen Marschbezirk, das Eichsfeld und den Harzbezirk. In diesen Landestheilen bestand bisher keine Geschlossenheit der Höfe, sie neu einzuführen, beabsichtigte man nicht. Aber auch in den Landestheilen, für welche sonach die Geschlossenheit der Höfe Geltung haben sollte, bestand solche nicht allgemein, und wo sie bestand, großentheils in einer wesentlich abweichenden Gestalt. Es war darüber in dem Gesetzentwurfe gesagt, „daß die Geschlossenheit der Bauerhöfe und der Umfang des geschlossenen Hofesbestandes sich nach dem bestehenden Rechte bestimme, daß jedoch alle Bauerhöfe, welche einem lehns- oder gutsherrlichen Verbande oder einer privatrechtlichen, ungetheilt auf ihnen haftenden Dienst- oder Abgabenpflicht unterworfen sind, auch die von solchem Verbande bezw. Pflichtigkeitsverhältnisse nach Verkündung der Verordnung vom 10. November 1831 durch Ablösung frei gewordener Bauernhöfe, als geschlossen zu betrachten" seien. Als Folge der Geschlossenheit des Hofes sollte bestimmt werden: „Sowohl der Veräußerer als jeder Nachfolger im Hofe sollen berechtigt sein, die ungültig abgetrennten Bestandtheile mit der Eigenthumsklage zurückzufordern mit Ausschluß der vor Anstellung der Klage bezogenen Früchte. Ein Verzicht auf diese Klage sei unwirksam und jede Bestimmung, welche die Rückforderung mit Nachtheilen bedroht, ungültig. Die Klage verjähre in 10 Jahren ohne Rücksicht auf den guten Glauben des Besitzers. Nach vollendeter Verjährung sei dem durch die Theilung herbeigeführten Zustande auch in allen öffentlichen Beziehungen die Anerkennung nicht weiter zu versagen." Bis zur Genehmigung der Abtrennung bezw. bis zu obgedachtem Zeitpunkte „sollten aber Gerichts- und Verwaltungsbehörden keine Eintragungen und Umschreibungen in öffentlichen Rollen, namentlich Steuerrollen, Brandversicherungsverzeichnissen, Hypothekenbüchern u. s. w. auf Grund der Theilung vornehmen und außerdem innerhalb ihrer Zuständigkeit in allen Beziehungen dem durch die Theilung herbeigeführten Zustande die Anerkennung versagen." (Der Theilung des Hofes war die Abtrennung eines einzelnen Grundstücks gleichgestellt.) Dem bestehenden Rechte hätten diese Bestimmungen über die Geschlossenheit der Höfe durchaus nicht allenthalben entsprochen. Sie bedeuteten vielmehr für mehrere Landestheile eine wesentliche Ausdehnung der Geschlossenheit und eine wesentliche Verschärfung der Bestimmungen zur Aufrechthaltung der Geschlossenheit. Kurz, die gewünschte Aenderung hätte eine Neubildung bedeutet. Sie wurde hinfällig, weil der § 8 des Gesetzes über die Einführung der Grundbuchordnung die Vorschriften über die Geschlossenheit der Höfe beseitigte. Dadurch war für den übrigen Theil des gedachten Gesetzentwurfs diese Grundlage weggefallen.

Für den zweiten Theil des Gesetzentwurfs, welcher die privatrechtlichen Verhältnisse betraf, sollten außer den obgedachten Landestheilen auch Grubenhagen und Göttingen, sowie die Grafschaft Hohenstein als solche Landestheile bezeichnet werden, auf welche das Gesetz keine Anwendung leiden sollte. Es ergiebt sich somit, daß ein sehr erheblicher Theil der Provinz von dem privatrechtlichen Höferecht ausgeschlossen bleiben sollte. In den Bezirken, in welchen das Gesetz sonach in privatrechtlicher Beziehung Anwendung finden sollte, galt zwar (vom Landdrosteibezirk Osnabrück abgesehen) bisher im Allgemeinen das Meierrecht, jedoch in verschiedenen Gestaltungen, welche Gestaltung sich z. B. in der Grafschaft Diepholz mehr dem westphälischen Eigenbehörigkeits-Rechte näherte. Der Entwurf war immerhin berechtigt, diese Verschiedenheiten nicht weiter zu beachten. Auf den Landdrosteibezirk Osnabrück paßte er indeß nicht, und man war daher auch bereit, für diesen Aenderungen zu gestatten, welche die Gütergemeinschaft und das Eigenbehörigkeitsrecht berücksichtigten. Die Sache hatte aber außerdem darin ihre Schwierigkeit, daß die in Aussicht genommenen Bestimmungen nicht für Bauerhöfe überhaupt, sondern nur dann für die Verhältnisse paßten, wenn der Besitzer dem Bauernstande angehörte. Dieses Urtheil wird man zutreffend finden, wenn man die in Aussicht genommenen, in der Anlage zusammengestellten Bestimmungen durchgeht. Es war daher auch ausdrücklich vorgeschrieben, daß das Gesetz sich nur auf Bauerhöfe beziehen solle, deren Besitzer dem Bauernstande angehörten. Von der Möglichkeit, diesen Begriff festzuhalten, war also der Gesetzentwurf bedingt. Diese Möglichkeit war aber verschwunden, seit die Gutsherrschaft in den verschiedenen Landestheilen ganz oder durchgängig und die Geschlossenheit der Höfe beseitigt war.

Dieses war die Sachlage bei Ausarbeitung des Entwurfs zu dem Gesetze vom 2. Juni 1874. Die Rechtsunsicherheit war inzwischen in dem einen Theile der Provinz weniger, in dem anderen mehr seit Jahren auf eine Höhe gestiegen, daß eine durchgreifende Neugestaltung dringend erwünscht sein mußte. Das Peinliche dieses Zustandes mußte natürlich bei dem zunehmenden Ortswechsel der Richter sich stets stärker geltend machen. In Osnabrück z. B. konnte man unmöglich erwarten, daß ein aus entfernten Landestheilen dorthin versetzter Richter sich gründlich in das Osnabrücksche Eigenbehörigkeitsrecht einstudire, obgleich manche Fragen des bäuerlichen Rechts nur auf Grund eingehender Kenntniß des seit 1836 aufgehobenen Eigenbehörigkeitsrechts mit Sicherheit beantwortet werden konnten. Es kam daher ernstlich in Frage, und wurde eine Zeit lang von der Regierung beabsichtigt, das ganze bäuerliche Privatrecht zu beseitigen. Ein Gesetz dieser Art hätte sich etwa auf die §§ 1—4 des Gesetzes vom 2. Juni 1874 beschränkt. Bei dieser Sachlage nahm der

Provinziallandtag die Angelegenheit selbst in die Hand und ließ einen Gesetzentwurf ausarbeiten, um ihn der Kgl. Regierung vorzulegen, welche denn auch ihrerseits die desfallsigen Arbeiten bereitwillig unterstützte.

Es liegt auf der Hand, daß man bei diesen Vorarbeiten nach einer Gestaltung suchen mußte, welche das Anerbenrecht an den Begriff einer landwirthschaftlichen Besitzung dergestalt anschloß, daß der Stand des Besitzers dabei gänzlich außer Acht blieb. Man konnte aso das Anerbenrecht nicht als Universalsuccession auffassen, sondern nur als ein Anrecht auf den Hof als einzelnen Bestandtheil der Masse und mußte hierbei das Pflichttheilsrecht entsprechend einschränken, daneben aber dem Besitzer die Möglichkeit geben, auch die sonstigen, insbesondere die ehelichen Güterverhältnisse zu ordnen, ohne dabei durch das Pflichttheilsrecht behindert zu werden. Das Letzere geschah denn durch den § 19, welcher gewisse Verfügungen vor Anfechtung auf Grund des Pflichttheilsrechts sicher stellt. Durchgreifender das Pflichttheilsrecht zu ändern, war damals unmöglich, so wünschenswerth es auch gewesen wäre. Anlaß hätte dazu genügend vorgelegen in dem Rechte einzelner Landestheile, u. a. des Fürstenthums Osnabrück. Warum es z. B. dem Manne verboten sein sollte, der Frau ein Recht testamentarisch zuzusprechen, welches sie nach bisherigen Gesetzen von selbst gehabt hätte und welches ihr in ihrer Umgebung bis dahin Niemand mißgönnt hatte, ist mir niemals begreiflich gewesen.

Zur Vermeidung eines Mißverständnisses darf hervorgehoben werden, daß die Bestimmung des § 18 über das Pflichttheilsrecht des Anerben keine Beschränkung in der Auswahl des Anerben als solchen enthält, sondern nur eine Bestimmung behuf Erhaltung des Hofes. Der älteste Sohn, welchen der Vater übergeht, hat als solcher keinen Anspruch auf einen nach gemeinem Rechte zu ermittelnden Pflichttheil. Nur der wirklich den Hof übernehmende Anerbe hat das Recht, zu verlangen, daß er nicht weiter beschwert wird, als dies nach dem Pflichttheilsrechte des gemeinen Rechts der Fall sein würde. Da diese Beschränkung dem Besitzer ohnehin obliegt, so liegt auch hierin keinerlei Beschränkung des Besitzers gegenüber dem sonst geltenden Rechte.

Die in der Anlage abgedruckten Bestimmungen des vorhin erwähnten Entwurfes sind hier nicht blos deshalb angefügt, um zu zeigen, daß sie an sich in dieser Fassung in den Rahmen eines Gesetzes, welches sich auf eine Höferolle stützt, wie sie in dem Gesetze vom 2. Juni 1874 gestaltet ist, unverändert nicht passen würden. Sie sind auch deshalb abgedruckt, um als bequeme Uebersicht dafür zu dienen, welche Rechtsverhältnisse in einem concreten Falle, nämlich auf dem Gebiete des Meierrechts für das eheliche Güterrecht und die damit zusammenhängenden Dinge in Betracht kommen würden. Sie würden natürlich unter anderen Verhältnissen ganz anders zu gestalten sein.

Anerbe ist nach dem hannöverschen Höferecht der älteste Sohn. Es thut mir leid, daß für den Landdrosteibezirk Osnabrück die später einigen Theilen von Westfalen eingeräumte Befugniß, in die Rolle das Minorat anstatt des Majorats als Intestaterbrecht eintragen zu lassen, nicht hat erreicht werden können. Das Minorat ist überall, wo die westfälische (Osnabrücksche) Eigenbehörigkeit Geltung hatte, sehr beliebt, weil die Eltern bei Majorat nach Eigenbehörigkeitsrecht im Falle der zweiten Ehe zu früh vom Hofe kommen, außerdem aber, wie man zu sagen pflegt, beim Majorat die Wiege nicht vom Hofe kommt. Im Osnabrückschen war das Majorat meinem Erachten nach ein Erschwerungsgrund für die Eintragung der Höfe, ich höre jedoch, daß auch dort die meisten Höfe eingetragen sind. Auch sonst kommt eine Vorliebe für das Minorat noch aus ähnlichen Gründen mehrfach vor.

Es bleibt übrig, etwas über die Gesichtspunkte zu sagen, welche bei Feststellung der Abfindungen maßgebend gewesen sind. Man würde sich irren, wenn man annehmen wollte, daß die desfallsigen Bestimmungen willkürlich ersonnen wären. Das sind sie nicht. An das Meierrecht schließen sie sich allerdings nicht an, weil die meierrechtlichen Abfindungen die Trennungen von Hof und Allode zum Ausgang zu nehmen pflegen, was denn für die gegenwärtigen Verhältnisse nicht mehr paßt. Sie sind vielmehr entstanden aus der Vergleichung der Bestimmungen über die Abfindungen, welche für freie Höfe im Gegensatz zu denen, welche für eigenbehörige Höfe im Fürstenthume Osnabrück gelten. Sie gehen aus von der bei beiderlei Höfen gesetzlichen Schätzung der Grundstücke nach Ertragswerth und dessen 20facher Capitalisirung, schlagen aber in Bezug auf das Voraus des Anerben einen mittleren Weg ein. Die Erfahrung hatte nämlich gelehrt, daß die Abfindungen bei freien Höfen zu hoch ausfielen und dabei das Interesse des Hofes nicht genügend berücksichtigt wurde, während bei eigenbehörigen Höfen die Abfindungen zu klein waren. Deshalb wurde das Voraus des Anerben auf ein Drittel bestimmt, von dem Rest aber dem Anerben ein Kopftheil zugebilligt. Dabei ist außerdem bestimmt, daß das bewegliche Vermögen einschließlich des Inventars, soweit es nicht zur Deckung von Verpflichtungen und um den Hof schuldenfrei zu machen, zu verwenden ist, gleich zu theilen sei. Die Schätzung nach Ertragswerth mit Zugrundelegung einer Verzinsung von 5 pCt., d. h. also Vervielfältigung des Ertrags mit 20, ergiebt weniger als der Verkaufswerth beträgt, da dafür bekanntlich häufig unter Zugrundelegung einer Verzinsung von 4 pCt., 3 pCt. und weniger, also entsprechend einer Vervielfältigung des Ertrags mit 25, 33⅓ und mehr, berechnet wird. Nimmt man nun, um an einem Beispiele zu zeigen, wie sich die Abfindungen gestalten, einen Ertrag von 6000 Mk. an, so ergiebt das nach dem Gesetze einen Capitalwerth von 120 000 Mk. gegenüber einem Kaufwerth von 150 000 Mk., falls man bei letzterem 4 pCt. Zinsen zu Grunde legt. Von diesen 120 000 wird ⅓ für den Anerben abgezogen, es bleiben also 80 000 Mk. Von diesen erhält der Anerbe, wenn außer ihm 3 Miterben vorhanden sind, 20 000 Mk. Er hat also 60 000 Mk. auszukehren. Berücksichtigt man nun, daß der sich verheirathende Anerbe durch seine Frau muthmaßlich eine Mitgift erhält, die man der Abfindung einer abgehenden Tochter von einem ähnlichen Hofe gleich erachten kann, so wird man sagen dürfen, daß der Anerbe, welcher einen schuldenfreien Hof vorfindet, ihn bei Fleiß, Sparsamkeit und Sachkenntniß unter normalen Verhältnissen auch schuldenfrei vererben kann. Das aber ist das Ziel, welches das Gesetz vom 2. Juni 1874 erreichen will.

Was nun den Erfolg des Gesetzes für die Provinz Hannover angeht, so habe ich mir sagen lassen, daß in der Provinz Hannover, der ich allereings seit 20 Jahren nicht mehr angehöre, das Gesetz befriedigt und zu vielen Streitigkeiten bislang keinen Anlaß gegeben hat. Wenn im Osnabrückschen hin und wieder die Meinung geäußert ist, es seien die Abfindungen zu hoch, so ist das meinem Erachten nach darauf zurückzuführen, daß bei vormals eigenbehörigen Höfen die Abfindungen sehr niedrig waren; ein Grund, die Vorschriften des Gesetzes zu tadeln, liegt aber darin nicht, weil eben jene Abfindungen zu niedrig waren und jeder der Erblasser es in der Hand hat, auf sehr leichte Weise etwaige Unebenheiten zu beseitigen.

Der Charakter des Gesetzes besteht nach dem Obigen darin, daß es dem Besitzer einer landwirthschaftlichen Besitzung gestattet, durch Eintragung dieser Besitzung in eine Rolle für die Besitzung ein besonderes Intestaterbrecht zu schaffen und daneben die eigenen Testirbefugnisse zu erweitern, theils formell durch Zulassung einer leichten Form, theils materiell. In dem ganzen Gesetze kommt kein Wort vor, welcher den Eigenthümer in irgend etwas einschränkte. Es ist daher nahezu unfaßbar, daß bei den Verhandlungen des preußischen Landtags eine Vergleichung mit Fideikommissen stattfinden konnte, und daß sogar Freunde des Anerbenrechts — noch dazu sehr entschiedene Freunde — in den Irrthum verfallen konnten, daß bei Einführung des hannöverschen Gesetzes vom 2. Mai 1874 in einer anderen Provinz dessen Zwangsvorschriften den Bauernstand von Eintragung der Höfe in die Rolle abschrecken würden. Wenn man dem Gesetze einen Vorwurf machen kann, so ist es sicherlich nicht der des Zwanges, weit eher könnte man ihm den Vorwurf machen, daß es allzuwenig Zwang enthält. Gegen einen solchen Vorwurf könnte man dann Anlaß haben, den Standpunkt des Gesetzes zu vertheidigen, gegen den Vorwurf des Zwanges kann man das Gesetz nicht vertheidigen, weil von einem Zwang in dem Gesetze nichts vorkommt. Man sieht aber, wie sehr in solchen Dingen eine bloße Bezeichnung, also hier der Name Anerbenrecht, dazu verleiten kann, Vorstellungen hervorzurufen, die ganz unbegründet sind. Man hätte vielleicht besser gethan, von „Grunderben" zu reden, anstatt vom Anerben, so wie der Name Landgüterordnung in der That besser ist, als Höferecht, weil letztere Bezeichnung unmittelbar die Vorstellung hervorruft, daß von Bauerhöfen und bäuerlichem Recht die Rede sei, während das doch nicht der Fall ist.

In den Landestheilen, in welchen das Anerbenrecht unbekannt war, hat man wenig Gebrauch von der Eintragung gemacht. In dem Gebiete des Meierrechts sind die Eintragungen befriedigend, sie sind eher auf zu viele kleine Stellen erstreckt.

Um denjenigen Mitgliedern des Juristentages, welche bei den Verhandlungen lediglich die Gutachten gedruckt zur Hand haben, die Beurtheilung zu erleichtern, gestatte ich mir, hierneben das hönnöversche Höferecht in der Fassung, welche es schließlich erhalten hat, beizufügen. Es ist damit keineswegs eine Bevorzugung desselben vor den anderen Provinzialgesetzen gemeint. Da es aber doch zu weitläufig wäre, alle abzudrucken, so habe ich das hannöversche Höferecht, weil es nun einmal den Anfang gemacht hat, gewählt.

II.

Für den Kreis Lauenburg (Herzogtum Lauenburg) ist im Anschluß an das hannoversche Höferecht ein Gesetz vom 21. Februar 1881 erlassen. Dasselbe unterscheidet sich von dem hannoverschen Gesetz nur dadurch, daß im § 10, um die zum Hofe gehörenden Grundstücke zu bezeichnen, nicht auf das Grundbuch, sondern auf die wirtschaftliche Zusammengehörigkeit Bezug genommen ist und nach § 5 landtagsfähige Rittergüter nicht eintragungsfähig sind. Im Jahre 1881 war das auch in Hannover noch nicht der Fall, die diese Ausnahme aufhebende Bestimmung ist für Hannover erst durch ein späteres Nachtragsgesetz aufgehoben und Lauenburg dabei übergangen.

Spätere Gesetze sind erlassen und zwar unter der Bezeichung „Landgüterordnung"

3. für die Provinz Westfalen und die Kreise Rees, Essen (Land), Essen (Stadt), Duisburg und Mühlheim a. d. Ruhr unterm 30. April 1882,
4. für die Povinz Brandenburg unterm 10. Juli 1883,
5. für die Provinz Schlesien unterm 24. April 1884,
6. für die Provinz Schleswig-Holstein unterm 2. April 1886,
7. für den Regierungsbezirk Kassel, mit Ausnahme des Kreises Rinteln unterm 1. Juli 1887.

Diese Gesetze unterscheiden sich zunächst dadurch von dem hannoverschen Gesetze, daß sie bestehendes Anerbenrecht nicht aufheben, theils weil eben ein solches nicht bestand, theils weil an dem Bestehenden etwas zu ändern nicht in der Absicht lag. In dem Gesetz für Schleswig-Holstein ist im § 26 ausdrücklich gesagt, daß das bestehende Anerbenrecht, sowie das bestehende Recht über Altentheil, Setzwirthschaft, väterliche Aussage und fortgesetzte Gütergemeinschaft in Geltung bleiben. Für Westfalen ist das Gesetz vom 4. Juni 1856 über die Abschätzung von Landgütern zum Behufe der Pflichttheilsberechnung nicht aufgehoben, besteht also für die nicht in die Rolle eingetragenen Landgüter fort. Hiernach ist die Sachlage für die obengedachten Provinzen eine andere als sie für Hannover war, und es ist schon daraus erklärlich, daß für die Betheiligten ein so dringender Anlaß zur Eintragung in die Rolle nicht gegeben war wie in Hannover. Vielmehr konnte füglich eine Eintragung nur insoweit erwartet werden, als von anderer Seite auf die betheiligten Landwirthe eingewirkt und ihnen die Vortheile der Eintragung klargelegt wurden. Daß diese Einwirkung stets im Sinne einer Förderung der Eintragung erfolgt sei, ist nach den bei den Landtagsverhandlungen vorgekommenen Aeußerungen nicht sehr wahrscheinlich. Es läßt sich ja nicht leugnen, daß bei den Juristen vielfach eine große Abneigung gegen das Anerbenrecht wie überhaupt gegen particulare Rechtsbildungen besteht. Da nun nach Lage der Sache in den sämmtlichen fünf Provinzen von der Auffassnng des betreffenden Richters sehr viel abhing, so ist es erklärlich genug, daß diese Auffassung mitgewirkt hat, die Eintragung in die Rolle zu erschweren.

Die letztgedachten fünf Gesetze (3 bis 7) haben mit dem hannoverschen Höferecht gemeinsam die Freiwilligkeit des Eintrags in die Rolle und die Freiwilligkeit der Löschung.

Unterschiede bestehen in Bezug

a) auf die Eintragungsfähigkeit. Eintragungsfähig sind in Westfalen und Brandenburg alle zum Betriebe der Land- und Forstwirthschaft bestimmten Grundstücke mit einem Katastralreinertrage von 75 Mk., ohne daß die Bebauung derselben mit einem Wohnhause verlangt wird, während solche in Schlesien erforderlich, jedoch der nothwendige Katastralreinertrag auf 60 Mk. ermäßigt ist. Für Schleswig-Holstein fällt diese Grenze weg, eintragungsfähig sind alle mit einem Wohnhause versehenen, zum Betriebe der Landwirthschaft bestimmten Grundstücke. Für den Regierungsbezirk Kassel gilt das Nämliche, nur ist außer der Landwirthschaft auch die Forstwirthschaft genannt.

b) Nach den obgedachten Gesetzen, mit Ausnahme des für den Regierungsbezirk Cassel erlassenen, ist der Anerbe in Ermangelung anderweiter Verfügung des Erblassers der älteste Sohn bezw. die älteste Tochter; für Westfalen und Schlesien kommt das Anerbenrecht auch bei Geschwistern und Geschwisterkindern vor, in Westfalen auch für Ascendenten. In Westfalen ist in einigen Landestheilen (Landgerichte Bielefeld und Paderborn und Amtsgerichte Tecklenburg und Ibbenbüren) durch Eintragung in die Rolle die Ersetzung des Majorats durch das Minorat nachgelassen.

Ganz abweichend ist die Sache für den Regierungsbezirk Cassel geordnet. Hier wird nicht von vornherein eines der Kinder als Anerbe bestimmt, sondern ein Familienrath hat das Recht, wenn der Erblasser keine Bestimmung getroffen hat, den Anerben auszuwählen.

c) Die Ermittelung des Werthes, zu welchem der Anerbe den Hof zu übernehmen berechtigt ist, geschieht in Hannover durch Schätzung nach Ertragswerth, ebenso in Lauenburg und Schleswig-Holstein. In allen drei Gesetzen wird ein Drittel des Werthes dem Anerben als Voraus zugebilligt, in Schleswig-Holstein von dem Werthe ohne Abzug der Schulden, in Hannover und Lauenburg nach Absatz der Schulden. In Westfalen wird der Werth des Hofes durch Capitalisirung des Katastralreinertrages mit 20, in Brandenburg mit 30, in Schlesien (vorbehaltlich des Rechts auf die Landschaftstaxe zurückzugreifen) mit 40 gefunden, im Regierungsbezirk Kassel wird er vom Familienrath jedoch nicht niedriger als zum 25fachen und nicht höher als zum 45fachen Betrage des Katastralreinertrages bestimmt. Ein Voraus findet daneben in Westfalen, Brandenburg, Schlesien und Cassel nicht statt.

Darin, daß das Voraus entweder ohne Abzug der Schulden oder nach Absatz derselben berechnet wird, liegt ein wesentlicher Unterschied, der aber nicht immer beachtet wird. Schon mit Rücksicht hierauf irrt Dr. Alfons Stengele (Die Bedeutung des Anerbenrechts für Süddeutschland, Stuttgart 1894), wenn er nach der Äußerung auf S. 65 das Voraus des hannoverschen Gesetzes für das größte hält. Er irrt auch deshalb, weil er den Vortheil der Berechnung nach dem Katastralreinertrag zu niedrig anschlägt. Bei der Berechnung nach dem Katastralreinertrag kommen thatsächlich sehr viele Fälle vor, in denen das Voraus bedeutend größer ist, als nach dem hannoverschen Gesetze. Ich bin der Ansicht, daß es so ziemlich in allen Fällen erheblich größer ist, wenn man mit 20 zu vervielfältigen hat, wie in dem westfälischen Gesetze vorgeschrieben ist.

Für Höfe, deren Besitzer dem Bauernstande angehören, ist mehrfach ein besonderes eheliches Güterrecht, welches auf die Gewohnheiten und Bedürfnisse derartiger Höfe zugeschnitten ist, gebräuchlich oder aber es bestehen besondere eheliche Güterrechte, welche für einzelne Bezirke territoriale Geltung haben. Das hannoversche Gesetz fand keinen Raum, in dieser Beziehung positive Vorschriften zu geben, es hat sich auf die Bestimmungen im § 19 beschränkt, welche die Hindernisse, soweit es damals thunlich war, hinweggräumt, die sich einer sachgemäßen oder den sonstigen Satzungen und Gebräuchen entsprechenden Ordnung dieser Dinge durch den Hofbesitzer im römischen Pflichttheilsrecht entgegenstellen. Die Gesetze für Westfalen, Brandenburg, Schlesien, Schleswig-Holstein und Cassel enthalten besondere nähere Bestimmungen über das Verhältniß des Anerbenrechts zum ehelichen Güterrecht und auch Vorschriften über die Verpflichtung, den Geschwistern, so lange die Abfindungen nicht gezahlt sind, auf dem Hofe Unterhalt zu gewähren, während beides nach dem § 19 des hannoverschen Gesetzes der Verfügung des Hofbesitzers überlassen ist. In Cassel tritt bezüglich des Verhältnisses zu den Geschwistern auch wieder der Familienrath ein, um der Billigkeit Geltung zu verschaffen.

Im Großherzogthum Oldenburg ohne Birkenfeld wurde ein Grunderbrecht durch Gesetz vom 24. April 1873 eingeführt (für das Fürstenthum Lübeck durch das Gesetz vom 10. Januar 1879), dessen Grundlage ebenfalls die freiwillige Eintragung in eine Rolle bildet. Das Voraus des Anerben beträgt für einen Theil des Großherzogthums (die günstiger gestellten Gegenden) 15, für die anderen 40 pCt. des eingeschätzten schuldenfreien Werthes. In Oldenburg ist das Minorat neben dem Majorat zulässig.

Auch für die in den Landgebieten von Bremen und Lübeck befindlichen Höfe sind nach dem System der Höferolle besondere Vorschriften erlassen.

Anderer Art sind die Gesetze für Schaumrurg-Lippe und Braunschweig. Für beide ist vom Gesetz das Anerbenrecht vorgeschrieben, das Anerbenrecht bezieht sich aber nur auf Bauerngüter.

Ausführlich hat Miaskowski das Erbrecht und die Grundeigenthumsvertheilung im Deutschen Reiche", Leipzig 1884, in der 2. Abth. 202 bis 476, bis in die Einzelheiten hinein den Inhalt der vorhin kurz aufgeführten Gesetze vergleichend angegeben; es wird daher hierauf verwiesen. Eine kürzere Uebersicht giebt auch Dr. Alfons Stengele, „Die Bedeutung des Anerbenrechts für Süddeutschland", Stuttgart 1894, S. 33 bis 52.

Die große Verschiedenheit der Verhältnisse, welche bei der Entstehungsgeschichte des hannoverschen Höferechts für die Provinz Hannover dargelegt wurde, wiederholt sich auch für die anderen Gegenden Deutschlands. Die Grundlagen und Ursachen dieser Verschiedenartigkeit der Verhältnisse sind allerdings verschieden, eine Verschiedenheit der Verhältnisse aber besteht in jeder Provinz und bezüglich der Provinzen unter einander.

In Westfalen sind die thatsächlichen Verhältnisse zunächst wegen der in mehreren Theilen stark entwickelten Industrie, der in anderen Theilen eine stark entwickelte Landwirthschaft gegenübersteht, verschiedenartig. Das Gütergemeinschaftsrecht ist für Westfalen seit 1860 allerdings einheitlich gestaltet, eine Ausnahme bildet jedoch das Herzogthum Westfalen, in welchem Dotalrecht gilt.

Die rechtlichen Gewohnheiten und die Sitte sind zudem nicht überall gleich, wenngleich durchgängig die Gewohnheit besteht, einem der Erben als Anerben das Gut zu überlassen und die Höfe nicht zu zersplittern. Ich beziehe mich auf folgende Stelle aus der Begründung des Gesetzentwurfs für Westfalen:

„In einzelnen Theilen der Provinz hat bei Vererbung des ländlichen Grundbesitzes seit jeher freie Theilbarkeit und Gleichberechtigung der Miterben gegolten. Dies ist, außer in den Kreisen Siegen und Wittgenstein in vielen, jetzt zum Landgericht zu Paderborn gehörigen Bezirken der Fall, so im Amte Wünnenberg, in Theilen der Aemter Büren, Atteln,

Lichtenau, in der Warburger Börde, im Amte Harzberg, bei den (früher) nicht eigenbehörigen Gütern des Paderborner Landes u. s. w. Das Landgericht zu Paderborn versichert, daß sich in diesen Bezirken die Grundbesitzer auf die von Alters hergebrachte freie **Theilbarkeit***) ihrer Güter mit nicht minderer Zähigkeit steifen, als die Bauern im Münsterlande auf die Zusammenhaltung ihrer Höfe. Auch in dem größten Theile des Bezirks des früheren Appellationsgerichts zu Hamm hat eine von den allgemeinen Gesetzen abweichende Successionsordnung für den ländlichen Grundbesitz niemals bestanden, wie dies schon in den Motiven des revidirten Entwurfs des Provinzialrechts für die Grafschaft Mark, Dortmund, Soest, Lippstadt ausdrücklich anerkannt worden ist. Aber auch da, wo früher nach den alten Successionsordnungen für den bäuerlichen Grundbesitz ein besonderes Erbrecht gegolten hatte, hatte sich dasselbe in den verschiedenen Theilen der Provinz und bei den verschiedenen Arten von Grundstücken, je nachdem diese im vollen Eigenthum ihrer Besitzer gestanden hatten, oder bloße Meiergüter oder Erbpacht oder Zeitpachtgüter oder eigenbehörige Güter gewesen waren, durchaus verschiedenartig entwickelt, und die Geltung der alten Successionsordnungen sich immer nur auf kleinere Bezirke, zuweilen sogar nur auf einzelne Ortschaften beschränkt. Diese Verschiedenartigkeit in der Vererbung der bäuerlichen Besitzungen blieb auch nach der durch die fremdländische Gesetzgebung erfolgten Aufhebung der alten Successionsordnungen bestehen, nur daß sie seitdem nicht mehr auf Gesetz beruhte, sondern auf Herkommen und auf der Verschiedenartigkeit der wirthschaftlichen Verhältnisse, namentlich auf dem Gegensatze zwischen den Gegenden, in welchen nur Ackerbau, und denjenigen, in welchen hauptsächlich Industrie und Bergbau betrieben wird.

Allerdings ist auch jetzt noch in vielen, ja sogar in den meisten Theilen der Provinz Westfalen bei den bäuerlichen Gütern ein Anerbenrecht üblich. Dieses Anerbenrecht ist aber kein Intestaterbrecht, denn es beruht nicht auf **gesetzlicher** Bestimmung, sondern auf dem **Willen** der Eltern, welche nach ihrer Wahl eines ihrer Kinder als Anerben zur Uebernahme des ungetheilten Familiengutes berufen. An diese Rechtssitte wird die Gesetzgebung anzuknüpfen haben, aber nicht, indem sie ihr eine gesetzliche Erbordnung substituirt, welche allgemein und unabhängig von dem Willen der Besitzer Anwendung zu finden hätte, sondern indem sie dahin strebt, die bisherige Sitte als solche zu erhalten und zu befestigen. Thatsächlich steht fest, daß es seit jeher in der Provinz Westfalen vorzugsweise

*) Die freie Theilbarkeit ist mit dem Anerberecht sehr wohl verträglich.

die **eigenen** Verfügungen der Besitzer, namentlich die allgemein üblichen Uebertragsverträge gewesen sind, welche bei den Bauerngütern die Hofesfolge und die übrigen Vermögensverhältnisse der Familie geregelt haben. Auch unterliegt es keinem Zweifel, daß auf diesem Wege für die Erhaltung der Güter innerhalb der Familien der bisherigen Besitzer am besten gesorgt und zugleich das Herkommen gewahrt wird. Der Besitzer verfügt mit Berücksichtigung der besonderen Familien- und Vermögensverhältnisse, der Eigenschaften, selbst der Wünsche und Neigungen seiner Kinder; ihm ist der wahre Werth des Hofes, der Preis, bei welchem der Hofannehmer, ohne vor den Miterben ungerecht bevorzugt zu werden, bestehen kann, genau bekannt; er ist im Stande, eine zweckmäßige Wahl seines Nachfolgers zu treffen und die Bedingungen der Uebernahme in billiger, alle Theile zufriedenstellender Weise festzusetzen.

Nach dem Entwurfe soll das Gesetz für die ganze Provinz gelten. Es erscheint dies auch für diejenigen Bezirke, in welchen die ungetheilte Vererbung des ländlichen Grundbesitzes nicht Sitte gewesen ist, unbedenklich, weil die Anwendung des Gesetzes überhaupt nur eine facultative sein soll und keine Gründe vorliegen, dieselbe irgendwo auszuschließen, wenn die Eigenthümer ihre Grundstücke in die Landgüterrolle eintragen lassen wollen.

Ueber die Verhältnisse in der Provinz **Schleswig-Holstein** giebt die Begründung des Gesetzentwurfs — Anlagen zu den Verhandlungen des Herrenhauses, 1886 Seite 82 bis 161 — ausführlich Auskunft. Die in der Provinz Schleswig-Holstein bestehenden Verschiedenheiten sind theils rechtlicher, theils thatsächlicher Art. In ersterer Beziehung kommt in Betracht, daß dort auf einem erheblichen Theil des bäuerlichen Grundbesitzes ein Anerbenrecht besteht, hier Näherrecht genannt. Der Berichterstatter des Herrenhauses giebt an, daß etwa 23 pCt. Flächeninhalts der Provinz zum Großgrundbesitz gehören, 71 pCt. zum bäuerlichen Besitz. Von dem letzteren gehören in 290 Gemeinden 177 983 ha zu den Gütern, in 1503 Gemeinden 1 236 740 ha zu den Kgl. Aemtern und Landschaften. Das Anerebenrecht gilt für 621 466 ha in 798 Gemeinden. Derselbe hebt hervor, daß 1805 bei Aufhebung der Leibeigenschaft das Legen der zu adligen Gütern gehörenden Bauernhöfe verboten wurde und daß eine Feldauftheilung in den Jahren 1770 und 1771 gut abgerundete Bauernhöfe geschaffen habe, so daß diese günstige Auftheilung noch jetzt auf die Erhaltung eines tüchtigen Bauernstandes einwirke. Das Anerbenrecht beruht in Schleswig auf einer Verordnung vom 18. Juni 1777 für die sogenannten Bondegüter, denen die Festegüter bei einer Verwandlung in Bondegüter durch eine Verordnung vom 22. Juni 1784 gleichgestellt sind, so daß nach dem Gesetz vom 3. Juni 1873 über die Reallasten nunmehr die Verordnung vom 18. Juni 1777 auch für die vormaligen Festegüter Gültigkeit hat. In Holstein beruht das Anerbenrecht zum größten Theil auf Gewohnheitsrecht, wenn auch einige wenig erschöpfende Verordnungen einschlagen. In einigen Distrikten hat demnach das Anerbenrecht gesetzliche Geltung, von anderen kann man nur sagen, daß sie dazu hinneigen (Seite 92), in anderen hat es keine Geltung und die Gewohnheiten sind dort, wo es gilt, unter sich verschieden, beschränken sich auch wohl hier und da auf die Anwendung der sogenannten Bruder- und Schwestertaxe, d. h. einer ortsüblichen Schätzung, die wiederum verschieden ausgeführt wird. Außer dieser unmittelbaren Verschiedenheit des Anerbenrechts kommt rechtlich für Schleswig-Holstein eine große Verschiedenheit des ehelichen Güterrechts in Betracht, welche (S. 117) vom Senator Kraus und vom Ober-Landesgericht in Kiel (S. 145) ausführlich auseinandergesetzt ist. Eine Einfügung des Anerbenrechts wird dadurch erschwert. Thatsächlich kommt in Schleswig-Holstein in Betracht der Gegensatz zwischen Marsch und Geest. Auf der Marsch gilt weder ein Anerbenrecht noch wird es dort gewünscht oder empfohlen (auch in Nord- und Süddithmarschen nicht), würde dort vielmehr auf Widerstand stoßen. Endlich kommt in Betracht, daß an der Westküste von Schleswig-Holstein der bäuerliche Grundbesitz, an der anderen der Rittergutsbesitz vorwiegt, für welchen letzteren Bestimmungen, wie sie für jene passen, nicht überall passen, wenigstens für die großen Güter nicht. Bei den Verhandlungen des Herrenhauses wurde geäußert (Dr. Beseler), daß man der Regierung dankbar sein müsse dafür, daß das Gesetz das bestehende Anerbenrecht unangetastet lasse.

In den Aktenstücken, welche der Begründung des Regierungsentwurfs beigegeben sind, ist mehrfach — im Gegensatz allerdings zum Oberlandesgericht, welches an sich zu dem Anerbenrecht eine geneigte Stellung einnimmt und sich ebendaher gegen eine Verwandlung in nur facultatives Recht nach dem System der Höferolle erklärt — geäußert, daß eine Feststellung der Bestimmungen über das Anerbenrecht, wo es in Geltung steht, ihrer Unsicherheit wegen sehr wünschenswerth sei. Auf die Dauer wird sich eine solche Feststellung freilich wohl nicht vermeiden lassen, wenn man das Anerbenrecht erhalten will. Die Zeiten des Gewohnheitsrechts sind eben auf dem Gebiete des Privatrechts vorüber. So sehr ich selbst ein Freund des Gewohnheitsrechts bin, weil ich selbst auf einem localen Gebiete die Vorzüge, welche dieses Recht bietet, kennen gelernt und dafür längere Zeit in den dafür geeigneten Verhältnissen gekämpft habe, so muß ich doch bekennen, daß es in die jetzigen Anschauungen und die jetzige Gerichtsorganisation nicht paßt und daß man, sofern man davon etwas erhalten will, gut thut, bei Zeiten das Haus zu bestellen. Ich sage nicht, daß das privatrechtliche Gewohnheitsrecht auf Nimmerwiedersehen verschwindet. Es wird wiederkommen, aber erst nach langer Zeit und in anderen Formen als den bisherigen.

Ueber den Regierungsbezirk Cassel giebt die Begründung des Entwurfs einer Landgüterordnung folgende Auskunft:

Während der Communallandtag des Regierungsbezirks Wiesbaden in seiner Sitzung vom 21. April 1880 einstimmig das Bedürfniß einer anderweitigen gesetzlichen Regelung der bäuerlichen Erbfolge verneinte und von dem Versuche einer solchen Regelung im Sinne des Antrags des Abgeordneten Freiherrn von Schorlemer-Alst angelegentlichst abrathen zu müssen glaubte, beschloß dagegen der Communallandtag des Regierungsbezirks Cassel, nachdem ein von ihm zur Berathung dieser Angelegenheit niedergesetzter besonderer Ausschuß Bericht erstattet hatte, in seiner Sitzung vom 17. December 1881 mit großer Majorität und namentlich unter Zustimmung fast sämtlicher, dem Communallandtage angehörenden mittleren Grundbesitzer das von ihm erforderte Gutachten für die verschiedenen Hauptrechtsgebiete des Regierungsbezirks Cassel abzugeben, wie folgt:

I. Für Althessen mit Hersfeld und Schmalkalden, einschließlich des ehemals hessendarmstädtischen Amtes Vöhl, ist im unmittelbaren Anschluß an die dort vorherrschende Sitte der Anschlagsverträge eine Abänderung der Erbtheilung bei der Intestaterbfolge in Bezug auf Bauernhöfe nach folgenden Gesichtspunkten wünschenswerth:

1. Im Falle der Intestatbeerbung durch Nachkommen geht das Bauerngut als Einheit auf einen der Miterben, den Gutsübernehmer, über.

2. Der Gutsübernehmer wird, wenn die Erben sich nicht untereinander einigen, in möglichstem Anschluß an die bisherige Uebung durch Vormünder und Verwandte nach pflichtmäßigem Ermessen derartig bestimmt, daß die Möglichkeit der Erhaltung der Einheit des Gutes in der Hand eines Familiengliedes den für die Wahl ausschlaggebenden Gesichtspunkt bildet. Erscheint wegen höherer Verschuldung des Gutes oder wegen anderer zwingender Gründe die dauernde Erhaltung des Gutes in der Hand eines Familiengliedes zweifelhaft, so können die oben-

genannten Personen den Verkauf des Gutes und die Theilung des Erlöses zu gleichen Theilen bestimmen.

3. Der Gutsübernehmer hat den übrigen Miterben eine mäßige, die Erhaltung der Gutseinheit in seiner Hand nicht gefährdende Abfindung zu zahlen, deren Höhe durch gesetzliche Regel festzustellen ist.

4. Es ist zu gestatten, in Anschlagsverträgen oder letztwilligen Verfügungen zu Gunsten des in denselben bestimmten Gutsübernehmers die Abfindungen, beziehungsweise die Erbtheile der Miterben in höherem Grade, als das römische Pflichttheilsrecht gestattet, zu beschränken.

5. Ein Gesetz nach Maßgabe der unter 1 bis 4 angeführten Gesichtspunkte ist nur für solche Bauerngüter zu erlassen, deren Größe genügt, um einer Familie das Jahr hindurch vollauf Beschäftigung und Nahrung zu geben.

II. Für das Gebiet des Fuldaischen Rechtes (die Kreise Fulda, Hünfeld, Gersfeld und den zu Schlüchtern gehörigen Amtsgerichtsbezirk Salmünster) sind die unter 1 bis 5 angegebenen Regeln über die Erbtheilung als Bedürfniß ebenfalls zu bezeichnen.

Für die Grafschaft Schaumburg (den jetzigen Kreis Rinteln) ist das Bedürfniß der Einführung eines von den geltenden volksthümlichen Bestimmungen wesentlich verschiedenen Anerbenrechts nirgends hervorgetreten, dagegen würde sich eine Abänderung des geltenden Meierrechts dahin empfehlen, daß unter dem Grade nach gleich nahen erbberechtigten Personen in erster Linie das männliche Geschlecht und erst in zweiter Linie das Alter den Vorzug gebe.

Die Einführung der für Althessen in Vorschlag gebrachten Gesetzgebung in den Kreisen Hanau und Gelnhausen zu befürworten, ist der Communallandtag zur Zeit nicht in der Lage, vielmehr ist zuförderst durch eine eingehende Untersuchung festzustellen, ob nicht ein derartiges Gesetz dem Bedürfnisse der Bevölkerung widersprechen würde.

„Von den in der gutachtlichen Aeußerung des Communallandtages unterschiedenen Rechtsgebieten des Regierungsbezirks ist das bei weitem größte und wichtigste Gebiet Althessen, welches die früheren kurhessischen Provinzen Niederhessen ohne die Grafschaft Schaumburg und Oberhessen, sowie die Kreise Hersfeld und Schmalkalden mit dem früher Großherzoglich hessischen Bezirksamt Vöhl umfaßt. Es gehören also dahin die jetzigen Kreise Cassel, Eschwege, Frankenberg mit Vöhl, Fritzlar, Hersfeld, Hofgeismar, Homberg, Kirchhain, Marburg, Melsungen, Rotenburg, Schmalkalden, Witzenhausen, Wolfhagen, Ziegenhain. In diesem Rechtsgebiete sind für alle Stände sowohl in Betreff der testamentarischen, als auch der gesetzlichen Erbfolge die Grundsätze des römischen Rechts, abgesehen von einigen hier nicht interessirenden localen Gewohnheitsrechten, in Geltung, so daß auch, wenn der eine Ehegatte ohne Hinterlassung eines Testamentes verstirbt, nur in Ermangelung von Verwandten desselben der überlebende Ehegatte zur Erbfolge berufen ist. Hierneben besteht für die dem Bürger- und Bauernstande angehörigen Eheleute die sogenannte particuläre oder Errungenschaftsgemeinschaft.

Abgesehen von der Hälfte der etwaigen Errungenschaft steht dem überlebenden Ehegatten im Uebrigen ein Anspruch an das von dem verstorbenen Ehegatten hinterlassene Vermögen nicht zu. Nur kraft väterlicher Gewalt hat der Ehemann an dem seinen Kindern zugefallenen Vermögen der verstorbenen Ehefrau ein Nießbrauchs- und Verwaltungsrecht, welches ihm auch nach Beendigung der väterlichen Gewalt lebenslänglich verbleibt, in Niederhessen, Schmalkalden und Hersfeld an dem gesamten Muttergut, in Oberhessen an der Hälfte desselben von der Zeit an, wo die Kinder einen eigenen Hausstand begründen. Während sonach das römische Erbrecht durch das für den Bauernstand bestehende eheliche Güterrecht keine Modification erleidet, erscheint es dagegen erheblich eingeschränkt durch die festbegründete Sitte der Gutsübergabe unter Lebenden durch Anschlagsvertrag. Dieser im Anschluß an die althessische Verordnung vom 21. April 1786 stehenden Sitte gemäß pflegen die Gutsbesitzer schon unter Lebenden das Gut auf einen aus der Zahl ihrer Kinder frei erwählten Nachfolger zum sogenannten geschwisterlichen Werthe, d. h. für einen im Interesse dauernder Erhaltung des Gutes in einer Hand unter Abwägung der concreten Sachlage nach eigenem besten Ermessen unter dem Verkaufswerth bestimmten Preis mit dementsprechender Festsetzung der geschwisterlichen Abfindungen und unter Regelung der sonstigen Verhältnisse zu übertragen und somit unter Ausschließung der römischen Theilung den Uebergang des ganzen Gutes auf ein Kind im Wege der anticipirten Erbfolge herbeizuführen. Die Sitte der Gutsveranschlagung besteht durchgängig in den Kreisen Eschwege, Fritzlar, Hersfeld, Homberg, Kirchhain, Marburg, Melsungen, Rotenburg, Ziegenhain und in dem Amte Vöhl, vorwiegend in den Kreisen Cassel, Witzenhausen und Frankenberg, während in kleineren Theilen dieser Kreise, einem großen Theile der Kreise Hofgeismar und Wolfhagen und überwiegend im Kreise Schmalkalden die römische Theilung im Gebrauche ist. Im Gebiete des **Fuldaischen** Rechtes, welches im Allgemeinen die Kreise Fulda, Hünfeld und Gersfeld, sowie den zum Kreise Schlichtern gehörigen Amtsgerichtsbezirk Salmünster umfaßt, ist ebenfalls die Sitte der Gutsansatzverträge vorherrschend, sowie das römische Erbrecht in Geltung. Hierneben besteht aber, dasselbe modificirend, für alle Stände eine wahre allgemeine eheliche Gütergemeinschaft, bei welcher eine vollständige Verschmelzung des Vermögens der beiden Ehegatten, sowohl des bei Eingehung der Ehe vorhandenen, als auch des später erworbenen Vermögens, zu einer rechtlichen Einheit stattfindet. Die Verwaltung steht dem Ehemann zu, welcher jedoch in einigen Beziehungen, namentlich bei Veräußerungen und Belastungen von Grundstücken an die Einwilligung der Ehefrau gebunden ist. Letztwillige Verfügungen können nur von einem Ehegatten mit Zustimmung des anderen, beziehungsweise von beiden gemeinschaftlich getroffen werden. Beim Tode des einen Ehegatten geht das gemeinschaftliche Vermögen auf den überlebenden Ehegatten über, welcher beim Vorhandensein von Kindern mit diesen die Gemeinschaft fortsetzt, aber freies Verfügungsrecht hat. Heirathet derselbe wieder, so ist je nach Umständen ein sogenanntes Voraus festzusetzen. Nach seinem Tode wird das gesammte Vermögen nach Vorwegnahme des Voraus für die Kinder erster Ehe unter deren Stiefparens und den beiden Kindern beider Ehen zu gleichen Theilen vertheilt. In einem kleinen Theile des Amtsgerichtsbezirks Hilders, Kreis Gersfeld, gilt das Würzburger Landrecht. Dasselbe bestimmt zwar als eheliches Güterrecht zunächst nur eine particuläre Gütergemeinschaft, läßt dieselbe aber bei der Geburt eines Kindes ohne Weiteres in eine mit derjenigen des Fuldaischen Rechts im Wesentlichen übereinstimmende allgemeine Gütergemeinschaft übergehen.

Im Hanauer Rechtsgebiet tritt die Gutsveranschlagung zurück; römische Theilung ist vorrherrschend.

In der Grafschaft Schaumburg, dem jetzigen Kreise Rinteln, endlich besteht bezüglich des daselbst befindlichen meierstättischen Grundeigenthums ein durch das Gesetz vom 26. August 1848 über die Auseinandersetzung der Lehns-, Meier und anderen gutsherrlichen Verhältnisse §§ 26 ff. (Gesetz-Sammlung S. 67) geregeltes Anerbenrecht. Bei der Intestaterbfolge erhält das Gut der älteste unter den gleich nahen Erbberechtigten ohne Unterschied des Geschlechts. Sind Descendenten nicht vorhanden, so schließt der hinterbliebene Ehegatte, falls die Ehe Jahr und Tag gedauert hat, die Verwandten des verstorbenen Ehegatten von der Erbfolge aus. Sind mehrere Descendenten vorhanden, so erhalten die Geschwister des Anerben von diesem eine Abfindung, welche in der Hälfte des Werthes ihrer Intestatportion von dem Werthe des Meiergutes nach Abzug der darauf haftenden Schulden besteht. Dieser Betrag der Abfindung kann durch eine Disposition des Gutsbesitzers weder erhöht, noch um mehr als die Hälfte vermindert werden. Auch haben die Geschwister Anspruch darauf, gegen häusliche und landwirthschaftliche Dienstleistungen und gegen Verzicht auf Verzinsung der Abfindung auf dem Gute bis zum 22. Lebensjahre, bezw. bis zu ihrer früheren Verheirathung unentgeltlich unterhalten zu werden. Außerdem wird das Recht des Anerben eingeschränkt durch seine Eltern, indem dieselben, und zwar der Vater bis zu seinem Tode, die Mutter, solange sie Wittwe bleibt, die Benutzung und Bewirthschaftung des Gutes behalten; die letztere hat jedoch das Gut abzutreten, wenn der Anerbe 25 Jahre alt ist, oder die Anerbin sich verheirathet, und erhält dann eine Leibzucht. Auch an dem nicht meierstättischen Nachlaß des verstorbenen Ehegatten hat bei Ehen nichtadliger Personen der überlebende Ehegatte ein Successionsrecht, und zwar erhält er bei unbeerbter Ehe, wenn dieselbe Jahr und Tag gedauert hat, den gesammten Nachlaß, wenn aber Kinder aus der gemeinschaftlichen Ehe vorhanden, den Nießbrauch an deren Erbtheilen bis an sein Lebensende, bezw. die überlebende Ehefrau bis zur Wiederverheirathung. Der nicht meierstättische Grundbesitz ist der Erbtheilung unterworfen; Anerbenrecht besteht für diesen nicht.

Dem Güterschluß ist durch das Gesetz vom 26. August 1848 (Gesetz-Sammlung S. 67), welches alle Lehns-, Leihe-, Meier-, Erbpacht und sonstigen gutsherrlichen Verbände und damit die alleinige Grundlage für die Geschlossenheit der Güter aufgehoben hat, unter Mitwirkung der Novelle vom 26. Juni 1850 (Gesetz-Sammlung S. 29) sein definitives Ende bereitet worden.

Das System der Höferolle ist in der bisherigen, auf unseren Gegenstand bezüglichen Gesetzgebnng dem unmittelbaren legislatorischen Eingreifen in das bisherige Intestaterbrecht mit vollem Bedacht bereits vorgezogen worden.

Schon die legislativen Vorgänge müssen die Ueberzeugung gewähren, daß es nicht angezeigt ist, für Hessen den Weg der Höferolle wieder zu verlassen.

Einer directen Aenderung des Intestaterbrechts für Bauernhöfe treten überdies erhebliche praktische Schwierigkeiten entgegen.

Der Antrag des Abgeordneten von Schorlemer wollte dies dadurch erreichen, daß er dem projectirten neuen Intestaterbrecht „alle mit einem Reinertrage von mindestens 75 Mark beim Grundsteuerkataster angesetzten" landwirthschaftlichen Besitzungen unterwarf, — und auch die Zuschrift des Herrn Oberpräsidenten stellt zur Erwägung, ob sich nicht das Anwendungsgebiet des zu erlassenden neuen Gesetzes ohne Weiteres nach „Höhe des Katastral-Reinertrages oder Grundsteuerbetrages" bestimmen und somit die Höferolle erübrigen lasse. In den Verhandlungen über die hannöverschen und westfälischen Güterrechts-Gesetze tritt indessen überall die Erkenntniß hervor, daß es bei der durch die Bonität und Ertragsfähigkeit der einzelnen Güter und zahlreiche andere Momente bedingten Vielgestaltigkeit der concreten Verhältnisse nicht thunlich sei, einen zuverlässigen objektiven Maßstab für die Subsumtion der einzelnen Güter unter ein neues Intestaterbrecht zu gewinnen und somit den Erfolg zu vermeiden, daß ungeeignete, bäuerliche Besitzungen dem Gesetze unterstellt werden, an sich geeignete aber seiner Anwendung entzogen bleiben würden. Und vorzugsweise diese Schwierigkeit hat dazu beigetragen, dem Gedanken einer Abänderung des Intestaterbrechts seitens der dermaligen Gesetzgebung zu entsagen und sich mit der Höferolle zu begnügen. Bei dieser nämlich fällt das Erforderniß präciser Qualificationsbestimmungen in dem oben erwähnten Sinne vollständig hinweg.

Für Hessen fallen diese Gründe um so mehr ins Gewicht, als hier — im Gegensatz zu Hannover und Westfalen — ein Anerbenrecht niemals Boden gewonnen, und auch sonst die Verhältnisse des bäuerlichen Grundbesitzes viel fließendere sind.

Ueber die Verhältnisse der Provinzen Brandenburg und Schlesien hier weiteres Material, welches auch für diese Provinzen Verschiedenheiten ergeben würde, an der Hand der Begründung vorzuführen, welche die Regierung den Gesetzentwürfen beigegeben hat, unterlasse ich, um nicht zu weitläufig zu werden.

Ich erwähne, daß im Königreich Sachsen Geschlossenheit der Rittergüter und in ländlichen Gemeinden belegenen Landgüter besteht nach den Gesetzen vom 30. November 1843 und 21. April 1873, sowie mehreren dazu gehörigen Verordnungen. Abgetrennt darf nur so viel werden, daß $^2/_3$ der Grundsteuereinheiten, die beim Erlaß des Dismembrationsgesetzes auf dem Grund und Boden hafteten, beim Stamm verbleiben. Doch sind Dispensationen in einem gesetzlich normirten Umfange zulässig. Anerbenrecht besteht nicht. Die Gewohnheit, durch Verträge unter Lebenden oder auch durch Testament einem der Erben das Gut zu übertragen, besteht natürlich auch hier.

Die thatsächlichen Verhältnisse sind in Sachsen selbstverständlich verschieden, anders geartet im Gebirge, anders in der Nähe der großen Städte und den Industriebezirken, anders im flachen, zum Theil von der Natur reich ausgestatten Lande.

Für Süddeutschland verweise ich auf die Schrift von Dr. Alfons Stengele „Die Bedeutung des Anerbenrechts für Süddeutschland", Stuttgart 1894, und die nach amtlichen Quellen bearbeitete „Denkschrift über die Landwirthschaft in Bayern", München 1890, S. 26—52.

In Süddeutschland ist wegen der Bodenbeschaffenheit und des Klimas, welche vielfach Obst-, Hopfen-, Tabaks-, Weinbau u. a. m. ermöglichen, kurz vorzugsweise auf die persönliche Thätigkeit des Einzelnen und sehr intensive Cultur hinweisen, eine Theilung des Bodens in größerem Umfange durchführbar als in Norddeutschland, ebenso wie durchgängig am Rhein. In mehreren Gegenden ist, wiederum auch in Süddeutschland, ein Zusammenhalten des Grundbesitzes zu einer mindestens bäuerlichen Besitzung landwirthschaftlich unentbehrlich, besonders in mehreren Theilen von Bayern, aber auch in mehreren Theilen von Württemberg und Baden. Die Sitte, wo solche durch die Verhältnisse gezwungen, dieses Zusammenhalten aufrecht erhalten hat, beginnt aber in zum Theil bedenklicher Weise auszuarten dadurch, daß dem Anerben mehr Lasten auferlegt werden, als er dauernd tragen kann. Bei Stengele heißt es von Württemberg, daß das Anerbenrecht kaum noch ein Vortheil, sondern der hohen Annahmepreise wegen eine Quelle der Verschuldung sei — vgl. auch S. 230 Note 1 — und in der obgedachten Denkschrift S. 29, heißt es, daß die Frage der zu hohen Uebernahmepreise eine brennende geworden sei. Dadurch beginnt, zumal das Anerbenrecht dort wie überall in den von der Natur weniger begünstigten Gemeinden am meisten sich findet, eine Schuldenlast sich aufzuhäufen. Uebrigens sind die Rechtsverhältnisse in Süddeutschland verschieden und auch das eheliche Güterrecht verschieden gestaltet. Stengele, welcher selbst kein Freund des Anerbenrechts ist und eine reichsgesetzliche Regelung bekämpft, gesteht doch auch für Baden zu, daß es dort Gegenden giebt, in denen eine Regelung des bestehenden Anerbenrechts am Platze sein würde. Er theilt einen dieserhalb ausgearbeiteten Gesetzentwurf der Regierung des Großherzogthums Badens mit, der auf Seite 133—143 mit den Bemerkungen von Stengele nachzulesen ist. Dieser Gesetzentwurf führt ein Intestaterbrecht mit Wahrung der Testirfreiheit ein und berücksichtigt im § 15 besonders auch die Rechte des überlebenden Ehegatten, welcher den leiblichen Kindern vorgeht. Auch für Württemberg wird zugestanden, daß sich in dem östlichen Theil von Württemberg ein Anerbenrecht erhalten hat, welches freilich nach den mitgetheilten Zahlen eine Verschuldung nicht gehindert hat, m. E. weil der Uebernahmepreis ein für den Anerben durchgängig zu ungünstiger ist. Stengele selbst sagt, daß ein Anerbenrecht ohne Bevorzugung des Anerben zur Verschuldung führen müsse und hat damit ganz Recht. Anerbenrecht läßt sich von der Bevorzugung des Anerben nicht trennen. Aus den speciellen auf Seite 232 ff. mitgetheilten Aeußerungen der Gauverbände des Königreichs Württemberg ergiebt sich, daß in einer Minderheit derselben, aber doch immerhin einer ansehnlichen Minderheit, für deren Bezirke oder Theile derselben eine Regelung und Beibehaltung des Anerbenrechts nach dem einen oder anderen System, jedenfalls aber mit Beibehaltung einer vollständigen Verfügungsfreiheit als wünschenswerth bezeichnet wird. Seite 233 wird vom Gauverband I angeführt, daß dort ein nicht zu beseitigendes Mißtrauen gegen die dem Antrag des deutschen Landwirthschaftsverbandes zu Grunde liegenden Absichten und eine unklare Furcht vor einer möglicherweise drohenden Beschränkung der freien Dispositionsbefugniß herrscht. Diese unklare Furcht besteht nicht bloß dort, sondern auch anderswo außerhalb Württembergs und besteht eben darin, daß man sich Anerbenrecht und Zwang oder wohl gar die Wiedereinführung einer Art von Obereigenthum nicht getrennt zu denken vermag. Eine solche Entwicklung wäre freilich nicht nach dem Sinne des Bauernstandes oder anderer Landwirthe. Dabei kann ich nicht umhin zu bemerken, daß die von Stengele am Schluß Seite 256 empfohlene Einführuug von Rentengütern ohne Anerbenrecht meines unvorgreiflichen Erachtens eine Halbheit und eine Maßregel ohne dauernden Erfolg ist, wenn man dabei die Herstellung und Erhaltung eines möglichst unverschuldeten Bauernstandes im Auge hat.

In Bayern gilt bayrisches, fränkisches und schwäbisches Recht neben gemeinem Recht, französischem Recht und preußischem Landrecht. Das bayrische Landrecht gilt mit geringen Ausnahmen in Ober- und Niederbayern, der Oberpfalz und Regensburg, dem südöstlichen Theile von Mittelfranken, an der Ostgrenze von Oberfranken sowie dem nördlichen und östlichen Theile von Schwaben und Neuburg. Das bayrische Landrecht, neben welchem das gemeine Recht in Frage kommt, bestimmt, „daß in unbeweglichen Gütern der ältere weltliche Mannserbe, sofern er anders die übrigen Miterben in leidentlichem Anschlag pro rata hinauszuzahlen vermag, den Vorzug hat". Die Sache hat sich auf Grund dieser Vorschrift so gestaltet, daß der Vater von den Kindern, zunächst aus den Söhnen, denjenigen, der das Gut zu übernehmen hat, bestimmt. Meistens trifft die Wahl allerdings den ältesten Sohn, mitunter aber auch den jüngsten. Meistens geschieht die Uebergabe bei Lebzeiten und früher auch zu annehmbaren Preisen. Diese sind aber etwa seit Ende der 60iger Jahre sehr gestiegen und dadurch Uebelstände hervorgerufen, besonders wenn die Eltern die Sache nicht bei Lebzeiten regeln. Erst neuerdings erfahren die Uebernahmepreise, weil auch der Verkaufspreis erheblich gefallen ist — von 1 fl. bayrisch etwa auf 1 Mk., also von 1,70 Mk. auf 1 Mk. — eine Ermäßigung, so daß die Hoffnung besteht, die Sache werde sich wieder regeln. Einstweilen ist aber die Frage der Uebernahmepreise in Ermangelung einer gesetzlichen Bestimmung über die Zugrundelegung des Ertragswerthes eine brennende (Denkschrift Seite 27 ff.). Dies alles gilt außer für Oberbayern auch für Niederbayern und die Oberpfalz. In den fränkischen Provinzen sind die Vorschriften verschieden, im Ganzen das Princip der Gleichtheilung und es ist dadurch die Parcellirung in einzelnen Gegenden sehr weit vorgeschritten. Es gilt in Oberfranken nach Bamberger und Bayreuther Landrecht ein „Vorsitz"-Recht des Aeltesten und zum Theil des Jüngsten. Dieses Vorsitzrecht ist aber ungenügend, um die Höfe zusammenzuhalten und es wird die gleichheitliche Theilung vielfach strenge durchgeführt (Seite 37), während in Mittelfranken die Gewohnheit der ungetheilten Gutsübergabe zu einem leidlichen Preise sich noch erhalten hat. Auch in Schwaben hat sich die ungetheilte Uebergabe meistens erhalten, in einem andern Theile von Schwaben kommt eine gemeinschaftliche Wirthschaft der Geschwister vor (Communhausung; Seite 38 ff.). Die Hauptgegend der Zersplitterung für Bayern rechts vom Rhein ist Unterfranken. In der Pfalz, dem Gebiete des französischen Rechts, ist die Naturaltheilung zum Theil sehr weit vorgeschritten, obschon sich in einzelnen Orten (Sickinger Höhe) die Gewohnheit, das Gut einem der Kinder zu übertragen, erhalten hat. „Wie sehr übrigens der Grundbesitz dem Einfluß des herrschenden Erbrechts unterworfen ist, geht u. A. daraus hervor, daß in der Gegend zwischen Nahe und Queich zur Zeit des Ausbruchs der französischen Revolution viele große Landgüter im Besitz der Geistlichkeit, des Staats und des Adels vorhanden waren, welche die französische Regierung zu sehr billigen Preisen verkaufte. Der damals von Privatpersonen erworbene, zum Theil sehr umfangreiche Grundbesitz ist aber größtentheils namentlich in Folge der vom Code civil angeordneten zwangsweisen Erbtheilung allmählich in lauter kleine Güter zerlegt worden, aus denen zum Theil bereits Zwergwirthschaften geworden sind (Seite 43).

Das eheliche Güterrecht ist ebenfalls sehr verschieden und die Bodenverhältnisse sind ganz verschiedener Art. Aus der angezogenen Denkschrift Seite 48/49 setze ich folgende Schlußstelle hierher:

„Im weitaus größten Theile des Königreichs wird theils nach Rechtsvorschrift, theils nach Rechtsgewohnheit der Bevölkerung im Princip daran festgehalten, die bestehenden Besitzungen als organisch zusammengefügte Wirthschaftseinheiten zu erhalten und in ihrem dermaligen Bestande von Generation zu Generation zu übergeben. Dies findet durchgehends statt in ganz Altbayern, dem größten Theile von Schwaben, Mittel- und Oberfranken und im kleineren Theile von Unterfranken. In allen diesen Gegenden ist fort und fort die ungetheilte Gutsübergabe in Uebung, während im größeren Theil von Unterfranken und fast in der ganzen Rheinpfalz das Princip der Naturaltheilung des Grundbesitzes gesetzlich gilt und praktisch durchgeführt wird*).

Die Ursachen der Verschiedenartigkeit der heute zu Recht bestehenden familienrechtlichen Einrichtungen des ländlichen Grundbesitzes in Bayern werden nicht bloß auf die Eigenthümlichkeiten der das Land bewohnenden Volksstämme oder auf die geschichtliche Rechtsentwickelung zurückzuführen sein, sondern ihren inneren Grund großentheils in der natürlichen Beschaffenheit der einzelnen Landestheile haben, indem dieselbe die Vorbedingung gewisser Wirthschaftsmethode abgiebt, gemäß deren Einwirkung eine der Landwirthschaft und ihrem Betrieb entsprechende Grundbesitzvertheilung von Anfang an sich vollzogen hat und auch fernerhin sich gestalten wird.

Welche Wirkungen für die Landwirthschaft nun aus diesen Systemen und der Art ihrer Durchführung theils bereits entstanden, theils fortwährend entstehen, entzieht sich leider der genauen Cognition und wird nur hinsichtlich der Besitzvertheilung mit einiger Bestimmtheit nachzuweisen sein. Wenn man den inneren Zusammenhang der Grundbesitzvertheilung mit dem Erb- und Eherecht auf Grund anderweitiger wissenschaftlicher Forschungen wohl als erwiesen und vorhanden annehmen darf, so giebt allerdings die neuere landwirthschaftliche Berufsstatistik über die Vergangenheit manche Aufschlüsse, ein Nachweis über die Wirkungen der gegenwärtigen Zustände würde dagegen auf einigermaßen zuverlässige Weise nur an der Hand einer vergleichenden Statistik zu gewinnen sein,

---

*) Stengele führt aus Unterfranken Seite 162/3 Zahlen an, welche darthun, daß in Unterfranken die Gleichtheilung der Grundstücke in einzelnen Gegenden sehr wenig ansprechende Ergebnisse geliefert hat, was dann freilich nicht bloß für Unterfranken gilt.

wozu bei der Kürze des Bestehens genauerer agrarstatistischer Erhebungen nach einem gleichmäßigen System nur ein geringfügiges Material zu beschaffen ist.

Bei dem Versuch, aus den statistischen Ziffern der Grundbesitzvertheilung die für unsere Betrachtung gesuchten Ergebnisse zu gewinnen, darf auch niemals übersehen werden, daß für die Art und Weise des landwirthschaftlichen Betriebs nicht nur die Größe des Wirthschaftsareals, sondern auch die Bodenqualität der einzelnen Besitzgrößen von Einfluß ist, wie es kaum näher dargelegt zu werden braucht, daß unter Umständen eine Bauerwirthschaft in der Pfalz mit 1 ha Grundbesitz in Bezug auf Preis, Erträgniß und demgemäß auf Wohlstand des Besitzers gleichwerthig ist mit einem Anwesen von 10 ha Grundbesitz in Altbayern.

Unterziehen wir nunmehr unter diesen Vorbehalten die Ziffern der Betriebsstatistik näherer Betrachtung, so finden wir hinsichtlich der Besitzvertheilung, daß die Landestheile, in denen das Princip der ungetheilten Gutsübergabe mit entsprechender Bevorzugung des Gutsübernehmers herrscht, auch noch den meisten Mittelbesitz aufzuweisen haben und dort das Verhältniß des Kleinbesitzes zum Mittelbesitz nach der Anzahl der Betriebe und der Größe der bewirthschafteten Nutzfläche noch als ziemlich normal gelten kann."

Weiterhin bitte ich über die Vertheilung des Grundbesitzes in Deutschland und namentlich auch die hier nicht besonders hervorgehobenen Gegenden das Nähere bei Miaskowski, Abthlg. I, S. 3—78 und Beilagen S. 281—311 nachzulesen. Von demselben sind die Verhältnisse mit aller wünschenswerthen Ausführlichkeit dargelegt. Außerdem enthält Stengele reichhaltiges statistisches Material. Für die Verhandlungen der Generalversammlung des Vereins für Socialpolitik, welche am 28. und 29. Septbr. 1894 stattgefunden haben, sind zwei Referate erstattet, erstlich über die Verhältnisse des Deutschen Reichs von dem Geh. Ober-Regierungsrath Dr. Hermes in Berlin und zweitens über österreichische Verhältnisse von dem Oberlandesgerichtspräsidenten Graf Chorinsky in Wien, welche beide die einschlagenden Verhältnisse kurz, aber sehr übersichtlich und lehrreich darstellen. Aus dem ersteren Referat S. 60 hebe ich hervor, daß in die Rolle eingetragen waren Ende 1893:

in Hannover	66 050	Höfe,
in Lauenburg	519	"
in Westfalen	2 219	"
in Brandenburg	81	"
in Schlesien	44	"

in Schleswig-Holstein	28	Höfe,
im Regierungsbezirk Cassel	144	"
im Großherzogthum Oldenburg i. Jahre 1890 von 10826 Besitzungen von 5 bis 100 ha =	9 027	"
in Bremen von 773 Besitzg. dieser Größe =	299	"

III.

1. Die Erhaltung des mittleren Grundbesitzes soll nach meiner Ansicht*) ein Gegenstand staatlicher Fürsorge sein. Es ist freilich durchaus nicht wünschenswerth, daß aller Grundbesitz bloß ein bäuerlicher sei. Die Folge würde sein, daß sich die Nachtheile, welche dieser Art der Bewirthschaftung anhängen, fühlbar machen würden. Der Besitzer, welcher seine ganze Thätigkeit der Sorge für den Besitz und Erwerb widmet und in dieser Sorge aufgeht, läßt es an Fleiß und Sparsamkeit nicht fehlen; aber er ist wenig geneigt, von dem Hergebrachten abzuweichen. Fortschritte in der Landwirthschaft wird er in dem Maße wie dies im Interesse des Ganzen wünschenswerth wäre, durchgängig aus eignem Antrieb nicht machen. Wohl wird er gegebener Anregung, wenn er den Nutzen thatsächlich vor sich sieht, folgen. Der mittlere und kleine Besitz in obigem Sinne bedarf daher der Verbindung mit größerem Besitz und größeren landwirthschaftlichen Betrieben, damit auch andere Gesichtspunkte und eine Geneigtheit, den Fortschritten der Landwirthschaft Aufmerksamkeit zu schenken, zur Geltung kommen. Es bedarf mit einem Worte die Landwirthschaft einer Mischung der verschiedenen Güterklassen. Dabei gehe ich von der Ansicht aus, daß der mittlere Grundbesitz nicht

---

*) Verhandlungen der Agrarconferenz vom 28. Mai bis 2. Juni 1894, Berlin; Seite 173. — Vergl. Miaskowski I, 8. — Unter Großgrundbesitz versteht man eine solche Besitzung, welche einen Wirth von höherer Lebenshaltung mit der bloßen Leitung des Betriebes voll beschäftigt und ihm auch das seinen Kenntnissen und seiner socialen Stellung entsprechende Einkommen gewährt. Als mittlerer Grundbesitz wird eine solche ländliche Besitzung bezeichnet, bei welcher der Wirth neben der Leitung des Betriebes selbst mit Hand anlegt, wenngleich er die auszuführenden Arbeiten größtentheils durch besondere Arbeiter besorgen läßt. Unter Kleinbesitz wird eine Besitzung verstanden, die von dem Wirthe und dessen Familie selbst bestellt wird und deren Arbeitskraft voll in Anspruch nimmt. Unter Parcellenbesitz ist ein ländliches Anwesen zu verstehen, das zu gering ist, um für sich eine Familie ganz zu beschäftigen oder zu ernähren. Der mittlere und Kleinbesitz befaßt hiernach den bäuerlichen Besitz. Der unter dem Großgrundbesitz statistisch mit begriffene Herrschaftsbesitz befaßt solche Fälle, in denen das einzelne Gut eine ungewöhnlich große Ausdehnung hat oder mehrere Güter in einer Hand vereinigt sind.

bloß nach der Zahl der Betriebe überwiegen, sondern nach der Größe der Fläche etwa die starke Hälfte des Grundbesitzes umfassen sollte.

Die Anhänglichkeit des Besitzers an seinen Besitz wächst naturgemäß mit den Jahren und der Länge der Zeit, während welcher er Fleiß und Sorge darauf verwandt hat. Es ist daher keineswegs bloß darum zu thun, daß der Besitz in einer bestimmten Weise vertheilt sei, sondern auch darum, daß der Eigenthümer nicht häufig wechsele. Außerdem soll der Besitz möglichst wenig verschuldet sein. Ein über die Hälfte des Kaufwerths verschuldeter Grundbesitz ist erfahrungsgemäß für den Besitzer stets eine große Sorge. Eine so große Schuldenlast macht den Besitzer zu sehr vom Capital abhängig, so daß dem gemeinen Wesen an einem so verschuldeten Grundbesitz nichts gelegen sein kann. Der Industrielle, welcher in Schulden gerathen ist, ist zwar auch in schlimmer Lage, aber die Zeiten gehen über ihn weg; wenn er sich nicht halten kann, verschwindet sein Schiff spurlos im Meere, ohne daß man dessen lange achtet. Anders aber ist es mit dem Grundbesitz. Der verschuldete Grundbesitzer ist viel schwerer in der Lage, sich herauszuarbeiten, schleppt sich andererseits mit der Kette, die ihn fesselt, viel länger hin, ehe ein anderer an seine Stelle tritt. Seine Lage ist daher dem gemeinen Wohl nicht förderlich, sondern hinderlich. Verschwindet der Besitzer schließlich in Folge Verkaufs, so verschwindet mit ihm auch das Stück Anhänglichkeit an die Scholle, welches sich bei ihm gebildet hat. Sein Untergang ist ein Verlust für viele Jahre. Dem Staate ist also nicht bloß daran gelegen, daß der Grundbesitz in angemessener Weise vertheilt sei, ihm ist auch daran gelegen, daß er möglichst lange in der Familie sich erhalte und daß er möglichst wenig verschuldet sei. Die Verschuldung des Grundbesitzes bedeutet allemal, daß derselbe dem Capital tributpflichtig ist und daß er in demselben Maße für den Staat und die Gemeinde weniger leistungsfähig ist. Nur bei unverschuldetem oder mäßig verschuldetem Grundbesitz ist darauf zu rechnen, daß er sich lange in der Familie erhalte. Nun entzieht erst die Dauer des Besitzes dem Gute den Charakter einer Waare. In den Augen eines richtigen Bauern hat der Besitz diesen Charakter nicht, vielmehr erscheint dem richtigen Bauer die Verwaltung des Besitzes als die Verwaltung eines überkommenen Amtes und die Erhaltung des „Hofes“, dessen „Wehrfester“ er ist, liegt ihm ebenso am Herzen wie dem Beamten die Vertretung der Interessen seines Amtes.*)

*) Diese Auffassung ist nicht etwa von mir ersonnen. Ich könnte eine Reihe charakteristischer Züge aus meinen eigenen Erlebnissen vorführen, welche zur Be-

Wenn ich für die Erhaltung des bäuerlichen Besitzes (des mittleren und des Kleinbesitzes) eintrete, so ist damit nicht gesagt, daß der Parcellenbesitz verschwinden sollte. Auch für den ländlichen Arbeiter ist ein kleiner Besitz von Werth. Der Besitz eines, wenn auch kleinen Grundstückes, dient dazu, den Arbeiter gegen allzugroße Abhängigkeit zu schützen, wenn er gleich genöthigt ist, daneben noch andern Erwerb zu suchen. Bei sonst halbwegs günstigen Verhältnissen entwickelt sich bei dem Besitzer eines kleinsten Anwesens, einer Parcelle in obigem Sinne, eine Anhänglichkeit an den Besitz, die mit der Mühe und Sorge, die er darauf verwendet, nicht abnimmt, sondern steigt. Aber eine einseitige Entwicklung des Zwerg-Besitzes ist gefährlich; sie wird in demselben Verhältniß gefährlicher, wie die Gelegenheit zum Nebenverdienste seltener und die Bodenbeschaffenheit ungünstiger ist. Es mag ja sein, daß im südwestlichen Deutschland alle diese Dinge weniger bedenklich erscheinen. Meiner ganzen Auffassung nach bin ich durchaus nicht geneigt, den Schulmeister zu spielen. Eines schickt sich eben nicht für Alle. Aber sogar die Freunde des Zwerg-Besitzes müssen zugeben, daß dort, wo er sich überwiegend entwickelt, Zustände eintreten, welche niemand als wünschenswerth bezeichnen kann. Es wäre leicht, ein Uebermaß von Parcellenbesitz nicht bloß aus Miaskowski, sondern auch an der Hand der

---

stätigung dienen. Es mag erlaubt sein, wenigstens eine „Anekdote" zu erzählen, die mir im Gedächtniß ist. Ich hatte als Anwalt einen Grenzstreit auszufechten, der dem Werthe nach nicht viel austrug, aber bedeutende Kosten verursacht hatte und noch mehr zu verursachen drohte. Die Sache lag für meine Partei nicht günstig und ich sah mich daher veranlaßt, meine Partei, einen achtzigjährigen Mann, welcher durch seinen Sohn vertreten wurde, weil er selbst das Zimmer nicht verlassen konnte, aufzusuchen, um ihm die Sachlage ausführlich darzulegen und zu einem damals möglichen Vergleiche zu rathen, bei welchem er freilich von seinem Rechte hätte nachlassen müssen, der aber sonst sehr günstig war. Darauf gab mir der Mann eine Antwort, die ich hier hochdeutsch hersetze, obschon sie niederdeutsch charakteristischer lautet: Ich bin ein alter Mann und stehe mit einem Fuß im Grabe. Ich wollte nicht, daß meine Kinder sagen sollten, sie hätten einen ungetreuen Vater gehabt, der die Rechte seines Hofes nicht vertheidigt hätte. Was dazu erforderlich ist, das habe ich erspart; das Geld liegt in meinem Schranke. Ich wünsche, daß die Sache zur Entscheidung gebracht wird. Fällt die Entscheidung gegen uns aus, so geben Sie mir einen Schein, daß wir Alles, was möglich ist, zur Wahrung meines Rechts, gethan haben. Dann muß ich zufrieden sein und bin meinen Kindern gegenüber als ehrlicher Mann gestorben.

Vgl. übrigens Kleinwächter in dem Gutachten zu dem österreichischen Gesetz vom 1. April 1889, welches sich unter den Anlagen zu den desfallsigen Verhandlungen des österreichischen Abgeordnetenhauses findet.

Angaben von **Stengele** aus manchen Gegenden Süddeutschlands nachzuweisen.*)

Die Verschuldung des Grundbesitzes bedeutet, daß der Grundbesitz einen Theil seines Ertrages an das bewegliche Capital abzugeben hat, die durchgängige Verpachtung seitens größerer Grundbesitzer, welche ihrerseits nicht selbst wirthschaften, bedeutet dasselbe. Der Eigenthümer steht dem Pächter an sich wie ein Capitalist gegenüber. Er ist freilich nicht so gänzlich wie der Darleiher einer Geldsumme losgelöst von dem Interesse für das verpachtete Landgut. Wenn er aber fern von demselben seinen Wohnsitz hat, machen sich die Mängel eines solchen Verhältnisses denn doch sehr geltend. Englische Verhältnisse würde ich, so sehr man auch dem englischen Großgrundbesitz nachrühmt, daß er die Pächter in England (von Irland spreche ich nicht) mild behandle, für Deutschland keineswegs wünschen. Will man Alles das vermeiden, so soll man meines Erachtens den mittleren Grundbesitz zu erhalten suchen. Gelingt es wirklich, einen mittleren nicht überschuldeten Grundbesitz in leidlichem Umfange zu erhalten, so bildet dieser Grundbesitz einen festen Kern, an welchen das Andere sich dann, je nach den Bedürfnissen der Gegend anschließt. Der Staat hat nicht nöthig, darauf besonders einzuwirken. Jedenfalls sorgt der Staat jetzt durch Gestaltung von Fideicommissen, durch Aufhebung der Beschränkung der Geschlossenheit und Beseitigung der Schranken, welche einem Verkaufe einzelner Parcellen entgegenstanden, eines Theils für die Interessen des Großbesitzes und anderen Theils für den Zwergbesitz. Es ist daher nur billig, daß er auch dem mittleren Grundbesitz sein Augenmerk zuwende.

Oder genügt es in der That, den Besitzer sich selbst zu überlassen und von der **Sitte** Alles zu erwarten? Kann der mittlere Besitz sich bei Gleichtheilung unter den Kindern und ohne besonderes Erbrecht halten? Ist es in der That eine dem Gesetzgeber geziemende Auffassung, den Besitzer auf das instinctive Bewußtsein zu verweisen, daß er gegen

---

*) Der Parcellenbesitz bedeutet dem Wortlaut nach nur das Vorhandensein von einzelnen Grundstücken, deren beliebig viele in der Hand desselben Eigenthümers sich vereinigen können. Oben ist ein Besitz gemeint, der in der Hand des Eigenthümers überhaupt nur so viel Eigenthum vereinigt, daß der Eigenthümer davon nicht allein leben kann. Aus der Zahl der Parcellen, welche in den statistischen Zusammenstellungen vorkommen, folgt an sich noch nicht, daß es sich um Zwerg-Besitz in diesem Sinne handelt. Die übermäßige Parcellirung des Besitzes hat, abgesehen von der Frage, ob Zwerg-Besitz vorliegt oder nicht, an sich das Bedenken, daß dadurch die Bewirthschaftung erschwert wird und ein Flurzwang geübt werden muß, der dem daran nicht Gewöhnten sicher unleidlich sein würde.

das Gesetz ankämpfen muß, wenn er nicht zu Grunde gehen will? Es mag ja sein, daß sich der Grundbesitz in den Jahrhunderten, während deren das römische Erbrecht in Deutschland geherrscht hat, in anerkennenswerther Weise dagegen zur Wehr gesetzt hat. Das ist indeß großen Theils geschehen, weil das römische Recht auf dem hier fraglichen Gebiete lange Zeit keine Geltung erlangte. Durch eine Reihe rechtlicher Schranken wurde es behindert, sich unbeschränkte Geltung zu verschaffen und erst in diesem Jahrhundert, zum Theil erst in der zweiten Hälfte dieses Jahrhunderts dringt es gänzlich durch. Vor Allem hat die Abhängigkeit von einer Gutsherrschaft das Durchdringen des römischen Erbrechts aufgehalten. Freilich mußte die Gutsherrschaft beseitigt werden. Ich wäre sicher der Letzte, etwa der Osnabrückschen Eigenbehörigkeit eine Thräne nachzuweinen. Aber neben vielen Schattenseiten haben diese Dinge doch auch das Gute gehabt, die Auflösung des mittleren Grundbesitzes aufzuhalten. Nun ist das Alles verschwunden. Es tritt daher eine neue Aufgabe heran und es gilt auf dem Gebiete des Privatrechts ein besonderes Grunderbrecht zu erhalten und neu zu gestalten, wie es dem Interesse der Landwirthschaft entspricht. Je weiter die Codification des Rechts vorschreitet, je mehr das Gewohnheitsrecht und die darauf gegründeten Rechtsbildungen schwinden, desto dringender wird die Lösung der Aufgabe, ein dem Interesse der Landwirthschaft zusagendes Erbrecht unter Dach zu bringen. Auf die Sitte kann man sich nur so lange berufen, wie sie besteht; will man warten, bis sie geschwunden ist, so sucht man dann vergeblich danach. Daß aber schließlich die Sitte schwinden muß, wenn Gesetzgeber und Juristen darin übereinkommen, die Gleichtheilung als das einzig Richtige und Gerechte hinzustellen, ist selbstverständlich. Es ist gewiß eine höchst schätzenswerthe Eigenschaft des Grundbesitzerstandes überhaupt und des Bauernstandes vorzugsweise, daß er nicht doctrinär ist, besonders schätzenswerth in Deutschland. Gleichwohl muß sich doch auf die Dauer auch der Bauer der ihm von allen Seiten gepredigten Lehre, daß der Grundbesitz eine Waare sei, bei der nichts als der Kaufwerth in Betracht komme, um so mehr fügen, als der Eigennutz ja ohnehin eine verführerische Eigenschaft ist und man ein leichtes Spiel hat, wenn man ihn predigt.

Vielfach ist aus alter Zeit ein gewisses Mißtrauen gegenüber denen, welche früher die Gutsherren waren, geblieben und leicht kommt der kleinere Besitzer auf den Gedanken, daß es sich im Grunde darum handle, ihn wieder in eine gewisse Abhängigkeit zu bringen. Ich meinerseits wünsche im Interesse des Ganzen und der Landwirthschaft insbesondere, daß dies Mißtrauen schwinde. Ich sehe darin, daß in Hannover Rittergutsbesitzer ihre landtagsfähigen Güter in Ermangelung eines besonderen dafür bestehenden Erbrechts in die Rolle haben eintragen lassen, einen sehr erfreulichen Vorgang. Die Eintragung in die Rolle ist ja keineswegs für den bäuerlichen Besitz ausschließlich bestimmt, im Gegentheil das System der Rolle eingeführt, weil man von dem Begriffe des Bauernstandes abzusehen genöthigt war. Ein derartiges thatsächliches Vorgehen wird viel mehr wirken als Ansprachen, weil es unmittelbar das Vertrauen begründet, daß es sich in der That um eine Maßregel handelt, bei welcher die Interessen zusammengehen und nicht gegeneinander.

Man sagt nun zwar, erbrechtliche Bestimmungen könnten der Landwirthschaft wenig helfen. Man beruft sich dafür auf statistische Zusammenstellungen, aus denen hervorgehen soll, daß die Verschuldung nur in wenigen Fällen Folge des Erbrechts sei. Meiner Ansicht nach ist es wohl möglich, statistisch zusammenzustellen, in welchen Fällen Erbtheilungen, die Veräußerung eines Landgutes im Ganzen oder Naturaltheilung unmittelbar bewirkt haben. Darüber hinaus ein beweiskräftiges Material darüber beizubringen, wodurch die Schulden entstanden sind, welche schließlich eine zwangsweise Veräußerung bewirken, ist nach meiner Meinung unmöglich. Man müßte, um das zu wissen, in den meisten Fällen tief in die Familiengeschichte eindringen, so tief, daß sich das von selbst verbietet. Ohnehin liegen andere statistische Angaben und sonstige Zeugnisse vor — und zwar nicht bloß von Freunden, sondern auch von Gegnern des Anerbenrechts — daß die Uebernahmepreise in manchen Gegenden in der That zu hoch erscheinen und die Erhaltung des Hofbestandes in einer Hand im Mangel eines Voraus für den Uebernehmer eine Verschuldung veranlaßt. Die Natur der Sache giebt freilich ohne Weiteres an die Hand, daß, wenn der Uebernahmepreis so hoch ist, daß der Uebernehmer ihn bis zum nächsten Erbfall nicht tilgen kann, die Familie schließlich weichen muß und zwar des Erbrechts wegen. Freilich so sicher es ist, daß das Zusammenhalten des Grundbesitzes in einer Hand und ohne Schuldenhäufung außer etwa beim Zweikindersystem, auf die Dauer nur möglich ist bei genügendem Voraus für den Uebernehmer, ebenso sicher ist, daß die Zerstückelung oder Ueberschuldung, der freiwillige oder Zwangs-Verkauf und der Uebergang aus der Familie in andere Hände nicht immer gleich, sondern häufig allmählich nach Verlauf längerer Zeit eintreten und eben daher die Folgen nicht sofort ersichtlich sind. Die Wiederherstellung eines gesunden Zustandes, d. h. eine Beseitigung der Verschuldung durch zweckmäßiges Erbrecht ist andererseits ebenfalls nur langsam oder vielmehr noch langsamer möglich, denn die Schulden müssen zu diesem Zwecke bezahlt werden und Schulden bezahlen ist schwerer und unbequemer, als sie eingehen.

Ich beantworte also die mir gestellte Frage dahin,

daß meines Erachtens allerdings ein Anerbenrecht im Interesse der Erhaltung eines landwirthschaftlichen unverschuldeten Besitzes wünschenswerth ist.

Wenn ich vorstehend für die Erhaltung eines unverschuldeten zweckmäßig gegliederten Standes von Landwirthen mich ausgesprochen und mich dahin ausgesprochen habe, daß ein besonderes Erbrecht zu diesem Behufe nothwendig ist, dergestalt, daß einem der Erben das Gut gegen mäßige Abfindung der Geschwister übertragen wird, so möchte ich auf die Bedeutung des Erbrechts für diesen Zweck noch weiter eingehen. Giebt es doch Freunde der Gleichtheilung nach römischem Rechte, welche keineswegs die Erhaltung eines tüchtigen Standes von Landwirthen entbehrlich halten. Ja noch mehr; es giebt Gegenden, in denen vermöge der besonderen Verhältnisse der Landwirthschaft die Erhaltung der Landgüter und Höfe in einem gewissen Bestande sich von selbst ergiebt, andererseits aber die günstigen Verhältnisse gestatten, die abgehenden Kinder abzufinden, ohne das Gut oder den Hof mit Schulden zu beschweren. Das sind z. B. an der Nordsee die Marschen. Die Bodenbeschaffenheit nöthigt zu ausgedehnter Pferdehaltung, die natürlich auf kleinen Besitzungen unmöglich ist. Die Deich- und Siellasten zwingen, den Besitz zusammenzuhalten. Andererseits sind die Erträge günstig. Ob freilich auch dort eine Gleichtheilung nach einem vermeintlichen Verkaufswerthe in allen Fällen wirklich eintritt und ob nicht doch die Eltern durch angemessene Bestimmung des Uebernahmepreises thatsächlich dahin wirken, daß keine übermäßige Belastung eintritt, wage ich nicht zu beantworten, ich glaube auch kaum, daß darauf Jemand so leicht eine sichere Antwort geben kann. Das bloße Ablehnen des Anerbenrechts beweist in dieser Beziehung an sich noch nicht Alles. Genug, in diesen Gegenden wird die gesetzliche Gleichtheilung nicht als Last empfunden. Es giebt diesen Gegenden gegenüber Gegenden, in denen sich die Sache zweifellos anders verhält. Diese anderen Gegenden bilden aber nicht bloß die Regel, sondern es müssen mit mathematischer Nothwendigkeit die Fälle, in denen Gleichtheilung bei Zusammenhalten des Grundbesitzes zu dessen Verschuldung führt, immer zahlreicher werden.

Die Lage des Uebernehmers eines Landguts wird dadurch erschwert, daß ein Unterschied zwischen dem Zinsfuß, den man bei Schätzung des Kaufwerthes zu Grunde legt und dem üblichen Zinsfuß für Darlehne je länger je mehr hervortritt. Je wohlhabender Deutschland wird, je mehr der Capitalbesitz wächst, desto mehr sucht derselbe nicht bloß nach auswärtigen unsicheren oder nach inländischen sicheren Staatspapieren, sondern auch nach Grunderwerb. Die Fälle sind schon jetzt durchaus nicht selten, daß vermögende Leute lieber auf einen Grundstückserwerb ausgehen, wenn auch das Grundstück sehr mäßige Zinsen trägt, als daß sie Staatspapiere und Hypotheken kaufen. Reiche Leute pflegen ohnehin nicht gern auf eine Art der Anlage sich zu beschränken. Dort, wo Handel und Industrie die Gedanken beherrschen, wie in den Hansastädten und anderswo, sucht der thatkräftige Industrielle oder Kaufmann „hüben oder drüben", d. h. über dem Wasser, durch Seehandel oder im Binnenlande durch Handel und Fabrication seine Kräfte zu verwerthen. Und dennoch kommen auch dort Fälle des Grunderwerbes vor, wieviel mehr unter Verhältnissen, wo Handel und Verkehr nicht alles Interesse in Anspruch nimmt. Das Sichere des Grundbesitzes, der nun einmal sich nicht forttragen läßt, mitunter auch ein auf psychischem Gegensatz beruhendes Verlangen ruft das Interesse für den Grundbesitz hervor. Daher fehlt es in den Kreisen der Capitalisten durchaus nicht an solchen Persönlichkeiten, die dem Ankaufe landwirthschaftlicher Güter geneigt sind. Der Zinsfuß, nach dem dabei der Kaufpreis sich berechnet, steht niedriger als der Zinsfuß der Staatspapiere, zumal aber der Hypotheken, weil er unentziehbar ist und keiner Zinsermäßigung seitens des Gläubigers unterliegt. Er wird auf die Dauer noch fallen, wenn der Zinsfuß der Staatspapiere fällt. Die Folge ist ein Mißverhältniß zwischen Kaufpreis und dem wirklichen Ertrage. Nun brauchen die Fälle gar nicht so häufig zu sein, daß Preise bezahlt werden, die etwa höchstens 3 pCt. herauszuwirthschaften gestatten, es ist nicht nöthig, daß jedes Landgut, jeder Hof zu solchem Preise wirklich verkäuflich ist, um bei Beurtheilung des Werths eines Landguts eine danach bemessene Schätzung herbeizuführen. Man sieht dabei häufig auf einzelne Preise, die, wenn Jeder verkaufen wollte, natürlich nicht zu erzielen wären. Das bewirkt dann, daß bei Erbtheilungen ein Verkaufswerth berechnet wird, der von dem Ertragswerth verschieden ist.

Dazu kommt, daß der bäuerliche Landwirth geneigt ist, seine eigene Arbeit bei Berechnung des Kaufpreises nicht anzuschlagen. Die abgehenden Kinder haben aber durchaus keinen Anspruch darauf, daß der Gutsübernehmer seine eigene Arbeitsthätigkeit capitalisire und ihnen davon einen der Zahl der Geschwister entsprechenden Antheil auszahle. Das muthet auch der Fabricant demjenigen seiner Kinder, welches die Fabrik und das Geschäft übernimmt, nicht zu. Er wird schwerlich den Ertrag, den die Fabrik in einer Reihe von Jahren gebracht hat, capitalisiren und von dem Capital jedem Kinde den entsprechenden Theil zuweisen. Das hieße, dem Uebernehmer zumuthen, das, was er im späteren Leben durch eigene Intelligenz und Thatkraft verdienen will, im Voraus auszahlen; sondern er wird die Firma als solche vielleicht gar nicht und die Gebäude und die Fabrikanlagen zu einem sehr ermäßigten Preise dem betreffenden Kinde überlassen. In den Büchern sind diese Sachen ohnehin bei solider Aufmachung zu einem großen Theile abgeschrieben. Ebenso muß der Landwirth verfahren, wenn er den Gutsübernehmer nicht benachtheiligen will. Theoretisch könnte man sagen, er solle den dauernden Pachtwerth berechnen und davon alle Lasten, die den Verpächter treffen, abschreiben, das Risico, die Ermäßigung der Pacht, für sonstige Gefahren u. s. w. Damit kommt man schließlich immer darauf hinaus, daß der Anerbe den Besitz zu einem Betrage übernehmen sollte, bei dem er bestehen und die Abfindungen Zeit seines Lebens abzahlen kann. Die Fälle, daß im gewerblichen Leben der zukünftige Gewinn unfügsamer Weise beim Verkaufe mit berücksichtigt wird, kommen bei Realgerechtigkeiten, ja selbst bei Personalconcessionen, vor und zwar um so häufiger und um so durchgreifender, je größer die Sicherheit ist, daß dem Käufer die Dauer des Erwerbs gesichert ist. Verwaltung und Gesetz suchen dagegen anzukämpfen, aber nicht immer mit Erfolg. Es ist daher nicht unnatürlich, daß die Möglichkeit, als Landwirth seine Arbeitskraft zu verwerthen, beim Kauf und bei der Uebernahme ganz ungehöriger Weise mit veranschlagt wird, ohne daß man sich dessen bewußt ist.

Wählt man ein Beispiel, so hängt natürlich Alles von der Wahl des Zinsfußes ab, den man der Berechnung zu Grunde legt. Ich berechne den Kaufpreis nach 3 pCt. und nehme als Zinsfuß der Schulden 4 pCt. an. Ich setze den Fall, ein Gut habe danach einen Kaufwerth von 160 000 Mk., d. h. man stelle sich vor, daß ein Erlös von 3 pCt. (also 4800 Mk.) sich erziehlen lasse, wenn man kaufen will. Sind nun 4 Kinder da, so hat der Anerbe 120 000 Mk. auszuzahlen, während das Gut bei 3 pCt. Ertrag — als Ganzes bewirthschaftet und nicht verkauft — gerade 4800 Mk. einbringt; die 120 000 Mk. muß aber der Anerbe mit 4800 Mk. zu 4 pCt. verzinsen. Was hat er denn nun? Für ihn bleibt nichts, die abgehenden Kinder erhalten jedes 40 000 Mk.

Da kann man freilich Gleichtheilung der Grundstücke natürlicher finden. Wer baut denn aber die dann erforderlichen neuen Gebäude? Es müßte doch nun eine dreifache Garnitur von Gebäuden neu gebaut werden, während die alten zu groß sind. Ist das thunlich? Weist nicht Alles darauf hin — Ausnahmen giebt es ja je nach Ortsgelegenheit — das Gut zusammenzuhalten, also dem Anerben zu lassen? Ist es, wenn man das will, gerecht, ihn zur Auszahlung von 120 000 Mk. anzuhalten? Vielleicht läßt er sich durch die Liebe zum elterlichen Besitz in der Hoffnung, durch eine Heirath die Last zu vermindern, zur Uebernahme der Schuld bestimmen. Vielleicht rechnet er auch nicht. Verschuldet ist er aber sicher, auch wenn er einen Kindestheil durch Heirath deckt. Er ist dann immer noch bis an die äußerste Grenze belastet und unter gewöhnlichen Verhältnissen sein Leben lang abhängig von seinen Gläubigern, für die er arbeitet, ohne wesentlich weiter zu kommen. Er braucht nur einige Male starken Mißwachs zu haben, dann ist er ganz überschuldet.

Kurz, es ist meiner Ansicht nach ungerecht, bei der Gutsübernahme dem Uebernehmer den Kaufpreis anzurechnen, weil er eben nicht verkaufen, sondern wirthschaften soll; es ist ferner ungerecht, ihn zu überlasten und seine künftige Arbeit zu capitalisiren, weil auf deren Ertrag er allein Anspruch hat.

Meiner Ansicht nach folgt daraus, daß in den meisten Fällen bei Gleichtheilung die Landgüter verschuldet werden m ü s s e n und daß, wenn sie zusammenbleiben sollen, der Uebernehmer nicht gleichtheilen kann. Da sie nun in vielen, ja den meisten Theilen Deutschlands ihren Bestand behalten müssen, weil die Natur das Gegentheil verbietet, außerdem weil dem Staate an leistungsfähigen und zufriedenen Existenzen gelegen ist, so muß dem Anerben auch eine ermäßigte Taxe, ein Voraus, zugebilligt werden. Mag man das zurecht legen, wie man will, mag man es Bruder- und Schwesterntaxe, kindliche Taxe nennen oder dem Anerben ein Voraus geben, bevorzugt wird er, weil das gerecht und weil es im öffentlichen Interesse nothwendig ist.

Nun ist es freilich mit dem Anerbenrechte allein nicht gethan. Es handelt sich auch um das eheliche Güterrecht. Beinahe scheint es, daß der Verfasser des Buchs über die Bedeutung des Anerbenrechts für Süddeutschland den Norddeutschen zutraut, daß sie nicht ebenso beflissen seien, wie man es in Süddeutschland ist, an die Fürsorge für ihre Frauen zu denken. Darin hätte er sicher Unrecht. Es handelt sich auch hier wieder um den Kampf gegen römisch-rechtliche Anschauungen, die mir, so sehr ich in a n d e r e n Beziehungen das römische Recht und die Geschicklichkeit der römischen classischen Juristen in der Behandlung von gegebenen Verhältnissen ehre und hochschätze, auf dem Gebiete des ehelichen Erbrechts gänzlich verfehlt, ja geradezu in unseren deutschen Anschauungen gemessen, verletzend und unglaublich erscheinen. Wahrscheinlich sind sie so lange geduldet, weil man sich in der Praxis auf andere Art zu helfen gewußt hat. Was heißt es denn, daß das römische Recht das Erbrecht der Frau hinter die letzte Klasse der Verwandten stellt und sie natürlich beim Pflichttheil ganz vergißt? Das kann doch nichts Anderes heißen, als daß der entfernteste Verwandte dem Manne näher steht als seine Frau. Glücklicher Weise sind wir über diese Anschauung trotz alledem hinaus. Wir werden auch im neuen deutschen Civilgesetzbuch ein System der Gütergemeinschaft oder vielmehr mehrere Systeme derselben haben, an die man sich anschließen kann, und bei Gütertrennung ein Erbrecht und Pflichttheilsrecht des überlebenden Ehegatten. Das hat schon jetzt in der Gesetzgebung Vorgänge. Aber freilich paßt bei der Gütergemeinschaft die Schichtung im Falle der zweiten Ehe nicht zu dem Bedürfnisse eines Landgutes und bei getrenntem Vermögen die Auszahlung eines Capitales ebenfalls nicht. Man muß für Landgüter auf diesem Gebiete nach passenden Besonderheiten suchen, die ebenso wie das Anerbenrecht als besonderes Recht für Landgüter sich gestalten und an das Anerbenrecht sich anschließen.

Daneben kommt dann der Anspruch der unerzogenen abgehenden Kinder auf Erziehung und Unterhalt für eine gewisse Zeit in Betracht.

2. In den Verhandlungen der Agrarconferenz sind verschiedene Formen des Anerbenrechts zur Sprache gekommen.

Erstlich das ältere strengere Anerbenrecht, welches nach dem Rechte des Majorats oder Minorats einem der Kinder das Anerbenrecht überträgt und von Seiten der Eltern außer aus bestimmten Enterbungsgründen nicht geändert werden kann. Zweitens ein Intestatanerbenrecht, wobei den Eltern die Freiheit des Testirens vorbehalten bleibt. Drittens das Anerbenrecht für alle in eine Rolle eingetragenen Besitzungen in der Art, daß dem Besitzer die Befugniß zusteht, nach seinem Belieben die Eintragung und Löschung zu bewirken. Viertens ein Anerbenrecht für alle in eine Rolle eingetragenen Besitzungen, in der Art, daß die Eintragung in die Rolle von Amtswegen erfolgt, dem Besitzer aber die Befugniß vorbehalten bleibt, die Löschung in der Rolle zu bewirken.

Das strenge ältere Anerbenrecht kann nach meiner Meinung als Grundlage für eine neuere Gesetzgebung schwerlich in Betracht kommen und zwar erstlich deshalb nicht, weil nach meiner Meinung gar keine

Aussicht besteht, dafür die gesetzgebenden Factoren zu gewinnen und ebenso wenig Aussicht, die betheiligten landwirthschaftlichen Kreise zu bestimmen, für dieses Anerbenrecht einzutreten.

Zweitens deswegen nicht, weil es unzweckmäßig ist. Anerbenrecht dieser Art setzt nach meiner Meinung voraus, daß ein Obereigenthum besteht, dessen Inhaber befugt ist, Veräußerung und Verschuldung zu hindern. Denn der Eigenthümer, welcher frei verkaufen und nach seinem Ermessen Geld anleihen kann, welcher im Mangel einer Geschlossenheit des Besitzes nicht einmal behindert ist, einzelne Grundstücke zu veräußern, ist in der That durch das Anerbenrecht nur scheinbar gebunden, wird aber diese Gebundenheit gleichwohl unangenehm empfinden und mit Recht. Das Anerbenrecht dieser Art ist also ohne Gebundenheit des Besitzers durch ein Obereigenthum ein Widerspruch in sich. Da nun Alles dagegen spricht, die fragliche Gebundenheit wieder einzuführen, so ist davon abzusehen.

An dieser Auffassung ändert es m. E. nichts, daß thatsächlich auch bei freien übrigens durchgängig geschlossenen Höfen hier und da ein Anerbenrecht bestanden hat, in der Art, daß die Eltern an die Person des Anerben und auch an die gesetzlich vorgeschriebenen Abfindungen gebunden waren. Die Unzweckmäßigkeit des Verhältnisses hat sich trotz der vorhandenen öffentlich rechtlichen Gebundenheit — auch bei freien Höfen — herausgestellt.

Gegen ein Anerbenrecht dieser Art spricht drittens, daß es bedenklich ist, die Eltern gegenüber den Kindern in der Art zu binden, wie es dabei der Fall ist. Ein Anerbenrecht dieser Art vermag ich nicht zu befürworten. Meine eigene etwa 20jährige Erfahrung spricht entschieden dagegen.

Die zweite Modalität — Intestatanerbenrecht für ländliche Besitzungen mit vollständiger Testirfreiheit und Verfügungsfreiheit auch unter Lebenden — hat ohne Zweifel für sich, daß eine Vorschrift dieser Art folgerichtig ist, da sie sich auf den Willen des Gesetzgebers zurückführt. In der That ist es auf den ersten Blick ungewöhnlich und sonstigen Anschauungen widersprechend, es von dem Belieben des Besitzers abhängig zu machen, ob ein besonderes Erbrecht anstatt des gesetzlichen Geltung haben soll. Man sagt nicht ohne Grund, daß der Gesetzgeber, wenn er einmal der Ansicht ist, daß das Anerbenrecht im öffentlichen Interesse nothwendig ist, selbst bestimmen muß, wie weit das öffentliche Interesse reicht und daß er, soweit das öffentliche Interesse reicht, die Bestimmung treffen sollte, ohne Rücksicht auf das subjective Ermessen des Einzelnen, daß er das auch um so unbedenklicher thun kann, als er ja in das Privatrecht des Einzelnen, nicht zwingend eingreift, vielmehr diesem freie Verfügung unter Lebenden und von Todeswegen einräumt. Ein Intestatanerbenrecht der besprochenen Art mit Testirfreiheit und ohne weitere Beschränkungen läßt sich an sich selbstverständlich vorsehen und mit den angegebenen Gründen gegenüber dem System der Rolle vertheidigen. Man darf aber die Bedenken, die dagegen auftauchen, nicht übersehen. Zunächst und vor allen Dingen ist es nach meiner Meinung nicht wohl denkbar, ein solches Intestatanerbenrecht anderswo und in weiterem Umfange einzuführen, als Sitte und Gewohnheit dafür sprechen und die Meinung der Betheiligten wenigstens der überwiegenden Mehrzahl dafür ist. Wollte man ein solches Recht da einführen, wo Sitte und Gewohnheit und die Auffassung der Betheiligten dagegen sind, so würde man auf Widerstand und Widerwillen stoßen und wohl gar die Betheiligten zur Vornahme von Rechtsakten veranlassen, die sie in dieser Weise sonst nicht vorgenommen hätten, man würde vielleicht Anlaß dazu geben, daß der Uebernehmer eines Hofes erst recht geschädigt wird und daß das Zusammenhalten unverschuldeter Höfe in geringerem Maße stattfände, als es jetzt der Fall ist. Ich bin z. B. überzeugt, daß, wenn man ein Intestaterbrecht in den hannöverschen oder schleswig-holsteinischen Marschbezirken einführen wollte, das dort Unzufriedenheit und vielfaches Mißtrauen hervorrufen und daß man keinen Nutzen damit stiften würde. Aehnlich würde, wie ich dem Dr. Stengele zugebe, die Wirkung in manchen Gegenden Süddeutschlands sein. Auch in mehreren Provinziallandtagen Norddeutschlands hat man sich dagegen erklärt. Man muß sich eben nach meiner Meinung in diesen Dingen bescheiden und vor gewaltsamem Vorgehen hüten.

Ein zweiter Grund, der gegen die Einführung eines Intestatanerbenrechts spricht, ist der, daß das Erbrecht einen festen Anhalt für seine Anwendung verlangt. Dieser Anhalt läßt sich durch eine noch so sorgfältige Begriffsbestimmung nicht geben. Wenn man Anerbenrecht als Intestaterbrecht einführen will, so sollte man nach den Ansprüchen, die man jetzt bei Abfassung von Gesetzen macht, Ansprüchen, mit denen sich die mitunter unsichere und unbestimmte Fassung älterer Gesetze schlecht verträgt, sich so ausdrücken, daß man bestimmte Besitzungen trifft, die durch den Namen, der zu ihrer Bezeichnung dient, in der betreffenden Gegend vollständig genau gekennzeichnet werden. Nach allgemeinen abstracten Begriffsbestimmungen den Richter im Erbfalle entscheiden zu lassen, was unter das Gesetz fällt, was nicht, hat sein Mißliches. Eher mag man diese Art der Bezeichnung, z. B. wirthschaftliche Zusammengehörigkeit, gebrauchen, wenn es sich darum handelt, zu bestimmen, welche Grundstücke im einzelnen Falle zu dem betreffenden Besitz zu rechnen sind. Für die Frage aber, ob eine Besitzung überhaupt dem Anerbenrecht unterworfen ist, genügt eine abstracte Regel nicht. Auch die Größe könnte hier als entscheidendes Moment zweckmäßig nicht eingeführt werden. Schon deshalb nicht, weil die Verhältnisse wechseln und überhaupt nicht, weil es unleidlich sein würde, die Grundlage der Erbrechtsfrage davon abhängig zu machen, ob der Besitz beim Tode des Erblassers als um einen Morgen größer oder kleiner sich ausweist oder auch der etwa durch Veräußerung geänderte Katastralreinertrag als um ein Weniges größer oder kleiner sich herausstellt. Bei dem System der Rolle hat man in mehreren Provinzen zwar auch die Möglichkeit der Eintragung an den Katastralreinertrag angeschlossen; ob mit Glück, lasse ich dahingestellt. Jedenfalls kann man aber dabei die Prüfung der Sache bei Eintragung in die Rolle im Auge behalten und dafür sorgen, daß die Frage bei dem Tode des Erblassers nicht zur Sprache kommt.

Die dritte Modalität ist die der Höferolle mit freiwilliger Eintragung und freier Löschung, diese Einrichtung hat in der Provinz Hannover, für welche sie ursprünglich bestimmt war, befriedigende Ergebnisse geliefert, hat aber außerdem außer in Lauenburg und einem Theile von Westphalen keinen erheblichen Erfolg aufzuweisen. Gleichwohl mag man mir gestatten, zu sagen, daß meines Erachtens dem freiwilligen Eintrag in die Rolle und der Freiheit der Löschung erhebliche Vortheile zur Seite stehen.

Zunächst ist dem System der Freiwilligkeit gegenüber dem Versuche, durch Zwangseinrichtungen die Erhaltung der Landgüter herbeizuführen, eine gewisse Folgerichtigkeit nicht abzusprechen. Die Gegner der Eintragung in die Rolle werden schließlich zu der Ueberzeugung kommen, daß es sich wirklich nicht um eine Beschränkung der Verfügungsfreiheit handelt, sondern gegenüber dem jetzigen gemeinen Intestaterbrecht und Pflichttheilsrecht um Erweiterung der Befugnisse des Besitzers, daß mithin das dagegen obwaltende Mißtrauen unbegründet ist. Dieses Mißtrauen besteht zur Zeit noch und eben hierin liegt ein wesentlicher Grund für die Geringfügigkeit der Eintragungen, zumal eine Abneigung der zur Ausführung berufenen Juristen nicht wegzuleugnen ist. Gelänge es, diese Abneigung in die Ueberzeugung zu verwandeln, daß es nicht mehr als billig ist, dem Landwirth die Möglichkeit zu geben, nach seinem Ermessen vorzugehen, so wäre viel gewonnen und das Ergebniß würde m. E. ein anderes werden. Die Zahl der Juristen, welche die Sache unbefangen ansehen, ist nach meiner Meinung in den letzten 20 Jahren gewachsen und nicht zurückgegangen. Vor 20 Jahren war eine Vertheidigung des Anerbenrechts unter den Juristen ganz selten.

Zweitens ist dieser Weg der einzige, der gangbar ist, wenn und so weit es sich darum handelt, das Anerbenrecht auch in Gegenden möglich zu machen, wo es bisher nicht der Sitte oder Gewohnheit entspricht. Wenn in solcher Gegend auch nur einzelne Grundbesitzer vorhanden sind, welche sich zur Eintragung entschließen, so sehe ich nicht ein, warum denselben die Füglichkeit vorenthalten werden soll, mit gutem Beispiel voranzugehen. Das Vereinzelte der Bestimmung sollte kein Bedenken hervorrufen, da es sich ja immer nur um ein bestimmtes Objekt handelt, das allgemeine Erbrecht aber nicht in Frage steht und für das Allgemeine keinerlei Nachtheil und keine Erschwerung entstehen kann.

Drittens beseitigt das System der Rolle eine Reihe von Schwierigkeiten, welche auf die eine oder andere Art sonst hervortreten. Insbesondere fallen alle Bedenken weg, welche gegen ein Intestatanerbenrecht aus der Unsicherheit der Begriffsbestimmung über die Höfe, welche unter das Erbrecht fallen sollen, zu erheben sind.

Die vierte Modalität — Anerbenrecht, welches sich an eine Rolle anschließt, die aber nicht wie nach dem hannöverschen Gesetze auf freiwilliger Eintragung beruht, sondern auf einer Eintragung von Amtswegen, jedoch mit der Aenderung, daß das Löschen in der Rolle dem Besitzer freisteht — verläßt die Freiwilligkeit eigentlich nicht. Es ist, wenn man sich so ausdrücken will, dem Unterlassen der Eintragung aus Nachlässigkeit ein Riegel vorgeschoben. Daß mir diese Modalität indeß sonderlich gefiele, kann ich nicht sagen. Zunächst tauchen hier wieder die Bedenken auf, zu bestimmen, was unter das Gesetz fallen soll. Denn da die Eintragung von Amtswegen erfolgen soll, muß diese Eintragung auch nach sicheren Merkmalen geschehen, da doch die Eintragung, wenn später keine Löschung erfolgt, eine endgültige sein muß. Man wird folglich viele Güter eintragen, die ihrer Kleinheit wegen vielleicht besser wegfallen oder aus anderen Gründen sich nicht eignen. Kurz, man wird sich eine Schwierigkeit schaffen, die bei freiwilliger Eintragung wegfällt. Durch ein allgemeines Vorgehen würde man sicher großes Mißtrauen und Unzufriedenheit hervorrufen und in manchen Gegenden lediglich erzielen, daß, was von Amtswegen eingetragen wird, von Privatwegen gelöscht wird. Mit der Autorität des Staats wäre das m. E. schlecht in Einklang zu bringen. Meiner Ansicht nach würde diese Modalität mehr unnöthige Aufregung hervorrufen als der Erlaß eines das Intestatanerbenrecht feststellenden allgemeinen oder Provinzialgesetzes. Ein solches Gesetz würde auf Unzufriedenheit vielleicht im einzelnen Erbfalle stoßen, im Ganzen aber weniger beunruhigen, als die Eintragung in die Rolle von Amtswegen. Meiner Meinung nach wäre es eher von Erfolg, mit Hilfe geeigneter Organe auf die freiwillige Eintragung in die Rolle hinzuwirken.

Auf alle Fälle bleibt zu wünschen, daß ein die Eintragung der Landgüter in eine Rolle ermöglichendes Gesetz, sei die Eintragung freiwillig oder erfolge sie von Amtswegen, sich an die Anschauungen der betreffenden Provinz oder des betreffenden Staatsgebietes thunlichst anschließe. Denn eine Nichtbeachtung würde den Gebrauch der Rolle sehr einschränken. Ich vermag mir daher auch bei dieser Modalität von der Aufstellung eines für ganz Deutschland geltenden Gesetzes keinen Erfolg zu versprechen. So bald man in die Einzelheiten eingeht und sich daran macht, diese festzustellen, sieht man, daß die Ansichten darüber nach den einzelnen Ländern und nach einzelnen Theilen dieser Länder sehr verschieden sind. Die Hauptpunkte des Anerbenrechts sind:

> Wer soll der Anerbe sein? Wie soll der Uebernahmepreis bestimmt werden? Wie soll der überlebende Ehegatte gestellt werden? Soll und in welchem Umfange soll den abgehenden Kindern ein Alimentationsrecht eingeräumt werden?

Ich könnte ja nun leicht in Bezug auf diese Hauptpunkte, die sich durch Hinzufügung anderer noch erheblich vermehren ließen, meine Ansicht entwickeln, aber ich kann darüber nicht hinwegkommen, daß meine Ansicht stets eine solche sein würde, die von hannöverschen Anschauungen getragen ist. Ich will beispielsweise hervorheben, daß über die Frage, ob Majorat, ob Minorat, sich keineswegs bloß aus theoretischen Gründen für alle Theile Deutschlands aburtheilen läßt. Ich gebe zu, daß wohl meistens die Mehrheit für das Erbrecht des Aeltesten, also Primogenitur, entscheiden wird. Es giebt aber auch manche Gegend, in der man das Minorat vorzieht. Warum das ausgeschlossen sein soll und warum für jeden in die Rolle eingetragenen Hof das Majorat gelten soll, so daß, wer Minorat wünscht, stets im einzelnen Falle besonders verfügen muß, vermag ich nicht einzusehen. Es giebt gewichtige Gründe auch für das Minorat, zumal wo Gütergemeinschaft üblich ist. Darüber einfach der Gleichmäßigkeit wegen hinwegzugehen, ist meines Erachtens durchaus kein Anlaß. — Die Art ferner, wie das Gesetz für Cassel diese (und andere Fragen) durch Einschiebung des Familienraths erledigt und dadurch eine

Auswahl der Person des Anerben ermöglicht, scheint mir an sich durchaus nicht verwerflich. Es kann sehr wohl sein, daß für einige Provinzen die Meinung des Herrn v. Bismarck-Flatow richtig ist, welcher bei Gelegenheit der Berathung des Provinzialgesetzes für Cassel die dort gefundene Lösung lebhaft begrüßte und der Meinung war, daß für den Osten die Primogeniturerbfolge weniger am Platze sei. Daß man dagegen z. B. in Hannover sich für die Lösung erklären würde, glaube ich freilich nicht. Mit anderen Worten: Die Entscheidung kann mit Sicherheit nur durch die für die Provinz berufenen Organe auf Grund sorgfältiger Erwägungen erfolgen. Eine solche Frage für ganz Deutschland einheitlich zu entscheiden, scheint mir, offen gesagt, voreilig und doch hängt der Erfolg des Gesetzes davon ab, daß das Richtige getroffen wird.

In einzelnen Provinzialgesetzen ist ein Anerbenrecht auch für Vererbung in der Seitenlinie angenommen. Ich persönlich würde sagen, daß es in der Seitenlinie entbehrlich ist, weil wenn keine Kinder da sind, eine letztwillige Verfügung oder ein Vertrag nahe liegt. Will man ein Anerbenrecht über die Nachkommen hinaus, so würde ich in erster Linie die Frau, welche meiner Ansicht nach dann die nächste ist, nach der Regel: „Längst Leib längst Gut" berücksichtigen und eine Abfindung derjenigen, welche den Hof nicht erben, ganz weglassen, da es sich hier um eine Erbschaft handelt, auf welche im gewöhnlichen Laufe der Dinge nicht zu rechnen war und daher ohne Unbilligkeit von einer Abfindung abgesehen werden kann.

Aehnlich wie bei der Bestimmung über die Person des Anerben liegt die Sache bezüglich der Feststellung des Uebernahmepreises. Ich persönlich bin dagegen, den Grundsteuerkatastralertrag zu Grunde zu legen. Es erscheint mir diese in mehreren Provinzen angenommene Art der Feststellung allzu mechanisch und für den einzelnen Fall vielfach ungerecht. Auf den einzelnen Fall kommt es aber an, weil der einzelne Fall nach dem Gesetze zu entscheiden ist. Die Festigkeit der Regel ist nicht die alleinige Aufgabe und nicht einmal die Hauptsache, sondern das Zutreffen derselben im einzelnen Falle. Das Gesetz soll eben nicht bloß sicher, sondern auch gerecht sein. Wie kann man nun aber annehmen, daß die Regel gerecht ist, wenn in der einen Provinz der fragliche Katastralertrag mit 20, in der anderen mit 30, in wieder einer anderen mit 40 vervielfältigt wird und doch in allen ein angemessenes Vorzugsrecht bestehen soll? Dennoch halte ich, anstatt darüber abschließend zu urtheilen, als Jurist mein Urtheil zurück. Wenn ich auch in diesen

Dingen nicht ohne Erfahrung bin, so bin ich doch kein Landwirth, und nun gar für alle Provinzen Deutschlands über die Frage ein endgültiges Urtheil abzugeben, wie am besten der Uebernahmepreis festgestellt wird, dazu halte ich mich nicht berufen. Das Urtheil wäre nach meiner Meinung ein zu einseitig juristisches. Ich bin der Meinung, daß auch diese Frage zu einer endgültigen einheitlichen Lösung für ganz Deutschland sich nicht eignet.

Die Frage, wie es mit dem überlebenden Ehegatten zu halten sei, sollte für Deutschland im Anschluß an das eheliche Güterrecht und Erbrecht des bürgerlichen Civilgesetzbuchs entschieden werden. Aber es ist bei dieser Frage nicht nothwendig, einheitlich für ganz Deutschland zu verfahren. Man kann, so bald das Gütersystem und Erbrecht des neuen deutschen Gesetzbuchs vorliegt, in den verschiedenen Ländern verschiedene Bestimmungen treffen, um für das hier in Frage stehende Bedürfniß eine Lösung zu finden; selbstverständlich unter Beschränkung der Bestimmungen auf das betreffende Landgut und dessen Zubehör.*) Gerade auf dem Gebiete der Landwirthschaft ist es keineswegs bedenklich, den örtlichen Verhältnissen und Anschauungen Rechnung zu tragen, für den Erfolg des Gesetzes ist aber gerade dies entscheidend.

Aehnlich verhält es sich bezüglich der Vorschriften über die Erziehung und Verpflegung abgehender Kinder.

Ich komme nach alledem zu dem Ergebniß:

> daß die Festsetzung von gesetzlichen Bestimmungen über das Anerbenrecht nicht im bürgerlichen Gesetzbuch für ganz Deutschland erfolgen, sondern den einzelnen Staaten überlassen werden sollte.

Dabei ist selbstverständlich, daß den Einzelstaaten überlassen werden muß, die einzelnen Gesetze nach Zweckmäßigkeit zu gestalten. In allzu enge Schranken eingeschlossen, kann niemand etwas Brauchbares schaffen. Es sollte daher den Einzelstaaten gestattet sein, bei Festsetzung solcher besonderer gesetzlicher Bestimmungen die Vorschriften des bürgerlichen Gesetzbuchs in Bezug auf Erbrecht und Pflichttheilsrecht und eheliches

*) Da es sich nicht um den Bauernstand als solchen handelt, so kommt in Betracht, daß die Anschauungen in den Kreisen der Rittergutsbesitzer vielfach andere sind, als im Bauernstand, wenn es sich um das eheliche Güterrecht und das Erbrecht der Ehegatten handelt. Die Anschauungen der Rittergutsbesitzer und des Adels sind der Gütergemeinschaft und dem Erbrecht des überlebenden Ehegatten vor allen Verwandten mit Ausnahme der Kinder keineswegs so geneigt, wie dies im Bauernstande der Fall ist.

Güterrecht dem Anerbenrecht anzupassen und also entsprechend zu ändern. Ohne eine solche Vorschrift würden die Einzelstaaten, welche jetzt ganz freie Hand haben, gebunden sein und sich außer Stande sehen, vorzugehen. Mag dann in den einzelnen Staaten für jeden Staat einheitlich oder provinzweise und nach einzelnen Theilen verschieden vorgegangen werden, sei es verschieden in der Form — ob Intestaterbrecht oder Eintragung in eine Rolle — sei es verschieden in materieller Beziehung. Würde man jetzt weitergehen und alles einheitlich ordnen wollen, so würde man damit da, wo die Sache jetzt leidlich geordnet ist, möglicher Weise störend eingreifen, im Ganzen aber sicher schwer zu beseitigende Mißverständnisse und unnöthigen Widerstand hervorrufen. In Oesterreich hat man unterm 1. April 1889 ein Gesetz erlassen, welches auf dem Boden des Intestatanerbenrechts steht. In der Wirklichkeit ist aber, da das Inkrafttreten von dem Erlaß eines besonderen Gesetzes für das einzelne Kronland abhängig und das Gesetz nur eine Erlaubniß zur Ordnung der Sache ist, thatsächlich eine allgemeine Ordnung nicht erfolgt.

Bis dahin ist also in Oesterreich noch kein Erfolg zu verzeichnen. In Deutschland ist der Erfolg außerhalb der Provinz Hannover, Lauenburg, eines Theils von Westphalen, Oldenburg nicht groß, gleichwohl ist ein Anfang gemacht und die Weiterentwickelung nicht ausgeschlossen. Ist irgendwo die Sachlage eine solche, daß man unzufrieden mit dem System der freiwilligen Eintragung in die Rolle ein anderes System oder auch Intestatanerbenrecht vorzieht, so mag man in der Weise vorgehen, wie man es angemessen hält. Für eine einheitliche, ganz Deutschland umfassende Gesetzgebung eignet sich meiner Ansicht nach die Sache zur Zeit nicht. Es würde gegenwärtig zu besorgen sein, daß das Ergebniß eines Versuches einheitlicher Gesetzgebung eine Abschwächung des Gedankens zur Folge habe, weil, um alle Theile zu einigen, Zugeständnisse zu machen wären, — daher ist es m. A. n. besser, zwar die Möglichkeit der gesetzlichen Regelung offen zu halten, diese selbst aber den einzelnen Staaten zu überlassen.

Chemnitz, im Oktober 1894.

André Dr.
Oberbürgermeister.

Abschnitt 2.

Eheliches Güterrecht.

a. Wenn der Hof dem Mann gehört.

§ 47.

Ist der Mann Eigenthümer des Hofes, so geht das eingebrachte Frauengut in sein Eigenthum über.

Als eingebracht ist dasjenige bewegliche Vermögen der Frau, einschließlich der Forderungen, anzusehen, welches vertragsmäßig (§ 33) dem Manne zugebracht oder ihm ohne Vorbehalt zur Verfügung überlassen ist.

§ 48.

Eine Zurückforderung des eingebrachten Frauenguts findet außer im Falle der Ehescheidung (§ 64) nur statt, wenn bei Lebzeiten der Frau, und bevor der Mann die Leibzucht bezogen, über des Mannes Vermögen Concurs ausbricht, oder der Hof während dieser Zeit auf andere Weise als durch Hofesabtretung unter Lebenden (Abschnitt 4) veräußert wird.

Soweit hiernach eine Rückforderung des Eingebrachten stattfindet, kommen dabei die für die Rückforderung des Dotalguts geltenden Grundsätze in Anwendung.

§ 49.

Auf sonstiges Frauenvermögen findet das sonst gültige Recht Anwendung, soweit nicht in den §§ 53 ff. etwas Anderes bestimmt ist.

§ 50.

Mit dem Tode des Mannes, oder im Falle einer Hofesabtretung unter Lebenden (Abschnitt 4) mit der Uebergabe des Hofes, erwirbt die Frau einen Anspruch auf Leibzucht.

§ 51.

Gelangt der Hof beim Tode des Mannes an einen von der Frau abstammenden, noch minderjährigen Erben, so ist die Frau, anstatt sofort die Leibzucht zu beziehen, berechtigt, während ihres Wittwenstandes die Hofeswirthschaft nach den Vorschriften der §§ 107—121 über Interimswirthschaft bis zur Volljährigkeit des Hofeserben fortzuführen. Stirbt der Hofeserbe vor diesem Zeitpunkte, so steht dasselbe Recht ihr auch gegen den ferneren Hofeserben, vorausgesetzt, daß auch dieser von ihr abstammt, bis zur Volljährigkeit desselben zu.

Ein unsittlicher Lebenswandel oder die kundbare Wirthschaftsuntüchtigkeit der Frau schließt das Recht der Fortführung der Hofeswirthschaft aus.

§ 52.

Ist einer der Fälle eingetreten, in welchen die Frau nach § 48 zur Zurückforderung des eingebrachten Frauenguts berechtigt ist, so hat sie auf die in den §§ 50, 51 bezeichneten Rechte keinen Anspruch.

b. Wenn der Hof der Frau gehört.

§ 53.

Ist die Frau Eigenthümerin des Hofes, so steht dem Manne das Recht zu, den Hof nebst Zubehör für eigene Rechnung zu verwalten und zu nutzen und an Stelle der Frau alle sonstigen daran ihr zustehenden Rechte selbständig auszuüben, sofern nicht dieses Gesetz ein anderes bestimmt.

§ 54.

Insbesondere ist der Mann berechtigt, den Hof in Enteignungssachen sowie in Theilungs-, Verkoppelungs- und Ablösungssachen selbständig zu vertreten und darin auch solche Handlungen vorzunehmen, welche sonst nach der Vorschrift des § 55 ihm nicht ohne Beitritt der Frau zustehen.

Er ist ferner zur Verpfändung des Hofes befugt.

§ 55.

Zur Veräußerung des Hofes, einzelner Theile desselben, oder der dazu gehörigen Gerechtigkeiten, sowie zur Bestellung von Servituten und Reallasten, zur Zusicherung und Feststellung von Hofesabfindungen und Leibzuchten, zu Verfügungen auf den Todesfall über den Hof, dessen Zubehör und das in den Hof eingebrachte Vermögen sind beide Ehegatten nur gemeinschaftlich berechtigt.

Auch können die gemeinschaftlich über den Hof, dessen Zubehör und das in den Hof Eingebrachte getroffenen Verfügungen auf den Todesfall, selbst nach getrennter Ehe, nicht einseitig widerrufen oder abgeändert werden, falls nicht das Recht dazu durch öffentlich beurkundeten Vertrag oder durch letztwillige Verfügung eingeräumt worden ist.

§ 56.

Als in den Hof eingebracht gilt dasjenige bewegliche Vermögen des Mannes, einschließlich der Forderungen, welches er vertragsmäßig in die Ehe einbringt oder ohne Vorbehalt zum Besten des Hofes oder im Hofeshaushalte verwendet.

Das in den Hof eingebrachte Vermögen des Mannes fällt bei Beendigung seiner Hofeswirthschaft dem Eigenthümer des Hofes zu.

§ 57.

Endigt die Ehe durch den Tod des Mannes, so tritt die Frau wieder in alle als Hofeseigenthümerin ihr zustehenden Rechte ein.

§ 58.

Endigt die Ehe durch den Tod der Frau, so verbleiben dem Manne seine bisherigen Rechte und zwar bis zu seinem Tode, wenn der Hofeserbe von ihm abstammt, sonst aber bis zur Volljährigkeit des Hofeserben.

Der überlebende Ehemann ist zu den im § 55 erwähnten Verfügungen auf den Todesfall überhaupt nicht, zu den sonstigen daselbst erwähnten Verfügungen aber nur in Gemeinschaft mit dem Hofeserben oder den gesetzlichen Vertretern, bezw. einem Specialcurator desselben befugt.

§ 59.

Schreitet der Mann vor Abgabe der Hofeswirthschaft zu einer ferneren Ehe, so finden auf diese die Bestimmungen der §§ 47—50 und 52 sinngemäße Anwendung.

Sobald die Hofeswirthschaft des Mannes aufhört, fällt auch das von der ferneren Ehefrau eingebrachte Vermögen dem Hofeserben zu.

§ 60.

Mit der Abgabe der Hofeswirthschaft erwirbt der Mann einen Anspruch auf Leibzucht.

§ 61.

Für die von dem Manne während seiner Hofeswirthschaft eingegangenen Verbindlichkeiten haftet auch der Hofeseigenthümer, soweit der Hof nebst Zubehör reicht. Diese Haftung des Eigenthümers ist, so lange der aufgeheirathete Mann die Hofeswirthschaft führt, nur eine aushülfliche, jedoch kann auf Grund derselben der Hof nebst Zubehör in dem wider den aufgeheiratheten Mann anhängigen Zwangsvollstreckungsverfahren, falls andere Executionsgegenstände fehlen, zum Verkaufe gebracht werden.

§ 62.

Vertragsmäßige oder letztwillige Beschränkungen der dem aufgeheiratheten Manne am Hofe nebst Zubehör zustehenden Rechte sind gegen Dritte nur dann wirksam, wenn dieselben bei dem zuständigen Gericht eingetragen und von diesem im Provinzialblatte ihrem wesentlichen Inhalte nach bekannt gemacht sind und daneben, sofern es um eine Beschränkung der Befugniß zur Verpfändung des Hofes sich handelt, die Beschränkung im Hypothekenbuche bemerkt ist.

c. Gemeinschaftliche Bestimmungen.

§ 63.

Ist jeder der beiden Ehegatten Eigenthümer eines Hofes, so finden die Bestimmungen dieses Abschnitts auf jeden Hof entsprechende Anwendung.

§ 64.

Im Falle der Ehescheidung, bei Katholiken durch immerwährende Trennung von Tisch und Bett, verliert als schuldiger Theil der aufgeheirathete Ehegatte seine Rechte am Hofe.

Als unschuldiger Theil kann der aufgeheirathete Mann die schuldige Frau zum Verlassen des Hofes zwingen, während er selbst in seinem bisherigen Verhältnisse zum Hofe bleibt, jedoch von dem Ertrage desselben der Frau nothwendige Alimente zu geben hat.

Die aufgeheirathete Frau hat als unschuldiger Theil die Befugniß, ihr Eingebrachtes zurückzufordern, ohne hierdurch die ihr nach den §§ 50 und 51 zustehenden Rechte zu verlieren.

In Beziehung auf das sonstige Vermögen finden die Vermögensstrafen des sonst gültigen Rechts Anwendung.

§ 65.

Die Bestimmungen dieses Abschnitts sind auch auf Ehen, welche vor dem Inkrafttreten dieses Gesetzes oder vor dem Erwerbe eines Hofes eingegangen sind, insoweit anzuwenden, als es sich nicht um früher vorgenommene Rechtsgeschäfte und deren rechtliche Folgen handelt. Jedoch kann jeder Ehegatte noch binnen der Frist eines Jahres, angerechnet von den erwähnten Zeitpunkten, das bis dahin bestandene eheliche Güterrecht durch einseitige, öffentlich zu beurkundende Erklärung für die Folge sich wirksam vorbehalten.

Wird durch solchen Vorbehalt der Mann in den nach den §§ 53, 54 ihm zustehenden Rechten beschränkt, so gilt auch hier die Vorschrift des § 62.

Abschnitt 3.

Erbrecht.

§ 66.

Die Erbfolge in den Nachlaß eines Hofeseigenthümers und die hierauf sich beziehenden Rechtsverhältnisse richten sich, sofern nicht dieses Gesetz etwas anderes bestimmt, nach dem sonst gültigen Rechte.

§ 67.

Nach den Abkömmlingen des Hofeseigenthümers ist dessen Ehegatte zur gesetzlichen Erbfolge in den gesammten Nachlaß berechtigt.

§ 68.

Tritt die Erbfolge der Descendenten ein, so fällt der Hof nebst Zubehör nur einem Erben, dem Anerben, zu.

Ueber die den Miterben gebührenden Abfindungen vom Hofe bestimmt der Abschnitt 6.

§ 69.

Gesetzlicher Anerbe kann nur sein, wer zur gesetzlichen Erbfolge in den sonstigen Nachlaß berufen ist.

Der Vorzug unter mehreren dazu Berufenen wird durch die nachfolgenden Grundsätze (§§ 70—74) bestimmt.

§ 70.

Wo neben Descendenten ein Ehegatte zur Erbfolge mitberufen ist, steht dieser den Descendenten nach.

§ 71.

Leibliche Kinder und deren Nachkommen gehen den Adoptivkindern und den Nachkommen derselben, eheliche den unehelichen vor.

Durch nachfolgende Ehe legitimirte Kinder stehen den ehelichen gleich.

§ 72.

Ferner geht vor der ältere Sohn und dessen Nachkommenschaft beiderlei Geschlechts, in Ermangelung von Söhnen die ältere Tochter und deren Nachkommenschaft beiderlei Geschlechts.

Unter der Nachkommenschaft desselben Kindes richtet sich das Anerbenrecht nach denselben Grundsätzen.

Abstammung aus früherer Ehe begründet keinen Vorzug.

§ 73.

Die Annahme einer Abfindung vom Hofe schließt vom Anerbenrecht nicht aus.

§ 74.

Mehrere zum Nachlasse gehörige Höfe gelten in Beziehung auf das Anerbenrecht dann als ein Hof, wenn dieselben zur Zeit des Erbfalls von derselben Hofstelle aus zusammen bewirthschaftet sind.

Andernfalls beschränkt sich beim Vorhandensein von Miterben das Recht des Anerben auf einen der mehreren Höfe, unter denen er wählen kann. Unter den übrigen Höfen wählt der nach ihm zum Anerbenrecht berufene Miterbe.

§ 75.

Zur Abänderung der gesetzlichen Erbfolge in den Hof nebst Zubehör durch Verfügung auf den Todesfall ist der Hofeseigenthümer, sofern nicht dieses Gesetz besondere Beschränkungen enthält (§ 17), in derselben Weise befugt, wie nach sonst gültigem Rechte zur Aenderung der gesetzlichen Erbfolge in den sonstigen Nachlaß.

§ 76.

Ein Recht auf Erbeseinsetzung steht auch den Abkömmlingen und Ascendenten des Hofeseigenthümers nicht zu.

Pflichttheilsberechtigte haben nur einen Anspruch auf Gewährung bezw. Ergänzung ihres Pflichttheils.

§ 77.

Bei der Berechnung des Pflichttheilbetrages kommt der Hof nebst Zubehör, wenn der Pflichttheilsberechtigte zu den Ascendenten oder Geschwistern des Erblassers gehört, überhaupt nicht, wenn aber der Pflichttheilsberechtigte ein Abkömmling desselben ist, zu dem nach den Vorschriften der §§ 39—46 ermittelten Werthe in Ansatz.

§ 78.

Der Anerbe kann den Hof nicht annehmen, ohne zugleich den sonstigen Nachlaß, soweit er dazu berufen ist, anzutreten.

§ 79.

Fällt der Hof vermöge des gesetzlichen Anerbenrechts einem von mehreren Erben zu, so sind die Schulden des Nachlasses zunächst aus den sonstigen Nachlaßmitteln zu decken und diese dazu, soweit erforderlich, dem Anerben von den Miterben zu überweisen.

Soweit der sonstige Nachlaß nicht hinreicht, treffen die Schulden den Hof nebst Zubehör nnd werden von dem Werthe desselben bei Berechnung der Abfindungen der Miterben (§ 93) abgesetzt.

§ 80.

Mit Rücksicht auf Schulden, welche bestritten, bedingt oder betagt oder ihrem Betrage nach unbestimmt sind, kann ein Anspruch auf Erhöhung oder Verminderung der Erbtheile und Abfindungen vorbehalten und wegen dieses Anspruchs Sicherheitsleistungen gefordert werden.

Auch ist der Hofeserbe verpflichtet, wegen rechtzeitiger Abtragung von Schulden, für welche er Deckung erhalten hat, oder welche bei Berechnung der Abfindungen abgesetzt sind, den Miterben Sicherheit zu bestellen, sofern nicht der Hof für solche Schulden pfandrechtlich haftet.

§ 81.

Den Gläubigern haftet der Hoseserbe als Prinzipalverpflichteter; ein Miterbe haftet ihnen nur aushülfsweise, wenn der Hoseserbe insolvent geworden ist und dann nur im Verhältniß seiner Erbquote und nur bis zum Belaufe des aus dem Nachlasse Empfangenen (vgl. aber § 82).

§ 82.

Rechte und Verbindlichkeiten aus Verträgen, welche zu Zwecken des Hofes oder der Bewirthschaftung desselben abgeschlossen, fortlaufende gegenseitige Ansprüche erzeugen, gehen allein auf den Anerben über, sofern es sich nicht um Leistungen handelt, welche zur Zeit des Erbfalls bereits fällig waren.

§ 83.

Wenn durch Verfügung auf den Todesfall der Hof mit dem gesammten übrigen Vermögen (mit Schuld und Unschuld) einem Erben gegen eine den Miterben davon zu gewährende Abfindung hinterlassen ist, so sind die letzteren im Zweifel als Singularnachfolger anzusehen.

§ 84.

Sind mehrere Höfe vorhanden und gelangen dieselben an verschiedene Anerben (§ 74), so sind die Schulden, welche durch das sonstige Vermögen nicht gedeckt werden, auf die mehreren Höfe nach Verhältniß ihres Werthes zu vertheilen.

Wegen rechtzeitiger Abtragung der Schulden, welche hiernach einem Hofe zufallen, hat der Anerbe desselben den anderen Anerben auf Verlangen Sicherheit zu leisten.

Die Prinzipalverpflichtung des Anerben gegen die Gläubiger (§ 81) trifft jeden der mehreren Anerben für die ganze Schuld.

Abschnitt 4.

Hofesübergabe unter Lebenden.

§ 85.

Die vertragsmäßige Abtretung des Hofes, um denselben unter Lebenden auf den Annehmer, wie im Todesfall auf den Anerben übergehen zu lassen, bewirkt den Eintritt des Hofannehmers in alle Rechte und Verbindlichkeiten des Hofeseigenthümers, welche durch den Abtretungsvertrag auf ihn übertragen sind.

§ 86.

Als auf den Hofannehmer übertragen gelten:

1. Rechte und Verbindlichkeiten aus den im § 82 genannten Verträgen,
2. Schulden, für welche der Hof pfandrechtlich haftet,
3. Rückstände an Hofeslasten.

§ 87.

Der Abtretende bleibt für die nach §§ 85, 86 auf den Hofannehmer übergehenden Verbindlichkeiten den Gläubigern aushülfsweise verhaftet. In Folge dieser Haftpflicht kann der Hof nöthigenfalls frei von der zu Gunsten des Abtretenden und seiner Ehefrau darauf gelegten Leibzucht zum Verkaufe gebracht werden.

§ 88.

Für andere, als die in den §§ 85, 86 erwähnten Schulden haftet der Annehmer aushülfsweise, soweit das ihm übergebene Vermögen reicht.

§ 89.

Eine mit der Hofesabtretung verbundene Uebertragung des gesammten Vermögens, soweit es nicht als Leibzucht vorbehalten ist, hat rücksichtlich aller Verbindlichkeiten des Abtretenden dieselbe Wirkung wie die einfache Hofesübertragung hinsichtlich der in §§ 85, 86 erwähnten Schulden.

§ 90.

Im Falle des § 89 ist die Zeit der Hofesübergabe für die Berechtigung zur Erhebung der Klage auf den Pflichttheil, sowie für die zur Feststellung des Pflichttheils erforderliche Berechnung des Vermögens entscheidend.

Abschnitt 5.

Abfindungen.

§ 91.

Ein gesetzliches Recht auf Abfindung vom Hofe steht zu:

1. im Erbfalle den zur gesetzlichen Erbfolge in den sonstigen Nachlaß berufenen, durch den Anerben von der Erbfolge in den Hof ausgeschlossenen Miterben;
2. im Falle der Hofesabtretung unter Lebenden nur denjenigen Abkömmlingen des Hofeseigenthümers, welche, wenn dieser zur Zeit der Hofesübergabe verstorben wäre, zur Erbfolge in den sonstigen Nachlaß desselben berufen sein würden.

§ 92.

Wo in diesem Abschnitt von der Abfindung der Miterben die Rede ist, wird darunter auch die im Falle der Hofesabtretung unter Lebenden den Abkömmlingen gebührende Abfindung verstanden.

§ 93.

Die Abfindung der Miterben beträgt die Hälfte des Hofeswerths (§ 46).

Ist jedoch ein überlebender Ehegatte der einzige Abfindungsberechtigte (vergl. Allgem. Landrecht Th. II Tit. 1 § 623), so beträgt dessen Abfindung nur ein Viertel des Hofeswerths.

Für die Berechnung des Hofeswerthes ist die Zeit des Todes des Hofeseigenthümers, im Falle der Hofesabtretung unter Lebenden die Zeit der Uebergabe entscheidend.

Von dem Hofeswerthe sind jedoch im Erbfalle, sowie im Falle des § 89, sämmtliche Schulden des Erblassers bezw. des abtretenden Theils, soweit dieselben nicht durch das sonstige Vermögen gedeckt werden, in anderen Fällen der Hofesabtretung unter Lebenden aber nur die nach §§ 85, 86 den Hofannehmer treffenden Schulden, soweit diese nicht durch sonstige etwa mit abgetretene Vermögensstücke gedeckt werden, zuvor abzusetzen.

§ 94.

Die mehreren Miterben zusammen gebührende Abfindung wird unter ihnen nach denselben Grundsätzen getheilt, welche für die Erbtheilung nach dem sonst gültigen Recht zur Anwendung kommen.

§ 95.

Miterben, welche schon im Voraus vom Hofe vollständig abgefunden sind, sowie deren Nachkommen, sind für den nächsten Fall der Vererbung oder der Uebergabe des Hofes unter Lebenden zu einer ferneren Hofesabfindung nicht berechtigt.

Bei Berechnung der Abfindungen anderer Miterben werden sie mitgezählt, ihre Abfindungen aber als Activa des Nachlasses diesem wieder hinzugerechnet.

§ 96.

Der Hofeseigenthümer kann die gesetzliche Abfindung der Miterben erhöhen, vermindern oder ganz entziehen, vorbehaltlich des Anspruchs auf den Pflichttheil, vergl. §§ 77 und 90.

Bei der Berechnung des Pflichttheils bleibt der § 103 eintretende Aufschub in der Zahlung der Abfindungen unberücksichtigt.

§ 97.

Das Recht auf Abfindung wird mit dem Tode des Hofeigenthümers oder mit der Hofesübergabe unter Lebenden, den Miterben erworben.

§ 98.

Außer den in § 91 genannten Miterben sind zu einer Abfindung vom Hofe berechtigt:

die von dem aufgeheiratheten Ehemanne in einer ferneren Ehe (§ 59) vor Abgabe der Hofeswirthschaft

und

die von dem Interimswirth in der Ehe mit der Wittwe des Hofeseigenthümers vor Beendigung der Interimswirthschaft

erzeugten Kinder.

Die Höhe dieser Abfindungen ist unter Berücksichtigung des von dem aufgeheiratheten Gatten bezw. von dem Interimswirthe eingebrachten Vermögens der Wirthschaftsführung desselben, der Zahl der Abfindungsberechtigten und des ihnen sonst etwa zufallenden Vermögens, sowie der Kräfte des Hofes festzustellen.

Die Berichtigung derselben fällt dem Hofeserben allein zur Last.

§ 99.

Die nach dem vorigen Paragraphen Berechtigten erwerben das Recht auf Abfindung mit dem Zeitpunkte, wo die Hofeswirthschaft ihres Ascendenten aufhört.

§ 100.

Wenn das Recht auf Abfindung erworben ist, hat jeder Abfindungsberechtigte einen Anspruch auf Feststellung der Abfindung.

Ein erworbenes Recht auf Abfindung vererbt sich nach sonst gültigem Rechte.

§ 101.

Die Abfindungen haben nicht die Eigenschaft einer Reallast. Wo diese Eigenschaft jedoch den Abfindungen nach dem bisherigen Rechte zustand, bleibt sie zu Gunsten derjenigen bestehen, welche schon vor dem Inkrafttreten dieses Gesetzes das Recht auf Abfindung erworben haben.

§ 102.

Sind mehrere Höfe vorhanden, welche an mehrere Anerben gelangen, so ist für jeden derselben die gesetzliche Abfindung der Berechtigten nach den obigen Grundsätzen zu ermitteln.

Der Anerbe, dem der eine Hof zufällt, verliert dadurch nicht das Recht auf eine Abfindung von dem anderen Hofe.

§ 103.

Der Anspruch auf Abfindung ist fällig:

1. wenn der Berechtigte volljährig geworden ist, oder im Falle früheren Todes, wenn er volljährig geworden sein würde;
2. wenn der Berechtigte sich verheirathet;
3. wenn der Hof auf andere Weise, als durch Erbgang oder Hofesabtretung unter Lebenden auf einen anderen Eigenthümer übergeht.

Die gleiche Fälligkeitszeit gilt auch für einen in der Abfindungssumme mitenthaltenen Antheil am nachgelassenen oder mit dem Hofe abgetretenen sonstigen Vermögen, wenn dieser Antheil nicht getrennt ersichtlich ist.

§ 104.

Vor dem Eintritt der Fälligkeit des Abfindungsanspruchs ist jeder Hofeswirth, vorbehältlich einer nach sonst gültigem Rechte begründeten weiteren Verbindlichkeit verpflichtet, den Abzufindenden bis zum vollendeten 15. Lebensjahre Aufenthalt, Kost und sonstigen Unterhalt, sowie Erziehung in seiner Familie zu gewähren, dieselben auch nach dieser Zeit noch in Krankheits- und anderen Nothfällen auf dem Hofe aufzunehmen und ihnen, soweit ihr eignes Vermögen nicht hinreicht, Unterhalt und Pflege in seiner Familie zu geben.

§ 105.

Abfindlinge, welche von dem Hofeswirthe in seiner Familie unterhalten werden, haben demselben eine ihren Kräften entsprechende Arbeitshülfe zu leisten.

Abschnitt 6.

Interimswirthschaft.

§ 106.

Eine Interimswirthschaft kann nur durch einen Vertrag der gesetzlichen Vertreter des Hofeserben mit der Wittwe des Hofeseigenthümers und dem aufgeheiratheten Manne begründet werden (§ 33). Ein Recht, den Abschluß eines solchen Vertrages zu verlangen, steht auch der Wittwe des Hofeseigenthümers nicht zu.

§ 107.

Das Rechtsverhältniß des Interimswirths, soweit darüber im Vertrage ein Anderes nicht bestimmt ist, richtet sich nach folgenden Grundsätzen.

§ 108.

Dem Interimswirthe ist der Hof nebst Zubehör und das etwa sonst zur Interimswirthschaft zu überlassende Vermögen nach einem Inventar zu übergeben.

§ 109.

Dem Interimswirthe steht das Recht der Verwaltung und Nutzung des übergebenen Vermögens für eigene Rechnung zu. Als Hofeswirth hat er alle Rechte des Eigenthümers auszuüben, sofern nicht im Folgenden etwas Anderes bestimmt ist.

§ 110.

Er ist nicht berechtigt, über das zur Interimswirthschaft ihm übergebene oder von ihm eingebrachte Vermögen auf den Todesfall zu verfügen, die unbeweglichen Vermögensstücke oder damit verbundene Gerechtsame zu veräußern oder dingliche Rechte daran zu bestellen oder über die festgesetzte Dauer seiner Interimswirthschaft hinaus dieselben zu verpachten.

Auch steht ihm das Recht nicht zu, den Hof in Enteignungs-, in Theilungs- und Verkoppelungssachen zu vertreten. Ueber seine Befugniß, den Hof in Ablösungssachen zu vertreten, entscheidet die Vorschrift des § 267 Nr. 3 der Ablösungsordnung.

§ 111.

Der Interimswirth hat den Hof und das sonstige ihm übergebene Vermögen im gehörigen Stande zu erhalten und nach Kräften zu verbessern, alle gewöhnlichen und außergewöhnlichen Lasten desselben zu tragen und die fällig werdenden Zinsen der darauf haftenden Schulden abzuführen, den Hofeserben in seiner Familie zu unterhalten und zu erziehen und die nach dem § 104 dem Hofeswirthe gegen Abfindlinge obliegenden Pflichten zu erfüllen.

§ 112.

Wegen der im § 111 genannten, sowie wegen aller vertragsmäßig von ihm übernommenen Verbindlichkeiten kann der Interimswirth während der Dauer der Interimswirthschaft auch von den Gläubigern in Anspruch genommen werden.

§ 113.

Rechtsgeschäfte, welche von dem Interimswirthe zu dauernden Hofeszwecken befugterweise eingegangen sind, verpflichten den Hofeseigenthümer Dritten gegenüber nur dann, wenn dieselben im Sinne der für die actio neg. gest. geltenden Grundsätze als nützliche Geschäftsführung anzusehen sind. Ist danach eine Verpflichtung des Hofeseigenthümers begründet, so findet aus solchen Rechtsgeschäften nach Beendigung der Interimswirthschaft ein Anspruch jener Dritten gegen den Interimswirth nicht mehr statt.

§ 114.

Das vom Interimswirthe in den Hof eingebrachte Vermögen bleibt im Hofe.

Als in den Hof eingebracht gilt dasjenige bewegliche Vermögen einschließlich der Forderungen, welche der Interimswirth vertragsmäßig in die Ehe einbringt oder ohne Vorbehalt zum Besten des Hofes oder im Hofeshaushalte verwendet.

§ 115.

Bei Beendigung der Interimswirthschaft hat der Interimswirth das ihm zur Bewirthschaftung übergebene, sowie das von ihm in den Hof eingebrachte Vermögen in seinem zeitigen Bestande dem Hofeseigenthümer abzuliefern.

§ 116.

Für Verschlechterungen ist vom Interimswirthe Ersatz zu leisten, sofern dieselben nicht durch Verbesserungen ausgeglichen sind.

Von dieser Pflicht befreit ihn auch der Beweis des Zufalls nur insoweit, als das von ihm bei der Wirthschaftsführung Erübrigte zum Ersatze nicht hinreicht.

§ 117.

Für Verbesserungen hat der Interimswirth keinen Ersatz zu fordern. Was er jedoch dazu aus seinem eigenen Vermögen über den Betrag des Eingebrachten hinaus aufgewandt hat, kann er insoweit erstattet verlangen, als die Verbesserung noch vorhanden ist und der gemachte Aufwand aus dem Ertrage des seiner Verwaltung unterworfenen Vermögens nicht bestritten werden konnte.

Ein Retentionsrecht steht ihm wegen dieses Anspruchs nicht zu.

§ 118.

Dem Interimswirthe kann auf Antrag des Hofeserben die Wirthschaft entzogen werden, wenn er dieselbe so schlecht führt, daß die Rechte des Hofeserben gefährdet werden.

§ 119.

Geräth der Interimswirth in Concurs, so endigt die Interimswirtschaft.

§ 120.

Bei Beendigung der Interimswirthschaft, sofern dieselbe nicht Folge schlechter Wirthschaftsführung oder des Concurses ist, hat der Interimswirth einen Anspruch auf Leibzucht.

§ 121.

Die Leibzucht des Interimswirths kann wegen der aus seiner Wirthschaftsführung dem Hofeseigenthümer erwachsenen Entschädigungsansprüche ihrem Betrage nach herabgesetzt oder ihm ganz entzogen werden.

§ 122.

Endigt die Interimswirthschaft durch den Tod des Interimswirths, so tritt seine Ehefrau in die nach Vorschrift der §§ 50 und 51 ihr zustehenden Rechte wieder ein.

§ 123.

Im Falle der Ehescheidung finden die im § 64 für den aufgeheiratheten Ehegatten gegebenen Vorschriften auch auf den Interimswirth Anwendung.

§ 124.

Schreitet der Interimswirth zu einer ferneren Ehe, so erhalten die fernere Ehefrau und die mit ihr erzeugten Kinder keine Rechte am Hofe.

Abschnitt 7.

Leibzucht.

§ 125.

Ein gesetzliches Recht auf Leibzucht (Altentheil) steht zu:

1. dem aufgeheiratheten Ehemanne für sich und seine fernere Ehefrau, wenn er die Hofeswirthschaft abgiebt (§§ 59, 60);
2. der aufgeheiratheten Ehefrau (§§ 50, 59);
3. dem Interimswirth (§ 120).

§ 126.

Die Leibzucht besteht in lebenslänglicher Wohnung und lebenslänglichem Unterhalt aus dem Hofe. Beides bestimmt sich näher nach der Sitte des Ortes, der bestehenden Hofeseinrichtung, den engeren oder entfernteren Beziehungen des Berechtigten zum Hofe, nach seinem Eingebrachten und nach den Kräften des Hofes.

Bei kleinen Stellen kann das Recht des Leibzüchters auf freie Wohnung (freien Insitz) beschränkt werden.

Kommt über die Art und das Maß der Leibzucht eine Vereinbarung unter den Betheiligten nicht zu Stande, so kann der zur Leibzucht Berechtigte deren Feststellung im gerichtlichen Wege verlangen (vgl. § 140).

§ 127.

Die Leibzucht haftet als Reallast auf dem Hofe.

§ 128.

Der Leibzüchter erhält von den zur Leibzucht gehörigen Sachen, soweit sie nicht nach ihrer Bestimmung oder nach dem Vertrage in sein Eigenthum übergehen, ein dingliches Nutzungsrecht, dessen Umfang durch den Zweck der Leibzucht bestimmt wird.

§ 129.

Die Ausübung oder den Mitgenuß seines Rechts kann der Leibzüchter Dritten nur überlassen, wenn dadurch die Last für den Hofeswirth nicht drückender wird.

§ 130.

Eine Verpflichtung des Leibzüchters, dem Hofeswirth Arbeitshülfe zu leisten, findet nur in Folge besonderer Verabredung statt.

§ 131.

Durch Verlassen des Hofes verliert der Leibzüchter sein Recht, soweit dessen Ausübung an den Aufenthalt auf dem Hofe geknüpft ist. Auch dürfen die übrigen dem Hofeswirth obliegenden Leistungen durch das Entfernen vom Hofe nicht erschwert werden.

§ 132.

Beim Tode des Leibzüchters fallen die zur Leibzucht gehörenden Gegenstände, soweit sie nicht Eigenthum des Leibzüchters geworden sind (§ 128), an den Hof zurück.

Die auf den Leibzuchtsgrundstücken gewachsenen Früchte verbleiben, soweit sie beim Tode des Leibzüchters noch nicht vom Boden getrennt sind, dem Hofeseigenthümer gegen Erstattung der Einsaat und der vom Leibzüchter verausgabten Bestellungskosten.

Stirbt einer von zwei leibzuchtsberechtigten Ehegatten, so tritt der Rückfall der Hälfte ein, soweit die Leibzucht in theilbaren Leistungen besteht, übrigens verbleibt sie dem Ueberlebenden.

§ 133.

Der Nachlaß eines Leibzüchters wird nach sonst gültigem Rechte vererbt.

Soweit die Kosten der Beerdigung des Leibzüchters aus dessen Nachlasse nicht bestritten werden können, fallen diese dem Hofwirthe zur Last.

§ 134.

Sind mehrere Höfe vorhanden, welche die Verpflichtung zur Leibzucht trifft, so hat der Berechtigte die Wahl, auf und von welchem Hofe er dieselbe beziehen will.

Der Eigenthümer des Hofes, von welchem die Leibzucht geleistet wird, hat von dem Eigenthümer des anderen Hofes eine verhältnißmäßige Ausgleichung zu beanspruchen.

Gesetz,

betreffend das Höferecht in der Provinz Hannover vom 2. Juni 1874 nach der Fassung, welche dasselbe durch die Gesetze vom 24. Februar 1880 und 20. Februar 1884 erhalten hat.

Erster Abschnitt.

Von dem bäuerlichen Recht.

§ 1.

Die Rechtsnormen, durch welche die Befugniß der Eigenthümer von Bauernhöfen, über den Hof oder Theile desselben unter Lebenden oder von Todeswegen zu verfügen, beschränkt ist, werden, insoweit sie von dem sonst gültigen Recht abweichen, aufgehoben.

§ 2.

Auf Ehen, welche vom 1. Juli 1875 an von Eigenthümern von Bauernhöfen geschlossen werden, findet das sonst gültige eheliche Güterrecht Anwendung.

§ 3.

Auf die Beerbung der Eigenthümer von Bauernhöfen findet das sonst gültige Erbrecht Anwendung.

§ 4.

Das sonst gültige Recht im Sinne dieses Gesetzes ist das, abgesehen von dem besonderen bäuerlichen Recht, geltende allgemeine Recht.

Zweiter Abschnitt.

Von dem Höferecht.

§ 5.

Ein in der Höferolle des zuständigen Amtsgerichts eingetragener Hof ist ein Hof im Sinne des zweiten Abschnitts dieses Gesetzes.

Als Hof kann jede landwirthschaftliche, mit einem Wohnhaus versehene Besitzung in der Höferolle eingetragen werden.

Zuständig ist das Amtsgericht, in dessen Bezirk das Wohnhaus der Besitzung liegt.

§ 6 ist gestrichen.

§ 7.

Die Eintragung und Löschung in der Höferolle erfolgt auf Antrag des Eigenthümers.

Zur Stellung des Antrages ist der Eigenthümer berechtigt, welcher über die Besitzung letztwillig verfügen kann.

Der Antrag wird bei dem Amtsgerichte mündlich angebracht oder in einer gerichtlich oder notariell beglaubigten Schrift eingereicht.

Das Amtsgericht hat dem Eigenthümer anzuzeigen, daß die Eintragung und Löschung erfolgt sei.

§ 8.

Die Führung der Höferolle gehört zu den Angelegenheiten der freiwilligen Gerichtsbarkeit.

Die Höferolle ist öffentlich.

§ 9.

Die Eintragung in der Höferolle ist auch für jeden nachfolgenden Eigenthümer wirksam. Sie verliert ihre Wirksamkeit durch die Löschung.

§ 10.

Die Eintragung kann nicht aus dem Grunde angefochten werden, weil die Besitzung nicht eintragungsfähig gewesen sei.

§ 11.

Zum Hofe gehören die auf Antrag des Eigenthümers in der Höferolle eingetragenen Grundstücke.

In Ermangelung einer Bezeichnung in der Höferolle gehören zum Hofe alle Grundstücke des Hofeigenthümers, welche mit der Hofstelle auf demselben Grundbuchblatt oder Artikel des Grundbuchs eingetragen sind. Bis zu dem im § 48 des Gesetzes vom 28. Mai 1873 über das Grundbuchwesen in der Provinz Hannover u. s. w. bezeichneten Tage umfaßt der Hof den gesammten, herkömmlich zu dem Hofe gerechneten oder wirthschaftlich zu demselben gehörigen Grundbesitz des Eigenthümers. Die wirthschaftliche Zusammengehörigkeit ist im Zweifel bei allen regelmäßig von derselben Hofstelle aus bewirthschafteten Grundstücken anzunehmen. Dieselbe wird durch eine vorübergehende Verpachtung oder ähnliche Benutzung von Hofesgrundstücken, z. B. als Leibzuchtsland, nicht ausgeschlossen. Grundstücke, welche an Personen verpachtet sind, die sich dagegen zu Dienstleistungen für die Hofeswirthschaft verpflichtet haben (Heuerleute), gehören zum Hofe.

§ 12.

Zubehör des Hofes sind:

1. die mit dem Hofe oder einzelnen Theilen desselben verbundenen Gerechtigkeiten;

2. die auf dem Hofe vorhandenen Gebäude, Anlagen, Holzungen und Bäume;
3. das Hofesinventar; dasselbe umfaßt das auf dem Hofe behufs der Bewirthschaftung desselben vorhandene Vieh, Acker- und Hausgeräth, einschließlich des Leinenzeuges und der Betten, den vorhandenen Dünger und die für die Hofesbewirthschaftung bis zur nächsten Ernte dienenden Vorräthe an Früchten und sonstigen Erzeugnissen.

§ 13.

Wird der Eigenthümer eines Hofes von mehreren Personen beerbt, so fällt der Hof nebst Zubehör als Theil der Erbschaft, kraft des Gesetzes, einem Erben (dem Anerben) allein zu.

Das Anerbenrecht gilt nur für Nachkommen des Erblassers.

Es tritt nur ein, wenn der Anerbe zugleich Erbe des Erblassers ist.

Mit dem Erwerb der Erbschaft erwirbt der Anerbe das Eigenthum des Hofes nebst Zubehör.

§ 14.

Ueber die Berufung zum Anerben gelten folgende Bestimmungen.

Leibliche Kinder und deren Nachkommen gehen Adoptivkindern und deren Nachkommen, eheliche den unehelichen vor.

Durch nachfolgende Ehe legitimirte Kinder stehen den ehelichen gleich.

Ferner geht vor der ältere Sohn und dessen Nachkommenschaft beiderlei Geschlechts, in Ermangelung von Söhnen und von Nachkommen derselben die ältere Tochter und deren Nachkommen beiderlei Geschlechts.

Unter den Nachkommen eines Kindes richtet sich die Berufung zum Anerben nach denselben Grundsätzen.

§ 15.

Bei der Erbtheilung wird der Hofeswerth nach folgenden Vorschriften ermittelt.

Der Hof nebst Zubehör, jedoch ausschließlich des Hofesinventars, wird nach dem jährlichen Reinertrag geschätzt, den er durch Benutzung als Ganzes im gegenwärtigen Culturzustande und bei ordnungsmäßiger Bewirthschaftung gewährt.

Die vorhandenen Gebäude und Anlagen sind, insoweit sie zur Wohnung und Bewirthschaftung erforderlich, nicht besonders zu schätzen, sonst aber nach dem Werthe des Nutzens, welcher durch Vermiethung oder auf andere Weise daraus gezogen werden kann, zu veranschlagen.

Dies gilt insbesondere von Nebenwohnungen, sowie von zu besonderen Gewerbebetrieben bestimmten Gebäuden und Anlagen.

Von dem ermittelten jährlichen Ertrage sind alle dauernd auf dem Hofe nebst Zubehör ruhenden Lasten und Abgaben nach ihrem muthmaßlichen jährlichen Betrage abzusetzen. Lasten und Abgaben, auf welche die Ablösungsgesetze Anwendung finden, sind dabei nach deren Vorschriften in eine jährliche Geldrente umzurechnen. Wegen der auf dem Hofe ruhenden Hypotheken und Grundschulden findet eine Absetzung nicht statt.

Der so ermittelte Jahresertrag wird mit dem Zwanzigfachen zu Capital gerechnet.

Diesem Capital wird der nach einem durchschnittlichen Verkaufswerthe zu berechnende Werth des Hofesinventars hinzugesetzt.

Auf Verlangen eines Betheiligten sind Höfe, deren Gebäude nebst Hofraum einen größeren Verkaufswerth haben als der sonstige Grundbesitz derselben, nach dem Verkaufswerthe zu schätzen.

Von dem Gesammtwerthe des Hofes nebst Zubehör werden die vorübergehenden Hofeslasten, z. B. Leibzuchten, nach ihrer wahrscheinlichen Dauer zu Capital berechnet, abgesetzt.

Das so ermittelte Capital bildet den Hofeswerth.

§ 16.

Bei der Erbtheilung tritt der Hofeswerth an die Stelle des dem Anerben zufallenden Hofes nebst Zubehör.

Die Erbschaftsschulden sind zunächst auf das außer dem Hofe nebst Zubehör vorhandene Vermögen anzurechnen.

Insoweit sie durch dieses Vermögen nicht gedeckt werden, sind sie von dem Anerben als Schuldner allein zu übernehmen. In diesem Falle werden sie bei der Erbtheilung von dem Hofeswerth abgesetzt.

Der Anerbe hat nach Abzug eines ihm als Voraus verbleibenden Drittels zwei Drittel des Hofeswerths, im Falle des vorstehenden Absatzes zwei Drittel des nach Abzug der vom Anerben übernommenen Schulden vom Hofeswerthe übrig bleibenden Betrages in die Erbschaftsmasse einzuschießen.

Die Theilung der Erbschaftsmasse unter die Miterben, einschließlich des Anerben, erfolgt nach dem allgemeinen Rechte.

Nach diesem Rechte richtet sich auch die Haftung der Erben für Erbschaftsschulden. Der Anerbe haftet den Erbschaftsgläubigern auch mit dem Vermögen, welches er als Anerbe erhalten hat.

§ 17.

Der Erblasser kann, falls bei seinem Tode ein Anerbenrecht eintreten würde, in einem Testament oder in einer gerichtlich oder notariell beglaubigten oder eigenhändig geschriebenen und unterschriebenen Urkunde bestimmen, daß ein Anerbenrecht nicht eintreten; daß die Bevorzugung des Anerben in einer anderen als im zweiten Abschnitt dieses Gesetzes bezeichneten Weise stattfinden; welche Person unter den zur Erbfolge berufenen Nachkommen Anerbe sein; zu welchem Betrage der Hofeswerth bei der Erbtheilung angerechnet werden soll.

§ 18.

Für den Pflichttheil des Anerben ist der nach dem allgemeinen Recht, für den Pflichttheil der übrigen Erben der nach den §§ 15, 16 zu ermittelnde Intestaterbtheil maßgebend.

§ 19.

Wegen Verletzung des Pflichttheils können nicht angefochten werden:

1. Verfügungen des Erblassers, durch welche dem leiblichen Vater des Anerben lebenslänglich, der leiblichen Mutter bis zur Großjährigkeit des Anerben das Recht beigelegt wird, den Hof nebst Zubehör nach dem Tode des Erblassers in eigene Nutzung und Verwaltung zu nehmen, unter der Verpflichtung, den Anerben und dessen Miterben, letztere bis zur Auszahlung ihres Erbtheils, angemessen zu erziehen und für den Nothfall auf dem Hofe zu unterhalten;
2. Verfügungen des Erblassers, durch welche die Fälligkeit der Erbtheile der Miterben bis zu deren Großjährigkeit, unter der Verpflichtung des Anerben, die Miterben bis zu diesem Zeitpunkte angemessen zu erziehen und für den Nothfall auf dem Hofe zu unterhalten, hinausgesetzt wird.

Die unter Nr. 1 erwähnten Verfügungen können auch nicht auf Grund der gesetzlichen Vorschriften über die Nachtheile der zweiten Ehe angefochten werden.

§ 20.

Wird ein Erblasser, welcher Eigenthümer mehrerer Höfe ist, von mehreren Nachkommen beerbt, so gelten, falls derselbe nicht in einem Testament oder in einer gerichtlich oder notariell beglaubigten oder eigenhändig geschriebenen und unterschriebenen Urkunde ein Anderes verfügt hat, folgende Bestimmungen.

Die mehreren Höfe fallen dem Anerben zu, wenn sie beim Tode des Erblassers von derselben Hofstelle aus bewirthschaftet sind.

Andernfalls kann jedes Kind in der Reihenfolge seiner Berufung zum Anerben sich als Anerbe einen Hof wählen. Nachkommen eines verstorbenen Kindes treten an dessen Stelle und unter diesen hat wiederum derjenige die Wahl, welchem der Vorzug nach § 14 gebührt. Sind mehr Höfe als Kinder vorhanden, so wird die Wahl in derselben Reihenfolge wiederholt. Die Erbschaftsschulden sind auf die mehreren Höfe nach dem Verhältniß ihres für die Erbtheilung maßgebenden Werthes zu vertheilen.

§ 21.

Die in den §§ 13—20 enthaltenen Bestimmungen finden nicht Anwendung:

(Die Bestimmung unter 1 ist gestrichen.)

2. Wenn der Erblasser bei seinem Tode Miteigenthümer des Hofes war;
3. wenn der Hof beim Tode des Erblassers in Folge von Veränderungen, welche nach der Eintragung stattgefunden haben, nicht eintragungsfähig war; jedoch ist das Nichtvorhandensein eines Wohnhauses zur Zeit des Todes des Erblassers ohne Einfluß, wenn dieser Zustand alsdann noch nicht zwei Jahre gewährt hat.

§ 22.

Für jede Eintragung und Löschung in der Höferolle, einschließlich der darüber dem Eigenthümer zu machenden Anzeige, wird eine Gerichtsgebühr von drei Mark erhoben. Die Einsicht in die Höferolle erfolgt kostenfrei.

Die Anträge zur Höferolle sind einer Stempelabgabe nicht unterworfen.

Dritter Abschnitt.

Schlußbestimmungen.

§ 23.

Unter dem Eigenthümer im Sinne dieses Gesetzes ist im Falle des getheilten Eigenthums der Untereigenthümer zu verstehen.

§ 24.

Durch dieses Gesetz werden nicht geändert:

die Rechte des Gutsherrn und sonstigen Obereigenthümers;

das für Fideicommiß-, Lehn-, Stamm- und Rittergüter geltende Recht, das Recht, durch Vertrag das Vermögen ganz oder theilweise unter Lebenden mit Rücksicht auf eine künftige Erbfolge abzutreten.

§ 25.

Dieses Gesetz tritt am 1. Juli 1875 in Kraft. Eintragungen in der Höferolle, sowie Löschungen sind vom 1. Januar 1875 an zulässig; Eintragungen, welche vor dem 1. Juli 1875 beantragt werden, erfolgen kostenfrei.

Urkundlich unter Unserer Höchsteigenhändigen Unterschrift und beigedrucktem Königlichen Insiegel.

Vgl. Gesetz vom 11. Juli 1891: Eintragung in die Höfe- bezw. Landgüterrolle bei einem Auseinandersetzungsverfahren.

II.

Gutachten des Herrn Rechtsanwalt und Notar Dr. Baumert in Spandau.

über die Frage:

Empfiehlt sich die Verleihung der Wassernutzung nach Maßgabe des Entwurfs des preußischen Wassergesetzes?

I.

Einleitung.

Die preußische Regierung hat den Entwurf eines Wassergesetzes ausgearbeitet und sammt Begründung Anfang 1894 veröffentlicht.[1] Dieser Entwurf ist den Interessenten zur Erklärung bezw. Begutachtung zugegangen und sollten die Gutachten und Anträge bis 15. Juli 1894 eingereicht werden. Es ist davon von den Interessentenkreisen Gebrauch gemacht. So hat namentlich die deutsche Landwirthschaftsgesellschaft und die westdeutsche Industrie eingehend zu dem Entwurf Stellung genommen.[2] Die

---

[1] Entwurf eines preußischen Wassergesetzes sammt Begründung. Berlin 1884.

[2] Es sind aus Anlaß dessen nachstehende Schriften in folgender Zeitfolge veröffentlicht worden:

a) Zum Entwurf eines preußischen Wassergesetzes. Bericht erstattet von Dr. Baumert. In diesem Bericht hat der Verfasser den Entwurf günstiger beurtheilt, als er dies heut vermag.

b) Desgleichen erstattet vom Regierungsrath F. v. Sybel.

c) Der Wassergesetzentwurf. Gutachten erstattet im Auftrage und auf Grund der Beschlüsse des Wasserrechtsausschusses der westdeutschen Industrie durch Fr. v. Schenck. Arnsberg 1894.

d) Bericht erstattet von Graf v. Arnim-Schlagenthin und Regierungsrath Frank.

Zu a, b und d sind kostenlos von der deutschen Landwirthschaftsgesellschaft in Berlin Zimmerstr. 8 zu beziehen.

e) Ferner sind in der Fischereizeitung in Nr. 7 und 17 von 1894 vom Amtsgerichtsrath Selig in Cassel Aufsätze und Verbesserungsvorschläge zum Entwurf erschienen und zwar Namens des Rechtspflegeausschusses des Westdeutschen Fischerei-Verbandes.

deutsche Landwirthschaftsgesellschaft hatte schon vorher durch einen Sonderausschuß einen Entwurf eines deutschen Wassergesetzes aufstellen lassen und nach Erscheinen des preußischen Gesetzentwurfs unter Zuziehung anderer Interessentenkreise Abänderungsvorschläge zu demselben gemacht. Angeblich soll der Entwurf nunmehr einer Ueberarbeitung unterzogen werden.

Dieser Entwurf handelt in §§ 68 bis 91 von der Verleihung und zwar ist damit die Verleihung von Rechten zur Benutzung oder Veränderung eines Wasserlaufes gemeint. Dem preußischen Rechte ist bisher die Verleihung von Wasserrechten fremd, wenn es auch die Verleihung eines Bergrechts oder Bergwerkseigenthums kennt.

Von der ständigen Deputation des Deutschen Juristentages bin ich um Erstattung eines Gutachtens über folgende Frage ersucht:

„Empfiehlt sich die Verleihung der Wassernutzung nach Maßgabe des Entwurfs des preußischen Wassergesetzes?"

Bevor auf die Beantwortung dieser Frage näher eingegangen werden kann, empfiehlt es sich, zunächst den Anlaß und die Beweggründe darzuthun, die den Gesetzgeber veranlaßt haben mögen, die Schaffung dieses neuen Rechtsinstituts ins Auge zu nehmen oder mit anderen Worten, es soll zunächst geprüft werden, ob und inwieweit ein Bedürfniß für ein derartiges Rechtsinstitut vorhanden ist.

Da die Verleihung auf das römische Recht nicht zurückgeführt werden kann, sondern in der Regalitätslehre wurzelt, so sei es gestattet, sogleich vom Standpunkt des gewordenen preußischen Rechts aus die Bedürfnißfrage zu erörtern und namentlich darzuthun, ob und inwieweit nach preußischem Landrecht und nach dem Gesetz vom 28. Februar 1843 die Wasserbenutzer — ohne die Verleihung — gegen Wasserentziehungen geschützt sind.

II.

Das preußische Landrecht.

Als eine wichtige Benutzungsart des fließenden Wassers erscheinen in Deutschland zeitig die Wassermühlen, in neuerer Zeit Triebwerke genannt.

Hat Jemand an einem nichtschiffbaren Flusse ein Triebwerk errichtet und benutzt das Wasser zum Treiben seiner Räder, so fragt es sich, ob er schon durch die Benutzung allein ein Recht auf die weitere Benutzung des Wassers erlangt hat und dies dem Oberlieger gegenüber im Rechtswege geltend machen kann. Ein Oberlieger leitet das Wasser ab, sei es, um einen Karpfenteich anzulegen, sei es, um seine Wiese zu bewässern, er entzieht dem unteren Triebwerksbesitzer das Wasser, verringert es mindestens in der wasserarmen Zeit, im Sommer. Früher hat der Triebwerksbesitzer bei Wassermangel vielleicht jeden Tag 10 Stunden lang noch mahlen können, jetzt kann er bei Wassermangel in Folge jener Ableitung und Wasserbenutzung des Oberliegenden in wasserarmen Zeiten täglich nur noch 8 Stunden, vielleicht auch gar nicht mehr mahlen. Dagegen hat er bei Hochwasser nach wie vor Ueberfluß an Wasser, vielleicht noch mehr als früher.

Welche Rechtsmittel hat der unterliegende Wasserbenutzer gegen derartige Wasserentziehungen durch die Oberlieger? Hat er Anspruch auf alles Wasser oder hat er überhaupt keinen Anspruch auf das Wasser? Die Beantwortung dieser Frage zieht sich wie ein rother Faden durch das preußische Wasserrecht hindurch und hat bis heut nur Unzufriedenheit erregt.

Zuerst machte sich die Schwierigkeit der Beantwortung dieser Frage in dem sogenannten Müller Arnold'schen Prozeß in einer recht auffälligen Weise geltend, wenn auch hier diese Frage mit noch anderen Rechtsfragen verquickt war.

Friedrich der Große vermochte nicht einzusehen, daß einer Wassermühle das Wasser entzogen werden könne, ohne daß bei den Gerichten dagegen Abhülfe zu erreichen sei; er vermochte dies um so weniger, als es sich im Müller Arnold'schen Proceß um eine Erbzinsmühle handelte, welche mit für die Wasserkraft Erbpachtzins zahlte. Er hob die zu Ungunsten des Müllers Arnold ergangenen Urtheile auf und bestrafte die Richter, welche sich vielleicht auf das gemeine Recht stützen konnten, aber immerhin nicht ganz fehlerfrei vorgegangen waren.[3])

Es wurde nun in Folge dieses Müller Arnold'schen Processes die Ausarbeitung eines Landrechts für die preußischen Staaten in Angriff genommen und in diesem zu Stande gekommenen Landrecht ist im § 246 II 15 der neue Rechtssatz enthalten:

> „Einer schon vorhandenen Mühle darf ein Nachbar, durch dessen Grundstücke das zu ihrem Betriebe nöthige Wasser fließt, dasselbe nicht entziehen."

Dieser Rechtssatz könnte wohl für ausreichend erachtet werden, um einen Wassermüller und — da diese Bestimmung analog auf jeden Wasser-

---

[3]) Näher ausgeführt ist dies bei Sietze, Ausübung oberstrichterlicher Gewalt des Staates und Kabinets-Justiz. Potsdam 1835.

benutzer ausgedehnt werden könnte — auch jeden anderen Wasserbenutzer vor Wasserentziehungen zu schützen.

Dieser Rechtssatz ist seinem Sinne nach offenbar dahin auszulegen, daß einem Wasserbenutzer nicht von Anderen das nöthige Wasser entzogen werden darf.

Indeß sind in jener Bestimmung des Landrechts andere Worte gewählt und wegen dieser Worte wurde die Bestimmung in der Rechtsprechung einschränkend, ja wohl geradezu engherzig ausgelegt.

Zur Erklärung dieser Auslegung dient vielleicht der Umstand, daß in der That der Wassermüller nicht Anspruch auf alles Wasser haben kann und namentlich nicht auf das Wasser hat, was er bei Hochwasser oder sonst vorbeifließen läßt, weil er es nicht benutzen kann.

Was die verschiedenen Auslegungen jenes § 246 betrifft, so sei hier Folgendes hervorgehoben.

Zunächst heißt es in jener Gesetzesstelle:

„Einer schon vorhandenen Mühle."

Man hat daraus gefolgert, daß nur die Mühlen, die bei Publication des Landrechts bestanden, diesen Schutz genießen.

Warum aber die später errichteten davon ausgeschlossen sein sollen, ist an sich nicht einzusehen.[4]) Auch dürfte das Wort „vorhandene" besser dahin zu deuten sein, daß der Nachbar bei seinen Unternehmungen auf bereits vorhandene, d. h. bestehende Mühlen Rücksicht nehmen muß, auf die nach seinen Unternehmungen neu beabsichtigten aber nicht.

Eine derartige Auslegung wird auch dem Sprachgebrauch des Landrechts eher gerecht und wird auch von Dernburg (Privatrecht V. Aufl. S. 625 Anm. 6 zu § 255) vertreten.

Scheele (Preuß. Wasserrecht S. 77) geht sogar so weit, das Wort Mühle wörtlich zu nehmen, so daß also jener Schutz nur den Mahlmühlen, nicht anderen Triebwerken zu Gute kommen solle. Daß diese Ansicht dem Sprachgebrauch des Landrechts zuwider ist, ergiebt schon der Umstand, daß man damals den Ausdruck „Triebwerk" überhaupt nicht kannte, sondern dafür den Ausdruck „Mühle" gebrauchte. Diese Ansicht Scheele's ist auch meines Wissens in der Rechtsprechung niemals gebilligt worden, sie ist unhaltbar.

Sodann soll jedoch „dem Nachbar" verwehrt sein, das Wasser zu entziehen; mithin wäre dies weiter abgelegenen Grundeigenthümern nicht verboten. Es ist aber schwerlich das Wort „Nachbar" hier wörtlich oder

---

[4]) Vergl. Juristische Wochenschrift 1894, Seite 289.

im engeren Sinne zu nehmen. Es dürfte vielmehr hier dahin zu deuten sein, daß es so viel wie „ein Anderer" bedeutet. An sich ist der Begriff Nachbar kein streng juristischer, sodann ist aber auch der Sprachgebrauch des Landrechts nicht ein derartiger, daß man auf ein einzelnes Wort das Hauptgewicht legen darf, vielmehr muß der Sinn und Zweck der ganzen Bestimmung bei der Auslegung an erster Stelle herangezogen werden. Dann darf aber auf das Wort Nachbar überhaupt kein sonderliches Gewicht gelegt werden.

Die Entscheidungen des Obertribunals über das Wort Nachbar neigen dahin, das Wort Nachbar im wörtlichen oder engeren Sinne zu verstehen. Während in der Entscheidung vom 14. September 1865 (Striethorst, Archiv Bd. 61 S. 28) — allerdings nur nebensächlich in den Gründen — ausgeführt wird, daß dem Ausdruck „Nachbar" in dem § 99 I 8 sowie in dem § 246 II 15 eine weitere Bedeutung beigelegt werden kann, d. h. nicht gerade der Eigenthümer eines anstoßenden Grundstücks darunter zu verstehen ist, spricht sich das Obertribunal in der Entscheidung vom 8. Juli 1869 (Striethorst, Archiv Bd. 75 S. 257) für die Auslegung im engeren Sinne aus, die schon früher in der Rechtsprechung anerkannt worden war[5]) und erklärt, daß beim § 246 II 15 der Verletzte der Nachbar sein muß, also der Angrenzer.

Das Reichsgericht (Entsch. Bd. 26 S. 299) hat sich jedoch wieder für die hier vertretene weitergehende Auslegung des Wortes „Nachbar" ausgesprochen.

Durch welche Maßnahmen ferner ein Anderer das Wasser entzieht, ob mittelbar oder unmittelbar dürfte nach § 246 II 15 A. L. R. ganz unwesentlich sein, wenn nur Maßnahmen getroffen sind, die eine Entziehung des Wassers herbeiführen. Dies ist anscheinend ausgeführt vom Obertribunal in dem Erkenntniß vom 11. Januar 1856 (Striethorst, Archiv Bd. 19 S. 266). Wörtlich heißt es dort:

> „In Erwägung, daß die Anwendung dieses Gesetzes (§ 246 II 15) auch nicht dadurch ausgeschlossen wird, daß Verklagter nicht direct, sondern indirect durch Cassation des Dammes das Wasser entzogen hat, weil nach der thatsächlichen Feststellung des Appellations-Richters die Existenz dieses seit alter Zeit bestehenden Dammes die Zuführung des Wassers zur Mühle wesentlich bedingt und die positive Handlung des Verklagten, welche geständlich auch den Zweck der Entziehung des Wassers

---

[5]) So im Arnsberger Archiv Bd. 8 S. 291.

gehabt, nur als ein Mittel diese herbeizuführen, erscheint, welches durch das Verbotsgesetz mitbetroffen wird, es aber auf das Recht des Klägers an dem Bestehen des Dammes und die Befugniß des Verklagten das Wasser selbst zu benutzen, nicht ankommt."

Später hat jedoch das Ober-Tribunal auch in dieser Hinsicht eine engherzige Auslegung angenommen. In der Entscheidung vom 22. Januar 1863 (Striethorst, Archiv Bd. 49 S. 36) wird ausgeführt, daß die mittelbare Entziehung von Wasser nicht unter das Verbot des § 246 falle, sofern nur der Nachbar mit seinen Maßnahmen nicht die Entziehung des Wassers bezweckt oder beabsichtigt hat. Da bei dinglichen Rechtsverhältnissen jedoch weniger die Absicht, sondern an erster Stelle die schädliche Wirkung in Betracht kommen dürfte, so seien hier die Gründe des Ober-Tribunals wörtlich angeführt:

„Die Handlung des Gutsbesitzers, welche die Entziehung des Betriebswassers bewirkt, muß in einer Disposition über das Wasser bestehen und auf die Benutzung des Wassers gerichtet sein. Eine solche Handlung, die dem Gutsbesitzer vermöge seines Eigenthumsrechts sonst freistehen würde, soll ihm, wie bereits gezeigt, untersagt sein im Interesse des Mühlenbesitzers. Hier findet aber auch diese Einschränkung des Eigenthümers ihre Grenze. Abgesehen von der Wasserbenutzung ist für denselben eine Beschränkung in dem freien Gebrauch und der Benutzung seines Grundstücks durch den § 246 gesetzlich nicht eingeführt. Wenn daher ein Gutsbesitzer zur besseren Benutzung seines Grundstücks Anlagen macht, welche mittelbar auf eine Verminderung des Wasserbestandes in einem Mühlengraben einwirken, so unterliegt er bei solchen Dispositionen der im § 246 vorgeschriebenen Einschränkung nicht, wie auch im § 130 I 8 dem Eigenthümer gestattet ist, auf seinem Grundstücke einen Brunnen zu graben, wenn dadurch auch dem vorhandenen Brunnen des Nachbars das Wasser entzogen wird. Dergleichen Anlagen als ein Ausfluß des Eigenthumsrechts können nur verhindert werden, wenn der Nachbar deshalb ein besonderes Untersagungsrecht erworben hat, vgl. L 21 L 11 § 12 D. 39, 3; oder wenn sie mißbräuchlich in aemulationem des Anderen vorgenommen werden. (§§ 27, 28 I 8 A. L. R.) Im vorliegenden Falle haben die Verklagten, um ihre Wiese zu verbessern, den darin befindlichen Schlamm ausgraben lassen, und die dadurch veranlaßte Vertiefung des Wiesenterrains hat in Beziehung auf den Mühlengraben der Kläger die Wirkung geäußert, daß Wasser durchsickert und für die Mühle verloren geht. Es ist aber nicht constatirt, auch nicht behauptet, daß die Ausgrabung des Schlammes geschehen ist, um das Wasser aus dem Mühlgraben abzuleiten oder überhaupt dasselbe zu benutzen und darüber zu verfügen, vielmehr erscheint das Austreten desselben aus dem Mühlgraben eine gar nicht beabsichtigte Wirkung des Schlammloches zu sein. Danach liegt ein Entziehen des Wassers in dem oben entwickelten Sinne des § 246 II 15 A. L. R. nicht vor."

Diesen Gründen des Ober-Tribunals vermag ich zwar nicht beizutreten, indeß beweisen sie, daß die Praxis § 246 II 15 A. L. R. möglichst einschränkend ausgelegt hat und daß bei dieser Auslegung jene Bestimmung des Landrechts den Mühlen nicht den Schutz verschafft hat, den man doch wohl bei Abfassung des Landrechts erstrebt hat.

III.

Das Gesetz vom 28. Februar 1843 über die Benutzung der Privatflüsse.

War schon durch die Auslegung der Praxis jene Bestimmung des § 246 II 15 A. L. R. möglichst einschränkend und also den Müllern möglichst ungünstig, so wirkte noch nachtheiliger die Gesetzgebung selbst durch Erlaß des Gesetzes vom 28. Februar 1843 über die Benutzung der Privatflüsse.

Der damalige Gesetzgeber hatte von dem Siegener Kunstwiesenbau gehört und war überzeugt, daß durch Bewässerung in ganz Preußen die üppigsten Wiesen hervorgerufen werden könnten. Als nachtheilig für die Einführung der Bewässerung erwies sich jener § 246 II 15 des Landrechts in Verbindung mit dem Umstand, daß in Preußen zahlreiche Triebwerke schon damals bestanden.

Man betrachtete deshalb das Bestehen so vieler Triebwerke als ein Unglück für das Land und nahm die Gesetzgebung in Anspruch, um die Gerechtsame der Müller auf das Wasser zu beschränken und jedenfalls neue Triebwerke nicht mehr zum Schaden von Bewässerungen entstehen zu lassen.

Hieraus erklären sich die bestehende Privatrechte nicht genügend berücksichtigenden Bestimmungen jenes Gesetzes. Das Gesetz stellt zunächst den allgemeinen Grundsatz im § 1 auf, daß jeder Uferbesitzer berechtigt ist, das an seinem Grundstück vorbeifließende Wasser zu seinem besonderen Vortheil zu benutzen und ferner im § 13, daß dieses Recht der Beschränkung unterliegt, daß

„1. kein Rückstau über die Grenzen des eigenen Grundstücks hinaus und keine Ueberschwemmung oder Versumpfung fremder Grundstücke verursacht werden darf,

2. das abgeleitete Wasser in das ursprüngliche Bett des Flusses zurückgeleitet werden muß, bevor dieser das Ufer eines fremden Grundstücks berührt."

Wieviel zurückgeleitet wird, ist nach der Rechtsprechung gleichgültig. Der Uferbesitzer kann sogar alles abgeleitete Wasser verbrauchen, sofern nur die Möglichkeit der Zurückleitung des etwa nicht verbrauchten Wassers vorhanden ist.[6]) Diese Beschränkung des § 13 schützt daher nicht gegen Wasserentziehung oder doch nicht genügend.

Es steht jedoch nach § 16 jenes Gesetzes vom 28. Februar 1843 den Besitzern der bei Publikation dieses Gesetzes rechtmäßig bestehenden Mühlen und anderen Triebwerken ein Widerspruchsrecht zu, wenn durch die Benutzung des Uferbesitzers

a) ein auf speciellere Rechtstitel beruhendes Recht zur ausschließlichen Benutzung des ganzen Wassers oder eines bestimmten Theiles desselben ($^1/_4$, $^1/_3$ u. s. w.) beeinträchtigt, oder

b) das zum Betriebe in dem bisherigen Umfange nothwendige Wasser entzogen wird.

Zunächst kann nach §§ 1, 13 jenes Gesetzes jeder Uferbesitzer ohne Weiteres Stauanlagen und Wasserleitungen machen, um das Wasser zu seinem Vortheil, namentlich zur Bewässerung zu benutzen. Er kann dadurch einen großen Theil des Wassers verbrauchen. Der Triebwerksbesitzer, dem diese Wasserentziehung widerfährt, kann nunmehr sein Widerspruchsrecht geltend machen, d. h. er kann klagbar werden, weil ihm das zum Betriebe im bisherigen Umfange, d. h. im Umfange des Jahres 1843 nothwendige Wasser entzogen wurde. Er muß also zunächst den Umfang des Betriebes vom 28. Februar 1843 nachweisen. Gelingt ihm dies, so schwierig dies z. B. auch heut schon ist, — so muß er weiter noch nachweisen, daß die Bewässerung ihm den Betrieb schmälert, d. h. das zu diesem Betriebe nothwendige Wasser entzieht. Dies kann nur durch Wassermessung und durch Sachverständige nachgewiesen werden.

---

[6]) Vgl. Entsch. des Ober-Tribunals v. 5. November 1861 (Striethorst Arch. Bd. 44 S. 40) und v. 23. Januar 1873 (Striethorst Arch. Bd. 88 S. 1).

Die gerichtlich zugezogenen Sachverständigen verstehen diese Frage höchst selten richtig zu beurtheilen, d. h. die Wassermassen richtig zu messen, haben wir doch in Deutschland noch heut kein Maß für fließendes Wasser.

Die Sachverständigen werden sich widersprechen, es wird in höherer Instanz ein Obergutachter gehört und wurde als solcher lange Zeit auf Vorschlag des Ministeriums für landwirthschaftliche Angelegenheiten ein Oekonomierath Vincent vernommen. Dessen Gutachten ging in der Regel dahin, daß die Bewässerung den Mühlen kein Wasser entziehe. Indeß ging er bei seinem Gutachten von falschen Messungen und falschen Voraussetzungen aus und waren daher seine Gutachten wohl immer falsch. Näher ausgeführt und nachgewiesen habe ich dies in meiner Schrift über die Unzulänglichkeit der Wassergesetze S. 48 Anm. 1 und S. 165—175. Trotzdem sind derartige Gutachten für die Entscheidung der Gerichte maßgebend gewesen.

In der Verfügung des Ministers für landwirthschaftliche Angelegenheiten vom 10. Dec. 1860 wird Folgendes ausgeführt:[1])

> „Das Verbot der seit zwei Jahren im Betriebe befindlichen Bewässerung ist um so weniger gerechtfertigt, als das Gutachten des Kreisbaumeisters v. Z. nur eine geringe, mit Sicherheit kaum erkennbare Verminderung der früheren Wasserkraft der Mühlen (von $^1/_8$ bei der einen und $^1/_{27}$ bei der anderen Mühle) annimmt."

Es ist demnach für Sachverständige die Verminderung der Wasserkraft um $^1/_8$ kaum erkennbar gewesen!

Es sei dies hier hervorgehoben, um darzuthun, wie fehlerhaft es ist, im Wasserrecht zu gestatten, daß dem Wasserbenutzer zunächst von Dritten das Wasser entzogen werden darf, und daß der Wasserbenutzer dann auf den Proceßweg verwiesen wird, in welchem es ihm schwer, ja oft unmöglich sein wird, den Umfang seines Betriebes bezw. seiner Berechtigung nachzuweisen.

Richtiger wäre es gewesen, zuvor die bestehenden Wasserbenutzungen ihrem Umfange nach festzustellen, wenn man ihnen durch Gesetz auferlegen wollte, den Umfang ihres Betriebes jeder Zeit nachzuweisen.

Sind also die Rechte der damals 1843 bestehenden Triebwerke durch jenes Gesetz und die Auslegung desselben erheblich beschränkt worden, so sind die seit dem Erlaß des Gesetzes vom 28. Februar 1843 neu er-

---

[1]) Zeitschrift für Landesculturgesetzbung Bd. 13 S. 307.

richteten Triebwerke mit klaren Worten gegen Wasserentziehung rechtlos gemacht, denn es heißt im § 16 letzten Absatz Gesetz vom 28. Februar 1843:

„Wer künftig ein Triebwerk anlegt oder erweitert, ohne ein ausdrücklich verliehenes Recht zu haben, soll deshalb zu einem solchen Widerspruche nicht berechtigt sein."

Da nun das preußische Recht eine Verleihung von Wasser der Privatflüsse rechtlich nicht kennt, da Niemand ein derartiges Recht in Privatflüssen zu verleihen befugt ist,[8]) so haben die seit 28. Februar 1843 errichteten Trebwerke keinerlei Widerspruchsrecht, auch wenn ihnen das zu ihrem Betriebe nothwendige Wasser entzogen wird.

Dasselbe gilt auch für diejenigen Triebwerke, die seit 28. Februar 1843 ihren Betrieb erweitert haben und zwar nach dem Wortlaut schlechtweg, so daß sie anscheinend jedes Widerspruchsrecht auch für den alten, geringeren Umfang durch die Erweiterung verlieren.

Wenn man aber auch die letztere Bestimmung wohl ihrem Sinne nach dahin auslegen will, daß die erweiterten Triebwerke nur bezüglich der Vergrößerung oder Erweiterung keinen Widerspruch haben, ihn aber noch bezüglich des Betriebes im alten Umfange, d. h. im Umfange vor dem 28. Februar 1843 behalten, so wird doch die Beweislast, welche immer den klagenden Triebwerksbesitzer bezüglich des Umfangs im Jahre 1843 trifft, eine von Jahr zu Jahr schwierigere und muß im Laufe der Zeit eine fast unerbringliche werden, so daß, wenn das Gesetz vom 28. Februar 1843 noch lange bestehen bleibt, die Triebwerksbesitzer das ihnen im § 16 Nr. 2 Ges. 18. 2. 1843 zugebilligte Widerspruchsrecht processualisch wirksam nicht mehr werden geltend machen können, ebenso wenig wie die seit 28. Februar 1843 errichteten Triebwerke, denen allerdings ein solches Widerspruchsrecht nicht einmal materiell zusteht. Es kommt nämlich in Betracht, daß der Umfang des Betriebes im Jahre 1843 in keiner Weise festgesetzt ist und sich nach einigen Menschenaltern weder durch Zeugen noch durch Vorlegung von Geschäftsbüchern noch sonstwie wird erweisen lassen, was jetzt nach über 50 Jahren in den meisten Fällen so wie so schon zutrifft.

Allerdings ist im § 16a noch denjenigen Triebwerksbesitzern ein Widerspruchsrecht gegeben, denen

„ein auf specielleren Rechtstiteln beruhendes Recht zur ausschließlichen Benutzung des ganzen Wassers oder eines bestehenden Theiles desselben ($^1/_4$, $^1/_8$ u. s. w.) beeinträchtigt"

wird.

---

[8]) Vergl. Entsch. d. Reichsger. Bd. 26 S. 296.

Leider giebt es jedoch in Wirklichkeit einen solchen speciellen Rechtstitel so gut wie gar nicht, ich habe wenigstens noch nicht einen Fall kennen gelernt, bei welchem sich ein solcher Rechtstitel hätte darthun lassen.

Der wichtigste Rechtstitel wäre die Verjährung. Indeß ist in der preußischen Rechtsprechung durch zahlreiche übereinstimmende Urtheile ausgesprochen, daß die Benutzung des Wassers — also auch des ganzen Wassers — während rechtsverjährter Zeit allein noch kein specieller Rechtstitel in jenem Sinne sei. Der Triebwerksbesitzer müsse sich vielmehr noch eines Untersagungsrechts im Sinne von §§ 505—507 I 9 A.L.R. gegen den betreffenden Uferbesitzer beziehungsweise gegen alle Oberlieger erwerben, um sich auf diese Bestimmung berufen zu können.[9])

Daß ein solches Untersagungsrecht praktisch schwerlich jemals durch Verjährung oder sonstwie erworben werden wird, habe ich bereits früher näher dargethan.[10])

Man hat ferner geltend gemacht, daß ja die behördlich ertheilte Genehmigung zur Errichtung eines Triebwerks bezw. einer Stauanlage für ein Wassertriebwerk (§§ 16 ff. Reichs-Gewerbeordnung) ein derartiger specieller Rechtstitel sei.[11])

Dies ist jedoch nicht zutreffend. Bei solchen Genehmigungen werden nur die Gefahren erörtert, die für andere durch die geplante Stauanlage entstehen könnten, die Wasserbenutzung steht an sich jedem Uferbesitzer nach § 1 Ges. vom 28. Febr. 1843 zu und braucht nicht weiter erörtert zu werden, ja darf wohl eigentlich auch nicht. Durch die Genehmigung (Concession) wird nur die Errichtung der Stauanlage, nicht die Wasserbenutzung genehmigt, letztere ist an sich nicht genehmigungspflichtig.[12])

Das Reichsgericht hat sich dem angeschlossen in seiner Entscheidung vom 21. Juni 1890 (Entsch. Bd. 26 S. 298). Danach giebt es für die praktische Rechtsprechung so gut wie keinen specielleren Rechtstitel.

Allerdings hat man im Mittelalter, als die Regalitätslehre noch maßgebend war, mit der Errichtung von Wassermühlen an nichtschiffbaren Flüssen bestimmte Concessionen verliehen. Indeß enthalten solche Verleihungsurkunden wohl nie eine Bestimmung darüber, daß der Beliehene

---

[9]) Strieth. Arch. Bd. 31 S. 304.

[10]) Baumert, Unzulänglichkeit der Wassergesetze S. 35—38.

[11]) Scheele, Wasserrecht S. 75 und 49. — Lette, Privatflüsse S. 43. — Lette und Römer, Landesculturgesetzgebung Bd. 2b S. 660. — Baumert, Unzulänglichkeit der Wassergesetze S. 45 Anm. 1.

[12]) Entsch. des Oberverwaltungsgerichts Bd. 10 S. 278. — Baumert, Aufsätze aus dem Wasserrecht. Berlin 1888 S. 19.

das „ganze" Wasser oder ein Viertel bezw. die Hälfte des Wassers für sich benutzen dürfe, sie entspricht also nie den Bedingungen des § 16a Ges. vom 28. Febr. 1843. Aber selbst wenn wirklich eine Verleihungsurkunde Derartiges enthielte, so fragt es sich weiter, ob wirklich der Verleiher (meist der Grundherr) in die Rechte aller oberhalb liegender Uferbesitzer derartig eingreifen konnte, daß diese heut noch an jene Verleihung gebunden sind. Mir ist ein Fall eines derartig verliehenen Rechts noch nicht bekannt geworden.

IV.
Quellwasserentziehung.

Zu diesen Bestimmungen des Gesetzes vom 28. Februar 1843 tritt noch der Umstand, daß man weder § 246 II 15 A. L. R. noch die Bestimmungen des Gesetzes vom 28. Februar 1843 auf den Fall der Quellwasserentziehung anwandte. Durch die Rechtsprechung wurde, gestützt auf die Bestimmung des römischen Rechts, das Quellwasser schlechtweg dem Grundeigenthümer zugesprochen, ganz gleichgültig, ob das Wasser unterhalb eine Mühle getrieben hatte oder nicht. Man kann sich allerdings hierbei nicht auf eine Bestimmung des Landrechts stützen; denn § 130 I 8 A. L. R., welcher von Brunnenwasserentziehung handelt, kann doch als eine lex specialis nicht so ohne Weiteres auf Betriebswasserentziehung ausgedehnt werden — wie dies das Obertribunal versucht hat — ganz abgesehen davon, daß § 130 I 8 auch nur von unterirdischen Wassern und nicht von zu Tage getretenen Quellen handelt. Die Rechtsprechung stützt jedoch ihre Entscheidungen einmal auf den allgemeinen Begriff des Eigenthums an Grund und Boden und sodann auch auf Bestimmungen des römischen Rechts insbesondere auf L. 24 § 12 L. 26 D. 39, 2 und L. 1 § 12 L. 21 D. 39, 3. Auf diese Weise ist die Rechtsprechung dahin gelangt, so ziemlich jeglichen Rechtsschutz einem Müller wegen Quellwasserentziehung zu versagen,[13]) — sofern es sich nicht gerade um eine Quelle handelt, die sofort in festabgegrenzten Ufern wie ein Bach fließt. Die Ableitung einer solchen würde — nach den Gründen des Reichsgerichts (Entsch. Bd. 16 S. 230) als Ableitung aus einem Flusse erachtet werden und daher den Bestimmuugen der §§ 1, 13 Ges. vom 28. Febr. 1843 unterworfen sein.

Die Rechtlosigkeit der Wasserbenutzer gegen Quellwasserentziehung besteht nicht bloß für das Gebiet des preußischen Landrechts, sondern

[13]) Die Entscheidungen des Reichsgerichts vom 26. Juni 1886 (Entsch. Bd. 16 S. 229 ff.) betrifft die Wasserleitung der Stadt Iserlohn.

auch in allen anderen Rechtsgebieten, so auch im französischen Recht. Verwiesen sei hier auf die Entscheidung des Reichsgerichts Bd. 12 S. 183 und 184, welche gemeines Recht betraf, während die Entscheidungen Bd. 2 S. 368—370, Bd. 27 S. 328—331 und Bd. 30 S. 300—304 für das Gebiet des französischen Rechts ergangen sind. In der Entscheidung Bd. 2 S. 368 wurde durch die Abgrabung einer Quelle einer Gemeinde das Trinkwasser entzogen, während in der Entscheidung Bd. 27 S. 328 bis 331 auch das preuß. Gesetz vom 28. Februar 1843 berücksichtigt ist. Im bayerischen Recht kam dies in mehreren Fällen zur Entscheidung,[14]) zuletzt machte besonders der Fall der Wasserleitung der Stadt Nürnberg viel von sich reden, der in allen Instanzen zu Ungunsten der Triebwerksbesitzer des Röthenbaches entschieden worden, denen durch die Abfangung der Quelle seitens der Stadt Nürnberg ein erheblicher Theil ihrer Betriebskraft genommen worden ist. Hieran haben auch die Verhandlungen in den bayerischen Kammern über diesen Fall nichts zu ändern vermocht.

V.

Die Verleihung soll den Umfang der Wasserbenutzung feststellen und dieser gleichzeitig Schutz im festgesetzten Umfang gewähren.

Ueberblickt man Vorstehendes, so ist der Schutz, welchen das preußische Landrecht für die Wassermühlen gegen Wasserentziehungen anstrebte, durch die Rechtsprechung und neuere Gesetzgebung so gut wie ganz wieder beseitigt. Ja, es ist überhaupt fraglich geworden, ob nach Inkrafttreten des Gesetzes vom 28. Februar 1843 der § 246 II 15 A. L. R. noch anzuwenden ist. In der That wird man demselben kaum noch eine Bedeutung für das heutige Recht beilegen können. Er ist durch das Gesetz vom 28. Febr. 1843, soweit die Verhältnisse der Uferbesitzer von Privatflüssen in Frage kommen, aufgehoben.

Für diese Auffassung spricht sich mittelbar auch das Reichsgericht aus (Entsch. Bd. 26 S. 299 und 300. Jur. Wochenschr. 1894 S. 289). Allerdings würde diese Bestimmung des Landrechts bei einer nicht zu engherzigen Auslegung noch dann Anwendung finden können, wenn keine Uferbesitzer des Flusses, sondern ein vom Flusse abgelegener Grundeigenthümer durch indirecte Maßnahmen, z. B. Ausgrabung eines Teiches, Betrieb eines Steinbruches u. s. w. einer Mühle das Wasser entzieht. Wie

---

[14]) Vergl. Pözl, Bayr. Wasserrecht. II. Aufl. S. 109, vergl. jedoch I. Aufl. S. 156.

jedoch erwähnt, hat sich das Obertribunal dahin ausgesprochen, daß § 246 II 15 A. L. R. auf Fälle mittelbarer Wasserentziehung nicht anzuwenden sei. Tritt man mit mir dieser Auslegung nicht bei, so würde § 246 II 15 A. L. R. in den Fällen mittelbarer Wasserentziehung durch Nichtuferbesitzer noch Anwendung finden können.

Man könnte § 246 II 15 A. L. R. auch auf das Verhältniß zwischen Ober- und Untermüller mit der Maßgabe anwenden, daß der Obermüller das Wasser nur so weit anstauen darf, daß er dadurch dem Untermüller nicht Betriebswasser entzieht, was z. B. dann geschieht, wenn der Untermüller das stärker abgelassene Wasser nicht abmahlen kann, sondern unbenutzt vorbeifließen lassen muß. Dernburg verneint eine solche Anwendung.[15])

Sieht man von diesen beiden sogar bezweifelten Anwendungsfällen des § 246 II 15 A. L. R. ab, so würde diese Gesetzesbestimmung nicht mehr in Betracht kommen und daher den Triebwerken einen Schutz nicht mehr gewähren. Daß die Bestimmungen des Gesetzes vom 28. Febr. 1843 einen solchen Schutz auch nicht mehr geben, ist bereits dargethan.

Daß ein derartiger rechtloser Zustand der Wasserbenutzer gegen Wasserentziehungen bei den Wasserinteressenten eine gewisse Bewegung hervorrief, ist nur natürlich. Denn jeder Wasserbenutzer, also auch ein Bewässerer, ist mindestens ebenso rechtlos wie ein Triebwerksbesitzer. Hat z. B. ein Landwirth seine Wiese auf Grund eines ihm zufließenden kleinen Baches als Rieselwiese eingerichtet, so kann er nicht bloß gewärtig sein, daß morgen ihm der Grundeigenthümer der Quelle das ganze Wasser ableitet, sondern auch jeder obere Uferbesitzer kann es für gut befinden, das Wasser für seine eigene Wiese zu benutzen und es auf dieser zu verbrauchen, so daß der untere Wiesenbesitzer die Kosten der Bewässerungseinrichtung vergeblich aufgewandt hat, ohne daß ihm igend ein Rechtsbehelf zur Seite steht.[16])

Die hiergegen gerichteten Bestrebungen der Interessenten bestehen fast seit einem Menschenalter und haben wohl mit dahin geführt, daß endlich sich die preußische Regierung entschlossen hat, den Entwurf eines Wassergesetzes auszuarbeiten.

---

[15]) Dernburg, Privatrecht V. Aufl. S. 626 Anm. 7 zu § 225.

[16]) Durch die Entsch. des Ob.-Trib. vom 23. Mai 1865 in Striethorst Archiv Bd. 58 S. 222—228 wird mit Recht den Bewässerern der Rechtsschutz ebenso versagt, wie den Triebwerken, auch wenn der Bewässerer rechtsverjährte Zeit hindurch das Wasser sich dienstbar gemacht, sofern er nicht auch noch ein Untersagungsrecht gegen die Oberlieger erworben hat.

Da nun nicht ohne Weiteres weder jedem Müller noch jedem Uferbesitzer das ganze Wasser des Baches ausschließlich durch Gesetz übereignet werden kann, so muß das Gesetz Mittel und Wege finden, daß Dritte Rechte am Wasser erlangen können, soweit wohlerworbene Rechte Anderer nicht entgegenstehen, und es muß, wenn es die Entstehung neuer Wasserbenutzungsrechte privatrechtlich zuläßt, auch für deren Schutz sorgen. Diese Aufgabe kann das Rechtsinstitut der Verleihung erfüllen, eine bloße Genehmigung, die den Umfang der Benutzung des Wassers nicht feststellt, ist nicht ausreichend.

Aus diesem Grunde ist die Genehmigung aus §§ 16 ff. der Reichsgewerbeordnung, bei welcher, wie erwähnt, nur zu prüfen ist, ob die zu gehmigende Stauanlage — (nicht Wasserbenutzung) — Gefahren oder Eingriffe verschiedener Art herbeiführt, für den Rechtsschutz des Wasserbenutzers nicht zu verwerthen. In welchem Umfange das neue Unternehmen das Wasser sich dienstbar machen will — ob alles Wasser des Baches oder nur einen Theil — wird dabei nicht festgestellt.

Allerdings erreichen andere Wassergesetze indirect einen Rechtsschutz für die Wasserbenutzer in der Art, daß sie so ziemlich alle irgendwie bedeutenderen Neuanlagen und Benutzungen am fließenden Wasser von einer weitergehenden bezw. besonderen wasserpolizeilichen Genehmigung abhängig machen und hierbei die bestehenden Benutzungen an erster Stelle berücksichtigen, so daß diese durch ueue Nutzungen nicht erheblich geschädigt werden können. Indeß ist ein derartiger, gewissermaßen polizeilicher Schutz doch noch kein Rechtsschutz und ferner ist er unzureichend, sobald ein Streit zwischen bestehenden Wasserbenutzungen in Frage kommt. Sind ferner die Rechte der bereits bestehenden Wasserbenutzungen nicht in irgend einer Weise urkundlich für spätere Zeiten festgestellt, so werden Streitigkeiten unter bestehenden Benutzungen kaum zutreffend geschlichtet werden können, daher auch fast regelmäßig widersprechende Entscheidungen über die Rechte des Obermüllers und Untermüllers namentlich darüber ergangen sind, inwieweit der Obermüller zum Nachtheil des Untermüllers stauen dürfe.

Man könnte auch den Rechtssatz einführen, daß schon die Benutzung des fließenden Wassers während rechtsverjährter Zeit einen Anspruch auf weitere Benutzung Dritter gewährt, indeß würde dieser Satz die Entstehung neuer Wasserbenutzungen, die, wie z. B. die Herrichtung von Stauanlagen und Triebwerken, mit großen Kosten verbunden sind, erheblich erschweren, da diese Neuanlagen dann erst nach rechtsverjährter Zeit einen Anspruch auf Rechtsschutz erlangen und bis dahin vogelfrei sein würden. Auf solche Ungewißheit und Unsicherheit hin kann man aber verständigerweise nicht kostspielige gewerbliche Unternehmungen begründen. Ein derartiger Rechtszustand würde also niemals das ersetzen, was die Verleihung gewährt.

Da im Bergrecht durch die Verleihung des Bergwerkseigenthums das Recht des Bergwerkseigenthümers genügend klar abgegrenzt wird und damit auch ausreichend geschützt wird, so schlug ich lediglich durch die Analogie des Bergrechts bewogen, in meiner Schrift über die Unzulänglichkeit der Wassergesetze vor, neue Rechte am Wasser durch Verleihung ähnlich wie im Bergrecht zu begründen. Diese Schrift war im Jahre 1875 abgefaßt und zu einer Preisbewerbung eingereicht und wurde von mir im Frühjahr 1876 vor dem Druck einer Ueberarbeitung unterzogen. Mir war damals unbekannt, daß in Braunschweig durch das spätere Wassergesetz vom 20. Juni 1876 das Institut der Verleihung gesetzlich eingeführt werden sollte. Dieses Gesetz hat zunächst das Rechtsinstitut der Verleihung im Wasserrecht ins Leben gerufen, so daß nach dieser Hinsicht der Entwurf des preußischen Wasserrechts nicht absolut Neues schafft. Bevor auf den Inhalt des preußischen Entwurfs bezüglich der Verleihung eingegangen wird, seien hier zunächst diese Bestimmungen des braunschweigischen Wassergesetzes besprochen.

VI.

Die Verleihung des braunschweigischen Wassergesetzes.

Die wesentlichsten Bestimmungen des braunschweigischen Wassergesetzes vom 20. Juni 1876 über die Verleihung sind folgende:

Das Gesetz unterscheidet zwar zwischen öffentlichen und privaten Gewässern, läßt aber auch die Verleihung bei letzteren zu. Es giebt zunächst die unbedeutende unschädliche Benutzung des Wassers in § 56 und § 88 Abs. 3 frei.

Insoweit jedoch der Eigenthümer von Privatgewässern das in denselben fließende Wasser nicht selbst gebraucht, kann eine Verleihung zu dessen Benutzung in gleicher Weise wie bei öffentlichen Gewässern stattfinden.

Privatgewässer sind nach dem Gesetz — abgesehen von geschlossenen Gewässern — nur diejenigen, welche das Gebiet einer anderen Feldmark oder Gemarkung nicht erreichen. Als öffentlich gelten daher schon alle diejenigen Wasserzüge, welche sich in ihrem Laufe durch mehrere Feldmarken und Gemarkungen erstrecken.

Ueber die Verleihung enthält das Gesetz zunächst im § 50 die Vorschrift:

„Neue Privatnutzungsrechte an öffentlichen Gewässern können nur durch Verleihung erworben werden und stehen alsdann den auf den Privatrechtstiteln beruhenden Wassernutzungsrechten in ihrer rechtlichen Wirksamkeit gleich; jedoch kann deren Beschränkung oder Aufhebung wegen überwiegender Nachtheile oder Gefahren für das Gemeinwohl durch die Staatsbehörde angeordnet werden, und es findet für diesen Fall ein Anspruch auf Entschädigung nur in dem Maße statt, daß dieselbe den Betrag der auf die Anlage erweislich verwandten Kosten, abzüglich des bleibenden Werths der Materialien, nicht übersteigen darf."

Im § 57 ist sodann wörtlich über das Wesen der Verleihung Folgendes gesagt:

„Das Wesen der Verleihung besteht — gleichviel, ob eine Zuleitung oder eine Ableitung, oder eine sonstige andauernde Einrichtung bezweckt wird — in der Ertheilung des Rechts zur Benutzung des fließenden Wassers an einem bestimmten Orte, zu einem bestimmten Zwecke, in einer bestimmten Art und in einem bestimmten Maße, wobei alle Modalitäten, welche in Bezug auf concurrirende öffentliche oder Privat-Interessen getroffen werden, genau zu bezeichnen sind."

Nach diesen Bestimmungen wird durch die Verleihung ein wohlerworbenes Privatrecht auf Benutzung des fließenden Wassers geschaffen.

Der Antrag ist in ausführlich begründeter Form (§ 58) bei der Kreisdirection einzureichen und enthält das Gesetz nähere Vorschriften über die Concurrenz mehrerer Verleihungsansprüche (§ 59) und über die zu beachtenden Widersprüche (§§ 60, 62). Hinsichtlich der Concurrenz bestimmt es nämlich in § 59 Folgendes:

„Concurriren mehrere Anträge auf Verleihung einer Wassernutzung, deren Ausführung nebeneinander selbst mittelst Vertheilung der Menge, des Gefälles oder der Gebrauchszeiten des zur Benutzung vorhandenen und nach den Bestimmungen dieses Gesetzes rechtlich disponiblen Wassers unthunlich ist, so sind diejenigen Unternehmungen, von welchen bei den obwaltenden örtlichen Verhältnissen der größte nationalökonomische Vortheil zu erwarten ist, vor allen andern zu berücksichtigen. Im Uebrigen begründen bei eintretender Collision das ältere Bestehen vor neuen, die größere Gebundenheit an einen bestimmten Ort vor den füglich auch an einem anderen Ort einzurichtenden, die vollständigere Erreichung des Zweckes vor den in ihrem Erfolge weniger gesicherten, die mindere Belästigung vor den Dritte mehr belästigenden Unternehmungen einen Vorrang."

Das braunschweigische Wassergesetz kennt neben der Verleihung auch nicht noch die polizeiliche Genehmigung, wohl aber enthält es nähere Vorschriften über das Verlorengehen des verliehenen Rechts.

Zunächst soll nach § 83 auf Antrag Dritter die Verleihung für erloschen erklärt werden können, wenn innerhalb 6 Monaten von demselben kein Gebrauch gemacht ist.

Außerdem soll „die Verleihung einer Wassernutzung" — oder wohl richtiger das verliehene Recht der Wassernutzung verloren gehen:

„1. bei Verleihung auf gewisse Zeit durch den Ablauf derselben;

2. bei fruchtlosem Ablauf der für die Ausführung gesetzten Frist (§ 83);

4. durch Wegnahme oder Eingehenlassen der zur Benutzung nöthigen Vorrichtungen;

5. durch Veränderung des Zwecks der Benutzung des Wassers, wozu dasselbe verliehen war, oder Umschaffung des Grundstücks, welchem das Wasser verliehen war, in einen den Gebrauch des Wassers ausschließenden oder unnöthig machenden Zustand."

Bei anderweiter Verleihung des Wassers können die bisherigen Berechtigten wiederum concurriren und genießen dabei das ihnen im § 59 eingeräumte Vorrecht.

Endlich sieht das genannte Gesetz auch noch die Verleihung vor zum Zwecke der Entwässerung. Es kann darnach durch Verleihung das Recht erworben werden, Wasser in ein öffentliches Gewässer abzuleiten, um sich des Wassers zu entledigen (§ 85 ff.).

Nach diesen knappen Bestimmungen des braunschweigischen Wassergesetzes sollen genau bei der Verleihung Ort, Zweck, Art, Maß und sonstige Modalitäten festgesetzt werden, also muß bei jeder Verleihung der Umfang und das Maß bezw. die Masse des verliehenen Wassers angegeben werden.

Bedenken könnte die Verleihung auf Zeit, sowie der Umstand erregen, daß die Beschränkung und Aufhebung der Verleihung wegen überwiegender Nachtheile und Gefahren des Gemeinwohls gegen Erstattung nur der erweislich aufgewendeten Kosten stattfindet und die Grundsätze der Enteignung hierfür nicht maßgebend sind.

Immerhin sind diese Bestimmungen des braunschweigischen Gesetzes über die Verleihung besser durchdacht und folgerichtiger als diejenigen des preußischen Entwurfs eines Wassergesetzes.

Die Verfasser dieses Entwurfs erwähnen in den Motiven S. 115 zwar das braunschweigische Wassergesetz nehmen, aber bei der Verleihung dasselbe nicht Bezug.

VII.

Der preußische Wassergesetzentwurf.

(Eintheilung der Wasserläufe, Gemeingebrauch, Rechte des Eigenthümers, Genehmigung.)

Der zweite Abschnitt des Entwurfs, welcher die Ueberschrift „Benutzung und Veränderung der Wasserläufe" trägt, zerfällt in folgende sechs Titel:

1. Allgemeine Vorschriften (§ 37—51),
2. Genehmigung (§ 52—58),
3. Gemeingebrauch (§ 59—63),
4. Rechte des Eigenthümers (§ 64—67),
5. Verleihung (§ 68—91),
6. Aufgebotsverfahren (§ 92—94),
7. Unternehmungen des Staates aus Gründen des öffentlichen Wohles (§ 95—103).

Die ersten sechs Titel hiervon hängen so eng zusammen und sind miteinander so verknüpft, daß es nicht möglich ist, die Verleihung ohne Beziehnng auf die Genehmigung, den Gemeingebrauch, die Rechte des Eigenthümers und das sonstige Aufgebotsverfahren darzustellen. Es seien daher hier zunächst von jenen Bestimmungen des Entwurfs die nachstehenden in folgender Reihe besprochen:

1. Gemeingebrauch,
2. Rechte des Eigenthümers,
3. Genehmigung,

während das besondere Aufgebotsverfahren nach dem Aufgebotsverfahren der Verleihung besprochen werden mag.

Vorher sei noch das Wichtigste über die Eintheilung der Flüsse hervorgehoben.

1. Eintheilung der Flüsse.

Der Entwurf unterscheidet zwar nicht zwischen öffentlichen und privaten Flüssen, sondern spricht im Allgemeinen von Wasserläufen schlechtweg. Trotzdem ist bei ihm der Unterschied zwischen öffentlichen und privaten Flüssen durch andere Bestimmungen beibehalten worden.

Die schiffbaren Flüsse, nämlich sowohl die von Natur schiffbaren wie die vom Staate im öffentlichen Interesse schiffbar gemachten natürlichen Wasserläufe — die Ströme — stehen nach § 10 im Eigenthum des Staates, die nichtschiffbaren natürlichen Wasserläufe stehen nach Verhältniß der Länge der Ufergrundstücke, an denen sie vorbeifließen, im Eigenthum der Anlieger (§ 11).

Der Entwurf spricht also die nichtschiffbaren Wasserläufe den Anliegern zu Eigenthum zu, etwas was weder das preußische Landrecht noch das Gesetz vom 28. Februar 1843 ausgesprochen hat, wenn sie auch mittelbar davon ausgehen. Gegen diese Neuschaffung des Eigenthums der Anlieger will es wenig sagen, wenn der Entwurf die Ausdrücke öffentliche und private Flüsse vermeidet, da er nicht bloß die schiffbaren Ströme den nichtschiffbaren Wasserläufen nothgedrungen gegenüberstellen muß, sondern auch bei der Unterhaltung die nichtschiffbaren Wasserläufe in weitere Klassen eintheilt, nämlich:

a) in Hochwasserflüsse, die von der Provinz unterhalten werden müssen,

b) Wasserläufe, die von den Gemeinden unterhalten werden müssen,

c) und Wasserläufe (Brüche und Gräben), deren Unterhaltung dem Grundeigenthümer obliegt. (§ 19, § 32, § 131).

Es würde zu weit führen, hier darzuthun, daß es fehlerhaft erscheint, die nichtschiffbaren Flüsse den Anliegern zu Eigenthum zuzusprechen. Es ist dies bereits an anderer Stelle geschehen.[17]) Der Entwurf hatte um so weniger Veranlassung dazu, als er den Uferbesitzern die diesen bisher obliegende Pflicht der Unterhaltung der Regel nach abnimmt. Diesem Fehler des Entwurfs gegenüber fällt es auch wenig ins Gewicht, daß in § 9 der theoretische Satz aufgestellt ist: „Das Eigenthum an Wasserläufen erstreckt sich nicht auf die fließende Welle." Dieser Satz hat wenig praktischen Werth. Allerdings entnimmt hieraus der Entwurf die Schlußfolgerung, daß das dem Anlieger zustehende Recht ohne das Eigenthum an dem Ufergrundstück auf Andere nicht übertragen werden darf. § 67 (Begründung S. 130—131). Den Gründen, die hierfür angeführt werden, kann man besser und zweckmäßiger in anderer Weise gerecht werden als durch Aufstellung dieser Schlußfolgerung, welche mindestens ebenso fehlerhaft erscheint wie der Satz, daß der Fluß Eigen-

---

[17]) Graf von Arnim. Bericht Seite 3—4.

thum der Anlieger ist. Da die Wasserwelle nicht zum Eigenthum am Fluß gehört, so kann man füglich fragen, woraus jener Fluß bezw. das Eigenthum daran eigentlich besteht.[19])

2. Gemeingebrauch.

Was nun die Benutzung dieser so eingetheilten Gewässer betrifft, so sind gewisse Benutzungen als zum Gemeingebrauch gehörig freigegeben, nämlich:

1. Die Benutzung der Wasserläufe zur gewöhnlichen Abwässerung, zum Baden, Waschen, Viehtränken und Schwemmen, sowie das Schöpfen zu häuslichen und wirthschaftlichen Zwecken (§ 59).

2. Die Schifffahrt und Flößerei auf den schiffbaren Strömen (§ 60).

3. Das Kahnfahren und die Flößerei auf nichtschiffbaren Flüssen, sofern dieselben gemeinüblich oder besonders zugelassen sind oder durch den Ober-Präsidenten unter Zustimmung des Wasseramts neu zugelassen werden.

Für die Flößerei gelten noch besondere Bestimmungen (§ 62) und sind besondere Flößerei-Ordnungen zu erlassen. Auch kann der Gemeingebrauch der Wasserläufe im Wege polizeilicher Anordnung geregelt und beschränkt werden.

3. Rechte des Eigenthümers.

Zunächst ist in § 64 als Regel aufgestellt, daß dem Eigenthümer die Benutzung, sowie eine zum Zwecke der Benutzung vorzunehmende Veränderung des Wasserlaufes gestattet ist, soweit nicht gesetzliche Beschränkungen festgesetzt sind, oder Rechte Dritter entgegenstehen. Dieses Recht des Eigenthümers ist jedoch an folgende Bedingungen geknüpft:

a) es darf der Mitgebrauch der übrigen „Eigenthümer“ nicht beeinträchtigt werden (§ 65);

b) das aus dem Wasserlauf abgeleitete Wasser muß „so weit es nicht bei der Benutzung verbraucht wird“, in das ursprüngliche Bett des Wasserlaufes zurückgeleitet werden, bevor es auf derjenigen Seite, wo die Ableitung stattfindet, das Ufer eines fremden Grundstücks berührt;

c) es darf kein Rückstau über die Grenze des eigenen Grundstücks hinaus und keine schädliche Trockenlegung, Ueberschwemmung, Versumpfung oder sonstige Beschädigung fremder Grundstücke herbeigeführt werden (§ 66);

---

[19]) Baumert. Bericht Seite 18—21.

d) endlich darf das dem Eigenthümer zustehende Recht ohne das Eigenthum am Wasserlauf und, so weit es sich um einen gesetzlich im Eigenthum der Anlieger stehenden Wasserlauf handelt, ohne das Eigenthum an dem Ufergrundstücke auf Andere nicht übertragen werden, jedoch ist die Ausübung übertragbar (§ 67).

Diese Bestimmungen zu b bis d sind vom wasserwirthschaftlichen Standpunkte aus zu verwerthen, sie sind aber auch, was den Schutz der bestehenden Wassernutzungen betrifft, nicht ausreichend.

Nach § 65 soll der „Mitgebrauch der übrigen Eigenthümer“ nicht beeinträchtigt werden. Der Mitgebrauch von Wasserbenutzern, die nicht Eigenthümer des Wasserlaufes sind, kann demnach beeinträchtigt werden. Es wäre jedenfalls besser gewesen, wenn statt „übrigen Eigenthümer“ in § 64 „übrigen Wasserbenutzer“ gesagt worden wäre.

Auch soll nur der Mitgebrauch nicht beeinträchtigt werden. Wenn aber ein Triebwerksbesitzer das ganze Wasser des Baches zum Treiben seiner Räder benutzt, so erscheint es zweifelhaft, ob Anderen gegenüber, die das Wasser verbrauchen wollen, noch von einem Mitgebrauch die Rede sein kann. Der Entwurf hat eben in § 65 überhaupt nicht an die Wasserbenutzer, sondern nur an die Eigenthümer d. h. die Anlieger gedacht, welche das Wasser oft gar nicht benutzen, aber meist geltend machen, daß sie das Wasser benutzen könnten oder doch in Zukunft wollen.

Daß dies der Fall ist, ergiebt auch der nachfolgende § 66, dieser schützt zwar gegen schädlichen Rückstau, Ueberschwemmung und Trockenlegung, aber nicht gegen den Verbrauch des Wassers.

Denn wenn auch das abgeleitete Wasser in das ursprüngliche Bett des Wasserlaufes zurückgeleitet werden soll, bevor dieses das Ufer eines fremden Grundstücks berührt, so braucht doch nur so viel zurückgeleitet werden, als nicht verbraucht ist. Es könnte also auch das ganze Wasser verbraucht werden, sofern nur die Möglichkeit der Zurückleitung besteht. Einspruch dagegen würden nicht die Wasserbenutzer, sondern nur die Eigenthümer, also die Anlieger oder Uferbesitzer haben. Indeß sind die Wasserbenutzer durchaus nicht immer Uferbesitzer, oft liegen sie weit ab vom Flusse, es kommt dies selbst bei Triebwerken vor.

An erster Stelle hätte jedoch der Entwurf den Gebrauch der Wasserbenutzer und nicht das unglücklich erst geschaffene Eigenthum der Uferbesitzer schützen sollen. Wird das Eigenthum der Uferbesitzer nicht geschaffen, so braucht man auch gegen die mißbräuchliche Ausübung dieses Eigenthums (Begründung S. 130—131) keine Vorsichtsmaßregeln zu treffen, die der Entwurf trotz seiner Absicht in ausreichendem Maße doch nicht vorsieht.

3. Genehmigung.

Die Rechte des Eigenthümers finden ferner ihre wesentlichste Beschränkung dadurch, daß zu allen wichtigeren Anlagen die zuvorige Einholung einer Genehmigung erforderlich ist.

Es bedürfen nämlich der Genehmigung (§ 52):

1. Alle Anlagen an Strömen und Schifffahrtscanälen;
2. eine über die Grenzen des Gemeingebrauchs hinausgehende dauernde Benutzung der Wasserläufe zu Abwässerungszwecken, wenn dadurch zum Nachtheil anderer Betheiligten der Wasserstand des zur Aufnahme benutzten Wasserlaufes erhöht, oder dessen Wasser verunreinigt oder die Unterhaltung des Wasserlaufes erschwert wird;
3. Anlagen zur Veränderung der Hochwasserflüsse und der sonstigen (?) Flüsse und Canäle oder zur Benutzung des in ihnen befindlichen Wassers. Ausgenommen sind jedoch Anlagen behufs Erfüllung der gesetzlichen Unterhaltungspflicht, ferner solche Anlagen, die innerhalb der nach den §§ 64 ff. den Eigenthümern zustehenden Nutzungsbefugnisse errichtet werden.

Danach sind zu 3 alle Benutzungsanlagen genehmigungspflichtig. Hierzu werden alle Stauanlagen zu rechnen sein, ob auch alle Wasserableitungen, könnte zweifelhaft sein, indeß wird man dies bei der allgemeinen Fassung des Entwurfs annehmen.

Ferner würde es an sich zweifelhaft sein können, was unter den sonstigen (?) Flüssen und Canälen zu verstehen ist. Wenn man den Wortlaut in Betracht zieht und den Umstand berücksichtigt, daß das Wort „sonstig" den Hochwasserflüssen entgegengesetzt ist, so würde man unter den sonstigen Flüssen und Canälen alle übrigen Wasserläufe verstehen können.

Indeß nach den Motiven sollen diese Worte anders ausgelegt werden, nämlich dahin, daß unter den sonstigen Flüssen nur diejenigen zu verstehen seien, deren Unterhaltung den Gemeinden obliegt, und nicht auch die Bäche und Gräben des § 19 des Entwurfs, welche in keinem Verzeichniß stehen, deren Unterhaltung dem Eigenthümer obliegt.

Es erscheint nicht ganz unbedenklich, bei den Bächen und Gräben des § 19 des Entwurfs, also bei denjenigen Wasserläufen, welche vom Eigenthümer zu unterhalten sind, alle Benutzungsanlagen des Eigenthümers, also auch die Stauanlagen ohne jede Genehmigung freizugeben, sofern man von Stauanlagen zu Wassertriebwerken absieht, die so wie so nach der Gewerbeordnung genehmigungspflichtig sind. Es ist dies nicht zu billigen.

Ebenso wenig sieht der Entwurf vor, die Genehmigung dann zu versagen, wenn bestehende Wasserbenutzungen beeinträchtigt werden.

Die Genehmigung des Entwurfs hat nicht den Zweck, bestehende Wasserbenutzungen zu schützen; sie hat, wie in den Motiven mit dürren Worten hervorgehoben ist (S. 98), einen rein polizeilichen Charakter und dient nur zur Wahrung öffentlicher Interessen. Die Genehmigung ist namentlich nicht schon dann zu versagen, wenn einem Wasserbenutzer Wasser entzogen würde.

Die Genehmigung erfolgt vielmehr „unbeschadet entgegenstehender Privatrechte" (§ 57) oder richtiger ohne Rücksicht auf entgegenstehende Privatrechte. Es ist nach dem Entwurf nicht Sache der Behörden, sondern Sache des Unternehmers selbst, zu prüfen, ob und in wie weit er die genehmigte Anlage auch ausführen kann oder ob Privatrechte der Ausführung hinderlich entgegenstehen.

Im Wasserrecht dürfte ein derartiger Grundsatz nicht zu billigen sein.

Die Genehmigung ist nämlich (nur?) dann zu versagen (§ 55), „wenn die aus §§ 38, 39 und 293 sich ergebenden Rücksichten entgegenstehen", nämlich wenn durch die neue Unternehmung

1. das zum Trinken für Menschen oder Vieh oder zu Haushaltungszwecken unentbehrliche Wasser diesem Bedarf entzogen wird, oder
2. ein sonstiges öffentliches Interesse, insbesondere das der Schifffahrt, der Flößerei, des Hochwasserschutzes, der Reinhaltung der Gewässer oder der Heilquellen gefährdet wird, oder
3. eine nachtheilige Veränderung der Vorfluth herbeigeführt oder die Dritten obliegende Unterhaltung von Wasserläufen erschwert wird (§§ 38, 39).

In § 293 ist nur hervorgehoben, daß durch den Entwurf unberührt bleiben Belastungen und Beschränkungen des Eigenthums und der Benutzung von Wasserläufen, welche im Entwurf nicht vorgesehen und nach den bestehenden Vorschriften im Interesse des Fischereibetriebes, der Schifffahrt, der Flößerei, des Uferschutzes oder zum Schutze der Dünen, Deiche und deren Zubehörungen begründet sind.

Danach sind also andere bestehende privatrechtliche Nutzungsrechte am Wasser, wie das der Triebwerke, der Bewässerungen, der Wasserableitungen bei der Genehmigung nicht zu berücksichtigen, wenigstens bietet der Entwurf keine Handhabe, wegen Gefährdung solcher Benutzungen die Genehmigung zu versagen. Der Entwurf berücksichtigt hierbei diese Wassernutzungen nicht.

Wenn auch die Genehmigung nur „unbeschadet entgegenstehender Privatrechte" ertheilt wird, so fragt es sich doch wieder, ob der Wasserbenutzer, z. B. der Triebwerksbesitzer, schon dadurch ein Privatrecht auf das Wasser erlangt hat, daß er es rechtsverjährte Zeit hindurch benutzt hat. Die bisherige Rechtsprechung hat dies verneint. Der Entwurf verneint dies gleichfalls, mindestens bezüglich der Triebwerksbesitzer (§ 296) und wohl auch bezüglich aller bisherigen Wasserbenutzer und zwar offenbar deshalb, weil er das mißbräuchliche bloße Eigenthumsrecht der Anlieger mit dem Recht der Wasserbenützer auf eine Stufe stellt.

Die Genehmigung kann endlich ohne Entschädigung in folgenden zwei Fällen zurückgenommen werden (§ 58):

1. wenn die für deren Ertheilung gesetzlich in Betracht kommenden öffentlichen Interessen die Zurücknahme erfordern,
2. wenn nicht innerhalb Jahresfrist vom Tage der Behändigung der Genehmigung an gerechnet, mit der Ausführung des Unternehmens begonnen oder das Verleihungsverfahren nachgesucht ist.

Die Genehmigung ist also keineswegs schlecht widerruflich. Wegen entgegenstehender privater Rechte überhaupt nicht und wegen öffentlicher Interessen auch nur dann ohne Entschädigung, sofern diese öffentlichen Interessen schon bei der Ertheilung gesetzlich in Betracht kommen, also nicht wegen solcher, die erst später entstanden sind und daher bei der Genehmigung noch nicht in Betracht gezogen werden konnten.

Auch ist der Unternehmer, welcher die Genehmigung erhalten hat, nicht bei Verlust der Genehmigung verpflichtet, mit der Ausführung zu beginnen. Es genügt auch, wenn er nur innerhalb Jahresfrist die Verleihung nachsucht. Will er diese nicht begehren, so braucht er nur innerhalb Jahresfrist mit der Ausführung zu beginnen und die Genehmigung ist so gut wie eine endgültige bezw. fast unwiderrufliche, jedenfalls wegen Privatinteressen unwiderruflich.

Etwas ganz Anderes wäre es, wenn das Gesetz vorschriebe, daß nach ertheilter Genehmigung innerhalb Jahresfrist stets die Verleihung nachzusuchen sei, widrigenfalls die Genehmigung erlischt. Dann würde die Genehmigung nur etwas Vorläufiges sein und die Verleihung niemals wenigstens nicht auf länger als ein Jahr zu entbehren sein.

Die Genehmigung unterscheidet sich daher von der Verleihung in Bezug auf die Widerruflichkeit nur hinsichtlich der öffentlichen Interessen, wegen Privatinteressen ist sie ebenso unwiderruflich wie die Verleihung. Trotzdem findet bei Ertheilung der Genehmigung keine genügende Prüfung der entgegenstehenden Privatinteressen statt; denn die Genehmigung soll nur rein polizeilichen Zwecken dienen. (Motive S. 98, 101, 102, 155.)

Wenn es sich also nach ertheilter Genehmigung herausstellt, daß das genehmigte Unternehmen Privaten einen ganz ungebührlichen Schaden zufügt, so ist trotzdem die Genehmigung nicht mehr widerruflich.

In den Motiven wird noch hervorgehoben, daß für alle Unternehmungen, die genehmigungspflichtig sind, nach Wahl des Unternehmers anstatt der Genehmigung die Verleihung nachgesucht werden könne. Hieraus würde man wohl zu folgern haben, daß es sich empfiehlt, die Genehmigung der Verleihung gegenüber nicht allzuleicht und bequem zu gestalten. Die Motive (S. 100) folgern jedoch daraus gerade das Gegentheil mit folgenden Worten:

„Indem also jeder Unternehmer die Wahl hat, anstatt der Genehmigung die Verleihung zu beantragen, war es möglich, das Genehmigungsverfahren thunlichst einfach und elastisch zu gestalten und die Genehmigung lediglich mit den Wirkungen der gewöhnlichen polizeilichen Erlaubniß auszustatten, welche ohne Entschädigung widerruflich ist, wenn das öffentliche Interesse die Zurücknahme erfordert. (Entsch. d. Oberverwaltungs-Ger. Bd. 8. S. 209.)

Die „Genehmigung" im Sinne des Gesetzentwurfes trägt also nicht den Charakter der Concession und ist nicht gleichbedeutend mit der Genehmigung nach §§ 16 ff. der Reichsgewerbeordnung."

Hieraus folgt, daß neben der Genehmigung und Verleihung des Entwurfs noch die besondere Genehmigung von § 16 ff. R. G. O. für Stromanlagen in Geltung bleiben soll, was sich auch aus §§ 149, 165 Absatz 2 des Entwurfs ergiebt.

Ein Bedürfniß für zwei verschiedene Arten von Genehmigungen neben der Verleihung liegt keinesfalls vor.

Soll eine Genehmigung neben der Verleihung geschaffen werden, so darf dieselbe entweder nur etwas Vorläufiges bezw. zeitlich Beschränktes haben oder sie muß jederzeit frei widerruflich sein und namentlich auch wegen Beschädigung von privaten Interessen. Die Widerruflichkeit der Genehmigung des Entwurfs ist eine so beschränkte, daß diese in der Regel eine unwiderrufliche sein wird. Die Motive betonen daher mit

Unrecht die Widerruflichkeit der Genehmigung und ziehen daraus zu weit gehende Schlüsse. Die Genehmigung, sowie sie der Entwurf geschaffen hat, ist der Hauptsache nach eine unwiderrufliche.

VIII.

Die Verleihung des preußischen Wassergesetz-Entwurfs.

Die Verleihung des Entwurfs, welche neben der Genehmigung besteht, hat mit dieser sehr vieles gemeinsam, in mehreren Punkten sind für die Verleihung noch besondere ausführliche Bestimmungen gegeben. Der Entwurf spricht keine Verpflichtung aus, daß zu irgend welchen Anlagen oder Benutzungen die Verleihung nachgesucht werden müsse. Die Verleihung zu begehren, ist vielmehr dem freien Belieben des Wasserbenutzers überlassen. Begnügt er sich mit der Genehmigung in den Fällen, in welchen deren Einholung vorgeschrieben ist, so hat es dabei sein Bewenden.

Zur Rechtfertigung der Einführung des neuen Rechtsinstituts der Verleihung wird in der Begründung des Entwurfs S. 97 folgendes ausgeführt:

„Neben diese in dem Gesetze selbst beruhenden Rechtstitel zur Benutzung und Veränderung tritt nun ergänzend das Rechtsinstitut der staatlichen Verleihung (Tit. 5). Wäre es möglich, die gesammte Wassernutzung im Gesetze selbst unter bestimmte Klassen von Berechtigten endgültig zu vertheilen, so würde für ein solches Institut kein Bedürfniß sein. Für den Entwurf liegt ein solches Bedürfniß vor, weil er davon ausgeht, daß jene Regelung mit der gemeinwirthschaftlichen Bedeutung der Wasserläufe nicht vereinbar sein würde. Demgemäß ist namentlich das gesetzliche Wassernutzungsrecht des Eigenthümers weder dem Inhalte nach uneingeschränkt (vergl. §§ 64—66), noch an Andere selbstständig übertragbar (§ 67). Für wasserwirthschaftliche Unternehmungen, deren rechtliche Grundlage nicht schon unmittelbar im Gesetze selbst gegeben ist, bedarf es daher eines speciellen Rechtstitels, und dieser kann ihnen nur durch die Staatsgewalt beigelegt werden. Die Verleihung ist der behördliche Akt, durch den das im ordentlichen Rechtswege verfolgbare Recht zur Benutzung oder Veränderung eines Wasserlaufes, soweit es nicht unmittelbar im Gesetz begründet ist, erworben wird.

Seine unmittelbare Analogie findet das Institut in der bergrechtlichen Verleihung. Aber auch der § 16 des Privatflußgesetzes und der § 230 II 15 des Allgemeinen Landrechts sprechen von verliehenen Rechten am Wasserlaufe, und ohne das Wort „Verleihung“ zu gebrauchen, kennt das Preußische Recht noch mehrfache Fälle, wo zu Gunsten Dritter durch Akte der Verwaltungsbehörden Rechte am Wasserlaufe begründet werden. Eine sehr ausgedehnte Anwendung hat das Concessionssystem im Gebiete des gemeinen und französischen Rechts gefunden. Insbesondere haben aber die neueren Gesetzgebungen anderer Staaten (badisches Wassergesetz Art. 14—20; hessisches Wassergesetz Art. 24—29; bayrisches Wassergesetz Art. 62; elsaß-lothringisches Wassergesetz § 9) durch behördliche Entscheidung zu Gunsten Dritter die Bestellung von Rechten an Wasserläufen zugelassen namentlich für solche Fälle, wo der gesetzlich zur Wassernutzung Berechtigte sein Recht nicht ausübt.

Alle diese Gesetzgebungen beruhen auf der gemeinsamen Erwägung, daß es nicht angängig ist, die Nutzung der Wasserläufe ein für alle Male durch bestimmte gesetzliche Vorschriften zu regeln, sondern daß die behördliche Prüfung im Einzelfalle ergänzend eintreten muß, um wirthschaftlich nützlichen Unternehmungen zur Durchführung zu verhelfen."

So viel aus der Begründung des Entwurfs.

Auffallend ist es, daß diese auf viele anderen Wassergesetze, aber nicht auf das braunschweigische verweist, welches die Verleihung geschaffen hat. Sodann sind auch die Berufungen auf die Wassergesetze von Baden, Hessen, Bayern und Elsaß-Lothringen nicht ganz zutreffend.

Allerdings gewährte das badische und hessische Wassergesetz, beide in fast wörtlicher Uebereinstimmung ein Recht

„auf Abtretung des überschüssigen oder nicht benutzten Wassers"

namentlich auch für Grundstücke, die nicht am Ufer liegen. Das bayerische Gesetz bedient sich dabei des Ausdrucks „Zuweisung", während das elsaß-lothringische Gesetz lediglich von einer „Vertheilung" des Wassers durch die Verwaltungsbehörde spricht.

Derartiges oder Aehnliches bestimmt auch der preußische Entwurf und sei hier nur auf die Ausgleichung §§ 41—43 und § 50, sowie auf die Fälle der §§ 44—49 verwiesen. Dennoch schafft der Entwurf außerdem noch die Verleihung und zwar als etwas Selbstständiges, davon Verschiedenes.

Die Motive nennen die Verleihung S. 97 und S. 164 den behördlichen oder öffentlich rechtlichen Akt, durch den das im ordentlichen Rechtswege verfolgbare Recht zur Benutzung oder Veränderung eines Wasserlaufes, soweit es nicht unmittelbar im Gesetz begründet ist, erworben wird.

Darnach würden also Wasserbenutzungsrechte durch Gesetz und durch Verleihung geschaffen werden. Daher lautet auch § 68 des Entwurfs:

„Das Recht zur Benutzung oder Veränderung eines Wasserlaufes kann, soweit es nicht unmittelbar in diesem Gesetze begründet ist, nur durch Verleihung nach Maßgabe der nachfolgenden Bestimmungen erworben werden."

Im Gegensatz zur Genehmigung ist bei der Verleihung in § 88 folgendes bestimmt:

„Vorbehaltlich der Bestimmungen in den §§ 86 und 87 begründet die Verleihung das im ordentlichen Rechtswege verfolgbare Recht, das Gewässer zu dem in der Verleihung bezeichneten Zwecke und nach Maßgabe der darin enthaltenen näheren Festsetzungen zu verändern oder zu benutzen."

Bei der Genehmigung fehlt eine derartige Bestimmung. Indeß folgt daraus noch gar nicht, daß behördlich genehmigte Wasserbenutzungsrechte im Rechtswege nicht verfolgbar bezw. des Rechtsschutzes ganz entbehren. Im Gegentheil. So ist z. B. nach der Reichsgewerbeordnung (§ 16 ff.) eine behördliche Genehmigung für Stauanlangen zu Wassertriebwerken erforderlich. Diese Genehmigung bleibt auch nach dem Entwurf noch neben der Verleihung und neben der besonderen Genehmigung des Entwurfs bestehen.

Sollte der Unternehmer, der auf Grund einer solchen behördlichen Genehmigung eine Stauanlage errichtet, keinen Rechtsschutz genießen? Gewiß nicht; denn nach § 26 R. G. O. können Andere nicht Beseitigung der genehmigten Anlage, sondern nur Schadenersatz verlangen. Daß aber der Unternehmer auch noch die Verleihung nachzusuchen hätte, schreibt der Entwurf nicht vor, sondern läßt es, wie bereits erwähnt, im Belieben eines Wasserbenutzers, ob er nur die einfache Genehmigung oder die wichtigere Verleihung nachsuchen will.

Die Verfasser des Entwurfs denken offenbar, daß die Genehmigung ein im Rechtswege verfolgbares Recht nicht gewährt. Da jedoch auch die besondere Genehmigung des Entwurfs nur wegen öffentlicher Interessen zurückgezogen werden darf, so müssen private Dritte die Genehmigung beachten und es muß dies auch an sich im Rechtswege geltend gemacht werden können. Immerhin wird man anerkennen müssen, daß nach dem Entwurf die Verleihung ein stärkeres Recht gewährt, als die Genehmigung. Auch wird in den Motiven S. 98 hervorgehoben, daß die Verleihung zugleich die Genehmigung ersetzt. Es folgt dies daraus, weil die von einer Behörde erklärte Verleihung gleichzeitig eine Genehmigung dieser Behörde enthält. Wer also sofort die Verleihung begehrt, ist der Mühe enthoben, die Genehmigung nachzusuchen.

Nach der Begründung des Entwurf scheint durch die Verleihung nicht gerade bezweckt worden zu sein, den Wasserbenutzern einen besseren Rechtsschutz z. B. gegen Wasserentziehungen zu gewähren als bisher.

Weiter ist bei der Verleihung im Gegensatz zur Genehmigung die Bedingung gestellt (§ 69), daß das Unternehmen wirthschaftliche Zwecke verfolgen muß. Auch soll beim Nachsuchen der Verleihung ein bestimmter Plan der Benutzung zu Grunde gelegt werden, es muß also ein solcher Plan beim Nachsuchen der Verleihung vorgelegt werden. (§§ 69, 75.)

Die Verleihung soll nach § 73 sogar schon dann versagt werden, wenn das Unternehmen offenbar unzweckmäßig oder seine Ausführung nicht genügend gesichert ist. Die Behörde wird also dies Alles vor Ertheiluug der Verleihung eingehend zu prüfen haben. Nicht mit Unrecht verlangen die Vertreter der westdeutschen Industrie die Streichung von § 73 [19]) und führen als Grund Folgendes an:

> „Ob ein Unternehmen unzweckmäßig ist oder nicht, entzieht sich wenigstens bei den meisten industriellen Unternehmungen gänzlich der Beurtheilung der verleihenden Behörde, und es dürfte besser sein, derselben gar keine Veranlassung zu geben, sich mit einer solchen Frage zu beschäftigen.
>
> Die weitere Frage, ob das Unternehmen finanziell gesichert ist, legt die Versuchung zu einem unerwünschten Eindringen in die Vermögensverhältnisse des die Verleihung Nachsuchenden nahe. Die erforderliche Garantie bietet der letzte Absatz des § 74 in genügendem Maße.“

Allerdings dürfte mindestens die Frage, ob die Ausführung genügend gesichert ist, sich ganz erübrigen, da ja die Behörde bei jeder Verleihung nach § 74 zur Ausführung eine Frist setzen, auch Sicherheit verlangen kann.

Die Verleihung ist ferner ebenso wie die Genehmigung zu versagen (§ 71 Nr. 1, § 55):

> „wenn die aus §§ 38, 39 und 293 sich ergebenden Rücksichten entgegenstehen“,

welche oben Seite 96 bereits bei der Genehmigung näher angeführt sind.

Die westdeutsche Industrie läßt sich hierüber folgendermaßen aus: [20])

> „Es ist zu bedauern, daß das zu wohlthätiger Wirksamkeit berufene neugeschaffene Institut der Verleihung mit so vielen Cautelen

---

[19]) Fr. v. Schenck, Gutachten S. 52.

[20]) Fr. v. Schenck, Gutachten S. 52.

umgeben worden ist, daß dasselbe in dieser Form bei Unternehmungen von irgend welcher Bedeutung kaum jemals in Anspruch genommen werden kann. Die Bezugnahme auf die §§ 38, 39 und 293 wird bei der sehr allgemeinen Fassung derselben in fast allen Fällen eine Verleihung unmöglich, die ganze Form für die Industrie wenigstens praktisch werthlos machen. Eben weil wir in der Verleihung einen der glücklichsten Gedanken des ganzen Entwurfs erblicken, müssen wir die Befreiung derselben von Fesseln wünschen, welche ihr nur ein Scheindasein zu führen erlauben würden."

So unbedingt möchte ich diesem nicht beistimmen und § 71 Nr. 1 nicht einfach dahin abändern, daß nur „die öffentlichen Interessen" davon bestehen bleiben, wenn man auch zugeben muß, daß die „Erschwerung der Dritten obliegenden Unterhaltungspflicht" nicht ohne Weiteres einen Versagungsgrund für die Verleihung abgeben darf, da mit Hülfe dieser Bestimmung so ziemlich jede Verleihung würde versagt werden können. Soll jedoch die Verleihung ein endgültiges unwiderrufliches Privatrecht ertheilen, so muß ihr auch eine eingehende Prüfung und Würdigung aller in Betracht kommenden Fragen vorhergehen.

Für die Verleihung ist im Gegensatz zur Genehmigung noch besonders vorgeschrieben, daß die Verleihung auch dann noch zu versagen ist (§ 71 Nr. 2), wenn das Unternehmen eine Beschädigung fremder Grundstücke oder rechtmäßig bestehender Anlagen oder eine Beeinträchtigung von Rechten zur Benutzung der Gewässer zur Folge haben würde, es sei denn, daß die Voraussetzungen der Enteignung oder die Fälle der §§ 41, 44 und 45 vorliegen.

Danach würden bei der Verleihung „die Rechte zur Benutzung der Gewässer" zu berücksichtigen sein und die Verleihung zu versagen sein, wenn das neue Unternehmen eine Beeinträchtigung solcher Rechte zur Folge haben würde.

Bei der Genehmigung würden derartige Nutzungsrechte schon nach dem argumentum e contrario nicht zu berücksichtigen sein. Es ist dies bereits oben hervorgehoben, sowie daß es allein Sache des Unternehmers ist, ob er die genehmigte Anlage auch ausführen kann oder nicht. Die Möglichkeit der Ausführung eines verliehenen Rechts soll jedoch schon vor der Verleihung feststehen.

Ferner soll das gesetzlich dem Eigenthümer des Wasserlaufs zustehende Nutzungsrecht am fließenden Wasser der Verleihung nur in dem Falle entgegenstehen, wenn durch sie dem Eigenthümer eine schon seither von ihm dauernd ausgeübte Art der Benutzung entzogen, geschmälert oder erschwert werden würde (§ 71 Abs. 3).

Fassen wir Vorstehendes zusammen, so ist die Verleihung namentlich in zwei Fällen zu versagen:

1. wenn „Rechte zur Benutzung der Gewässer" beeinträchtigt würden,
2. wenn dem Eigenthümer des Wasserlaufs eine von ihm „seither oder dauernd ausgeübte Art der Benutzung" entzogen, geschmälert oder erschwert würde.

In dem ersteren Falle werden unzweifelhaft auf Grund des Gesetzes neu verliehene Rechte berücksichtigt werden müssen, ob aber auch die bei Verkündung des Gesetzes bereits bestehenden Wasserbenutzungen? möchte zu verneinen sein, da ja die Benutzung des Wassers nach der bisherigen Rechtsprechung allein noch kein Recht auf das Wasser gab. Diese bisherigen Benutzungen werden vielmehr nach dem letzteren Falle bei der Verleihung nur dann berücksichtigt, wenn sie „der Eigenthümer des Wasserlaufs" seither oder dauernd ausgeübt hat.

Da nun der Entwurf unter Eigenthümer eines Wasserlaufs bei den schiffbaren den Staat, bei den nichtschiffbaren die Uferbesitzer versteht, so werden derartige ausgeübte Benutzungen bei der Verleihung nur berücksichtigt, wenn sie in nichtschiffbaren Wasserläufen der Uferbesitzer ausgeübt hat, nicht aber, wenn dies von einem anderen seitabwärts vom Flusse Belegenen geschehen ist.

Diese Unterscheidung des Entwurfs entbehrt jedoch jeder inneren Begründung, sie ist vom gesetzgeberischen Standpunkte aus zu verwerfen, da jetzt sehr viele Wasserbenutzungen an Flüssen, ja sogar Triebwerke bestehen, die von solchen ausgeübt beziehungsweise betrieben werden, die gar nicht Uferbesitzer sind.[21]) Sollten diese seit Alters her bestehenden Wassernutzungen bei der Verleihung wirklich gar keine Berücksichtigung verdienen? Sicherlich nicht, denn es hängt jetzt oft vom Zufall ab, ob ein derartiger Wasserbenützer auch Uferbesitzer ist oder nicht.

Einfacher und richtiger wäre es gewesen, in § 72 Nr. 2 statt

„Beeinträchtigung von Rechten zur Benutzung von Gewässern"

zu sagen

„Beeinträchtigung von bestehenden Wasserbenutzungen".

Es würde § 72 Abs. 3 einfach dahin lauten können, daß das gesetzliche Recht des Eigenthümers am Wasserlauf der Verleihung nicht entgegensteht. Schafft man aber dieses Recht nicht erst, wie hier verlangt

---

[21]) Baumert, Bericht S. 28.

worden ist, so braucht man es bei der Verleihung nicht wieder zu beseitigen, was der Entwurf thut.

Ferner soll nach § 71 Abs. 3 bei der Verleihung eine Beeinträchtigung des Gemeingebrauchs, also eine Beeinträchtigung des Schöpfens zu häuslichen und wirthschaftlichen Zwecken, des Badens, Waschens, Viehtränkens und Schwemmens, sowie der gewöhnlichen Abwässerung[22]) nur einen Versagungsgrund bilden, wenn eine zum Zwecke dieser Benutzung „verliehene Anlage" in Frage kommt, also reicht nicht schon das Bestehen einer Anlage, z. B. einer Badeanstalt seit Menschengedenken aus, sondern sie muß „verliehen" sein.

Dies kann sich also bei nichtschiffbaren Flüssen nur auf neu verliehene Anlagen, nicht aber auf die seit Alters her jetzt bestehenden beziehen, da diese regelmäßig der Verleihung entbehren; mithin werden nach dieser Bestimmung des § 71 Abs. 3 die auf Grund des Gesetzes neu verliehenen Anlagen zwar geschützt, nämlich bei der Verleihung berücksichtigt, die seither ohne Verleihung bestehenden Anlagen des Gemeingebrauchs aber nicht. Es ist ein großer Fehler des Entwurfs, daß er auf die bestehenden Nutzungsrechte am Wasser nicht genügend Rücksicht nimmt.

Es müßte daher in § 71 Abs. 3 statt „verliehenen Anlage" besser bloß „Anlage" heißen, denn es ist nicht einzusehen, warum beim Gemeingebrauch die jetzt bestehenden Anlagen schlechter behandelt werden sollen, als die später auf Grund des Gesetzes verliehenen.

Der Verleihung hat ein **Aufgebots**verfahren vorherzugehen, welches bei der Genehmigung im Allgemeinen nicht erfordert wird. Es soll vor der Verleihung das beabsichtigte Unternehmen in näher vorgeschriebener Weise auf Grund des Plans öffentlich bekannt gemacht werden. Diese Bekanntmachung erfolgt gleichzeitig als Aufgebot.

Ferner hat das Wasseramt neben der öffentlichen Bekanntmachung diejenigen, deren früher verliehene Rechte nach dem Ermessen des Wasseramts durch das neue Unternehmen beeinträchtigt werden könnten, sowie andere ihm bekannte Betheiligte von dem Antrage unter Hinweis auf die öffentliche Bekanntmachung in Kenntniß zu setzen. Jedoch soll die Unterlassung dieser Benachrichtigung auf die Gültigkeit und Wirksamkeit der neuen Verleihung ohne Einfluß sein (§ 79).

Die Bekanntmachung bezw. das Aufgebot ergeht mit der Verwarnung (§ 78), daß diejenigen, welche sich in bestimmter Frist nicht gemeldet haben,

---

[22]) Die Schifffahrt ist bereits in § 71 Nr. 1 berücksichtigt.

in Bezug auf eine durch das Unternehmen zu bewirkende Beeinträchtigung früher verliehener Rechte oder der in Titel 4 bezeichneten Nutzungsrechte — das sind die oben genannten Rechte des Eigenthümers — sowohl ihres Widerspruchsrechts als des Anspruchs auf Entschädigung verlustig gehen, im Uebrigen aber das Widerspruchsrecht gegen das Unternehmen verlieren und nur die in § 87 bezeichneten Ansprüche behalten. Dementsprechend wird auch bei einer Verleihung der Ausschluß ausgesprochen (§ 82).

Im § 86 ist noch der Satz enthalten, daß durch die Verleihung Privatrechte, welche auf besonderem Titel beruhen und innerhalb der gesetzten Frist geltend gemacht, also angemeldet sind, nicht berührt werden.

Mithin werden auf besonderen Titeln beruhende Privatrechte, die nicht rechtzeitig angemeldet sind, ebenso ausgeschlossen, wie nach § 78 früher verliehene Rechte. Dabei soll nach § 77 die Bekanntmachung des Aufgebots nur durch das Kreisblatt derjenigen Kreise, sowie in ortsüblicher Weise in denjenigen Gemeinden öffentlich bekannt gemacht werden, auf deren Bezirk sich das Unternehmen erstreckt! Dabei kann sich die schädigende Wirkung des neuen Unternehmens doch noch auf weitere Kreise erstrecken, als auf diejenigen, auf deren Bezirk sich das Unternehmen selbst erstreckt.

Allerdings heißt es in § 87 wörtlich weiter und zwar unter Benutzung des Wortlautes von § 26 der Gewerbeordnung:

> „Auf Grund anderer (?) Privatrechte kann nicht die Unterlassung der verliehenen Benutzung oder Veränderung, oder die Beseitigung einer auf Grund der Verleihung errichteten Anlage, sondern nur die Herstellnng von Einrichtungen, welche die benachtheiligende Einwirkung ausschließen oder, wo solche Einrichtungen unthunlich oder mit der verliehenen Anlage unvereinbar sind, Schadensersatz gefordert werden."

Vorher in § 86 war nur die Rede von

> „Privatrechten, welche auf besonderen Titeln beruhen und rechtzeitig angemeldet sind".

Es fragt sich daher, ob unter den

> „anderen Privatrechten"

des § 87 solche zu verstehen sind, die nicht auf besonderen Titeln beruhen, oder überhaupt alle nicht angemeldeten, oder ob beides vorliegen muß. Da man aus dem Entwurfe nicht mit Sicherheit herauslesen kann, was unter den „anderen Privatrechten" des § 87 zu verstehen ist, so erklären die Motive diesen unklaren Begriff mit folgenden Worten:

„Die „anderen" Privatrechte, auf welche sich die Vorschrift bezieht, sind einmal diejenigen auf besonderem privatrechtlichen Titel beruhenden Rechte, welche im Verfahren nicht angemeldet sind, und außerdem alle übrigen Privatrechte, z. B. die Ansprüche aus dem Nachbarrecht, aus dem Eigenthum u. s. w., mögen sie angemeldet worden sein oder nicht. Nach positiver Bestimmung (§ 78 Abs. 2 und § 82) bleibt jedoch wegen der nicht angemeldeten Verleihungen und gesetzlichen Nutzungsrechte am Wasserlaufe die Entschädigung versagt. Der nach § 87 gewährte Schadensersatzanspruch ist ein eventueller; in erster Reihe kann nur die Herstellung von Einrichtungen, welche die benachtheiligende Wirkung ausschließen, gefordert werden."

Danach würde sich der Ausdruck „andere Privatrechte" des § 87 auf alle nicht angemeldeten, auf besonderem Titel beruhenden Rechte und auf alle übrigen Rechte, ganz gleichgültig, ob diese angemeldet sind oder nicht, beziehen. Diesen allen bleibt trotz des Aufgebots und Ausschlusses der Schadensersatzanspruch gewahrt, ebenso wie nach der Gewerbeordnung.

Dagegen wird den nicht angemeldeten, auf Verleihung oder auf Gesetz beruhenden Nutzungsrechten am Wasser auch der Anspruch auf Entschädigung genommen.

Es sind also hier die verliehenen Rechte anders und zwar geringwerthiger behandelt, als die auf besonderem privatrechtlichen Titel beruhenden. Danach wäre die Verleihung nicht so gut, wie ein besonderer privatrechtlicher Titel.

Man kann dann in der That fragen, ob die Verleihung des Entwurfs überhaupt noch als ein Titel zu betrachten ist und was die Verfasser des Entwurfs mit der Verleihung eigentlich bezweckt haben.

Schafft man überhaupt eine Verleihung, so wird man sie auch den besonderen privatrechtlichen Titeln gleichstellen müssen, nicht aber den allgemeinen Nachbarrechten, auf welche § 26 R. G. O. allein sich bezieht.

Auch ist es höchst bedenklich, einmal verliehene Rechte, die an Flüssen oft recht werthvoll sind und einen großen Vermögenswerth darstellen, durch ein sehr einfaches Aufgebot so zu beseitigen, als wenn sie vorher gar nicht bestanden hätten. Dabei können neu verliehene Rechte am Wasser oft erst in sehr weiter Entfernung sich schädlich äußern.

Danach sind die durch die Verleihung des Entwurfs neu geschaffenen Rechte ein Zwitterding zwischen solchen Rechten, welche auf besonderen privatrechtlichen Titeln beruhen, und solchen Rechten, welche lediglich Ausfluß des allgemeinen Eigenthums sind, wie die sogenannten Nachbarrechte. Die Verleihung des Entwurfs ist wenig verschieden von den in

Gemäßheit von §§ 16 ff. der Reichsgewerbeordnung genehmigten Unternehmungen, und warum eine derartige wenig verschiedene Genehmigung bestehen bleiben soll, ist erst recht nicht einzusehen. Es fehlt dafür an einem ausreichenden Grunde.

Soll eine Verleihung geschaffen werden, so muß sie auch in ihrer privatrechtlichen Wirkung im Allgemeinen den besonderen privatrechtlichen Titeln, also etwa der bergrechtlichen Verleihung gleichgestellt werden.

Ist das Aufgebot erfolgt, so sind die erhobenen Einwendungen mit den Parteien und den betheiligten Behördern zu erörtern.

Einwendungen, welche auf besonderen privatrechtlichen Titeln beruhen, sind zur richterlichen Entscheidung zu verweisen, ohne daß von der Erledigung dieser Einwendungen die Verleihung abhängig ist.

Indeß kann die Entscheidung über die Verleihung bis zur Erledigung der Einwendungen ausgesetzt werden (§ 80).

Die durch unbegründete Einwendungen erwachsenden Kosten fallen dem Widersprechenden, alle übrigen Kosten, welche durch das Verfahren entstehen, dem Antragsteller zur Last (§ 84).

Die Einwendungen, die gegen das neue Unternehmen gemacht werden, können auch darin bestehen, daß Andere dasselbe oder ein ähnliches Nutzungsrecht verliehen begehren. Wer soll das **Vorrecht** haben?

Während im Bergrecht die Zeitfolge bei der Muthung nach dem Grundsatz prior tempore potior jure ausschlaggebend ist, wird bei der wasserrechtlichen Verleihung die Zeitfolge der Anmeldung nicht als ausschlaggebend erachtet, weil es sich hier allzu oft um ganz verschiedenartige Nutzungen handeln wird, die einander nicht ganz, sondern nur zum Theil ausschließen. Der Entwurf spricht deshalb in § 70 folgende Grundsätze aus:

„Wird für mehrere Unternehmungen, welche nebeneinander nicht bestehen können, die Verleihung beantragt, so entscheidet, wenn eine Theilung der verfügbaren Wassermenge oder die Festsetzung verschiedener Benutzungszeiten oder geeigneter Betriebseinrichtungen den wirthschaftlichen Interessen nicht entspricht, zuerst die Bedeutung des Unternehmens für das öffentliche Wohl, demnächst die wirthschaftliche Bedeutung.

Im Uebrigen begründen das ältere Bestehen vor neuen und die größere Gebundenheit an einen bestimmten Ort vor den füglich auch an einem anderen Orte einzurichtenden Unternehmungen einen Vorrang.“

Diese Grundsätze, welche offenbar dem § 54 des braunschweigischen Wassergesetzes entlehnt sind, entscheiden nicht alle Fälle der Concurrenz, so z. B. wenn zwei ganz gleichartige Benutzungen, die einander ziemlich ausschließen, verliehen begehrt werden, z. B. zwei Grundbesitzer wollen beide durch Errichtung eines Triebwerkes fast dasselbe Gefälle sich dienstbar machen. Sind die Grundbesitzer einander gegenüberliegend, so könnte ein Ausweg durch Theilung der Wassermassen gefunden werden, wenn auch dadurch vielleicht beide Unternehmungen der geringeren Rentabilität wegen unausgeführt bleiben.

Liegen aber die beiden Grundbesitzer dem Flußlauf nach übereinander, d. h. der eine höher als der andere, und beanspruchen beide das ganze Wasser, so würde nur eine Theilung des Gefälles übrig bleiben. Aber dadurch können beide Unternehmungen auch unmöglich gemacht werden, zumal schon die Construction der Wasserräder ebenso ein gewisses Gefälle erfordern, wie das geplante Unternehmen eine gewisse Kraft. Die Theilung wird also oft der wirthschaftlichen Ausnutzung der Wasserkräfte nicht entsprechen. Es fragt sich daher, ob in solchen Fällen nicht trotz des Entwurfs demjenigen das Vorrecht zuzusprechen ist, welcher die Verleihung zuerst begehrt hat. Will man dies nicht, so könnte man im Wasserrecht dem Oberlieger ein Vorrecht vor dem Unterlieger geben. Dies würde z. B. bei Bewässerungen am Platze sein. Wenn also zwei Grundbesitzer Bewässerungen einrichten wollen und gleichzeitig die Verleihung des Wassers nachsuchen, so würde zweckmäßig dem Oberlieger zunächst die Verleihung zuzusprechen sein, da dieser einerseits schon der Natur der Sache nach gewissermaßen näher zum Wasser ist, weil er das Wasser früher erhält, und weil, auch wenn die obere Bewässerung dem Plane gemäß ausgeführt wird, der Unterlieger regelmäßig noch etwas Wasser erhalten wird; denn daß der Oberlieger alles Wasser, auch bei starken Regengüssen, ganz verbrauchen wird, wird nur sehr selten vorkommen.

Ebenso könnte bei Triebwerken unter gleichen Verhältnissen dem Oberlieger ein Vorrecht vor dem Unterlieger zuzuschreiben sein, es birgt dies allerdings die Gefahr, daß wenn jemand die Verleihung einer Triebkraft begehrt, dann der Oberlieger schnell eine gleiche Verleihung nachsuchen und dadurch das ursprünglich geplante Unternehmen unmöglich machen kann. Will man dies verhindern, so ist es durchaus angebracht, den Grundsatz prior tempore potior jure auch bei der Verleihung in gewissen Grenzen anzuerkennen und zwar mindestens bei gewerblichen Unternehmungen derselben Art. Es würde dadurch nicht nur eine etwaige Willkür der Behörde, sondern auch die Erfindung oder das Projekt des

Unternehmens dem Erstbegehrenden gewahrt gegenüber von Concurrenzunternehmen, die vielleicht erst durch die vorgeschriebene Bekanntmachung auf den Gewinn eines solchen Unternehmens aufmerksam gemacht sind und nun für sich selbst diesen Gewinn durch das Begehren derselben Verleihung zu machen hoffen und das Unternehmen des Entdeckers oder Erstbegehrenden damit vereiteln. Dagegen möchte bei Entwässerungen und Einführung von Abwässern dem Unterlieger ein Vorrecht vor dem Oberlieger deshalb zuzusprechen sein, weil einerseits der Unterlieger gewissermaßen dem Abwasser näher liegt und weil er anderseits auch mit seinem Abwasser weniger belästigt als der Oberlieger, der ja die Benutzung einer längeren Flußstrecke beanspruchen muß.

Dieser Grundsatz ist in § 59 des Braunschweigischen Wassergesetzes dadurch aufgenommen worden, daß darin denjenigen Unternehmungen einen Vorrang gewährt wird, welche eine mindere Belästigung herbeiführen, gegenüber solchen, die Dritte mehr belästigen. Der preußische Entwurf glaubt zu Unrecht einen solchen Grundsatz entbehren zu können.

Werden daher die unzureichenden Bestimmungen des Entwurfs über die Concurrenz Gesetz, so werden eine Unzahl Streitigkeiten bei der Verleihung in's Leben gerufen werden können und oft wird die dann ergehende Entscheidung der Behörden als Willkür erscheinen, weil sie sich auf gesetzliche Normen nicht stützen kann.

Allerdings bestimmt noch der Entwurf in § 72, daß Fischereiberechtigte niemals ein Widerspruchsrecht gegen die Verleihung haben, sondern nur einen Anspruch auf Entschädigung, ein Grundsatz, der in dieser Allgemeinheit nicht bloß von den Fischerei-Interessenten, sondern auch von anderer Seite nicht mit Unrecht angegriffen worden ist.[23])

Auch wird in den Motiven zu § 70 zum Ueberfluß hervorgehoben, daß bereits verliehene Rechte den Vorrang vor neu begehrten genießen, ein Grundsatz, der ziemlich selbstverständlich ist und auch sonst im Entwurf zum Ausdruck gekommen ist.

Anders ist dies, wenn mit der Verleihung gleichzeitig das Recht der **Enteignung** begehrt wird, welche für wasserwirthschaftliche Unternehmungen allgemein aus Gründen des öffentlichen Wohls gegen vollständige Entschädigung erfolgen darf (§§ 245 ff., § 85). In diesem Falle können auch bereits verliehene Rechte ebenso wie andere Privatrechte durch neue Unternehmungen beseitigt werden.

---

[23]) Vergl. Beschlüsse des Sonderausschusses der Deutschen Landwirthschaftsgesellschaft in Frank's Bericht S. **11** und die Ausführung S. **41**.

Indeß braucht mit der Verleihung keine Enteignung nachgesucht zu werden und ebenso kann merkwürdigerweise die Enteignung nachgesucht und ertheilt werden, ohne daß gleichzeitig eine Verleihung begehrt wird.

Besser wäre es wohl, wenn die Enteignung mit der Verleihung in der Art in Verbindung gebracht würde, daß erstere ohne die letztere nicht ertheilt werden darf.

Was insonderheit die Enteignung betrifft, so bezweckt der Entwurf das Enteignungsverfahren bei wasserwirthschaftlichen Unternehmungen zu erleichtern und zu vereinfachen. Indeß beziehen sich diese Erleichterungen und Vereinfachungen auf das Verfahren. Materiell ist auch nach dem Entwurf die Enteignung nur zulässig

„aus Gründen des öffentlichen Wohls"

ebenso wie nach dem Enteignungsgesetz vom 11. Juni 1874.

Diese Enteignung des Entwurfs kann daher die Wasserwirthschaft nicht sonderlich begünstigen und wird sie nicht befriedigen.

Jedoch findet die Enteignung des Entwurfs zweckmäßig eine Ergänzung durch § 44, wonach sich bei Unternehmungen zur Ent- und Bewässerung von Grundstücken oder zu Triebwerkszwecken die Eigenthümer der Ufergrundstücke und der sonst von dem Unternehmen betroffenen Grundstücke die Anlage der erforderlichen Ableitungen oder Zuleitungen, Stauanlagen und sonstigen Werke gefallen lassen müssen, wenn der aus dem Unternehmen zu erwartende Nutzen den Nachtheil des betroffenen Eigenthümers erheblich überwiegt und das beabsichtigte Unternehmen anders zweckmäßig nicht ausgeführt werden kann.

Unter denselben Voraussetzungen ist der Eigenthümer eines Wasserlaufs verpflichtet, dessen Benutzung und Veränderung zu gestatten.

Man kann dies als eine Enteignung zu Gunsten der Ent- und Bewässerungen und der Triebwerke ansehen. Denn wenn auch hierdurch nur nothwendige Servituten geschaffen werden sollen, was nicht im Entwurf, sondern nur in den Motiven (S. 150—151) zum Ausdruck gekommen ist, so ist doch die Begründung einer nothwendigen Servitut auch eine Art Enteignung. Es ist gefordert worden, daß diese Enteignung bezw. die Zulassung dieser nothwendigen Servituten auch auf gewerbliche Unternehmungen oder allgemein auf wasserwirthschaftliche Unternehmungen ausgedehnt werde.[24]) Geschieht dies, so würde das Gesetz der Forderung von Interessentenkreisen gerecht, das Zwangswasserleitungsrecht, welches sich seit dem Mittelalter in Italien außerordentlich bewährt hat, allgemein

---

[24]) Frank, Bericht S. 11, 38 zu Nr 13.

einzuführen. So wie der Entwurf abgefaßt ist, befriedigt die besondere „Enteignung“ des Entwurfs nicht reine Privatunternehmungen und der § 44 des Entwurfs berücksichtigt neben den Triebwerken nicht sonstige gewerbliche Unternehmungen.

Man kann daher füglich die Frage aufwerfen, warum der Entwurf nicht bei jeder Verleihung die Enteignung unter den Voraussetzungen des § 44 und nach Prüfung des Wasseramts schlechtweg zuläßt. Wenn jetzt jedem auch noch so unbedeutenden Bergwerk gesetzlich das Enteignungsrecht zusteht, so würde bei der Verleihung von Wassernutzungsrechten wohl auch die Enteignung des § 44 oder, um mit den Motiven zu reden, die Schaffung nothwendiger Servituten allgemein zugelassen werden können.

Dagegen scheint es mir nicht angebracht, wie es im Entwurf geschieht, die Enteignung des § 44 ohne das Begehren einer Verleihung zu gewähren. In dieser Beziehung geht der Entwurf zu weit, bezw. verkennt er das Wesen der Verleihung.

Sind alle gegen die Verleihung geltend gemachten Widersprüche und Rechte durch die Verhandlungen beseitigt, so ist die Verleihung auszusprechen und zwar sind hierbei nach § 74 über die Art, den Umfang der Wassernutzung, über die Zeit der Benutzung und die Stauhöhe die erforderlichen Festsetzungen zu treffen, auch kann die Verleihung auf Zeit, unter Einschränkungen und Auflagen ertheilt werden. Namentlich kann eine Frist festgesetzt werden, binnen welcher eine verliehene Anlage ausgeführt werden muß. Die Frist ist erstreckbar. Auch kann bestimmt werden, zu welcher Zeit und in welcher Reihenfolge einzelne Arbeiten zur Ausführung zu bringen sind. Auch kann der Unternehmer zur Leistung einer angemessenen Sicherheit angehalten werden. Wofür die Sicherheit geleistet werden soll, ist nicht gesagt. Offenbar doch wohl dafür, daß Dritte bei und durch Ausführung des Unternehmens keinen Schaden erleiden. Also für etwaige Schadensersatzansprüche Dritter, aber nicht, wie ich meine, für die Ausführung des Unternehmens selbst.

Es kann also bei Ertheilung der Verleihung die Ausführung des Unternehmens durch diese vielen Beschränkungen recht erschwert werden. Sehr auffallend ist namentlich, daß nach § 74 Abs. 2 die Verleihung nur auf Zeit ertheilt werden darf, eine Beschränkung, die sogar bei der Genehmigung nicht vorgesehen ist. Soll diese zeitliche Beschränkung nur ausgesprochen werden dürfen, wenn der Antragsteller selbst nur eine Verleihung auf Zeit beantragt, so ist gegen diese Bestimmung nichts einzuwenden. Indeß erscheint sie dann auch als überflüssig. Die Bestimmung ist daher wohl dahin auszulegen, was auch die Motive offenbar bezwecken, daß eine Verleihung auf Zeit, also eine solche, die nach Ablauf der Zeit von selbst erlischt, auch dann ausgesprochen werden darf, wenn eine endgültige Verleihung begehrt ist. Dies widerspricht aber ganz und gar dem Wesen einer Verleihung, denn es wird damit eine Verleihung auf zeitlichen Widerruf gestattet. Mit Recht haben sich daher die Vertreter der westdeutschen Industrie gegen diese Bestimmung erklärt.[25])

Es soll ferner bei der Verleihung Festsetzung über die Stauhöhe getroffen werden. Auch soll nach § 152 bei jeder verliehenen oder genehmigten Stauanlage ein Stauzeichen (Merkpfahl) gesetzt werden, über dessen Setzung in §§ 148 ff. Näheres bestimmt ist.

Ferner ist nach § 83 dem Verliehenen — indeß nur auf dessen Antrag — eine Verleihungs-Urkunde auszufertigen, welche, so weit erforderlich unter Beifügung beglaubigter Zeichnungen und Beschreibungen alle wesentlichen Punkte der Verleihung enthalten muß. Ob es nicht zweckmäßiger wäre, eine derartige Urkunde immer auch ohne Antrag ausfertigen zu lassen, könnte man füglich fragen. Ich möchte diese Frage bejahen. In den Motiven ist diese Frage weder aufgeworfen, noch sind für die gegentheilige Beantwortung Gründe angeführt.

Was den **Verlust** der Verleihung betrifft, so ist bereits oben hervorgehoben, daß ein verliehenes Recht schon dadurch verloren gehen kann, daß es bei dem einer anderen Verleihung vorhergehenden Aufgebot nicht rechtzeitig angemeldet wird.

Ferner kann nach § 91 die Verleihung für erloschen erklärt werden:

1. wenn der Beliehene die verliehenen Anlagen dauernd entfernt oder eingehen läßt;
2. wenn das Grundstück, für welches die Verleihung erfolgt ist, eine Bestimmung erhält, welche die verliehene Wassernutzung dauernd ausschließt oder überflüssig macht;
3. wenn der Beliehene die für die Erfüllung von Auflagen oder für die Ausführung des Unternehmens ihm gesetzten Fristen (§§ 77 und 90) nicht innehält.

Vor der Beschlußfassung ist der Beliehene und, wenn ein Antrag vorliegt, auch der Antragsteller zu hören.

---

[25]) Fr. v. Schenck, Gutachten S. 53.

Endlich kann die Verleihung auch schon dadurch aufgehoben werden, also ganz verloren gehen, daß der Beliehene wesentliche Aenderungen — eigenmächtig — vornimmt. Es bestimmt nämlich § 89 Folgendes:

„Wesentliche Aenderungen einer verliehenen Anlage, namentlich solche, welche eine vermehrte Nutzung oder Verunreinigung des Wassers bedingen, oder die Richtung, die Gefällverhältnisse oder den Wasserstand des Wasserlaufes beeinflussen, heben die Wirkung der ertheilten Verleihung auf."

Treten also solche Aenderungen ein oder richtiger, werden sie vorgenommen, so soll dadurch das verliehene Recht überhaupt hinfällig werden. Der Entwurf scheint hauptsächlich an die Abführung von Gewässern gedacht zu haben, aber auch selbst dann ist die Bestimmung bedenklich.

Der Entwurf verbindet jedes Wassernutzungsrecht mit einem Grundstück. Man weiß also, daß mit dem Grundstück und der Anlage das verliehene Recht verbunden ist, man wird daraufhin Gelder auf Hypotheken geben. Soll die ganze Anlage werthlos und damit auch die Hypothekengläubiger geschädigt werden, wenn der Unternehmer sich eigenmächtig eine Aenderung erlaubt?

Derartige drakonische Bestimmungen sind mit einmal verliehenen Rechten nicht zu vereinbaren, sie lassen sich auch nicht von einem rein polizeilichen Standpunkt aus ganz rechtfertigen.

Mit dem Verfahren über die Verleihung kann auch ein **Ausgleichungsverfahren** verbunden werden (§ 50). Letzteres findet statt, wenn das vorhandene Wasser nicht für die Bedürfnisse aller Berechtigten ausreicht oder. wenn verschiedene einander ausschließende Benutzungsarten in Frage kommen (§ 40). Es soll dann die Benutzung des Wasserlaufes unter thunlichster Schonung der bestehenden Rechte geregelt werden.

Das Ausgleichungsverfahren wendet sich also auch gegen die bestehenden Rechte.

Das Ausgleichungsverfahren kann auch unabhängig von einer Verleihung beantragt und eingeleitet werden. Es sollen auf dasselbe die Vorschriften der Verleihung im Allgemeinen Anwendung finden (§ 42), indeß kann das Aufgebot unterbleiben, wenn die Ausgleichung nur bestimmten Nutzungsberechtigten gegenüber beantragt wird.

Die Ausgleichung könnte als besonderes Rechtsinstitut neben der Enteignung und der Verleihung vielleicht dann entbehrt werden, wenn der Wasserbehörde die Befugniß beigelegt wird, Ordnungen über die Art und Zeit und Umfang der Benutzungen zu erlassen, so bald das vorhandene Wasser nicht für die Bedürfnisse aller Berechtigten ausreicht oder wenn verschiedene einander ausschließende Benutzungsarten in Frage kommen.

Neben dem Aufgebotsverfahren, welches der Verleihung vorhergeht und mit dieser verbunden ist, kennt der Entwurf noch ein **besonderes**, für sich allein bestehendes **Aufgebotsverfahren** (§§ 92 ff.). Dasselbe kann jeder Unternehmer zum Zwecke der Feststellung beanspruchen, ob und welche Privatrechte Dritter seinem Unternehmen entgegenstehen, es dient also dem Zweck, einem Unternehmer lediglich Gewißheit darüber zu verschaffen, welche Rechte seinem geplanten Unternehmen entgegenstehen. Die meisten Vorschriften des mit der Verleihung verbundenen Aufgebotsverfahrens finden auf dieses besondere Aufgebotsverfahren Anwendung. Durch die diesem letzteren vorausgehende Verwarnung und den folgenden Ausschluß werden jedoch nicht nur, wie bei der Verleihung, die Rechte des Eigenthums (§§ 64—67), nämlich die des Titel 4, sondern auch die von Titel 3, nämlich auch die auf dem Gemeingebrauch beruhenden ausgeschlossen. Für diese Verschiedenartigkeit dieser beiden Aufgebotsverfahren liegt kein Grund vor. Warum werden nicht auch bei der Verleihung die auf dem Gemeingebrauch beruhenden Benutzungen durch das Aufgebot betroffen? Dabei ist das mit der Verleihung verbundene Aufgebot das wichtigere, da nur das Wasseramt dafür zuständig ist, während für das besondere Aufgebotsverfahren auch der Kreisausschuß, bezw. Bezirksausschuß zuständig ist.

Ein Aufgebotsverfahren ohne das Begehren einer Verleihung ist nicht bloß entbehrlich, sondern geradezu schädlich.

Ebenso entbehrlich ist eine besondere Genehmigung neben der Verleihung als besonderes Rechtsinstitut.

Während die Verleihung nur vom Wasseramt ausgesprochen werden darf, wird die Genehmigung schon von der unteren Wasserpolizeibehörde ertheilt.

Wenn auch die Verleihung oft zu zeitraubend und umständlich erscheint, so braucht deßhalb nicht daneben noch eine Genehmigung als besonderes Rechtsinstitut geschaffen zu werden, dessen Unterschied von der Verleihung oft gar nicht recht erkennbar ist. Es würde genügen, wenn neben der endgültigen Verleihung eine vorläufige Verleihung — gewissermaßen als Vorbereitung derselben — zugelassen würde, die ohne vorhergegangenes Aufgebot — vielleicht von einem Einzelbeamten — ertheilt werden könnte, aber schlechtweg widerruflich sein müßte, während der Widerruf der Genehmigung nach dem Entwurf viel zu sehr beschränkt ist, um diese als etwas Vorläufiges, gewissermaßen nur Vorübergehendes erscheinen zu lassen. Nach dem Entwurf hat der Unternehmer die Wahl:

> ob er zunächst ein besonderes Aufgebotsverfahren nachsuchen will, oder ob er nur die Genehmigung ohne Aufgebot sich ertheilen lassen will, oder ob er die umständliche Verleihung nachsuchen will, oder auf diese überhaupt ganz verzichten will.

Für diese mannigfache Auswahl bestehen nicht die geringsten Gründe. Diese Auswahl ist aber — so wie sie der Entwnrf gestaltet hat — auch noch sehr gefährlich für diejenigen, welche mit ihren Rechten ausgeschlossen werden können, zumal das besondere Aufgebotsverfahren und das mit der Verleihung verbundene Aufgebot von verschiedenen Behörden erlassen werden!

IX.

Die Behörden und Rechtsmittel bei der Verleihung.

Es ist bisher absichtlich vermieden worden, auf die Behördenorganisation des Entwurfs näher einzugehen, es schien geboten, die Verleihung gewissermaßen ohne Rücksicht auf die Behörden darzustellen.

Bei dem besonderen Aufgebotsverfahren mußte schon hervorgehoben werden, daß für dasselbe auch andere Behörden, als für die Verleihung zuständig sind. Da in dem von mir erforderten Gutachten die Verleihung des Entwurfs dargestellt werden muß, läßt sich der unglückselige Behördenorganismus des Entwurfs nicht ganz mit Stillschweigen übergehen. Doch habe ich absichtlich die formellen Fragen hier nicht eingehender behandelt in der Annahme, daß der Entwurf nach dieser Richtung hin noch ganz erhebliche Abänderungen erfahren wird, ehe er Gesetz wird.

Der Entwurf schafft ein besonderes Wasseramt für jedes einheitliche Stromgebiet mit dem Ober-Präsidenten als Vorsitzendem, doch kann sich deren Thätigkeit auch über mehrere Provinzen erstrecken.

Gegen die Beschlüsse des Wasseramts in I. Instanz entscheidet der zuständige Minister (welcher?) —, während für die Urtheile des Wasseramts das Oberverwaltungsgericht die höhere Instanz ist.

Daneben hat der Kreisausschuß und Bezirksausschuß oft gleiche Funktionen, wie das Wasseramt, dessen Zuständigkeit in I. Instanz bisweilen auf die schiffbaren Ströme beschränkt ist. Als Wasserpolizeibehörden sind die Ortspolizeibehörden, der Landrath und der Ober-Präsident berufen.

Diese Behörden sind für die einzelnen Fragen und in buntester Mannigfaltigkeit berufen, so daß fast jede Combination im Entwurf vertreten ist, wie ich bereits an anderer Stelle dargethan habe.[26]) Hier kommt nur in Betracht, daß die Verleihung vom Wasseramt durch Beschluß auszusprechen ist und ebenso, wenn sie für erloschen erklärt wird. In beiden Fällen würde demgemäß der zuständige Minister, — welcher bald der Minister für landwirthschaftliche Angelegenheiten, bald für Handel und Gewerbe, bald für öffentliche Arbeiten, bald alle drei oder zwei zusammen sein werden, — die Beschwerde-Instanz sein.

Wenn man auch diese sehr verschiedenartige, ihrer Zuständigkeit nach von Zufälligkeiten abhängige Beschwerde-Instanz für die Erklärung der Verleihung als geeignet halten will, so erscheint es mir doch mit dem Wesen eines verliehenen Rechts nicht recht vereinbar zu sein, daß die Verleihung durch „Beschluß" des Wasseramts für erloschen erklärt werden kann und demgemäß dann ein Minister als letzte Instanz entscheidet. Wird durch die Verleihung ein Privatrecht geschaffen, so darf dasselbe nur durch „Urtheil" für erloschen erklärt werden können und muß als letzte Instanz eine gerichtlich zusammengesetzte Behörde — also etwa das Oberverwaltungsgericht — entscheiden, nicht aber dürfen nach unseren heutigen Rechtsanschauungen wohlerworbene Privatrechte einfach aberkannt werden. So viel über die Behörden und die Rechtsmittel.

Auch diese letzte Betrachtung über die Rechtsmittel zeigt, daß der Entwurf zwar durch die Verleihung ein im Rechtswege verfolgbares Privatrecht schaffen will, es aber dann einfach durch Beschlüsse von Behörden — in letzter Instanz eines Ministers beseitigen läßt, also es nicht wie ein Privatrecht behandelt, sich also selbst widerspricht. Ebenso läßt er das verliehene Recht durch zufällige Nichtanmeldung beim Aufgebot ohne Anspruch auf Schadensersatz untergehen und begräbt es in diesem Falle ohne für ein Begräbniß zu sorgen, denn die Verleihung behält trotz des Aufgebots an sich ihre Rechtsbeständigkeit, wenn sie auch einem Dritten gegenüber, der einen Ausschluß erwirkt hat, nicht mehr gültig ist, also tot erscheint. So widerspricht sich der Entwurf selbst wiederholt in seiner Auffassung bezüglich der Verleihung.

X. §§ 296, 297 des Entwurfs in Bezug auf die Verleihung.

Unverständlich ist, welchem gesetzgeberischen Zweck der § 296 des Entwurfs genügen soll. Dieser Paragraph lautet folgendermaßen:

„In denjenigen Landestheilen, in denen nach dem bisherigen Rechte ein gesetzliches Nutzungsrecht des Eigenthümers von Wasserläufen am fließenden Wasser nicht anerkannt war, steht den In-

[26]) Baumert, Bericht S. 13.

habern der beim Inkrafttreten des gegenwärtigen Gesetzes rechtmäßig bestehenden Stauanlagen gegen Anlagen des Eigenthümers ein Widerspruchsrecht zu, wenn ihnen durch diese Anlagen das zum Betriebe in dem bisherigen Umfange nothwendige Wasser entzogen werden würde.

Weiset der Eigenthümer nach, daß der bisherige Betrieb das Maß der dem Inhaber der Stauanlage zustehenden Berechtigung überschreitet, oder weiset der letztere nach, daß ihm vermöge eines besonderen privatrechtlichen Titels die Befugniß zusteht, den Betrieb über den bisherigen Umfang auszudehnen, so ist das Maß der bisherigen Berechtigung entscheidend."

Der Entwurf zählt nicht die Landestheile auf, in denen nach dem bisherigen Recht

„ein gesetzliches Nutzungsrecht des Eigenthümers von Wasserläufen am fließenden Wasser anerkannt war,"

und in denen dies nicht der Fall war.. Jedenfalls wird man in denjenigen Landestheilen, in denen ein „Eigenthümer von Wasserläufen" anerkannt ist, unbedingt auch diesem Eigenthümer ein gesetzliches Nutzungsrecht am Wasserlauf zusprechen müssen, denn sonst hätte der Begriff Eigenthum keinen Sinn. Es fragt sich daher, ob im Gebiete des Landrechts ein Eigenthümer von Wasserläufen anerkannt wird. Es ist dies doch wohl zu bejahen. Denn §§ 1 und 8 des Gesetzes vom 28. Febr. 1843 sprechen ganz klar von „Eigenthümer eines Privatflusses" und einem „ausschließlichen Eigenthume" am Flusse. Daß dieser Eigenthümer auch gesetzlich ein Nutzungsrecht am Flusse hat, ist selbstverständlich. Mithin würde also das Gebiet des Landrechts nicht zu denjenigen Landestheilen gehören, in denen nach dem bisherigen Recht ein gesetzliches Nutzungsrecht des Eigenthümers von Wasserläufen nicht anerkannt war. Mithin würde weiter im Gebiet des Landrechts nach § 296 den Inhabern der beim Inkrafttreten des entworfenen Gesetzes rechtmäßig bestehenden Stauanlagen gegen Anlagen des Eigenthümers ein Widerspruchsrecht nicht zustehen, wenn ihnen durch diese Anlagen das zum Betriebe in dem bisherigen Umfange nothwendige Wasser entzogen werden würde. Demgemäß heißt es im § 297 weiter, daß § 296 auch auf die im Geltungsbereiche des Gesetzes über die Benutzung der Privatflüsse vom 28. Februar 1843 vor dessen Inkrafttreten rechtmäßig errichteten Stauanlagen für Wassertriebwerke Anwendung findet. Ob es in Preußen Landestheile giebt, in denen ein derartiges gesetzliches Nutzungsrecht „des Eigenthümers" nicht anerkannt war, kann hier dahingestellt bleiben.

Es würden also späterhin Stauanlagen bezw. Triebwerke in Preußen in sehr verschiedenartiger Weise bestehen, bald würden sie jenes Widerspruchsrecht haben, bald nicht, je nach ihrem Alter und je nach der Lage in verschiedenen Landestheilen.

Dieses ihr verschiedenartiges Widerspruchsrecht würde bei der Verleihung zu berücksichtigen sein. Man fragt sich füglich, welcher gesetzgeberische Grund bestehen könnte, die Triebwerke in verschiedenen Landestheilen verschieden zu behandeln.

Einen solchen Grund giebt es nicht. Man fragt sich aber weiter, welcher gesetzgeberische Grund bestehen könnte, Stauanlagen bezw. Triebwerken kein Widerspruchsrecht gegen neue Unternehmungen, also z. B. gegen neue Triebwerke zu gewähren, wenn ihnen durch diese das zum Betriebe im bisherigen Umfange nothwendige Wasser entzogen würde.

Einen solchen Grund giebt es erst recht nicht. Von der Enteignung kann hier ganz abgesehen werden; denn gegen die Enteignung hat selbstverständlich weder ein Triebwerksbesitzer noch ein sonstiger Wasserbenutzer ein Widerspruchsrecht.

Die Motive geben für obige Fragen auch keine Gründe an. Aber offenbar will der Entwurf durch §§ 296, 297 gewissen Triebwerken ein derartiges Widerspruchsrecht zuerkennnen und anderen nicht.

Sollte wirklich ein Triebwerksbesitzer, dessen Triebwerk nach 1843 errichtet ist, gegen Stauanlagen, welche ihm das erforderliche Wasser entziehen, kein Widerspruchsrecht haben dürfen?

Welcher Grund besteht dafür?

Dieses angebliche Widerspruchsrecht der am 28. Februar 1843 bestandenen Triebwerke ist, wie oben nachgewiesen ist, heut schon deshalb so gut wie beseitigt, weil es auf den Betrieb im Jahre 1843 ankommt und derselbe sich heut fast gar nicht oder nur noch sehr schwer feststellen läßt. Meint der Entwurf im § 297 den Umfang des Betriebes im Jahre 1843 oder etwa den heutigen, wie man nach dem Wortlaut annehmen kann? Wenn der Wortlaut maßgebend ist und nur der heutige Betrieb für die vor 1843 bestandenen Triebwerke fernerhin maßgebend sein soll, so weiß man nicht, warum ein Unterschied zwischen den 1843 bestandenen und den später errichteten Treibwerken überhaupt noch gemacht wird.

Wie steht es ferner mit den Triebwerken, die nach Inkrafttreten des Entwurfs als Gesetz errichtet werden, haben die auch kein Widerspruchsrecht, haben sie es nicht, wenn sie nur genehmigt sind, haben sie es, wenn sie „verliehen sind“, oder hahen sie es überhaupt nicht?

Diese Fragen haben sich die Verfasser des Entwurfs weder gestellt noch beantwortet, sonst hätten sie nicht §§ 296, 297 im Entwurf aufgenommen.

Sieht man von diesen beiden Paragraphen ab, so wird man mindestens bei der Verleihung annehmen müssen, — wenn auch die Fassung des Entwurfs, wie ausgeführt, hiermit nicht übereinstimmt — daß neue Unternehmungen nicht verliehen werden dürfen, die in bestehende Benutzungen eingreifen und diese schädigen, sofern nicht dafür die Enteignung nachgesucht und genehmigt wird.

Denn was für einen Sinn hätte das mit der Verleihung verbundene Aufgebot, wenn die Verleihungsbehörde rechtzeitig angemeldete und bisher rechtmäßig bestehende Benutzungen einfach unberücksichtigt lassen würde, also nicht sollte berücksichtigen müssen, daß einem Triebwerksbesitzer, welcher seine Benutzung angemeldet hat, durch die neue Unternehmung das zum Betriebe erforderliche Wasser entzogen würde? Ist diese meine Auffassung richtig, so weiß man in der That nicht, welchen Zweck noch §§ 296 und 297 haben.

Ist meine Auffassung nicht richtig, so weiß man nicht, welchen Zweck das Aufgebot bei der Verleihung hat und welchen Zweck die Verleihung selbst hat. Denn es läßt sich nicht annehmen, daß die nach Inkraftreten des Gesetzes vom 28. Februar 1843 bisher rechtmäßig entstandenen Triebwerke schlechter dastehen sollen, als die nach dem Entwurfe neu verliehenen.

So sehen wir denn, daß mindestens nach der Absicht der Verfasser des Entwurfs § 246 II 15 A. L. R. nicht wieder ins Leben gerufen werden sollte, denn sonst wären §§ 296 und 297 des Entwurfs nicht in der unverständlichen geschraubten Fassung aufgenommen.

Doch scheint mir jene Absicht nicht ganz vollständig durch den Entwurf verwirklicht zu sein. Ich hoffe, falls wider Erwarten diese Bestimmungen des Entwurfs Gesetz werden sollten, daß dann die Auslegung sich mit diesen merkwürdigen §§ 296 und 297 dahin abfinden wird, daß sie trotz derselben alle neu verliehenen Benutzungen und alle nach Inkrafttreten des Gesetzes vom 28. Februar 1843 entstandenen Triebwerke bei einer Verleihung nicht unberücksichtigt lassen wird. Jedenfalls besteht nach der Fassung des Entwurfs für die hier von Anfang an behandelte Hauptfrage des Schutzes der vorhandenen Wasserbenutzungen ein berechtigter Zweifel.

Aehnlich ist es bezüglich der Quellwasserentziehung. Der Entwurf rechnet zwar nach § 4 die Quellen der Wasserläufe mit zu den Wasserläufen und enthält insofern eine Verbesserung des bisherigen Rechtszustandes. Dagegen sollen sich seine Vorschriften nicht auf die unterirdischen Wasseradern beziehen. Diese verbleiben, soweit nicht § 38 entgegensteht, der Willkür des Grundeigenthumes wie bisher unterworfen. Den Gewerbetreibenden und Bewässerern kann daher nach wie vor durch Ableitung oder Erbohrung der unterirdischen Quelle oder Wasserader das Wasser entzogen werden.

Sollte in der That ein so unglücklich abgefaßtes Gesetz, wie der Entwurf in dieser Beziehung ist, in Kraft treten, so hat die heutige Gesetzgebung jenen Machtspruch Friedrich des Großen zu Unrecht vergessen.

XI.
Schlußbetrachtung.
(Wasserbuch.)

Ueberblickt man schließlich diese Bestimmungen des preußischen Entwurfs über die Verleihung, so zeigen sich diese nicht ebenso folgerichtig und nicht ebenso durchdacht wie die Bestimmungen des braunschweigischen Wassergesetzes, welches mit Recht eine Genehmigung neben der Verleihung, nicht kennt und welches Wassernutzungsrechte nur durch die Verleihung nicht auch, wie die Verfasser des preußischen Entwurfs es wollen, daneben noch durch das Gesetz entstehen lassen.

Ein durch das Gesetz geschaffenes Wassernutzungsrecht ist kein besonderes Wassernutzungsrecht, sondern darf höchstens als ein Ausfluß des Grundeigenthums angesehen werden.

Mit Recht läßt jedoch der Entwurf neben der Verleihung nicht auch die Verjährung als Entstehungsgrund für Wassernutzungsrechte zu. Wird durch Gesetz die Verleihung geschaffen, so ist für die erwerbende Verjährung kein Raum mehr. Jeder der sich das Wasser dauernd dienstbar machen, es also benutzen will, muß genöthigt sein, die Verleihung nachzusuchen, anderenfalls würde doch wieder nur Unklarheit und Streit entstehen.

Die Verfasser des preußischen Entwurfs haben aber in der Hauptsache ganz die Bedeutung und den Zweck der Verleihung verkannt. Sie führen sie nur deshalb ein, wie in den Motiven mit dürren Worten gesagt ist, weil sich gesetzlich die Vertheilung des Wassers nicht ein für alle Mal in der Art regeln läßt, daß ein Gesetz einfach bestimmen könnte, nur den und den Personen steht die Wassernutzung des fließenden Wassers zu.

Indeß brauchte man deshalb nicht gerade eine Verleihung; man könnte die Austheilung und Ausgleichung der Wasserkräfte unter die verschiedenen Betheiligten auch im Wege der behördlichen Genehmigung bewirken, wie dies auch in anderen Wassergesetzen, mindestens ebenso gut, wenn nicht besser wie im preußischen Entwurf geschehen ist.

Der einzige Grund, weshalb die Verleihung im Rechte nicht entbehrt werden kann, ist der Rechtsschutz, welchen die Wasserbenutzer zu beanspruchen haben und welchen sie jetzt entbehren. Nur durch Verleihung kann festgesetzt werden, daß Jemandem das Recht zusteht:

> das Wasser in einem ganz genau vorgeschriebenen Umfange und Maß zu benutzen und sich dienstbar zu machen.

Durch eine einfache behördliche Genehmigung, wie sie bisher im preußischen Recht besteht, werden derartige besondere Rechtstitel nicht geschaffen.

Es muß dann aber auch gerade eine Hauptaufgabe der die Verleihung aussprechenden Behörde sein, das verliehene Wassernutzungsrecht genau seinem Umfange, seiner Zeit und Art nach zu begrenzen, so daß später Dritte sich die Wasserkräfte, soweit sie noch nicht verliehen sind, durch Verleihung dienstbar machen können und ein Streit über den Umfang des verliehenen Wassernutzungsrechts von vornherein als ausgeschlossen erscheinen muß.

Derartiges schreibt auch das braunschweigische Wassergesetz bei der Fassung seines § 57 klar vor, nicht ebenso treffend der preußische Entwurf, dem die Abgrenzung des verliehenen Rechts nebensächlicher erscheint.

Faßt man so das Wesen, Zweck und Aufgabe der Verleihung auf, so fällt unter Berücksichtigung der Ausführungen zu Anfang dieses Aufsatzes noch Folgendes bei dem preußischen Entwurfe auf. Die jetzt bestehenden Wassernutzungsrechte genießen keinen Rechtsschutz neuen Wassernutzungen gegenüber, denn nur den künftig verliehenen Wassernutzungen steht dieser Rechtsschutz zu. Allerdings würden die jetzt bestehenden Wassernutzungen die Möglichkeit haben, eine Verleihung nachsuchen zu können, wenn sie sich den Gefahren eines solchen Antrages aussetzen wollen.

Es erscheint dies unbillig, ja auch aus anderen Gründen praktisch undurchführbar. Wie will eine Behörde neue Rechte am Wasser verleihen, wenn sie nicht die heut bestehenden ihrem genauen Umfange nach kennt? Ein Aufgebot allein erscheint dazu nicht ausreichend. Es werden dann nicht bloß die jetzt bestehenden und etwa inzwischen neu verliehenen Rechte jederzeit der Möglichkeit ausgesetzt, durch das Uebersehen einer

Anzeige in Verlust zu gerathen, sondern wenn sich vor der Verleihung, zufolge des Aufgebots die bestehenden Wassernutzungsberechtigten mit ihren vermeintlichen Ansprüchen melden, so wird die Behörde, wenn sie alle, da sie ihren Umfang ja noch gar nicht kennt, zum Proceß verweisen will, neue Wassernutzungen und Wasserunternehmungen auch nicht sonderlich fördern. Im Gegentheil wird dann jeder neue Unternehmer durch die angemeldeten Ansprüche und die möglichen Processe eher zurückgeschreckt werden als heut.

Sollen durch die Einführung der Verleihung die bestehenden Wassernutzungen nicht zu kurz kommen und den neu begründeten Rechten gegenüber nicht schlechter gestellt werden, so ist es durchaus erforderlich, daß mit der Verleihung gleichzeitig auch ein Rechtsinstitut in der Art eingeführt werde, daß die heut bestehenden Rechte an jedem Flusse zunächst ihrem genauen Umfange und Wesen nach festgestellt und abgegrenzt werden.

Es geschieht dies am besten durch Einführung eines Wasserbuches. Es könnte dies auch dadurch geschehen, daß vorgeschrieben wird, daß alle bestehenden Wassernutzungen innerhalb bestimmter Frist die Verleihung nachzusuchen haben.

Indeß wird man auch selbst dann ein Wasserbuch nicht entbehren können.

Es müssen sowohl die Wasserbehörden wie dritte Wasserinteressenten die Möglichkeit haben, sich jederzeit davon zu überzeugen, welche Rechte am Wasser bereits in rechtsgültiger Weise bestehen; dies geschieht beim Bestehen eines Wasserbuches leicht durch dessen Einsichtnahme. Es müßte daher ein Wasserbuch für die Flüsse, etwa ähnlich wie das Kataster für die Grundstücke, geschaffen werden, in welches alle Wassernutzungen, alle Stauanlagen und alle Wasserab- und einleitungen eines Flusses ihrem Umfange, Wesen und Grenzen nach möglichst genau eingetragen werden und welches Wasserbuch mit dem Grundbuch, ähnlich wie das Kataster, in Verbindung gebracht werden kann, sofern jede Wassernutzung mit einem Grundstück verbunden sein muß, wie der Entwurf dies beabsichtigt (§ 67).

Es wird dann zweckmäßig im Wasserbuch bei jeder Wassernutzung auf das betreffende Grundbuchblatt zu verweisen sein, während auf dem Grundbuchblatte im Titel die Wassernutzung als Bestandtheil oder Zubehör des Grundstücks zu vermerken ist, wie dies ähnlich jetzt schon hin und wieder bei Fischereiberechtigungen gehandhabt wird. Der Entwurf sieht ein solches Wasserbuch, welches seit langem von den Interessenten gefordert wird, nicht vor.

Im Entwurf ist zwar vorgeschrieben, daß der Berechtigte über die Verleihung eine Urkunde erhalten soll, die Verleihungsakten selbst werden — wie doch wohl anzunehmen ist, im Entwurf steht darüber nichts — für immer aufbewahrt werden. Es werden dann die Beliehenen immer den Umfang ihres Wassernutzungsrechts beweisen können, während heut die Wassernutzungsberechtigten dies fast nie vermögen. Es ist dies mit ein Grund, nicht bloß für die vielen Wasserprocesse, sondern namenllich auch dafür, daß in vielen, ja in den meisten Wasserprocessen das Gericht ein zuverlässiges Urtheil nicht zu sprechen vermag und der Ausfall eines Wasserprocesses mehr oder minder von Zufälligkeiten abhängt. Alle diese Uebelstände werden durch Schaffung eines Wasserbuches beseitigt.

Aus diesen Gründen habe ich mich in meiner Schrift über die Unzulänglichkeit der Wassergesetze (S. 241—243) nicht bloß dafür ausgesprochen, daß die Verleihung für Wassernutzungsrechte eingeführt werden möge, sondern auch gleichzeitig für die Einführung eines Wasserbuches, nämlich daß die Rechtsverhältnisse am Wasser durch Eintragung in ein öffentliches Buch (Wasserbuch) festzustellen sind und daß neue nur durch Verleihung entstehen dürfen. Die Gründe für die Einführung eines Wasserbuches sind dort näher ausgeführt und auch dargethan.

Auch sah der vom Sonderausschuß der deutschen Landwirthschaftsgesellschaft ausgearbeitete Entwurf eines deutschen Wassergesetzes die Schaffung eines Wasserbuches vor.

Die Motive zum Entwurf des preußischen Wassergesetzes lehnen jedoch die Einführung eines Wasserbuches rund ab, ohne aber auch nur das Wesen und die Aufgabe eines Wasserbuches zu kennen oder richtig zu würdigen. Sie nehmen nämlich an, daß es hauptsächlich nur dazu dienen soll, die Rechte am Wasser kundbar zu machen, damit Dritte erfahren können, welche Rechte bereits verliehen sind. Dies ist nur ein Nebenzweck. Der Hauptzweck ist, daß die Wassernutzungsberechtigten selbst und zwar die heut bestehenden dadurch, daß ihre Rechte festgestellt und abgegrenzt werden, gehörigen Schutz ihrer Rechte genießen. Denn der Schutz von Rechten, deren Grenzen nicht feststehen, ist selbst ein zweifelhafter.

Aehnliches wie ein Wasserbuch besteht in Ober-Italien bei verschiedenen Canalgenossenschaften in der feinsten und ausführlichsten Weise, wenn auch die Motive zum Entwurf annehmen, daß in Italien ein Wasserbuch praktisch kaum in Wirksamkeit getreten sei.

Oesterreich hat ein Wasserbuch eingeführt, allerdings, wie die Motive zum Entwurf hervorheben, nur facultativ. Trotzdem hat es sich dort, wo es zur Anwendung gekommen ist, recht sehr bewährt. So beanspruchte ein Eisenbahnunternehmer bei Salzburg, für seine Zwecke Wasser zu benutzen. Es wurden durch das Wasserbuch alle Betheiligten festgestellt, zu einem Termin mit kurzer Frist geladen und in diesem wurde mit Hilfe der durch das Wasserbuch geschaffenen Abgrenzung der bestehenden Benutzung in der einfachsten Weise festgestellt, daß die in Aussicht genommene Benutzung in den Rechtsumfang der bestehenden Wasserbenutzungen nicht eingreife. Die Motive zum Entwurf (S. 112) geben lediglich an, daß mit dem Wasserbuch in Oesterreich ein nennenswerther Erfolg nicht erzielt sei.

Ferner soll in den australischen Colonien Englands und im Kapland das Wasserbuch in strengster Form durchgeführt sein. Es würde hier jedoch von meiner eigentlichen Aufgabe zu weit abführen, wenn ich auf das Wasserbuch weiter eingehen wollte.

Vielleicht genügt Vorstehendes, um darzuthun, daß ein Wasserbuch erstrebenswerth ist und daß es neben der Verleihung nicht entbehrt werden kann.

Ist erst ein Wasserbuch geschaffen, in welches alle Rechte am Wasser — abgesehen von denen des Gemeingebrauchs — mit der Maßgabe eingetragen werden müssen, daß die nichteingetragenen keinen Rechtsschutz genießen, so wird man dann wohl auch allmählich dahin gelangen, daß ein Aufgebot vor der Verleihung an sich entbehrt werden kann. Denn sind alle Betheiligten aus dem Wasserbuch ersichtlich und werden sie — bevor die Verleihung ausgesprochen wird — gehörig geladen, so erübrigt sich eine öffentliche Bekanntmachung.

Die Rechte des Gemeingebrauchs wird so wie so jede Behörde stets auch von Amtswegen zu berücksichtigen haben.

Jedenfalls wird man gut thun, bei der Verleihung mehr Gewicht auf die Ladungen als auf die öffentlichen Bekanntmachungen zu legen.[27])

XII.

Sätze.

Die mir zur Begutachtung vorgelegte Frage dürfte daher der Hauptsache nach durch folgende Sätze beantwortet werden können:

1. Es empfiehlt sich die Einführung der Verleihung von Wassernutzungsrechten.
2. Hauptzweck der Verleihung ist den Wassernutzungsrechten Rechtsschutz zu gewähren; sie muß daher die jetzt bestehenden Wasser-

---

[27]) Vgl. Frank, Bericht S. 41—42 zu Nr. 25.

benutzungen ebenso berücksichtigen, wie die erst künftig verliehenen.

3. Die im Entwurf eines preußischen Wassergesetzes geplante Verleihung von Wassernutzungsrechten empfiehlt sich in der vorgeschlagenen Form nicht; denn:
   a) es ist die Genehmigung und ein besonderes Aufgebotsverfahren neben der Verleihung mit vorangehendem Aufgebot unzweckmäßig und überflüssig, wenn auch eine vorläufige, jeder Zeit frei widerrufliche Verleihung neben der endgültigen Verleihung zu schaffen ist;
   b) die Einführung eines Wasserbuches erweist sich neben der Verleihung als nothwendig;
   c) es widerspricht dem Wesen der Verleihung, im Gesetz noch ein Eigenthum der Anlieger an den Wasserläufen zu begründen;
   d) die durch die Verleihung begründeten Rechte müssen den wohlerworbenen Privatrechten gleichgestellt werden;
   e) die Verleihung darf nur dann auf Zeit ertheilt werden, wenn der Antragsteller dies so begehrt, andernfalls müßte sie unwiderruflich sein;
   f) das verliehene Recht darf in letzter Instanz nur durch ein Collegium, nicht durch bloßen Beschluß eines Verwaltungsbeamten für verlustig erklärt werden;
   g) die Enteignung und die Einräumung nothwendiger Dienstbarkeiten dürfen nur dem gewährt werden, welcher eine Verleihung begehrt;
   h) einen Unterschied in den einzelnen Landestheilen bezüglich des Widerspruchsrechts gegen die Verleihung zu machen, ist nicht gerechtfertigt und ist § 296 des Entwurfs unhaltbar.

III.

Gutachten des Herrn Rechtsanwalt am Kgl. Kammergericht Dr. Richard Alexander-Katz

über die Frage:

Empfiehlt sich die Einführung gesetzlicher Maßnahmen gegen den unlauteren Wettbewerb?

I.

Unter der Bezeichnung „unlauterer Wettbewerb“ werden eine Reihe von Handlungen verschiedener Art zusammengefaßt, denen im Wesentlichen nur diejenigen Begriffe gemeinsam sind, die sich aus der Bezeichnung selbst ergeben, nämlich einerseits der Wettbewerb — und zwar ist hier lediglich der gewerbliche Wettbewerb gemeint — d. h. also, die Bemühung um eine Erzielung des Absatzes von Waaren oder gewerblichen Leistungen, überhaupt um eine Erzielung von Geschäften, und andererseits die Unlauterkeit, die hierbei verübt wird. „Unlauter“ ist aber ein sehr relativer Begriff, der die verschiedensten Grade aufweisen kann. Wir werden ihn dahin definiren können: unlauter ist ein Verhalten, welches das Empfinden für Sittlichkeit, für Anstand und für Redlichkeit ernstlich verletzt. Wird ein solches Verhalten im gewerblichen Leben bethätigt, um Geschäfte zu erzielen, so muß man sagen, daß der Konkurrenzkampf mit unlauteren Waffen gekämpft wird, daß der Wettbewerb ein unlauterer ist.

Wie ersichtlich, ist mit dieser Begriffsbestimmung nicht eine solche Definition gegeben, die wie eine Form auf jeden einzelnen Fall aufgepaßt werden kann, um mit Sicherheit zu entscheiden: ist dies ein „unlauterer Wettbewerb“ oder nicht? Vielmehr liegt es gerade im Wesen der Unlauterkeit, als eines relativen Begriffs, eines Begriffs, der die vielfachsten Abstufungen von dem bloß Anstößigen, von feinfühligen

Menschen verschmähten Verhalten bis zu den gröbsten, unser Rechts- und Sittlichkeitsgefühl auf's Tiefste empörenden Verfehlungen umfaßt, daß es eine Definition im Sinne einer stets zur Anwendung auf den Einzelfall paraten Formel gar nicht geben kann. Immer wird der Beurtheiler — also wenn es zu Rechtsstreitigkeiten kommt, der Richter oder allenfalls der von ihm vernommene Sachverständige — zu erwägen und zu bedenken haben, ob etwa das Empfinden dessen, der sich beklagt, zu sensibel ist, ob es das berechtigte nüchterne Empfinden der Allgemeinheit ist, welches verletzt wird, und ob dieses Empfinden so ernsthaft beleidigt ist, daß das Verhalten mit Fug nicht bloß getadelt, sondern verpönt wird, daß das beleidigte Rechtsgefühl gegen die Verletzung der Sitte sich auflehnt und auflehnen muß.

Die französische Jurisprudenz, auf welche sich, da sie zuerst und am vollständigsten die Lehren von der Concurrence déloyale ausgebildet hat, unser Augenmerk in diesen Fragen naturgemäß zunächst richtet, ist reich an Beispielen für das sich hieraus ergebende Schwanken in der Beurtheilung. So halten es — um nur eins anzuführen — Blanc, Gastambide und Huard für eine verbotene Concurrence déloyale, wenn sich Jemand den früheren Schüler, Arbeiter, Gehilfen seines früheren Lehrherrn oder Prinzipals nennt, um auf seine eigenen Leistungen aufmerksam zu machen, während Bédarride und Pouillet dieses Mittel der Reklame für durchaus zulässig halten und Rendu annimmt, daß diese Frage von Fall zu Fall zu entscheiden sei. Für jede dieser Meinungen werden zahlreiche Rechtssprüche citirt.[1]) Für unser Empfinden wird eine solche der Wahrheit entsprechende Angabe nicht einmal anstößig, viel weniger unlauter erscheinen. Nun sind aber auch die sittlichen Begriffe bekanntlich keineswegs für alle Zeiten und Verhältnisse feststehende, sondern der Fortbildung und Veränderung unterworfen. Wir werden daher zu einer zutreffenden Umgrenzung des Gebietes des unlauteren Wettbewerbes leichter durch eine Betrachtung der verschiedenen darunter gewöhnlich gerechneten Handlungen, als durch obige oder irgend eine andere Definition gelangen können. Allein hier ist gleich auf die schon oft bemerkte Eigenthümlichkeit hinzuweisen, daß die Unlauterkeit im Wettbewerbe so findig ist, wie die geschäftliche Thätigkeit überhaupt, und immer neue Formen und Arten findet, um zu reüssiren, d. h. Geschäfte zu erzielen. Mit Recht ist sie ein Proteus genannt worden, der in tausend Gestalten auftritt und immer neue Schliche findet und anwendet,

---

[1]) Vgl. Pouillet, Traité des marques de fabrique, 3. Aufl., Nr. 532 ff.

wenn man die lästigsten und verbreitetsten glaubt durch Rechtsnormen gebrandmarkt oder gar verbannt zu haben. Diese Proteusnatur des unlauteren Wettbewerbes ist sogar als Grund dafür vorgebracht worden, gesetzliche Maßregeln gegen den unlauteren Wettbewerb überhaupt als unnütz oder undurchführbar abzulehnen![2])

Die dem Gebiete des unlauteren Wettbewerbes zugehörigen Handlungen lassen sich zunächst in zwei große Gruppen theilen: A. solche, die sich in ihrer schädigenden Konkurrenzbestrebung nur gegen einzelne bestimmte Concurrenten richten, deren geschäftliche Vortheile sich der Thäter unbefugt zuwenden will, und B. solche, welche sich gegen die Gesammtheit, das Gros der Mitbewerber richten, sich also, gleichviel wer dadurch geschädigt wird, durch unlautere Mittel Kunden, Absatz, überhaupt Geschäfte verschaffen wollen, die dann immerhin irgend welchen anderen Concurrenten entzogen werden. Jede dieser Gruppen umfaßt mehrere Klassen mit verschiedenartigen Thatbeständen.

A.

Zu dieser Gruppe sind zu rechnen:

1. Handlungen, welche die Geschäfte, welche rechtlich anderen Unternehmern, Concurrenten gebühren, dadurch von letzteren abzulenken und dem Thäter selbst zuzuführen trachten, daß man Verwechselungen bei dem Reflectanten herbeiführt oder begünstigt, so daß dieser glaubt, Waaren oder gewerbliche Leistungen aus anderer Quelle, nämlich eben von jenem anderen oder einem jener anderen Gewerbetreibenden unmittelbar oder mittelbar zu erlangen.

Begrifflich gehört hierher eine Reihe von Handlungen, die bereits durch das Waarenbezeichnungsgesetz vom 12. Mai 1894 verboten sind, nämlich der Mißbrauch einer fremden Firma, eines fremden Namens, eines fremden Waarenzeichens, einer Ausstattung, welche als Kennzeichen der Waaren eines Anderen bekannt ist, einer falschen geographischen Herkunftsbezeichnung (§§ 14—16 des genannten Gesetzes); aber es gehört hierher auch die Benutzung der eigenthümlichen Bezeichnung einer fremden Geschäftsstätte (z. B. „La Ferme“, „Hotel zum grünen Kranze“); des Pseudonyms eines Malers oder Schriftstellers; die Aneignung des Titels einer bestehenden Zeitung durch eine neu erscheinende; die Nachahmung eines Büchertitels für ein literarisches Concurrenzunternehmen; die Nachahmung des eigenthümlichen Schildes eines Geschäftslokals, selbst der Omnibuse und der Livreen der Bedienten eines Hotels durch ein zweites,

---

[2]) Vgl. Wermert, Ueber den unlauteren Wettbewerb, Halle a. S., S. 55.

welches hierdurch am Bahnhofe jenem die Reisenden abfangen will; endlich die Benutzung des eigenen Namens oder einer objectiv zulässig begründeten Firma zur Herbeiführung von Verwechselungen mit einem renommirten Gewerbetreibenden von gleichem Namen oder einer gleichen — in einem anderen Orte domicilirenden — Firma. Alle diese Handlungen sind auch als unlauterer Wettbewerb zu charakterisiren, wenn die Nachahmung keine genaue ist, die Abweichungen aber so gewählt sind, daß trotzdem die Gefahr einer Verwechselung im Verkehr vorliegt; auch dann, wenn diese Gefahr zwar nicht für denjenigen besteht, der die nachgeahmten Namen, Pseudonyme, Ausstattungen ꝛc. zum Zwecke der Vergleichung zur Hand hat, wohl aber für den arglosen Reflectanten, welcher die nachgemachte Bezeichnung nur eben ungefähr in der Erinnerung hat.

2. Handlungen, welche zum Zwecke haben, den Concurrenten oder dessen Waaren oder Geschäft schlecht zu machen, um die Reflectanten von diesem ab- und sich zuzuführen.

Man bringt nicht erweisliche, oder selbst wissentlich unwahre Behauptungen gegen Concurrenten vor, die dessen Credit, dessen Absatz oder Geschäftsbetrieb oder dessen geschäftliches Renommé schädigen.

Der § 187 des Strafgesetzbuches bedroht mit den schweren Strafen der Verleumdung die wissentlich unwahre Behauptung, welche geeignet ist, den Credit eines Anderen zu gefährden, und hat damit einen der schwersten Fälle des dénigrement getroffen. Aber die nicht weniger gefährliche, zwar nicht wider besseres Wissen erfolgende Verbreitung solcher Behauptungen, welche aber doch auch nicht zu erweisen sind, wird bisher nicht getroffen; und doch ist es zweifellos verwerflich, auf's Geratewohl Behauptungen aufzustellen, für deren Wahrheit kein Anhalt vorliegt, um einen Concurrenten im Credit zu schädigen. Neben dem Credit des Concurrenten muß aber auch dessen Absatz und überhaupt dessen Geschäftsbetrieb und geschäftliches Renommé den gleichen oder einen ähnlichen Schutz genießen. Die unwahre Behauptung, welche über den Concurrenten verbreitet wird, um dessen Geschäfte zu zerstören, hat meist die weitere Absicht zum Grunde, diese Geschäfte dem Lügner selbst zuzuführen.

Ein begrifflicher Unterschied hinsichtlich der Verwerflichkeit und Schädlichkeit der Handlungen zwischen den Thatbeständen ist kaum zu bemerken, wenn der Credit einerseits oder der Absatz, Betrieb oder das geschäftliche Renommé andererseits geschädigt werden.

3. Eine weitere Classe umfaßt das weite Gebiet der Privatbestechung, der Verleitung der Angestellten, Arbeiter, Lehrlinge 2c. eines Anderen zur Untreue zum Zwecke der Erzielung von Geschäften, die eigentlich rechtlich einem anderen Concurrenten zukommen sollten. Hier haben wir es wieder mit zwei wichtigen Unterabtheilungen zu thun:

a) Die eine betrifft die Privatbestechung zum Zwecke, um selbst Geschäfte mit dem Geschäftsherrn des Bestochenen zu machen und einen Concurrenten dadurch zu verdrängen. Es ist ein durch jeden Mangel eines Gesetzes gegen diesen Unfug leider weit verbreitetes und viel beklagtes Uebel geworden, daß Lieferanten aller Art sich durch das sog. „Schmieren" von Angestellten Geschäfte verschaffen, und den redlichen Concurrenten dadurch in ungerechtfertigter Weise verdrängen. Es handelt sich hier natürlich nicht um „Bevollmächtigte", welche über Vermögensstücke des Geschäftsherrn zu dessen Nachtheile verfügen. (§ 266 Ziff. 2 des R.-St.-G.-B.) Oft haben die betr. Angestellten keinerlei Vollmachten, wohl aber einen entscheidenden Einfluß auf das fragliche Geschäft, und ebenso ist ein directer Schaden des Geschäftsherrn nicht nachweisbar. Wenn beispielsweise der hierzu bestochene Maurerpolier über die schlechte Bindefähigkeit des von ihm verarbeiteten Mörtels klagt, damit sein Meister die Kundschaft dem bisherigen soliden Lieferanten entzieht, und dem Bestecher zuwendet, so braucht der Geschäftsherr weder in Wirklichkeit geringere Waare zu erhalten, noch theuerere Preise zu bezahlen. Dennoch ist das seitens des neuen Lieferanten erzielte Geschäft ein objectiv unberechtigtes, das Mittel der Erzielung desselben zweifellos unlauter, der im Wettbewerb geschlagene redliche Concurrent zweifellos zu Unrecht in seinem Geschäftsbetriebe geschädigt. Läßt man diese objectiv unlautere Handlung der Angestellten ohne jede gesetzliche Sühne, so liegt es auf der Hand, daß der bestochene Angestellte, der nicht mehr lediglich das Interesse seines Herrn im Auge hat, sondern durch eigenes pecuniäres Interesse von diesem abgelenkt wird, nicht mehr genau unterscheidet, ob der Geschäftsherr bei dem durch solche Machenschaften in das Geschäft eingeschmuggelten unlauteren Concurrenten gegen früher im Nachtheile ist oder nicht.

Begrifflich gehört hierher auch der weitverbreitete Unfug, daß Lieferanten für den Haushalt, Schlächter, Colonialwaarenhändler 2c., den Dienstboten Provisionen von dem Umsatz gewähren, den sie durch Vermittelung der Dienstboten mit den Herrschaften machen. Schließlich ist selbst der redliche Concurrent genöthigt, im Interesse der Selbsterhaltung sich diesem bedenklichen Unfug gleichfalls anzuschließen. Indem ich diese letzteren, freilich auch oft mehr oder weniger harmlosen und unschädlichen Verhältnisse hier erwähne, will ich keineswegs schon für drakonische Bestimmungen zu ihrer Beseitigung und Verfolgung eintreten.

b) Die zweite viel beklagte und viel umstrittene Art der Privatbestechung ist diejenige von Angestellten, Arbeitern zc. zum Zwecke der Erlangung von Geschäfts- oder Fabricationsgeheimnissen des Principals des Bestochenen. Mit diesem Thatbestande hat sich der Juristentag bereits eingehend unter einem anderen Gesichtspunkte, nämlich demjenigen des Verrathes selbst, befaßt.[3]) Aber es ist offenbar, daß dieser Verrath in den weitaus meisten Fällen nur verübt wird, wenn Jemand da ist, der ihn bezahlt, weil er ihn zu eignen geschäftlichen Zwecken braucht, und diese Zwecke werden regelmäßig die des Wettbewerbes mit dem verrathenen Geschäftsherrn sein. Die Zugehörigkeit der betreffenden Handlungen zum Gegenstande vorliegender Erörterung ist damit von selbst gegeben.

Bei jenen früheren Verhandlungen handelte es sich allerdings ausschließlich um die Frage, ob es rathsam sei, das Strafgesetzbuch dahin zu ergänzen, daß der Verrath von Geschäfts- und Fabriksgeheimnissen als Vergehen strafbar sei. Der Gutachter, Oberbürgermeister Dr. André, hatte sich verneinend ausgesprochen, die Begründung aber ergiebt, daß er jedenfalls einer civilrechtlichen Verfolgung des Schadensanspruchs aus solchen Handlungen gewiß nicht entgegen sein würde. Der Juristentag ist aber auch in der eigentlichen Frage zu einer anderen Entscheidung gelangt, indem er beschloß:

> „Es ist rathsam, das Strafgesetzbuch dahin zu ergänzen, daß der Verrath an Geschäfts- und Fabriksgeheimnissen unter dem Gesichtspunkt der Untreue als Vergehen strafbar sei."

Diesem Beschluß kann ich von ganzem Herzen zustimmen.

Mit dem Thatbestande der genannten Bestechung zum Verrath nahe verwandt ist derjenige des Einschleichens in einen fremden Betrieb unter arglistigen Vorspiegelungen, zu dem Zwecke der Erforschung von Geschäfts- oder Betriebsgeheimnissen. Ferner wird vielfach auf gleiche Stufe gestellt die Benutzung oder das Erkaufen des Verraths gelegentlicher Arbeiter, Monteure zc., die bei Erledigung specieller Aufträge in der Lage waren, Fabrik- oder Geschäftsgeheimnisse kennen zu lernen, wie natürlich auch der Verrath oder die eigene concurrenzmäßige Benutzung solcher ge-

---

[3]) Verhandl. des XIX. Deutschen Juristentages, Bd. I S. 71 ff., Bd. III S. 238.

legentlich kennen gelernter Geheimnisse dem Verrath oder der eignen Verwerthung durch Angestellte zur Seite gestellt wird.[4])

Aber auch die Preisgabe oder eigne Benutzung von Geschäfts- und Betriebsgeheimnissen nach Aufgabe der betreffenden Anstellung und folglich auch die Benutzung hierdurch erlangter Geheimnisse seitens Dritter zum Wettbewerbe ist vielfach dem Verrathe durch Treubruch im Sinne des Beschlusses des 19. Juristentages zur Seite gestellt worden. Ist die Geheimhaltung über die Dienstzeit hinaus in rechtsgültiger Weise vereinbart, so wird jedenfalls das Erkaufen des Verraths oder die Benutzung des vertragswidrig verrathenen Geheimnisses zum Wettbewerbe seitens eines Dritten, welcher den Vertragsinhalt kennt, sowohl als objectiv unrecht als auch als sittlich verwerflich charakterisirt werden müssen, also in den Kreis der Gegenstände meiner Erörterung gehören.

Unverkennbar liegt aber dennoch eine weite Kluft zwischen der Schwere der Verfehlung der Verübung des Verraths durch Untreue gegen den Brotherrn, und jener einfachen Vertragsverletzung zu einer Zeit, wo kein solches Band mehr besteht. Der gleiche Unterschied leuchtet ein zwischen der Verleitung des Untergebenen zum Treubruch durch Verrath des Herrn und zwischen dem Erkaufen bezw. Benutzen einer bloßen Vertragsverletzung. Und dieser wichtige und tiefgehende Unterschied kann durch die zutreffendsten Darlegungen der großen Industriellen nicht beseitigt werden, daß der Schutz der Geschäfts- und Betriebsgeheimnisse unvollkommen, ja, wie vielfach behauptet wird, völlig illusorisch sein würde, wenn er sich auf die Zeit der Anstellung des betreffenden Untergebenen beschränken würde.

Ein weiterer qualitativer Unterschied wird vielfach auch zwischen den Geschäftsgeheimnissen im engeren Sinne einerseits und den Fabrikgeheimnissen andererseits gemacht. Erstere sollen nach dieser Meinung einen besonderen Schutz nicht verdienen, wohl aber letztere.[5])

B.

Die zweite erwähnte Gruppe umfaßt ebenfalls verschiedenartige Handlungen. Der Zweck, Geschäfte zu machen, welche beliebigen anderen

---

[4]) Bei dieser Gelegenheit mag an die Bestimmung des § 139b der Gewerbeordnung erinnert werden, der den Fabrikinspectoren Geheimhaltung zur Pflicht macht.

[5]) Vergl. z. B. das Gutachten der Leipziger Handelskammer vom 28. März 1885, abgedr. in den Verhandl. des XIX. Deutschen Juristentages Bd. 1 S. 91 und die daselbst S. 94 und 101 abgedr. § 72 des Königl. sächs. Gewerbegesetzes und Art. 418 des Code Pénal.

Concurrenten dadurch entgehen, wird hier durch die Täuschung des Verkehrs erstrebt, indem Irrthümer, sei es über die Waaren, die er anbringen will, sei es über die Person des Handelnden, sei es endlich über gewisse bei den Geschäften obwaltende Umstände, erregt werden.

Selbstverständlich müssen diese Irrthümer, wenn sie den bezeichneten Zweck erreichen helfen sollen, sich auf solche Dinge oder Umstände beziehen, welche bei dem Entschlusse des Gegencontrahenten über die Abschließung von Geschäften einigermaßen bestimmend sein können; denn andernfalls entfällt die Möglichkeit, mittels solcher Irrthümer Geschäfte zu erzielen.

In allen diesen Fällen bedient sich die Lüge mit Vorliebe der lauten und öffentlichen Reclame, da es eben auf Erzielung möglichst vieler Geschäfte abgesehen ist. Begrifflich ist indeß der unlautere Wettbewerb auf die mittels öffentlicher Reclame verübte That nicht beschränkt. Es ist nur die Frage, ob nicht durch positive Vorschrift nur gegen solche Concurrenz, als gegen die für die redlichen Collegen gefährlichere, vorgegangen werden sollte.

1. Die wichtigste Classe, um diese vorweg zu nehmen, ist die zuletzt genannte. Die zahlreichsten Klagen richten sich namentlich gegen den Unfug der falschen Vorspiegelung eines besonders dringlichen Anlasses zum Verkauf, der nach allgemeiner Anschauung, wenn er wahr wäre, in der That den Verkäufer nöthigen würde, selbst gute Waaren ganz besonders billig und oft wesentlich unter dem wahren Werthe herzugeben. In erster Linie gehören hierher die berüchtigten angeblichen Concursausverkäufe. Unternehmer kaufen den Waarenbestand einer Concursmasse en bloc und veranstalten einen Ausverkauf, den sie dann als „Concursmassen-Ausverkauf" öffentlich anzeigen.

Das Publicum läuft nun einmal solchen scheinbar besonderen billigen Gelegenheiten nach, indem es größtentheils von der Vorspiegelung getäuscht wird. Nun würde der Schaden für die dadurch betroffenen Concurrenten allenfalls erträglich sein oder ertragen werden müssen, wenn der „Ausverkauf" in Wahrheit ein solcher wäre und nur das frühere Concurswaarenlager umfassen würde. Denn dies Lager muß ja — und zwar möglichst rasch — verkauft werden, und es mag den Concurrenten gleich sein, ob dies durch die Massenverwaltung oder einen Dritten geschieht. Aber ganz allgemein hat sich die weitere schwindelhafte Manipulation eingebürgert, reichlich neue reguläre, zu diesem Zwecke besonders bezogene Waare „nachzuschieben" und so den angeblichen Concursmassen-

Ausverkauf förmlich zu verewigen. Glaubt das Publicum eines Stadttheils schließlich nicht mehr recht an den ewigen Ausverkauf, dann zieht der Unternehmer oft noch in einen anderen entlegeneren und beginnt den Ausverkauf auf's Neue. Vielfach ist die mit dem Aushängeschild des Concursmassen-Ausverkaufs ermöglichte Reclame für den Massenverkauf der nachgeschobenen Waare der einzige oder doch wesentlichste Grund des Erwerbes eines Concurswaarenlagers, und es wird die Täuschung mit vielen kleinen Mittelchen, z. B. den gerichtlichen nachgemachten gedruckten Aushängen und Siegeln, der Unterzeichnung der Aushänge mit „Der Verwalter" ꝛc. nach Kräften unterstützt. Läuft nun das Publicum, der geschilderten Vorliebe für billige Gelegenheitskäufe folgend, der schwindelhaften Ankündigung nach, so erleiden die Concurrenten, die Kaufleute, welche die gleichen Waarengattungen führen, aber solche unwahren Vorspiegelungen nicht mitmachen, einen empfindlichen und ungerechten Ausfall am Umsatz und in Folge dessen am Gewinn. Vielfach ist geklagt worden, daß durch einen oder einige solche Scheinausverkäufe die gesammte betheiligte Concurrenz, insbesondere die in der Nachbarschaft des schwindelhaften Ausverkaufes domicilirende, auf lange Zeit lahm gelegt worden ist. Insbesondere soll der Schaden oft auch darin liegen, daß das betheiligte Publicum mit minderwerthiger Waare derart vollgepfropft wird, daß die Kaufkraft auf längere Zeit erlahmt.

Zur Charakteristik des unlauteren Wettbewerbes gehört hier wie bei den sonstigen Fällen nicht, daß die Käufer mehr bezahlen müssen, als die ihnen aufgehalste Waare nach dem gemeinen Handelswerthe sonst kosten würde. Das aber liegt auf der Hand, daß die Veranstalter solcher Ausverkäufe regelmäßig geringwerthige, dem billig gestellten Preise höchstens angemessene Waare nachschieben, während die getäuschten Käufer glauben, in Folge der besonderen Umstände gute Handelswaare unter dem gemeinen Handelswerthe in Folge der günstigen Gelegenheit zu kaufen. Daß bei diesem auf Trug basirenden Geschäftsgebahren überdies auch allerhand dem eigentlichen strafrechtlichen Betrug ganz nahe kommende Dinge mit unterlaufen, kann nicht zweifelhaft sein, ist aber ein Umstand, der für die eigentliche Frage des unlauteren Wettbewerbes nicht ausschlaggebend ist.

Die angeblichen Concursausverkäufe bilden zwar die zahlreichsten, aber nicht die einzigen schädlichen Ausverkaufsschwindeleien. Angebliche Ausverkäufe oder Auctionen wegen Todesfalls, Brandschaden, Havarie, schleunige Verkäufe wegen angeblicher Auswanderung, Zurückgehen eines Verlöbnisses u. dergl. reihen sich jenen würdig an.

2. Die lügnerische Anpreisung bezieht ferner auf die Waare

a) Falsche Vorspiegelung über die Beschaffenheit der Waare. Hier nähert sich der Fall sichtlich dem strafrechtlichen Betrug, da der Käufer einen Anspruch auf die ausdrücklich vereinbarten Eigenschaften auch dann hat, wenn der Kaufpreis für Waaren mit solchen Eigenschaften zu gering erscheint, wenngleich bei der thatsächlichen Beschaffenheit der Waare nicht zu hoch. Indeß handelt es sich vielfach um Eigenschaften, die bei hinreichender Prüfung erkennbar waren, und der unlautere Geschäftsmann rechnet eben darauf, daß eine solche Prüfung nicht stattfindet. Liegt beispielsweise ein seidenes Tuch im Schaufenster, mit einem sehr billigen Preise bezeichnet, und erhält der Käufer im Laden dann ohne nähere Erörterung ein halbseidenes, so kann hinsichtlich des Betrugs die Sache schon zweifelhaft erscheinen; denn im Laden ist eine bestimmte Eigenschaft nicht zugesichert. Die Frage des unlauteren Wettbewerbes wird aber davon nicht berührt, die Concurrenten sind durch das unlautere Manöver, mittels dessen Käufer angezogen und von anderen daher voraussichtlich abgezogen wurden, geschädigt.

b) Der Ursprung der Waaren wird gleichfalls fälschlich angegeben; theilweise, so weit es sich um die Herkunft aus Concursen 2c. handelt, deckt sich der Fall mit dem unter 1. erörterten; dann, so weit die Herkunft aus einem bestimmten Orte oder einem weiteren Communalverbande in Frage steht, ist bereits in § 16 des Waarenbezeichnungsgesetzes Vorsorge getroffen. Vielfach wird aber gefordert, auch die fälschliche Bezeichnung mit einem anderen Lande als Ursprungsland als „unlautere Concurrenz" zu behandeln, z. B. die fälschliche Bezeichnung von Stahlwaaren als englische, von Pflaumen als türkische, von Leder als dänisches oder russisches, weil die betreffenden Waaren aus jenen Ländern ihrer Qualität wegen einen besonderen Ruf haben.

c) Die Preisbemessung kann Gegenstand falscher Angaben sein, z. B. wenn im Schaufenster Waaren mit einem bestimmten billigen Preise bezeichnet sind, der dadurch angelockte Reflectant erhält aber die Waare nur zu einem höheren Preise. Vielfach rechnet der schwindelhafte Geschäftsmann mit der menschlichen Schwäche, daß der angelockte Käufer nicht ohne zu kaufen fortgeht, mag er auch im Laden hören, daß gerade von der im Fenster liegenden billigen Waare nichts mehr zu haben sei. Weiterhin werden als unrichtige Angaben über die Preisbemessung und vielfach als unlauterer Wettbewerb bezeichnet die falsche Angabe: „$^1/_4$ unter dem Einkaufspreis", „$^1/_4$ billiger als jeder Concurrent", „früher x, jetzt nur y Mark" u. dergl.

d) Auch unrichtige Angaben über die Menge der Vorräthe werden hierher gerechnet, weil sich manche Käufer von dem Gedanken leiten lassen, daß bei großen Vorräthen die Auswahl eine besonders reiche sei, oder der Verkäufer besondere Veranlassung habe, für den Umsatz zu sorgen und billig zu sein. Daher nimmt man an, daß durch falsche Angaben dieser Art ebenfalls unberechtigt Geschäfte erzielt werden.

c) Endlich gehört hierher die leider ebenfalls weit verbreitete und viel beklagte Maß- und Gewichtsverschleierung. In allen denjenigen Branchen, wo Waaren in festen Päckchen, Schachteln, Knäueln oder anderen Aufmachungen im Detail verkauft werden, haben diese Aufmachungen ursprünglich natürlich ein bestimmtes Quantum der Waaren nach Maß, Zahl oder Gewicht enthalten.

In sehr vielen dieser Branchen hat sich nun der Mißbrauch eingebürgert, daß einzelne Gewerbetreibende die Menge der in solchen Packungen enthaltenen Waaren unmerklich verringerten. Indem die Gestalt der betreffenden Umhüllung beibehalten wird, steigert sich für das kaufende Publicum, welches nicht gewohnt ist, bei solchen Waaren nachzumessen, nachzuzählen oder nachzuwiegen, die Möglichkeit der Täuschung bis zur Wahrscheinlichkeit. Und doch liegt auch hier in der Regel ein eigentlicher Betrug nicht vor, da der Inhalt der betreffenden Packungen ꝛc. weder angegeben, noch sonst verbürgt ist. So ist es beispielsweise bei dem Verkehr mit Strickgarn, Schuhmachergarn, Bindfaden üblich gewesen, das Zollpfund zur Grundlage der Eintheilung zu machen und etwa fünf oder zehn gleiche Knäuel auf je ein Pfund zu liefern. Der unredliche Detaillist bestellt nun aber beim Fabrikanten die Waare so, daß statt fünf Knäuel ꝛc. deren sechs oder sieben auf ein Pfund geliefert werden. Hier läßt sich sogar leicht die bisherige Größe der einzelnen Knäuel beibehalten, indem der Hohlraum, oder die Pappe bezw. das Holz, auf welche die Waare gewickelt ist, entsprechend größer gewählt wird.

In gleicher Weise sind bei der Fabrication der Stearinkerzen die Fabricanten genöthigt worden, die früher ein Zollpfund betragenden Packen, welche je eine bestimmte Zahl Kerzen enthalten, um 10 und mehr Procent leichter herzustellen. Ebenso enthalten die Stahlfederschachteln, welche früher ein Groß gleich 144 Stück enthielten, eine immer geringere Zahl. Die Bierflaschen werden unvermerkt immer kleiner und dergl. mehr.

Die Detailhändler gehen nunmehr mit den Preisen der einzelnen Packen, Flaschen ꝛc. herunter, was ihnen sehr leicht möglich ist, da sie weniger Waare liefern, die Consumenten glauben aber gerade bei diesen

Gewerbetreibenden billiger bedient zu sein als bei anderen und auf diese Weise wird die Kundschaft der Redlichen von denselben auf die Unredlichen abgeleitet. Diese Calamität ist vielfach insbesondere auch von den Fabricanten selbst beklagt worden, weil letztere nicht im Stande sind, den betreffenden Anforderungen der Detaillisten bezw. des Zwischenhandels zu widerstreben, wenn sie nicht ihrerseits zusehen wollen, wie ihre eigene Kundschaft an weniger scrupulöse Fabricanten verloren geht.

3. Die Unwahrheiten, welche unredliche Gewerbetreibende über ihre eigene Person zu Concurrenzzwecken zu verbreiten suchen, sind der Hauptsache nach folgende:

a) Dieselben maßen sich im geschäftlichen Verkehr der Wahrheit entgegen, gewisse persönliche Auszeichnungen an. Beliebt ist insbesondere die Anmaßung von Preismedaillen, Diplomen und ähnlichen Auszeichnungen, wie solche bei öffentlichen, zum Theil unter obrigkeitlicher Autorität veranstalteten Ausstellungen oder Preisbewerbungen verliehen zu werden pflegen. Auch die Anmaßung von Titeln, z. B. Hoftiteln, gehört hierher, die im § 360 Ziff. 8 R. St. G. bereits mit Strafe bedroht ist.

b) Der Gewerbetreibende behauptet wahrheitswidrig im Besitze von Schutzrechten, z. B. Patenten, Gebrauchsmustern oder Geschmacksmustern zu sein.

Der Fall der Patentanmaßung ist im § 40 des Patentgesetzes mit Strafe bedroht, während eine analoge Bestimmung im Gebrauchsmusterschutzgesetz, wie im Geschmacksmusterschutzgesetze fehlt.

Hierher wäre eventuell auch die manchmal für unlautere Concurrenz gehaltene unrichtige Bezeichnung eines Gewerbetreibenden als Fabrikant, wenn derselbe nur Händler ist, zu rechnen, obschon man darüber streiten mag, ob der Fall hierher gehört, oder als falsche Qualitätsbezeichnung sich darstellt, wenn der Verkäufer behauptet, daß er seine Waaren selbst verfertige, während er Fabrikwaare verkauft, ein Concurrenzmanöver, welches namentlich in der Schuhwaarenbranche zu vielfachen Klagen Anlaß bietet.

II.

Mit der vorstehenden Blumenlese der auf dem Gebiete der unlauteren Concurrenz sich breit machenden Handlungen glaube ich keineswegs dieses Gebiet erschöpft zu haben. Die von mir geschilderte Proteusnatur läßt es vielmehr kaum möglich erscheinen, alle die Schliche und Ränke herzuzählen, oder auch nur erschöpfend zu classificiren, mit denen sich die Unlauterkeit im Concurrenzkampf zu den Geschäften drängt. Sicher aber dürften die vorstehenden Ausführungen über die Vielseitigkeit des behandelten Gebietes orientiren und den Satz beweisen, daß hierher Handlungen von außerordentlich verschiedener Tragweite hinsichtlich des erstrebten Zweckes, aber auch Handlungen von in den weitesten Grenzen differirender Schwere der sittlichen Verfehlung gehören. Soweit bereits Specialgesetze die Bestrafung einzelner dieser Verfehlungen vorschreiben, können und müssen sie vorliegend außer Betracht bleiben. Denn auch in den Fällen, wo das Specialgesetz neben der angedrohten Strafe nicht die Folge ausspricht, daß der Thäter einem etwa durch die That in seinem Vermögen Beschädigten Schadenersatz zu leisten hat, folgt der letztere doch schon aus allgemeinen Rechtsgrundsätzen. Hier handelt es sich um die Frage, ob den übrigen, durch Specialgesetze nicht betroffenen Handlungen nicht begegnet werden muß und begegnet werden kann.

Daß im deutschen Rechte mit Ausnahme der Anwendungsgebiete des Code Napoléon gegen die Concurrence déloyale auch nicht einmal ein civilrechtlicher Schutz existirt, habe ich anderer Stelle nachgewiesen.[6]) Aber selbst in den deutschen Gebieten des französischen Rechts ist von der theoretisch möglichen Verfolgung des unlauteren Wettbewerbs bisher nur ein äußerst sparsamer Gebrauch gemacht. Diese Thatsache ist um so auffallender, als nicht etwa bloß in Frankreich, wie schon erwähnt wurde, auf Grund des Artikels 1382 [7]) des code civil sich eine umfassende Thätigkeit der Gerichte zur Verfolgung dieser Uebel auf dem Gebiete des Civilrechts entwickelt hat, sondern in gleicher Weise auch England, Amerika, Italien und die Schweiz vorgehen.[8]) Ist denn das deutsche Volk weniger feinfühlig in der Beurtheilung schwindelhafter Excesse? Gewiß nicht! Der Grund liegt vielmehr in der Peinlichkeit und Genauigkeit der deutschen Richter, welche sich nicht leicht dazu entschließen mögen, eine Bestimmung des Civilrechtes über ihren genauen Inhalt hinaus auf ein neues Gebiet anzuwenden. Denn ähnliche Bestimmungen, wie der Artikel 1382 code civil, enthalten ja die §§ 8 und 10, I, 6 des Preuß. A. L. R. und der § 12, 95 des österreichischen bürgerlichen Gesetzbuches. Der Grund liegt ferner darin, daß die freie Concurrenz, die bei uns als ein ganz natürlicher Ausfluß der persönlichen Freiheit überhaupt, also als etwas Selbstverständliches hingenommen wird, in Frankreich als ein besonderes Recht eines jeden Gewerbetreibenden auf-

---

[6]) Vergl. Dr. Alexander-Katz, Die unredliche Concurrenz. Berlin 1892. Seite 17 ff.

[7]) Tout fait quelconque de l'homme, qui cause à autrui un dommage, oblige celui par la faute duquel il est arrivé, à le reparer.

[8]) Vergl. Dr. Alfred Simon, Die concurrence déloyale. Bern 1894.

gefaßt wurde, dessen man sich demgemäß nur so weit bedienen darf, als man damit keinem Anderen zu nahe tritt. Während daher in Frankreich, jede Concurrenzhandlung, welche als ein objectives Unrecht erachtet werden kann, schon darum als ein gegen einen Anderen verübtes Unrecht aufgefaßt werden konnte, weil sie dem Letzteren schädlich war, indem in der Ueberschreitung des eigenen Rechts zum Nachtheile eines Anderen der Rechtsbruch gefunden wurde — fehlt es in Deutschland bisher an der Ueberschreitung des eigenen Rechts, weil die allgemeine Freiheit so weit geht, als ihr nicht ausdrückliche gesetzliche Schranken gezogen sind. Dem Beschädigten kann daher bis jetzt in Deutschland überall der Einwand entgegengehalten werden, daß der Thäter nur in der Ausübung seiner vollen Freiheit handelt und dafür keine Rechenschaft schuldig ist. Während nun England, Amerika, Italien und die Schweiz, ohne sich über die juristischen Grundlagen der Rechtssätze über die Concurrence déloyale Sorgen zu machen, einfach dem Bedürfniß der Praxis folgend, die den modernen Rechtsanschauungen entsprechenden Rechtssätze acceptirt haben, begnügte sich das deutsche Publicum, welches ja nicht minder unter den Unzuträglichkeiten des unlauteren Wettbewerbs leidet, jahrelang damit, seine lauten Klagen in Fachversammlungen zu declamiren, Resolutionen zu fassen und sie den Regierungen einzuschicken. Wohl nicht zum Mindesten der wirthschaftliche Niedergang der letzten Jahre hat indeß diese Klagen derart verallgemeinert, daß eine gesetzliche Abhilfe nicht mehr aufzuschieben sein dürfte. Nachdem einige Schriften[9]) über diesen Gegenstand die öffentliche Aufmerksamkeit auf die beklagten Schäden verallgemeinert hatten, ist die Frage nicht mehr aus der öffentlichen Discussion verschwunden. Fast täglich brachten die politischen Zeitschriften Artikel über dieselbe. In allen Theilen des Reiches bildeten sich kaufmännische und gewerbliche Vereine mit der speciellen Aufgabe, dem Unwesen im Handel und Gewerbe zu steuern, und die Erörterung der erstrebenswerthen gesetzlichen Maßnahmen bildeten einen bedeutenden Theil ihrer Arbeiten. Im deutschen Reichstage ist bereits im Jahre 1883 ein Antrag auf Abänderung der Gewerbeordnung § 146a (Drucksache Nr. 73) gestellt worden, wonach gewisse Ausschreitungen der schwindelhaften Re-

---

[9]) Außer der citirten des Verfassers, besonders:
Dr. Rudolf Maresch, Ueber gesetzlichen Schutz gegen unredliche Concurrenz, Wien 1890.
Julius Bachem, Der unlautere Wettbewerb, Köln 1892.
Derselbe: „Wie ist dem unlauteren Wettbewerb in Handel und Gewerbe zu begegnen?" Köln 1893.

clame mit Geldstrafe bis zu 1000 Mark, im Unvermögensfalle mit Gefängniß bis zu 3 Monaten bestraft werden sollen. Derselbe ist nicht Gesetz geworden. Demnächst bei der Berathung des Waarenbezeichnungsgesetzes stellte der Abgeordnete Roeren-Köln in der Reichstagscommission einen ähnlichen Antrag: er verlangte vorbehaltlich des Entschädigungsanspruchs der Beschädigten Geldstrafe bis zu 3000 Mark oder Gefängniß bis zu 3 Monaten für denjenigen, welcher zum Zwecke der Täuschung im Handel und Verkehr falsche Angaben macht, um über Beschaffenheit, Werth und Herkunft der Waare einen Irrthum zu erregen. Ferner verlangte er die Zulässigkeit einstweiliger Verfügungen zwecks Verhinderung der täuschenden Veranstaltungen und Ankündigungen. Den in der Commission abgelehnten Antrag wiederholte er bei der zweiten Lesung des Gesetzes, wo er mit nicht unerheblicher Majorität angenommen wurde. Allein auf die dringende Vorstellung des Ministers Bötticher, welcher mit Recht darauf hinwies, daß der Antrag nicht erschöpfend sei, nicht in den Rahmen jenes Gesetzes passe und im Falle der Annahme die Weiterentwickelung des fraglichen Rechtsinstituts beeinträchtigen müsse, wurde der Antrag in dritter Lesung wieder fallen gelassen. Der Minister gab aber hierbei die Zusicherung, mit thunlichster Beschleunigung einen Gesetzentwurf zur Bekämpfung des unlauteren Wettbewerbs einzubringen. Nachdem im October 1894 die Grundzüge eines solchen Gesetzes im Reichsamte des Innern unter Zuziehung einer größeren Anzahl Sachverständiger berathen waren, wurden dann am 7. Januar 1895 der Entwurf eines Gesetzes zur Bekämpfung des unlauteren Wettbewerbs, sowie eine die Motive enthaltende Denkschrift im Reichsanzeiger publicirt (Anl. I).

III.

Nach dem Mitgetheilten kann es sich gegenwärtig nur noch um die Frage handeln, wie dem unlauteren Wettbewerb mit gesetzgeberischen Maßnahmen gesteuert werden soll, während die Acten über das Ob? geschlossen sein sollten. Wenn ein neues Gesetz verlangt wird, so kann freilich nicht allein die Frage entscheiden, ob logischer Weise für gewisse beobachtete Schäden eine gewisse rechtliche Beurtheilung zutrifft, die gegenwärtig vom positiven Rechte nicht anerkannt wird; vielmehr ist auch die Frage des Bedürfnisses und der Dringlichkeit desselben entscheidend. Ferner wird auch die Stärke, die Energie der gesetzlichen Maßnahmen nicht allein von der juristisch-theoretischen Beurtheilung der einzelnen Thatbestände allein, sondern auch von der Wichtigkeit und Dringlichkeit der Aenderung des bestehenden Zustandes abhängen.

Um einen näheren Einblick in dieses Bedürfniß zunächst hinsichtlich derjenigen Fälle des unlauteren Wettbewerbs, die wohl die meisten öffentlichen Beschwerden gezeitigt haben, nämlich hinsichtlich der Concurs-Ausverkäufe, zu ermöglichen, habe ich eine Art privater Enquête über dieselben in der Weise angestellt, daß ich an die sämmtlichen Concursverwalter der dreißig größten deutschen Städte mittels Circulars (Anlage II) eine Reihe diesbezüglicher Fragen richtete.

Nur von Hamburg, Köln und Straßburg i. E. gingen Antworten nicht ein, dagegen haben aus den übrigen Städten etwa neunzig die gestellten Fragen mehr oder weniger vollständig beantwortet, manche allerdings dahin, daß ihnen zur Beurtheilung der Fragen die ausreichende Erfahrung nicht zur Seite steht.

1. Die Frage, ob in der Mehrzahl der Fälle die Waarenmassen en bloc verkauft werden, haben 28 bejaht, bei 51 bildete der en bloc-Verkauf die Minderheit, bei 9 war das Verhältniß etwa gleich.

2. Die weitere Frage, ob diejenigen, welche die Waaren en bloc kaufen, dann Ausverkäufe veranstalten, welche sie in öffentlichen Ankündigungen als „Concursausverkäufe" ausgeben, wurde von 61 Verwaltern vollkommen bejaht, von 19 dagegen berichtet, daß dies nur selten vorkomme, oder von ihnen thunlichst verhindert werde.

3. Die Frage, ob es Praxis bei solchen Ausverkäufern sei, frische reguläre Waare nachzuschieben, konnte im Wesentlichen nur von jenen 61 beantwortet werden, welche die angeblichen „Concursausverkäufe" beobachtet hatten. Von diesen haben 45 die Frage bejaht. Zwei der Verneinenden haben berichtet, daß die Polizeibehörde Nachschübe nicht dulde.

4. Die weitere Frage, ob bei solchen Nachschüben mit Rücksicht auf Umfang und Absatz anzunehmen sei, daß die *eigentliche Absicht* auf den *Absatz der nachgeschobenen regulären* Waare gerichtet sei, während die Bezeichnung als Concursmassen-Ausverkauf *nur als Lockmittel für das Publicum diene*, konnte zutreffend nur von jenen 45 beantwortet werden, welche die Praxis der Nachschübe bezeugten. 35 derselben haben in der That, zum Theil mit sehr drastischen Bemerkungen, die Frage rundweg bejaht, einer mit der Bemerkung, daß die Käufer ohne diese Intention nicht den vierten Theil zahlen würden; ein anderer mit der Bitte um Discretion, da er ja nun einmal diese Leute als Kunden brauche.

5. Die Frage, ob minderwerthige Waaren, oder solche mit gefälschten Handelsmarken ꝛc. nachgeschoben werden, haben immerhin von den 45 Verwaltern, welche die Nachschübe bezeugen, noch 17 bejaht.

6. Die Frage nach der Schädigung des redlichen Geschäftsverkehrs durch solche und ähnliche schwindelhafte Ausverkäufe wird von 51 Verwaltern unbedingt bejaht, zum Theil wieder mit sehr drastischen Zusätzen, während sie nur 12 für ihren Ort verneinen. Die übrigen sprechen sich zweifelnd oder gar nicht über diese Frage aus.

7. Endlich die letzte Frage, ob das kaufende Publicum die schlechte Waare über den Werth bezahlen müsse, oder doch jedenfalls durch den Einkauf schlechter Waare geschädigt ist, bejahen 44, während sie nur 14 verneinen, und die übrigen sich zweifelhaft oder gar nicht aussprechen.

Das Resultat dürfte sein, daß in $^3/_4$ aller Fälle (45 von 61), wo Concurswaaren en bloc verkauft werden, mit denselben der Schwindel vorgenommen wird, daß reguläre (nachgeschobene) Waare in angeblichem „Concursausverkauf" placirt wird, daß reichlich in der Hälfte aller Fälle (35 von 61) dies der einzige Zweck des Ankaufs des Concurslagers zu sein scheint, daß der Nachschub zu einem erheblichen Theil schlechte Waare ist, daß die Concurrenten und das Publicum in großem Umfange geschädigt sind.

Der Fall, über den hier eine Specialuntersuchung angestellt wurde, ist nun zwar einer der gefährlichsten, insofern durch einen stark reüssirenden Schwindelausverkauf leicht eine große Menge von Concurrenten auf längere Zeit schwer geschädigt werden kann; allein vom moralischen Standpunkte ist er ja noch lange nicht der verwerflichste; die falsche Reclame ist immerhin noch verhältnißmäßig harmlos, es kann Jeder die Waare prüfen, nur die Dummen fallen auf einen solchen ewig währenden Ausverkauf noch hinein. Ueberblicken wir dagegen die lange Reihe aller der großen und kleinen Schwindeleien, die unter 1 zu verzeichnen und zu ordnen versucht worden ist, dann kann wohl Niemandem zweifelhaft bleiben: Etwas muß gegen diesen Schwindel unternommen werden.

Es dürfte nun nicht die Aufgabe des Gutachtens sein, positive Gesetzesbestimmungen vorzuschlagen und etwa den Entwurf der Regierung Satz für Satz zu kritisiren, und Vorschläge zu einzelnen Abänderungen zu machen.

Zwei principielle Fragen sind aber, nachdem die Nothwendigkeit eines gesetzlichen Einschreitens überhaupt bejaht ist, noch zu beantworten:

1. Läßt sich eine generelle Bestimmung finden, mit welcher der „unlautere Wettbewerb" bekämpft werden kann und soll? oder müssen die einzelnen Delicte specialisirt werden?
2. Genügt es auf dem Gebiete des Civilrechts vorzugehen, oder sind strafrechtliche Normen nothwendig oder doch zu empfehlen?

IV.

So wenig, wie oben gezeigt wurde, eine Definition gefunden worden, ja nur denkbar ist, mit welcher für jeden Einzelfall sofort die Entscheidung sicher getroffen werden kann, ob ein Fall des unlauteren Wettbewerbes vorliegt, so wenig kann es doch andererseits für das Gebiet des Civilrechts als eine ideale Lösung der Frage erachtet werden, wenn man die einzelnen Delicte aufzählt und definirt, und differencirend behandelt. Denn dann würden eben in Folge der öfter erwähnten Vielgestaltigkeit und der erfinderischen Formveränderung, die der unredlichen Wettbewerbung charakteristisch ist, immer wieder neue Listen ersonnen, dem Gesetze zu entgehen, den einzelnen Concurrenten zu schädigen und sich dessen Kundschaft zu erschleichen, oder überhaupt zum Schaden der gesammten Concurrenz durch unlautere Mittel sich Absatz zu verschaffen. So verschieden nun auch die sittliche Verfehlung bei den verschiedenen Arten der Unlauterkeit dem Grade nach sein mag, so verschieden ferner auch die Folgen der Handlungen hinsichtlich ihrer Schädlichkeit sich erweisen, das eine wird doch immer bestehen bleiben, daß, wenn wirklich eine Unlauterkeit als Grund des Schadens eines oder mehrerer Concurrenten erwiesen ist, die Rechtsordnung fordert, daß der Beschädiger dem Beschädigten den Schaden ersetzen muß. Hiergegen kann nicht mit Grund eingewendet werden, daß diese Forderung eine Verquickung der Gebiete der Moral und des Rechts bedeute. So wahr es ist, daß die unlautere That an sich dem Gebiete der Moral angehört, und daß das Recht niemals im Stande sein wird, ja auch nicht einmal die Aufgabe haben kann, jede Unlauterkeit zu unterdrücken, so ist es doch ebenso zweifellos, daß die Unlauterkeit in das Gebiet der vom positiven Rechte zu beachtenden Rechtsverhältnisse hinübergreift, sobald sie begangen wird, sei es mit dem Willen, einen Anderen zu beschädigen, sei es doch mit dem Bewußtsein eines solchen Effects. Moral und Recht sind eben nicht als getrennte Kreise zu betrachten, sondern als zwar excentrische, aber sich schneidende, also theilweise deckende Kreise, und die den Concurrenten schädigende Unlauterkeit liegt auf jenem Gebiete, wo Unmoral und Unrecht sich decken. Niemandem kann ein Recht darauf zugestanden werden, durch moralisch verwerfliche Handlungen Andere zu schädigen. Dies in einem möglichst deutlichen Satze auszusprechen, sollte daher die Aufgabe des Gesetzgebers sein.

Es liegen verschiedene Versuche vor, diesen Gedanken gesetzgeberisch in Worte zu fassen. Sehr schlicht und gerade darum sehr ansprechend drückt ihn Emil Schmitz in einem in der Kölnischen Volkszeitung vom 15. Juni 1894 veröffentlichten Artikel „Zum Entwurf eines Gesetzes über den unlauteren Wettbewerb" dahin aus:

> „Wer durch unlauteren Wettbewerb im Handels- oder Gewerbetrieb einem Anderen Schaden zufügt, ist zum Ersatz desselben verpflichtet."

Der Einwand, daß der „unlautere Wettbewerb" nicht definirt sei, ist hinfällig. Der Begriff an sich bietet keinerlei Schwierigkeit, und die Subsumtion des einzelnen Falles unter denselben gehört eben zur richterlichen Thätigkeit. Der Richter muß sich täglich damit befassen, auf die thatsächlichen Verhältnisse gesetzliche Begriffe von wenig strengen Grenzen anzuwenden, wir brauchen nur an die „wichtigen Gründe" der Entlassung, Art. 62 des Handelsgesetzbuches, die „Erfindung" des Patentgesetzes, die „Eigenthümlichkeit" des Geschmacksmustergesetzes, die „Aergerniß erregende Darstellung" des Waarenbezeichnungsgesetzes zu denken. Der Richter wird beispielsweise, wenn es sich um eine „falsche Angabe über die Menge der Vorräthe" handelt, zu prüfen haben, ob in Wirklichkeit nicht bloß eine unschädliche Ungenauigkeit oder eine harmlose Aufschneiderei vorliegt, wie bei den 10 000 Schlafröcken in den Annoncen der Goldenen Hundertzehn, über die sich noch Niemand meines Wissens beschwert hat, sondern eine ernstlich das Empfinden für Sittlichkeit verletzende, auf Täuschung berechnete Unwahrheit. Im ersteren Falle liegt ein Wettbewerb vor, aber kein unlauterer.

Daß neben der Klage auf Schadensersatz dem bedrohten Concurrenten auch eine solche auf Unterlassung gegeben sein würde, selbst wenn dies im Gesetze nicht besonders ausgesprochen wäre, folgt aus allgemeinen rechtlichen Grundsätzen. Es könnte nur noch in Frage kommen, ob nicht die Unterlassungsklage von dem Nachweise bereits entstandenen Schadens unabhängig schon dann zuzulassen wäre, wenn eine Schädigung nur möglich ist. Dies ist gewiß zu bejahen, ebenso wie das vielfach erhobene Verlangen gerechtfertigt erscheint, der drohenden Schädigung mittels einstweiliger Verfügungen vorbeugen zu können, auch wenn die Voraussetzungen der §§ 814 und 819 der Civilproceßordnung nicht vorhanden sind, weil die in diesen Gesetzesstellen aufgestellten Voraussetzungen auf die fraglichen Fälle beinahe niemals passen.

Will man nun, entgegen der hier vertretenen Meinung, den unlauteren Wettbewerb auch für das Civilrecht noch näher umschreiben, so dürfte sich hierfür eine Definition vielleicht eignen, welche Prof. Carl Stoos in dem von ihm im Auftrage des schweizerischen Bundesrathes ausgearbeiteten Vorentwurf zum schweizerischen Strafgesetzbuch,[10]) Art. 78, unter der Bezeichnung „Unehrliche Concurrenz“ für das Strafrecht giebt. Sie lautet unter Weglassung der Strafvorschrift:

> „Wer durch arglistige Kniffe, schwindelhafte Angaben, böswillige Verdächtigungen oder durch andere unehrliche Mittel die Kundschaft eines Geschäfts aus Eigennutz abzuleiten sucht, wird u. s. w.“

Natürlich sind aber die Begriffe „arglistig“, „Kniff“, „schwindelhaft“, „böswillig“, „Verdächtigung“, „unehrlich“ nicht minder dehnbar und müssen also der Abwägung des Richters überlassen werden, wie der einheitliche Begriff „unlauter“, der alle diese Umschreibungen umfaßt.

Das „Suchen“ nach dem „Ableiten der Kundschaft“ ist für das civilrechtliche Gebiet indeß keine brauchbare Bestimmung. Der unredliche Concurrent hat in Wirklichkeit in erster Linie regelmäßig nur den eigenen Vortheil im Auge, was Stoos durch die Worte „aus Eigennutz“ zutreffend bezeichnet, während es ihm in vielen Fällen gleichgültig ist, auf wessen Kosten ihm dieser Vortheil zufließen wird. Kurz gesagt: Der Dolus richtet sich nicht immer und nicht nothwendig auf die Herbeiführung desjenigen Schadens, zu dessen Ersatz doch der unredliche Concurrent herangezogen werden soll. Häufig ist nur der Eventualdolus vorhanden, indem der Thäter bei einiger Ueberlegung sich sagen muß, daß der Schaden wenigstens eintreten kann und zu erwarten ist, und dennoch wird die Handlung begangen, weil der Thäter diesen Schaden eventuell herbeiführen will, wenn er eben bei Erlangung des erstrebten Vortheils eintreten sollte. Aber auch in diesem Sinne ist der Dolus bei vielen der geschilderten, allgemein hierher gerechneten Thatbeständen nicht erkennbar, insbesondere nicht bei jenen wichtigsten und schlimmsten Arten des unlauteren Wettbewerbes, die die Allgemeinheit der Concurrenten oder doch einen großen Kreis derselben mit Schaden bedrohen. Denn es läßt sich nicht einmal mit Bestimmtheit annehmen, daß der Thäter an einen der Concurrenten, geschweige an den demselben drohenden Schaden ernstlich gedacht hat. Vielmehr ist wohl meist der Blick auf das kaufende Publikum, auf die Wirkung der täuschenden Mittel auf dieses und auf den dabei zu erzielenden Gewinn, der ja doch nicht unmittelbar einem Concurrenten abgenommen wird, gerichtet. Die Kette des ursächlichen Zusammenhanges von diesem Gewinn zu dem Schaden eines bestimmten Concurrenten schließt sich also oft erst durch

---

[10]) Schweizerisches Strafgesetzbuch, Vorentwurf mit Motiven, Basel 1894.

eine Reihe logisch zu ergänzender Thatsachen, die dem unlauteren Concurrenten, wie man bestimmt annehmen kann, keineswegs regelmäßig gegenwärtig sind, wenn er seinen Schwindel ausführt.

Dagegen muß der Dolus stets als Merkmal gefordert werden, der sich auf die Unlauterkeit der Handlungsweise bezieht; denn es liegt im Begriffe der „Unlauterleit“ als einer inneren Thatsache, daß ohne Dolus in diesem eben gedachten Sinne ein „unlauterer“ Wettbewerb gar nicht begangen werden kann. Und in der That muß sich der Thäter diesen Dolus zurechnen lassen, wenn es sich um den Ersatz des angerichteten Schadens handelt, sobald der Schaden nur objectiv die Folge der unlauteren Handlung war, und zwar eine Folge, welche verständiger Weise wenigstens als möglich vorausgesehen werden mußte, wenn man sich die Folge überlegt hätte. Gerade die Unlauterkeit der Handlung läßt es als Pflichtverletzung erscheinen, wenn die möglichen und voraussichtlichen Schadensfolgen der unlauteren Handlung nicht vermieden und nicht einmal erwogen wurden.

Für das Civilrecht muß man sich also mit der bewußten Unlauterkeit der Handlungsweise und der thatsächlichen und voraussehbaren Möglichkeit des dadurch den Concurrenten bereiteten Schadens genügen lassen.

Es ist dies hier etwas breit erörtert worden, weil dieselbe Frage bei Besprechung derjenigen Versuche, welche die Commissionen für das deutsche bürgerliche Gesetzbuch gemacht haben, um dem Uebel durch allgemeine Bestimmungen beizukommen, noch dringender auftritt. Der erste und der zweite Entwurf zeigt nämlich gerade hierbei eine völlig verschiedene Auffassung. Der erste Entwurf hat ebenso wie der zweite, die ganze Frage von einem weiteren, nicht auf das Gebiet des gewerblichen Wettbewerbes beschränkten Standpunkte aus behandelt.

Der erste sagt im § 704 Abs. 1:

> Hat Jemand durch eine aus Vorsatz oder Fahrlässigkeit begangene widerrechtliche Handlung — Thun oder Unterlassung — einem Anderen einen Schaden zufügt, dessen Entstehung er vorausgesehen hat oder voraussehen mußte, so ist er dem Andern zum Ersatze des verursachten Schadens verpflichtet, ohne Unterschied, ob der Umfang des Schadens vorauszusehen war oder nicht.

Dann fährt § 705 fort:

> Als widerrechtlich gilt auch die kraft der allgemeinen Freiheit an sich erlaubte Handlung, wenn sie einem Anderen zum Schaden gereicht und ihre Vornahme gegen die guten Sitten verstößt.

An Stelle beider, sich hinsichtlich des unlauteren Wettbewerbes ziemlich genau mit meinen vorstehenden Erwägungen deckenden Vorschriften setzt der zweite Entwurf in § 749 die Bestimmung:

„Wer durch eine Handlung, die er nicht in Ausübung eines ihm zustehenden Rechtes vornimmt, in einer gegen die guten Sitten verstoßenden Weise einem Anderen vorsätzlich Schaden zufügt, ist dem Anderen zum Ersatz des Schadens verpflichtet."

Der Vorsatz muß sich nach dieser neuen Fassung gerade auf die Herbeiführung von Schaden richten, ja es ist sehr zweifelhaft, ob in diesem Wortlaute nicht die Regel ausgedrückt ist, daß nur gerade derjenige Schaden zu ersetzen ist, dessen Entstehung gewollt war, so daß der Schaden in der Höhe unersetzt bleiben würde, in welcher er nicht vorauszusehen war.

Nach den obigen Darlegungen ist klar, daß damit ein großer Theil der Fälle des unlauteren Wettbewerbes, und darunter die gefährlichsten, nämlich diejenigen, die ihre Spitze gegen die ganze Concurrenz im Allgemeinen richten, von der Schadensersatzpflicht frei bleiben würden.

Nach einer Anmerkung von Reatz (die zweite Lesung des Entwurfs, Bd. 1 S. 381) zu dem Worte „vorsätzlich" lehnte die Commission die Berücksichtigung des fahrlässigen Handelns ab, weil ein Bedürfniß zur Abweichung vom geltenden Rechte nicht bestehe. In den metallographirten Protocollen der zweiten Lesung findet sich bei § 705 S. 2728 zu dieser Stelle die folgende Bemerkung:

„fahrlässige Verletzung abgelehnt, weil kein Bedürfniß bestehe; es werde selten die fahrlässige Verletzung fremder Interessen durch eine illoyale Handlung vorkommen."

Nun, ich glaube den Nachweis geführt zu haben, daß die fahrlässige Schädigung der Concurrenten durch dolose Vergehungen gegen die guten Sitten beim unlauteren Wettbewerb überaus häufig vorkommt; und daß das Bedürfniß, in dieser Beziehung von dem gegenwärtig noch geltenden Rechte abzugehen, ein sehr dringendes ist, kann doch bei dem stürmischen Drängen so vieler betheiligten Kreise nach dem Erlaß von schützenden Bestimmungen gar nicht verkannt werden. Nur die Fahrlässigkeit in Bezug auf die unlautere Handlung selbst dürfte mit Recht gestrichen werden.

Der zweite Entwurf enthält daher für unser Gebiet eine erhebliche Verschlechterung gegenüber dem ersten.[11])

---

[11]) Der zutreffende Gedanke des ersten Absatzes des § 704 und des § 705 des ersten Entwurfs hätte zusammengefaßt und etwa in folgender Weise beibehalten werden sollen:

V.

Der publizirte Gesetzentwurf hat den Weg einer allgemeinen, das gesammte Gebiet des unlauteren Wettbewerbes treffenden Rechtsregel nicht versucht. Er behandelt vielmehr die Unterlassungsklage und die Schadensklage in Bezug auf die einzelnen von ihm aufgestellten Kategorien, und man wird gern anerkennen, daß er die wichtigsten gut charakterisirt und getroffen hat. Wenn dabei auch nicht alle möglichen Schliche des unredlichen Handelns beim Wettbewerbe werden getroffen werden, aus den Gründen, die mehrfach berührt wurden, so ist doch der baldige Erlaß eines nicht ganz vollständigen Gesetzes bei der großen Dringlichkeit der Sache bei Weitem der Vertagung bis zum Erlaß des bürgerlichen Gesetzbuches vorzuziehen. Läßt sich der Zeitpunkt der einstigen Gesetzeskraft des bürgerlichen Gesetzbuches doch bis jetzt auch nicht einmal ungefähr bestimmen, und ist es doch sehr wahrscheinlich, daß wir noch eine Reihe von Jahren hierauf werden warten müssen. Das gesetzliche Einschreiten gegen den unlauteren Wettbewerb, insbesondere auch auf dem civilrechtlichen Wege, läßt sich so lange nicht mehr hinausschieben, in den weitesten Kreisen des Handels- und Gewerbestandes wird ein rasches Einschreiten dringend gefordert, und weder das Bedürfniß noch die Dringlichkeit können bezweifelt werden.

Dem bürgerlichen Gesetzbuche mag es dann vorbehalten bleiben, etwaige Lücken des Gesetzes durch eine Vorschrift allgemeiner Art, die den unlauteren Wettbewerb und andere unsittliche Schadenshandlungen nicht weiter unterscheidet, zu ergänzen.

Betrachten wir jetzt die civilrechtlichen Bestimmungen des Entwurfs etwas näher:

Mit Recht stellt der Entwurf jene wichtigsten Fälle voran, wo sich die Concurrenz gegen die Gesammtheit der Concurrenten wendet, die ja auch die meisten und stürmischsten Klagen hervorgerufen haben (§ 1—3). In einem Satze (§ 1) werden die lügenhaften Behauptungen sowohl hinsichtlich des Anlasses zum Verkauf, wie hinsichtlich der Waare, wie endlich hinsichtlich der Person des Verkäufers zusammengefaßt, also die Fälle, die unter I als Gruppe B aufgeführt sind.

„Wer durch eine vorsätzlich und widerrechtlich begangene oder vorsätzlich gegen die guten Sitten verstoßende Handlung einem Anderen einen Schaden zufügt, dessen Entstehen er voraussehen mußte, ist zum Ersatz des Schadens verpflichtet, ohne Unterschied, ob der Umfang des Schadens vorauszusehen war oder nicht."

Zutreffend ist die Unterlassungsklage nicht davon abhängig, daß der Thäter die Unrichtigkeit gekannt hat oder kennen mußte. Denn durch die Klagezustellung kommt er in die Lage, hierüber sich vergewissern zu können und kann durch sofortiges Anerkenntniß des Unterlassungsanspruchs sich selbst von den Proceßkosten befreien.

Dagegen geht der Entwurf meines Erachtens über das Bedürfniß weit hinaus, wenn er nicht bloß die im Wege der Reclame, also öffentlich oder in Ankündigungen, die sich an einen größeren Personenkreis wenden, erfolgenden unrichtigen Angaben als Voraussetzung der Klage aufstellt, sondern schlechthin jede, also auch die private und unter vier Augen geäußerte Unwahrheit, die den Anschein eines besonders günstigen Angebots hervorzurufen bestimmt ist. Es muß immer festgehalten werden, daß es sich in den in Rede stehenden Fällen nicht etwa um Schädigung eines bestimmten Concurrenten handelt, dessen „Kundschaft" abgelenkt werden kann, sondern um unrichtige Behauptungen, die im Allgemeinen nur die eigene Waare oder Person des Verkäufers oder dessen Veranlassung zum Verkaufe betreffen. Eine unter vier Augen oder überhaupt im Privatgespräche gesprochene unwahre Behauptung dieser Art kann doch unmöglich die Gesammtheit der Concurrenten oder einen Theil derselben um ihre Kundschaft oder einen wesentlichen Theil derselben bringen. Wenn allenfalls ein Kunde, nämlich gerade derjenige, dem gegenüber die unwahre Behauptung aufgestellt ist, von einem anderen Concurrenten fortbleibt, so bleibt doch fraglich, ob derselbe ausschließlich deswegen sich auf das Geschäft eingelassen hat, und wenn selbst dies angenommen wird, so bleibt weiter fraglich, ob das Geschäft ohne diese Unlauterkeit einem bestimmten Concurrenten zugefallen wäre, ob also gerade der Kläger einen Schaden hat. Erst die sich an die Oeffentlichkeit oder doch an einen größeren Personenkreis wendende Unwahrheit läßt gerade wegen der Vielheit des Angebotes die Gefahr erkennen, daß beliebigen anderen Gewerbetreibenden gleicher Art Geschäfte entzogen werden, deren Zahl unbegrenzt sein kann. Erst hier kann daher meines Erachtens ein Thatbestand vorliegen, der die Klage eines jeden concurrirenden Gewerbetreibenden, sowie von gewerblichen Verbänden begründet erscheinen läßt. Aber auch nur unter dieser Voraussetzung ist die Verfehlung eine so erhebliche, daß sie auch eines Unbetheiligten gerechtes Empfinden für Anstand und Sitte in einem Grade beleidigen kann, daß das Rechtsbewußtsein eine gesetzliche Handhabe zur Beseitigung solchen Verhaltens fordert.

Gegen die vorgeschlagene Bestimmung wird dagegen mit Recht weiter eingewendet, daß der gewerbliche Verkehr damit empfindlich belästigt würde, weil **eine Frage des Reflectanten,** die der Verkäufer aus geschäftlichen Gründen zutreffend nicht beantworten will — z. B. über seine Bezugsquelle —, immer zur Verweigerung der Antwort führen müßte, was einer Ablehnung des Geschäfts seitens des Verkäufers gleichkommen würde. —

Um die oben unter I näher bestimmten Maß- und Gewichtskürzungen überhaupt rechtlich fassen zu können, mußte eine Bestimmung getroffen werden, welche die Gewerbetreibenden zu bestimmten Maß- und Gewichtsangaben nöthigt, insbesondere bei solchen Waaren, die im Einzelverkauf nicht zugewogen, zugezählt oder zugemessen, sondern in festen Packungen oder Aufmachungen abgegeben werden.

Es soll daher nach § 3 der Bundesrath ermächtigt werden, bestimmen zu dürfen, daß — bei Vermeidung einer geringeren Geld- oder Haftstrafe — gewisse Waaren nur

1. in bestimmten Mengeneinheiten, oder
2. unter Angabe der Menge auf der Waare oder Umhüllung im Einzelverkehr verkauft werden dürfen. Es läßt sich indeß nur die zweite Bestimmung rechtfertigen, da mit ihr allen Erfordernissen genügt ist. Es ist schlechterdings kein zutreffender Grund dafür vorzuführen, weshalb der Krämer, wenn er den Inhalt seiner Päckchen stets richtig bezeichnet, gerade nur auf den Verkauf der vom Bundesrath bestimmten Mengeneinheiten soll angewiesen sein. Die betreffende Forderung ist auch ausschließlich von einigen größeren Garnfabrikanten erhoben worden, denen die Aufmachung in bestimmten Mengen natürlich bequemer sein wird, als die Bereitstellung derjenigen Aufmachungen und Packungen, die der Kleinverkehr gerade verlangt.

Man kann doch aber zur Bequemlichkeit einiger Fabrikanten die Freiheit des Verkehrs im Allgemeinen nicht weiter beschränken, als dies aus allgemeinen Gründen unbedingt nothwendig ist.

In zutreffender Weise sind dann in §§ 4 und 5 die Klagen wegen des dénigrement, unter sehr richtiger Schonung der im gewerblichen Leben unentbehrlich gewordenen „Auskunftei“, in § 6 diejenigen wegen des außer dem Rahmen des Waarenbezeichnungsgesetzes erfolgenden Mißbrauchs des Namens, der Firma oder der besonderen Bezeichnung des Erwerbsgeschäfts eines Anderen zum Zweck der Herbeiführung von Verwechselungen gegeben.

Unter die letzteren wird man allenfalls auch die Zeitungsnamen zu bringen vermögen, dagegen ist gegen die fraudulöse Nachahmung eines Büchertitels keine Hilfe vorgeschlagen.

Von den Fällen der Privatbestechung endlich befaßt sich der Entwurf in §§ 7 und 8 nur mit dem Verrath von Geschäfts- und Betriebsgeheimnissen und der Verleitung dazu, nicht aber mit dem verwerflichen „Schmieren" der Angestellten, um sich unter Verdrängung des Concurrenten den Principal des Bestochenen als Abnehmer zu gewinnen.

Bei der Regelung des Geheimnißverraths vermisse ich die so naheliegende und wichtige Bestimmung, daß der Verleiter oder der wissentliche Benutzer des verrathenen Geheimnisses mit dem Verräther als Gesammtschuldner haftet. Das Gleiche müßte auch für nach Lösung des Anstellungsverhältnisses vertragswidrig verrathene Geheimnisse und deren wissentliche Benutzung hinsichtlich des Schadensersatzes und der etwa vereinbarten Conventionalstrafe gelten. Mit solcher Ausdehnung der Verantwortlichkeit des Hehlers zugleich mit dem Diebe würde meines Erachtens der Anreiz zum Verrathe auf ein Minimum herabgemindert; die Hinzufügung einer derartigen Vorschrift wäre meines Erachtens dringend zu befürworten.

VI.

Die umstrittentste Frage der Materie ist die, ob die Aufstellung civilrechtlicher Normen gegen unlauteren Wettbewerb allein genügt, oder ob es auch strafrechtlicher Normen bedarf, beziehentlich ob sich die Einführung solcher empfiehlt. Meinestheils bin ich nicht zweifelhaft, daß ohne strafrechtliche Vorschriften für gewisse schwere Arten des unlauteren Wettbewerbes nicht auszukommen ist, daß das Gesetz ohne solche für die Praxis von kaum nennenswerthem Nutzen sein würde, daß sich aber andererseits solche strafrechtlichen Vorschriften auch rechtsphilosophisch rechtfertigen. Aber hier muß offenbar schon wegen der Verschiedenheit der Thatbestände davon abgesehen werden, eine generelle Regel für die Bestrafung aufzustellen. Vielmehr kann dem Gesetzentwurf nur Beifall gezollt werden, wenn die einzelnen strafbar zu machenden Delicte, und möglichst sorgfältig deren Thatbestandsmomente, aufgezählt werden.

Ueber die Bestrafung des Verraths von Geschäfts- und Fabrikgeheimnissen an dem Verräther aus dem Gesichtspunkte der Untreue hat sich der neunzehnte deutsche Juristentag, wie schon oben erwähnt, bereits schlüssig gemacht. Wegen der zutreffenden Gründe darf auf die Verhandlungen desselben, Band 3 S. 939 ff., verwiesen werden. Aus allgemeinen Rechtsnormen folgt, daß den wissentlichen Anstifter die Strafe des Thäters trifft. Für das Gebiet des unlauteren Wettbewerbes kommt nur der zu Zwecken des Wettbewerbes erfolgende Verrath und folglich auch nur die eigennützige Anstiftung in Betracht. Richtig beschränkt daher der Entwurf des Gesetzes (§ 7) die entsprechende Strafvorschrift durch die Worte

„Wer — — zu Zwecken des Wettbewerbes unbefugt an Andere mittheilt oder anderweit verwerthet u. s. w."

Hier verlangt aber die Anwendung des Gesetzes für das praktische Leben weiter, daß auch der erfolglose Versuch der Verleitung zum Verrathe, das „Unternehmen" der Verleitung zu Concurrenzzwecken, mit bedroht werde; denn nicht allein ist die Unmoralität des Versuchers dieselbe, er mag Erfolg haben oder nicht, sondern die Gefahr der Corruption durch den Versucher nöthigt auch zur Gegenwehr. Ist der Anstifter erfolgreich, so bleibt die That fast ausnahmslos ein Geheimniß des Anstifters und des Verräthers. Nur gerade wenn der Versucher einmal an den Unrechten kommt, kann er überhaupt zur Verantwortung gezogen werden.

Zu weit geht der Entwurf, wenn er auch noch die Preisgabe des Geheimnisses zwei Jahre lang nach dem Verlassen der Dienststellung bestrafen will. Zu dieser Zeit ist der Angestellte dem neuen Dienstherrn mit seiner ganzen Kraft, seinem ganzen Können zu dienen ebenso verpflichtet, wie zuvor dem früheren Herrn. Nur eine contractliche Verpflichtung könnte ihm die Preisgabe eines Geheimnisses verbieten. Contractbruch mit öffentlicher Strafe zu bedrohen, wäre eine Singularität, zu der hier kein Anlaß vorliegt. Wird civilrechtlich der neue Herr, der wissentlich den Vertragsbruch sich zu Nutze macht, für Schaden und vereinbarte Conventionalstrafe verantwortlich gemacht, so ist jedem berechtigten Verlangen der Fabrikanten ausreichend Genüge gethan.

Weiter kommt die der Creditgefährdung durch Verleumdung des § 187 des Strafgesetzbuches ganz analoge Gefährdung des Absatzes oder des Geschäftsbetriebes durch wissentlich unwahre Behauptungen in Betracht. Der Credit des Kaufmannes ist nur die eine Seite seines geschäftlichen Interesses, der Absatz und überhaupt der ordnungsmäßige Betrieb des Geschäfts ist ganz gleichwerthig, die frivole und (beim Wettbewerbe) eigennützige Behauptung oder Verbreitung von Unwahrheiten, welche in diese berechtigten Erwerbsverhältnisse störend eingreifen, können unter Umständen die ganze Existenz des Gewerbetreibenden zu Grunde richten, genau so, wie die gleiche Handlung, welche den Credit schädigt. Die Rechtsconsequenz nöthigt, hier strafend einzuschreiten. Zu beachten wäre nur, daß die unwahren Behauptungen, welche auf den Absatz eines Anderen schädigend wirken, doch unter Umständen das geschäftliche Ansehen des Betroffenen ganz unberührt lassen (z. B. die Behauptung, der Betreffende habe sein Geschäft aufgegeben), und deshalb die strenge Minimalstrafe für die Verleumdung des § 187 R. Str. G. hier nicht am Platze wäre. Es genügt, wie dies der Gesetzentwurf auch richtig, ebenso wie für den Geheimnißverrath vorschlägt, Geldstrafe wahlweise neben Gefängniß bis zum Höchstbetrage von einem Jahre festzusetzen.

Noch weiter zu gehen und auch die bloß fahrlässige Verbreitung unrichtiger Behauptungen mit Strafe zu bedrohen, oder die Verbreitung von Behauptungen, deren Unwahrheit nicht feststeht, bloß darum mit öffentlicher Strafe zu belegen, weil der Behauptende, den die Beweislast trifft, den Beweis der Wahrheit nicht zu erbringen vermag, dafür liegt wohl ein genügender Grund nicht vor. Es genügt, die Klage auf Unterlassung und bei wirklich eingetretener Beschädigung die Schadensersatzklage, um von leichtfertiger Verbreitung schädigender Behauptungen abzuschrecken. Die Analogie mit § 186 des Strafgesetzbuches ist nicht vorhanden. Ist nur die Ehre verletzt, so braucht ein Geldschaden nicht entstanden sein; es würde daher an einer Sühne überhaupt fehlen, wenn nicht gestraft werden könnte. Hier aber, wo es sich um nicht dolos zugefügte Schädigungen am Vermögen handelt, reichen auch die civilrechtlichen Klagen aus.

Tritt schon für die gröberen Fälle der unlauteren gegen einzelne bestimmte Gewerbetreibende gerichteten Concurrenz die Nothwendigkeit einer criminellen Sühne ein, wie sollte sie nicht noch nothwendiger erscheinen, wenn die That mit ihren schädigenden Folgen die Allgemeinheit der Concurrenten bedroht. Selbst der wirklich eingetretene Schaden des einzelnen Concurrenten sollte hier nicht zur Vorbedingung der Strafbarkeit gemacht werden, weil schon die gemeine Gefahr, die der Thäter verursacht, ein hinreichendes Moment für die criminelle Ahndung ist. Selbstverständlich ist hier vorausgesetzt, daß nur die Unwahrheit, welche sich zur Erzielung von Geschäften in öffentlichen Ankündigungen breit macht oder sich an größere Kreise wendet, verfolgt werden darf, und daß objectiv die Schädigung einer Anzahl von Concurrenten möglich und darum bei der großen Verbreitung, die der Unwahrheit gegeben wird, auch vorauszusetzen ist, selbst wenn sie nicht nachgewiesen werden kann. Wollte man den Nachweis des schädlichen Erfolges verlangen, so dürften die meisten Thaten, selbst sehr schwere Verletzungen, ungesühnt bleiben, weil der Causalzusammenhang des Schadens eines bestimmten Concurrenten mit der schwindelhaften Veröffentlichung ungemein schwer nachzuweisen ist.

Der Gesetzentwurf geht im § 2 noch einen Schritt weiter. Nach ihm soll bestraft werden

„Wer es unternimmt — — — den Anschein eines besonders günstigen Angebots hervorzurufen".

Schon der Versuch, diesen Anschein zu erregen, würde danach strafbar sein, ohne Rücksicht darauf, ob denn objectiv dieser Anschein auch bei vernünftigen Menschen durch die unrichtigen Angaben erregt werden kann. Das geht zweifellos zu weit, insbesondere wenn man die Mittel betrachtet, die alle der Entwurf für ausreichend hält, um einen solchen strafbaren Versuch zu unternehmen, unwahre thatsächliche Angaben über Beschaffenheit oder Preisbemessung von Waaren oder gewerblichen Leistungen, über die Bezugsquelle, über den Besitz von Auszeichnungen oder den Anlaß zum Verkauf. Unter allen diesen Voraussetzungen lassen sich sehr viele Fälle denken, in denen der Thäter zwar den Wunsch hegen und den Zweck verfolgen mag, den Anschein einer günstigeren Offerte zu erregen, ohne daß ihm dies aber gelingen kann, da die betreffenden Umstände thatsächlich gleichgültig sind.

Wer sich z. B. wahrheitswidrig Preismedaillen von einer beliebigen unbekannten Ausstellung zuschreibt, wird zweifellos damit sein geschäftliches Renommé heben wollen, den Käufern sich als bevorzugt hinstellen. Ob ihm das aber gelingen kann, soll erst der Richter erwägen. Ist dies nicht der Fall, dann ist auch jene öffentliche Gefahr für die redlichen Concurrenten nicht vorhanden, die allein in diesem Falle die öffentliche Strafe rechtfertigen kann.

Die Strafe sollte daher nur den treffen, der Absatz oder Geschäfte durch solche öffentlich ꝛc. mitgetheilte — unwahre thatsächliche Behauptungen zu erzielen unternimmt, welche geeignet sind, den Anschein eines besonders günstigen Angebotes zu erregen. In diesem Falle allein ist die redliche Concurrenz bedroht und wahrscheinlich auch geschädigt.

Zum Schlusse möchte ich noch die Gründe prüfen, welche gegen jede Einführung von Strafbestimmungen auf diesem Gebiete gehört worden sind.[12])

1. Ziemlich allgemein weisen die Gegner darauf hin, daß im Auslande bisher nicht gesetzliche Strafbestimmungen gegen den unlauteren Wettbewerb bestünden, das Civilrecht vielmehr ausreiche.

---

[12]) Einen eigenthümlichen Standpunkt nimmt O. Bähr in einem Aufsatze in den Grenzboten vom August 1893 „Der Schutz der Gewerbetreibenden gegen unlauteren Wettbewerb", S. 246, gegenüber der täuschenden Reclame ein: er will nur Strafbestimmungen unter Ausschluß der Schadensklage zulassen.

Dies ist zunächst nicht ganz richtig. Gerade in Frankreich besteht — abgesehen von dem Art. 418 des Code pénal, der den Verrath von Fabrikgeheimnissen bedroht, auf welchen bald noch näher einzugehen ist — das Medaillengesetz vom 30. April 1886, welches die öffentliche Anmaßung von Preismedaillen, Diplomen, ehrenvollen Erwähnungen &c., sowie die Verwendung solcher Auszeichnungen zur Bezeichnung nicht damit ausgezeichneter Waaren, mit 50—6000 Frcs. Geldbuße oder mit 3 Monaten bis zu 2 Jahren Gefängniß bedroht.[13]) Desgleichen ist diese Art der Reclame in Oesterreich durch § 49 Abs. 2 der Gewerbeordnung verboten und mit strengen Strafen bedroht; das italienische Gesetz von 1868 stellt unter Strafe die Anmaßung der Insignien und charakteristischen Embleme eines Geschäfts (Art. 5 und 12); und ähnliche Einzelheiten finden sich wohl noch anderwärts.

Ist denn aber nicht unser eigenes Gesetz über die Waarenbezeichnungen bereits ein wichtiger und wesentlicher Schritt auf diesem Gebiete? Alle seine Bestimmungen befassen sich mit dem Schutz des Besitzstandes der Gewerbetreibenden an wohlerworbener Kundschaft durch Verhinderung unredlicher Concurrenzmanöver; die Ausdehnung der Strafvorschriften auf die weiteren schweren Fälle der unlauteren Concurrenz ist nur ein von der Rechtslogik vorgeschriebener weiterer Schritt.

2. Daß besonders der Verrath der Geschäfts- und Fabrikgeheimnisse oder doch der letzteren und die Verleitung dazu in mehreren auswärtigen Staaten bestraft wird und selbst in mehreren deutschen Staaten bis zur Einführung des Reichsstrafgesetzbuchs mit Strafe bedroht war, ist bekannt. Die meisten Einwendungen gegen diese Strafbestimmungen beziehen sich auf das weitere Fortkommen der Angestellten, das erschwert werden würde; diese werden hinfällig, wenn, wie hier befürwortet, die Bestrafung auf während des Dienstverhältnisses verübte bezw. eingeleitete Verrätherei beschränkt wird.

Weiterhin macht aber der Bericht der Berliner Aeltesten vom 7. März 1885 und die neuere Schrift von Dr. Georg Wermert[14]) geltend, daß in Frankreich auf Grund des Art. 418 des Code pénal in 20 Jahren (1863—1883) nur 21 Fälle mit 36 Angeklagten zur Verhandlung gekommen seien, es seien aber nur 16 Angeklagte verurtheilt. Dies spreche gegen das Bedürfniß. Die Sache ist begreiflich, wenn man die unsinnig drakonischen Strafbestimmungen erwägt, die im Art. 418 des Code pénal

---

[13]) Medaillengesetze haben auch andere Länder, z. B. England, Exhibition Medals Act 1863.

[14]) a. a. O. Seite 33.

vorgeschrieben sind: zwei bis fünf Jahre Gefängniß nebst 500 bis 20 000 Frcs. Geldbuße und Polizeiaufsicht beim Verrath an im Auslande Wohnende, drei Monate bis zwei Jahre Gefängniß neben Geldbuße beim Verrath im Inlande! Entweder müßten diese im Verhältnisse zu dem Vergehen lächerlich hohen Strafen den Thäter von der Begehung der That oder den Richter von der Anwendung des Gesetzes abschrecken. Man trifft eben nicht viel, wenn man mit Kanonen nach Spatzen schießt. Ist denn aber, auch davon ganz abgesehen, die Häufigkeit der Anwendung eines Strafgesetzes eine Bedingung oder ein Prüfstein seiner Existenzberechtigung? Das Strafgesetz soll und wird hier hoffentlich abschreckend wirken und dann seine Bedeutung wesentlich darin haben, daß es nicht oft angewendet werden braucht.

3. Ein beliebter Einwand ist der: die unlautere Concurrenz werde begangen aus Eigennutz. Trifft man den Thäter mit Schadensklagen, so untergräbt man den Anreiz zur Begehung am sichersten.

Allein auch Diebstahl und Unterschlagung, Raub und Erpressung, Betrug und viele andere Strafthaten werden aus Eigennutz begangen, und doch glaubt heute Niemand mehr, dieselben bloß durch die Schadensklagen bestrafen zu dürfen. Gerade der Umstand, daß der Schaden in den Fällen des unlauteren Wettbewerbes sehr häufig gar nicht nachweisbar ist, verhindert ja die Anwendung des Betrugsparagraphen und hat das Fehlen besonderer Bestimmungen für diese Handlungen so fühlbar gemacht.

Damit ist von selbst der Weg zu den Strafbestimmungen gewiesen.

Jedem ist ja bekannt, daß trotz aller so oft wiederholten Bestimmungen über die freie richterliche Würdigung in Schadensprozessen die deutsche Gründlichkeit unserer Richter nicht dazu zu bewegen war, ohne hinreichende Unterlagen von dieser Ermächtigung einen freien Gebrauch zu machen. Daher ist es beinahe sprichwörtlich, daß man mit Schadensersatzklagen bei uns keinen Hund hinterm Ofen hervorlockt.

Beschränkt man die Verfolgung auf den Schadenersatz, dann bleibt für den unredlichen Thäter nur ein Rechenexempel übrig, ob er mehr gewinnt, wenn er die Handlung begeht und den Schaden, zu dem er verurtheilt werden kann, bezahlt, oder wenn er von jener Abstand nimmt. Einer wagt vielleicht zu klagen, wo Hunderte geschädigt sind, ohne es ziffernmäßig nachweisen zu können.

4. Endlich ist vielfach mit dem Denunciantenthum gedroht worden, welches durch Einführung von Strafbestimmungen großgezogen würde. Ob mehr unberechtigte Denunciationen vorkommen werden, als bei anderen

Delicten, ist doch sehr fraglich. Aber es ist ja bekannt, daß kein Delict eine so große Ziffer unberechtigter Denunciationen aufweist, als der Meineid. Und wer würde deshalb wohl die Abschaffung der Bestrafung des Meineides befürworten wollen?

Die Einwendungen sind also sämmtlich nicht stichhaltig; dagegen darf der Hoffnung Raum gegeben werden, daß mit Einführung der geplanten gesetzlichen Neuerung dem vaterländischen Gewerbe wieder eine bedeutende Beruhigung gebracht werden wird, und daß durch Hebung der guten Sitte die Treue und der Glauben im geschäftlichen Verkehre wieder voll und ganz zu Ehren kommen werden.

Anlage I.

Entwurf eines Gesetzes zur Bekämpfung des unlauteren Wettbewerbs.

§ 1.

Wer es unternimmt, im geschäftlichen Verkehr durch unrichtige Angaben thatsächlicher Art über die Beschaffenheit oder die Preisbemessung von Waaren und gewerblichen Leistungen, über die Bezugsquelle von Waaren, über den Besitz von Auszeichnungen, über die Menge der Vorräthe oder den Anlaß zum Verkauf den Anschein eines besonders günstigen Angebots hervorzurufen, kann auf Unterlassung der unrichtigen Angaben in Anspruch genommen werden. Dieser Anspruch kann von jedem Gewerbtreibenden, der Waaren oder Leistungen gleicher Art herstellt oder in den geschäftlichen Verkehr bringt, und von Verbänden Gewerbtreibender geltend gemacht werden. Zur Sicherung des Anspruchs können einstweilige Verfügungen erlassen werden, auch wenn die in den §§ 814, 819 der Civilproceßordnung bezeichneten besonderen Voraussetzungen nicht zutreffen.

Neben dem Anspruch auf Unterlassung der unrichtigen Angaben haben die vorerwähnten Gewerbtreibenden auch Anspruch auf Ersatz des durch die unrichtigen Angaben verursachten Schadens gegen den Urheber der Angaben, falls dieser ihre Unrichtigkeit kannte oder kennen mußte.

Im Sinne der vorstehenden Bestimmungen sind den Angaben thatsächlicher Art solche Veranstaltungen gleich zu achten, die darauf berechnet und geeignet sind, derartige Angaben zu ersetzen.

§ 2.

Wer es unternimmt, in öffentlichen Bekanntmachungen oder in Mittheilungen, welche an einen größeren Kreis von Personen sich richten, durch wissentlich unwahre Angaben thatsächlicher Art über die Beschaffenheit oder die Preisbemessung von Waaren oder gewerblichen Leistungen, über die Bezugsquelle von Waaren, über den Besitz von Auszeichnungen oder den Anlaß zum Verkauf den Anschein eines besonders günstigen Angebots hervorzurufen, wird mit Geldstrafe bis zu 1500 Mk. oder mit Haft oder mit Gefängniß bis zu sechs Monaten bestraft.

§ 3.

Durch Beschluß des Bundesraths kann bestimmt werden, daß gewisse Waaren im Einzelverkehr nur in bestimmten Mengeneinheiten oder mit einer auf der Waare oder ihrer Aufmachung anzubringenden Angabe der Menge gewerbsmäßig verkauft oder feilgehalten werden dürfen.

Die durch Beschluß des Bundesraths getroffenen Bestimmungen sind durch das Reichsgesetzblatt zu veröffentlichen.

Zuwiderhandlungen gegen die Bestimmungen des Bundesraths werden mit Geldstrafe bis 150 Mk. oder mit Haft bestraft.

§ 4.

Wer über ein Erwerbsgeschäft, über die Person seines Inhabers, über die Waaren oder gewerblichen Leistungen eines Geschäfts oder seines Inhabers Behauptungen thatsächlicher Art aufstellt oder verbreitet, welche geeignet sind, den Absatz des Geschäfts oder den Kredit des Inhabers zu schädigen, ist, sofern die Behauptungen nicht erweislich war sind, dem Verletzten zum Ersatze des entstandenen Schadens verpflichtet. Auch kann der Verletzte den Anspruch geltend machen, daß die Wiederholung oder Verbreitung der Behauptungen unterbleibe.

Die Bestimmungen des ersten Absatzes finden keine Anwendung, sofern die Absicht, den Absatz des Geschäfts oder den Kredit des Inhabers zu schädigen, bei dem Mittheilenden ausgeschlossen erscheint. Dies ist insbesondere anzunehmen, wenn er oder der Empfänger der Mittheilung an ihr ein berechtigtes Interesse hatte.

§ 5.

Wer über ein Erwerbsgeschäft, über die Person seines Inhabers, über die Waaren oder gewerblichen Leistungen eines Geschäfts oder seines Inhabers wider besseres Wissen unwahre Behauptungen thatsächlicher Art aufstellt oder verbreitet, welche geeignet sind, den Absatz des Geschäfts zu schädigen, wird mit Geldstrafe bis zu 1500 Mk. oder mit Gefängniß bis zu einem Jahr bestraft.

§ 6.

Wer im geschäftlichen Verkehr einen Namen, eine Firma oder die besondere Bezeichnung eines Erwerbsgeschäfts in einer Weise benutzt, welche darauf berechnet und geeignet ist, Verwechselungen mit dem Namen der Firma oder der Bezeichnung eines Erwerbsgeschäfts hervorzurufen, deren sich ein Anderer befugterweise bedient, ist diesem zum Ersatze des Schadens verpflichtet. Auch kann der Anspruch auf Unterlassung der mißbräuchlichen Art der Benutzung geltend gemacht werden.

§ 7.

Wer Geschäfts- oder Betriebsgeheimnisse, die ihm als Angestellten, Arbeiter oder Lehrling eines Geschäftsbetriebes vermöge des Dienstverhältnisses anvertraut oder sonst zugänglich geworden sind, vor Ablauf von zwei Jahren seit Beendigung des Dienstverhältnisses zu Zwecken des Wettbewerbs mit jenem Geschäftsbetriebe unbefugt an Andere mittheilt oder anderweit verwerthet, wird mit Geldstrafe bis zu 3000 Mk. oder mit Gefängniß bis zu einem Jahr bestraft und ist zum Ersatze des entstandenen Schadens verpflichtet.

§ 8.

Wer es unternimmt, einen Anderen zu einer Zuwiderhandlung gegen die Vorschrift unter § 7 zu verleiten, wird mit Geldstrafe bis 1500 Mk. oder mit Gefängniß bis zu 6 Monaten bestraft.

§ 9.

In den Fällen der §§ 5, 7 und 8 tritt die Strafverfolgung nur auf Antrag ein. Die Zurücknahme des Antrages ist zulässig.

Wird in den Fällen des § 2 auf Strafe erkannt, so kann angeordnet werden, daß die Verurtheilung auf Kosten des Schuldigen öffentlich bekannt zu machen sei.

Wird in den Fällen des § 5 auf Strafe erkannt, so ist zugleich dem Verletzten die Befugniß zuzusprechen, die Verurtheilung innerhalb bestimmter Frist auf Kosten des Verurtheilten bekannt zu machen.

Die Art der Bekanntmachung ist im Urtheil zu bestimmen.

Neben einer nach Maßgabe dieses Gesetzes verhängten Strafe kann auf Verlangen des Verletzten auf eine an ihn zu erlegende Buße bis zum Betrag von 10 000 Mk. erkannt werden. Für diese Buße haften die zu derselben Verurtheilten als Gesammtschuldner. Eine erkannte Buße schließt die Geltendmachung eines weiteren Entschädigungsanspruchs aus.

§ 10.

In bürgerlichen Rechtsstreitigkeiten, in welchen durch Klage oder Widerklage ein Anspruch auf Grund dieses Gesetzes geltend gemacht ist, wird die Verhandlung und Entscheidung letzter Instanz im Sinne des § 8 des

Einführungsgesetzes zum Gerichtsverfassungsgesetze dem Reichsgericht zugewiesen.

§ 11.

Wer im Inland eine Hauptniederlassung nicht besitzt, hat auf den Schutz dieses Gesetzes nur insoweit Anspruch, als in dem Staate, in welchem seine Hauptniederlassung sich befindet, nach einer im Reichsgesetzblatt enthaltenen Bekanntmachung deutsche Gewerbtreibende einen entsprechenden Schutz genießen.

§ 12.

Dieses Gesetz tritt am . . . . in Kraft.

Denkschrift.

Das Gesetz zum Schutze der Waarenbezeichnungen vom 12. Mai 1894 (Reichsgesetzblatt S. 441) hat sich die Aufgabe gestellt, neben einer wirksameren Gestaltung des Rechtsschutzes gegen die Nachahmung von eingetragenen Waarenzeichen einen Schutz auch gegen andere auf dem Gebiete der Waarenbezeichnung liegende Mißbräuche einzuführen, welche, ohne unter den Begriff der Zeichenverletzung zu fallen, doch ebenso wie diese geeignet sind, berechtigte Interessen von Gewerbsgenossen zu verletzen und das Publicum über die Herkunft, über die Beschaffenheit und den Werth von Waaren irrezuführen. Zu diesem Zweck ist in den §§ 15 und 16 des Gesetzes unter gewissen Voraussetzungen die unbefugte Nachahmung der als Kennzeichen eines anderen Geschäftsbetriebs im Verkehr anerkannten Art der Aufmachung und Verpackung von Waaren und die Verwendung unrichtiger geographischer Ursprungsangaben mit Strafe bedroht.

In der öffentlichen Erörterung, die sich an die Bekanntgabe des Entwurfs dieses Gesetzes knüpfte, sowie bei der späteren Berathung im Reichstag hatten zwar die erwähnten Vorschriften fast allseitige Zustimmung gefunden, gleichzeitig jedoch zu dem Verlangen nach einer Verallgemeinerung des ihnen zu Grunde liegenden Gedankens Anregung gegeben. Es wurde geltend gemacht, daß man das beabsichtigte Vorgehen nicht auf das Gebiet des Waarenbezeichnungswesens beschränken dürfe, da auch auf anderen Gebieten zum Nachtheil des redlichen Geschäftsverkehres Mißbräuche beständen, welche es nahelegten, den vorliegenden Anlaß zu einer grundsätzlichen Lösung der Frage der Bekämpfung des unlauteren Wettbewerbs zu benutzen. Im Reichstag fand diese Auffassung in dem Vorschlage Ausdruck, in theilweiser Anlehnung an einen schon früher zur Gewerbeordnung gestellten, jedoch nicht zur Erledigung gelangten Antrag folgenden Zusatz in das Waarenbezeichnungsgesetz einzuschalten:

> Wer zum Zweck der Täuschung in Handel und Verkehr über den Ursprung und Erwerb, über besondere Eigenschaften und Auszeichnungen von Waaren, über die Menge der Vorräthe, den Anlaß zum Verkauf oder die Preisbemessung falsche Angaben macht, welche geeignet sind, über Beschaffenheit, Werth oder Herkunft der Waare einen Irrthum zu erregen, wird vorbehaltlich des Entschädigungsanspruchs des Verletzten mit Geldstrafe ..... oder mit Gefängniß ..... bestraft.
>
> Das Gericht kann auf Antrag der Betheiligten ..... im Wege der einstweiligen Verfügung Anordnungen treffen, die geeignet sind, die zum Zwecke der Täuschung bewirkten Veranstaltungen und Ankündigungen zu verhindern.

Wenn dieser Antrag, dessen innere Berechtigung von keiner Seite in Zweifel gezogen wurde, gleichwohl nicht zur Annahme gelangt ist, so war hierfür neben anderen sachlichen und formalen Bedenken vor allem die Erwägung maßgebend, daß eine Vorschrift von so einschneidender Bedeutung für den gewerblichen und geschäftlichen Verkehr eine eingehendere Vorprüfung erheische, als ihr gelegentlich der Berathungen über das Waarenbezeichnungsgesetz nach der damaligen parlamentarischen Geschäftslage zu Theil werden konnte. Der Reichstag beschränkte sich daher darauf, an die verbündeten Regierungen das Ersuchen zu richten:

> baldigst einen Gesetzentwurf vorzulegen, durch dessen Bestimmungen dem unlauteren Wettbewerb in Handel und Verkehr im weiteren Umfange entgegengetreten wird.

Den Vorarbeiten für einen solchen Gesetzentwurf, welche darauf unverweilt in Angriff genommen wurden, ist es in hohem Maße förderlich gewesen, daß der Gegenstand der bis dahin in Broschüren und Zeitschriften und in den Verhandlungen von Fachvereinen mehr gelegentlich gestreift, als erschöpfend behandelt war, durch die an das Waarenbezeichnungsgesetz sich anschließenden Discussionen in den Vordergrund des öffentlichen Interesses gerückt worden ist. Die Tages- und Fachpresse hat in eingehenden Darlegungen die Frage beleuchtet, wissenschaftliche, gewerbliche und kaufmännische Vereine der verschiedensten Richtungen haben — und zwar der überwiegenden Mehrzahl nach, im Sinne eines durchgreifenden gesetzgeberischen Vorgehens — Stellung genommen, und die berufsmäßigen Vertretungen des Handels- und Gewerbestandes haben sich in gemeinsamer Thätigkeit der Aufgabe unterzogen, aus der Praxis des Verkehrs eine größere Zahl von typischen Fällen des unlauteren Geschäftsgebahrens zusammenzustellen.

Die Einmüthigkeit der Bewegung, welche auf den Erlaß gesetzlicher Vorschriften abzielt, liefert den Beweis, daß die Uebelstände, um die es sich handelt, in weiten Kreisen drückend empfunden werden. Wenn diese Empfindung neuerdings mit größerer Lebhaftigkeit als früher an die Oeffentlichkeit tritt, so erklärt sich dies dadurch, daß unter der Einwirkung der schnellen Verkehrsentwicklung während der letzten Decennien und angesichts der stetigen, die Nachfrage vielfach überflügelnden Steigerung des Angebots das Bestreben, in dem Absatz von Waaren einen Vorsprung vor den Erwerbsgenossen zu gewinnen, einen immer schärferen Charakter annimmt, daß es in den Mitteln, deren es sich zu diesem Zwecke bedient, immer weniger wählerisch wird, zur Bekämpfung des Concurrenten, den es als Gegner betrachtet, vor dem Gebrauch unlauterer Waffen immer weniger zurückschreckt und sich vom Betrug häufig nur noch durch die Schwierigkeit, das Vorhandensein aller seiner rechtlichen Merkmale nachzuweisen, unterscheidet. Der Kampf ums Dasein, der unter den heutigen Verhältnissen besonders für die mittleren Schichten der Erwerbsstände schon schon schwer genug ist, wird dadurch ein Kampf mit ungleichen Waffen, wobei das redliche Gewerbe den Kürzeren zieht. Daß hierin eine Gefahr für die Wohlfahrt weiter achtungswerther Kreise unseres Volks und damit für die Gesundheit des Staatswesens selber liegt, ist nicht zu verkennen.

In einer großen Zahl der zur Sprache gebrachten Fälle bieten die bestehenden gesetzlichen Vorschriften, wie weiter anerkannt werden muß, keine genügende Handhabe, um den angedeuteten Mißbräuchen entgegenzutreten; namentlich der trügerischen Reclame gegenüber versagt die Betrugsbestimmung des Strafgesetzbuchs meistens um deswillen, weil das Thatbestandsmerkmal der Vermögensbeschädigung nicht vorhanden oder doch nicht nachweisbar ist.

Unter diesen Umständen können die auf Säuberung des Geschäftsverkehrs von schädlichen Auswüchsen gerichteten Bestrebungen nur dann Erfolg haben, wenn sie durch einen Ausbau des geltenden Rechts wirksam unterstützt werden. In dieser Beziehung herrscht nahezu Einstimmigkeit. Dagegen gingen über den Weg, welchen die Gesetzgebung einzuschlagen haben wird, über die Art, den Umfang und die Ziele der zu schaffenden Rechtsbehelfe die Ansichten ursprünglich weit auseinander.

Die Wahrnehmung, daß die französische Rechtsprechung die Vorschrift im Art. 1382 des code civil:

„Tout fait quelconque de l'homme qui cause à autrui un dommage, oblige celui par la faute duquel il est arrivé, à le reparer“

zu einem umfassenden Schutzsystem gegenüber dem unlauteren Wettbewerb ausgebildet hat, schien den Gedanken nahezulegen, die Aufgabe auch bei uns durch Aufstellung eines allgemeinen Rechtsgrundsatzes, sei es in wörtlicher Anlehnung an die Vorschrift des französischen Gesetzes, sei es durch ein Verbot des unlauteren Wettbewerbs schlechthin zu lösen. Ob auf diesem Wege eine Besserung des gegenwärtigen Rechtszustandes zu erreichen sein würde, wird um so eher dahingestellt bleiben können, als allgemeine Bestimmungen von ähnlichem Inhalt wie die genannte Vorschrift des französischen Rechts ohnehin schon in verschiedenen Rechtsgebieten des Reichs in Kraft stehen (vgl. z. B. §§ 8 und 10 des Preußischen Allgemeinen Landrechts Theil I Tit. 6). Wenn aber zu Gunsten jenes Vorschlags bemerkt worden ist, daß bei der überaus großen Mannigfaltigkeit der Schleichwege, welche die Unredlichkeit für ihre Zwecke zu finden weiß, nur eine allgemein gehaltene Vorschrift jede denkbare Erscheinungsform des unlauteren Geschäftsgebahrens zu treffen vermöge, so ist dem entgegenzuhalten, daß es zur Zeit nur darauf ankommen kann, bestimmte, nach den bisherigen Erfahrungen für den redlichen Erwerbsgenossen besonders nachtheilige Mißbräuche zu verhindern. Auch liegt es im dringenden Interesse der Rechtssicherheit, die Scheidelinie zwischen dem Erlaubten und dem Unerlaubten im Gesetz selbst in klar erkennbarer Weise festzulegen. Gerade der Umstand, daß in Ermangelung von Specialvorschriften auf dem hier fraglichen Gebiet eine sichere Rechtsgewohnheit über die Grenzen des vom Standpunkte der geschäftlichen Moral aus Zulässigen sich trotz der vielfach geltenden allgemeinen Verpflichtung zum Schadensersatz herauszubilden nicht vermocht hat, macht es rathsam, die Merkmale dessen, was künftig als gesetzlich verboten gelten soll, bestimmt zu bezeichnen.

Daß es zum Zwecke der Bekämpfung des unlauteren Wettbewerbs in erster Linie nothwendig ist, für den Geschädigten einen in den Formen des bürgerlichen Rechtsstreites geltend zu machenden Anspruch auf Schadensersatz und auf Unterlassung künftiger Benachtheiligungen zu begründen, wird von keiner Seite bestritten. Dagegen sind über die Frage, ob die Wirksamkeit des Rechtsschutzes durch Strafandrohungen sicher zu stellen sei, die Meinungen getheilt. Für den verneinenden Standpunkt ist auf das Beispiel auswärtiger Gesetzgebungen hingewiesen, welche sich mehr oder weniger auf civilrechtliche Vorschriften beschränken; auch hat man die Besorgniß geäußert, durch Strafbestimmungen einen Anreiz zu unbegründeten und leichtfertigen Denunciationen zu schaffen. Dieses letztere Bedenken mag bis zu einem gewissen Grade berechtigt sein. Auch kann zugegeben werden, daß es grundsätzlich nicht nothwendig und nicht wünschenswerth ist, jede Ausschreitung im Concurrenzkampfe, auch wenn sie nach ihrer Art oder nach dem Umfange des Anderen zugefügten Schadens von geringer Erheblichkeit ist, zur strafrechtlichen Verantwortung zu ziehen. Für solche Fälle möchte es an sich wohl genügen, wenn der Geschädigte in den Stand gesetzt wird, im Wege der Civilklage sich Genugthuung zu verschaffen, und es würde zur Anwendung öffentlicher Strafmittel selbst dann kaum ein Anlaß vorliegen, wenn jener auf die processuale Geltendmachung seines Anspruchs verzichtet. — Dieser Erwägung gegenüber muß jedoch zunächst die Thatsache in Betracht gezogen werden, daß der durch unlautere Geschäftspraktiken entstehende Schaden meistens über den Interessenkreis einzelner Gewerbtreibenden weit hinausgreift. Es sind Fälle zur Sprache gebracht, in denen die Veranstalter von Ausverkäufen durch schwindelhafte Vorspiegelungen für minderwerthige Waaren einen Absatz erzielt haben, der den Bedarf eines Ortes oder eines ganzen Bezirks auf Jahre hinaus deckte und für den entsprechenden Zeitraum die Thätigkeit aller übrigen in demselben Geschäftszweige arbeitenden Gewerbtreibenden nahezu lahmlegte. Mißbräuche dieser Art sind als gemeinschädlich zu bezeichnen. Ihre Bekämpfung kann, — wenn anders der redliche Geschäftsbetrieb einen ausgiebigen Schutz erhalten soll —, nicht der durch mannigfache äußere Umstände bedingten Entschließung eines Einzelnen und der von der Art des Proceßbetriebes abhängigen Entscheidung einer Civilklage überlassen bleiben.

Aber selbst wenn der angerichtete Schaden sich in engeren Grenzen hält, so stellt sich doch der unlautere Wettbewerb nach den Mitteln, die er anwendet, und nach den Zwecken, die er verfolgt, in zahlreichen Fällen als eine gröbliche Verletzung der die Grundlage des geschäftlichen Verkehrs bildenden Principien von Treu und Glauben und somit als ein Bruch der allgemeinen Rechtsordnung dar, der vom sittlichen Standpunkt kaum milder zu beurtheilen ist als Betrug, strafbarer Eigennutz oder Untreue. Das öffentliche Interesse erfordert, wie für diese Vergehen, so auch für schwerere Ausschreitungen im geschäftlichen Wettbewerb eine strafrechtliche Sühne, und die Besorgniß, in einzelnen Fällen unbegründete oder frivole Strafanzeigen hervorzurufen, wird den Gesetzgeber, der an die Bekämpfung des Uebels herantritt, nicht zum grundsätzlichen Verzicht auf das wirksamste Bekämpfungsmittel bestimmen dürfen. Uebrigens hat die Gesetzgebung von diesem Mittel auf einem nahe verwandten Gebiet bereits Gebrauch gemacht, indem sie in den §§ 14ff. des Gesetzes zum Schutze der Waarenbezeichnungen nicht nur die Aneignung eines fremden Waarenzeichens, sondern auch die Erregung eines Irrthums über die Beschaffenheit und den Werth von Waaren durch fälschliche Benutzung von öffentlichen Wappen und von Ortsnamen unter Strafe stellt.

Die Grenzen des gesetzgeberischen Vorgehens ergeben sich im allgemeinen aus dem Begriff des unlauteren Wettbewerbs. Es kann nicht in der Absicht liegen, den Wettbewerb als solchen einzuschränken oder ihn in der Anwendung von Mitteln zu behindern, welche, ohne gegen die Gepflogenheiten eines ehrbaren Geschäftsmanns zu verstoßen, anderen Gewerbtreibenden lästig oder unbequem sein mögen. Auf der anderen Seite würde man Unmögliches anstreben, wenn man versuchen wollte, in Handel und Wandel jedem Verstoß gegen die gute Sitte schlechthin durch gesetzliche Bestimmungen vorzubeugen. Nur insoweit, als gewisse Mittel, welche moralisch verwerflich, wenngleich vom Gesetz bisher nicht verboten sind, zu dem Zweck angewendet werden, um unberechtigte Vortheile gegenüber den Concurrenten zu gewinnen, ist Abhilfe nöthig und erreichbar. Der Schutz des consumirenden Publicums gegen Uebervortheilungen ist nicht der unmittelbare Zweck eines gegen den unlauteren Wettbewerb gerichteten Gesetzes, wenngleich Maßregeln, die in den gegenseitigen Beziehungen der Gewerbtreibenden Treu und Glauben zu befestigen bestimmt sind, mittelbar auch dem Interesse ihrer Abnehmer entgegenkommen werden. Eine weitere Begrenzung der gesetzgeberischen Aufgabe folgt aus der Erwägung, daß es sich nur darum handeln kann, allgemein verbindliche Grundsätze aufzustellen. Besondere Mißstände, welche sich bei einzelnen Gruppen von Gewerbtreibenden in bestimmten Zweigen der Erwerbsthätigkeit oder in örtlich abgegrenzten Gebieten fühlbar machen, können daher nur insoweit Berücksichtigung finden, als die zur Abhilfe dienlichen Maßregeln sich zur allgemeinen Anwendung eignen. Endlich kann es nicht die Aufgabe des beabsichtigten Sondergesetzes sein, in Gebiete überzugreifen, die durch allgemeine Reichsgesetze, wie das Handelsgesetzbuch, die Gewerbeordnung, die Concursordnung, die Gesetze über den Verkehr mit Nahrungsmitteln 2c., mit Ersatzmitteln für Butter, mit Wein 2c. geregelt sind, oder welche, wie das landesrechtlich nach verschiedenen Grundsätzen gestaltete Hypothekenrecht einer reichsgesetzlichen Abänderung in Einzelheiten widerstreben.

Den vorstehend entwickelten Gesichtspunkten hat eine von der Reichsverwaltung zusammenberufene Versammlung von Sachverständigen, unter denen die hauptsächlich in Betracht kommenden Erwerbszweige vertreten waren, im Allgemeinen zugestimmt. Wünsche und Bedenken, welche zu den der Besprechung zu Grunde gelegten Vorschlägen geäußert worden sind, haben in dem vorliegenden Entwurfe soweit als thunlich Berücksichtigung gefunden. Derselbe enthält Vorschriften

gegen Ausschreitungen im Reclamewesen (§§ 1 und 2),
gegen Quantitäts-Verschleierungen (§ 3),
gegen unwahre, dem Absatz oder dem Credit von Erwerbsgenossen nachtheilige Behauptungen (§§ 4 und 5),
gegen die auf Täuschung berechnete Benutzung von Namen oder Firmen (§ 6),
gegen den Verrath von Geschäfts- oder Betriebsgeheimnissen (§§ 7 und 8).

Die §§ 9 und 10 geben einige allgemeine Bestimmungen rechtlicher Natur. Das Verhältniß zum Auslande ist im § 11 geregelt.

Am Einzelnen ist Folgendes zu bemerken:

Zu §§ 1 und 2.

Das Verlangen nach gesetzgeberischem Einschreiten gegen unredliche Geschäftsgepflogenheiten ist hauptsächlich durch die zunehmenden Ausschreitungen auf dem Gebiete des Reclamewesens veranlaßt worden. Die hiergegen gerichteten Bestimmungen sind daher an die Spitze des vorliegenden Entwurfs gestellt.

Die Reklame ist ein im Geschäftsleben allgemein verbreitetes und als unentbehrlich geltendes Hilfsmittel zur Heranziehung von Kunden. Ihre Bedeutung beruht in der Neigung des Publicums, bei der Entschließung über den Erwerb von Waaren und bei der Auswahl unter den verschiedenen Erwerbsgelegenheiten dem in augenfälliger und anpreisender Form sich kundgebenden Angebot Gehör zu schenken. Die Vermehrung der Verkehrsmittel, mannigfache Erleichterungen in der Benutzung derselben, die wachsende Ausbreitung des Zeitungswesens, die Entwickelung der polygraphischen Gewerbe haben mit anderen Umständen zusammengewirkt, um die Publicität geschäftlicher Ankündigungen zu erleichtern und hiermit deren Bedeutung für das Verkehrsleben zu erhöhen.

Solange die Reclame sich innerhalb der durch die Anforderungen von Treu und Glauben gezogenen Grenzen bewegt, ist kein Grund vorhanden, ihr Hindernisse in den Weg zu legen. Den Gewohnheiten und

Bedürfnissen des heimischen und des internationalen Verkehrs entsprechend, muß, — wie die Wahl der Form für geschäftliche Angebote —, so auch die lobende Beurtheilung der eigenen Waaren oder Leistungen jedem Gewerbtreibenden freistehen. Der Versuch, die Verwendung von Bezeichnungen wie „gute Qualität, first, prima, reiche Auswahl, billige Preise und dergleichen" auf diejenigen Fälle einzuschränken, in denen dieses Urtheil objectiv berechtigt ist, würde — von anderen Bedenken abgesehen — mit der Schwierigkeit einer hierauf bezüglichen Feststellung zu rechnen haben. Ohne den Nachweis der objectiven Unrichtigkeit können aber solche Bezeichnungen nicht als Verstöße gegen Treu und Glauben zur Verantwortung gezogen werden. Auch gilt nach den Anschauungen des Verkehrs die Reclame erst dann für unerlaubt, wenn sie zur Vorspiegelung unwahrer Thatsachen greift. Sind thatsächlich unwahre Angaben nach dem Gegenstande, auf den sie sich beziehen, geeignet, das Angebot als ein besonders günstiges erscheinen zu lassen und Käufer anzulocken, so ist das berechtigte Interesse redlicher Mitbewerber und vielfach auch die öffentliche Ordnung verletzt und daher ein Einschreiten der Gesetzgebung gerechtfertigt. Dagegen liegt kaum ein praktisches Bedürfniß vor, unwahre Angaben ohne jede Rücksicht auf ihre Wirkung schlechthin wegen ihrer Unwahrhaftigkeit zu verfolgen.

Diejenigen Gegenstände, welche nach den Erfahrungen des Verkehrs auf die Beurtheilung eines Angebots in besonderem Maße Einfluß zu üben pflegen, sind zu möglichster Präcisirung des die Verantwortlichkeit begründenden Thatbestandes im Entwurf einzeln bezeichnet.

Falsche Angaben über die Beschaffenheit von Waaren oder gewerblichen Leistungen bilden eines der häufigsten und wirksamsten Mittel zur Heranziehung von Kunden. Wenn beispielsweise halbseidene Stoffe unter der Bezeichnung als reinseidene zu einem Preise ausgeboten werden, der dem wirklichen Werthe der halbseidenen Waare entspricht, so ist diese Art der Ankündigung geeignet, das berechtigte Interesse von Mitbewerbern, welche eine solche Täuschung verschmähen, in demselben Maße zu beeinträchtigen, wie sie in den Kreisen der minder erfahrenen Consumenten die Kauflust anregt. In Fällen dieser Art muß die Betrugsbestimmung des Strafgesetzbuchs versagen, wenn der durch die falsche Vorspiegelung in einen Irrthum versetzte Käufer eine Vermögensbeschädigung nicht erfahren hat. Der Ausdruck „Beschaffenheit" umfaßt neben dem Material, aus dem die Waare besteht, auch das Herstellungsverfahren und alle sonstigen Momente, die für die Würdigung der Waare 2c. von Einfluß sind, z. B. die Eigenschaft als Natur- oder als Kunstproduct, als eigenes oder fremdes Erzeugniß, als Hand- oder Fabrikarbeit, als direct ohne Zwischenhändler bezogen und dergleichen.

In ähnlicher Weise wirken Angaben über die Preisbemessung, wenn z. B. im Widerspruch mit dem Sachverhalt Waaren als unter dem Einkaufspreis ꝛc. erhältlich ausgeboten werden, oder wenn billigere Preise zur Ankündigung gelangen, als sie beim Kauf thatsächlich in Rechnung gestellt werden.

Der Begriff „Bezugsquelle" erstreckt sich auf Ursprungsangaben nicht geographischen Charakters. Die fälschliche Verwendung von Ortsnamen in geschäftlichen Ankündigungen ist bereits durch § 16 des Waarenbezeichnungsgesetzes in einem dem Bedürfniß des redlichen Verkehrs genügenden Umfange eingeschränkt worden; bei dem gegenwärtigen Anlaß kann es sich nur noch darum handeln, Täuschungen entgegenzuwirken, wie solche durch anderweitige falsche Hinweise auf die Herkunft von Waaren (z. B. Domänenbutter, aus einem Concurse, einem Nachlasse herrührend) häufig versucht werden.

Auch das fälschliche Berühmen mit dem Besitz von Auszeichnungen ist in diesem Zusammenhange zu nennen. Das Strafgesetzbuch bedroht im § 360 Ziff. 8 nur denjenigen mit Uebertretungsstrafen, welcher unbefugt einen Orden ꝛc. trägt oder Titel und Würden annimmt. Die hin und wieder vorkommende unberechtigte Verwendung einer Ordensabbildung zu geschäftlichen Zwecken ist straffrei. Vor Allem aber bedarf es eines Schutzes gegen den mit gewerblichen Auszeichnungen betriebenen Schwindel. Mag auch, wie von einzelnen Sachverständigen behauptet wird, die Werthschätzung der von Ausstellungen und ähnlichen Veranstaltungen, von gewerblichen Vereinen oder Versammlungen verliehenen Medaillen und Diplome im Abnehmen begriffen sein, so bleibt doch noch immer die Zahl derer erheblich, welche in einer solchen Auszeichnung eine Gewähr für die Güte der Waaren eines Gewerbtreibenden erblicken wollen.

In geringerem Maße bedenklich sind falsche Angaben über die Menge der vorhandenen Vorräthe; immerhin kann der hierdurch erweckte Schein einer großen Auswahl ebenfalls die Wirkung haben, Käufer heranzuziehen, die ohne diesen Irrthum anderen Kaufgelegenheiten sich zugewandt haben würden. Für solche Fälle wird den in ihrem Absatz beeinträchtigten Mitbewerbern der Rechtsweg zur Unterdrückung jener Täuschnng nicht abgeschnitten werden dürfen.

Außerordentlich häufig findet man dem Angebote von Waaren einen mehr oder minder ausführlichen Hinweis auf die das Angebot angeblich veranlassenden Umstände beigegeben. Der Inseratentheil vieler Zeitungen ist mit Anzeigen gefüllt, denen zufolge „wegen Aufgabe des Geschäfts, wegen Abbruchs des Hauses, Fortzugs halber, anläßlich des Ankaufs einer Concursmasse“ und aus ähnlichen Gründen einzelne Gegenstände oder der Bestand eines Waarenlagers zum Verkanf gestellt werden; Schaufenster zeigen häufig Placate ähnlichen Inhalts. Dem Angebot von Möbeln, Kunstsachen, Musikinstrumenten und sonstigen Gegenständen des häuslichen Gebrauchs sucht man eine erhöhte Wirkung zu sichern, indem man den Schein erweckt, als ob es sich um einen gelegentlichen Verkauf handle, zu dem eine Privatperson durch mißliche Familien- oder Vermögensverhältnisse sich gedrängt sehe. Es wird fälschlicherweise die Beschädigung der Waare durch Feuer oder Wasser vorgespiegelt; und selbst der mehr oder weniger verhüllte Hinweis auf strafbare Handlungen, die in der That nicht begangen sind (z. B. Schmuggel), wird nicht verschmäht, um der Leichtgläubigkeit des Publicums die Nothwendigkeit einer schleunigen Räumung des Bestandes und billigster Preisstellung anschaulich zu begründen. Zu dem gleichen Zweck pflegt der unlautere Wettbewerb den Verkauf von Waaren als Ausverkauf in augenfälliger Form anzukündigen, während in Wirklichkeit ein Ausverkauf, d. h. eine Veräußerung der vorhandenen Vorräthe zum Zweck der Beendigung, sei es des Geschäftsbetriebes, sei es einer gewissen Waarengattung, nicht beabsichtigt ist, vielmehr eine regelmäßige oder gelegentliche Vervollständigung des Lagers durch Beschaffung neuer Waaren stattfindet. Diese sogen. permanenten Ausverkäufe sind namentlich in den mittleren Schichten unserer Gewerbtreibenden Gegenstand vielfacher Beschwerden, die vom Standpunkt des ehrenhaften Wettbewerbs aus völlig berechtigt erscheinen. Derartige Machenschaften fallen unter den Thatbestand des Entwurfs, sofern nur durch die Vorspiegelung eines Ausverkaufs der Wahrheit zuwider der Anschein erweckt werden soll, als ob es sich um die Räumung von Vorräthen handle, die nicht wieder ergänzt werden sollen. Hinsichtlich der nachträglich beschafften Waaren, deren Angebot ebenfalls unter dem Aushängeschild eines fortgesetzten Ausverkaufs erfolgt, wird die Unwahrheit je nach der Sachlage in der Angabe des Anlasses zum Verkauf oder der Bezugsquelle liegen.

Da die unlautere Reclame sich nicht bloß thatsächlichen Angaben im engeren Sinne, d. h. mündlicher oder schriftlicher Mittheilungen bedient, um den Schein eines günstigen Angebots hervorzurufen, sondern zu diesem Zweck häufig auch bildliche oder symbolische Darstellungen oder andere Veranstaltungen benutzt, welche das kaufende Publicum über die

Güte des Angebots in gleichem Maße irre zu führen geeignet sind, wie unwahre Angaben, die sich in Worte kleiden, so sind im dritten Absatz des § 1 derartige Veranstaltungen den Angaben thatsächlicher Art gleichgestellt.

Die Verfolgung unrichtiger Angaben soll nicht davon abhängig sein, ob die beabsichtigte Wirkung thatsächlich eingetreten ist. Die Fassung im Eingange der §§ 1 und 2: „Wer es unternimmt", schließt jede, wenn auch erfolglose Thätigkeit ein, die darauf gerichtet ist, durch unrichtige Angaben den Anschein eines besonders günstigen Angebots hervorzurufen. Dagegen müssen die unrichtigen Angaben mit dem geschäftlichen Verkehr in Beziehung stehen. Mittheilungen, welche ohne Rücksicht auf die Förderung geschäftlicher Zwecke etwa gelegentlich einer geselligen Unterhaltung gemacht werden, bleiben, auch wenn sie alle sonstigen Erfordernisse des im § 1 bezeichneten Thatbestandes an sich tragen sollten, durch die Worte „im geschäftlichen Verkehr" von der Anwendung des Gesetzes ausgeschlossen.

In civilrechtlicher Beziehung soll nach § 1 des Entwurfs zunächst ein Anspruch auf Unterlassung der unrichtigen Angaben stattfinden. Um die Verwirklichung dieses Anspruchs zu sichern, kann der Berechtigte neben oder vor der Erhebung der Klage auch eine einstweilige gerichtliche Verfügung nach Maßgabe der Civilproceßordnung beantragen. Letzterer Weg hat für die Bekämpfung der unlauteren Reclame ganz besondere Bedeutung. Es wird häufig darauf ankommen, eine gegen das Gesetz verstoßende Form der geschäftlichen Ankündigung möglichst schnell und, ehe sie anderen Gewerbtreibenden Schaden zufügen kann, zu beseitigen. Um diesen Weg noch gangbarer zu machen, soll der Erlaß einer einstweiligen Verfügung an die besonderen Voraussetzungen der §§ 814 und 819 der Civilproceßordnung nicht gebunden sein. Selbstverständlich bleibt es aber zur Begründung des Antrags auf eine einstweilige Verfügung unter allen Umständen erforderlich, daß die thatsächlichen Voraussetzungen, von denen der Entwurf (§ 1 Absatz 1 und 2, Absatz 3) den Anspruch auf Unterlassung der unrichtigen Angaben abhängig macht, dargelegt werden. Auch müssen diese Voraussetzungen gemäß §§ 815, 800 der Civilproceßordnung glaubhaft gemacht werden, sofern nicht eine vom Gericht für hinreichend erachtete Sicherheit bestellt wird (§ 801). Im Uebrigen hat das Gericht nach freiem Ermessen darüber zu befinden, ob und in welcher Art nach Lage des Falls eine vorläufige Anordnung zu treffen ist.

Die Berechtigung zur Anstellung der Klage und demzufolge auch zu dem Antrage auf Erlaß einer einstweiligen Verfügung ist nach dem Entwurf an den Nachweis eines besonderen rechtlichen Interesses nicht gebunden; vielmehr soll jeder Mitbewerber activ legitimirt sein. Da aber die Geltendmachung des Anspruches immerhin gewisse Mühewaltungen und pecuniäre Opfer voraussetzt, die den Einzelnen häufig zu empfindlich belasten würden, so sieht der Entwurf für Gewerbtreibende, die sich zu Verbänden vereinigt haben — die Proceßfähigkeit der Verbände vorausgesetzt (§ 50 Civilprozeßordnung) — die Möglichkeit eines corporativen Vorgehens vor. Und zwar brauchen die Verbände nach der Wortfassung des Entwurfs nicht ausschließlich aus solchen Personen zu bestehen, welche in dem durch die unlautere Reclame bedrohten Erwerbszweige thätig sind.

Der Anspruch auf Unterlassung unwahrer Angaben ist nicht an die Bedingung geknüpft, daß der Urheber der Angaben ihre Unrichtigkeit kannte oder kennen mußte. Dagegen kann nach allgemeinen Rechtsgrundsätzen nur unter dieser Voraussetzung der im Absatz 2 vorgesehene Anspruch auf Schadloshaltung mit Erfolg geltend gemacht werden. Ueber die Frage, ob ein Schaden entstanden ist, und wie hoch sich derselbe beläuft, ist im Streitfall vom Gericht nach Maßgabe des § 260 der Civilproceßordnung zu entscheiden.

Eine Klage im Sinne des § 1 steht nur dem Mitbewerber, nicht aber dem durch die trügerischen Vorspiegelungen geschädigten Käufer zu. Die Ansprüche des Letzteren zu regeln, liegt nicht im Rahmen des vorliegenden Entwurfs. Maßgebend hierfür bleiben bis zur Verabschiedung des Bürgerlichen Gesetzbuchs die civilrechtlichen Bestimmungen der Landesgesetzgebungen.

Der strafrechtliche Thatbestand des § 2 entspricht dem Inhalt des § 1, jedoch mit einzelnen Abänderungen, welche darauf berechnet sind, die leichteren Fälle der unwahren Reclame straffrei zu lassen, so daß hier die Gegenwirkung von der Initative der geschädigten Mitbewerber abhängt. Unter diesem Gesichtspunkt sollen unwahre Angaben thatsächlicher Natur nur dann, wenn sie in Gestalt von Bekanntmachungen an die Oeffentlichkeit gelangen oder durch Rundschreiben, Circulare u. dergl. weiteren Kreisen mitgetheilt werden, zur Verantwortung gezogen werden. Nur in diesen Fällen ist die Verletzung eines allgemeineren Interesses anzunehmen.

Daß unwahre Angaben nur insoweit, als ihr Urheber sich der Unwahrheit bewußt war, eine strafrechtliche Sühne nach sich ziehen können, ist in der Natur der Sache begründet. Wenn auf civilrechtlichem Wege die Verhinderung unwahrer Angaben völlig unabhängig von dem Nachweis einer bösen Absicht ermöglicht wird, so liegt zur strafrechtlichen Ahndung fahrlässigen Verhaltens auch kein praktisches Bedürfniß vor. Angaben über die Menge der Vorräthe sind hier ausgeschieden, weil sie, wie oben bemerkt, meist in geringerem Grade bedenklich sind. Aus ähnlichem Grunde und in Anbetracht der größeren Beunruhigung, welche die Strafvorschrift auch für den reellen Verkehr zur Folge haben könnte, ist weiter davon abgesehen worden, Veranstaltungen, welche unwahre Angaben ersetzen sollen, diesen letzteren auch hinsichtlich der strafrechtlichen Verfolgung gleichzustellen.

Um im Rahmen des nach diesen Gesichtspunkten eingeschränkten Thatbestands dem Strafrichter die Berücksichtigung von Umständen zu ermöglichen, welche den Verstoß als einen geringen kennzeichnen, soll bei Abmessung der Strafe bis auf die im Strafgesetzbuch festgesetzten Mindestbeträge von Geldstrafe, Haft oder Gefängniß herabgegangen werden dürfen. Die Voranstellung der Geldstrafe wird den Richter in erster Linie auf die Wahl dieses Strafmittels hinweisen; sie hat weiter zur Folge, daß die Geldstrafe für den Fall ihrer Uneinziehbarkeit in den durch § 28 Strafgesetzbuchs gezogenen Grenzen in Haft statt in Gefängniß umgewandelt werden kann.

Auf der anderen Seite ist bei der Bemessung des zulässigen Höchstbetrags der Strafe darauf Bedacht genommen, daß schwerere Verstöße gegen Treu und Glauben, namentlich solche, die öffentliches Aergerniß erregen, auch eine nachdrückliche Sühne erheischen.

Zu § 3.

Auf einzelnen Verkehrsgebieten, insbesondere im Handel mit Garn und mit Bier, hat sich die Gepflogenheit herausgebildet, durch eine für den Consumenten schwer bemerkbare Verkleinerung des im Einzelverkehr sonst üblichen Mengenverhältnisses den irreführenden Anschein einer Preisermäßigung hervorzurufen und hierdurch zum Schaden derjenigen Gewerbsgenossen, welche zu solchen Mitteln nicht greifen, Kunden heranzuziehen.

Der Kleinhandel mit wollenen und baumwollenen Strickgarnen und mit Zephyrgarnen vollzieht sich allgemein nach dem Gewicht, jedoch in der Weise, daß die abzugebende Menge nicht in jedem Falle zugewogen sondern zum Verkauf in kleinen Abtheilungen (Bunden, Strähnen 2c.), welche eine gewisse Gewichtsmenge darzustellen pflegen, bereitgehalten wird. Die Einheit für die Gewichtsbestimmung bildet meist das Pfund, welches früher regelmäßig in 10 Unterabtheilungen zu 50 Gramm eingetheilt wurde. Im Hinblick auf diese den Kunden bekannte Geschäftsgewohnheit sind zahlreiche Geschäftsleute dazu übergegangen, aus dem

Pfund anstatt 10 Bunde deren 12, 13 oder selbst 14 herzustellen, und diese Bunde unter Verschleierung des Mindergewichts zu Preisen abzugeben, die scheinbar günstiger sind als die Preise, welche der an der alten Eintheilung festhaltende reelle Kaufmann stellt. In vielen Fällen verbindet sich mit dieser Form des unlauteren Wettbewerbs auch eine Schädigung des Publicums.

Entsprechend den Wünschen, die in den am Kleinhandel mit Garn betheiligten Kreisen laut geworden sind, wird es sich zur Verhinderung des bezeichneten Mißbrauchs empfehlen, den Handel nach Gewicht obligatorisch zu machen, sowie gleichzeitig anzuordnen, daß die einzelnen Bunde und deren Unterabtheilungen nur in bestimmten Mengeneinheiten abgegeben werden dürfen.

Aehnliche Mißbräuche haben beim flaschenweisen Verkauf von Bier in der Weise überhand genommen, daß die Zahl der für einen bestimmten Preis erhältlichen Flaschen unter entsprechender Verringerung ihres Inhalts gesteigert wird. Die hiermit verbundene, oft unreelle Benachtheiligung der Concurrenz würde durch Vorschriften über den Raumgehalt und die Bezeichnung der im Handel Verwendung findenden Flaschen verhindert werden können. Auch beim Verkauf von Bier in Fässern, sowie beim Kleinhandel mit einzelnen anderen Waaren (z. B. Chocolade, Zucker, Bindfaden, Seife) haben sich Quantitätsverschleierungen eingenistet, denen durch Vorschriften über die zulässigen Mengeneinheiten 2c. entgegenzutreten im Interesse der Solidität des Geschäftsverkehrs geboten sein kann.

Vorschriften der hier in Frage kommenden Art würden indessen trotz ihres nahen Zusammenhangs mit den sonstigen, auf die Bekämpfung des unlauteren Wettbewerbs abzielenden Anordnungen in einem Gesetz, welches allgemein verbindliche Grundsätze aufstellen will, nicht ihre richtige Stelle finden. Sie werden für den Verkehr mit bestimmten Waaren, und zwar für jede Gattung derselben unter Berücksichtigung ihrer besonderen Beschaffenheit und der einschlägigen Handelsgewohnheiten, technische Einzelheiten zu regeln habe, und, den schnell wechselnden Bedürfnissen des Verkehrs entsprechend, voraussichtlich nicht selten Abänderungen und Ergänzungen erfordern. Diese Umstände weisen auf den Weg der Verordnung hin; der Entwurf beschränkt sich daher darauf, hierfür die bisher fehlende gesetzliche Grundlage zu schaffen.

Quantitätsverschleierungen sind nur auf Abnehmerkreise berechnet, die nicht gewöhnt oder nicht in der Lage sind, die Menge der empfangenen Waare nachzuprüfen. Es liegt kein Bedürfniß vor, die Herstellung der Waare, den Verkehr zwischen der Herstellungsstelle und dem Großhändler oder zwischen diesem und dem Kleinhändler an die Innehaltung bestimmter Mengeneinheiten, oder an die Bezeichnung der Menge zu binden. Der Anwendungsbereich der zu erlassenden Vorschriften wird daher auf den Einzelverkehr zu begrenzen sein, worunter auch die Abgabe von Bier in einzelnen Fässern an die Gastwirthe zu verstehen ist.

Durch die alternative Fassung der Vorschrift des Entwurfs soll es selbstverständlich nicht ausgeschlossen werden, im Bedarfsfalle die beiden in Frage kommenden Anordnungen zu verbinden, dergestalt, daß eine bestimmte Waare nur in bestimmten Mengeneinheiten und mit einer Angabe der Menge versehen zum Einzelverkehr zugelassen wird.

Zuwiderhandlungen sollen nur als Uebertretungen mit einer mäßigen Geldstrafe oder mit Haft geahndet werden. Die Befolgung der Vorschriften erscheint hierdurch genügend sichergestellt.

Zu §§ 4 und 5.

Im Wesen der Reclame, auch soweit sie sich in den Grenzen des Erlaubten hält, ist das Bestreben begründet, das Ansehen der eigenen Leistungen auf Kosten der Werthschätzung fremder Leistungen in den Augen des Publicums zu heben. Wie die lobende Beurtheilung der eigenen, so kann auch die abfällige Kritik fremder Waare grundsätzlich nicht verboten werden.

Vom Standpunkt der geschäftlichen Moral aus findet indessen das Eine wie das Andere seine Schranke in der Pflicht, unwahre Angaben, die das Publicum irreführen und den Mitbewerber widerrechtlich schädigen würden, zu vermeiden.

Soweit unwahre Angaben in Beziehung auf einen Anderen den Thatbestand der Beleidigung ausmachen, sind sie nach Maßgabe des XIV. Abschnitts des II. Theils des Strafgesetzbuchs bereits strafbar. Insbesondere macht sich nach § 187 des Strafgesetzbuchs derjenige einer verleumderischen Beleidigung schuldig, der wider besseres Wissen in Beziehung auf einen Anderen eine unwahre Thatsache behauptet oder verbreitet, welche dessen Credit zu gefährden geeignet ist. Indessen zeigt die Erfahrung, daß unwahre Ausstreuungen, ohne den Credit eines Gewerbtreibenden zu schädigen, doch dessen Absatzverhältnisse in empfindlichster Weise beeinträchtigen können. Behauptungen wie:

> eine Fabrik sei durch Feuer zerstört, eine Kohlengrube von eindringenden Wassermassen betroffen, die Herstellung oder der Vertrieb eines bestimmten Erzeugnisses habe eine Anklage oder eine Verurtheilung wegen Patentverletzung hervorgerufen,

werden in manchen Fällen den Credit des verleumdeten Geschäfts unberührt lassen, die bisherigen Abnehmer aber bestimmen, ihre Aufträge anderen Geschäften zuzuwenden. Sind solche Behauptungen wider besseres Wissen aufgestellt oder verbreitet, so verdienen sie nicht minder als Credit gefährdende Verleumdungen strafrechtlich geahndet zu werden. Auf dieser Erwägung beruht die Bestimmung im § 5 des Entwurfs. Mit Rücksicht auf den höheren Grad von Verwerflichkeit des hier bezeichneten im Vergleich zu dem im § 2 behandelten Thatbestand ist die Strafandrohung insofern verschärft, als die Haftstrafe ausgeschieden und die höchst zulässige Dauer der Gefängnißstrafe auf ein Jahr erstreckt worden ist. Immerhin gewähren die Vorschläge des Entwurfs dem richterlichen Ermessen einen weiten Spielraum zur milderen Beurtheilung von leichten Fällen; namentlich ist auch hier die Fassung so gewählt, daß für diejenigen Fälle, in denen die Verhängung einer mäßigen Geldstrafe angezeigt erscheint, deren Umwandlung in eine Haftstrafe nicht grundsätzlich ausgeschlossen wird (§ 28 des Strafgesetzbuchs).

In der strafrechtlichen Verfolgung unwahrer, den Absatz eines Gewerbetreibenden gefährdenden Ausstreuungen über die Fälle der bewußten Unwahrheit hinauszugreifen, ist schon deswegen nicht thunlich, weil auch wegen Creditgefährdung nach § 187 Strafgesetzbuchs eine Strafe nur denjenigen trifft, welcher der Unwahrheit seiner Behauptungen sich bewußt gewesen ist. Dagegen besteht kein innerer Grund, für die civilrechtlichen Rechtsbehelfe an dieser Schranke festzuhalten. Der Anspruch auf Schadensersatz und auf Unterlassung künftiger Störungen, welchen der § 4 des Entwurfs dem Verletzten einräumen will, ist in seiner praktischen Durchführbarkeit nur dann gesichert, wenn die Verantwortlichkeit eintritt, gleichviel ob bei der Aufstellung oder Verbreitung von Behauptungen das Bewußtsein von deren Unwahrheit vorlag oder nicht. Der gleiche Rechtsschutz, wie dem Absatz eines Geschäfts, wird aber dem Credit seines Inhabers nicht versagt bleiben dürfen. Auch in letzterer Beziehung fehlt es bisher an einer sicheren Grundlage für civilrechtliche Ansprüche, und diese Lücke hat sich der unlautere Wettbewerb nicht selten zu empfindlicher Benachtheiligung des ehrlichen Geschäftsbetriebs zu Nutzen zu machen verstanden.

Nach der Fassung des Entwurfs soll im Civilproceß die Beweislast hinsichtlich der Wahrheit der den Absatz oder den Credit eines Anderen schädigenden Behauptungen demjenigen zufallen, der die Behauptungen aufgestellt oder verbreitet hat. Es würde nicht der Billigkeit entsprechen, den Beweis der Unwahrheit dem Verletzten aufzuerlegen. Auf der anderen Seite muß jedoch allgemeinen Rechtsgrundsätzen gemäß der Erfolg des Anspruchs an die Voraussetzung geknüpft werden, daß die Absicht vorgelegen hat, Credit oder Absatz zu schädigen. Die Rücksicht auf die Rechtssicherheit des geschäftlichen und persönlichen Verkehrs gestattet es nicht, jede, zwar wahrheitswidrige und nachtheilige, dabei aber harmlos gemeinte Aeußerung mit einer civilrechtlichen Verantwortlichkeit zu belasten. Insbesondere bedarf die für die kaufmännischen Creditbeziehungen bei reellem Betrieb nützliche Einrichtung der Auskunftsertheilung, mag diese Einrichtung von einzelnen Personen als besonderes Erwerbsgeschäft, oder von kaufmännischen und gewerblichen Schutzvereinen zur Sicherung ihrer Mitglieder gegen Verluste betrieben werden, der Schonung. Wer eine Auskunft nachsucht, um hiernach seine Geschäftsbeziehungen zu einem Anderen zu regeln, und wer eine solche Auskunft nach bestem Wissen ertheilt, befindet sich in Wahrnehmung berechtigter Interessen und darf auch dann nicht haftbar gemacht werden, wenn die Auskunft ungünstig lautet. Diesen Gesichtspunkten trägt der Vorbehalt im zweiten Absatz des § 4 Rechnung.

Zu § 6.

In kaufmännischen Kreisen wird in neuerer Zeit vielfach die Frage erörtert, ob die Bestimmungen im dritten Titel des ersten Buchs des Handelsgesetzbuchs über die Handelsfirmen dem Bedürfnissen des Verkehrs noch völlig genügen. Die in dieser Richtung geäußerten Zweifel beruhen im wesentlichen auf der Annahme, daß die Vorschriften, welche die Wahrheit des Inhalts einer Firma und ihre Unterscheidbarkeit von älteren Firmen gewährleisten sollen, unschwer umgangen werden können. Die Prüfung dieser Beschwerden und gegebenen Falls die zur Abhilfe geeigneten Vorschläge werden der bereits in Angriff genommenen Revision des Handelsgesetzbuchs anheimgestellt bleiben müssen. Bei der gegenwärtigen Gelegenheit kann es sich nur darum handeln, in der Benutzung von Firmen, welche den geltenden Vorschriften gemäß zur Eintragung gelangt sind, und ebenso in der Benutzung von — nicht im Firmenregister verzeichneten — Namen gewissen auf dem Gebiete der unlauteren Concurrenz liegenden Mißbräuchen entgegenzutreten. Es liegt nicht im Rahmen des vorliegenden Entwurfs, einen Gewerbetreibenden, dessen Namen mit der Firma eines an einem anderen Orte domicilirenden Concurrenten übereinstimmt, an der Führung seines Namens als Firma schlechterhin zu verhindern. Wohl aber soll es ihm im Intesse der geschäftlichen Moral verboten werden, die Synonymität, mag diese eine zufällige oder eine absichtlich herbeigeführte sein, in einer Weise auszubeuten, welche darauf berechnet und geeignet ist, Verwechselungen hervorzurufen. Er wird also beispielsweise auf der Waare, in Empfehlungskarten, in Correspondenzen seinen Namen nicht in einer Weise anbringen dürfen, welche auf die Irreführung des Publicums zum Nachtheil eines in der Geschäftswelt bereits bekannten Trägers gleichen Namens abzielt. Die hierin liegende Beschränkung im Gebrauch des eigenen Namens ist durch bedauerliche Vorkommnisse der neueren Zeit gerechtfertigt; sie enthält übrigens insofern nichts Ungewöhnliches, als schon ihm Artikel 20 des Handelsgesetzbuchs die Zulässigkeit einer solchen Beschränkung im Princip anerkannt ist.

Ein gleichartiger Schutz, wie für Namen und Firmen ist für sonstige eigenthümliche und zur Unterscheidung bestimmte Geschäftsbezeichnungen in Aussicht genommen.

Die zunehmende Bedeutung sogenannter Phantasienamen für den Verkehr hat bereits im Waarenbezeichnungsgesetz durch die bedingungsweise Zulassung von Zeichen, welche ausschließlich in Worten bestehen, Anerkennung gefunden. Auch auf dem Gebiete der Bezeichnung von E r w e r b s g e s c h ä f t e n bürgert sich nach dem Vorgange des Auslands bei uns mehr und mehr die Gewohnheit ein, die Aufmerksamkeit des Publicums durch frei erfundene Schlagworte anzuregen. In allen größeren Städten finden sich Reclamenamen, wie „Goldene Neun", „Zum Kleider-Engel" und dergl. Es ist aber als ein Verstoß gegen die geschäftliche Ehrlichkeit anzusehen, wenn ein solcher Name, nachdem er sich ein gewisses Ansehen im Publicum erworben hat, sei es in unveränderter Gestalt, sei es mit geringen im Verkehr schwer erkennbaren Abweichungen von anderen Gewerbetreibenden zu dem Zweck verwerthet wird, um Verwechslungen hervorzurufen. Hierher gehören auch Fälle, wie sie in der öffentlichen Discussion des letzten Jahres wiederholt zur Sprache gebracht worden sind, daß die frei gewählten Bezeichnungen, welche von Hotels, Gastwirthschaften, Verkehrsanstalten rc. neben Namen oder Firma geführt werden, von der unlauteren Concurrenz zum Schaden der Inhaber ausgebeutet werden. Der dagegen von dem Entwurf beabsichtigte Schutz ist selbstverständlich in allen Fällen, die der Ausdruck „die besondere Bezeichnung eines Erwerbsgeschäfts" umfaßt, dadurch bedingt, daß die Bezeichnung einen eigenthümlichen und unterscheidenden Charakter hat. Allgemein übliche Bezeichnungen, wie z. B. „Kleiderbazar", „Zur guten Quelle" können nicht zu Gunsten eines Einzelnen, selbst wenn derselbe an einem bestimmten Orte sich zuerst dieser Bezeichnung bedient haben sollte, monopolisirt werden. In dieser Beziehung die Grenze des Zulässigen festzustellen, muß der Entscheidung des einzelnen Falls überlassen bleiben.

Der Schutz des § 6 beschränkt sich auf einen im civilprocessualen Verfahren geltend zu machenden Anspruch auf Schadensersatz und auf Unterlassung fernerer Eingriffe. Eine Strafandrohung ist hier schon deswegen entbehrlich, weil nur die Verletzung berechtigter Interessen von einzelnen bestimmten Mitbewerbern in Frage kommt.

Zu § 7 und 8.

Vorschriften gegen den Verrath von Betriebs- oder Geschäftsgeheimnissen bestehen in den meisten auswärtigen Staaten und waren bis zum Jahre 1870 auch in mehreren der jetzt zum Deutschen Reich verbundenen Staaten in Geltung. Das Reichs-Strafgesetzbuch hat sie nicht übernommen, jedoch in einer Sonderbestimmung (§ 300) gewisse Berufsklassen, die kraft ihres Amts, Standes oder Gewerbes eine Vertrauensstellung gegenüber dem Publicum einnehmen, zur Wahrung der ihnen anvertrauten Privatgeheimnisse unter Strafandrohung verpflichtet. Das Unfallversicherungsgesetz vom 6. Juli 1884 (§§ 107 und 108) hat diese Verpflichtung und zwar in verschärfter Form auf die Mitglieder der Genossenschaftsvorstände und deren Beauftragte rücksichtlich der ihnen kraft ihres Amts oder Auftrags zur Kenntniß gelangten Betriebsgeheimnisse ausgedehnt.

Der Erlaß allgemeiner reichsgesetzlicher Vorschriften ist bereits Mitte der achtziger Jahre Gegenstand der Erwägung gewesen, indessen mit Rücksicht auf die von mehreren Seiten dagegen erhobenen Bedenken einstweilen zurückgestellt worden. Es wurde namentlich geltend gemacht, daß die Gesetze über das Patent-, Muster- und Markenwesen einen ausreichenden Schutz darböten, daß es mit dem Princip dieser Gesetze unverträglich, auch aus praktischen Gründen nicht empfehlenswerth sei, den industriellen und kaufmännischen Geheimnissen einen besonderen Rechtsschutz zuzubilligen, daß Bestimmungen dieser Art Arbeiter und Angestellte benachtheiligen, die Verwerthung von gewerblichen Verbesserungen hemmen und bei der Anwendnng auf den einzelnen Fall Schwierigkeiten hervorrufen würden.

Diese Bedenken können als durchgreifend nicht anerkannt werden. Unzutreffend erscheint insbesondere der Hinweis auf die den gewerblichen Rechtsschutz regelnden Gesetze. Dieselben geben dem Kaufmann kein Mittel an die Hand, die Liste seiner Bezugsquellen oder seiner Abnehmer, Zusammenstellungen über Selbstkostenpreise, Bilanzen und sonstige Daten, an deren Geheimhaltung sich ein mehr oder minder erhebliches geschäftliches Interesse knüpft, gegen mißbräuchliche Verwerthung zu sichern. Sie versagen auch für viele Verhältnisse des industriellen Betriebs. Der Werth eines Erzeugnisses bestimmt sich sehr häufig durch gewisse, ihrer Natur nach weder zum Erfindungs- noch zum Gebrauchsmuster-Schutz berechtigte Besonderheiten des Herstellungsverfahrens, beispielsweise durch die Art der Mischung verschiedener Ingredienzien, durch die Wahl gewisser Temperaturgrade und durch die Zeitdauer ihrer Einwirkung. Je größeren Aufwand an Mühe und Kosten die Auffindung solcher Eigenthümlichkeiten bedingt, um so höher pflegt ihr Werth, um so empfindlicher der Verlust zu sein, den die unbefugte Mittheilung an Concurrenten verursacht. Dabei treffen die Gründe, welche bei Erfindungen ꝛc. für Offenlegung sprechen, hier nicht oder wenigstens nicht immer zu; denn Besonderheiten jener Art werden bei aller Bedeutung, die sie für einzelne Betriebe haben können, doch meist nicht geeignet sein, auf die Entwicklung des Gewerbefleißes im allgemeinen fördernd einzuwirken.

Die Angestellten endlich haben in ihren berechtigten Interessen eine Schädigung nicht zu besorgen. Sie können und sollen durch Bestimmungen, welche gewisse als Geheimniß zu betrachtende Besonderheiten und Eigenthümlichkeiten eines geschäftlichen oder industriellen Betriebs an die Schweigepflicht binden, im Uebrigen nicht gehindert werden, die in einer Dienststellung gesammelten Erfahrungen und Kenntnisse zu ihrem späteren Fortkommen nutzbringend zu verwenden.

Die Nothwendigkeit solcher Bestimmungen ist namentlich im Bereich einzelner Industriezweige während des letzten Jahrzehnts immer schärfer hervorgetreten. In der öffentlichen Erörterung der gegen den unlauteren Wettbewerb zu richtenden Maßnahmen nehmen die Fälle gröblichen Vertrauensbruchs in Bezug auf Betriebsgeheimnisse einen breiten Raum ein, und wenn es nach einer Mittheilung von beachtenswerther Seite so weit gekommen ist, daß der Verrath und die unbefugte Ausbeutung fremder Betriebs- und Geschäftsgeheimnisse an einzelnen Stellen geradezu die Form einer geschäftlichen Organisation angenommen hat, so wird der Gesetzgeber, welcher das redliche Gewerbe gegen die Uebervortheilung durch unlauteres Gebahren soweit als möglich sichern will, an solchen Erscheinungen nicht unthätig vorübergehen dürfen.

In diesem Sinne haben auch die zur Berathung des Gegenstands zusammenberufenen Sachverständigen sich geäußert. Die Versammlung hat das Bedürfniß eines gesetzlichen Schutzes gegen den Verrath von Betriebsgeheimnissen einstimmig anerkannt, während in Ansehung der Geschäftsgeheimnisse eine Minderheit an den oben bezeichneten Bedenken glaubte festhalten zu sollen. Wenn dabei jedoch u. a. die Behauptung aufgestellt worden ist, daß der Großkaufmann Geschäftsgeheimnisse überhaupt nicht habe, und daß der kleinere Kaufmann das, was er als geheim betrachte, schützen könne, indem er es der Einsicht seiner Angestellten entziehe, so entspricht dies nicht den sonst gemachten Wahrnehmungen. Letztere weisen darauf hin, daß im Kaufmannsstand in nicht geringerem Maß als in industriellen Kreisen das Bedürfniß empfunden wird, durch gesetzliche Vorschriften gegen den jetzt häufig vorkommenden Verrath geschäftlicher Interna, namentlich der Kundenlisten, gesichert zu werden. Nun ist allerdings gerade in Ansehung der Kundenlisten die Möglichkeit eines wirksamen Schutzes bezweifelt worden; man hat geltend gemacht, daß beispielsweise dem in eine neue Stellung übertretenden Geschäftsreisenden die Verwerthung der in dem früheren Dienstverhältniß angeknüpften Beziehungen zu Kunden nicht verschränkt werden dürfe. Dies wird jedoch auch nicht beabsichtigt. Der Entwurf spricht von Geschäftsgeheimnissen, die einem Angestellten ꝛc. vermöge des Dienstverhältnisses anvertraut oder sonst zugänglich gemacht worden sind. Als ein Geschäftsgeheimniß solcher Art kann die Kenntniß der Kunden, die ein Geschäftsreisender durch seine eigene Thätigkeit für das Geschäft seines Principals gewinnt, nicht angesehen werden. Mit diesen Kunden nach Errichtung eines eigenen Geschäfts in Verbindung zu treten, bleibt ihm nach der Fassung des Entwurfs unbenommen. Anders liegt der Fall desjenigen, welcher sich die Liste der anderweitigen Kundschaft seines Principals verschafft, um sie an Concurrenten mitzutheilen oder in einer neuen Dienststellung selbst zu verwerthen. Hier liegt ein schwerer Vertrauensbruch vor, der eine Sühne erfordert, nach dem geltenden Recht aber nur beim Vorhandensein gewisser, an sich unbedeutender Nebenumstände verfolgt werden kann, beispielsweise dann, wenn mit der Liste das Material, auf dem sie verzeichnet steht, dem Principal entwendet worden ist.

Eine Aussonderung der Geschäftsgeheimnisse würde aber, wie sie innerlich nicht berechtigt wäre, auch praktisch undurchführbar sein, weil für manche Verkehrszweige die Grenzlinie zwischen der auf die Herstellung und der auf den Vertrieb von Waaren gerichteten Thätigkeit nicht mit Sicherheit festgestellt werden kann.

Der Entwurf will daher Geschäfts- und Betriebsgeheimnisse in gleicher Weise schützen. Eine Definition des Begriffes „Geheimniß“ ist vermieden. Derselbe ist dem Sprachgebrauche des täglichen Lebens, wie auch der Strafrechtspflege ohnehin geläufig und es erscheint nicht rathsam, hier durch eine Festlegung der Begriffsmerkmale der richterlichen

Würdigung der besonderen Verhältnisse des Einzelfalles Schranken zu ziehen. Daß eine Verantwortlichkeit nur dann eintreten kann, wenn dem Mittheilenden diejenigen thatsächlichen Umstände bekannt waren, in denen die Merkmale „eines Geheimnisses" gefunden werden, folgt aus allgemeinen strafrechtlichen Grundsätzen (vergl. § 59 Strafgesetzbuchs). Die Wahrung von Geheimnissen soll nur solchen Personen obliegen, welche mit der Eingehung des Dienstverhältnisses eine persönliche Treupflicht stillschweigend übernommen haben — ein Gesichtspunkt, der auch den Vorschriften des § 266 des Strafgesetzbuchs über die Untreue von Vormündern, Bevollmächtigten ꝛc. sowie den oben bereits erwähnten Vorschriften des § 300 Strafgesetzbuchs zu Grunde liegt. Für sonstige vertragsmäßige Beziehungen trifft dieser Gesichtspunkt nicht zu; es wird hier dem Geschäfts- oder Betriebsinhaber überlassen bleiben müssen, durch sorgfältige Auswahl derjenigen Personen, mit denen er ein Vertragsverhältniß eingeht, sich vor Indiscretionen zu schützen. Auch der Fall des Eindringens fremder Personen in die Geschäfts- oder Betriebsräume zum Zweck der Spionage ist unberücksichtigt geblieben, weil er gesetzlich schwer zu formuliren ist, in dieser Beziehung auch das Bedürfniß eines besonderen gesetzlichen Schutzes sich bisher nicht mit Dringlichkeit geltend gemacht hat.

Die Verpflichtung zur Verschwiegenheit beschränkt sich nicht auf die in den Grenzen der Dienstgeschäfte eines Angestellten liegenden Angelegenheiten. Es ist vielmehr in dem persönlichen Charakter des Dienstverhältnisses ebenso wie in dem praktischen Bedürfniß begründet, auch solche Geschäftsgeheimnisse vor Verrath zu schützen, von denen ein Angestellter außerhalb des Bereichs seiner Obliegenheiten etwa durch zufällige Umstände Kenntniß erlangt hat.

Aus denselben Erwägungen ist die Erstreckung der Treupflicht über die Dauer des Dienstverhältnisses hinaus unerläßlich. Dürfte der Angestellte sogleich nach seinem Austritt Geheimnisse, von denen er Kenntniß erhalten, beliebig offenbaren oder zu seinem Nutzen verwerthen, so würde der angestrebte Schutz versagen und statt dessen ein Anreiz zum baldigen Verlassen der Dienststellungen geschaffen werden. Conventionalstrafen, mit denen man abhelfen zu können glaubt, sind schon wegen der meist vorhandenen Mittellosigkeit der in Betracht kommenden Personen nach Lösung des Dienstverhältnisses erfahrungsmäßig in noch geringerem Grade wirksam, als während der Dauer desselben. Uud was den Einwand betrifft, daß Lehrlinge oder andere Personen, welche zur Sammlung von Kenntnissen und Fertigkeiten in ein Geschäft eingetreten sind, an deren Verwerthung zu eigenem Nutzen nicht gehindert werden dürfen, so ist es mit diesem Grundsatz, wie schon oben dargelegt, wohl vereinbar, diejenigen Besonderheiten und Eigenthümlichkeiten, die als Geheimnisse eines bestimmten Betriebes betrachtet werden müssen, der Schweigepflicht des Geschäftspersonals auch nach seinem Ausscheiden aus dem Dienst des Betriebes zu unterwerfen.

Diese Pflicht wird jedoch zeitlich zu begrenzen sein. Betriebs- und Geschäftsgeheimnisse pflegen diesen Charakter und damit ihren Vermögenswerth nach einer Reihe von Jahren zu verlieren. Auch sonst nimmt auf dem Gebiete des gewerblichen und geistigen Eigenthums mit dem Ablauf einer länger oder kürzer bemessenen Frist der Rechtsschutz sein Ende. Hiernach will der Entwurf die Pflicht zur Wahrung von Geheimnissen auf einen Zeitraum von zwei Jahren, von der Beendigung des Dienstverhältnisses an gerechnet, beschränkt wissen.

Eine weitere Beschränkung ergiebt sich aus der gesetzgeberischen Absicht, dem unlauteren Wettbewerb entgegenzutreten; es liegt daher kein Anlaß vor, Indiscretionen zu verhindern, die nicht auf diesem Gebiete liegen.

Mit diesen Vorbehalten muß aber, um dem Verbote volle Wirksamkeit zu sichern, der Mittheilung eines Geheimnisses an einen Concurrenten jede andere Form der unlauteren geschäftlichen Ausbeutung eines fremden Geheimnisses, namentlich auch dessen Verwerthung zu eigenem Nutzen, gleichgestellt werden.

Die für Zuwiderhandlungen gegen das Verbot vorgesehene öffentliche Strafe entspricht derjenigen des § 5 mit der Maßgabe, daß der zulässige Höchstbetrag der Geldstrafe auf 3000 Mk. (statt auf 1500 Mk.) festgesetzt werden soll. Daneben wird dem Verletzten ein civilrechtlicher Anspruch auf Ersatz des ihm zugefügten Schadens einzuräumen sein.

Der § 8 des Entwurfs stellt den *erfolglosen* Versuch der Anstiftung unter Strafe, um der für das redliche Gewerbe besonders gefährlichen Verleitung zum Vertrauensbruch einen Riegel vorzuschieben. In den Fällen, in denen die Anstiftung thatsächlich zum Verrath führt, trifft nach allgemeinem Rechtsgrundsatz (§ 48 des Strafgesetzbuchs) den Anstifter die gleiche Strafe, wie den Thäter.

Zu § 9.

Die in den §§ 5, 7 und 8 bezeichneten Vergehen verletzen nur die Interessen einzelner Privatpersonen. Von deren Entschließung kann daher die Strafverfolgung abhängig gemacht worden. Wird ein solcher Antrag nicht gestellt, oder wird derselbe zurückgezogen, so deutet dies darauf hin, daß entweder der angerichtete Schaden nicht erheblich ist, oder daß eine Verständigung zwischen den Betheiligten stattgefunden hat. In beiden Fällen liegt zur Einleitung oder zur Fortführung eines Strafverfahrens ein Grund nicht vor. Dagegen werden Ausschreitungen im Reclamewesen (§ 2) der bestimmten Beziehung zu dem Interessenkreise einer Einzelperson in der Regel entbehren; sie kennzeichnen sich vielmehr im Allgemeinen als ein Verstoß gegen die Rechtsordnung und sind daher von Amtswegen zu verfolgen. Gleiches gilt von der Uebertretung der nach § 3 vom Bundesrath erlassenen Anordnungen.

Die Veröffentlichung der Straferkenntnisse wird in den Fällen des § 2 wesentlich dazu beitragen, das durch trügerische Vorspiegelungen irre geführte Publicum aufzuklären und es zu bestimmen, sein Vertrauen dem soliden Geschäftsbetriebe zuzuwenden. In den Fällen des § 5 bildet die Veröffentlichung eine Genugthuung, auf welche der durch unwahre Ausstreuungen in seinem Absatz Geschädigte berechtigten Anspruch hat.

Die Bestimmungen über die Verhängung einer Buße im Strafverfahren sind den Vorschriften anderer, den Schutz gewerblicher Interessen bezweckenden Gesetze nachgebildet.

Zu § 10.

Nach dem Beispiele anderer Gesetze wird die nöthige Einheitlichkeit in der Anwendung auch des vorliegenden Gesetzes dadurch sicher zu stellen sein, daß für bürgerliche Rechtsstreigkeiten die Entscheidung letzter Instanz unter allen Umständen dem Reichsgericht vorbehalten bleibt.

Zu § 11.

Es besteht kein Anlaß, die Rechtsbehelfe, durch welche der Entwurf dem reellen Geschäftsbetriebe den Kampf mit dem unlauteren Wettbewerb erleichtern will, ohne Weiteres und unabhängig von dem Nachweise der Gegenseitigkeit auch dem Ausländer zuzugestehen. Je häufiger der Deutsche in seinen geschäftlichen Beziehungen zu dem Auslande Uebervortheilungen sich preisgegeben sieht, um so wichtiger ist es für uns, daß den Reichsangehörigen auch durch die ausländische Gesetzgebung ein Schutz gegen unredliche Machenschaften gewährt wird. Nur in dem Maße, wie dies geschieht, werden wir die im Auslande ansässigen Gewerbetreibenden unter den Schutz des vorliegenden Gesetzes stellen können. Der Ausdruck „Hauptniederlassung“ ist den mit Oesterreich-Ungarn und mit anderen Staaten getroffenen Uebereinkommen über den gegenseitigen Patentschutz rc. entlehnt. Er soll verhüten, daß eine in mehreren fremden Staaten geschäftlich ansässige Person schon dann Ansprüche aus dem Gesetz geltend machen kann, wenn sie in einem Staate, mit welchem die Gegenseitigkeit verbürgt ist, nur eine Filiale besitzt, während die Hauptniederlassung einem Staate angehört, zu dem eine Beziehung nicht besteht.

Anlage II.

1. Werden die Waaren aus Concursmassen in der Mehrzahl der Fälle von den Concursverwaltern einzeln ausverkauft oder als Gesammtmasse an einen Unternehmer veräußert?

2. Pflegen die Unternehmer, welche Waarenlager aus Concursmassen erwerben, dieselben in „Ausverkäufen" zu verkaufen, welche sie als „Concursmassenausverkäufe" in öffentlichen Ankündigungen, z. B. auf Aushängen, Schildern, in Annoncen ꝛc., bezeichnen?

3. Ist in einem nennenswerthen Umfange bei solchen Ausverkäufen die Praxis im Gebrauch, das auszuverkaufende Lager mit frischer regulärer Waare zu completiren, die von Fabrikanten und Engroshändlern für den Zweck des Ausverkaufs angeschafft wird?

4. Ist bei derartigen sogenannten Ausverkäufen mit Rücksicht auf den Umfang ihres Ankaufs und des Absatzes der regulären (nicht „Concursmassen-") Waare anzunehmen, daß die eigentliche Absicht auf den Absatz großer Mengen regulärer Waare gerichtet ist, wobei die Bezeichnung als Concursmassenausverkauf als Lockmittel für das Publikum dient?

5. Werden im nennenswerthen Umfange bei derartigen Ausverkäufen Waaren von geringer Qualität, werden insbesondere auch Waaren mit nachgeahmten Handelsmarken oder Aufmachungen (z. B. Weine, Liqueure, Cigarren, Leinenwaaren, die solchen Waaren aus renommirten Quellen ähnliche Aufmachungen zeigen) an den Mann gebracht?

6. Leidet durch derartige Ausverkäufe, event. auch durch andere, sich nicht an den Erwerb von Concursmassen anschließende Ausverkäufe, bei welchen mit unwahren Angaben über den Ursprung der Waaren oder über den Anlaß des bereffenden Verkaufs (z. B. Havarie-Ausverkäufe, Brand-Ausverkauf ꝛc.) gerirt wird, der redliche Geschäftsverkehr, der derartige Unwahrheiten zur Erzielung von Geschäften verschmäht?

7. Leidet dadurch auch das Publikum, indem dasselbe häufig
 a) die schlechtere Waare über den Werth bezahlt,
 b) die schlechtere Waare zwar allenfalls zum Verkaufswerthe erwirbt, aber dadurch geschädigt ist, daß es gegen seine eigentliche Absicht zum Ankaufe von Waaren schlechter Qualität durch die falsche Vorspiegelung einer günstigen Kaufofferte verleitet ist?

IV.

Gutachten des Herrn Professor Dr. Pappenheim in Kiel*)

über die Frage:

Empfiehlt es sich, einen gesetzlichen Lohnanspruch für Rettung von Menschenleben in Seenoth zu gewähren?

Wenn ein Schiff oder seine Ladung durch Hilfe dritter, d. h. nicht zur Schiffbesatzung gehöriger Personen aus einer Seenoth gerettet werden, haben diese nach Art. 742 H.G.B. einen reichsgesetzlichen Anspruch auf Belohnung. Die Rettung wird Bergung, der Rettungslohn Bergelohn genannt, wenn das Schiff oder die Ladung der Verfügung der Schiffsbesatzung entzogen oder von derselben verlassen waren und von den Rettern an sich genommen und in Sicherheit gebracht sind. Die Rettung von Schiff oder Ladung aus einer Seenoth in anderen Fällen wird Hilfeleistung, der Rettungslohn Hilfslohn genannt.

Der Rettungslohn ist ein wirklicher Lohn, nicht nur eine Vergütung für Aufwendungen und Bemühungen. Unter denjenigen Umständen, die bei der Bestimmung seines Betrages vorzüglich in Anschlag zu bringen sind, nennt das Gesetz (Art. 746) auch solche, die für die Gewährung einer bloßen Entschädigung belanglos sein würden, wie die Gefahr, welche den geretteten Gegenständen gedroht hat, und den nach Abzug der Kosten verbliebenen Werth derselben. Wesentlich zwei Erwägungen haben das Gesetz bestimmt, hier einen Lohnanspruch zu gewähren, sich nicht mit einem Entschädigungsanspruch zu begnügen. Es galt einmal, wie dies schon seit dem frühen Mittelalter immer wieder, weil immer nur mit theilweisem Erfolge versucht worden ist, der räuberischen Ausbeutung der

---

*) (Abdruck aus Band 42 der Zeitschrift für Handelsrecht, mit Genehmigung der Herren Verfasser und Verleger.)

Seenoth entgegenzutreten. Das sittlich gebotene Handeln mußte mit einem rechtlichen Anspruch auf Lohn ausgestattet werden, um auch in der roheren Anschauung dem sittlich und rechtlich verwerflichen, aber nur schwer zu entdeckenden Handeln das Gleichgewicht halten zu können. Es galt ferner, nicht nur vom Strandraub abzuschrecken, sondern zur Rettungsarbeit anzuspornen. Das Gesetz ging zwar selbstredend nicht von der Anschauung aus, daß nur die Aussicht auf Belohnung zu Bergung und Hilfsleistung veranlassen sollte. Aber wenn es auch diese als durch die allgemeine Menschenpflicht geboten ansah, durfte es doch kein Bedenken tragen, dem inneren Pflichtbewußtsein in der Aussicht auf eine Belohnung einen weiteren, auch für minder fein empfindende Gemüther höchst wirksamen Ansporn zur Seite zu setzen.

Nur für die Rettung von Schiff und Ladung gewährt das Handelsgesetzbuch einen Anspruch auf Belohnung. Die Rettung von Menschenleben wurde noch in dem Entwurfe eines Handelsgesetzbuchs für die preußischen Staaten (1847) Art. 595 ff. nicht erwähnt. Die Motive (S. 324) sagen darüber:

> „Auch wird Bergelohn nur für die Rettung von Sachen niemals für die Rettung von Menschenleben bezahlt. Menschen sind nicht Objekt von Rechten; eine juristische Verpflichtung zur Zahlung einer Entschädigung für die auf Lebensrettung verwendete Mühe existirt deshalb nicht."

Das ist augenscheinlich eine sehr ungenügende Begründung. Sie scheidet nicht scharf zwischen dem, was Rechtens ist, und dem, was Rechtens werden soll. Sie läßt weiterhin durchaus nicht erkennen, warum nur dann ein Lohn für Rettung von Menschenleben sollte geleistet werden können, wenn Menschen Objekte von Rechten wären.

Auch bei der Berathung des Entwurfs durch die Hamburger Konferenz blieb die Ansicht ohne Widerspruch[1]), „daß die Rettung von Menschen zur Theilnahme an der Vergütung an und für sich nicht berechtige". „Nur" (sic!) „aus Humanitätsrücksichten"[2]) glaubte man für einen bestimmten Fall eine Ausnahme machen zu müssen, die auch in das Gesetz Eingang gefunden hat.

Art. 750 (= 645 des Entw. I. Lsg.) bestimmt im Absatz 1, daß unter mehrere Personen, die sich an der Bergung oder Hilfsleistung be-

[1]) Prot. VI 2825.

[2]) Dagegen meint wiederum **Kaltenborn** II 37, daß man „aus Rücksichten der Humanität" niemanden für berechtigt halten könne, eine Belohnung für Menschenrettung von Rechtswegen zu fordern.

theiligt haben, der Berge- oder Hilfslohn nach Maßgabe der persönlichen und sachlichen Leistungen der Einzelnen und im Zweifel nach der Kopfzahl vertheilt wird. „Zur gleichmäßigen Theilnahme" — fährt dann der zweite Absatz fort — „sind auch diejenigen berechtigt, welche in derselben Gefahr der Rettung von Menschen sich unterzogen haben"[3]). Der Grund der Vorschrift liegt auf der Hand. Ohne sie bestände die Gefahr, daß bei gleichzeitiger Möglichkeit, Sachen und Menschenleben zu retten, die Aussicht auf den zu verdienenden Lohn für die Rettung der Sachen den Ausschlag geben würde[4]).

Erscheint die Vorschrift des Art. 750,2 durch diese Erwägung an sich hinlänglich gerechtfertigt, so ist der durch sie herbeigeführte Rechtszustand gleichwohl sehr wenig befriedigend. Dagegen freilich ist nichts zu sagen, daß das Gesetz im Widerspruch mit seiner sonstigen Auffassung für den Fall des Art. 750,2 an die Rettung von Menschenleben einen Lohnanspruch geknüpft hat. Wohl aber muß es Bedenken erregen, daß das eben nur für diesen einen Fall geschehen ist. Er unterscheidet sich von anderen Fällen der Rettung von Menschenleben nur dadurch, daß diese bei ihnen nicht mit der Rettung von Sachen aus derselben Gefahr verbunden ist. Wer sich der Rettung von Menschen unterzogen hat, hat niemals eben deswegen einen gesetzlichen Lohnanspruch. Er hat nur ein Recht auf „gleichmäßige Theilnahme" an dem Berge- oder Hilfslohn, der wegen der Rettung von Sachen aus derselben Gefahr zur Vertheilung gelangt. Die Belohnung der Menschenrettung ist daher zuvörderst rechtlich dadurch bedingt, daß mit der Rettung von Menschen zugleich eine solche von Sachen aus derselben Gefahr stattgefunden hat[5]). Es genügt

---

[3]) Irrthümlich sagt Sainctelette, Fragment d'une étude sur l'assistance maritime p. 23 [vgl. auch Code de commerce allemand p. Gide, Flach. Lyon-Caen. Dietz (Paris 1881) p. 319, und Benfante Il salvamento e l'assistenza nel diritto marittimo p. 144], Art. 750 Abs. 2 bestimme, „que ceux qui se sont exposés au même danger pour sauver des personnes soient admis au partage de l'indemnité dans les mêmes conditions". Es handelt sich bei der im Abs. 2 erwähnten Gefahr nicht um eine solche, der sich die Retter aussetzen, sondern um diejenige, in welcher sich die zu Rettenden befinden.

[4]) Die Bestimmung des Art. 750 Abs. 2 ist augenscheinlich der von Kaltenborn II 37 erwähnten Vorschrift der englischen Salvage Act von 1846 nachgebildet. Leider wurde aber in der Handelsgesetzbuchs-Conferenz übersehen, daß diese englische Bestimmung zur Zeit ihrer Nachahmung bereits nicht mehr in der ursprünglichen Gestalt in Geltung war.

[5]) Daß der Menschenretter von der den Sachen drohenden Gefahr Kenntniß gehabt haben müsse, wenn ihm ein Lohnanspruch wegen der Menschenrettung zustehen soll, glauben wir nicht annehmen zu dürfen.

ferner nicht, daß mit der Rettung von Menschen diejenige von Sachen versucht worden ist. Berge- und Hilfslohn werden nur geschuldet, wenn Schiff oder Ladung gerettet worden sind. Da die Rettung von Menschen nur den Anspruch auf Theilnahme am Berge- oder Hilfslohn gewährt, ist auch für ihre Belohnung Voraussetzung, daß die Rettungsversuche hinsichtlich der Sachen erfolgreich gewesen sind. Aus demselben Grunde haben auch sonstige Umstände, welche die Vertheilung eines Berge- oder Hilfslohnes ausschließen, die Wirkung, daß eine Belohnung der Rettung von Menschenleben nicht stattfinden kann, obwohl sie mit einer Rettung von Sachen aus derselben Gefahr verbunden war. Nach Art. 742,3 steht der Schiffsbesatzung des verunglückten oder gefährdeten Schiffes selbst ein Anspruch auf Berge- oder Hilfslohn nicht zu. Wenn sich die Schiffsbesatzung mit der Rettung von Schiff und Ladung beschäftigt hat, die an Bord befindlichen Personen aber von Dritten gerettet worden sind, können diese einen Lohn nicht beanspruchen. Nach Art. 751 Z. 1 hat auf Berge- und Hilfslohn keinen Anspruch, „wer seine Dienste aufgedrungen" (will sagen: aufgedrängt), „insbesondere ohne Erlaubniß des anwesenden Schiffers das Schiff betreten hat". Wenn dies auf die Retter der Güter zutrifft, können die Retter der Menschen keine Belohnung fordern. Nach Art. 752 Z. 2 kann keinen Bergelohn beanspruchen, „wer von den geborgenen Gegenständen dem Schiffer, dem Eigenthümer oder der zuständigen Behörde nicht sofort Anzeige gemacht hat." Auch wenn dieser Fall gegeben ist, haben die Retter von Menschenleben keinen Lohnanspruch. Es kann nicht etwa gesagt werden, in allen diesen Fällen sei den Rettern der Menschenleben ein Lohn zu gewähren, wie er ihnen zukäme, wenn die Retter der Sachen belohnt werden würden. Dagegen spricht außer der Fassung des Art. 750 auch der Umstand, daß in jenen Fällen die Bemessung des Lohnes nach Maßgabe des Art. 746 nicht angängig wäre. Bei der Bestimmung des Berge- oder Hilfslohns kommt beispielsweise der von dem Berger oder Hilfsleistenden gewiesene Eifer in Anschlag. Es liege auf der Hand, daß dies keine Anwendung auf den Fall duldet, wo dieser Eifer von einem seine Dienste Aufdrängenden lediglich aus selbstsüchtigen Motiven bewiesen worden ist. In der That ist danach anzunehmen, daß die Rettung von Menschenleben einen Anspruch auf Lohn nur dann gewährt, wenn eine Lohnvertheilung für Rettung von Sachen stattfindet. Daß hierin eine Ungerechtigkeit gegen die Retter von Menschenleben enthalten ist, bedarf nach dem Vorangegangenen kaum der weiteren Ausführung. Lediglich der Zufall entscheidet darüber, ob sie einen Lohn erhalten oder nicht. Und dies in dem Grade, daß durch einen nach der vollendeten Rettung eintretenden Zufall (im Falle des Art. 752 Z. 2) ihnen noch nachträglich die Erlangung einer Belohnung vereitelt werden kann.

Aber auch wo nach Maßgabe des geltenden Rechtes ein Lohn für die Rettung von Menschenleben beansprucht werden kann, wird derselbe leicht im Mißverhältniß zu den Leistungen stehen, für die er gewährt wird. Das ist eine Folge davon, daß der Lohn für Menschenrettung nicht selbständig festgesetzt, sondern in Gestalt einer Theilnahme an dem Berge- oder Hilfslohn gewährt wird. Dieser wird unter die mehreren an der Bergung oder Hilfeleistung betheiligt gewesenen Personen „nach Maßgabe der persönlichen uud sachlichen Leistungen des Einzelnen und im Zweifel nach der Kopfzahl" vertheilt. Diejenigen, welche in derselben Gefahr der Rettung von Menschen sich unterzogen haben, sind „zur gleichmäßigen Theilnahme" berechtigt[6]). Die Höhe des Berge- oder Hilfslohns, aus dem auch die Belohnung für die Rettung von Menschenleben gezahlt wird, bestimmt sich gleichwohl ohne jede Rücksicht auf diese Rettung. Nur die Gesammtheit der eben bei der Bergung und Hilfeleistung in Betracht kommenden Umstände, von denen die wichtigsten im Art. 746 exemplifikativ aufgezählt sind, wird bei der Bemessung des Berge- und Hilfslohns in Anschlag gebracht[7]). Es darf ferner nach Art. 748 der Betrag des Bergelohns regelmäßig den dritten Theil des Werthes der geborgenen Gegenstände nicht übersteigen, und es ist nach Art. 749 der Hilfslohn stets unter dem Betrage festzusetzen, welchen der Bergelohn unter sonst gleichen Umständen erreicht haben würde. An dem so festgestellten Hilfs- oder Bergelohn sollen die Retter von Menschenleben „gleichmäßig" mit den Rettern von Sachen theilnehmen, obwohl für die Schätzung ihrer Leistungen diejenigen der Retter von Sachen keineswegs maßgebend sein können. Die Rettung der Ladung mag sehr

---

[6]) Art. 750. Prot. VI 2824 f.

[7]) Die geleisteten Dienste, die nach Art. 746 hierher gehören, können daher auch nur als die bei der Rettung von Schiff oder Ladung geleisteten Dienste aufgefaßt werden. Anderer Meinung Sainctelette, Fragment d'une étude p. 22 f. Vgl. andererseits portugiesisches Handelsgesetzbuch von 1889 Art. 685, wo (unter Nr. 9) die Gefahr, der die geretteten Personen ausgesetzt waren, als ein bei der Festsetzung des Berge- und Hilfslohns (salario de salvação ou assistencia) zu berücksichtigender Umstand genannt wird. Endemann (in v. Holtzendorff's Encyklopädie [5] 667) meint, die Rettung von Menschen sei „an sich kein Grund zu besonderer Lohnforderung, aber bei der Schätzung des sonstigen Lohnes allenfalls mitzubeachten"; diese Behauptung entbehrt aber der Begründung aus dem geltenden Recht. Vgl. übrigens auch Sainctelette l. c.

leicht gewesen sein, wo die der Menschen überaus schwierig war. Gleichwohl wird für die letztere nur ein gleichmäßiger Antheil an dem für die erstere festgestellten, geringen Lohne gewährt. Da für den Bergelohn ein Maximum in Gestalt eines Drittels des Werthes der geborgenen Gegenstände bestimmt ist, ist damit auch der Lohn für die Rettung von Menschenleben in ganz unpassender Weise von dem Werthe der zufälligerweise geretteten Sachen abhängig gemacht. Man hat Bedenken getragen, den Lohn für Rettung eines Menschenlebens unmittelbar in Geld zu veranschlagen, aber man hat sich nicht gescheut, ihn in eine feste Beziehung zu dem in Geld festzusetzenden Lohne für die Rettung von Sachen zu bringen.

Nicht geringer als die Unbilligkeit, die hiernach für die Retter von Menschenleben gegeben ist, ist diejenige, deren sich das Gesetz gegen die an der Bergung oder Hilfeleistung Betheiligten schuldig macht. Sie haben, von den oben erwähnten Ausnahmefällen abgesehen, einen rechtlichen Anspruch auf Belohnung. Diese wird „unter Berücksichtigung aller Umstände des Falles nach billigem Ermessen" festgesetzt (Art. 744). Der Umstand, daß in derselben Gefahr andere Personen sich der Rettung von Menschen unterzogen haben, kann an sich nicht als ein solcher betrachtet werden, der für die Bemessung des für Rettung von Sachen zu gewährenden Lohnes zu berücksichtigen wäre. Das Gesetz gewährt den Rettern von Menschenleben ein Recht auf Theilnahme an dem Berge- und Hilfslohn. Dieser kann daher nicht um deswegen höher bemessen werden, weil im gegebenen Falle ein solches Recht Platz greift. Die Normen des Gesetzes über die Bestimmung des Betrages von Berge- und Hilfslohn sind von der Tendenz geleitet, eine möglichst angemessene, nicht zu hohe, aber auch nicht zu geringe Belohnung für die Rettung von Gütern zu gewährleisten. Ist der Lohn im einzelnen Falle nach Maßgabe dieser Normen festgesetzt, so liegt offensichtlich eine arge Unbilligkeit gegen die Lohnberechtigten darin, daß zur gleichmäßigen Theilnahme an diesem Lohne andere Personen zugelassen werden, auf deren Thätigkeit bei seiner Festsetzung keine Rücksicht genommen worden ist.

Nach der im Art. 750 zu deutlichem Ausdruck gelangenden Anschauung des Gesetzes haben die Retter von Menschenleben nicht einen Anspruch auf Lohn, sondern nur einen Anspruch auf Theilnahme am Berge- oder Hilfslohn. Die Natur dieses Anspruchs ist eine sehr eigenartige und giebt zu manchen Zweifeln Anlaß. Der Anspruch auf den Berge- oder Hilfslohn bildet eine Forderung des Berechtigten. Art. 755,1 scheint zwar das Gegentheil zu sagen: „Eine persönliche Verpflichtung zur Entrichtung der Bergungs- und Hilfskosten", zu welchen nach Art. 753,1 auch der Berge- nnd Hilfslohn gezählt wird, „wird durch die Bergung oder Rettung an sich nicht begründet." Aber unter einer persönlichen Verpflichtung ist hier nur eine solche zu verstehen, für die der Schuldner unbeschränkt haftet[8]). Der Anspruch auf Berge- oder Hilfslohn wird vom Handelsgesetzbuch als Forderung[9]), der Berechtigte als Gläubiger[10]) bezeichnet. Die Forderung ist durch ein gesetzliches Pfandrecht gesichert, welches dem Gläubiger eben an denjenigen Gegenständen zusteht, die für ihn das ausschließliche Haftungsobjekt bilden und auf die ihm deshalb der Zugriff möglichst gewährleistet sein soll[11]). Der Schuldner, welcher dem auf Berge- oder Hilfslohn Berechtigten gegenübersteht, ist der Rheder, dessen Schiff, oder der Ladungsinsserent, dessen Güter gerettet worden sind.

Wie verhält es sich nun mit dem Anspruch auf Theilnahme am Berge- oder Hilfslohn, der im Falle des Art. 750,2 den Rettern von Menschenleben zusteht? Ausgeschlossen ist hier von vornherein die Auffassung, daß der Anspruch sich gegen die Geretteten selbst richte. Denn er geht ja eben nur auf Theilnahme am Berge- und Hilfslohn, dieser aber wird niemals von denen geschuldet, deren Leben, sondern nur von denen, deren Schiff oder Ladung gerettet ist. Daß einer Person gleichzeitig Leben und Gut gerettet sein kann, ist eine Zufälligkeit und für die juristische Construction begreiflicherweise ohne Bedeutung. Unzweifelhaft ist nun aber das Schicksal des Anspruchs wegen Menschenrettung eng geknüpft an das des Anspruchs auf Bergelohn und Hilfslohn. Daß jener nicht entstehen kann, wo dieser nicht begründet ist, wurde bereits gezeigt. Aber auch hinsichtlich der Realisirung ist eine derartige Verbindung zwischen beiden Ansprüchen vorhanden. Für beide besteht nur eine auf die geretteten Gegenstände beschränkte Haftung. Gehen sie unter oder reichen sie zur Tilgung nicht aus, so trifft dies nicht weniger die

---

[8]) Anderer Meinung Cosack² 716. Daß das Handelsgesetzbuch zwischen Verpflichtung und Haftung nicht gehörig scheidet, erhellt mit besonderer Deutlichkeit gerade aus Art. 755 Abs. 2 und 3, wo beide Ausdrücke als gleichbedeutend gebraucht werden.

[9]) Art. 757 Ziff. 5, 759. 761 u. s. f., 906, 908 Ziff. 4. 909, 911.

[10]) Art. 753, 754,1.

[11]) Auf die Meinung Ehrenberg's (Beschränkte Haftung S. 463 f. und sonst) und Mittelstein's (Deutsche Schiffspfandrecht und Schiffsgläubigerrecht S. 4 ff., 187 ff., s. dazu auch diese Zeitschrift Bd. XXXIX S. 245 ff.), daß es sich in Wahrheit nicht um ein Pfandrecht handle, vielmehr die Meinung des Gesetzes eine andere sei als sein Ausdruck, wird an anderer Stelle näher eingegangen werden.

wegen Rettung von Menschen, als die wegen Bergung oder Hilfeleistung Lohnberechtigten. Andererseits wäre es aber unrichtig, in dem Anspruch auf Lohn wegen Menschenrettung etwa nur eine Reflexwirkung des Anspruchs auf Berge- und Hilfslohn zu erblicken. Schon nach der Fassung des Gesetzes muß der erstere als ein selbständiger Anspruch angesehen werden, wenn er auch in enger Beziehung zu dem zweiten steht. Ein Verzicht auf den einmal wegen Bergung und Hilfsleistung begründeten Anspruch seitens des Berechtigten dürfte augenscheinlich nicht auch den Untergang des Anspruchs auf Belohnung wegen Menschenrettung ohne Weiteres zur Folge haben.

Der Lohnanspruch wegen Menschenrettung ist nicht ein Anspruch gegen den auf Berge- oder Hilfslohn Berechtigten auf Gewährung eines Antheils an diesem Lohne. Allerdings wird nach Art. 750,1, wenn mehrere Personen sich an der Bergung oder Hilfsleistung betheiligt haben, der Berge- oder Hilfslohn unter sie nach gewissen Grundsätzen „vertheilt". Juristisch stellt sich aber diese Vertheilung nur dar als die nöthigenfalls durch die zuständige Behörde[12]) erfolgende Festsetzung der einzelnen Lohnansprüche, deren Gegenstand der Berge- oder Hilfslohn bildet. Diese Ansprüche selbst sind nicht solche der einzelnen Berechtigten gegen einander auf Theilung des eine einheitliche Masse bildenden Lohnes, sondern sie richten sich insgesammt gegen den zur Entrichtung des Lohnes Verpflichteten. Bei der „Vertheilung" im Sinne des Art. 750,1 handelt es sich nur um einen rechnerischen, nicht um einen juristischen Ausdruck. Ist dies aber der Fall, dann wird auch die „gleichmäßige Theilnahme", zu der nach Art. 750,2 die Retter von Menschenleben berechtigt sind, in gleichem Sinne verstanden werden dürfen. Auch hier steht also nur die Gewährung eines Anspruchs gegen den zur Entrichtung des Berge- und Hilfslohnes Verpflichteten in Frage.

Das Ergebniß der gesetzlichen Regelung ist ein sehr eigenthümliches. Daß wir es hier mit einer Abweichung von den Grundsätzen des allgemeinen bürgerlichen Rechts zu thun haben, bedarf keiner Auseinandersetzung. Schon die Normen über Bergelohn und Hilfslohn stellen sich als Sonderrecht des Seeverkehrs dar. Insbesondere wo die Bergung oder Hilfeleistung nicht auf Grund vorgängiger Vereinbarung erfolgt ist,

---

12) Vgl. HGB. Art. 744. Strandungsordn. § 36 ff. Da auffallenderweise auch der hier in Betracht kommende Theil der Strandungsordnung auf Helgoland nicht eingeführt worden ist, so gilt auf Grund der Kaiserl. Verordn. vom 22. März 1891 Art. I Ziff. X hier allein im Deutschen Reiche der Art. 744 in der Fassung des Handelsgesetzbuches.

würde mittelst der allgemeinen Privatrechtsgrundsätze von der negotiorum gestio allenfalls zu einem Schadensersatz-, nicht aber zu einem Lohnanspruch zu gelangen sein[13]). Der Lohnanspruch des Menschenretters aber richtet sich gar gegen eine andere Person als diejenige, deren Interesse wahrgenommen worden ist. Er wird innerhalb des gegenwärtig gebräuchlichen Privatrechtssystems seine Stelle nur in der so verschiedenartige Gebilde umfassenden Kategorie der gesetzlichen Obligationen finden können. Sind in derselben Seegefahr ein Schiff oder seine Ladung und Menschen gerettet worden, so erwächst hieraus dem Rheder oder Ladungsinteressenten auf Grund positiver Bestimmung die Verpflichtung, dem Retter der Menschenleben gleichmäßig wie dem Retter der Sachen einen Lohn zu gewähren. Eine gesetzliche Vorschrift dieser Art wird um so mehr der Rechtfertigung durch die besonderen Bedürfnisse des von ihr zu regelnden Falles bedürfen, als sie mit allgemeinen Rechtsanschauungen in Widerspruch steht. Daß der Rheder, dessen Schiff gerettet worden ist, auch den Lohn für gleichzeitig gerettete Menschenleben zahlen soll, ist gewiß schon auffallend. Immerhin aber wird zwischen dem Rheder als dem Eigenthümer des Schiffes und dem Geretteten fast stets eine rechtliche Beziehung (durch Ueberfahrts-, Anstellungs-, Heuervertrag) bestehen, die eine gewisse Rechtfertigung für jene Verpflichtung enthält, und die, wie zu zeigen sein wird, auch eine gewisse Ausgleichung der durch sie begründeten Unbilligkeit herbeizuführen geeignet ist. Dagegen ist die Gemeinschaft zwischen dem Ladungsinteressenten und den an Bord befindlichen Personen regelmäßig eine rein thatsächliche. Sind in derselben Gefahr Güter und Menschen gerettet worden, so ist allerdings eine Gefahrsgemeinschaft für beide vorhanden gewesen. Aber daß die Gefahrgemeinschaft an und für sich auch im Seerecht zu gemeinsamer Tragung des aus der Verwirklichung der Gefahr entstehenden Schadens nicht verpflichtet, braucht nicht weiter ausgeführt zu werden. Und überdies handelt es sich im vorliegenden Falle gar nicht um eine gemeinsame Schadenstragung durch die Vertreter der gemeinsam gefährdeten Interessen, sondern es steht in Frage die Tragung des gesammten Schadens durch den Vertreter des einen dieser Interessen. Der Millionär, dessen Leben bei dem Schiffsbruch gerettet worden ist, braucht zu dem Lohn, den der Ladungsinteressent für Bergung seiner Güter zu zahlen hat, nichts beizutragen; ja, er braucht nicht einmal für seine eigene Rettung Lohn zu entrichten. Der Ladungsinteressent, dessen Güter gleichzeitig gerettet

[13]) Anders zum Theil RG. vom 6. Juli 1892. Entsch. in Civils. XXXII S. 16.

wurden, zahlt den Lohn dafür und ebenso für die Lebensrettung, oder er büßt seine Ladung ein. Anscheinend wird nun allerdings dadurch dem Ladungsinteressenten keine schwerere Last aufgebürdet, als er ohnehin zu tragen hätte. Denn der Menschenretter hat ja, wie gezeigt, nur eine Betheiligung an dem Lohn zu beanspruchen, der auch lediglich für die Bergung oder Hilfeleistung zu zahlen gewesen wäre. Aber die Lage des Ladungsinteressenten ist gleichwohl dadurch verschlechtert, daß er statt eines Gläubigers deren zwei sich gegenüber hat, den Menschenretter und den Retter der Güter. Braucht er auch nicht mehr zu leisten, als wenn nur Güter gerettet wären, so kann er doch in die Lage kommen, leisten zu müssen, wo er dies ohne die gleichzeitige Menschenrettung nicht gebraucht hätte. So, wenn die Forderung auf den Berge- oder Hilfslohn erlischt, diejenige auf den Rettungslohn aber bestehen bleibt. Die Abwälzung des Lohnes für Menschenrettung auf die Schultern des Ladungsinteressenten muß daher als nicht gerechtfertigt bezeichnet werden.

Aus dem Bisherigen dürfte erhellen, daß die Vorschriften des deutschen Rechts über die Belohnung der Rettung von Menschenleben in Seenoth in verschiedenen Beziehungen verbesserungsbedürftig sind. Es entsteht die Frage, in welcher Weise diese Verbesserung erfolgen soll.

Alle jene Schwierigkeiten und Unebenheiten, die aus der nachträglichen Bewilligung des Lohnes für Menschenrettung in einem bestimmten Falle hervorgegangen sind, würden auf die einfachste Art beseitigt werden durch die Streichung des Art. 750 Abs. 2, somit die Herstellung der vom preußischen Entwurfe in Aussicht genommenen Regelung. Und doch wird man sich schwerlich entschließen, den Schritt zurückzuthun, der mit dem Art. 750, 2 vorwärts gethan worden ist. Es macht freilich einen kläglichen Eindruck, daß die Menschenrettung hinsichtlich der Belohnung vom Gesetze als ein bloßes Accidens zur Rettung von Schiff und Ladung behandelt wird. Immerhin hat das Gesetz, gleichviel von welchen Erwägungen geleitet, mit dem unbegründeten Axiom gebrochen, daß für Rettung von Menschenleben Lohn überhaupt nicht gezahlt werden dürfe. Hieran muß festgehalten und von hier aus weitergestrebt werden. Die Ansicht, daß die Rettung von Menschenleben deswegen keinen privatrechtlichen Anspruch auf Lohn begründen könne, weil sie auf einer sittlichen Pflicht beruhe[14]), ist nicht zu billigen. Zunächst muß bestritten werden, daß die Rettung von Menschenleben stets und speciell im vorliegenden

---

[14]) So Schröder in Endemann's Handb. IV 1 S. 294 und darnach Gareis und Fuchsberger, HGB. S. 1139 Nr. 24.

Falle stets ein Gebot der Sittlichkeit bildet. Einem Anderen das Leben retten, wo dies nur mit Gefahr für das eigene Leben möglich ist, ist gewiß eine sittlich edle, aber nicht eine sittlich gebotene Handlung. Denn auch das Gebot der Sittlichkeit, Anderen zu helfen, kann regelmäßig nicht bis zur Pflicht der Selbstaufopferung sich erstrecken. So liegen aber gerade die Fälle häufig, um die es sich hier handelt. Aber weiterhin ist nicht einzusehen, warum die Rechtsordnung sich nicht der ihr zur Einwirkung auf den menschlichen Willen zur Verfügung stehenden Mittel bedienen sollte, wenn sie selbst an der Erfüllung sittlicher Pflichten interessirt ist. Wenn das Recht für eine sittlich gebotene Handlung einen Lohnanspruch gewährt, so will es ebenso wenig, daß diese Handlung fortan nur um des Lohnes willen vorgenommen werde, wie es da, wo es für eine sittlich verbotene Handlung Rechtsnachtheile androht, dieselbe fortan nur um dieser Rechtsnachtheile willen unterlassen sehen will. Die Gewährung eines Rechtsanspruchs auf Belohnung für eine bestimmte Handlung läßt erkennen, daß die Rechtsordnung diese Handlung für eine, wenn auch vielleicht sittlich geschuldete, so doch rechtlich verdienstliche hält. Die Zusicherung des Lohnes soll hier dem Antrieb zur Vornahme der betreffenden Handlung, den das sittliche Pflichtgebot enthält, einen weiteren hinzufügen, die Gewährung des Lohnes zu der Belohnung, die in dem Bewußtsein der Pflichterfüllung liegt, eine weitere hinzutreten lassen. Unbestrittenermaßen ist nicht alles, was sittlich geboten ist, auch rechtlich geboten. Daher steht die Rechtsordnung auch der sittlich gebotenen Handlung gegenüber insofern frei da, als sie dieselbe nach ihrem Ermessen mit den ihr zur Verfügung stehenden Mitteln herbeizuführen versuchen kann oder nicht. Dies um so mehr, als selbst für eine rechtlich gebotene Handlung ein Anspruch auf Lohn gewährt sein kann[15]).

Es kann nun aber kaum zweifelhaft sein, daß die Rechtsordnung mit der Zubilligung eines Lohnes für Rettung von Menschenleben nur einer begründeten Anforderung der Zeit genügen würde. Alles, was sich für die Gewährung von Lohn für die Rettung von Sachgütern anführen läßt, spricht noch lauter für die Belohnung der Menschenrettung. Auch soweit eine allgemeine Regelung dieser Materie etwa noch nicht an der Zeit erschiene, würde für die Rettung aus Seegefahr ein Anderes zu behaupten sein. Denn hier besteht ja auch schon für die Sachrettung ein

---

[15]) Vgl. ROHG. vom 5. März 1877, Entsch. XXII S. 93 ff. RG. vom 6. November 1880, Entsch. in Civilsachen III S. 141.

Sonderrecht, dessen entsprechende Ausgestaltung für den Fall der Menschenrettung eine principielle Abweichung von den Grundsätzen des allgemeinen bürgerlichen Rechts nicht mehr bedeuten würde.

Die Abänderung der Vorschriften des Handelsgesetzbuches über die Belohnung der Rettung von Menschenleben in Seenoth wird demnach in dem Sinne zu erfolgen haben, daß an die Stelle der Gewährung des Lohnanspruchs für den einen Fall des Art. 750,2 eine allgemeine Anerkennung des Princips gesetzt wird, daß gleich der Rettung von Sachen auch diejenige von Menschen in Seenoth ein Recht auf Belohnung gewährt [16]). Wie ist nun dieses Recht im Einzelnen auszugestalten?

Auf die Bemessung des für Rettung von Menschenleben zu gewährenden Lohnes können im Allgemeinen die Vorschriften angewendet werden, die das Gesetz für die Bemessung des Berge- und Hilfslohnes ertheilt. In erster Linie entscheidet die Vereinbarung der Betheiligten, die aber auch hier der Schranke des Art, 743 [17]) bedarf. In Ermangelnng einer Vereinbarung wird die Höhe des Rettungslohnes gleich der des Berge- oder Hilfslohns durch die Strandämter oder die ihnen vorgesetzten Aufsichtsbehörden festzusetzen sein, gegen deren Bescheid der Rechtsweg stattfindet [18]). Die Festsetzung erfolgt „unter Berücksichtigung aller Umstände des Falles nach billigem Ermessen in Geld". Von den für sie weiter getroffenen Bestimmungen des Handelsgesetzbuches (Art. 745 ff.) ist nur insofern eine Abweichung erforderlich, als natürlich der Werth des geretteten Menschenlebens nicht eine derjenigen des Werths der geretteten Gegenstände entsprechende Rolle spielen kann [19]). Am wenigsten kann davon die Rede sein, die Höhe des Rettungslohnes schlechthin nach dem Vermögen des Geretteten zu bemessen [20]). Der Schiffsbesatzung des

---

[16]) Vgl. auch J. A. Levy, Het algem. duitsche Handels-Wetboek vergeleken m. h. nederlandsche W. v. K. S. 845 Anm. 1 a. E.

[17]) „Wenn noch während der Gefahr ein Vertrag über die Höhe des Berge- oder Hilfslohns geschlossen ist, so kann derselbe wegen erheblichen Uebermaßes der zugesicherten Vergütung angefochten und die Herabsetzung der letzteren auf das den Umständen entsprechende Maß verlangt werden." Vgl. dazu Kohler in Jahrbb. f. d. Dogmatik Bd. XXV S. 25 f. und Entw. eines bürgerl. Gesetzbs. f. d. Deutsche Reich II. Lesg. § 295, sowie neuestens Reichsges. betr. die Abzahlungsgeschäfte vom 16. Mai 1894 § 4 Abs. 1.

[18]) HGB. Art. 744. Strand.-Ordn. §§ 38, 39, 40. Vgl. hierzu oben S. 436 Anm. 12.

[19]) Vgl. übrigens Kohler a. a. O. S. 134 ff.

[20]) Vgl. Fr. Busch, Der Einfluß der Menschlichkeit auf das Recht (Inaug.-Dissert.), Göttingen 1891 S. 40 f. Busch erklärt sich mit Recht gegen Harder's

verunglückten oder gefährdeten Schiffes wird ein Anspruch auf Rettungslohn so wenig zuzugestehen sein, wie ihr ein solcher auf Berge- und Hilfslohn gewährt ist (Art. 742, 3). Das Gleiche gilt mit Bezug auf Dritte, die ihre Dienste aufgedrängt haben[21]), und auf solche Personen, die mit der Rettung nur ihre Berufspflicht ausgeübt haben. Auf die Vertheilung des Lohnes unter mehrere an der Rettung betheiligte Personen oder unter Rheder und Besatzung eines Schiffes, durch welches die Rettung erfolgt ist, können die Vorschriften der Art. 750, 751 HGB. entsprechend für anwendbar erklärt werden. Erledigt sich alles dies sehr einfach, so ist um so schwieriger die Frage zu beantworten, gegen wen der Anspruch auf Rettungslohn gerichtet und wie seine Realisirung gesichert sein soll.

Die Rechtsvergleichung, die gerade auf dem Gebiete des Seerechts sich meist ganz besonders fruchtbringend erweist, vermag zur Beantwortung der uns beschäftigenden Frage nur verhältnißmäßig wenig beizutragen. Die Mehrzahl der Seegesetze beschäftigt sich mit der Rettung von Menschenleben in Seenoth, zumal was die Seite der Belohnung anbelangt, überhaupt nicht. Ausdrücklich versagt eine Belohnung den Rettern von Menschenleben das russische Handelsgesetzbuch[22]). Bei den Vorarbeiten für das niederländische Handelsgesetzbuch wurde die Frage wiederholt erörtert, aber in Gestalt der Nichtaufnahme von Bestimmungen verneinend beantwortet[23]). Von den neueren Handelsgesetz-

(Das Schiffs- und Seerecht, Sep.-Abdr. aus Weiske's Rechtslex. S. 57) Ausführungen, scheidet aber selbst nicht die gegen die Art der Bemessung und die gegen die Art der Aufbringung des Rettungslohnes zu erhebenden Einwendungen.

[21]) Art. 752 Ziff. 1. Der Fall der Ziff. 2 kommt für die Menschenrettung nicht in Betracht.

[22]) Russisches Handelsgesetzbuch (übersetzt von B. v. Zwingmann) Art. 505: „Die Rettung von Menschen, desgleichen der Habe der Schiffsmannschaft oder der Passagiere und der Schiffsprovision muß unentgeltlich einzig aus Mitleid und Menschenliebe für den untersinkenden Nächsten geschehen; falls aber dabei besonders mannhafte Thaten vollbracht worden sind, so haben dieserhalb in Betreff der Zollbediensteten die Chefs der Zollbezirke dem Finanzminister, in Betreff der Uebrigen aber die Gouverneure dem Minister des Innern vorzustellen, welche sich ihrerseits für die Belohnung derjenigen verwenden, welche sich bei der Rettung von Menschen und ihrer Habe ausgezeichnet haben . . .“ Wir theilen diese Bestimmung hier mit, weil sie ein besonders deutliches Beispiel für die Vermengung sehr verschiedener Gesichtspunkte bietet, die in dieser Materie eine Rolle gespielt hat.

[23]) Vgl. hierüber P. A. Brugmans, De beginselen van het hulp- en bergloon volgens het nederlandsche recht (Academ. proefschr.). Amsterdam 1866 blz. 84 f.

büchern hat nur das portugiesische von 1889 Art. 687 § 2 (vgl. auch Art. 685 Nr. 9)[24]) die Bestimmung des deutschen Handelsgesetzbuchs Art. 750 Abs. 2 aufgenommen. Besonders ist hervorzuheben, daß die neuen skandinavischen Seegesetze einen Lohn für die Rettung von Menschenleben nicht gewähren[25]). Das englische Recht allein hat der Materie die ihr zukommende Berücksichtigung zu Theil werden lassen. Neben einer reichen Praxis hat es bezüglich der uns beschäftigenden Frage auch eine größere Zahl gesetzlicher Bestimmungen aufzuweisen[26]). Die Entwicklung dieser letzteren ist eine sehr allmähliche gewesen. Innerhalb des jetzt geltenden Rechts finden sich in Folge dessen in höchst eigenthümlicher Weise neben einander Zeugnisse einer hochentwickelten neben Rudimenten einer längst überwundenen Rechtsanschauung. Die Materie ist

---

[24]) Ebenso der argentinische Entw. von 1887 Art. 1302, dessen Bestimmung indessen nicht in das Gesetzbuch selbst (von 1889, in Kraft seit dem 1. Mai 1890) übergegangen ist.

[25]) Vgl. dazu (dänisch) Udkast til Sølov (1882 Sp. 288, Motiver til Forslag til Sølov (1891) S. 124, (schwedisch) Betänkande och lagförslag (1890), Mot. S. 165. Die norwegischen Motive (1890) S. 287 f. weichen hiervon ab. Es heißt in ihnen, der Satz des HGB. 750 Abs. 2 sei in dem früheren norwegischen Seegesetze (vom 24. März 1860) nicht ausdrücklich ausgesprochen, aber die Regel sei doch ohne Zweifel stets so aufgefaßt worden, daß der, welcher durch Rettung von Menschenleben an der Bergungsarbeit theilnehme, gleiches Recht auf Antheil am Bergelohn habe wie der, dessen Thätigkeit bei der Bergung auf die Rettung der Ladung gerichtet gewesen sei, und diese Auffassung sei nun außer Zweifel gesetzt durch die Fassung des § 224 des Entwurfes. Der hier in Betracht kommende Theil (Satz 1) dieses § 224 ist unverändert in die drei skandinavischen Seegesetze übergegangen. Er lautet: „Jeder, der ein verunglücktes oder gefährdetes Schiff oder dessen Ladung oder etwas birgt, was zu einem solchen Schiff oder seiner Ladung gehört hat, wie auch jeder, der bei der Bergung mitwirkt, hat ein Recht darauf, von dem Geborgenen Bergelohn zu erhalten." Auf diese Worte „bei der Bergung mitwirkt" stützen die norwegischen Motive ihre vorerwähnte Meinung. Offenbar mit Unrecht. Denn eine Rettung von Menschenleben, die gleichzeitig mit einer Bergung von Schiff oder Ladung stattfände, würde füglich nicht als eine Mitwirkung bei der letzteren bezeichnet werden können. Es ist auch zu beachten, daß die schwedischen und die dänischen Motive trotz der übereinstimmenden Fassung der ihnen zu Grunde liegenden Entwürfe den Satz des Art. 750 Abs. 2 des D.HGB. für abgelehnt erklären.

[26]) Es kommen für die neuere Zeit in Betracht:
9 & 10 Vict. c. 99 s. 19;
17 & 18 Vict. c. 104 ss. 458, 459, 484 ff.;
24 Vict. c. 10 s. 9 (the Admiralty Court Act, 1861);
25 & 26 Vict. c. 63 s. 59.
Jetzt zusammenfassend Merchant Shipping Act, 5 1894 (57 Vict., in Kraft tretend am 1. Januar 1895) P. IX ss. 575, 576, 587 ff.

gegenwärtig in folgender Art geregelt[27]). Ein Lohn für die bei Rettung von Menschenleben[28]) in Seenoth geleisteten Dienste ist zu zahlen:

1. wenn die zu Rettenden sich an Bord eines britischen Schiffs befanden, gleichviel wo die Rettungsdienste geleistet wurden;
2. wenn die zu Rettenden sich an Bord eines nichtbritischen Schiffes befanden und entweder die Dienstleistung ganz oder theilweise in britischen Gewässern stattfand oder die Dienstleistung zwar außerhalb der Sphäre britischer Jurisdiction vor sich ging, aber mit Bezug auf den Staat, dem das Schiff angehört, eine den Wünschen seiner Regierung entsprechende königliche Verordnung (by Order in Council) ergangen ist[29]), durch die auch für diesen Fall die Anwendbarkeit der hier in Betracht kommenden Vorschriften des englischen Rechts statuirt worden ist[30]).

Zu zahlen ist „a reasonable amount[31]) of salvage together with all expenses properly incurred by him“ (i. e. the person by whom such services or any of them are rendered) „in the performance of such services“. Der Lohn ist zu zahlen von dem Rheder[32]) und zwar mit der Maßgabe, daß der Anspruch auf Lohn wegen Menschenrettung den Vor-

---

[27]) Vgl. Abbot, A Treatise of the Law relative to Merchant Ships and Seamen [12] p. 556. Jones, The Law of Salvage p. 17 f. Die amerikanische Gerichtspraxis steht auf dem Standpunkt des älteren englischen Rechts. Vgl. Marvin, A Treatise on the Law of Wreck and Salvage (Boston 1858) p. 131. Parsons, A Treatise on Maritime Law (Boston 1859) II p. 621.

[28]) Das Gesetz (17 & 18 Vict. c. 104 s. 458) spricht nur vom „saving the lives oft the persons belonging to such ship or boat“. Hierin gehören aber auch Passagiere; vgl. die in Pritchard's Digest [3] II S. 1847 c. 640 angeführten Entscheidungen; s. auch Maclachlan, A Treatise on the Law of Merchant Shipping [4] p. 655.

[29]) Nicht genau T. E. Smith, A Summary of the Law and Practice in Admiraltz [4] S. 102 Anm. h.

[30]) Nach Pritchard's Digest [3] II S. 1792 Anm. * ist dies nur mit Bezug auf preußische Schiffe geschehen. Vgl. Jones l. c. S. 18 Note r.

[31]) Vgl. dazu Jones S. 10.

[32]) In Merch. Shipp. Act, 5 1884 s. 575 heißt es: (1) Where services are rendered . . . in saving life . . . ., there shall be payable to the salvor by the owner of the vessel, cargo, or apparel, a reasonable amount of salvage . . . . Nach dem Wortlaute dieser Bestimmung würde auch der Ladungseigenthümer für den Rettungslohn einzustehen haben. Es muß aber ein Versehen des Gesetzgebers als vorliegend angenommen werden. Schon im zweiten Absatz der s. 575 ist nur von den owners of the vessel als den Schuldnern des Lohnberechtigten die Rede. Absatz 1 will lediglich den auf die Rettung von Menschenleben bezüglichen Inhalt von 17 & 18 Vict. c. 104 s. 458 wiedergeben. In dieser aber

zug vor allen übrigen Ansprüchen aus Rettung genießt. Ist aber das Schiff untergegangen oder durch Werthverringerung für die Zahlung des Rettungslohnes unzugänglich geworden, dann kann das Handelsamt (Board of Trade) aus dem Handelsmarinefonds die zur Gewährung oder zur vollständigen Gewährung des Rettungslohnes erforderliche Summe bewilligen. Besondere, überaus liberale Vorschriften finden Anwendung, wenn die Rettung von Menschenleben (wie überhaupt die Bergung) durch Schiffe der britischen Kriegsmarine bewirkt worden ist.

Daß das englische Recht mit diesen Bestimmungen nicht nur die eingehendste, sondern auch die beste Regelung der uns beschäftigenden Materie hat zu Theil werden lassen, daß insbesondere sein System vor dem des deutschen Handelsgesetzbuches bei Weitem den Vorzug verdient, dürfte sich aus dem früher Ausgeführten entnehmen lassen. Die Grundsätze des englischen Rechts haben daher auch den Beifall der Schriftsteller gefunden, die sich mit unserer Lehre in neuerer Zeit beschäftigt haben[33]). Auch wir glauben, daß die englische Praxis und ihr nachfolgend die englische Gesetzgebung den richtigen Weg eingeschlagen haben, wenn gleich sie ihm noch nicht bis an das Endziel gefolgt sind.

Wenn man die verschiedenen Möglichkeiten ins Auge faßt, welche hinsichtlich der Richtung des Lohnanspruchs gegeben sind, dann scheint es das Nächstliegende und Billigste zu sein, daß dieser Anspruch sich gegen den Geretteten selbst richte[34]). Seine Heranziehung zur Zahlung des Lohns bedürfte keiner weiteren Begründung. Sie würde durchaus ent-

---

sind außer der Rettung von Menschenleben noch die Fälle des „saving the cargo or apparel of (such) ship or boat, or any portion thereof" und der Fall, daß „any wreck is saved by any person (other than a receiver) within the U. K." geregelt. Dann heißt es: „There shall be payable by **the owners** of such **ship or boat, cargo, apparel, or wreck**, to the person by whom such services or any of them are rendered, or by whom such wreck is saved, a reasonable amount of salvage . . . ." Gemeint ist, daß die owners of cargo, apparel or wreck für Bergung der Ladung und des Wrackes den Lohn zahlen sollen. Da diese beiden Fälle in s. 575 des neuen Gesetzes nicht aufgenommen wurden, hätten die Worte **cargo or apparel** dort ebenfalls fortbleiben müssen. — Eine Beitragspflicht der Ladungseigenthümer zum Rettungslohn ohne Rücksicht darauf, ob die Thätigkeit der Retter der Ladung zu Gute kam, nimmt **Jones** 123 an.

[33]) Es sind zu nennen der Holländer **Brugmans** l. c. blz. 86 f., der Italiener **Benfante** l. c. p. 143 f., der Deutsche Busch a. a. O. S. 44 ff.

[34]) So **Brugmans** S. 87; **Kohler**, Jahrbücher XXV S. 129 ff.; **Benfante** S. 143, 217 (Art. 10). Dagegen Busch S. 39 f., der aber (S. 42) eine principielle Verpflichtung des Geretteten gleichwohl nicht verwirft.

sprechen der Heranziehung der Eigenthümer des geretteten Schiffs und der geretteten Ladung zur Zahlung von Bergelohn und Hilfslohn. Gleichwohl muß gerade diese einfachste Art der Regelung von vornherein abgelehnt werden [35]). Sie würde die Erlangung des Rettungslohnes davon abhängig machen, ob der Gerettete vermögend wäre oder nicht, und sie würde weiterhin damit bewirken, daß der Vermögende mehr Aussicht auf Rettung hätte, als der Unvermögende. Auch würde der Anspruch auf Rettungslohn hier an sich [36]) stets nur ein rein obligatorischer sein können, während es im Interesse des Lohnberechtigten dringend geboten ist, seinem Anspruch einen dinglichen Rechtsschutz zu Theil werden zu lassen. Diese Uebelstände würden nur theilweise in Wegfall kommen, wenn ausschließlich oder subsidiär zur Zahlung des Rettungslohnes ein Schuldner verpflichtet werden würde, der die Garantie für die Erfüllung seiner Verbindlichkeit böte, insbesondere der Staat.

Sobald man sich bemüht, für den Anspruch auf Rettungslohn eine dingliche Sicherheit zu beschaffen, bieten sich von selbst die zwei Möglichkeiten der Heranziehung des Schiffs und der Heranziehung der Ladung. Es kann der Rheder und es kann der Ladungsinteressent für den Anspruch haftbar gemacht werden. Dies ist seitens des deutschen Handelsgesetzbuches für den einen Fall geschehen, für welchen überhaupt ein Lohnanspruch wegen Menschenrettung besteht, nämlich, wenn in derselben Gefahr Schiff oder Ladung und Menschenleben gerettet worden sind. Es kann das nicht auf die Anschauung zurückgeführt werden, daß hier eine Gemeinschaft zwischen den Sachen und den Menschen bestehe [37]). Diese Gemeinschaft wäre, wie schon oben [38]) gezeigt worden ist, eine leoninische. Schiff und Ladung haben den Lohnanspruch für die Menschenrettung zu tragen, dagegen die geretteten Menschen sind frei von jeder Haftung für den Berge und Hilfslohn. Ueberdies aber versagt die Zugrundelegung der Gemeinschaft vollständig, sobald eine solche hinsichtlich der Gefahr für Schiff und Ladung einerseits, für die Menschen andererseits gar nicht bestanden hatte, m. a. W. in den Fällen, in welchen das geltende deutsche Recht einen Anspruch auf Rettungslohn nicht gewährt, das künftige Recht aber ihn gewähren sollte. Von einem Anspruch des Menschenretters gegen den Ladungsinteressen glauben wir daher überhaupt abstehen zu

---

[35]) Vgl. auch Heck, Das Recht der Großen Haverei S. 202.

[36]) D. h. abgesehen von dem Falle, daß der Gerettete Reiseeffekten bei sich führte.

[37]) Anderer Meinung Heck a. a. O.

[38]) Vgl. S. 437 f.

müssen. Dagegen dürfte den verschiedenen Ansprüchen, welche an die Gestaltung des Lohnanspruchs zu stellen sind, am b esten zu genügen sein wenn dem Retter als verpflichtetes Subjekt der Rheder gegenüber gestellt würde. Selbstverständlich so, daß derselbe nur beschränkt verhaftet wäre, dafür aber dem Retter wegen seiner Lohnforderung die Rechte eines Schiffsgläubigers eingeräumt würden. Der Retter würde hiermit regelmäßig die Möglichkeit haben, sich mit der durch den dinglichen Rechtsschutz gewährleisteten Sicherheit wegen seines Anspruchs Befriedigung zu verschaffen. Für die Ausnahmefälle, in denen dies nicht möglich wäre, z. B. weil das Schiff selbst den Lohnanspruch nicht mehr deckte oder weil es für den Berechtigten nicht erreichbar wäre, könnte durch eine subsidiäre Haftung des Staates vorgesorgt werden. Das gewichtigste Bedenken gegen die hiermit vorgeschlagene Regelung ergiebt sich aus der mit ihr für den Rheder verbundenen Belastung. Sie wird in verschiedener Weise zu erleichtern sein. Durch die Haftpflichtversicherung wird sich der Rheder unmittelbar gegen den ihm drohenden Schaden sichern können. Durch entsprechende Bemessung des Ueberfahrtsgeldes wird er wenigstens auf den Reisenden einen Theil seines Risicos abwälzen. Ein Regreßanspruch wird ihm gewährt werden müssen, mittelst dessen er von dem Vermögenden den seine Rettung erlegten Lohn zurückfordern kann. Vor Allem aber wird ihm der Staat haftbar zu machen sein. Die Schwierigkeiten, die für den Retter bestünden, der sich an den ihm direkt haftenden Staat halten wollte, fallen für den Rheder zum erheblichen Theile fort. Gewiß würde es regelmäßig nur des einfachen Nachweises der durch ihn gehörig geleisteten Zahlung bedürfen, um von dem Staate den geschuldeten Ersatz zu erlangen. Sollte aber ausnahmsweise hierzu die Beschreitung des Rechtsweges erforderlich werden, so kann sie ohne Zweifel leichter dem Rheder zugemuthet werden, als dem Retter selbst.

Es muß schließlich noch ein Blick auf die Grundsätze geworfen werden, die zur Abschneidung der aus der Verschiedenheit der einzelnen Seerechte drohenden Schwierigkeiten erforderlich sind. Gewiß wäre eine Uniformirung des Seerechtes auch in der Frage der Rettung von Menschenleben in Seenoth sehr erwünscht. Aber das einzelne Recht und insbesondere das deutsche Recht wird doch mit seinen Bestimmungen nicht darauf warten können, bis es zu dieser Uniformirung kommt. Es besteht nun aber für das deutsche Gesetz kein Grund, seine Bestimmungen in allen Fällen zur Anwendung zu bringen, die vor deutschen Gerichten zur Entscheidung gelangen. Wenn etwa ein Nichtdeutscher von Bord eines nichtdeutschen Schiffes einen Nichtdeutschen gerettet hat, wird von dem deutschen Gerichte unbedenklich das nach den allgemeinen Grundsätzen des internationalen Privatrechts maßgebende, fremde Recht auch insoweit anzuwenden sein, als es etwa den vom deutschen Rechte gewährten Anspruch auf Belohnung versagt. Dagegen dürfte es sich allerdings empfehlen, dem deutschen Rechte seine Anwendbarkeit in allen Fällen gesetzlich zu sichern, wo entweder das Schiff, an Bord dessen sich der Gerettete befand, ein deutsches, oder wenn der Gerettete — auch der von Bord eines nichtdeutschen Schiffes Gerettete — oder wenn der Retter ein Deutscher war. Die Gewährung des Lohnanspruchs in den beiden letzten Fällen bedarf kaum der weiteren Begründung. Aber auch wenn nur das Schiff ein deutsches war, Retter und Geretteter dagegen fremden Nationen angehörten, erscheint die unbedingte Gewährung jenes Anspruchs als geboten. Wenn einmal die Anschauung im deutschen Gesetze zur Anerkennung gelangt wäre, daß die Rettung von Menschenleben ein Recht auf Belohnung giebt, dann muß jeder, der es unternimmt, von einem deutschen Schiffe Menschen zu retten, der Erlangung des Lohnes gewiß sein. Eine abweichende Regelung würde der internationalen Mischung der an Bord der Seeschiffe befindlichen Personen nicht gerecht werden und sehr erheblichen, praktischen Bedenken unterliegen. Sie könnte namentlich zur Folge haben, daß deutschen Schiffen nicht so bereitwillig zur Rettung von Menschenleben Beistand geleistet werden würde, wie dies angestrebt werden muß. Dem gegenüber ist es in den Kauf zu nehmen, daß gelegentlich der deutsche Rheder, bezw. der deutsche Staat einen Lohn für die Rettung von Nichtdeutschen an Nichtdeutsche zu zahlen verpflichtet werden kann. Durch Anerkennung eines Regreßrechtes gegen den Heimathsstaat des Geretteten[39]), übrigens aber auch schon durch die Reciprocität ist hier eine Abhilfe möglich. Aber wenngleich dem nicht so wäre, würde das hier in Rede stehende Opfer nur den Anforderungen der Humanität entsprechen und zugleich im eigensten Interesse der deutschen Seeschifffahrt selbst gebracht werden.

---

[39]) Vgl. Bluntschli, Völkerrecht Art. 338. Busch a. a. O. S. 47 f.

V.

Gutachten des Herrn Privatdocenten Dr. Johannes Burchard zu Berlin

über die Frage:

Empfiehlt sich die gleichartige rechtliche Behandlung von Bergung und Hilfeleistung in Seenoth?

Als in der Hamburger Commission zur Berathung des das Seerecht behandelnden fünften Buches des allgemeinen deutschen Handelsgesetzbuchs der Titel über Bergung und Hilfeleistung in Seenoth berathen wurde, war der Begriff der Bergung von Alters her bekannt, denn man verstand darunter außer der Thätigkeit der Strandbewohner, auf dem Meere in unmittelbarer Nähe der Küste treibende Gegenstände, wie Schiffstheile und Ladungstheile aufzufischen und derartige gestrandete Gegenstände in Sicherheit zu bringen, auch die den außerhalb der unmittelbaren Nähe der Küsten auf Klippen und Sandbänke gerathenen Schiffen gewährte Hilfe, sie abzubringen oder doch die in ihnen befindlichen Waaren zu sichern. In diesem Sinne fand sich der Begriff der Bergung in einer Reihe von deutschen und außerdeutschen Strandungsordnungen.

Der Begriff einer von der Bergung verschiedenen Hilfeleistung war dagegen neuerer Art, noch wenig entwickelt und fand sich nur in zwei neueren Gesetzgebungen, dem portugiesischen Handelsgesetzbuch von 1833 und dem niederländischen Handelsgesetzbuch von 1838.

Die Hamburger Commission hat sich dahin entschieden, den Unterschied zwischen Bergung und Hilfeleistung in Seenoth aufzunehmen, und daran wichtige Folgerungen geknüpft.

Aufgabe des Gutachtens wird sein, die Gründe der Hamburger Commission darzulegen, sodann vom Standpunkte der Rechtsvergleichung die Regelung der Frage abseiten der verschiedenen Rechte der modernen Culturstaaten zu erörtern und schließlich ein Urtheil über die aufgeworfene Frage zu bilden und näher zu begründen.

§ 1.

Der preußische Entwurf eines Handelsgesetzbuchs für die preußischen Staaten handelte Buch IV Tit. 9 in den Artikeln 595—602 „Von der Bergung". Der Art. 595 Abs. 1 gewährte einen Anspruch auf Bergelohn demjenigen, der ein in Noth befindliches oder schon verunglücktes Schiff oder dessen Ladung ganz oder theilweise rettet oder retten hilft, oder der Schiffstheile oder Güter, die herrenlos auf der See treiben, auffischt und birgt. Die Motive verwerfen den von Doctrin und einzelnen Strandordnungen gemachten Unterschied zwischen Bergung und Hilfeleistung als unjuristisch und dem Sprachgebrauch des Lebens widersprechend.

Die Commission dagegen glaubte unter Bezugnahme auf die hannoversche Strandungsordnung vom 24. Juni 1846 § 60 und 61, auf das niederländische Handelsgesetzbuch von 1838 und zwei Entscheidungen des lübischen Ober-Appellationsgerichts das unterscheidende Merkmal darin finden zu sollen, daß bei der Bergung der gerettete Gegenstand in den Naturalbesitz des Retters gelangt sei, während bei der Hilfeleistung dem Schiffsführer die Verfügung über Schiff und Ladung verbleibe, und ihm und der Mannschaft nur Beistand geleistet werde, um einer Gefahr zu entgehen. In diesem Sinne war auch der der Discussion zu Grunde gelegte Gegenentwurf Anl. B zum Protokoll der 329. Sitzung vom 28. April 1859 pag. 2811—13 der Protokolle verfaßt. Man hielt auch der Belohnung wegen den Unterschied für unvermeidlich: beim Bergen sei der Verlust bereits eingetreten gewesen, das geborgene Gut sei in der Regel weniger werth als das gerettete, der Bergelohn habe zugleich den Charakter eines Fundlohns. Eine Gleichstellung der Hilfeleistung mit der Bergung würde dem Handel nachtheilig sein, weil auch für bloße Hilfeleistungen dem Bergelohn ähnliche höhere Belohnungen zuerkannt werden könnten.

Was als Praxis der hanseatischen Gerichte bezeichnet wurde, beschränkte sich auf zwei Entscheidungen des lübischen Ober-Appellationsgerichts. Die eine, am 27. October 1843 ergangen, betraf lediglich eine Frage der Gerichtszuständigkeit. Es handelte sich darum, die Bedeutung einer bremischen Verordnung vom 29. Mai 1834 festzustellen, welche abweichend von den sonstigen Regeln die Gerichtszuständigkeit bei

Bergungsstreitigkeiten unabhängig von der Größe des Streitgegenstandes dem Amte Bremerhaven überwies. Das Ober-Appellationsgericht nimmt an, daß der Wortlaut der Verordnung, wie sich aus dem Zusammenhang derselben ergebe, nur auf einen Streit über Bergelohn im engeren Sinne sich beziehe; es führt das hanseatische Seerecht, das lübische und das hamburgische Stadtrecht, sowie die oldenburgische Strandverordnung von 1775 auf, um daraus nachzuweisen, daß in allen diesen Bestimmungen ein Uebergang der geretteten Gegenstände in den Naturalbesitz der Berger vorausgesetzt werde. Aus diesem Grunde lehnt das Ober-Appellationsgericht eine Ausdehnung der Ausnahmebestimmung über den strengen Wortlaut der Verordnung ab in einem Falle, in dem solcher Uebergang nicht stattgefunden hatte.

Die andere Entscheidung vom 28. Februar 1855 beschäftigt sich nur mit der Frage, welche Grundsätze bei Feststellung eines außerordentlichen Hilfslohns zur Anwendung zu bringen seien. Die Frage, ob Berücksichtigung der Umstände stattzufinden habe, oder ohne solche ein Drittel des geretteten Schiffs und der Ladung zuzusprechen sei, war der Prüfung des Ober-Appellationsgerichts entzogen, denn rechtskräftig stand fest, daß ein eigentlicher zu jenem Drittel berechtigender Bergungsfall nicht vorliege.

Zwar hatte sich die Commission gleich zu Anfang entschlossen, zwischen Bergung und Hilfeleistung zu unterscheiden, aber erhebliche Schwierigkeiten machte die Frage, wie dieser Unterschied im Gesetze auszudrücken sei. Die Schwierigkeit lag vor allem darin, daß man die große Mannigfaltigkeit der Umstände, unter denen ein nothleidendes Schiff und dessen Ladung gerettet werden kann, nicht im Gesetz zum Ausdruck bringen wollte in der Art, wie dies im portugiesischen und im niederländischen Handelsgesetzbuch geschehen war, sondern daß man nur eine kurzgefaßte Definition zu geben bemüht war. Einverständniß herrschte darüber, daß eine eigentliche Bergung vorliege, wenn eine Dereliction des Schiffes oder der Ladung abseiten des Schiffers und der Besatzung stattgefunden habe, wenn also Schiff und Ladung ohne begründete Aussicht auf Wiedererlangung von der Gesammtbesatzung verlassen seien. Ob auch andere Fälle als Bergungsfälle anzusehen seien, bildete den Gegenstand des Streites. Erwähnt wurden folgende Fälle:

1. Ein Schiff treibt mit der Mannschaft an den Strand, die Mannschaft ist bereits außer Stande sich zu helfen. Dritte bringen Rettung aus der Noth.
2. Das Schiff bietet in Folge von Seeunfällen keine Sicherheit mehr für die Ladung. Diese und sonstige Schiffsgegenstände

werden, um sie zu erhalten, an das Land geschafft. Man unterscheidet: Bergung, wenn die zur Hilfe herbeieilenden Personen etwas an sich nehmen, Hilfeleistung, wenn dies nicht geschieht.

In den Entwurf erster Lesung — Art. 637 — kam dann der Satz hinein: „Durch höhere Gewalt der Verfügung des Schiffers und der Schiffsmannschaft entzogen", während die Worte „in seinen Gewahrsam genommen" gestrichen wurden.

In zweiter Lesung wurde betont, man müsse den Begriff der Bergung möglichst beschränken, um die Gelegenheit, das Unglück auf frivole Weise vortheilhaft auszubeuten, nicht zu begünstigen. Nach der Bestimmung, daß Bergung vorliege, wenn Schiff oder Ladung der Verfügung des Schiffers und der Schiffsmannschaft entzogen seien, würde häufig ein Bergelohn zuzusprechen sein, während mit Zusprechung eines Hilfslohns nach Sachlage genug geschehe.

Als zweifelhafte Fälle wurden genannt:

1. Ein Schiff sitzt im Eise fest und ist vielleicht, wenn keine Hilfe komme, wegen der Gefahr durchschnitten zu werden, verloren.
2. Ein Schiff ist auf dem Sand festgerathen und vielleicht, wenn keine Hilfe komme, wegen des Stoßens oder Einwühlens verloren.
3. Die ganze Besatzung eines Schiffes ist einer Krankheit erlegen oder befindet sich in Folge der Krankheit in einem Zustand, daß das Schiff ohne Führung umhertreibt, oder es sind nur einige Schiffsjungen übrig geblieben. Das so angetroffene Schiff werde von Dritten in Sicherheit gebracht.
4. Das Schiff ist als unzweifelhaft verloren zu erachten, die Ladung wird aus demselben geborgen.
5. Die Ladung wird geborgen, nachdem sie bereits vom Schiffe getrennt gewesen ist, z. B. durch Werfen.
6. Von der See wird ein Boot weggeschlagen; es wird von Dritten in Sicherheit gebracht; das Schiff selbst hat sich fortwährend in der Gewalt der Besatzung gefunden.

Die eine Meinung ging dahin: Es komme in diesen Fällen nicht darauf an, ob noch überhaupt Mannschaft an Bord sei, ob sie zur Führung tauglich, ob sie zur Theilnahme an der Rettung fähig sei; vielmehr sei das Entscheidende, ob die Leitung des Unternehmens in der Hand der Rettenden oder der Besatzung sich befinde, ob die Berger die in Sicherheit gebrachten Güter in ihren Gewahrsam nähmen, oder ob die

Güter im Gewahrsam der Besatzung unter deren voller Herrschaft verblieben. Ebenso könne der Charakter einer Bergung sich dadurch nicht ändern, wenn den Bergern bei Ausführung ihrer Unternehmung von der Besatzung Beistand geleistet werde, z. B. dadurch, daß die Güter mit Hilfe der Besatzung aus dem Schiff in die Böte gewunden wurden.

Die gegenteilige Meinung hielt daran fest, solange die Mannschaft noch Hilfe leisten und sich bei der Rettung betheiligen könne, liege keine Bergung, sondern nur eine Hilfeleistung vor, ebenso wenn der Besatzung die Verfügung über Schiff und Ladung nur vorübergehend entzogen sei, z. B. ein Dampfschiff das gestrandete Schiff wieder abbringe. Der Ausdruck „der Verfügung entziehen" sei dunkel, unjuristisch und werde voraussichtlich zu den größten Streitigkeiten über seine Bedeutung führen. Weiter wurde, wenn auch ohne Erfolg, geltend gemacht: Die ganze Unterscheidung zwischen Hilfeleistung und Bergung sei sowohl an sich, wie in ihrer Anwendung höchst schwierig, werde zu einer Menge von Streitigkeiten führen und sei eigentlich zwecklos.

So ist denn im Handelsgesetzbuch, wenn auch dasselbe keine eigentliche Definition des Begriffs der Bergung enthält, nach mehrfachen Aenderungsvorschlägen und mehrfach vorgenommenen Aenderungen zum Ausdruck gebracht, daß als Bergung diejenige Thätigkeit gilt, welche einem im Falle einer Seenoth der Verfügung der Schiffsbesatzung entzogenen oder von derselben verlassenen Schiffe oder dessen Ladung beziehentlich einem Theil derselben von dritten Personen in der Weise zugewendet wird, daß Schiff oder Ladung von diesen dritten Personen an sich genommen werden, mit dem Erfolge, daß dieselben in Sicherheit gebracht werden. Dagegen gilt als Hilfeleistung diejenige Thätigkeit, welche einem im Falle einer Seenoth befindlichen Schiffe oder dessen Ladung, welche weder der Verfügung der Schiffsbesatzung entzogen noch von derselben verlassen waren, von dritten Personen zugewendet wird, ohne daß diese Schiff oder Ladung an sich nehmen, mit dem Erfolg, daß dieselben aus der Seenoth gerettet werden.

Der preußische Entwurf hatte, entsprechend dem von ihm eingenommenen, in den Motiven kurz begründeten Standpunkt, auch bei den weiteren Bestimmungen keinen rechtlichen Unterschied gemacht zwischen den Gegenständen, welche, im engeren Sinne, geborgen und welche durch eine bloße Hilfeleistung gerettet sind.

Der Gegenentwurf ließ dagegen bei Feststellung des Betrages des Bergelohns neben den übrigen sorgfältig zu berücksichtigenden Umständen auch den Werth des Geborgenen berücksichtigen; bei Feststellung des Betrages des Hilfslohns sollte dagegen die Beschränkung stattfinden, daß dabei mehr auf die übrigen Umstände, als auf den Werth des Geretteten zu sehen sei; auch sollte der Hilfslohn nicht nach Verhältnißtheilen vom Werth des Geretteten bestimmt werden, wenn nicht sämmtliche Betheiligte eine solche Berechnung ausdrücklich wünschten. Außerdem sollte sowohl für die Bergungs- wie für die Hilfskosten ein gesetzliches Pfandrecht entstehen, welches in Bergungsfällen noch durch ein Zurückbehaltungsrecht an den geborgenen Sachen bis zur Sicherheitsleistung verstärkt wurde.

Die Commission einigte sich bald darüber, daß nicht nur bei dem Hilfslohn, sondern auch bei dem Bergelohn die Festsetzung auf eine Quote unzulässig sei, wenn nicht ein übereinstimmender Antrag der Parteien vorliege; denn auch der Bergelohn sollte nichts weiter als eine, wenn auch reichlich zugemessene, so doch den Umständen angemessene Bezahlung der von den Bergern geleisteten Dienste darstellen. Nachdem dieser Unterschied beseitigt war, wurde auch der in Art. 5 des Gegenentwurfs Anl. B vorangestellte Satz: „Der Hilfslohn soll weniger betragen, als der Bergelohn" als überflüssig bezeichnet und dessen Streichung beantragt. Seine Aufrechterhaltung bedeute einen Zweifel an der Redlichkeit bei demnächstiger Anwendung des gemeinsamen Seerechts. Wenn man aber nicht davon ausgehe, daß den Bergern regelmäßig ohne Rücksicht auf ihre Dienste und deren Bedeutung ein Theil vom Werth des Geretteten zugesprochen werde, so ergebe sich schon ohne die Bestimmung, daß bei Feststellung des Hilfelohns auf den Werth der geretteten Gegenstände nur untergeordnete Rücksicht zu nehmen sei, daß der Hilfslohn geringer als der Bergelohn festzusetzen sei; denn es müsse in Betracht gezogen werden, daß die Hilfeleistenden Schiff und Ladung nicht durch ihre Dienste allein in Sicherheit gebracht hätten, sondern, daß auch der Schiffer und die Mannschaft sich daran betheiligt hätten. Sollte aber ausgesprochen werden, daß bei übrigens gleichen Umständen der Betrag des Hilfslohnes stets geringer sein müsse, als der des Bergelohnes, so sei nicht abzusehen, weshalb die Hilfeleistenden für dieselben Dienste mehr erhalten sollten, wenn sie allein gestanden und weniger, wenn noch die Mannschaft daneben Dienste verrichtete oder auch nur, ohne erhebliche Dienste verrichten zu können, sich an Bord befand. Der Satz sei praktisch ohne alle Bedeutung, weil gar keine Controle möglich sei, ob er angewendet worden sei, denn es müßte eine geschehene Entscheidung mit einer nicht geschehenen verglichen werden. Solcher Satz sei doctrinär und nicht verständlich genug, besser sei es, nicht nur ihn, sondern den ganzen ziemlich bedeutungslosen Unterschied zwischen Bergung und Hilfeleistung zu streichen.

Von der entgegengesetzten Seite wurde dagegen ein erhebliches praktisches Bedürfniß behauptet. Wie bisher der Bergelohn, in Folge der Entwickelung aus dem alten Strandrecht, in der Regel mit großer Liberalität bemessen sei, so liege auch für die Zukunft kein Grund vor, solcher Liberalität entgegenzutreten, denn der Bergelohn müsse zugleich den Fundlohn repräsentiren und eine Entschädigung für die custodia des Geborgenen gewähren. Der Anspruch auf Hilfslohn werde aber erst in neueren Zeiten anerkannt; er könne geringer bemessen werden, weil weder auf Fundlohn noch auf custodia Rücksicht zu nehmen sei.

Die letztere Ansicht fand die bei weitem überwiegende Mehrheit der Mitglieder für sich, und so wurde dann der Satz aufgenommen, daß der Hilfslohn stets unter dem Betrage festzusetzen ist, welchen der Bergelohn unter sonst gleichen Umständen erreicht haben würde und daß bei Bestimmung des Hilfslohns auf den Werth der geretteten Gegenstände nur eine untergeordnete Rücksicht zu nehmen ist.

Bezüglich des in Art. 9 des Gegenentwurfs Anl. B dem Gläubiger an den geborgenen Gegenständen bis zur Sicherheitsleistung eingeräumten Zurückbehaltungsrechts findet sich in den Verhandlungen nur der eine Passus: Man könne nicht umhin, den Gläubigern wegen der gedachten Kosten ein Pfandrecht an den geborgenen oder geretteten Gegenständen zu gewähren. Dem Pfandrecht trete nach allgemeinen Rechtsgrundsätzen das Retentionsrecht in Ansehung der geretteten Gegenstände hinzu. (Ersichtlich soll es an dieser Stelle Protokolle S. 2834, nachdem soeben erst geborgen und gerettet einander gegenübergestellt sind, also etwas Verschiedenes bedeuten sollen, nicht Retentionsrecht in Ansehung der geretteten, sondern in Ansehung der geborgenen Gegenstände heißen.)

§ 2.

Die Rechte der verschiedenen modernen Culturstaaten nehmen zu unserer Frage einen verschiedenen Standpunkt ein. Es wird sich empfehlen, die gesetzlichen Bestimmungen der einzelnen Staaten oder, soweit solche fehlen, die aus einer Betrachtung der Rechtsprechung gewonnenen Resultate kurz aufzuführen.

Die älteste, noch in Kraft befindliche gesetzliche Bestimmung findet sich in der Ordonnance de la marine Ludwig XIV. vom August 1681 Art. 27 Liv. IV Tit. IX des Naufrages:

> Si toutefois les effets naufragés ont été trouvés en pleine mer, ou tirés de son fond, la troisième partie en sera délivrée incessamment et sans frais, en espèces ou en deniers à ceux qui les auront sauvés.

Nach dem Beispiel der effets naufragés trouvés en pleine mer werden, wie schon Valin, Nouveau Commentaire sur l'ordonnance de la marine, la Rochelle 1760 Tome II Pag. 590, bezeugt, auch die auf hoher See von der Mannschaft abandonnirt gefundenen Schiffe nebst Ladung behandelt, sei es, daß das Schiff nach erfolgter Scheiterung oder um die Gefahr einer drohenden Strandung zu vermeiden oder aus Furcht, von Seeräubern oder Feinden genommen zu werden, verlassen ist.

Auch die Praxis der französischen Gerichte, welche der Auffassung Valin's folgt, beschränkt die Anwendung dieser Bestimmung des Art. 27 auf Fälle der auf hoher See, außer Sichtweite vom Lande gefundenen verlassenen Schiffe. In allen anderen Fällen, sei es, daß Schiffe verlassen innerhalb Sichtweite vom Lande angetroffen werden, sei es, daß sie mit Besatzung in irgend einer sonstigen gefährlichen Lage genöthigt sind, fremde Hilfe anzunehmen, werden die Vergütungen als indemnité de sauvetage oder indemnité d'assistance maritime nach ganz gleichen Grundsätzen den Umständen entsprechend festgesetzt.

Die Praxis neigt sogar dazu, ein Abandonniren im Sinne des Art. 27 nur dann anzunehmen, wenn, wie die englisch-americanische Rechtssprache es nennt, ein Fall des „Derelict“, eines Verlassens ohne begründete Aussicht auf Wiedererlangung vorliegt, während das Drittel in solchem Falle nicht zugesprochen wird, wenn im Augenblick drohender Gefahr, z. B. nach einem Zusammenstoß, die Mannschaft sich auf ein anderes Schiff flüchtet, oder wenn sie sonst dasselbe verläßt, um Hilfe zu suchen.

Wir können demnach annehmen, daß im französischen Recht der Unterschied zwischen Bergung und Hilfeleistung, von einem vereinzelten Ausnahmefall abgesehen, nur dem Namen nach besteht.

In Belgien ist zwar durch eine Verordnung vom 8. Frimaire des Jahres VIII ein Auszug aus der Ordonnance de la marine eingeführt, der Tit. IX des Liv. IV findet sich aber in demselben nicht. Es existirt in Belgien kein Gesetz, das die bei Bergung und Hilfeleistung in Betracht kommenden Rechtsverhältnisse regelt. Sache der Gerichte ist es, den Umständen entsprechend in dem Einzelfalle, ohne daß es auf einen Unterschied zwischen Bergung und Hilfeleistung ankommt, die Vergütung festzusetzen.

In Italien finden sich die in Betracht kommenden Bestimmungen in dem Codice per la marine mercantile vom 25. Juni 1865. Dieser hat durch ein Gesetz vom 24. Mai 1877 — Legge colla quale sono modificati alcuni articoli del codice per la marina mercantile — einige

Abänderungen erfahren. Der Codice enthält in Art. 134 Abs. 1 die Bestimmung, daß diejenigen, welche auf hoher See ein verlassenes (abandonnirtes) Schiff gefunden haben, und denen es gelungen ist, dasselbe in einen der Häfen des italienischen Staates in Sicherheit zu bringen, verpflichtet sind, der Seebehörde binnen 24 Stunden nach ihrer Ankunft Anzeige zu machen. In den Absätzen 2 und 3 wird dann unterschieden: Wenn die Rettung stattgefunden hat außer Sicht des Landes, so haben die Finder ein Recht auf den achten Theil des Werthes des Schiffes und der geretteten Ladung außer der Erstattung ihrer Spesen. Wird dagegen das Schiff in Sicht des Landes gefunden, so findet ebensolche Vergütung statt, wie im Falle, daß einem anderen in Gefahr des Verlustes befindlichen Schiffe Hilfe geleistet wird. In diesem Falle findet regelmäßig eine Erstattung der Spesen beziehentlich der Schäden statt. Ist aber die Hilfe mit Gefahr für das rettende Schiff und die auf demselben befindlichen Personen geleistet, so erwächst außerdem ein Anspruch auf eine Belohnung, die indeß den zehnten Theil des Werthes der geretteten Gegenstände nicht übersteigen darf.

Außer dem Falle, daß ein abandonnirtes, d. h. ohne Aussicht auf Wiedererlangung von der Besatzung verlassenes Schiff außer Sichtweite vom Lande angetroffen wird, werden also vom italienischen Recht alle sonstigen Fälle der Bergung und Hilfeleistung gleichmäßig behandelt.

Es ist oben bereits angedeutet, daß sich der Unterschied zwischen Bergung und Hilfeleistung im portugiesischen wie im niederländischen Handelsgesetzbuch aus den Jahren 1833 und 1838 fand*).

Das niederländische Wetboek van Koophandel vom 10. April 1838 ist noch in Kraft, während an Stelle des portugiesischen von 1833 ein neues vom 28. Juni 1888 getreten ist, das sich in dieser Materie in einigen Punkten enger an das deutsche Handelsgesetzbuch angeschlossen hat.

Beide stimmen darin miteinander überein, daß sowohl das niederländische wie das portugiesische sich nicht bemühen, den Begriff der Bergung in eine kurze Formel zu bringen, sondern daß sie, neben dem von Alters her als Bergung bezeichneten Fall des Sicherns herren- oder führerloser Schiffe und Waaren, eine Reihe von Fällen aufzählen, in denen Bergelohn geschuldet wird. Es sind dies die Fälle, in denen Ladung aus einem auf die Küste gerathenen oder auf Felsen gescheiterten beziehentlich in der Brandung oder auf dem Sande festsitzenden Schiffe gerettet werden, wenn solche Gefahr vorliegt, daß das Schiff weder für die La-

*) Es sind hier, wie auch bei sonstigen Angaben die Handelsgesetze des Erdballs von Dr. Oscar Borchardt benutzt.

dung noch für die Mannschaft Sicherheit bietet, ferner wenn Ladung aus einem wirklich zertrümmerten Schiffe herausgenommen wird, sodann, wenn ein Schiff, weil wegen drohender Gefahr für das Leben der Mannschaft keine Sicherheit mehr bietend, verlassen, abandonnirt wird, und nun dritten Personen, die es besetzen, es gelingt, das Schiff mit der ganzen oder theilweisen Ladung in den Hafen zu bringen. Dagegen weichen das niederländische und das portugiesische Gesetz darin voneinander ab, daß letzteres es als einen Bergungsfall betrachtet, wenn das Schiff und die Ladung zusammen oder einzeln mit Hilfe eines Dritten wieder flott gemacht und in einen sicheren Hafen geleitet werden, während ein Hilfeleistungsfall nur vorliegt, wenn sich die Dritten darauf beschränken, das gestrandete oder gescheiterte Schiff mit oder ohne seine Ladung wieder flott zu machen, ohne es in einen sicheren Hafen zu geleiten. Beide Fälle faßt das niederländische Gesetz als Fälle der Hilfeleistung auf, indem es als gleichbedeutend ansieht, ob Schiff und Ladung zusammen oder nach vollendeter Löschung oder Lichtung wieder auf eine sichere Stelle oder in einen sicheren Hafen gebracht werden.

Von dem bereits erwähnten Falle abgesehen läßt das portugiesische Gesetz einen Anspruch auf Hilfslohn zu, wenn das Schiff, welches sich auf See in Havarie befindet, mit Hilfe von Dritten unterstützt und in einen sicheren Hafen geleitet wird.

Nach dem niederländischen Gesetz darf eine Berücksichtigung des Werths des Geretteten nur bei Bestimmung des Bergelohns stattfinden, das portugiesische dagegen entspricht darin dem deutschen Handelsgesetzbuch. Keines von beiden kennt die im letzteren festgesetzte Maximalgrenze von einem Drittel oder ausnahmsweise einer Hälfte des Werthes.

Das spanische Handelsgesetzbuch vom 22. August bezw. 16. October 1885 erwähnt die Kosten der Rettung nur insoweit, als es wegen derselben den Vorzug, aus dem Geretteten befriedigt zu werden, bestimmt.

Das neueste englische Gesetz, die Merchant Shipping Act 1894, 57 und 58 Vict. Ch. 60 vom 25. August 1894 kennt, wie die frühere Redaction, nur den Begriff der „Salvage", der in Section 510 dahin definirt wird: The expression „Salvage" includes all expenses, properly incurred by the salvor in the performance of the Salvage services. Auch die englische und die mit ihr übereinstimmende nordamerikanische Rechtsprechung macht keinen Unterschied mehr in der Behandlung solcher Fälle, die nach deutscher Rechtssprache als Bergung und die als Hilfeleistung anzusehen sind. Allerdings ging die frühere Praxis dahin, bei sogenannten „Derelicts" eine Ausnahme von der Regel zu machen, daß alle Umstände zu berücksichtigen seien, und dem Bergenden die Hälfte zuzusprechen, die neuere Praxis dagegen betrachtet die Thatsache, daß ein Schiff als „derelict“ zu erachten sei, nur als ein bei Berücksichtigung der Gefahr mit in Betracht zu ziehendes Moment.

In Schweden, Norwegen und Dänemark sind beziehungsweise am 12. Juni 1891, 20. Juli 1893 und 1. April 1892 auf einem gemeinsamen Entwurfe beruhende Seegesetze erlassen. Uebereinstimmend ist in ihnen der Unterschied zwischen Bergung und Hilfeleistung beseitigt und zwar mit der Begründung, die Thatsache, daß das Schiff der Verfügung der Schiffsbesatzung entzogen oder von derselben verlassen war, habe keine andere Bedeutung, als unter den Umständen, auf welche der Richter bei Bestimmung der Vergütung Rücksicht nehmen solle, mit berücksichtigt zu werden. Demgemäß sprechen die Gesetze in § 224 nur vom Bergen eines verunglückten oder nothleidenden Fahrzeugs, oder dessen Ladung oder solchen Gegenständen, die zum Fahrzeug oder dessen Ladung gehören, und von der Mitwirkung beim Bergen und führen in § 225 bei der Bestimmung des Bergelohns als zu berücksichtigenden Umstand auf: ob das Geborgene besonderer Gefahr ausgesetzt war, ob es von der Besatzung verlassen war, ob die Besatzung bei der Bergung geholfen hat, oder ob diese sonst durch Anwendung der eigenen Hilfsmittel des Fahrzeugs erleichtert ist.

Das finnländische Seegesetz vom 9. Juni 1873 handelt ohne Unterschied zwischen Bergung und Hilfeleistung nur von Bergung und macht nur bezüglich der Belohnung einen Unterschied. Wenn Befehlshaber und Besatzung an der Bergung theilgenommen haben, soll nach erfolgter Prüfung der Bergelohn auf mindestens ein Zwölftel und höchstens ein Sechstel, wenn aber die Bergung ohne ihre Mitwirkung geschieht, auf mindestens ein Sechstel und höchstens ein Drittel festgesetzt werden.

Die russische Handelsordnung nach der Ausgabe von 1887 regelt nur die Fälle, wenn das Schiff oder die Waare Schiffbruch oder Untergang erlitten haben, sowie wenn die Schiffsleute, aus welchem Anlaß es auch sei, das Schiff verlassen und alles aufgegeben haben, in dem es als Belohnung für die Bergung und Bewahrung den vierten oder den sechsten Theil des Geborgenen bestimmt, je nachdem der Unfall in der Entfernung von einer Werst oder mehr vom Strande oder weniger als einer Werst oder am Strande selbst stattgefunden hat.

Wollen wir zur Vergleichung noch die Rechte der Central- und südamerikanischen Staaten herbeiziehen, so stellen sich uns zunächst zwei Gruppen entgegen.

Das chilenische Handelsgesetzbuch vom 23. November 1865 und mit ihm in dieser Materie wörtlich übereinstimmend die Handelsrechte von Columbia vom 10. März 1873, von Guatemala vom 20. Juli 1877, von Honduras vom 27. August 1880 und von Salvador vom 1. Mai 1882 zählen die vom niederländischen Handelsgesetzbuch genannten Fälle der Bergung und Hilfeleistung unter einem gemeinsamen Namen als Fälle der Rettung auf und lassen in allen Fällen auch den Werth in gleicher Weise berücksichtigen.

Die zweite Gruppe, bestehend aus den Rechten von Costa Rica von 1850, Peru von 1853, Nicaragua von 1869 und Mexico von 1887, schließt sich eng an das ältere spanische Handelsgesetz an und enthält, wie das neue spanische vom 22. August 1885, keine nähere Bestimmung.

In Brasilien setzt der Codigo commercial vom 25. Juni 1850 eine Prämie von 10 bis 50 pCt. des Werthes für denjenigen aus, der ein Schiff, Schiffstrümmer oder eine Ladung, welche auf hoher See oder an den Küsten verlassen sind, retten kann.

Die Handelsgesetzgebungen von Uruguay, Código reformado vom 31. December 1878 und von Argentinien vom 5. October 1889 beruhen in dieser Materie wesentlich auf dem alten portugiesischen Handelsgesetzbuch, stimmen untereinander überein, schliessen sich indeß bezüglich des Unterschiedes zwischen Bergung oder Rettung und Hilfeleistung, in der Aufzählung der Fälle und der Berücksichtigung des Werthes an das niederländische Handelsgesetzbuch an.

Ziehen wir das Resultat aus dem Vergleich der verschiedenen im Vorstehenden dargestellten Gesetzgebungen und Rechtsprechungen, so finden wir noch eine ziemlich bunte Mannigfaltigkeit. Indeß, von den in einigen Ländern, Frankreich, Italien, Rußland und Brasilien, bezüglich der von der Mannschaft verlassenen Schiffe geltenden Ausnahmebestimmungen abgesehen, sehen wir bei der überwiegenden Anzahl gerade der für den Seeverkehr bedeutenderen Staaten die principielle Unterscheidung von Bergung und Hilfeleistung aufgegeben. Sofern es sich bei einer etwaigen Revision des bezüglichen Titels des deutschen Handelsgesetzbuchs darum handelt, auf dem Gebiete des Seeschifffahrtsverkehrs eine thunlich große Uebereinstimmung mit dem Rechte anderer Nationen zu erzielen, müßte die Wagschale sich zu Gunsten einer Beseitigung des zur Zeit noch im Gesetz bestehenden Unterschiedes neigen.

§ 3.

Haben wir uns in dem Bisherigen darauf beschränkt, das zur Beurtheilung der Frage in den Verhandlungen der Hamburger Commission und in den Gesetzgebungen und Rechtsprechungen der modernen Culturstaaten vorgefundene Material vorzuführen, so erübrigt jetzt, ein Urtheil abzugeben und dasselbe näher zu begründen.

Wir geben dasselbe dahin ab: Es empfiehlt sich die gleichartige rechtliche Behandlung von Bergung und Hilfeleistung in Seenoth.

Man kann vielleicht vom Standpunkt der Hamburger Commission aus die von ihr durchgeführte Unterscheidung für gerechtfertigt halten, ohne doch dadurch auch gezwungen zu sein, für die Gegenwart und Zukunft das Bedürfniß nach Aufrechthaltung derselben zu empfinden.

Aber prüft man die Gründe nach, die für die Unterscheidung geltend gemacht sind, so kann man denselben eine Berechtigung nicht zugestehen.

Das Handelsgesetzbuch spricht von dem Falle, daß ein Schiff oder Ladung von der Schiffsbesatzung in einer Seenoth verlassen ist. Das ist klar und deutlich; es entspricht dem auch in anderen Gesetzgebungen hervorgehobenen Fall des Antreffens führerloser oder herrenloser Schiffe oder sonstiger Gegenstände. Was aber unter dem Ausdruck „der Verfügung entzogen" zu verstehen ist, das läßt sich weder grammatisch noch logisch feststellen, noch geht der Sinn, den die Worte nach der Auffassung der Commission als solche haben sollten, aus den stattgehabten Verhandlungen hervor. Ersichtlich kämpften in der Commission zwei Vorstellungen miteinander, die nicht zur Congruenz zu bringen waren: die eine, welche den Musterfall des verlassenen Schiffes vor Augen hatte und in ihm das Bild völliger Hilfslosigkeit fand, die andere, welche genau an denselben Fall dachte, aber nicht das nothleidende Schiff, sondern die dasselbe rettenden Personen sich vorstellte, die das Schiff und die Ladung in ihrem Naturalbesitz hatten. Die Mittelfälle, in denen Schiff und Ladung nicht verlassen, daher auch nicht in den Naturalbesitz Dritter übergegangen, wohl aber hilflos waren, bildeten den Gegenstand des Streites, und da man sich nicht einigen konnte, zu welchem Gebiet sie zu ziehen seien, so wurde eine Art von neutralem Gebiet geschaffen und ein Ausdruck gewählt, auf den das Wort des Mephisto in der Schülerscene paßt: „Denn eben, wo Begriffe fehlen, da stellt ein Wort zur rechten Zeit sich ein."

Die Praxis hat mit diesem Wort nichts anzufangen gewußt. Sie hat sich an den Naturalbesitz gehalten und selbst in den Fällen äußerster Hilflosigkeit, sofern nur die Mannschaft das Schiff nicht verlassen hatte, das Vorliegen eines Falles von Hilfeleistung angenommen. Gerade die Fälle, in denen das Schiff der Verfügung der Besatzung nicht mehr gehorchen kann, weil es festgerathen ist und nicht wieder mit eigenen Kräften abkommen kann, oder weil es manövrirunfähig geworden und dem Spiele von Wind und Wellen preisgegeben ist, stellen sich, da der Naturalbesitz nach wie vor von der Schiffsbesatzung ausgeübt wird, nur als Hilfeleistungsfälle dar.

Der Fehler der Commission lag darin, daß sie eine Aufzählung der einzelnen Fälle vermeiden und doch wieder zwischen verschiedenen Fällen, die sie nicht aufzählt, unterscheiden will. Es hätte nicht auf die einzelnen hervortretenden Unterschiede, sondern auf das in allen Fällen gleiche Moment gesehen werden müssen, d. h. auf den von Dritten vorgenommenen Rettungsdienst, der durch Seenoth gefährdete Gegenstände der Gefahr entreißt. Da die Commission gewillt war, die Art der Gefahr und deren Grad, sowie die Art der Dienste und den dabei bewiesenen Eifer zu berücksichtigen, so ergab sich logisch bei den Fällen eines verlassenen Schiffes eine Steigerung der Gefahr, weil die Möglichkeit, von dem gefährdeten Schiffe aus Hilfe herbeizurufen, wegfällt, weil das verlassene Schiff dadurch, daß Niemand es steuert, der Gefahr, an die Küste oder auf Sandbänke zu treiben, in erhöhtem Maße ausgesetzt ist, weil die Möglichkeit, daß es mit anderen Schiffen zusammenstößt, näher liegt. Aber dieselbe Gefahr, keine Hilfe erlangen zu können, liegt vor, wenn das Schiff mit seiner Mannschaft fern ab vom Fahrwasser auf einer Sandbank festsitzt; im einen wie im anderen Falle ist es ein Zufall, wenn noch rechtzeitig Hilfe eintritt; die Gefahr, auf die Küste zu treiben, ist dieselbe, wenn das Steuerruder zerbrochen, wie wenn kein Steuermann an Bord ist; die Möglichkeit eines Zusammenstoßes ist bei einem nicht mehr steuerfähigen Schiffe, dessen Mannschaft noch an Bord ist, nicht geringer, als bei einem noch steuerfähigen, das keine geeignete Mannschaft mehr hat. Es ist also nicht möglich, in allen Fällen eine nicht nur gesteigerte, sondern auch ihrem Wesen nach veränderte Gefahr zu erblicken, in denen nach dem Gesetz das Vorliegen eines Bergungsfalles angenommen werden muß; vielmehr können nur die Umstände des Einzelfalles entscheiden, ob eine andere, ob eine höhere Gefahr drohte.

Was nun die Art der Dienstleistung angeht, so läßt sich ebenso wenig annehmen, daß Arbeit und Mühe größer seien, wenn es sich um eine Bergung, als wenn es sich um eine Hilfeleistung handelt. Zunächst scheidet eine Reihe von Fällen aus, in denen die Dienstleistungen der Berger sich als höchst einfacher, wenig gefahrvoller Art darstellen, so, wenn ein Schiff in unmittelbarer Nähe der Küste auf Sand gerathen ist und bei ruhigem Wetter die Mannschaft der Berger die Ladung aus dem Schiffe herausholt; nicht wesentlich schwieriger stellt sich die Thätigkeit dar, wenn das Schiff verlassen war, weil die Besatzung es nicht vom Sande oder einer Klippe abbringen konnte, wenn dann durch die Fluth das Schiff wieder von Sand oder Klippe abkam und nun Rettungsmannschaften das Schiff an sich nehmen. Weit schwieriger, weit gefahrvoller erscheint dagegen der Fall der Hilfeleistung, wenn auf offenem Meere, bei wilder, unruhiger See, um ein schwer beschädigtes oder steuerunfähiges Schiff zu schleppen, die Trosse, das Schlepptau übergenommen und unter beständiger Gefahr des Zusammenstoßens ein Schiff wohl Tage lang auf hoher See bis in den Hafen geschleppt werden muß. Da spielt die Mitwirkung der Mannschaft des nothleidenden Schiffs nur eine untergeordnete Rolle. Und macht es etwa einen erheblichen Unterschied, ob in solchem Falle der Naturalbesitz auf die Helfenden übergegangen ist? Wenn ein Schiff auf offenem Meer ein verlassenes Schiff, das noch zu retten ist, antrifft, so nimmt es dasselbe in's Schlepptau und bringt es in den Hafen. Das Gleiche geschieht, wenn ein nothleidendes Schiff, das noch seine Mannschaft an Bord hat, ohne fremde Hilfe den Hafen nicht erreichen kann. Was hilft der Naturalbesitz der Besatzung des nothleidenden Schiffs, wenn sie nicht in der Lage ist, den sichernden Hafen zu erreichen?

Es ist noch hervorgehoben worden, bei der Bergung trete noch eine Custodia seitens der Berger hinzu, bei der Hilfeleistung nicht. Indeß auch dieser Gesichtspunkt rechtfertigt eine verschiedenartige Behandlung nicht. Allerdings kann die Custodia nach zwei Seiten hin Wirkungen üben. Sie kann, besonders wenn man sie nicht nur als Einräumung eines Verwahrungsplatzes betrachtet, in dem strengeren, römisch-rechtlichen Sinne, eine besondere Haftung für höchste Sorgfalt begründen. Ob an diese letzte Seite in den Commissionsverhandlungen gedacht ist, erscheint zweifelhaft. Zweifellos ist aber auch mit der Hilfeleistung eine besondere Verpflichtung der Hilfeleistenden in vielen Fällen verbunden. Wenn z. B. das helfende Schiff das nothleidende in's Schlepptau genommen hat, so haftet das helfende Schiff, dessen Rheder und die Besatzung, soweit sie Schuld trägt, für den Schaden, der auf eine mangelhafte Ausführung der Hilfsarbeiten zurückzuführen ist, z. B. wenn durch ein unrichtiges Manöver auf dem helfenden Schiff ein Zusammenstoß mit dem nothleidenden Schiff, der diesem Schaden bringt, verursacht wird. Es tritt mithin in beiden Fällen eine Haftung für die den Umständen entsprechende Sorgfalt ein.

Sofern aber die mit der Bergung verbundene Custodia einen Anspruch auf Erstattung der Aufbewahrungskosten begründet, ist zu bemerken, daß diese Kosten zwar einen Theil der Bergungs- und Hilfskosten bilden; aber nach ausdrücklicher Vorschrift des Art. 745 des deutschen H.G.B.'s sind diese Kosten in dem Berge- und Hilfslohn nicht begriffen, demnach kann der nur bei einer Bergung entstehende Anspruch auf Erstattung der Aufbewahrungskosten keinen rechtlichen Unterschied bezüglich des Bergelohns vor dem Hilfslohn begründen.

Daß die in der Hamburger Commission erwähnten Entscheidungen des Lübischen Ober-Appellations-Gerichts nicht geeignet sind, den Unterschied in der rechtlichen Behandlung von Bergung und Hilfeleistung zu begründen, ergiebt deren oben mitgetheilter Inhalt. Auch der Sprachgebrauch des Lebens rechtfertigt die Unterscheidung nicht.

Das preußische Obertribunal äußert sich in einer Entscheidung vom 28. Juni 1870 (mitgetheilt in Loehr's Centralorgan N. F. Bd. VIII S. 240) über den Begriff und die Bedeutung des Wortes „bergen" dahin: es müsse eine Sache von dem Orte der Gefahr dahin gebracht werden, wo ihr Verlust nach dem gewöhnlichen Verlauf der Dinge nicht mehr zu befürchten steht; dann erst sei die Sache in Wirklichkeit gerettet, geborgen.

Daß diese Bezeichnung genau sowohl auf die Hilfeleistung wie auf die Bergung im Sinne des deutschen H.G.B.'s paßt, bedarf keines näheren Nachweises.

Wenn nun noch das historische Moment betont wurde, um nachzuweisen, daß ohne verschiedenartige Behandlung die Gefahr naheliege, zu übertriebenen Vergütungen für einfache Hilfeleistungen zu gelangen, so hätte man folgerichtiger im Gesetze selbst die Bergungsthätigkeit ihres Charakters als einer besonders verdienstlichen Handlung entkleiden sollen. Wollte man wirklich die nothleidenden Schiffe und deren Ladung vor übermäßiger Belastung durch Rettungslöhne schützen, so lag es näher, auch die Bergungsthätigkeit als eine Dienstleistung zu behandeln, deren Vergütung nach den Grundsätzen der Billigkeit zu erfolgen habe, ohne daß eine besondere Berücksichtigung des Werthes der geretteten Gegenstände als erheblich werthsteigerndes Moment hinzutrat. Dies hätte aber eine principielle Gleichstellung der Bergung mit der Hilfeleistung zur Folge haben müssen.

Die Commission hat angenommen, es sei ferner von erheblicher Bedeutung, ob, wie bei der Bergung angenommen werden müsse, ein Verlust bereits eingetreten sei, oder, wie bei der Hilfeleistung noch bevorstehe. Stellt man sich hierbei auf den Standpunkt der Eigenthümer von Schiff und Ladung, so mag es ja sein, daß sie geneigter sein werden, eine verhältnißmäßig höhere Belohnung zu zahlen, wenn das, was sie bereits als unwiederbringlich verloren erachtet haben, gerettet und ihnen wieder zugänglich gemacht wird. Aber dieser Gesichtspunkt trifft durchaus nicht bei allen Bergungsfällen zu, z. B. nicht, wenn ein Schiff auf den Strand oder auf eine nahe der Küste gelegene Sandbank geräth. Denn mag auch die Möglichkeit einer erheblichen Beschädigung oder gar Werthvernichtung in einzelnen Fällen, wie z. B. bei Salpeterladungen oder Zuckerladungen vorliegen, so giebt es doch eine Reihe von anderen Waaren, die in weit geringerem Maße gefährdet sind. Bei den heutigen Communicationsmitteln aber ist es in vielen Fällen möglich, die Rettung der Ladung eines am Strande oder auf einer Sandbank festsitzenden Schiffes durch angenommene Hilfskräfte gegen einen verhältnißmäßig geringen Lohn zu erreichen, ohne daß eine besondere Gefährdung auch in der Zeit, während welcher die gesammte Mannschaft, um etwa Hilfe zu holen, das Schiff verlassen hatte, vorzuliegen braucht.

Stellt man sich aber auf den Standpunkt, daß es sich um eine reichlich bemessene Vergütung für wirklich aufgewendete Dienstleistungen nach der Absicht des Gesetzes handeln soll, dann kommt die Frage, ob das Gerettete schon als verloren angesehen werden mußte, nicht weiter in Betracht, als daß eine bei Ausmessung der Vergütung mit zu berücksichtigende höhere Gefahr, der die geretteten Gegenstände ausgesetzt waren, als vorliegend erachtet werden kann, wenn das Auffinden verlassener Schiffe nur noch als ein glücklicher Zufall anzusehen ist. Dies ist auch gewiß der Gesichtspunkt, aus dem sich die oben erwähnten Bestimmungen der französischen Ordonnance de la marine und des italienischen Codice per la marina mercantile bezüglich der auf hoher See außer Sichtweite vom Lande verlassen angetroffenen Gegenstände erklären, während andererseits wie die englisch-amerikanische Praxis, so auch die Seegesetzgebung Schwedens, Norwegens und Dänemarks vollständig richtig die Thatsache, daß das Schiff von der Mannschaft verlassen war, nur als gefahrsteigernd behandelt.

Ist denn aber, von den besonderen Gesichtspunkten, aus welchen Eigenthümer und Berger die Sache betrachten möchten, abgesehen, die Bergung verlassener Schiffe oder der in solchen befindlichen Ladung wirklich so viel verdienstvoller, als eine Hilfeleistung?

Die Hilfeleistung ermöglicht es, daß das nothleidende Schiff einen sicheren Hafen erreicht, sei es nun den Bestimmungshafen oder einen Nothhafen. Bei der Bergung aus einem verlassenen Schiffe dagegen pflegen die Güter dort, wo das Schiff angetroffen wird, an den Strand gebracht zu werden. Während sie in dem sicheren Hafen, sofern er Bestimmungshafen ist, den Ladungsempfängern gegen genügende Sicherheitsleistung oder gegen Befriedigung alsbald ausgeliefert werden können, oder während, wenn nur ein Nothhafen erreicht wird, der Transport mit dem ursprünglichen oder einem anderen Schiffe fortgesetzt werden kann, kommen im Fall der Bergung sehr oft noch neue Kosten für den Transport nach dem nächsten Hafen hinzu, und in vielen Fällen muß an einem für derartige Verkäufe weniger geeigneten Orte ein Verkauf stattfinden, der weit geringere Erträgnisse für die Interessenten ergiebt, als ein im Bestimmungs- oder Nothhafen vorgenommener Verkauf.

Sind denn ferner die Aufwendungen, die doch mit berücksichtigt werden sollen, bei der Bergung regelmäßig so viel erheblicher, als bei der Hilfeleistung? Gewiß kann die Vornahme von Bergungsarbeiten mit außerordentlicher Mühe verbunden und von ungewöhnlicher Zeitdauer gewesen sein, auch für den Bergenden die erheblichsten Gefahren mit sich gebracht haben. Aber wenn z. B. auf hoher See ein Schiff das andere in nothleidendem Zustande antrifft und dasselbe viele Tage lang gegen Sturm und Wellen schleppt, wenn es zu diesem Zweck seine Reise unterbricht und den bereits vom Ausgangshafen zurückgelegten Weg nach Rückkehr zu demselben nochmals zurücklegen muß, wird man doch solche Dienste kaum für minder werthvoll im Verhältniß zu den geretteten Gegenständen erachten können, als das Herausholen von Gütern aus einem nahe der Küste auf einer Sandbank sitzenden Schiffe mit Hilfe von Leichterschiffen.

Der Fehler der Bestimmung des Handelsgesetzbuchs liegt darin, daß dasselbe, während es doch Grundsätze übereinstimmender Art für die unter den allerverschiedensten Umständen vor sich gehende Rettungsthätigkeit aufstellt, eine Theilung nach Gesichtspunkten vornimmt, die im Einzelfalle ihre Berechtigung haben mögen, für die Allgemeinheit aber nicht zutreffen. Daher finden sich denn auch die kautschukartigen Bestimmungen in Art. 749, mit denen die Praxis nichts Rechtes anzufangen weiß. Was heißt es: der Hilfslohn ist stets unter dem Betrage festzusetzen, welchen der Bergelohn unter sonst gleichen Umständen erreicht haben würde? Ist es denn von irgend welcher Erheblichkeit für die Thätigkeit der Rettenden, ob sich auf dem nothleidenden Schiffe noch Mannschaft befand oder nicht, und ist nicht vielmehr wesentlich, ob die Rettung der alleinigen Thätigkeit des rettenden Schiffs zuzuschreiben ist oder nicht? Hat das nothleidende Schiff, das in's Schlepptau genommen wird, noch eine Besatzung, die bei dem Festmachen des Schlepptaus helfen und die nöthigen Manöver ausführen kann, so ist das Quantum der von dem rettenden Schiff zu leistenden Dienste ein geringeres, als wenn die Mannschaft des nothleidenden Schiffs fehlt, und in Folge dessen die Mannschaft des rettenden Schiffs diese Thätigkeit mit versehen muß. Aber dies Moment wird ja schon in Art. 746 berücksichtigt, wenn Eifer, Zeit, Dienste, Gefahren in Anschlag zu bringen sind. Die Bestimmung des Art. 749 übt daher eine ähnliche Wirkung, wie die Besteuerung der Einkünfte der Actiengesellschaften zunächst bei den Actiengesellschaften selbst, sodann bei den Actionären nochmals.

Und durch den Satz: „Auf den Werth der geretteten Gegenstände ist nur eine untergeordnete Rücksicht zu nehmen" wird gerade, wenigstens dem Buchstaben des Gesetzes nach, das bewirkt, was das Gesetz vermeiden will, nämlich, daß bei Bergungsfällen auf den Werth der geretteten Gegenstände eine viel zu bedeutende Rücksicht genommen wird, und Ansprüche entstehen, die an die Zeiten des Strandrechts eine lebhafte Erinnerung zurückrufen.

Etwas wirklich Greifbares wird dem Richter durch diese Bestimmung nicht geboten. Man werfe nur einen Blick in die vielfachen in Berge- und Hilfslohn-Sachen ergangenen Gerichtsentscheidungen. Welchen Betrag, wenn es sich um Hilfslohn handelt, der Bergelohn unter sonst gleichen Umständen erreicht haben würde, sagt kein gerichtliches Erkenntniß. Welchen Nutzen sollte es auch haben, ein Phantasiegemälde vorzuführen, das der Wirklichkeit darum nicht entsprechen kann, weil es keine solche giebt, weil eine Bergung sich eben nicht unter sonst gleichen Umständen ereignet haben würde. So begnügen sich denn auch die gerichtlichen Entscheidungen in der Regel damit, einen Satz des Inhalts aufzunehmen: „Da es sich um Hilfslohn handelt, so konnte auf den Werth der geretteten Gegenstände nur eine untergeordnete Rücksicht genommen werden." Aber welche Rücksicht genommen sein würde, wenn es sich um einen Bergelohn gehandelt haben würde, darüber pflegen die Erkenntnisse nichts zu sagen.

Mit vollstem Recht ist diese Bestimmung schon bei den Berathungen der Hamburger Commission als doctrinär bezeichnet worden. Sie ist auch ersichtlich nur als ein Angstproduct zu bezeichnen, das seine Entstehung der Sorge verdankt, die zur Festsetzung des Hilfslohns berufenen Behörden und Gerichte möchten in übertriebener Liberalität zu weit gehen.

Zu einer richterlichen Thätigkeit, die, wie keine andere, gerade in Berge- und Hilfslohnssachen darauf angewiesen ist, unter Berücksichtigung aller Umstände nach Gerechtigkeits- und Billigkeitsgefühl Recht zu sprechen, soll der Gesetzgeber entweder das Vertrauen haben, daß sie sich selbst in den nöthigen Schranken zu halten weiß, oder wenn der Gesetzgeber das nicht thun will, so soll er ihr solche Schranken ziehen, die sie nicht ohne Gesetzesverletzung überschreiten kann. Die deutsche Rechtsprechung hat gezeigt, daß sie der Schranken nicht bedarf; sie sind keine Zierde des Gesetzes; mögen sie bei einer etwaigen Revision des Gesetzes nicht als ehrwürdige Ruine stehen bleiben!

Liegt nicht aber, indem das Handelsgesetzbuch die Bergungsthätigkeit als etwas höher zu Schätzendes bezeichnet, auch eine Gefahr vor, daß diejenigen Personen, welche in der Lage sind, Hilfe zu leisten, in Versuchung gerathen, mit ihrer Hilfe so lange zu warten, bis es für eine einfache Hilfeleistung zu spät, und ein wirklicher Bergungsfall, vielleicht sehr zum Nachtheil der Eigenthümer von Schiff und Ladung eingetreten ist? Und können sie nicht, um einen höheren Lohn zu erlangen, selbst durch anscheinend auf eine Hilfeleistung hinauslaufende Manipulationen eine neue Gefahr schaffen, aus der nur eine wirkliche Bergung helfen kann? Diese Gefahr kann man, meiner Ansicht nach, nicht einfach in das Reich der Träume verweisen. Da das Gesetz eine rechtzeitige Hilfeleistung nicht zur Pflicht macht, kann wenigstens in dem Abwarten nicht einmal eine Rechtswidrigkeit gefunden werden; wenn auch vielleicht der bewiesene Eifer, wenn die Absicht klar zu Tage tritt, nur als ein geringerer erscheint. Indeß ist ja keineswegs erwiesen, daß solche Absicht immer zu Tage treten muß, so daß in vielen Fällen eine solche auf einen zu erzielenden höheren Gewinn gerichtete Speculation moralisch bedenklichen Charakters gelingen wird. Man stelle Bergung und Hilfeleistung einander gleich, und diese Gefahr ist beseitigt.

Zum Schluß mag noch daran erinnert werden, daß bereits im Jahre 1874 die zur Berathung des Entwurfs der deutschen Strandungs-Ordnung eingesetzte Reichstagscommission — Referent Dr. J. Wolffson — sich mit der Frage beschäftigt hat und zu dem Resultate gelangt ist, eine Resolution zu beantragen:

> Der Reichstag wolle beschließen, den Reichskanzler zu ersuchen, eine Revision des 9. Titels des V. Buches des Allgemeinen deutschen Handelsgesetzbuchs zu veranlassen, bei welcher insbesondere die Aufhebung der Unterscheidung zwischen Bergelohn und Hilfslohn in Erwägung gezogen werde.

Der Reichstag hat dieselbe ohne weitere Debatte am 12. bezw. 16. März 1874 angenommen. Das Nähere über die Begründung der

Resolution findet sich in den stenographischen Berichten über die Verhandlungen des Deutschen Reichstages, 2. Legislaturperiode, I. Session, dritter Band Nr. 54 S. 213 und erster Band S. 333 und 372.

Ebenso hat der Internationale Congreß in Antwerpen im Jahre 1885 sich dahin geeinigt, die gleichen Umstände in allen Fällen der Bergung wie der Hilfeleistung für die Bemessung der Vergütung obwalten zu lassen.

Noch andere Bestimmungen des von Bergung und Hilfeleistung handelnden Titels erscheinen einer wesentlichen Besserung fähig; doch es hieße den Rahmen des Gutachtens überschreiten, wenn ich hierauf näher eingehen wollte.

Die Rechtsvergleichung hat den Vortheil im Gefolge, daß sie uns Muster anderer Gesetzgebungen vor Augen führt. Ich würde einen engen Anschluß an die Bestimmungen der drei skandinavischen Seegesetze empfehlen.

Berlin, den 6. April 1895.

Dr. Johannes Burchard.

VI.

Gutachten des Herrn Rechtsanwalt Dr. jur. August Scherer in Bremen

über die Frage:

Empfiehlt sich ein allgemeiner Rechtsschutz gegen unlauteren Wettbewerb?

A. Einleitung.

Der Begriff des unlauteren Wettbewerbs hat bislang in Deutschland, abgesehen von denjenigen Gebieten, wo das französische Civilrecht gilt, wie auch das Reichsgericht ausdrücklich entgegen der von Kohler in seinem Rechte des Markenschutzes vertretenen Ansicht ausgesprochen hat, keine rechtliche Anerkennung gefunden. Manche crassen Erscheinungsformen desselben haben allerdings auch schon auf Grund des bisherigen Rechtszustandes eine civil- und strafrechtliche Ahndung finden können, aber nur, wenn und insoweit sie einen Thatbestand erschöpfen, der geltenden civil- oder strafrechtlichen Normen unterliegt, z. B. wenn die Voraussetzungen des Betrugs oder der Beleidigung gegeben sind.

Die ersten directen gesetzlichen Bestimmungen gegen einzelne Arten des unlauteren Wettbewerbs als solchen finden sich in den §§ 14—16 des Gesetzes zum Schutze der Waarenbezeichnungen vom 12. Mai 1894. Die sich daran anschließende auf den Erlaß weiterer den lauteren Wettbewerb schützender Bestimmungen abzielende Bewegung hat Herr Dr. Alexander-Katz in seinem Gutachten geschildert, so daß ich mich diesbezüglich auf wenige Bemerkungen beschränken kann.

Die gegenwärtigen lebhaften Bestrebungen zu Gunsten gesetzlichen Einschreitens gegen den unlauteren Wettbewerb sind sowohl ein Symptom als auch eine Folge eines gewissen wirthschaftlichen Stillstandes oder Niederganges. Eine auf Absatz drängende Ueberproduction im Gewerbe und in der Industrie, eine auf Umsatz bedachte übermäßige Zahl von Handelstreibenden, die nicht genügende Kaufkraft der Consumenten wirken zusammen, um gewisse unliebsame, nach den verschiedensten Richtungen hin nachtheilige Erscheinungen im Concurrenzkampfe der Gegenwart besonders zu befördern. Da man nun in unserer Zeit vielfach der Selbsthilfe und der eigenen Kraft weniger vertraut als früher und vom Staate und seinem gesetzgeberischen Einschreiten alles erwartet, so kann man sich über das laut gewordene Verlangen einer gesetzlichen Regelung unserer Frage nicht wundern. Nun hat das Eingreifen der Gesetzgebung vor der Selbsthilfe in wirthschaftlichen Dingen ja unzweifelhaft das voraus, daß es Gewaltthätigkeiten vorbeugt, schneller und durchgreifender wirkt und auch solchen Existenzen hilft, die mangels der erforderlichen Energie und Widerstandskraft oder mangels der erforderlichen finanziellen Mittel bei dem Versuche der Selbsthilfe scheitern würden. Andererseits bedarf aber das Gewerbe und noch mehr der Handel zu seiner vollen Entfaltung und Entwickelung der größtmöglichen Bewegungsfreiheit, da ohne letztere die nothwendige Unternehmungslust sich weder entwickeln noch erhalten kann. So unzweifelhaft jeder neu erstehende Concurrent dem älteren Geschäftsmanne lästig ist, so falsch wäre es, deshalb die Concurrenz zu verbieten. Der Wettstreit zwischen dem älteren, seine Stellung vertheidigenden und dem jüngeren, eine Stellung zu erringen suchenden Concurrenten ist eine der Hauptursachen steten Fortschritts in der Production und im Handel. Die trotzdem vielfach auftretenden Bestrebungen zu Gunsten einer weitgehenden Beschränkung der freien Concurrenz überhaupt sind deshalb nur mit großer Vorsicht aufzunehmen. An dieser Stelle kann auf dieselben nicht näher eingegangen werden, da ihr Ziel überhaupt nicht die Bekämpfung des unlauteren, sondern des unbequemen Wettbewerbs ist.

Wie aber im Kriege der Völker nur der offene, mit ehrlichen Waffen kämpfende Feind den Schutz des Kriegsrechts genießt, so verdient auch nur der offene mit anständigen Mitteln arbeitende Concurrent Schutz und Schonung, während der Concurrenzkampf mit unehrlichen und unanständigen Mitteln im Interesse der Aufrechthaltung von Treu und Glauben im Verkehr möglichst beseitigt werden muß. Es ist auch im Princip nichts dagegen einzuwenden, wenn die Gesetzgebung, die auch sonst die Unredlichkeit verfolgt, sich die Bekämpfung des unlauteren Wettbewerbs zur Aufgabe macht, sofern dieses nur unter Wahrung und Schonung der nothwendigen Freiheit im Handel und Verkehr geschieht. Nun wird allerdings von manchen Seiten behauptet, Treu und Glauben spielten heutzutage im Verkehr ohnehin schon eine weit bedeutendere Rolle, als früher, und aus diesem Grunde sei ein Einschreiten des Gesetzgebers nicht angezeigt, vielmehr nur geeignet, den bisherigen gesunden Entwickelungsproceß zu stören. Ob aber diese Ansicht über die Zunahme von Treu und Glauben richtig ist, oder nicht vielmehr die vielfach vertretene entgegengesetzte Meinung zutrifft, wonach umgekehrt die Redlichkeit im Geschäftsverkehr im allgemeinen geringer geworden ist als früher, kann dahingestellt bleiben, denn daran, daß heutzutage an vielen Orten und in vielfachen Formen gegen Treu und Glauben, die als Grundlagen des geschäftlichen Verkehrs hoch zu halten sind, verstoßen wird, kann nicht gezweifelt werden. Wenn man daher auch annehmen wollte, daß Treu und Glauben im Verkehr gegen früher schon zugenommen hätten, was in der Allgemeinheit keinenfalls richtig ist, so folgt daraus noch nicht die Berechtigung des Standpunkts laisser faire, laisser aller, sondern vielmehr, daß bezüglich des Wettbewerbes sich wie bei manchen anderen Dingen das Gefühl von dem, was erlaubt und billig ist, gegen frühere Zeiten verfeinert und verschärft hat, und daß jetzt weiten Kreisen etwas als anstößig und Abhilfe erheischend erscheint, was man in früheren Zeiten ertragen hat, ohne gesetzliche Abhilfe zu verlangen.

B. Begriff und Arten des unlauteren Wettbewerbs.

Bei dem unlauteren Wettbewerb kommen in erster Linie nicht die Beziehungen zwischen dem Geschäftsmanne und seinem Abnehmer in Betracht, sondern, wie schon das Wort sagt, handelt es sich um die Verhältnisse der Concurrenten unter einander. Das Ziel der Bestrebungen, die zum Entwurf eines Gesetzes geführt haben, ist der Schutz des redlichen Concurrenten gegen den unredlichen. Schützt man den redlichen Geschäftsmann nicht gegen seinen unredlichen Mitbewerber, ermöglicht man es ihm nicht, durch gesetzliches Verbot unlauteren Kampfes, durch solides Geschäftsgebahren fortzukommen, so bieten sich für ihn nur zwei Wege: entweder er geht als redlicher Mann gegenüber der unlauteren Concurrenz zu Grunde, oder er folgt dem Beispiel seines glücklicheren unredlichen Mitbewerbers. Beides muß mit allen Mitteln verhütet werden.

Daß nebenbei auch der Consument keinen Schaden, sondern nur Vortheil von der Beseitigung des unlauteren Treibens im Geschäftsverkehr haben wird, ist eine erfreuliche Folge, nicht, wie nochmals hervorgehoben werden mag, das Ziel des Kampfes. Deshalb ist auch der oft gehörte Einwand, ein Gesetz zur Bekämpfung des unlauteren Wettbewerbs würde nur zum Schutze der Dummen gut sein, diese verdienten aber keinen Schutz, gänzlich verfehlt.

Sehr schwierig ist nun aber die Beantwortung der Frage, was ist „unlauter“ beim Wettbewerbe. Je nach Bildung und Feinheit des Rechtsgefühls hält der eine schon für unlauter, was ein anderer noch als lauter ansieht, und diese Erscheinung wiederholt sich im Großen, wenn man Gruppen von Interessentenkreisen, oder gar ein Volk dem anderen gegenüberstellt. Noch größer endlich ist der Unterschied der Ansichten, wenn man verschiedene Zeitepochen miteinander vergleicht. Die einst wichtige Sclaverei ist aus den Culturstaaten, weil sie anstößig geworden ist, geschwunden; der rechtliche Schutz, des sogenannten geistigen Eigenthums, der früher unbekannt oder doch nur durch Privileg möglich war, ist durch die Gesetzgebung in weitem Umfange erfolgt.

Deshalb hat die Antwort auf unsere Frage zu lauten, unlauter im Wettbewerb ist alles das, was der loyal und billig denkende und handelnde Concurrent heutzutage als unzulässige Kampfmittel verschmäht und verschmähen muß. Alles, was danach unlauter sein würde, anzugeben, ist bei dem vielgestaltigen Leben der Gegenwart und bei dem insbesondere auf dem Gebiete der Reclame äußerst regen Erfindungsgeiste unmöglich. Immerhin hat sich eine Reihe von Erscheinungsformen des unlauteren Wettbewerbs als besonders häufig und schädlich für den loyalen Verkehr herausgestellt. Da jedoch Herr Dr. Alexander-Katz diese in seinem Gutachten aufgeführt hat, so kann hier eine nochmalige Aufzählung unterbleiben.

C. Wie hat das gesetzgeberische Einschreiten gegen den unlauteren Wettbewerb zu erfolgen.

I. Allgemeines.

Von Seiten vieler, die einem gesetzgeberischen Einschreiten gegen den unlauteren Wettbewerb im Princip freundlich gegenüberstehen, wird darauf verwiesen, daß der Art. 1382 des code civil, auf Grund dessen sich in Frankreich ein so ausgezeichneter und weitgehender Schutz gegen die concurrence déloyale habe ermöglichen lassen, vorbildlich gewesen sei für gewisse Paragraphen des Entwurfs unseres bürgerlichen Gesetzbuchs, und da somit von diesen Bestimmungen ein hinreichender Schutz gegen den unlauteren Wettbewerb zu erwarten sei, so empfehle es sich nicht, vor dem Inkrafttreten des bürgerlichen Gesetzbuchs erst noch ein Specialgesetz zu machen.

Gegen diesen Standpunkt, der allerdings auf den ersten Anschein viel für sich hat, sprechen gewichtige Bedenken.

a) Zunächst geht der code civil viel weiter als das bürgerliche Gesetzbuch. Der Art. 1382 lautet: Tout fait quelconque de l'homme, qui cause à autrui un dommage, oblige celui par la faute duquel il est arrivé, à le réparer. Der deutsche Entwurf II. Lesung schlägt vor: Wer durch eine Handlung, die er nicht in Ausübung eines ihm zustehenden Rechtes vornimmt, in einer gegen die guten Sitten verstoßenden Weise einem anderen vorsätzlich Schaden zufügt, ist dem anderen zum Ersatze des Schadens verpflichtet. Während also das französische Gesetz Grade der Schuld nicht unterscheidet, beschränkt der Entwurf die Verpflichtung zum Schadensersatz, allerdings in Uebereinstimmung mit den Grundsätzen des gemeinen Rechts über außercontractliche Haftung, auf vorsätzliches Thun. Ich sehe in dieser Einschränkung eine Verschlechterung gegen den Entwurf I. Lesung §§ 704, 705, wo Vorsatz und Fahrlässigkeit gleichgestellt waren, und es müßte daher mindestens der § 749 dahin geändert werden, daß die Fahrlässigkeit dem Vorsatz wieder gleichgestellt wird.

b) Derart allgemein gehaltene Bestimmungen würden zur Folge haben, daß lange Zeit hindurch sowohl bei den Gerichten wie im Publicum und insbesondere in den betheiligten Verkehrskreisen große Unsicherheit darüber herrschen würde, ob etwas als unlauterer Wettbewerb anzusehen sei. Hierdurch würde nun aber nicht nur das Zutrauen in die Gerichte erschüttert, sondern auch die angestrebte Säuberung des geschäftlichen Lebens verzögert und erschwert werden.

Man kann diesen Bedenken auch nicht entgegenhalten, daß es ja in Frankreich gelungen ist, mit der allgemein gehaltenen Vorschrift des Art. 1382 dem unredlichen Wettbewerb civilrechtlich wirksam entgegenzutreten. Hierbei wird nämlich übersehen, daß es langer Zeit bedurft hat, bis die französischen Gerichte zu einer so freien Anwendung der allgemein gehaltenen Gesetzesvorschrift geneigt und befähigt waren. Diesen allmähligen Entwicklungsgang würden wir auch in Deutschland durchzumachen haben, und ob wir dann überhaupt jemals auf den freien Standpunkt der französischen Judicatur kommen würden, erscheint sehr fraglich im Hinblick auf die oft hervorgehobene Thatsache, daß die deutschen Gerichte weit weniger als die französischen zu einer erweiternden Auslegung der Gesetze, zur analogen Anwendung derselben und zu einem umfangreichen Gebrauch des richterlichen Ermessens hinneigen und es der Gesetzgebung überlassen, sich ergebende Uebelstände zu beseitigen.

Besonders bezeichnend ist in dieser Hinsicht die Entscheidung des Reichsgerichts in Band 18 S. 93f. Ueber Vorzüge und Nachtheile beider Systeme braucht hier nicht weiter geredet zu werden, sondern es genügt, auf diesen Umstand hinzuweisen und die Consequenzen daraus zu ziehen.

c) Um in wirksamer Weise den Kampf gegen den unlauteren Wettbewerb führen zu können, würden außer civilrechtlichen auch eine Reihe strafrechtlicher und civilprocessualer Bestimmungen (z. B. über Erleichterung der Bedingungen für den Erlaß einstweiliger Verfügungen) zu treffen sein. Da hierfür im bürgerlichen Gesetzbuche kein Platz wäre, so müßten sie in das St.G.B. bezw. die C.P.O. eingeschoben werden. Daß aber eine derartige Zersplitterung der einzelnen Vorschriften erhebliche praktische Bedenken haben würde, liegt auf der Hand.

Diese Erwägungen drängen zu dem Schlusse, daß es wünschenswerth ist, die erforderlich scheinenden Bestimmungen zur Bekämpfung des unlauteren Wettbewerbs in einem Specialgesetze zu vereinigen.

Für dieses Gesetz müßten, wie bereits eingangs ausgeführt, als leitende Gesichtspunkte aufgestellt werden, daß nicht mehr und nicht tiefer in das innere Leben des geschäftlichen Verkehrs eingegriffen wird, als erforderlich ist, und daß überall, wo dies geschieht, die berechtigten Interessen so viel wie möglich geschont und insbesondere die freie Bewegung thunlichst wenig gehemmt wird.

Was sodann die Formulirung des Gesetzes betrifft, so darf zunächst bezüglich der civilrechtlichen Bestimmungen nicht durch eine lediglich casuistische Regelung der Richter zur Gesetzanwendungsmaschine erniedrigt werden. Es empfiehlt sich daher, wie dies z. B. im Handelsgesetzbuche Artt. 63, 64 mit Geschick geschehen ist, allgemeinere Sätze aufzustellen und diese, wo es angebracht erscheint, durch die Beifügung von besonders bezeichnenden und wichtigen Fällen unter der Formel „insbesondere“ lebensvoller und anschaulicher zu gestalten. Hierdurch wird zugleich dem Richter die Handhabe gewährt, den wechselnden Bedürfnissen der Zeit zu genügen und neu auftretenden Erscheinungsformen des unlauteren Wettbewerbs entgegenzutreten, was bei einer ausschließlich casuistischen Formulirung nicht möglich sein würde.

Die strafrechtlichen Satzungen müssen natürlich, wie dies im Strafrecht überhaupt nothwendig ist, alle Thatbestandsmerkmale der verpönten Handlung genau bezeichnen, sogen. Kautschukparagraphen sind hier unbedingt zu verwerfen.

Es sollen nun daraufhin die Bestimmungen des Entwurfs eines Gesetzes zur Bekämpfung des unlauteren Wettbewerbs einer Untersuchung unterzogen werden unter besonderer Berücksichtigung der Verhandlungen des zwanzigsten deutschen Handelstages und des von Herrn Rechtsanwalt Rausnitz in Berlin veröffentlichten Gegenentwurfs.

II. Der Entwurf eines Gesetzes zur Bekämpfung des unlauteren Wettbewerbs.

1. Principielle Stellungnahme zum Entwurf.

Im gegenwärtigen Zeitpunkt sich noch in eine Erörterung des ersten Entwurfs einzulassen, hat zwar Bedenken, weil nach Mittheilungen von Vertretern der Regierung bereits ein zweiter Entwurf des Gesetzes unter Berücksichtigung der an dem ersten Entwurf geübten Kritik in Bearbeitung ist und demnächst veröffentlicht werden soll. Voraussichtlich wird jedoch der zweite Entwurf in seinen Grundzügen mit dem ersten übereinstimmen und nur in einzelnen Bestimmungen abweichen. Dies ist insbesondere auch deshalb anzunehmen, weil der 20. deutsche Handelstag, dessen Verhandlungen jedenfalls bei der Redaktion des zweiten Entwurfs eingehend berücksichtigt werden, den Hamburger Antrag: „Der deutsche Handelstag lehnt den Gesetzentwurf im Ganzen ab" mit 175 gegen 69 Stimmen verworfen hat. Es mag jedoch an dieser Stelle darauf hingewiesen werden, daß zu der den Gesetzentwurf im Ganzen zurückweisenden Minorität des deutschen Handelstags die Handelskammern der bedeutendsten Handelsplätze, insbesondere der Seehandelsplätze gehören! Diese Thatsache berechtigt zu dem Schlusse, daß thatsächlich im Großhandel, der bei den in der Minorität gebliebenen Handelskammern überwiegt, die Auswüchse des unlauteren Wettbewerbs nicht derart hervorgetreten sind, daß gesetzliche Abhilfe dagegen eine gebieterische Nothwendigkeit wäre. Auf der anderen Seite ist aber erhebliches Gewicht darauf zu legen, daß das verneinende Urtheil der letzterwähnten Handelskammern einseitig gefällt ist vom Standpunkt des Großhandels. Der Vertreter der Bremer Handelskammer (Protokolle S. 24) hat sogar ausdrücklich hervorgehoben, daß auch die Bremer Handelskammer nicht anders als durch die Brille des Großhandels, durch welche Hamburg den Gesetzentwurf sehe, zu blicken vermöge und daß sie in dem Gesetzentwurf nur eine Schädigung des Großhandels erblicke.

Da nun aber von Seiten der Vertretungen des Kleinhandels und der Gewerbetreibenden überwiegend den Principien des Gesetzes zugestimmt wird, so kann die Rücksicht auf den Großhandel nicht so weit gehen, das Gesetz fallen zu lassen, weil er es nicht verlangt, sondern man müßte dann höchstens das Gesetz auf den Kleinhandel und den

Gewerbebetrieb beschränken. Gegen diese Lösung der Frage spricht aber, daß die Grenze zwischen Kleinhandel und Großhandel zwar theoretisch besteht, aber praktisch oft nicht zu ziehen sein wird.

Ueberdies sind auch die vom Großhandel gegen das Gesetz geltend gemachten principiellen Bedenken, die übrigens, falls sie zutreffend wären, ebenso den Kleinhandel und das Gewerbe berühren würden, nicht begründet.

Ganz abgesehen davon, daß dann, wenn die Behauptung der berufenen Vertreter des Großhandels, daß es bei letzterem unlauteren Wettbewerb überhaupt nicht oder doch nicht in Abhilfe heischendem Grade gebe, richtig ist, etwaige gesetzliche Bestimmungen den Großhandel nicht treffen und daher auch nicht schädigen würden, kann die auf dem deutschen Handelstage aufgestellte Behauptung (Prot. S. 24), daß ein derartiges Gesetz die Würde des deutschen Handels- und Gewerbestandes beeinträchtigen würde, nicht als richtig anerkannt werden. Der Erlaß eines solchen Gesetzes enthält keineswegs das Zugeständniß, daß es bei uns in Deutschland mit Treu und Glauben im Verkehr besonders schlecht bestellt sei. Ganz abgesehen davon, daß in manchen anderen Staaten, insbesondere in Frankreich und England, eine sehr freie Judicatur detaillirte gesetzliche Bestimmungen gegen den unlauteren Wettbewerb, der dort so gut vorkommt, wie bei uns, minder nothwendig erscheinen lassen mag, ist Deutschland auch schon auf manchen anderen Gebieten dem Auslande mit seiner Gesetzgebung vorangegangen. Es ist in dieser Beziehung namentlich auch zu verweisen auf die Arbeiterversicherung. So verschieden im Uebrigen über Werth und Zweckmäßigkeit dieser ganzen Gesetzgebung geurtheilt werden mag, so wird doch Niemand auf den Gedanken kommen, daß dadurch das Ansehen des deutschen Arbeiters oder des deutschen Arbeitgebers leide, da ersterer als besonders hilflos, kränklich oder leichtsinnig, letzterer als besonders wenig human hingestellt werde.

Die weiter betonte Gefahr, daß das Gesetz Leute hochbringen könnte, die durch falsche Denunciationen ihren Concurrenten zu schaden suchen und so selbst unlauteren Wettbewerb in der widerlichsten Form treiben, ist zwar nach der gegenwärtigen Fassung des Entwurfs nicht ganz abzuweisen, kann aber auf ein geringes Maß herabgemindert werden durch scharfe Bestimmungen, die gegen derartige Denuncianten in den zweiten Entwurf aufzunehmen wären, wie später noch näher ausgeführt werden soll. Uebrigens würden bis zu einem gewissen Grade schon die §§ 164, 165 des St.G.B. Schutz gegen derartiges Treiben gewähren.

2. Die einzelnen Bestimmungen des Entwurfs.

a) Unlautere Reclame §§ 1 und 2.

Der Entwurf will nicht die Reclame als solche treffen, was ja auch bei der stetig wachsenden Bedeutung derselben für das Geschäftsleben verkehrt wäre, sondern nur die mit unwahren Angaben thatsächlicher Art oder solche ersetzenden Veranstaltungen arbeitende schwindelhafte Reclame, falls sie gleichzeitig geeignet ist, nach dem Gegenstande der unwahren Angaben das Angebot als ein besonders günstiges erscheinen zu lassen. In Folge der Beschränkung auf Angaben thatsächlicher Art bleibt die bloß marktschreierische Anpreisung der Güte der Waaren oder Leistungen mit Recht ungehindert. § 1 zählt die einzelnen Punkte, bezüglich deren unrichtige Angaben verpönt sind, auf: Beschaffenheit und Preisbemessung der Waaren und gewerblicher Leistungen, Bezugsquelle von Waaren, Besitz von Auszeichnungen, Menge der Vorräthe und Anlaß zum Verkauf. Wegen der Beispiele zu den einzelnen Punkten, deren Anführung hier zu weit gehen würde, mag verwiesen werden auf das Gutachten des Herrn Dr. Alexander-Katz, die dem Gesetzentwurf beigegebene Denkschrift und die von Herrn Syndicus Dr. Stegemann in Braunschweig herausgegebenen typischen Fälle.

Wie bereits früher ausgeführt ist, wäre es zweckmäßiger, wenn allgemeiner gesagt würde „durch unrichtige Angaben thatsächlicher Art, **insbesondere** solche über Beschaffenheit 2c."

Wenn ferner als verpönte Handlung hingestellt wird das Unternehmen, „den Anschein eines besonders günstigen Angebots hervorzurufen", so kann man mit Recht dagegen einwenden, daß hiermit ohne Grund das ganz uncontrollirbare subjective Empfinden und Urtheil des Abnehmers zu einem wesentlichen Moment bei dem unlauteren Wettbewerb gemacht wird, während doch das Wollen und Handeln desjenigen, der die unlautere Concurrenz treibt, maßgebend ist. Dies würde dann in treffender Weise zum Ausdruck kommen, wenn man, wie auch von Herrn Rechtsanwalt Rausnitz vorgeschlagen wird, in Anlehnung an die französische Anschauung von einem Rechte an der Kundschaft sagen würde: „wer es unternimmt Kunden anzulocken".

Die Frage, wer zum Einschreiten gegen die in § 1 getroffene Form des unlauteren Wettbewerbs berechtigt sein soll, sucht der Entwurf dadurch befriedigend zu lösen, daß er außer dem direct und persönlich Interessirten, nämlich jedem Gewerbetreibenden, der Waaren oder Leistungen gleicher Art herstellt oder in den geschäftlichen Verkehr bringt, auch Verbänden Gewerbetreibender das Recht giebt, den Anspruch auf

Unterlassung der unwahren Angaben — Schadensersatz kommt hierbei natürlich nicht in Frage — geltend zu machen. Da es nun aber bei der gegenwärtigen Fassung des Gesetzes möglich wäre, daß z. B. ein Verband von Schuhmachern einen Tischler, welcher seinen Handwerksgenossen unredliche Concurrenz macht, auf Unterlassung derselben belangen könnte, was ebenso überflüssig als seltsam wäre, so ist eine Beschränkung in der Richtung am Platze, daß die fragliche Berechtigung nur zugestanden wird den allgemeinen Verbänden Gewerbetreibender und den Verbänden von Gewerbetreibenden derjenigen Branche, in welcher der unlautere Wettbewerb stattfindet.

Die civilrechtlichen Folgen der unrichtigen Angaben sind:

a) Anspruch auf Unterlassung der unrichtigen Angaben.

b) Anspruch auf Ersatz des dadurch entstandenen Schadens.

Der Anspruch auf Unterlassung setzt keinerlei Verschulden auf Seiten des Urhebers der Angaben voraus. Es genügt, daß Jemand objectiv unrichtige Angaben thatsächlicher Art macht.

Diese wichtige Bestimmung, welche sich weder im code civil noch in dem Entwurfe des bürgerlichen Gesetzbuchs findet, ist um so wirksamer, als zur Sicherung dieses Anspruchs einstweilige Verfügungen erlassen werden können, auch wenn die in den §§ 814, 819 C.P.O. bezeichneten besonderen Voraussetzungen nicht zutreffen.

Der Anspruch auf Schadensersatz dagegen besteht nur, wenn der Urheber der Angaben deren Unrichtigkeit kannte oder kennen mußte, sei es von Anfang an, sei es erst später, insbesondere auch z. B. durch die Inanspruchnahme auf Unterlassung. Die hier vorgeschlagene erhebliche Abweichung von dem Grundsatze, daß man außercontractlich, abgesehen von dem Anwendungsgebiet der lex Aquilia, nur für dolus haftet, ist durch Zweckmäßigkeitsrücksichten gerechtfertigt, da der Werth des zugestandenen Schadensersatzanspruchs bei der Beschränkung der Haftung auf die Fälle des dolus wegen der großen Schwierigkeit des Beweises erheblich beeinträchtigt werden würde.

Der § 2 enthält Straffatzungen gegen denjenigen, der die im § 1 aufgeführten Angaben macht. Ausgenommen sind aber solche über die Menge der Vorräthe, welche auch offenbar am wenigsten verwerflich sind, da sie allein kaum bestimmend auf die Abnehmer wirken werden. Voraussetzung des strafrichterlichen Einschreitens ist jedoch, daß die unrichtigen Angaben

1. in öffentlichen Bekanntmachungen oder in Mittheilungen, welche sich an einen größeren Kreis von Personen richten, gemacht werden,

2. wissentlich unwahr sind.

Die angedrohten Strafen sind Geldstrafe bis zu 1500 Mk. oder Haft oder Gefängniß bis zu 6 Monaten. Die mit Recht an erster Stelle angedrohte Geldstrafe wäre zweckmäßig in ihrem Maximum, um der Verschiedenheit der Fälle besser gerecht werden zu können, weit höher anzusetzen, etwa, wie Herr Rechtsanwalt Rausnitz in seinem Gegenentwurf vorschlägt, auf 5000 Mk. Im Uebrigen würden in Gemäßheit der zu § 1 gemachten Ausführungen auch im § 2 die einzelnen Arten der unrichtigen Angaben unter der Formel „insbesondere" anzuführen, und für das Hervorrufen des Anscheins eines besonders günstigen Angebots das Anlocken der Kunden einzusetzen sein.

Diese beiden ersten Paragraphen des Gesetzes, so berechtigt ihre Tendenz auch ist, können nach zwei Richtungen hin für den freien Verkehr gefährlich werden, nämlich erstens durch das Eingreifen von Justiz- und Verwaltungsbehörden in die inneren Betriebsverhältnisse von Handel und Gewerbe ohne die erforderliche Sach- und Geschäftskenntniß; zweitens durch Denunciantenthum. Diese Bedenken wiederholen sich noch bei verschiedenen anderen Bestimmungen des Gesetzes, sind jedoch bei den §§ 1 und 2 wohl am stärksten, weshalb ihre Erörterung gleich an dieser Stelle erfolgen mag.

Hinsichtlich der ersterwähnten Gefahr ist, soweit ein Eingreifen der Verwaltungsbehörden in Frage kommt, Abhilfe zu suchen und wohl auch zu finden durch geeignete Instructionen und maßvolles Vorgehen. Die Gerichte dagegen müßten eine ausgiebige Anwendung von der Befugniß machen, Sachverständige zuzuziehen. Ferner empfiehlt es sich, die Processe über Ansprüche wegen unlauteren Wettbewerbs statt an die Civilkammern an die Kammern für Handelssachen zu verweisen. Die noch weiter gehende auf dem 20. deutschen Handelstage zur Geltung gebrachte Forderung (Prot. S. 45), alle Klagen über Ansprüche wegen unlauteren Wettbewerbs in erster Instanz an die Kammern für Handelssachen oder in deren Ermangelung an die Civilkammern zu verweisen, ist, wie dies auch schon auf dem deutschen Handelstage von verschiedenen Seiten betont wurde, wegen der principiellen Abweichung vom Gerichtsverfassungsgesetze sowie wegen der größeren Weitläufigkeiten und Kosten als kaum durchführbar anzusehen.

Was sodann die vom Denunciantenthum drohende Gefahr betrifft, so ist allerdings der Fall recht wohl denkbar, daß Jemand seinen glücklicheren und rührigeren Concurrenten, der ihm nur unbequeme Concurrenz macht, wegen unlauteren Wettbewerbs denuncirt oder verklagt.

Nach unserem bisherigen Rechte würde gegen den Denuncianten ein Vorgehen in strafrechtlicher Hinsicht nur möglich sein, wenn er die fasche Anschuldigung wissentlich erstattet hätte (§ 164 St.G.B.). Ebenso würde der geschädigte Concurrent Schadensansprüche nur gegen den arglistigen Denuncianten haben.

Dieser Schutz erscheint nicht als ausreichend. Wenn der § 1 des Entwurfs, wodurch die außercontractliche Haftung zu Ungunsten des unredlichen Mitbewerbers sehr erheblich ausgedehnt wird, zum Gesetz werden soll, so muß gleichzeitig auch für Schutz gegen den fahrlässigen falschen Denuncianten gesorgt werden, was in dem Rahmen unseres Gesetzes schon aus dem Grunde sehr gut geschehen kann, weil das falsche Denunciren als eine der widerlichsten Formen des unlauteren Wettbewerbs sich darstellt. Es wäre daher in den § 1 eine Bestimmung aufzunehmen, wonach derjenige, welcher vorsätzlich oder fahrlässig einen Anderen auf Grund des § 1 denuncirt, sich demselben gegenüber schadensersatzpflichtig macht. Dementsprechend müßte in § 2 die wissentlich falsche Denunciation wegen unlauteren Wettbewerbs eingeschaltet werden. Die schwieriger zu beantwortende Frage, wie einem mißbräuchlichen Denunciren von Seiten von Verbänden Gewerbetreibender entgegenzutreten sei, ist von keiner erheblichen praktischen Bedeutung, da wegen des Mangels des directen materiellen Interesses derartige Denunciationen überhaupt selten vorkommen werden. Eventuell müßten die Vorstandsmitglieder verantwortlich gemacht werden.

b) Quantitätsverschleierungen § 3.

Der § 3 will dem Bundesrathe die Befugniß geben, durch Beschluß zu bestimmen, daß gewisse Waaren im Einzelverkehr nur in bestimmten Mengeneinheiten oder nur mit einer auf der Waare oder ihrer Aufmachung anzubringenden Angabe der Menge gewerbsmäßig verkauft oder feilgehalten werden dürfen. Zuwiderhandlungen werden als Uebertretungen mit Geldstrafen oder mit Haft bedroht. Diese Bestimmung ist veranlaßt durch die Erfahrung, daß bezüglich einiger Verkehrsgegenstände sich folgendes Geschäftsgebahren eingeschlichen hat:

Das übliche Mengenverhältniß, in welchem eine Waare in den Verkehr gebracht zu werden pflegt, und welches daher der Kunde zu erhalten rechnet, wird in einer für letzteren kaum erkennbaren Weise verkleinert und dafür der Preis herabgesetzt. So wird der Anschein einer Preisermäßigung erweckt, die in Wahrheit nicht vorhanden ist. Ein derartiges Verfahren enthält einen Betrug gegen das Publicum im strafrechtlichen Sinne nur dann, wenn die Preisermäßigung nicht so groß ist, wie die Mengenverringerung, während im Verhältniß zum Concurrenten allemal unlauterer Wettbewerb vorliegt, da das Publicum durch die nur scheinbar niedrigeren Preise angelockt werden soll.

Was nun die vorgeschlagenen Bestimmungen im Einzelnen betrifft, so ist die Beschränkung auf den Einzelverkehr wohl begründet, denn nur der Consument, der nicht alle Waaren nachmessen und nachwiegen kann, nicht der Händler wird auf die angegebene Weise angelockt werden können. Ebenso ist die Beschränkung auf einzelne Waaren, bezüglich deren sich gerade Mißbräuche herausgestellt haben, richtig, da eine weitergehende Reglementirung eine völlig überflüssige schädliche Hemmung des freien Verkehrs bedeuten würde. Ferner ist es auch praktisch, dem Bundesrathe die Bestimmung über die einzelnen Waarengattungen zu überlassen, weil für die voraussichtlich bei wechselnden Verkehrs- und Productionsverhältnissen häufig nothwendig werdenden Veränderungen der Weg der Gesetzgebung zu umständlich und schwerfällig wäre. Von dieser Befugniß des Bundesraths ist auch nicht, wie von manchen Seiten befürchtet wird, eine Schädigung des redlichen Geschäftsverkehrs zu erwarten, da der Bundesrath natürlich nicht das unlautere verkleinerte Maß, sondern das vollwichtige, im redlichen Verkehr übliche, welche also der redliche Geschäftsmann ohnehin schon führt, zum allein zulässigen erheben wird.

c) Unwahre, dem Absatze oder dem Credit von Erwerbsgenossen nachtheilige Behauptungen, §§ 4 und 5.

Der § 4 bestimmt, daß derjenige, welcher über ein Erwerbsgeschäft, über die Person seines Inhabers, über die Waaren oder gewerblichen Leistungen eines Geschäfts oder seines Inhabers Behauptungen thatsächlicher Art aufstellt oder verbreitet, welche geeignet sind, den Absatz des Geschäfts oder den Credit des Inhabers zu schädigen, zum Ersatz des entstandenen Schadens verpflichtet ist, sofern die Behauptungen nicht erweislich war sind. Auch kann der Verletzte den Anspruch geltend machen, daß die Wiederholung oder Verbreitung der Behauptungen unterbleibe.

Dem Verletzer ist in diesem Paragraphen ein ähnlicher Exculpationsbeweis auferlegt, wie im § 186 St.G.B. dem Beleidiger. Diese Vertheilung der Beweislast, welche dem Angegriffenen einen großen und wohl verdienten Schutz bietet, wird in erheblichem Maße dazu beitragen, die Aufstellung und Verbreitung leichtfertiger Behauptungen zu verhindern.

Eine wichtige und durchaus nothwendige Ausnahme von den Bestimmungen des ersten Absatzes setzt Absatz 2 für den Fall fest, daß die Absicht, den Absatz des Geschäfts oder den Credit des Inhabers zu schädigen, bei dem Mittheilenden ausgeschlossen erscheint. Dies soll insbesondere anzunehmen sein, wenn er oder der Empfänger der Mittheilung an ihr ein berechtigtes Interesse hatte. Durch diese Ausnahme sind die Interessen des redlichen Verkehrs und insbesondere die für die kaufmännischen Creditverhältnisse so wichtige Auskunftsertheilung genügend gesichert.

Der § 5 bedroht mit strafrechtlicher Verfolgung denjenigen, der wider besseres Wissen unwahre Behauptungen thatsächlicher Art über die in § 4 aufgeführten Gegenstände aufstellt. Diese verleumderische Credit- und Absatzschmälerung ist in Parallele zu stellen mit der verleumderischen Beleidigung des Strafgesetzbuchs § 187. Daß gegen diese Form des unlauteren Wettbewerbs, die auf die niedrigste und schmutzigste Gesinnung hinweist, außer civilrechtlichen auch strafrechtliche Folgen angedroht werden, ist durchaus am Platze. Die angedrohten Strafen — Geldstrafe bis zu 1500 Mk. oder Gefängniß bis zu einem Jahre — sind sogar reichlich niedrig bemessen.

d) Täuschende Benutzung von Namen oder Firmen oder der besonderen Bezeichnung eines Erwerbsgeschäfts. § 6.

Der § 6 wendet sich gegen denjenigen, der im geschäftlichen Verkehr einen Namen, eine Firma oder die besondere Bezeichnung eines Erwerbsgeschäfts in einer Weise benutzt, welche darauf berechnet und geeignet ist, Verwechslungen mit dem Namen, der Firma oder der Bezeichnung des Erwerbsgeschäfts hervorzurufen, deren sich ein Anderer befugterweise bedient. Strafrechtliche Folgen sind hier nicht angedroht. Die civilrechtlichen Folgen sind:

1. Anspruch des Verletzten auf Schadensersatz.
2. Anspruch auf Unterlassung der mißbräuchlichen Art der Benutzung.

Auf die Regelung der zur Zeit viel erörterten Frage, ob die Bestimmungen des Handelsgesetzbuchs über Handelsfirmen den Bedürfnissen des Verkehrs noch völlig genügen, geht der Entwurf mit Recht nicht ein, da dies besser der Revision des Handelsgesetzbuchs zu überlassen ist. Der Entwurf wendet sich somit nur gegen Mißbräuche, die sich in Benutzung von Firmen, die in Gemäßheit des geltenden Rechts zur Eintragung gelangt sind, und in der Verwendung von nicht im Firmenregister eingetragenen Namen herausgestellt haben.

Wie sich aus der Fassung der Gesetzesbestimmung ergiebt, ist ihre Absicht nicht und konnte dieses nicht sein, den Handel- und Gewerbetreibenden schlechthin das Recht zu nehmen, ihren Namen als ihre Firma zu gebrauchen, falls ein an einem anderen Orte ansässiger Concurrent dieselbe Firma schon besitzt — für die an demselben Orte ansässigen giebt ja schon das Handelsgesetzbuch Art. 27 Vorschriften, die auch dem Nichtkaufmann Schutz gewähren — sondern es soll nur verhindert werden, daß die Gleichheit der Firmen oder des Namens in unzulässiger Weise ausgebeutet wird, um Verwechslungen herbeizuführen. Der ferner im Entwurf vorgeschlagene Schutz der „besonderen Bezeichnung eines Erwerbsgeschäfts" bezieht sich auf die im Laufe der Zeit zu immer größerer Wichtigkeit im geschäftlichen Leben gelangten sogenannten Phantasienamen, d. h. charakteristischen originellen Benennungen eines Geschäfts, die zur Bezeichnung und Unterscheidung desselben im geschäftlichen Verkehr ebenso geeignet sind, wie Namensfirmen. Die Gesetzgebung hat diesen Phantasienamen, soweit sie zur Bezeichnung von Waaren dienen, bereits in dem Gesetze zum Schutze der Waarenbezeichnungen vom 12. Mai 1894 Anerkennung und Schutz gewährt, da dieses im Gegensatz zu dem alten Markenschutzgesetz Worte als Waarenzeichen im Allgemeinen zuläßt und die Eintragung nur für solche Zeichen untersagt, welche ausschließlich in solchen Wörtern bestehen, die Angaben über Art, Zeit und Ort der Herstellung, über die Beschaffenheit, über die Bestimmung, über Preis-, Mengen- und Gewichtsverhältnisse der Waare enthalten. Der leitende Gedanke in § 6 ist, daß verhindert werden soll, daß jemand unbefugt Ansehen, Beliebtheit und Credit eines anderen Geschäftsmannes benutzt, um die Kunden an sich heranzulocken. Um diesen Zweck besser und vollständiger erfüllen zu können, muß aber der § 6 allgemeiner, und zwar etwa so gefaßt werden, wie Herr Rechtsanwalt Nausnitz in seinem Gegenentwurf § 1 Abs. 1 vorschlägt: Wer es unternimmt, im geschäftlichen Verkehr durch Benutzung des Rufes oder des Ansehens eines anderen Erwerbsgeschäfts oder seines Inhabers, oder der Waaren und gewerblichen Leistungen eines anderen Erwerbsgeschäfts oder seines Inhabers Kunden anzulocken, kann auf Unterlassung der zu diesem Zwecke angewandten Mittel in Anspruch genommen werden.

Dagegen ist es weder erforderlich noch zweckmäßig, diesem allgemeinen und verständlichen Satze so viele besondere Anwendungsfälle anzufügen und sogar die Bestimmungen des Gesetzes zum Schutze der Waarenbezeichnungen §§ 14 und 15 in ihrem wesentlichen Inhalt hier wieder mit aufzuführen, wie dies von Herrn Rechtsanwalt Nausnitz vorgeschlagen wird. Es würde genügen, dem allgemeinen Satze den jetzigen § 6, der die wichtigsten Fälle enthält, unter der Formel „insbesondere" hinzuzusetzen.

Nach der im § 6 gewählten Ausdrucksweise „. . . . in einer Weise benutzt, welche darauf berechnet und geeignet ist, Verwechslungen hervorzurufen", muß angenommen werden, daß die in § 6 gewährte Berechtigung, Unterlassung der Benutzung und Schadensersatz zu verlangen, nur gegeben sein soll für den Fall des dolus. Es sind jedoch auch hier, wie bei § 1, die Voraussetzungen für beide Ansprüche verschieden zu regeln, indem der Anspruch auf Unterlassung gewährt werden müßte ohne Rücksicht auf ein Verschulden des Verletzers, während bezüglich des Schadensersatzanspruchs die Fahrlässigkeit dem dolus gleichzustellen wäre. (Vgl. Entwurf Rausnitz § 1 letzter Absatz.)

e) Verrath von Geschäfts- und Betriebsgeheimnissen. §§ 7 und 8.

§ 7 bestimmt: Wer Geschäfts- und Betriebsgeheimnisse, die ihm als Angestellten, Arbeiter oder Lehrling eines Geschäftsbetriebs vermöge des Dienstverhältnisses anvertraut oder sonst zugänglich geworden sind, vor Ablauf von zwei Jahren seit Beendigung des Dienstverhältnisses zu Zwecken des Wettbewerbs mit jenem Geschäftsbetriebe unbefugt an Andere mittheilt oder anderweit verwerthet, wird mit Geldstrafe bis zu 3000 Mk. oder mit Gefängniß bis zu einem Jahre bestraft und ist zum Ersatze des entstandenen Schadens verpflichtet.

§ 8 lautet: Wer es unternimmt, einen Anderen zu einer Zuwiderhandlung gegen die Vorschrift unter § 7 zu verleiten, wird mit Geldstrafe bis 1500 Mk. oder mit Gefängniß bis zu 6 Monaten bestraft.

Gegen diesen Theil des Entwurfs hat sich von vornherein die schärfste Kritik in der Presse erhoben, und auch auf dem 20. deutschen Handelstage sind die gewichtigsten Bedenken nach verschiedenen Richtungen hin geltend gemacht. Diese Bestimmungen sind auch jedenfalls die weitaus bedenklichsten des ganzen Entwurfs, die in der gegenwärtigen Fassung nicht zum Gesetz erhoben werden dürfen. Bei der gegenwärtigen Formulirung ergiebt sich zunächst die folgende unhaltbare Sach- und Rechtslage.

Der unlautere Wettbewerb durch unbefugte Benutzung fremder Geschäfts- und Betriebsgeheimnisse seitens eines nicht angestellten Dritten zu Zwecken des Wettbewerbs wird im Gesetz direct überhaupt nicht verpönt. Eine strafrechtliche Verfolgung des Dritten auf Grund des § 7 ist nur möglich, wenn er den Angestellten angestiftet oder ihm Beihilfe geleistet hat. (§§ 48, 49 St.G.B.) Solchenfalls können auch civilrechtliche Ansprüche geltend gemacht werden, da der dritte dolos handelt. Wenn aber jemand von einem ungetreuen Angestellten, den er allerdings weder angestiftet noch ihm Beihilfe geleistet hat, sich Geschäfts- und Betriebsgeheimnisse zum Zwecke des unlauteren Wettbewerbs verrathen läßt und sie verwerthet, obgleich er die Sachlage kennt oder kennen mußte, so ist er weder strafrechtlich noch civilrechtlich verantwortlich.

Dagegen wird eine Handlung, die zwar moralisch sehr verwerflich sein mag, aber unlauterer Wettbewerb überhaupt nicht ist, nämlich die Mittheilung seitens des Angestellten rc. an einen Dritten, von dem Gesetze betroffen. Die übrigen gegen § 7 geltend zu machenden Einwände beziehen sich im Wesentlichen auf folgende Punkte: Die Verzichtleistung des Gesetzes auf die Definirung des Begriffes „Geheimniß", die Gleichstellung von Betriebs- und Geschäftsgeheimniß, die Erschwerung des Fortkommens der Angestellten.

1. Daß durch die Unterlassung der Definirung des Begriffs „Geheimniß" eine gewisse Unsicherheit entsteht, läßt sich nicht leugnen, aber ebenso wenig ändern. Was der Ausdruck „Geheimniß" besagt, brauchte der Gesetzgeber nicht erst noch zu definiren. Die Schwierigkeit liegt darin, festzustellen, was als Geheimniß und insbesondere als Betriebs- oder Geschäftsgeheimniß anzusehen ist. Dies läßt sich aber nicht theoretisch bestimmen, sondern man muß es dem Richter überlassen, auf Grund seiner Kenntniß und praktischen Erfahrung, eventuell unter Zuziehung von Sachverständigen, zu entscheiden, ob etwas Geschäfts- oder Betriebsgeheimniß ist oder nicht. Eine derartige Aufgabe enthält für den Richter nichts Außergewöhnliches. So wird z. B. im Strafgesetzbuch der Begriff „Beleidigung" nicht näher definirt, sondern dem Richter überlassen, festzustellen, ob nach den Umständen eine Beleidigung vorliegt oder nicht. Es kann nicht etwa darin ein passender Ausweg aus der Schwierigkeit gefunden werden, daß, wie von manchen Seiten vorgeschlagen worden ist, der Arbeitgeber alles, was er als Betriebs- oder Geschäftsgeheimniß angesehen und daher der Schweigepflicht unterworfen wissen will, schriftlich formulirt vor der Anstellung seinen Angestellten vorlegt. Läßt man nämlich dem Unternehmer dabei volle Freiheit, so kann er alles Mögliche als Geheimniß erklären, was in Wahrheit kein Geheimniß ist und kann auf diese Weise seinen Leuten erschweren oder ganz unmöglich machen, später selbständig oder bei einem anderen Unternehmer ihr Fortkommen zu finden. Man müßte daher dem Angestellten

den Beweis offen lassen, daß etwas, was in die schriftliche Formulirung aufgenommen ist, gar kein Geheimniß ist. Damit wäre aber der ganze Werth der schriftlichen Formulirung wieder beseitigt und schließlich doch alles dem Ermessen des Richters anheimgestellt.

2. Was sodann die Gleichstellung der Geschäfts- und Betriebsgeheimnisse betrifft, so hebt die dem Entwurf beigegebene Denkschrift hervor, daß die von der Regierung zur Berathung der hier einschlägigen Fragen berufenen Sachverständigen sich einstimmig für einen gesetzlichen Schutz gegen den Verrath von Betriebsgeheimnissen erklärt hätten, während die Bedürfnißfrage bezüglich der Geschäftsgeheimnisse von manchen Seiten verneint sei, u. A. mit dem Hinweis darauf, daß der Großkaufmann überhaupt keine Geschäftsgeheimnisse habe, und der Kleinkaufmann sich gegen den Verrath von Geschäftsgeheimnissen sehr einfach dadurch schützen könne, daß er sie seinen Angestellten nicht zeige. Ob dieser Unterschied zwischen Groß- und Kleinkaufmann besteht, und letzterer sich in der angegebenen Weise schützen kann, ist eine für den Juristen schwer zu beantwortende Frage. Ich stehe auf dem Standpunkt, daß, wenn die betheiligten Verkehrskreise selbst überwiegend den Schutz der Geschäftsgeheimnisse nicht fordern oder ablehnen, wie es nach den Verhandlungen des 20. deutschen Handelstages den Anschein hat, derselbe aus dem Gesetze fortzulassen ist, denn jeder nicht durch dringende Nothwendigkeit oder Zweckmäßigkeit gerechtfertigte Eingriff gesetzlicher Vorschriften in die Freiheit des Handels und Verkehrs muß unterbleiben. Der Schutz der Betriebsgeheimnisse dagegen, bei denen es sich im Wesentlichen um technische Einrichtungen handelt, die vielleicht unter Aufwendung großen Fleißes, Scharfsinns und großer Kosten gemacht sind, aber aus irgend welchen Gründen, z. B. weil sie nicht patentfähig sind, bislang des Rechtsschutzes entbehrten, ist berechtigt aus Billigkeitsgründen und nothwendig wegen vielfach vorgekommener unerhörter Mißbräuche. (Vgl. die typischen Fälle des Herrn Syndicus Dr. Stegemann.) Ich halte auch die verschiedene Behandlung von Betriebs- und Geschäftsgeheimnissen für praktisch durchführbar, da die Grenze zwischen beiden, wenn auch in manchen Fällen Schwierigkeiten eintreten werden, doch immer noch leichter zu ziehen ist, als diejenige zwischen Geschäftsgeheimniß und Geschäftskenntniß, die nothwendig immer gefunden werden müßte, wenn man den Schutz der Geschäftsgeheimnisse beibehalten wollte. Dabei würde man leicht zu so unhaltbaren Unterscheidungen und solchen Mißgriffen kommen, wie sie sich in den auf die Kundenlisten bezüglichen Bemerkungen der Denkschrift unseres Entwurfs finden.

3. Der bei weitem wichtigste und beachtenswertheste Einwand ist die zu befürchtende Erschwerung des Fortkommens der Angestellten. Zwar hebt die Denkschrift ausdrücklich hervor, daß es den Angestellten nicht verwehrt werden solle, ihre Geschäftskenntnisse für ihr weiteres Fortkommen zu verwerthen, es solle nur die Ausnutzung der Geheimnisse eines Anderen verhindert werden. Aber diese gute Absicht macht die praktischen Schwierigkeiten nicht geringer. Besonders bezeichnend ist in dieser Hinsicht, was die Denkschrift über die Kundenlisten bemerkt, die sie zu den zu schützenden Geschäftsgeheimnissen rechnet, eine Auffassung, deren Berechtigung namentlich mit Rücksicht auf das heutzutage sehr entwickelte Adreßbuchwesen nicht anerkannt werden kann. Die Denkschrift sucht den Schutz der Kundenlisten als Geschäftsgeheimniß mit der Forderung, daß den in eine neue Stellung eintretenden Geschäftsreisenden die Vertretung der in dem früheren Dienstverhältniß angeknüpften Beziehungen zu Kunden nicht verschränkt werden dürfe, in folgender Weise zu vereinigen. Der Entwurf spreche von Geschäftsgeheimnissen, die einem Angestellten vermöge des Dienstverhältnisses oder sonst zugänglich gemacht worden seien, ein solches Geschäftsgeheimniß sei nun die Kenntniß derjenigen Kunden nicht, die ein Geschäftsreisender durch seine *eigene* Thätigkeit dem Geschäfte seines Principals gewonnen habe, wohl aber die Liste der anderweitigen Kundschaft seines Principals.

Der Reisende hat aber doch die Kenntniß beider Arten von Kundenlisten gleichermaßen durch seine Thätigkeit in dem Geschäfte seines Principals erlangt, und man kommt daher mit derartigen Unterscheidungsversuchen zu praktisch ganz unhaltbaren Ergebnissen.

Bei der Entscheidung der Frage, ob durch solche Bestimmungen, wie sie der Entwurf vorschlägt, das Fortkommen der Angestellten unzulässig beschränkt wird, ist das erheblichste Gewicht darauf zu legen, daß der Dienst- oder Lehrvertrag zwischen Principal und Angestellten im beiderseitigen Interesse geschlossen wird, und daß der Angestellte nicht nur gegen Lohn gegenwärtige Dienste leisten, sondern vor allen Dingen auch Kenntnisse sammeln will, um sie demnächst für sich zu verwerthen, sei es in besserer Stellung bei demselben oder einem anderen Principal, sei es in einem selbständigen Geschäft. Diese Aussicht des Vorwärtskommens darf den Angestellten durch gesetzliche Bestimmungen um so weniger beschränkt oder erschwert werden, als ohnehin bei der heutigen großcapitalistischen Entwickelung die aus den ehemaligen Angestellten hervorgehende Kategorie der selbständigen kleinen und mittleren Unternehmer mehr und mehr zurücktritt. Da nun außerdem selbst aus den

Kreisen der Unternehmer, wie sich auf dem 20. deutschen Handelstage gezeigt hat, sehr gewichtige Stimmen sich gegen ein gesetzliches Concurrenzverbot gegenüber den Angestellten erklärt haben, so sollte von dem Erlaß eines solchen Abstand genommen werden. Vertragsmäßig ein Concurrenzverbot festzusetzen, etwa unter Androhung einer Conventionalstrafe für den Fall der Zuwiderhandlung, bleibt den Parteien, natürlich mit der aus den allgemeinen Rechtsgrundsätzen sich ergebenden Beschränkung, unbenommen.

Ganz anders als bei der Verwerthung der Betriebs- und Geschäftsgeheimnisse (letztere mögen unter ausdrücklicher Verweisung auf das oben S. 243 Bemerkte noch weiter mitaufgeführt werden) durch den Angestellten selbst, liegt nun aber die Sache bei der Mittheilung solcher Geheimnisse seitens des Angestellten an Dritte zu Zwecken des Wettbewerbs. Hierin liegt ein grober, zumeist von schnöder Gewinnsucht eingegebener, durch nichts zu beschönigender Treubruch, dessen Ahndung sehr wohl am Platze ist. Was nun die Zeit betrifft, für welche ein civil- und strafrechtliche Folgen androhendes gesetzliches Verbot der Mittheilung der Geschäfts- und Betriebsgeheimnisse zu erlassen wäre, so muß man sich auf die Dauer des Dienstverhältnisses beschränken, also auf die Zeit, während welcher der Angestellte sich in dem die Treupflicht begründenden Verhältnisse auch thatsächlich befindet. Eine Ausdehnung über diese Zeit hinaus, etwa auf zwei weitere Jahre, wie der Entwurf vorschlägt, ist rein willkürlich. Auch der von dem Aeltestencollegium der Kaufmannschaft zu Berlin auf dem deutschen Handelstage vertretene Vorschlag, die Schweigepflicht in § 7, falls man ihn nicht überhaupt ganz fallen lassen wolle, nur dauern zu lassen bis zum Ablauf des Dienstvertrags, wodurch dem Contractbruch der Angestellten wirksam entgegengetreten werde, führt zu praktischen Schwierigkeiten.

Dem Bedenken, daß die Beschränkung der Schweigepflicht auf die thatsächliche Dauer des Dienstverhältnisses zum Contractbruch verleite, ist entgegenzuhalten, daß es freisteht, sich gegen den Contractbruch, ebenso wie bezüglich der Fortdauer der Schweigepflicht über die Zeit des Dienstverhältnisses hinaus, durch erhebliche Conventionalstrafen zu sichern.

Obgleich nun die hier befürwortete Bestimmung gegen die Mittheilung von Geheimnissen seitens der Angestellten an Dritte, wie bereits hervorgehoben ist, eigentlich gar nicht in ein Gesetz zur Bekämpfung des unlauteren Wettbewerbs gehört, vielmehr der richtige Platz dafür im Strafgesetzbuche im Anschluß an § 300 wäre, so kann, da immerhin ein Zusammenhang mit dem unlauteren Wettbewerb besteht, und da dadurch eine Zersplitterung vermieden wird, die Aufnahme dieser Vorschrift in unser Gesetz unbedenklich erfolgen.

Der Inhalt des § 7 des Entwurfs wäre daher, wie folgt, zu ändern:

§ 7. Wer sich von einem Angestellten, Arbeiter oder Lehrling eines Geschäftsbetriebs (Geschäfts- oder) Betriebsgeheimnisse zu Zwecken des Wettbewerbs mittheilen läßt und verwerthet, ist, wenn er wußte oder den Umständen nach annehmen mußte, daß die Mittheilung unbefugt geschah, dem Inhaber jenes Geschäftsbetriebs zum Ersatze des entstandenen Schadens verpflichtet.

Hat in den Fällen des Absatz 1 der Empfänger der Mittheilung den Angestellten, Arbeiter oder Lehrling des fremden Geschäftsbetriebs zur Mittheilung der (Geschäfts- oder) Betriebsgeheimnisse verleitet, so wird er mit Geldstrafe bis zu 3000 Mk. oder mit Gefängniß bis zu einem Jahre bestraft.

Durch diese Fassung wird die unlautere Benutzung fremder, durch Verrath erfahrener Geschäfts- und Betriebsgeheimnisse sowohl für den Fall betroffen, daß die Geheimhaltung durch das Gesetz, als auch, daß sie durch Vertrag zur Pflicht gemacht ist, denn in beiden Fällen ist eine Mittheilung unbefugt. Dem unlauteren Concurrenten gegenüber erscheint eine Gleichstellung beider Fälle durchaus am Platze. Eine strafrechtliche Verfolgung kann nur für den bedeutend schwerer liegenden Fall geboten erachtet werden, daß der Concurrent den Angestellten zum Treubruch verleitet, im Uebrigen wird die civilrechtliche Haftung ausreichen.

§ 7a: Wer (Geschäfts- oder) Betriebsgeheimnisse, die ihm als Angestellten, Arbeiter oder Lehrling eines Geschäftsbetriebs vermöge des Dienstverhältnisses anvertraut oder sonst zugänglich geworden sind, während des Dienstverhältnisses an Andere mittheilt, wird mit Geldstrafe bis zu 3000 Mk. oder mit Gefängniß bis zu einem Jahr bestraft und ist zum Ersatz des entstandenen Schadens verpflichtet.

Der jetzige § 8 des Entwurfs, der sich gegen den erfolglosen Versuch der Anstiftung zum Verrath richtet, kann inhaltlich unverändert bleiben.

f) Die Schlußbestimmungen des Gesetzentwurfs.

Die letzten Paragraphen des Entwurfs bieten nur zu wenigen Bemerkungen Anlaß.

1. § 9. — Daß in den Fällen des § 2 die strafrechtliche Verfolgung von Amtswegen eintritt, und daß angeordnet werden kann, daß die Verurtheilung auf Kosten des Schuldigen öffentlich bekannt zu machen

sei, empfiehlt sich wegen des hier vorliegenden allgemeineren Interesses. In den Fällen der §§ 5, 7, 8, wo es sich um die Schädigung des Einzelnen handelt, ist die Strafverfolgung mit Recht von einem Antrag abhängig gemacht.

Die Bestimmungen wegen der Buße sind insbesondere von großer Bedeutung für den jedenfalls häufigen Fall, daß ein Schaden im Wege der Civilklage schwer nachzuweisen ist. Daß für die Buße die zu derselben Verurtheilten als Gesammtschuldner haften sollen, steht in Uebereinstimmung mit sonstigen gesetzlichen Bestimmungen und ist durchaus zu billigen. Insbesondere mag darauf hingewiesen werden, daß bei der oben (S. 246) vorgeschlagenen Formulirung des § 7 der Verräther und der Anstifter zum Verrath als Gesammtschuldner für die Buße haften. Hiermit würde zugleich ein von dem Centralverband Berliner Industrieller und Kaufleute gemachter, auf dem 20. deutschen Handelstage (Prot. S. 43) erwähnter Vorschlag wenigstens bezüglich des Anstifters erfüllt werden. Der noch weitergehende Theil des Vorschlags, auch denjenigen, der in Kenntniß des Verraths das Geheimniß nutzt, als Gesammtschuldner mit dem Verräther für die Buße haften zu lassen, ist, da ein solcher Benutzer nach der hier vorgeschlagenen Formulirung des Gesetzes der strafrechtlichen Verfolgung nicht unterliegt, nicht erfüllbar.

2. Die Vorschrift des § 10, welche sich auf die ausschließliche Zuständigkeit des Reichsgerichts in der Revisionsinstanz bezieht, hat praktische Bedeutung nur für Bayern. Es soll dadurch, daß die Befassung des bayerischen obersten Landesgerichts mit der Revision in Sachen betreffend Ansprüche auf Grund des Gesetzes gegen den unlauteren Wettbewerb ausgeschlossen wird, die wünschenswerthe einheitliche höchstrichterliche Judicatur für das ganze Deutsche Reich erzielt werden. In diesen Paragraphen wäre außerdem die Bestimmung über die Zuständigkeit der Kammer für Handelssachen (vgl. oben S. 236) aufzunehmen.

3. § 11 bestimmt, daß wer im Inlande eine Hauptniederlassung nicht besitzt, auf den Schutz des Gesetzes gegen den unlauteren Wettbewerb nur insoweit Anspruch hat, als in dem Staate, in welchem seine Hauptniederlassung sich befindet, deutsche Gewerbtreibende entsprechenden Schutz genießen. Will also ein ausländischer Staat, daß seine Unterthanen in Deutschland Rechtsschutz gegen unlauteren Wettbewerb finden, so muß er seinerseits nicht nur die Deutschen mit seinen eigenen Unterthanen gleichstellen, sondern auch selbst gesetzliche Bestimmungen gegen unlauteren Wettbewerb erlassen. Daß ein Ausländer, der in seinem eigenen Staate nicht gegen unlauteren Wettbewerb geschützt ist, in Deutsch-

land nicht günstiger gestellt wird, kann auch nicht als unbillig angesehen werden.

Zweifel können nun hierbei in der Richtung entstehen, ob es erforderlich ist, daß der ausländische Staat ausdrückliche gesetzliche Bestimmungen gegen den unlauteren Wettbewerb hat, oder ob es genügt, daß die Gerichte durch freie Anwendung bestehender allgemeiner Rechtsnormen die Ahndung des unlauteren Wettbewerbs ermöglichen, wie es bezüglich der civilrechtlichen Haftung z. B. in Frankreich der Fall ist. Letzteres muß dann als genügend erachtet werden, wenn die gleiche Behandlung der deutschen Gewerbetreibenden mit den Unterthanen des betreffenden ausländischen Staates gewährleistet ist.

D. Ergebniß.

1. Ein allgemeiner Rechtsschutz gegen unlauteren Wettbewerb ist anzustreben.

2. Das bürgerliche Gesetzbuch für das Deutsche Reich ist nicht abzuwarten, vielmehr ein Specialgesetz zu erlassen.

3. Der Entwurf eines Gesetzes zur Bekämpfung des unlauteren Wettbewerbs ist in seinen wesentlichen Grundzügen im Allgemeinen zu billigen, dagegen sind die einzelnen Bestimmungen noch vielfach einer Abänderung bedürftig.

VII.

Gutachten des Herrn Prof. Dr. R. Leonhard in Marburg

über die Frage:

Sind die Grundsätze des Entwurfs des bürgerlichen Gesetzbuchs II. Lesung über eingetragene Vereine zu billigen?

Dem Juristentage werden die nachfolgenden Beschlüsse anempfohlen:

1. Die Sonderbestimmungen des Entwurfes (2. Lesung) über wirthschaftliche, politische und religiöse Vereine sind insofern unannehmbar, als sie dem Vereinsleben den Rechtsschutz entziehen (§ 23,1. § 40, 2 u. 3).
2. Statt ihrer empfehlen sich die ihnen entsprechenden Vorschriften des sächsischen Vereinsgesetzes (Sächsisches Gesetz, die juristischen Personen betreffend vom 15. Juni 1868, G.V.Bl. Nr. 86 S. 31ff. §§ 1. 72,2. 78,1. 79).
3. Im Uebrigen ist das Vereinsrecht der zweiten Lesung in seinen Grundzügen zu billigen.

Von einer Verhandlung und Beschlußfassung über die Einzelheiten dieses Rechtszweiges ist zweckmäßiger Weise von Seiten des Juristentages Abstand zu nehmen.

Gründe:

Die Grundsätze über die Bildung rechtsfähiger Vereine blieben in der ersten Lesung des Entwurfes dem Rechte der Einzelstaaten vorbehalten (§ 42). Die zweite sucht hier neues Reichsrecht zu schaffen (§§ 23ff.). War dies möglich und ist es gelungen?

Nach zwei Richtungen kann die Möglichkeit in Frage gezogen werden, in politischer und in praktischer Hinsicht. Daß gerade auf dem Gebiete des Vereinsrechts bestimmte Wünsche von Seiten deutscher Staatsregierungen scharf betont worden sind, ist ein offenes, man kann sogar sagen, ein veröffentlichtes Geheimniß. (Die zweite Lesung des Entwurfs eines bürgerlichen Gesetzbuchs für das Deutsche Reich unter Gegenüberstellung der ersten Lesung. Im Auftrage des Vorstandes des deutschen Anwaltvereins dargestellt und aus den Protokollen der zweiten Lesung erläutert von Justizrath Dr. Reatz, Berlin 1892, S. 14ff., vgl. auch Hölder, Archiv f. civ. Pr. Bd. 80 S. 15.) Es entspricht dies der Haltung, die schon früher von Seiten deutscher Regierungen gegenüber einem ähnlichen Unternehmen eingenommen worden ist (vgl. Rump, Bayer. Gesetz vom 19. April 1869, München 1895 S. 18).

Das Vereinsrecht der deutschen Staaten ist von verschiedener Strenge (vgl. Reatz a. a. O. S. 16, Rump a. a. O. S. 1ff.). Wo es freier behandelt wird, da wird man es aus Rücksicht auf die Wünsche weiter Volkskreise nicht gern verschärfen wollen (vgl. Hölder a. a. O. S. 15ff., Rump a. a. O. S. 89), wo strengere Satzungen gelten, da wird man aus Rücksicht auf das Gemeinwohl sie festzuhalten geneigt sein. Wenigstens ist in diesem Sinne bereits eine Erklärung des preußischen Ministeriums des Innern abgegeben worden (Reatz, S. 16, Hölder, S. 15). Auch die Reichstagsverhandlungen vom 1. und vom 6. Mai d. J. über einen von socialdemokratischer Seite eingebrachten Entwurf eines Vereinsgesetzes für das Deutsche Reich beweisen, daß die Vertreter der Regierungen auf diesem Gebiete gegenüber allen nach ihrer Meinung zu weit gehenden Wünschen mit Festigkeit aufzutreten gewillt sind.

Das Endergebniß dieses Widerstreites der Staatsbedürfnisse läßt sich nicht vorhersagen. Alle weiteren Erörterungen können aber nur in der Voraussicht geschehen, daß ihnen ein Beschluß des Bundesraths vielleicht einen Strich durch die Rechnung machen wird (vgl. Reatz a. a. O. S. 23).

Ungebundener ist die Beurtheilung der praktischen Möglichkeit eines neuen Vereinsrechts, die sich nahezu mit der theoretischen deckt; denn die Gesetzgebungspraxis berührt sich durchweg mit den Aufgaben der Wissenschaft. Diese aber zeigt auf dem Vereinsgebiete ein sehr verworrenes Bild, das von einzelnen geistreichen Schlagworten durchleuchtet ist, ohne doch dadurch völlig erhellt zu werden. Man wird den Verfassern der zweiten Lesung die Anerkennung nicht versagen können, daß sie sich, unbeirrt durch doctrinäre Verlockungen, lediglich auf dem Boden gemeinverständlicher Anschauungen und Erwägungen gehalten haben, ja sogar hier eigenartige Schöpfungen aufweisen können, welche beweisen, daß es ihnen gelungen ist, den verworrenen und verwickelten Stoff völlig zu beherrschen.

Nun ist aber eine jede gesetzgeberische Neu-Schöpfung ein Wagniß, weil auch ein weitsehender Geist ihre Folgen nicht vorauszusehen vermag. Man wird es daher den Verfassern der ersten Lesung nicht allzu sehr zum Vorwurfe machen dürfen, daß sie dieser Aufgabe aus dem Wege gegangen sind. Das Wagniß des entgegengesetzten Verfahrens, zu dem sich die Commission der zweiten Lesung mit 14 gegen 9 Stimmen (Reatz, S. 22) entschlossen hat, kann nur durch ein dringendes Volksbedürfniß entschuldigt werden.

Ein solches liegt aber in Wirklichkeit ohne Zweifel vor.

Die Lage der zahllosen Vereine, welche thatsächlich Vermögensmassen verwalten, obwohl sie entweder gar nicht oder in unvollkommener Weise als Rechtsträger anerkannt werden, ist eine sehr unbehagliche. Das Recht des Gesellschaftsvertrages paßt auf sie nicht; denn sie wollen und sollen neben ihren Gliedern selbständige Verkehrsmächte darstellen, dies wird ihnen aber eben nicht oder nur halb vor Gericht gewährt. Wenn sie verklagt werden oder klagen, so müßte man strenge genommen alle ihre Mitglieder an die Gerichtsstätte nöthigen; dies läßt sich aber, wie in dem Gutachten eines bewährten Praktikers zum ersten Entwurfe bemerkt worden ist, schon darum nicht durchführen, weil es Vereine von mehreren tausend Mitgliedern giebt, für die unsere Gerichtssäle nicht groß genug sind. Bekanntlich giebt man solchen erlaubten Verbänden nach dem Vorgange des Reichsgerichtes die Fähigkeit zur Klage oder zu einer Beklagtenrolle ohne Rechtsfähigkeit (vgl. Bekker, Pandekten I § 63, Beilage I S. 225 ff.). Das erinnert an den römischen Prätor, der einstmals die rechtlosen Peregrinen in das römische Rechtsleben dadurch hineinschmuggelte, daß er für und gegen sie actiones gab. In unserer Zeit der öffentlichen Bücher ist freilich die Kluft zwischen Parteifähigkeit und Rechtsfähigkeit noch größer, als früher (vgl. Planck, Lehrbuch des deutschen Civilproceßrechts I S. 210); der klageberechtigte und verklagbare Verein kann z. B. nicht in das Grundbuch oder das Handelsregister eingetragen werden. Mit bloßen actiones statt der Rechte wird er sich auf die Dauer nicht abspeisen lassen. Wir sehen daher auf dem Gebiete des Vereinsrechtes Scheingeschäfte und personae interpositae auftauchen, welche beweisen, daß hier der gerade Weg von Rechts wegen nicht gangbar ist. So schieben z. B. angesehene Studentenverbindungen irgend einen „alten Herrn“ als Eigenthümer ihres Hauses vor, der es pro forma als sein Gut behandeln muß. Zuweilen verwandelt sich sogar eine Gruppe von Angehörigen eines solchen Vereins in eine Actiengesellschaft, die keinen anderen Zweck hat, als das Haus für ihre Verbindung zu besitzen und bereit zu halten. Alle solche Geschäfte geschehen im besten Glauben und Niemand nimmt daran Anstoß. Allein ein Rechtszustand, der solche Umwege zeitigt, paßt sich nicht genau den Lebensverhältnissen an und kann daher leicht Irrungen und Mißverständnisse hervorrufen. Muß nun gar ein Stück des Vereinsinventars einem Unbefugten abgestritten werden, oder kommt es zu einer Klage aus einem älteren Vereinsgeschäfte, so ist es nicht leicht, für die Vollmacht des Vereinsanwaltes die richtigen Unterschriften zu erlangen. Die augenblicklichen Vereinsmitglieder werden ja wohl in der Regel zur Stelle sein, aber es ist zu befürchten, daß der Gegner ihnen die Befugniß abstreitet, in Angelegenheiten aufzutreten, die zunächst ganz andere Vereinsgenossen betrafen und zwar solche, die jetzt vielleicht bei dem besten Willen nicht mehr zu finden sind. Es bedarf hier eines ganz ungewöhnlichen Aufgebotes juristischen Scharfsinnes, um zu vernünftigen Ergebnissen zu gelangen. Als Nothhelfer muß dabei der vom Richter fingirte „Parteiwille" sehr eigenartige Dienste verrichten. In dem Auftreten des Vereinsvorstandes wird z. B. zuweilen eine unbeauftragte Geschäftsführung für die zukünftigen Mitglieder gesehen, die durch ihren Eintritt in den Verein das Geschäft in der Höhe ihres Antheils an der Gesammtkasse nachträglich genehmigen und dergleichen mehr.

Auch der Ausweg, den das preußische Landrecht (Theil II Titel 6) eingeschlagen hat (vgl. hierzu Eccius, Preuß. Privatrecht Bd. IV § 281, 6. Aufl. S. 658 ff.) befriedigt nicht. Will man den erlaubten Vereinen im Innern Körperschaftsrechte geben, nach außen aber nicht, so scheitert das daran, daß ebenso wie die Natur nach einem bekannten Dichterworte weder Kern noch Schale hat, auch bei einem Vereine von einer Innen- und einer Außenseite nicht gut gesprochen werden kann. Wer sich z. B. vor Gericht darüber beschwert, ohne Grund in ungültiger Weise aus einem Vereine gestoßen zu sein, der steht nach seiner Meinung noch darin, nach der seiner Gegner bereits draußen. Und im Uebrigen ist es gerade die Außenseite, an der die vorher erwähnten Schwierigkeiten für die erlaubten, aber nicht voll anerkannten Vereine zu Tage treten.

So steht denn die Rechtsfähigkeit der erlaubten Vereine auf einem überaus unsicheren Boden, sie kann nicht leben und nicht sterben. Es scheint, als wolle der Staat sie behandeln, wie die lex quisquis mit den Söhnen der Hochverräther verfährt, denen sie zwar das Leben schenkt, aber grundsätzlich so sehr verleiden will, ut his sit et mors solacio et vita supplicio (Cod. VIII, 8 c. 5 § 1). Gar so schlimm ergeht es nun freilich den vom Rechte mißachteten Verbänden doch nicht. Wir finden trotz alles Mangels an Anerkennung durch den Richter bei ihnen oft genug das sprichwörtlich gewordene Blühen, Wachsen und Gedeihen auch auf dem Gebiete der Vermögenswirthschaft. Ihre Forderungen werden eingetrieben, ihre Schulden vielfach bezahlt, kein redlicher Mensch wagt es, die Gegenstände ihrer Inventarien anzutasten. Es zeigt sich hier recht deutlich, daß neben der Macht des Staates Sitte, Anstand, Gewissensgebote, geschäftliche und gesellschaftliche Rücksichten und ähnliche Mächte stehen und die Lücken ausfüllen, welche der Staatsschutz offen läßt. Nur dann, wenn diese Mächte versagen, werden die Betheiligten sich der Lücken des Rechtes bewußt. Ohne das würde der bestehende Rechtszustand des Vereinswesens ganz sicherlich nicht so ruhig ertragen werden, wie es der Fall ist. Diese Erscheinung ist auch nicht wunderbar, wenn man die thätsächlich wirksamen rechtsfähigen Vereine nach ihrer äußeren Erscheinung in ihre Bestandtheile zerlegt. Wir finden überall bei ihnen die Verwaltung eines Vermögens nach festen Grundsätzen, die nicht für einen bestimmten lebenden Herrn geschieht. Die rechtliche Anerkennung dieses Zustandes als eines schutzwürdigen schafft ihn nicht, sondern tritt zu ihm nur von außen hinzu, wie die Anerkennung der Rechtsfähigkeit durch den Staat zu einem lebenden Menschen hinzutritt. Denkt man sich derartige Anerkennungen weg, so bleibt doch die thatsächliche Macht, der sie gilt, bestehen; aus der juristischen Person wir dann nicht ein Nichts, sondern ein Verband, den man allenfalls eine bloß wirthschaftliche Person nennen kann und der immerhin ohne, ja sogar zuweilen gegen den Willen der Staatsobrigkeit bemerkbare Zeichen seines Daseins von sich zu geben vermag. Jede Mehrheit, die nach bleibenden Grundsätzen zusammenwirkt, ist hiernach auch ohne Anerkennung des Staates ein Verein.

Die Lage der nur geduldeten, aber nicht als rechtsfähig anerkannten Vereine ist hiernach keineswegs unerträglich, aber immerhin doch unerquicklich, und dadurch rechtfertigt es sich, daß man versucht hat, sie durch ein festes Reichsrecht zu kräftigen. Auch das berechtigte Streben nach Rechtseinigung ist in der Gesetzgebungscommission hervorgehoben worden. Hat ja doch die Reichsverfassung das Vereinswesen, in dessen Freiheit 1848 die Nationalversammlung ein Grundrecht des Volkes sah, für eine Angelegenheit der Reichsgesetzgebung erklärt. Es hätte daher nahe gelegen, es reichsrechtlich zugleich für das öffentliche und das private Recht zu regeln. Dieser Versuchung hat die Commission allerdings widerstanden, um ihre Competenz nicht zu überschreiten. Sie zieht den Sperling in der Hand der Taube auf dem Dache vor und sucht für die Vereine ein Reichsrecht wenigstens hinsichtlich ihres Vermögens zu schaffen. Daß zu einer Verständigung auf dem Gebiete des öffentlichen Rechtes zur Zeit keine Aussicht ist, ist überdies in der Reichstagssitzung vom 1. Mai mehrfach festgestellt worden. Aber auch das Privatrecht der Vereine hat politischen Werth. Gerade die vielen Verbände, die über die Landesgrenzen hinausgreifen, sind ein wirksamer Kitt für den inneren Zusammenhalt des Reiches. Sie leiden aber naturgemäß unter der Rechtszersplitterung, die ihrer Lage die einheitliche Beurtheilung entzieht. Ihnen ein einheitliches Recht geben, heißt den Bestand Deutschlands verstärken. Den berechtigten Verschiedenheiten der einzelnen Staaten auf dem Gebiete des öffentlichen Rechtes trägt ein besonderer Paragraph (77) Rechnung, der nur in zwei Punkten die Vereine dieses Rechtszweiges den privatrechtlichen Verbänden gleichstellt.

Es war also sicherlich ein lobenswerther Gedanke, der zu dem Vereinsrechte des Entwurfs hingeführt hat (ähnlich Hölder, Arch. f. civ. Pr. Bd. 80 S. 15). Dazu kam, daß der Commission in den Vereinsgesetzen Bayerns und Sachsens, sowie im Reichshandelsgesetzbuche, der Reichsgewerbeordnung und ähnlichen Vorschriften bewährte Muster vorlagen, denen sie sich angeschlossen hat. Trotzdem deckt sich das Gesammtergebniß mit keinem der Vorbilder ganz und gar und bedarf daher einer besonders genauen Prüfung.

Wir werfen hierbei zunächst einen Blick auf die Eintheilung, durch die der Entwurf die Vereine als Unterart der künstlich geschaffenen Rechtsträger (d. i. der juristischen Personen) hinstellt. Er erwähnt als solche neben den Vereinen nur noch die Stiftungen (§ 70ff.). Trotzdem finden wir an zwei Stellen eine Dreitheilung in „Vereine, Stiftungen und Anstalten" gelegentlich erwähnt (§ 41,3. 77). Der Gegensatz zwischen Vereinen und Stiftungen gehört allerdings der Wissenschaft an, nicht aber der Redeweise des Volkes. Dieses spricht auch bei Vereinen von Stiftungen, Stiftern, Stiftungsfesten und dergleichen. Diese laienhafte Vermischung aller Zweckverwaltungen ohne lebenden Herrn zu einem einzigen Begriffe steht der Wahrheit näher, als die schulmeisterliche Sonderung der universitas personarum und rerum. Nehmen wir z. B. an, daß ein Mäcen eine Akademie gestiftet hat, die von ihren Mitgliedern verwaltet werden soll, so ist dies kaum von einem Vereine zu unterscheiden, den die Mitglieder gründen, gestützt auf die erwähnte Zuwendung des Kunstfreundes. Vereinsstiftung und Vermögensstiftung fließen in Wirklichkeit hier zu einer Einheit zusammen. Trotzdem scheidet der Entwurf beide Stiftungsarten. Nur der letzteren, der Vermögensstiftung, gönnt er den Stiftungsnamen und für jede von beiden kennt er besondere Entstehungsarten. Unmöglich ist dies freilich nicht. Wenn er zum Gesetz würde, so müßten dann in Fällen, in denen eine Stiftung ebenso gut denkbar ist, wie ein Verein, die Begründer der juristischen Person sich darüber schlüssig machen, ob sie ihre Schöpfung nach dem Vereins- oder dem (Vermögens-) Stiftungsmuster herstellen wollen. In sehr vielen Fällen wird das eine ebenso gut möglich sein, wie das andere, wie ja schon nach jetzigem Recht sich viele Erscheinungen ebenso gut unter den Vereins- wie unter den Stiftungsbegriff stellen lassen. Nur da versagt bei juristischen Personen der Vereinsbegriff, wo eine Zweckverwaltung lediglich von einem einzelnen Leiter verwaltet werden soll. In solchen Fällen werden jetzt, wie in Zukunft, nur die Vorschriften über Vermögensstiftungen anwendbar sein, nicht das Vereinsrecht. Ebenso versagt der Begriff der (Vermögens-) Stiftung da, wo Vereine ohne dauernde Vermögensmasse ins Leben treten. Hier kann nur von dem Rechte der Vereine die Rede sein, jetzt und in Zukunft.

Wenn nun nebenher noch das Wort „Anstalt“ erwähnt ist, so müssen wir bedenken, daß es doppeldeutig ist. Vielfach bezeichnet es nur eine greifbare Sache, die nicht bloß einer juristischen Person gehören, sondern auch das Eigenthum eines einzelnen Privatmannes sein kann (z. B. die Badeanstalt, Reinigungsanstalt u. dergl.), bald auch eine solche juristische Person (sei es nun ein Verein oder eine Vermögensstiftung), deren Statut auf die Erhaltung einer greifbaren Sache der erwähnten Art abzielt und die man daher vielfach ebenso bezeichnet, wie die verwaltete Sache selbst. So kann eine Erziehungsanstalt aus einem Vereine von Erziehern mit Rechtsfähigkeit hervorwachsen oder aus einer Vermögensstiftung, deren Statut z. B. ihre Leitung einem Vorsteher zuweist. Neben dieser Deutung des Wortes ist auch noch eine andere möglich. Man kann vielleicht meinen, daß der Entwurf unter Anstalten nicht eine Unterart der Stiftungen und der Vereine verstehen will, sondern ein drittes, nämlich solche Zweckverwaltungen, deren Entstehung (z. B. als Klöster) so sehr von unvordenklichem Alter verdunkelt ist, daß man nicht mehr weiß, ob sie aus einer Verbindung von Personen herausgewachsen sind oder aus einer mildthätigen Gabe und bei denen man daher Bedenken tragen muß, ob man sie entweder den Vereinen oder den (Vermögens-) Stiftungen zuzählen soll. Dieser letzteren Deutung des Wortes Anstalt im Entwurfe gebührt meines Erachtens der Vorzug. Eine Streitfrage über diesen Punkt ist aber mit Sicherheit vorauszusehen und die Redactionscommission des Gesetzbuches würde sich ein Verdienst erwerben, wenn sie hier volle Klarheit schaffte. Es handelt sich nämlich bei dem Anstaltsbegriffe des Entwurfs nicht bloß um eine Bestimmung von rein wissenschaftlicher Art, sondern um eine praktische Frage, die in das Vereinsrecht hineingehört. Nach § 41, 3 können nämlich gewisse Vereine bei ihrer Auflösung unter besonderen Umständen ihr Vermögen einer öffentlichen Stiftung oder „Anstalt" überweisen (nicht aber einem anderen Vereine). Hierbei ist es nun sehr wichtig, zu wissen, wodurch „Anstalten" und „Vereine" im Sinne des Gesetzes sich von einander unterscheiden sollen (vgl. hierzu auch noch Dernburg, Pandekten 4. Aufl. I § 62 S. 147, Eccius a. a. O. IV S. 696 § 285).

Immerhin ist diese Frage bei ihrer geringen Bedeutung eines besonderen Beschlusses des Deutschen Juristentages nicht werth. Das Gleiche gilt jedoch nicht von den eigentlichen Grundzügen des Rechtes eingetragener Vereine, in denen uns eine höchst bedeutungsvolle Neuerung entgegentritt, die auf das Tiefste in das Leben des deutschen Volkes eingreifen würde, wenn der Entwurf Gesetzeskraft erhielte.

Man kann die Grundzüge des neuen Vereinsrechtes nur verstehen, wenn man sich vergegenwärtigt, daß es eine Mittellinie zwischen zwei entgegengesetzten Richtungen einhalten soll. Der Entwurf steuert also im Vereinsrechte zwischen Scylla und Charybdis hindurch. Auf der einen Seite soll die Abhängigkeit rechtsfähiger Verbände von obrigkeitlicher Genehmigung (das sog. Concessionssystem), auf der anderen der Grundsatz der freien Bildung rechtsfähiger Vereine vermieden werden.

Das Concessionssystem ist von einflußreicher Seite warm empfohlen worden. Es giebt ein einfaches und leicht verständliches Gegengewicht gegen die Gefahren einer unumschränkten Bildung rechtsfähiger Vereine. Allerdings wurde schon oben ausgeführt, daß viele Vereine ohne Rechtsfähigkeit ein blühendes Dasein auch in wirtschaftlicher Hinsicht schon jetzt führen. Man darf jedoch diesen Zustand nicht mit der ungeheueren Macht vergleichen, die politische oder religiöse Vereine binnen kurzer Zeit entfalten würden, wenn sich ihnen die volle Erwerbsfähigkeit ohne jede obrigkeitliche Einschränkung darböte. Ein Blick auf die Geschichte des Klosterwesens genügt zur Veranschaulichung dieser Thatsache.

Die Gefahren der Ansammlung von Reichthümern in der todten Hand wird ein vorsichtiger Gesetzgeber nicht gern zum zweiten Male heraufbeschwören, eingedenk der unerfreulichen Rolle, die ihm wiederum zufallen würde, wenn er sie späterhin nochmals bekämpfen müßte.

Trotz alledem läßt es sich sehr wohl begreifen, daß der Entwurf die Annahme dieses Systems vermieden hat. Daß unser ganzes blühendes Vereinsleben in allen seinen Zweigen in seinem Entstehen und seiner Fortdauer gleichsam unter polizeiliche Aufsicht gestellt werden soll, entspricht nicht der Entwickelung, die das öffentliche Vereinsrecht genommen hat. Wollte man aber etwa nur die Entstehung der Vereine von polizeilicher Genehmigung abhängig machen, nicht aber ihre Fortdauer, so würde diese Beschränkung keinen Werth haben. Sie würde gegen die Erschleichung der Genehmigung durch Vereine, die erst hinterher ihre wahren Zwecke offenbaren, nicht schützen. Das gesammte Dasein der Vereine darf man aber nicht von dem Belieben der Obrigkeit abhängig machen. Das „Grundrecht" der Vereinsfreiheit ist mehr als ein bloßes Schlagwort und wird auch nicht als solches angesehen. (In München bestehen z. B. allein über 2000, darunter rund 200 anerkannte Vereine, Rump a. a. O. S. 2, Anm. 1.) Das Vereinswesen dient also wichtigen Zweigen des Zusammenlebens und zahllosen Einzelnen. Es ist begreiflich, daß man von der Eindämmung einer so bedeutsamen Erscheinung in die Schranken des obrigkeitlichen Ermessens Abstand genommen hat.

Die Freunde des Vereinsrechtes werden sogar wahrscheinlich noch weiter gehen und es der zweiten Lesung zum Vorwurf machen, daß sie nicht geradezu, wie dies auch im Schoße der Commission vorgeschlagen worden war, mit vollen Segeln in den Hafen der freien Bildung rechtsfähiger Vereine hineingesteuert ist. Dieser Tadel würde jedoch völlig ungerecht sein. Die freie Bildung rechtsfähiger Vereine ist nicht nur gefährlich und bedenklich, sondern, obwohl sie von sehr bedeutenden Autoritäten empfohlen wird (vgl. Rump a. a. O. S. 41) dennoch in unserer Rechtsordnung geradezu unmöglich und undenkbar, und zwar nicht bloß aus politischen Rücksichten, sondern auch für solche Beurtheiler, die gegenüber allen staatserhaltenden Bestrebungen eine völlige Farbenblindheit aufweisen. Es sind die wichtigsten Rücksichten auf das Wohl der Einzelnen, ja sogar der Vereine selber, die es schlechterdings verbieten, allen Verbänden den Weg von Rechtsfähigkeit ohne Weiteres zu eröffnen. Daher ist auch in den Verhandlungen des ersten und des sechsten Mai 1895 im Deutschen Reichstage die politische Gefährlichkeit unumschränkter Vereinsbildungen viel zu einseitig hervorgehoben worden. Man wird dies am besten verstehen, wenn man von den Erfahrungen ausgeht, die man unter dem Namen der „Gründerzeit" zusammenzufassen pflegt. Dem

Schreiber dieser Zeilen stehen sie darum besonders lebhaft vor Augen, weil er gerade damals bei dem Berliner Handelsrichter praktisch beschäftigt war und sich der Klagen erinnert, die die Opfer unerhörter Ausbeutungen dort, allerdings an einem dazu völlig ungeeigneten Orte, vorzubringen pflegten. Es giebt keine raffinirtere Ausbeutungsmaschine, als es der rechtsfähige Verein ist. Nicht nur vermag die Mehrheit der Minderheit das Fell über die Ohren zu ziehen, sondern es ist nicht allzu schwer, die Bestände dieser künstlichen Rechtsträger in die Taschen von Privatpersonen hinüberzuspielen und den Vereinsgläubigern nur die leere Vereinskasse übrig zu lassen. Wo es gilt, Credit zu erwerben, da strömen einer solchen Kasse nur allzu reiche Hilfsmittel aus dem Vermögen der Vereinsmitglieder zu, wenn es aber zu dem Bezahlen von Schulden kommt, dann sind sie plötzlich versiegt. Wie wenig Treu und Glauben dazu genügen, dem zu steuern, das hat eben gerade die Gründerzeit so klar zu Tage treten lassen, daß es eine starke Zumutung für die Gesetzgeber sein würde, noch einmal auf diese morsche Brücke zu treten. Die unumschränkte Gewährung der Vereinsrechtsfähigkeit würde einfach eine Wiederholung jenes traurigen Zeitabschnittes bedeuten, der nicht bloß an körperlichen Gütern, sondern auch an gegenseitigem Vertrauen im Innern des Vaterlandes und an dem Einflusse der deutschen Handelswelt nach außen wahre Molochsopfer verschlungen hat.

Nach einer anderen, minder wichtigen, aber doch nicht gleichgültigen Seite hin ist die freie Gewährung der Rechtsfähigkeit an alle Vereine sehr bedenklich (vgl. hierzu Stobbe, Handbuch des deutschen Privatrechts I § 52 3. Aufl. S. 466; Rump a. a. O. S. 8 ff.). Nicht bloß die Gelehrten streiten sich über die Grenzscheide zwischen dem für sich abgesonderten Vereinsvermögen und dem bloßen Gesellschaftsvertrage mit gemeinsamer Kasse. Zahllose Verbindungen schwanken zwischen beiden Rechtsgebilden in einer Unklarheit, die sich in den Köpfen aller Betheiligten wiederfindet. Es giebt so manche Tisch- und Reisegesellschaft mit gemeinsamer Kasse, deren Glieder sich noch niemals den Kopf darüber zerbrochen haben, nach welchen Rechtsgrundsätzen ihr Verband beurteilt werden soll. Insbesondere hebt Hölder (Archiv. f. civ. Praxis Bd. 80. S. 16) mit Recht hervor, daß in dem bloßen Wechsel der Vereinsmitglieder noch kein Kennzeichen der Selbständigkeit des Vereinsvermögens liegt. Macht man daher die Rechtsfähigkeit der Vereinigungen von dem Parteiwillen abhängig, so baut man auf Sand oder richtiger auf etwas, was überhaupt nicht da ist und vom richterlichen Belieben schließlich nur in ganz willkürlicher Weise ergänzt werden kann. Bis dahin besteht Rechtsdunkelheit, nicht bloß unter den Verbindungsgenossen, sondern auch gegenüber allen redlichen oder unredlichen Dritten, die sich mit ihnen in gemeinsamen Angelegenheiten auf geschäftliche Verbindungen eingelassen haben.

Mit der Freiheit der Bildung rechtsfähiger Vereine war also schlechterdings nichts anzufangen.

Darum suchten die Verfasser des Entwurfs, um das Concessionssystem zu vermeiden, einen Mittelweg zwischen ihm und der schrankenlosen Zulassung der Vereine mit Rechtsfähigkeit.

Es ist dies das sog. System der Normativbestimmungen. Sein Grundgedanke ist: Nicht alle Vereine dürfen rechtsfähig werden. Die Bedingungen der Rechtsfähigkeit soll aber nicht die Obrigkeit bestimmen, sondern das Gesetz, und nur da, wo dies nicht helfen kann oder die Betheiligten seinen Schutz verschmähen, soll die Obrigkeit eintreten (subsidiäres Concessionssystem). Diese subsidiären Verleihungsrechte der Obrigkeit sind von Hölder (Archiv f. civ. Praxis Bd. 80, S. 19) mißbilligt worden, aber wohl ohne genügenden Grund, da die Erfahrung lehrt, daß die Regierungen nicht dazu neigen, in der Verleihung der juristischen Persönlichkeit zu weit zu gehen.

Die gesetzlichen Bedingungen der rechtsfähigen Vereine sind aber theils Bedingungen der Entstehung, theils Bedingungen der Fortdauer. In einer anderen Richtung zerfallen sie in 1. solche gesetzliche Sonderbestimmungen für gewisse Vereine, die neben dem neuen bürgerlichen Gesetzbuche stehen sollen und 2. die gesetzlichen Bestimmungen des bürgerlichen Gesetzbuchs über die Entstehung und die Fortdauer rechtsfähiger Vereine. Diese letzteren sollen natürlich nur in zweiter Linie gelten, sonst würden sie die Umgehung der vorher genannten Sonderbestimmungen ermöglichen und diese Vorschriften entkräften. Zu den Sonderbestimmungen gehört vornehmlich die Fülle der reichsrechtlichen Vorschriften über Actiengesellschaften, Erwerbs- und Wirthschaftsgenossenschaften und andere Verbände wirthschaftlicher Art, denen ähnliche particularrechtliche Erscheinungen zur Seite stehen (Näheres siehe bei Rump a. a. O. S. 10ff.). Das Gebiet dieser wirthschaftlichen Verbände soll unangetastet bleiben und neben sie sollen die gesetzlich geregelten Vereine des neuen Gesetzbuches treten. Sie heißen „eingetragene Vereine“, weil die Eintragung eine ihrer Vorbedingungen bilden soll. (Das bayerische Gesetz spricht statt dessen von „anerkannten Vereinen“, das sächsische von „Genossenschaften“, Rump a. a. O. S. 15.) Neben diesen beiden Gruppen wird es dann noch die besonders concessionirten Vereine geben (§ 23, 2).

Für alle drei Vereinsarten sind gewisse gemeinsame Vorschriften aufgestellt (§ 23—48), denen sich das besondere Recht der eingetragenen Vereine (§ 49—69) anschließt.

Die allgemeinen Vereinsregeln hängen aber mit den Vorschriften über eingetragene Vereine in ihren Grundgedanken so eng zusammen, daß es unmöglich ist, in der Beurtheilung ihres Werthes beide Gruppen zu trennen.

Das in seinen Grundzügen völlig eigenartige Vereinsrecht des Entwurfes kennzeichnet sich durch drei Hauptgedanken.

1. Eintragungszwang für alle rechtsfähigen Vereine, die nicht auf besondere Vorschriften oder besondere obrigkeitliche Zulassung gegründet sind.

2. Ueberweisung aller wirthschaftlichen Verbände aus dem Rechte des bürgerlichen Gesetzbuches in das Gebiet der Sondergesetze.

3. Einführung eines Ersatzes für das abgelehnte Concessionssystem bei den politischen und den religiösen Vereinen.

Von diesen drei Grundsätzen ist der unbedenklichste die Einführung des Eintragungszwanges, der eine Einrichtung verallgemeinert, die sich im Rechte einzelner deutschen Staaten, im Handelsrechte und im Rechte der Erwerbs- und Wirthschaftsgenossenschaften bewährt hat. Von einem Zwange kann freilich nur in einem weiteren Sinne die Rede sein. Die Eintragung soll nicht den Vereinen aufgezwungen werden, aber sie soll eine Vorbedingung der Rechtsfähigkeit und darum insoweit nothwendig sein, als diese Fähigkeit erworben werden soll. Außerdem unterliegt der Verein, wenn er erst einmal eingetragen und dadurch rechtskräftig geworden ist, hinsichtlich einer Reihe der wichtigsten Aenderungen seiner Rechtslage einem Eintragungszwange, den das Amtsgericht durchführt (§ 68). Durch die erste Eintragung wird völlig sichergestellt, daß die Gründer eines Vereines einen selbständigen Rechtsträger schaffen wollen, also eine klar erkennbare Grenze zwischen dem Gesellschaftsvertrage und der juristischen Person in jedem einzelnen Falle gezogen. Auch nach außen hin wird ein Schutz für redliche Dritte geschaffen, der den Credit der Vereine in hohem Maße zu verstärken geeignet ist. Der Bestand des Vereines, seine Vertreter und deren Vollmachten und der Fortfall des Vereines werden allgemein erkennbar gemacht. Ueber den sog. guten Glauben der Register und ihre Zugänglichkeit ihres Inhaltes für jedermann sind daher Bestimmungen erlassen, die an bekannte ähnliche Sätze des Handelsrechts erinnern (§§ 58, 2. 60. 69) und im bayerischen sowie im sächsischen Rechte ihre Vorbilder finden (vgl. Rump a. a. O. S. 89. 97. 99. 186. 187. 188). Allerdings wird man mit gemischten Gefühlen dieser Neuerung deshalb entgegensehen, weil sie zu unseren vielen Registern, zu denen ohnehin nach dem Entwurfe ein eherechtliches hinzutreten soll (§§ 1453 ff.), noch ein ferneres für Vereine hinzufügt. Neues Schreibwerk und neue Formenstrenge werden damit verbunden sein. Hoffentlich wird jedoch nicht übersehen werden, daß jeder derartigen Vermehrung der richterlichen Arbeitslast auch eine Vermehrung der Arbeitskräfte entsprechen soll und daß man in den Eintragungsgebühren einen Ersatz oder doch wenigstens einen Beitrag zu dem Ersatze der Kosten dieser Vermehrung wird sehen müssen, falls nicht etwa die Reichsgesetzgebung den freigebigen Standpunkt des bayerischen Gesetzes einnehmen sollte, das grundsätzlich unentgeltliche Eintragungen in die Vereinsregister gewährt (Art. 36 des bayer. Gesetzes v. 29. April 1869, Rump a. a. O. S. 156). So kann denn das neue Register als eine angemessene Fortbildung unseres registerfreudigen Rechtes begrüßt werden.

Die Eintragungsförmlichkeiten sind auf Grund der Erfahrungen des Handelsrechtes und in Anlehnung an das bayerische und das sächsische Recht in einer Art geregelt (§§ 49—69), gegen die sich nichts einwenden läßt, so weit sich derartige Formvorschriften überhaupt schon vor ihrer Anwendung beurtheilen lassen. Eine gewisse Stilwidrigkeit liegt allerdings darin, daß hier Kleinigkeiten, wie die Fassung der Anträge, die ihnen beizufügenden Abschriften und dergl. in den Entwurf aufgenommen sind, während er sonst derartige Durchführungsregeln für das bürgerliche Recht möglichst besonderen Gesetzen überläßt, z. B. die Grundbuchordnung aus dem Grundstücksrechte ausscheidet, auch das Todeserklärungsverfahren in der zweiten Lesung aus dem Texte des Gesetzbuches hinausverweist. Für ein besonderes Gesetz würden freilich die Eintragungen in das Vereinsregister nicht genug Stoff abgeben, doch ließe sich im Einführungsgesetze für sie ein passendes Plätzchen finden.

Diese Frage nach der Stellung der Eintragungsregeln innerhalb der neuen Gesetze gehört aber zu den Einzelheiten, deren Begutachtung unter dem Niveau der Erwägungen des Deutschen Juristentages liegt. Um so wichtiger ist die Beurtheilung der gesetzlichen Erfordernisse der Eintragungen. Auch hier ist das Meiste von geringerer Bedeutung. Dies gilt jedoch nicht von einem Hauptpunkte, der so wichtig ist, daß ohne Zweifel manche um seinetwillen nicht bloß das Vereinsrecht des Entwurfs, sondern überhaupt den ganzen Entwurf abzulehnen geneigt sein werden, wenn er nicht in dieser Hinsicht eine Aenderung erfährt. Ihn zu prüfen, liegt niemandem in höherem Maße ob, als dem, der das große Gesetzgebungswerk davor schützen will, daß es noch im Hafen scheitere.

Es ist dies die Sonderstellung, die einerseits den wirthschaftlichen und andererseits den politischen oder religiösen Vereinen zugewiesen ist.

Die wirthschaftlichen Verbände sollen von dem gemeinen Rechte der eingetragenen Vereine ausgeschlossen sein. So bestimmt § 23: „Vereine zu gemeinnützigen, wohlthätigen, geselligen, wissenschaftlichen, künstlerischen oder anderen nicht auf einen wirthschaftlichen Geschäftsbetrieb gerichteten Zwecken" — zweifelhaft ist, ob bei dieser verneinenden Begiffsbestimmung die angeführten Beispiele überhaupt nöthig waren — „erlangen Rechtsfähigkeit durch Eintragung in das Vereinsregister des zuständigen Amtsgerichts oder durch staatliche Verleihung."

Dieser Satz erscheint zunächst befremdlich. Man sollte meinen, daß eine Privatrechtsordnung sich vor Allem der wirthschaftlichen Verbände annehmen muß (vgl. Motive Bd. I S. 89 und dazu Hölder, Archiv f. civ. Praxis Bd. 80 S. 18). Und in Wahrheit sollen ja auch diese Verbände nicht schutzlos bleiben, sondern vielmehr wegen ihrer Wichtigkeit und ihrer Gefährlichkeit einen ganz besonderen Schutz erhalten, den Schutz durch besondere reichsgesetzliche oder landesrechtliche Vorschriften. So wird z. B., wie schon erwähnt wurde, das Recht der Actiengesellschaften, der Erwerbs- und Wirthschaftsgenossenschaften u. s. w. neben dem Entwurfe in Kraft bleiben. Die Verfasser des Entwurfes konnten diesen Bestimmungen gegenüber nur einen doppelten Weg einschlagen. Entweder mußten sie das gesammte Recht aller wirthschaftlichen Verbände in das Gesetzbuch aufnehmen oder sie mußten eine scharfe Grenzlinie ziehen zwischen dem Gebiete des Vereinsrechtes, das außerhalb des Entwurfes stehen und den Sonderbestimmungen überlassen werden sollte, und dem Gebiete des Entwurfes. Unmöglich konnten sie den anderweitig geregelten Verbänden, z. B. den Actiengesellschaften, ein doppeltes Recht zur Auswahl überlassen, einmal das Sonderrecht der Actiengesetzgebung und zweitens daneben das gemeine Vereinsrecht des neuen Gesetzbuches. Sonst würde allen Gründern von Actiengesellschaften die Möglichkeit gegeben werden, die besonderen Sicherheitsvorschriften, mit denen die Erzeugung dieser Rechtsgebilde umgeben ist, einfach zu umgehen, indem sie den Actiengesellschaftszweck (z. B. den Betrieb einer Fabrik) durch Herstellung eines gewöhnlichen eingetragenen Vereins nach Maßgabe des neuen Gesetzbuches würden erreichen können. Die gesammte Sondergesetzgebung über gewisse Vereinsarten würde dann mit einem Schlage durch das Gesetzbuch praktisch entwerthet werden, obwohl es ihren Fortbestand ausdrücklich anordnet. Da nun alle die Vereine, denen ein Sonderrecht gewidmet ist, das noch weiterhin als solches gelten soll, einen wirthschaftlichen Charakter tragen, so war der Gedanke, alle wirthschaftlichen Vereine sammt und sonders aus dem gemeinen Rechte der eingetragenen Vereine auszuschließen, gewiß genial, wenn auch keine Schöpfung der Verfasser des Entwurfes (er ist wohl auf Schulze-Delitsch zurückzuführen, vgl. Rump a. a. O. S. 17).

Allein das Lob der Genialität ist auf dem Rechtsgebiete nur allzu oft ein zweifelhaftes. Was man dort an Eigenartigkeit und Kühnheit der Gedanken gewinnt, das verliert man nur allzu leicht an der Genauigkeit und der Schärfe des Ausdrucks, welche für die Rechtssicherheit unerläßlich sind. Das Wort „wirthschaftlich" ist neuerdings ein sehr beliebtes, aber der Begriff, der bei ihm steht, schillert in unbestimmten Farben. Wollte man sich an den Wortlaut des Gesetzes halten, so würde seine Aussonderung der wirthschaftlichen Vereine aus dem Kreise der anderen Verbände undenkbar und darum undurchführbar sein. Vermögensverwaltung und Wirthschaft sind identische Begriffe. Man kann nicht ein Vermögen erhalten und vermehren, ohne dabei zu wirthschaften. Rechtsfähigkeit ohne Wirthschaftsbefugniß ist ein Widerspruch in sich selbst.

Eine so werthlose Gabe wollte freilich der Entwurf seinen eingetragenen Vereinen nicht zuwenden. Bei den „auf einen wirthschaftlichen Geschäftsbetrieb gerichteten Zwecken", die einem Vereine die Eintragungsfähigkeit rauben sollen, ist offenbar nicht an die Arbeit für die Vereinskasse gedacht, sondern an die Arbeit für den besonderen Vermögensstand der Mitglieder. Nur solche Vereine sollten getroffen werden, die der Vermögenslage der Genossen unter die Arme greifen wollen, „die für die einzelnen Mitglieder wirthschaftenden Vereine". Das hätte nun aber von Rechts wegen im Gesetzestexte stehen sollen. Allein selbst wenn es dort stände, so würde sich eine neue Schwierigkeit ergeben. Auch Vereine, die „idealen" Tendenzen zu dienen bestimmt sind, lassen allerhand Nebenvortheile von Geldeswerth in die Taschen ihrer Anhänger fließen. (Der Ausdruck „ideale Tendenz" findet sich bei Reatz a. a. O. S. 21; Rump a. a. O. S. 36 Anm. spricht von „ethischen Gesellschaften"; das ist aber ein Name, der für einen Ruder- oder Kegelklub etwas hochtrabend ist.) Gerade durch die Gewährung wirthschaftlicher Vortheile werden oft Bestrebungen nichtwirthschaftlicher Art auf das Beste gefördert. Der Alpenverein erleichtert das Reisebudget seiner Mitglieder bei ihren Ausflügen in das Hochgebirge, der Wagner-Verein verschafft einen billigen oder unentgeltlichen Zutritt zu den Baireuther Festspielen, Künstlergenossenschaften, die artistischen Bestrebungen dienen, erleichtern nebenbei ihren Angehörigen den Absatz von Gemälden, aus geselligen Verbänden erwachsen oft Geschäftsfreundschaften, allerhand Casinos, die lediglich irgend eine Kameradschaft pflegen wollen, nähern sich durch preiswürdige Lieferungen an die Betheiligten den Consumvereinen und dergl. mehr. In der rauhen Wirklichkeit verschlingt sich der ideale Vortheil mit dem materiellen in eigenthümlicher Weise und mancher Glücksjäger weiß seinen wirthschaftlichen Bestrebungen eines jener idealen Mäntelchen umzuhängen, die leider so wohlfeil sind, wie Brombeeren. Welcher Verein würde sich da wohl rühmen können, von allen wirthschaftlichen Bestrebungen unberührt in einer völlig idealen Sphäre zu leben?

Nun erfahren wir allerdings, freilich nicht aus dem Gesetzestexte, wohl aber aus einer privaten Mittheilung von Reatz (a. a. O. S. 24 Anm. 1), die offenbar aus den Protokollen entnommen ist, daß die Vorschrift des § 23 nicht wörtlich genommen werden soll und es nicht so streng meint, wie man nach ihrer Fassung annehmen muß. Wirthschaftliche Nebenzwecke sollen den Vereinen die Eintragungsfähigkeit nicht rauben, nur von Hauptzwecken soll dies gelten. (Aehnliches gilt im bayerischen Rechte, vergl. Rump a. a. O. S. 4. 47; über das preußische Recht vergl. Entscheidungen des Reichsgerichts Bd. IX Nr. 23 S. 107 ff.) Daß aber die Grenze zwischen Haupt- und Nebenzwecken eine völlig unsichere ist, liegt auf der Hand. Wir alle wissen es aus eigener Erfahrung, daß es uns selbst schwer werden würde, bei unseren Handlungen, die mehrere Zwecke verfolgen, diese in zwei Klassen (Haupt- und Nebenzwecke) zu gliedern. Auch würde selbst der wirthschaftliche Nebenzweck eines Vereins dann keine Schonung verdienen, wenn bei der Gründung etwa die Absicht obwaltete, durch seine Verfolgung die Actiengesetzgebung oder eine ähnliche Vorschrift zu umgehen. Ein Kegelclub, der den Betrieb einer Oelfabrik angeblich als „Nebenzweck" ankündigt, würde keine Anerkennung verdienen; denn er umgeht die für solche wirthschaftlichen Unternehmungen bestimmten Vorschriften. Der Umgehungszweck ist es, den man treffen wollte, indem man auf den wirthschaftlichen Hauptzweck hinzielte und vom wirthschaftlichen Zwecke schlechtweg sprach.

Sehr viel richtiger drückt diesen Gedanken § 1 des sächsischen Gesetzes vom 15. Juni 1868 aus (Rump S. 177).

Nun könnte man sich vielleicht mit der Hoffnung trösten, daß eine einsichtige Praxis diesen Gedanken ohne Weiteres aus dem mangelhaften Texte herauslesen und daß dann schließlich doch der Richter nur diejenigen

Vereine von dem Rechte auf Eintragung ausschließen werde, bei denen es nach dem Vorstehenden sachlich gerechtfertigt und nöthig ist. (So ist wenigstens auf dem Gebiete des preußischen Rechtes vom Reichsgerichte verfahren worden. Entscheidungen Bd. IX Nr. 23 S. 107.) Damit würde man sich vielleicht dann zufrieden geben können, wenn der Entwurf eben nur einfach dem Richter das Recht gäbe, Vereine mit wirthschaftlichen (es sollte heißen mit Gesetzesumgehungs-) Zwecken von der Eintragung auszuschließen. Nun soll aber die Verfolgung wirthschaftlicher Zwecke noch weitere überaus bedenkliche Folgen haben. Hierüber spricht der § 40, eine der wichtigsten Neuerungen des Entwurfs, der wegen seiner voraussichtlich gewaltigen Folgen für das Volksleben und die Volksstimmung gar nicht scharf genug in den Vordergrund der Betrachtung gerückt werden kann. Die überaus bedenkliche Vorschrift lautet, insoweit sie hier in Betracht kommt:

> Absatz 2. Ein Verein, dessen Zweck nach dem Statute nicht auf einen wirthschaftlichen Geschäftsbetrieb gerichtet ist, kann aufgelöst werden, wenn er einen solchen Zweck verfolgt.
>
> Absatz 4: Das Verfahren und die Zuständigkeit der Behörden richten sich nach den für streitige Verwaltungssachen landesgesetzlich geltenden Vorschriften. Wo ein Verwaltungsstreitverfahren nicht besteht, finden die Vorschriften der §§ 20, 21 der Gewerbeordnung mit der Maßgabe Anwendung, daß die Entscheidung in erster Instanz durch die höhere Verwaltungsbehörde erfolgt, in deren Bezirke der Verein seinen Sitz hat.

Hierzu ist zu beachten, daß nach § 41 das Vermögen des Vereins (abgesehen von zwei Ausnahmen) dem Fiskus zufällt.

Es wird also hier die Strafe der Vermögensconfiscation für Vereinskassen ausgesprochen in dem Falle, daß bei einem Vereine eine nicht statutengemäße wirthschaftliche Geschäftsführung stattfindet. Wenn man bedenkt, daß es unmöglich ist, alle Geschäfte eines Vereines in den Statuten festzulegen, so wird man begreifen, welche ungeheuere Gefahr damit für das Vermögen der Vereine und der Vereinsgenossen heraufbeschworen wird. Dabei soll aber die Frage, ob diese neue schwere Geldstrafe verwirkt ist, obwohl sie durchaus dem Privatrechte angehört, dem Richter entzogen und den Verwaltungsbehörden überlassen werden. (Anders das sächsische Recht in der ähnlichen Vorschrift des § 78 des angeführten Gesetzes, Rump a. a. O. S. 189, anders auch § 16 des preußischen Gesetzes v. 11. März 1850 G.-S. S. 277 ff.) Obwohl nun sicherlich keine Veranlassung vorliegt, dem Wohlwollen dieser Beamten zu mißtrauen, so wird es ihnen selbst kaum erwünscht sein, eine so weit gehende Verantwortlichkeit in Angelegenheiten zu erlangen, die doch offenbar mit den besonderen Zielen ihres Berufs nichts zu thun haben.

Dazu kommt, daß es den Verwaltungsbehörden schon jetzt nach den Vorschriften des öffentlichen Rechtes an scharfen Waffen gegen Ausschreitungen des Vereinswesens nicht fehlt und daß diese sogar gegen die Ueberschreitung der Vereinssatzungen ein Gegengewicht zu geben vermögen. Die Reichstags-Verhandlungen des ersten Mai 1895 (fortgesetzt am sechsten Mai) beweisen, daß die Behörden in der Beaufsichtigung des Vereinswesens keineswegs zaghaft vorgehen (Graf Hohenthal, der sächsische Bundesbevollmächtigte theilte z. B. mit, daß der Berg- und Hüttenverein und der Textilverein aufgelöst worden sind, weil sie sich mit Angelegenheiten beschäftigt hatten, die außerhalb ihrer satzungsmäßigen Bestimmungen lagen).

Die polizeilichen Rechte der Einzelstaaten gegenüber allen Ausschreitungen des Vereinswesens werden in dem Entwurfe eines Ausführungsgesetzes zum Bürgerlichen Gesetzbuche Art. 49 Abs. 1 ausdrücklich aufrecht erhalten. (Allerdings ist dieser Punkt in der zweiten Lesung noch nicht durchberathen, siehe Anm. 2 zu § 23 dieser Lesung in der Guttentag'schen Ausgabe.)

Die weitere Steigerung des obrigkeitlichen Auflösungsrechtes nach § 40 des Entwurfes soll allerdings dadurch abgeschwächt werden, daß, wie wir sahen, ihr Verfahren und ihre Zuständigkeit sich nach den Vorschriften des Landesrechtes über streitige Verwaltungssachen richten sollen. Damit wird es möglich gemacht, die Entscheidungen der Behörden (den Einspruch gegen den einzutragenden Verein oder die Auflösung des Vereines) im Wege des Verwaltungsstreitverfahrens anzufechten. Diese sicherlich wohlgemeinte Vorschrift ist schon vor ihrer Geltung in ihrem Sinne zweifelhaft geworden. Hölder (Archiv f. civ. Praxis Bd. 80, S. 21) meint, daß dem Vereine, der z. B. einen politischen Zweck offen verfolge, die Anfechtung eines Bescheides, der seiner Eintragung widerspricht, ohne Weiteres verschlossen ist, weil eben ein solcher Verein, wie noch weiter unten ausgeführt werden soll, einem unumschränkten Widerspruchsrechte der Behörde unterliegen soll. Otto Mueller dagegen (die Begriffe der Verwaltungsrechtspflege und des Verwaltungsstreitverfahrens nach preußischem Recht. Berlin 1895 S. 200) neigt (vorbehaltlich der Einsicht in die ihm nicht bekannten Protokolle) dazu, dem Verwaltungsgerichte einen freieren Spielraum zu gewähren im Einklange mit seiner Auffassung der Verwaltungsgerichtsbarkeit als einer Unterart der Verwaltung. Allein auch in dieser milderen Form liegt ein Bedürfniß zu einer Mehrung der Befugnisse unserer Regierungsbehörden gegenüber dem Vereinsrechte nicht vor. Ihre Erweiterung durch den § 40, 2 des Entwurfes ist demnach für überflüssig und unannehmbar, mag man auch dem baldigen Gelingen des Gesetzgebungswerkes jedes erträgliche Opfer zu bringen geneigt sein.

Die geplante Erschütterung des Vereinswesens ist aber nicht bloß unerträglich, sondern auch ohne rechten Zweck. Sie ist es, weil sie das Ergebniß einer durchaus wohlgemeinten, aber kurzsichtigen Politik ist. Es ist ja sicherlich ein richtiger Gedanke, daß ein Verbot eingetragener wirthschaftlicher Vereine dann würde umgangen werden können, wenn ein Verein sich zunächst als nicht wirthschaftlicher, z. B. als Musikverein eintragen ließe, um dann, wenn er erst einmal die Rechtsfähigkeit erlangt hätte, sich einem wirthschaftlichen Zwecke, z. B. dem Betriebe einer Oelfabrik zuzuwenden. Dabei ist aber nicht zu übersehen, daß solche Statutenwidrigkeiten nicht bloß aus dem Schoße des Verbandes vielfach Widerspruch erfahren würden, sondern daß für derartige Betriebe ein weitgehender und eben dadurch gefährlicher Credit nicht zu erhoffen sein wird; denn seine Geschäfte würden eben wegen ihrer Statutenwidrigkeit von zweifelhafter Gültigkeit sein. In der Regel werden daher schon diese Umstände vollkommen genügen, um dem befürchteten Uebel vorzubeugen, man braucht wirklich nicht deshalb mit dem Entwurfe die Polizei in das Privatrecht hineinzurufen. Will man aber dem Richter für solche Fälle ein Auflösungsrecht geben, so mag man es (ebenso wie das Verbot der Eintragung) lediglich für den Fall festsetzen, daß der Verein ein Sondergesetz zu umgehen sucht.

Bisher ist die angefochtene Bestimmung nur nach dem Sinne betrachtet worden, den sie wahrscheinlich haben soll. Noch viel bedenklicher ist aber ihr Wortlaut. Dem Juristen wird es wohl nicht zweifelhaft sein, daß der Entwurf bei der Auflösung der Vereine und bei der Einziehung ihres Vermögens nur an die rechtsfähigen Verbände, die sog. eingetragenen Vereine, denkt, da die anderen ja im rechtlichen Sinne kein Vermögen haben können. Allerdings steht diese Vorschrift nicht unter der Ueberschrift „Eingetragene Vereine", sondern unter den allgemeinen Bestimmungen des Vereinsrechtes. Darum wird ein Nichtjurist, der überdies im Gesetzbuche die Sprache des täglichen Lebens wiederzufinden glaubt, leicht annehmen, daß bei den genannten Zwangsmaßregeln alle Vereine gemeint sind, auch die bloß erlaubten, aber nicht rechtsfähigen (vgl. auch Hölder, Archiv f. civ. Praxis Bd. 80 S. 19). Nach dieser Ansicht würde es also den Vereinen nichts helfen, wenn sie die Eintragung vermeiden, sie würden auch ohne das in die stete Gefahr kommen, nach dem sachlich unbeschränkten Ermessen der Verwaltungsbehörden ihr Dasein und ihr Vermögen einzubüßen. Daß es den Verfassern des Entwurfs fern gelegen hat, in der Form einer Privatrechtsvorschrift eine derartige öffentlich-rechtliche und politische Neuerung einzuführen, welche das Grundrecht der Vereinsfreiheit nahezu vertilgen würde, darf man nicht bezweifeln. Um so mehr würde es aber auch in ihrem Interesse liegen, eine Vorschrift zu beseitigen, deren Wortlaut in einem so verhängnißvollen Sinne gedeutet werden kann; dies gilt um so mehr, als gerade die staatserhaltenden Parteien die nachtheiligen Folgen fürchten müssen, die ihre Gegner aus der Erbitterung des Volkes über eine derartige allgemeine Vereins-schädigung würden herleiten können.

Warum sich die Verfasser des Entwurfs zu einer so merkwürdigen Neuerung, die von keiner Seite begehrt worden war, haben hinreißen lassen, wird nur dann verständlich, wenn man ihre Schöpfung im Zusammenhange mit ihrem schon vorher gelegentlich berührten Seitenstücke betrachtet, nämlich mit der Behandlung der politischen Vereine. Es hätte nahegelegen, bei diesen Verbänden das Concessionssystem beizubehalten; denn an dem Standpunkte der deutschen Nationalversammlung vom 21. December 1848, die in Art. VIII der Grundrechte die Vereinsbildung von **keiner** vorbeugenden Maßregel abhängen lassen wollte, halten wohl nur noch Wenige fest. Statt dessen hat man nach gleichwerthigen Bestimmungen gesucht, die dies System vermeiden sollen, aber doch auf einem Umwege durchaus in das grundsätzlich verworfene Erforderniß der Staatsgenehmigung für die rechtsfähigen politischen Vereine zurücksteuern (ebenso **Rump**, a. a. O. S. 89, dessen Schrift übrigens dem Verfasser erst nach der Vollendung des Gutachtens zu Gesicht gekommen ist). Incidit in Scyllam qui vult vitare Charybdim. Nach § 55 soll bei Verbänden, die einen politischen, einen socialpolitischen oder einen religiösen Zweck verfolgen, die Verwaltungsbehörde, die bei allen Vereinen vor der Eintragung Gelegenheit zum Widerspruche erhält (§ 54) ein Einspruchsrecht gegen die Eintragung haben, nicht bloß, wenn der Verein rechtlich unerlaubt ist, sondern schlechtweg ohne Angabe von Gründen. Auf diese Weise sollen die „loyalen" Vereine stillschweigend genehmigt werden, die gemeinschädlichen aber im Keime erstickt werden können. (Die Formen des Verfahrens entsprechen dem § 40,4.) Für religiöse Verbände wird wohl nach den bei dem Einführungsgesetze zu fassenden Beschlüssen das noch strengere Landesrecht aufrecht erhalten bleiben (vgl. Anm. 2 II, 2 zu § 23 des Entwurfs in der Guttentag'schen Ausgabe 1894).

Statt der Genehmigung steht hier also ein Nichtverbot, das ihr gleicht wie ein Ei dem anderen, aus demselben Grunde, aus dem eine doppelte Verneinung eine Bejahung ist. Qui tacet consentire videtur, dieser nicht unbedenkliche Satz paßt wenigstens hierher. Es ist nur nicht recht klar, warum der Umweg gewählt und nicht lieber einfach für die politischen Vereine die Genehmigung der Verwaltungsbehörde als Eintragungserforderniß hingestellt ist, wie dies im § 72 des mehrfach erwähnten sächsischen Gesetzes (Rump, a. a. O. S. 188) geschieht. Es sieht beinahe so aus, als ob die Verfasser des Entwurfes sich über den Sinn ihrer Vorschrift selbst getäuscht und sich nur als unbewußte Anhänger des von ihnen verworfenen Concessionssystems gezeigt haben. Um den Unterschied zwischen Genehmigung und Nichtwiderspruch wird ein verständiger Mensch freilich keinen Streit führen wollen. Nun ist aber auch hier, wie bei den wirthschaftlichen Verbänden, das Eintragungserforderniß durch ein Auflösungsgebot ergänzt worden, das die größten Bedenken erweckt. Der schon oben angefochtene § 40 enthält folgenden dritten Abschnitt:

> „Ein Verein, welcher nach dem Statut einen politischen, socialpolitischen oder religiösen Zweck nicht hat, kann aufgelöst werden, wenn er einen solchen Zweck verfolgt" (ebenso nach § 78,1 des sächsischen Gesetzes vom 15. Juni 1868 die juristischen Personen betreffend, wenn er seine Wirksamkeit ohne die erforderliche Genehmigung auf öffentliche Zwecke richtet).

Auch hier ist im folgenden Abschnitte des § 40 des Entwurfes die Auflösungsbefugniß (anders als in dem sächsischen Rechte) dem Richter entzogen und den Verwaltungsbehörden zugetheilt. Diese Vorschrift macht so, wie sie im Entwurfe steht, die Mehrzahl der Vereine, und zwar gerade die harmlosere, nämlich die unpolitischen, völlig vogelfrei. Der Begriff des politischen Zweckes ist zwar vollkommen klar, wenn es sich um bestimmte Statuten handelt. Er ist völlig unbestimmt und unbestimmbar, wenn dadurch eine Vereinsverwaltung in ihren einzelnen Acten gekennzeichnet werden soll. Politik und Religion durchdringen so sehr das menschliche Leben, daß es nicht allzu schwer ist, in den meisten Handlungen eines Einzelmenschen, wie eines Vereinsvertreters irgend eine politische oder religiöse Seite herauszuspüren. Das ist, wie Hölder (Archiv f. civ. Praxis, Bd. 80 S. 21 ff.) bemerkt, um so mehr der Fall, als die socialpolitischen Ziele den politischen im Gesetze ausdrücklich gleichgestellt sind. Da nun dem unpolitischen Vereine die Todesstrafe droht, wenn er einen politischen Zweck verfolgt, so werden alle derartigen Verbände zu völlig prekären, von der Gnade der Obrigkeit abhängigen Gebilden. Daß ein solches Vereinsrecht eine Verschlechterung des gegenwärtigen Rechtszustandes sein würde, liegt auf der Hand. Der gleiche Vorwurf trifft das sächsische Vorbild nicht in demselben Maße, weil dessen Wortlaut durch die Worte „ohne die erforderliche Genehmigung" keinen Zweifel darüber läßt, daß nur absichtliche Gesetzesumgehungen getroffen werden sollen. Anders der Entwurf. Sehr merkwürdig ist, daß man dabei gerade die gefährlicheren Vereine, die politischen und religiösen, weit günstiger behandelt, als alle übrigen. Wenn sie erst einmal die Klippe des unterbliebenen obrigkeitlichen Einspruches umschifft haben, dann sollen sie weit freier dastehen, als ihre unpolitischen Schicksalsgenossen. Dagegen, daß sie eine Schwenkung aus ihrer obrigkeitlich gebilligten „loyalen" Tendenz in das Gebiet der Gemeingefährlichkeit hinein machen, wird kein Schutz gewährt. Im Geiste des § 40 hätte noch ein fernerer Absatz etwa folgenden Inhalts niedergeschrieben werden können: „Ein eingetragener Verein, der seine bisherige politische, socialpolitische oder religiöse Haltung ändert, kann aufgelöst werden." Ohne das wird es nämlich den mißbilligten politischen Vereinen nicht allzu schwer werden, unter der Maske einer wohlgefälligen politischen Bestrebung in das Register hineinzuschlüpfen, um dann ihr wahres Gesicht zu zeigen. So weit hat man aber offenbar nicht gehen wollen. Hätte man es gethan, so wäre das Gebäude der dauernden polizeilichen Aufsicht über die Vereinsverwaltungen oder mit anderen Worten, die Aufhebung des Grundrechts der Vereinsfreiheit völlig gekrönt worden und klar zu Tage getreten.

Daß der Staat den politischen Ausschreitungen der Vereine entgegentreten muß, sollte Niemand bestreiten. Dies muß aber auf dem Wege des Strafrechts und des Verwaltungsrechtes geschehen. Durch Confiscation des Vereinsvermögens in dieser Richtung zu wirken, entspricht nicht den Zielen der neueren Entwickelung; es erinnert an die byzantinische Zeit, in der man vielfach, z. B. gegenüber Apostaten und Ketzern durch Privatrechtsvorschriften Strafrechtszwecke anzustreben pflegte.

Das Endergebniß ist also:

1. § 40 Abs. 2 u. 3 sind unter allen Umständen zu streichen.
2. Der Grundgedanke der §§ 23 und 55 ist in eine einfachere Form zu kleiden.

Statt ihrer empfiehlt sich eine einzige Vorschrift, die an die Stelle des § 23 Abs. 1 würde treten müssen:

„Alle Vereine, welche nicht nach ihren Statuten einen verbotenen, einen religiösen oder einen politischen Zweck verfolgen, auch nicht die für besondere Vereinsarten bestehenden Vorschriften zu umgehen suchen, erlangen Rechtsfähigkeit durch Eintragung in das Vereinsregister des zuständigen Amtsgerichtes oder durch staatliche Verleihung."

Dies entspricht, wenn auch nicht dem Wortlaute, so doch dem Sinne des § 1 des sächsischen Gesetzes, die juristischen Personen betreffend vom 15. Juni 1868. Wollte man dann auch noch den §§ 78 und 79 desselben Gesetzes Rechnung tragen, so würde hinzuzufügen sein:

„Der Richter kann jeden eingetragenen Verein auflösen, wenn sein Geschäftsbetrieb eine Umgehung der für die Entstehung gewisser Vereine geltenden Sonderbestimmungen anstrebt. Zum Antrage auf einen solchen Beschlusse ist jeder Betheiligte und die Verwaltungsbehörde berechtigt."

Wenn auch dies noch nicht für die Controle des Vereinswesens zu genügen scheint, so kann allenfalls eine Verallgemeinerung des § 143 des Reichsgesetzes betreffend die Erwerbs- und Wirthschaftsgenossenschaften vom 1. Mai 1889 in Frage kommen. Er lautet:

„Mitglieder des Vorstandes werden mit Geldstrafe bis zu 600 Mk. bestraft, wenn ihre Handlungen auf andere als die im § 1 erwähnten geschäftlichen Zwecke gerichtet sind oder wenn sie in der Generalversammlung die Erörterung von Anträgen gestatten oder nicht hindern, welche auf öffentliche Angelegenheiten gerichtet sind, deren Erörterung unter die Gesetze über das Versammlungs- und Vereinsrecht fällt."

Sollten die vorgeschlagenen Abänderungen des Entwurfes nicht zu erlangen sein, so würde sich für das Vereinsrecht in zweiter Linie die erste Lesung des Entwurfes empfehlen, erst in dritter die Annahme des Concessionssystems für alle rechtsfähigen Vereine. Eine unveränderte Annahme des Entwurfes in der zweiten Lesung in den angefochtenen Punkten halte ich für gänzlich ausgeschlossen. Jeder andere Weg ist dem vorzuziehen.

Bisher war nur von den Grundgedanken des Vereinsrechtes die Rede. Aber auch seine Einzelheiten verdienen Beachtung. Für sie läßt sich aus den mannigfachen Erscheinungen des Genossenschaftswesens ein sehr reiches Material zusammentragen, das den Inhalt des Entwurfs zu beleuchten vermag. Verbesserungen kann man natürlich ebenso bei diesem, wie bei jedem anderen Gesetzgebungsplane anbringen, da die Rechtsschöpfungen ihrer Natur nach einer unendlichen Vervollkommnung fähig sind. Obwohl nun gerade der Juristentag aus seiner Mitte heraus in dieser Richtung viel Vortreffliches würde leisten können, so empfiehlt es sich doch für ihn aus mehreren Gründen, diese dankenswerthe Arbeit zu vermeiden.

Zunächst würde eine derartige Erörterung mehr Zeit beanspruchen, als voraussichtlich zu Gebote steht. Zweitens ist es nicht angemessen, noch jetzt dem großen Gesetzgebungswerke durch Aufwühlung von Fragen dritten und vierten Ranges Schwierigkeiten zu bereiten. Endlich, und das ist die Hauptsache, würde der hohe Juristentag das gewichtige Wort, das er gegen die drohende Gefährdung unseres Vereinslebens in die Wagschale werfen muß, abschwächen, wenn er diesem gemeinverständlichen Ausspruche allerhand technische Kleinigkeiten anhängen wollte, deren Bedeutung nur den Sachverständigen einleuchten kann.

Um jedoch nicht dem naheliegenden Vorwurfe der Ungründlichkeit anheimzufallen, will dies Gutachten im Folgenden wenigstens die Hauptfragen berühren, zu denen die Einzelnheiten des Vereinsrechtes, wie es im Entwurfe vor uns liegt, anregen.

Dahin gehört die Vorschrift des § 51, der den Vereinen die Annahme des Namens anderer eingetragener Vereine desselben Ortes verwehrt, sie aber in der Annahme anderer Namen (aber auch der Namen einzelner Menschen) nicht beschränkt. Dahin gehört ferner der Satz, daß ein Verein mindestens sieben Mitglieder haben muß (§ 50), wenn er sich eintragen lassen will. Die Zahl ist wohl etwas hoch gegriffen, aber nicht ohne gesetzliches Vorbild (vgl. Reatz, a. a. O. S. 34 Anm. 2 und gegen den Entwurf Hölder, Archiv f. civ. Pr., Bd. 80 S. 20).

Ein Gegenstück dazu ist das Gebot, daß der Richter dann, wenn die Mitgliederzahl eines Vereins unter drei herabsinkt, nicht bloß auf Antrag, sondern sogar von Amts wegen den glimmenden Docht auslöschen soll (§ 63). Bisher konnte ein Einziger das nomen universitatis aufrecht erhalten, und es ist wohl zu befürchten, daß es auch in Zukunft nicht an Strohmännern fehlen wird, die für Geld und gute Worte einen unter die Dreizahl hinabgesunkenen Verband im Nothfalle über Wasser halten werden. Es drängt sich daher die Frage auf, ob es nicht besser wäre, auf die harte und doch nicht streng durchführbare Neuerung des Entwurfes zu verzichten.

Daß der Vorstand eingetragen werden soll (§§ 56, 2. 59), hängt mit einer Vorschrift zusammen, nach der jeder Verein einen Vorstand haben muß (§ 25). Ein Aufsichtsrath wird vom Gesetzbuche nicht verlangt, ein solcher würde auch die Verwaltung der minder vermögenden Vereine viel zu sehr erschweren.

Nach Reatz (a. a. O. S. 25 Anm. 2) können sämmtliche Mitglieder den Vorstand bilden, was durch den Wortlaut des Gesetzes keineswegs außer Zweifel gesetzt ist. Sollte diese Ansicht die herrschende werden, so werden in einem solchen Falle alle Mitglieder des Vereins ihrem Namen nach eingetragen werden müssen, während sonst das Verzeichniß der Vereinsmitglieder dem Gerichte nur auf dessen besonderen Wunsch mitzutheilen ist (§ 62, vgl. dagegen Rump, a. a. O. S. 124). Strengere Vorschriften enthalten in dieser Hinsicht das mehrfach genannte bayerische Gesetz Art. 18 (Rump S. 124) und § 31 des Reichgesetzes betr. die Erwerbs- und Wirthschaftsgenossenschaften vom 1. Mai 1889. Für das ganze große Vereinsgebiet waren sie nicht geeignet. Die Eintragung des Vorstandes dient dazu, die Vertretungsvollmacht der Vorstandsmitglieder klarzustellen. Im gleichen Sinne ist auch noch in anderer Weise für Dritte gesorgt, welche mit einem Vereinsvertreter verhandeln müssen, ohne einen solchen finden zu können. Hier darf der Amtsrichter bei Gefahr im Verzuge die fehlende Vertretung ergänzen (§ 28, eine Verallgemeinerung der ersten Lesung § 44, 6 und eine Nachbildung des § 55 der Reichscivilproceßordnung).

Die Eintragung gewinnt eine besondere Bedeutung dadurch, daß (abweichend vom römischen Rechte) der Entwurf die Vereinskasse für den Schaden haften läßt, „welchen der Vorstand, ein Mitglied desselben oder ein sonst verfassungsmäßig berufener Vertreter durch eine in Ausführung der ihm zukommenden Verrichtungen begangene, zum Schadensersatze verpflichtende Handlung einem Dritten zufügt" (§ 30). Es ist dabei allerdings nicht lediglich (Reatz, S. 27 Anm. 1), aber doch vornehmlich an gewisse Delicte der Vereinsvertreter gedacht. Man will die Kasse, für die sie arbeiten, nicht vor den Folgen solcher Handlungen schützen, die bei dem Betriebe der natürlichen Personen von dem Betriebsinhaber getragen werden müssen, offenbar um bei dem Wettbewerbe der Vereine mit den Einzelnen Sonne und Wind in gleicher Weise zu vertheilen. Es ist dabei vornehmlich an die Vernachlässigung der Pflichten der Vereinsvertreter und an eine Verwendung der aus ihrem Vertretungsrechte hervorgehenden thatsächlichen Gewalt gedacht. Der Wortlaut des Gesetzes deckt seinen Sinn nicht; denn die unerlaubten Handlungen der Vertreter, von denen doch dort vorzugsweise die Rede sein soll, gehören niemals zu den ihnen „zukommenden Verrichtungen" (unrichtig auch Rump, a. a. O. S. 107. 9, 3). Die Praxis wird freilich den Sinn der in sich widerspruchsvollen Vorschrift selbst dann zu finden wissen, wenn sich die Redactionscommission nicht dazu entschließen sollte, ihre ungenaue Fassung zu berichtigen.

Daß über die Form, in der der Vorstand seine Erklärungen abzugeben und seine Vollmacht nachzuweisen hat, nichts bestimmt ist, hat mit Recht Beifall gefunden (Rump, a. a. O. S. 117. 120).

Statutenänderungen müssen eingetragen werden (§ 61). Rump (a. a. O. S. 94) tadelt dies als zu streng, aber wohl mit Unrecht. Der Aenderungsbeschluß ist dem Richter vorzulegen. Auffallend ist, daß nicht auch dabei eine Angabe darüber verlangt wird, wie groß die zustimmende Mehrheit war; denn drei Viertheile der erschienenen Mitglieder müssen hinter jedem Beschlusse stehen, der die Statuten ändert (§ 32). Außerdem ist bestimmt: „Zur Anwendung des Zweckes des Vereins ist die Zustimmung aller Mitglieder erforderlich; die Zustimmung der nicht erschienenen muß schriftlich erfolgen." Dies ist durchaus zu billigen; denn eine Aenderung des Vereinszwecks bedeutet so viel, wie eine Vereinsauflösung, verbunden mit der Gründung eines neuen Verbandes. Allerdings braucht — und das ist nicht folgerichtig — nur eine geringere Zahl der Auflösung zuzustimmen als der Abänderung des Vereinszweckes (§ 38). Eine Mehrheit von drei Viertheilen darf den Verein auflösen, also das überstimmte Viertheil um seine Mitgliederrechte und um den Anspruch auf den Fortbestand der bisherigen Vereinskasse bringen. Es ist dies nicht unbedenklich, da ein Auflösungsbeschluß eigentlich kein Verwaltungsact, sondern eine Art von Desertion enthält. Solange sich noch ein Genosse fand, der die Fahne des Ganzen hochhielt, wurde ihm dies vom römischen Rechte nicht verwehrt (ebenso das sächsische Gesetz die juristischen Personen betreffend vom 15. Juni 1868, § 29, Rump, a. a. O. S. 185). Nun ist es freilich nicht ganz gleichgültig, wer die Fahne hochhält, unter der man früher selbst gestanden hat. So ist es vielleicht verständlich, daß eine Mehrheit der Minderheit die Vereinskasse nehmen will (vgl. § 41, 3), wenn sie sie natürlich auch nicht daran hindern kann, an der Stelle des aufgelösten Vereins einen neuen mit demselben Namen zu gründen. Wenn man aber bedenkt, daß die kleinere Gruppe nicht immer die schlechtere ist, so sollte man diese neue Form der erleichterten Selbstauflösung von Vereinen nur unter der Bedingung zulassen, daß die Minderheit ein Recht erhält, sie vor Gericht anzufechten. Dieser Wunsch liegt um so näher, als der Entwurf sonst mehrfach Schutz gewährt gegen die Vergewaltigung der Minderheiten (vgl. § 31, Abs. 1 Satz 2; § 33. 34. 35. 36, Abs. 1. 37).

Daß der Concurs den Verein zerstört (§ 39) und von Amts wegen eingetragen werden muß (§ 65), rechtfertigt sich durchaus; denn er ist ein handgreiflicher Beweis für die Lebensunfähigkeit des Verbandes.

Die Nothwendigkeit der Eintragung von Liquidatoren (§ 66), deren Befugnisse nach dem Vorbilde des Handelsrechtes in eingehender Weise geregelt sind (§§ 43ff.), rechtfertigt sich aus denselben Gründen, die für die Eintragung des Vorstandes sprechen.

Alle diese Vorschriften sowie das über die Mitgliederversammlungen Bestimmte (§§ 31—37) erregen also keine wichtigen Bedenken.

Die sehr verständige Vorschrift des § 31, 3: Ein Mitglied ist nicht stimmberechtigt, wenn die Beschlußfassung die Eingehung eines Rechtsgeschäfts mit ihm oder die Einleitung oder Erledigung eines Rechtsstreites zwischen ihm und dem Vereine betrifft", kann leider nach § 37 außer Kraft gesetzt werden. Rump (a. a. O. S. 104) tadelt dies mit Recht; denn es widerspricht den guten Sitten, die Einzelnen in ihren besonderen Angelegenheiten zur Theilnahme an Vereinsbeschlüssen zuzulassen.

Auch darin ist wohl ein Mangel des Entwurfes zu sehen, daß er über die Ausschließung Einzelner aus den Vereinen und über den Rechtsschutz gegen ungerechte Ausstoßungen gänzlich schweigt.

Zum Schlusse soll auch noch der schon oben erwähnten Vorschrift gedacht werden, die bei der Auflösung eines Vereins sein Vermögen bald den einzelnen Gliedern, bald der Staatskasse zuspricht, falls die Statuten nichts anderes bestimmen. Die Vereinsgenossen dürfen es nach § 41 nur dann theilen, wenn der Verein nach dem Statut „ausschließlich den Interessen seiner Mitglieder diente". Strenge genommen wird dies fast niemals der Fall sein. Immer dient ein Verein auch den zukünftigen Genossen und sehr häufig auch Außenstehenden, die seine Thätigkeit mitgenießen (so z. B. ein Kunstverein). Darum gilt es auch für eine Schlechtigkeit, wenn die augenblicklichen Glieder einer Vereinigung das in früheren Zeiten Ersparte aus Eigennutz theilen. Namentlich sind solche Theilungen dann unangemessen, wenn die Hoffnung vorliegt, daß der untergegangene Verein wieder aufleben könne. Der Verein ist dann eigentlich noch nicht todt, sondern nur scheintodt.

Es ist also gewiß löblich, daß der Entwurf solche Ausplünderung der Vereinskassen durch habgierige Mitglieder verbietet. Allein die Grenzscheide zwischen dem Bereiche dieses Verbots und den Fällen, in denen es nicht Platz greift, ist, wie wir sahen, nichts weniger als scharf. Ihre

Unsicherheit wird Streitigkeiten erzeugen. Andererseits ist es aber auch zu billigen, daß der Entwurf das Vermögen des aufgelösten Vereins nicht unter allen Umständen der Staatskasse überweist. — Vielleicht ließe sich ein minder bedenklicher Ausweg in der Vorschrift finden, daß die Mitglieder das Vermögen des aufgelösten Vereines allerdings unter sich theilen können, aber nur durch einen Beschluß, der der gerichtlichen Bestätigung unterliegt und daß diese Bestätigung dann versagt werden soll, wenn der Verdacht einer eigennützigen Vereinsauflösung vorliegt.

Für den Fall, daß das Vermögen an die Staatskasse fällt, bestimmt § 42: „Der Fiscus hat das Vermögen thunlichst in einer den Zwecken des Vereins entsprechenden Weise zu verwenden.“ Hölder bemerkt hierzu (Archiv f. civ. Pr. Bd. 80 S. 20): „Einen die freie Verfügung des Fiscus beschränkenden Rechtssatz enthält diese Bestimmung nicht, und die durch dieselbe dem Fiscus gegebene unverbindliche Ermahnung gehört nicht in das bürgerliche Gesetzbuch.“ Allein, wenn wir bedenken, daß eine Vorschrift im Zweifel keine lex imperfecta ist, so wird man auch hier keine solche annehmen dürfen. Vielmehr ist davon auszugehen, daß das angeführte Gesetz allen Betheiligten einen klagbaren Anspruch gewährt, der den Fiscus zwingen soll, die ihm auferlegt Pflicht zu erfüllen. Daß sie ihm aber auferlegt wird, dagegen wird sich wohl schwerlich etwas einwenden lassen. Für die Ausführbarkeit dieser Vorschrift sorgt übrigens § 51, nach dem das Statut den Zweck des Vereins angeben muß.

Unser Bedürfniß, das große vaterländische Gesetzgebungswerk abgeschlossen zu sehen, ist ein vielseitiges und großes. Darum hat es Zustimmungsfanatiker erzeugt, die dem Entwurfe gegenüber nur eines einzigen Gedankens fähig sind: Fiat novus codex, pereat mundus. Sie würden jeden Entwurf annehmen, möge er enthalten, was er will. Für sie ist dieses Gutachten nicht geschrieben und sicherlich auch nicht erfordert worden, da sie dem Entwurfe gegenüber kein anderes Gebot kennen, als das unbedingte sacrificium intellectus. Wohl aber wendet es sich an die aufrichtigen Freunde des Werkes, die es von allen unannehmbaren Zuthaten säubern wollen, damit es nicht bloß angenommen werde, sondern auch hinterher dem Volke nicht als ein Danaergeschenk erscheine. In diesem Sinne würde der Deutsche Juristentag einen werthvollen Ausspruch thun, wenn er eine gediegene Schöpfung der Redactoren von ihren krankhaften Auswüchsen zu befreien suchte, die ohne Zweifel nicht aus einer tadelnswerthen Absicht zu erklären sind, sondern nur aus der Schwierigkeit der gelösten Aufgabe.

Marburg, den 10. Mai 1895. Leonhard.

VIII.

Gutachten des Herrn Landgerichtsraths Dr. Felisch zu Berlin

über die Frage:

empfiehlt sich hinsichtlich der Geldstrafen

a) die Zulassung und Begünstigung des freiwilligen Abverdienens derselben?

b) die Androhung des erzwungenen Abverdienens in einer Anstalt (Arbeitshaus) für den Fall, daß der Mangel guten Willens zur Tilgung der Strafe festgestellt ist?

Der XXII. deutsche Juristentag hat eingehend die Frage nach einer Neuregelung der Geldstrafe erörtert und folgende Beschlüsse gefaßt:

1. die Geldstrafe ist unter Berücksichtigung aller Vermögens-, Erwerbs- und Einkommensverhältnisse der Schuldigen im Sinne des Grundsatzes, daß die Strafe bei gleicher Strafbarkeit gleich empfindlich treffen soll, zu bemessen.

2. Die in Summen ausgedrückten Höchstbeträge der Geldstrafen sind, von solchen Uebertretungen abgesehen, bei welchen die Strafe nur die Bedeutung einer Rüge hat, zu verwerfen.

3. Die Androhung der Geldstrafe als facultativer Haupt- und Nebenstrafe ist auf ein größeres Anwendungsgebiet als bisher zu erstrecken, insbesondere auf alle diejenigen Delicte, welche erfahrungsgemäß meistens aus Gewinnsucht begangen werden.

4. Eine obligatorische Androhung der Geldstrafe als Zusatzstrafe erscheint nicht empfehlenswerth.

5. Bei alternativer Androhung von Freiheitsstrafen oder Geldstrafen soll die letztere ausgeschlossen sein, wenn die Handlung aus einer unehrenhaften Gesinnung hervorgegangen ist.

6. Die Leistung der Geldstrafen ist denjenigen Schuldnern, welche keinen exequirbaren Besitz haben, durch die Zulassung und genauere Regelung von Theilzahlungen zu erleichtern.

Eine weitere These Merkel, das Abverdienen der Strafe durch eine Betheiligung an Arbeiten für Gemeinde, Provinz oder Staat, wo die Gelegenheit hierzu sich bietet, zuzulassen, wurde auf meinen Antrag als noch nicht spruchreif abgelehnt.

Dies sind die Vorgänge, welche zur Aufstellung derjenigen Fragen geführt haben, die in der Ueberschrift enthalten sind und in dem nachstehenden Gutachten behandelt werden sollen. Es ist von vornherein klar, daß sie nicht aus ihrem geschichtlichen Zusammenhange herausgerissen werden dürfen. Das Abverdienen „der" Geldstrafe in abstracto läßt sich gar nicht besprechen. Man muß sofort die Gegenfrage stellen, welche Geldstrafe eigentlich gemeint sei. Deshalb wird in dem Folgenden davon ausgegangen werden, daß es sich um das Abverdienen einer solchen Geldstrafe handelt, welche nach den Beschlüssen des XXII. deutschen Juristentages geregelt ist. Wir stehen also nicht der Geldstrafe des geltenden Rechtes gegenüber, sondern einer Strafe, welche in Anpassung an die Vermögens-, Erwerbs- und Einkommensverhältnisse des Schuldigen von Richtern, die in den Geist und nicht bloß in den Buchstaben des neuen Rechtes eingedrungen sind, bemessen worden ist, und welche, trotzdem Fristen und Theilzahlungen zu ihrer Tilgung bewilligt worden sind, nicht eingeht.

Wenn nun hiermit auch der Charakter der in Betracht kommenden Geldstrafen ausreichend kenntlich gemacht ist, so bleiben doch noch andere Zweifel betreffs der Fassung der in der Ueberschrift gestellten Doppelfrage übrig. Genau betrachtet, löst sie sich in zehn Einzelfragen auf: soll ein Abverdienen der Geldstrafen stattfinden? Soll dies auf Grund zwingender Vorschrift oder nur vergünstigungsweise — als Zulassung — geschehen? Soll an erster Stelle Freiwilligkeit der Leistung angestrebt werden? Soll die Maßregel eine besondere Förderung seitens des Gesetzgebers erfahren? Soll im Falle der Nichtleistung eine weitere Androhung stattfinden? Und zwar in jedem Falle? Oder nur, wenn als Grund der Nichtzahlung Mangel guten Willens zur Tilgung der Strafe festgestellt worden ist? Soll die Androhung das Erzwingen des Abverdienens zum Gegenstande haben? Empfiehlt es sich, das zwangsweise Abverdienen in einer Anstalt stattfinden zu lassen? Und zwar im Arbeitshause?

Betrachtet man auch nur die erste Unterfrage: soll ein Abverdienen der Geldstrafen stattfinden?, so ergiebt sich von selbst, daß eine Antwort nicht zu ertheilen ist, wenn man nicht prüft, was denn sonst an die Stelle der nicht beitreibbaren Geldstrafen treten kann. Diese Untersuchung erheischt aber, daß man Umschau unter den Bestimmungen der geltenden Strafgesetze hält, und daß man die Gründe abwägt, welche für und gegen das Abverdienen sprechen. Damit entfällt die Möglichkeit, das Thema in zwei seiner Fassung entsprechenden Hälften a und b von annähernd gleichem Umfange zu behandeln. Die Darlegungen betreffs des Arbeitshauses werden vielmehr zu einer Art Anhang über einen Nebenpunkt zusammenschrumpfen müssen, da die Arbeit selbst sich erweitert zu einer solchen

über das Abverdienen von Geldstrafen überhaupt.

Die einer derartigen Maßregel zu Grunde liegende Idee ist nicht neu, wie es sich ja, wenn man genauer zusieht, in den meisten Zeit- und Streitfragen und auch in denen der modernen Reformbewegung auf dem Gebiete des Strafrechts nur um eine andere Form der nämlichen Gedanken handelt, welche Andere vor uns gedacht haben. Die äußeren Umstände, welche das Abverdienen seit fast einem Vierteljahrhundert auf der Tagesordnung der Congresse erhalten und dessen lebhafte Besprechung in der Fachliteratur und theilweise auch der Tagespresse herbeiführen, sind für eine richtige Würdigung des Gegenstandes nicht besonders günstig gewesen. Einmal spielt nämlich und zwar fast immer unausgesprochen, daher oft wohl unbewußt, die Erwägung in die Beweisführung hinein, ob wir damit nicht zur staatlichen Anerkennung des Rechtes auf Arbeit und in weiterer Consequenz auch zu der der Pflicht zur Arbeit gelangen. Es läßt sich nicht verkennen, daß der Maßnahme eine Tendenz innewohnt, welche in gewissem Sinne nach dieser socialistischen Seite hin gedeutet werden kann, und welche namentlich dann ernstlich zu erörtern wäre, wenn man das Abarbeiten, wie es auch von verschiedenen Seiten vorgeschlagen worden, als Hauptstrafe einführen wollte. Hier braucht jedoch auf diesen Punkt nicht eingegangen zu werden, weil nur die Substitution für Geldstrafen in Rede steht, und das geltende Recht dafür das Abverdienen bereits kennt, so daß mit dessen allgemeiner Zulassung keine neue Principienfrage in Gang käme, sondern nur eine quantitative Mehrung der Fälle geschähe.

Der zweite wenig günstige äußere Umstand ist der, daß man die Frage mit derjenigen des Ersatzes kurzzeitiger Freiheitsstrafen in Verbindung gebracht hat. Sie hat hiermit nur dann zu thun, wenn man das

Anhalten zu öffentlichen Arbeiten als Hauptstrafe in Betracht zieht. Gennat will dies, allerdings weder als Ersatz der Geld- noch als Ersatz der Freiheitsstrafe, sondern zur Auswahl neben letzterer, was freilich auch auf eines der sogenannten Ersatzmittel der kurzen Freiheitsstrafen hinauslaufen würde. Und der Entwurf Michaux sieht eine solche Hauptstrafe gleichfalls vor, sogar in völliger Umkehr des richtigen Gedankens mit einer dem Verurtheilten beigelegten Befugniß, statt der Arbeit eine deren Werthe gleichkommende Geldstrafe zu leisten. Auch die österreichische Regierung schlug 1890 während der Ausschußberathung über den der Beschlußfassung zur Zeit unterliegenden Entwurf einen dahin lautenden Paragraphen vor: das Gericht kann an Stelle der die Dauer von 2 Monaten nicht übersteigenden Gefängnißstrafe und an Stelle der Haft in Fällen, wo mit derselben Anhaltung zur Arbeit verbunden werden kann, auf Anhaltung zu öffentlichen Arbeiten erkennen. Sie ließ den Paragraphen jedoch fallen, als der Ausschuß Widerspruch hiergegen wegen der angeblich durch die öffentlichen Arbeiten erfolgenden Ehrenminderung erhob. Durch diese namentlich seitens Zuercher, v. Liszt und Rosenfeld energisch bekämpften Bestrebungen, die Arbeitsstrafe als Ersatz der kurzzeitigen Freiheitsstrafen einzuführen, ist in die Frage des Abverdienens ein an sich derselben fremdes Element hineingetragen worden, das hier, wo es sich nur um die substituirte Strafe handelt, unerörtert bleiben kann und geradezu ausgeschieden werden muß.

Nach dieser Abgrenzung wird sich eine sichere Unterlage für die Beantwortung der Frage, ob ein Abverdienen uneinbringlicher Geldstrafen stattfinden soll oder nicht, am ehesten dadurch gewinnen lassen, daß man einen Blick auf

die Bestimmungen des geltenden Rechtes und dessen geschichtliche Entwickelung

wirft. Hierüber liegen die vortrefflichen Arbeiten von Rosenfeld vor. Wenn es nicht bei einem bloßen Hinweise darauf sein Bewenden hat, so geschieht dies, weil sie nicht jedem Leser sogleich bei der Hand sind, und weil eine Ergänzung derselben an verschiedenen Stellen stattfinden kann.

Das Institut des Abverdienens der Geldstrafe hat die Strafarbeit zu seinem Kern, und diese hat ihren natürlichen Vorläufer in der Arbeitsstrafe als Hauptstrafe. Solche finden wir schon früh, z. B. im alten Rom, wo sie vorkommt als: metallum, d. i. Bergwerksarbeit mit Fesseln, opus metalli, d. i. Bergwerksarbeit ohne Fesseln, ministerium metallicorum, das sind Dienste weiblicher Personen in Bergwerken, opus publicum perpetuum für personae humiliores und opus publicum temporarium. In Deutschland kannte man derartige Strafmittel nicht. Hier findet sich eine Berücksichtigung der Arbeit überhaupt zuerst im 17. Jahrhundert bei der Strafvollstreckung und zwar in Verbindung mit der Freiheitsstrafe in Zuchthäusern und Spinnhäusern. Für dasselbe Jahrhundert, in welchem sich sodann in Sachsen die bald zu erwähnende Handarbeitsstrafe entwickelt, hat Bertolotti, den Rosenfeld citirt, das Vorkommen von Strafarbeit ohne Einsperrung auch in Italien und zwar in Mantua nachgewiesen. Für Preußen findet sich in § 85 Tit 20 Th. II A.L.R. die Bestimmung: Geldstrafen sollen gegen unbemittelte Personen der niederen Volksclassen nicht erkannt, und wo sie gesetzlich bestimmt sind, in eine verhältnißmäßige Strafarbeit oder Gefängnißstrafe verwandelt werden. Nach § 5 des Holzdiebstahlsgesetzes vom 7. 6. 1821 und nach § 14 des Gesetzes vom 2. 6. 1852, den Diebstahl an Holz und anderen Waldproducten betreffend, sollte sodann Forstarbeit an die Stelle uneinziehbarer Geldstrafen treten. Durch § 7 des Gesetzes vom 11. 4. 1854, das auch auf die 1866 neu hinzutretenden Landestheile ausgedehnt ward, wurde angeordnet, die polizeiliche Gefängnißstrafe könne gegen solche Gefangene, welche sich auf ihre Kosten zu verpflegen außer Stande seien, auch in der Weise vollstreckt werden, daß dieselben während der für die Gefängnißstrafe bestimmten Dauer, ohne in einer Gefangenenanstalt eingeschlossen zu sein, zu Arbeiten, welche ihren Fähigkeiten und Verhältnissen angemessen sind, angehalten werden. Auch Ueberweisung an eine andere öffentliche Behörde war mit der Maßgabe vorgesehen, daß diese für je einen Tag polizeilichen Gefängnisses einen Tag unentgeltlicher Verrichtung von öffentlichen Arbeiten vollstrecken durfte. Die bekannte Bestimmung in § 14 des Forstdiebstahlsgesetzes vom 15. 4. 1878, daß statt der Gefängnißstrafe während der für dieselbe bestimmten Dauer der Verurtheilte, auch ohne in einer Gefangenenanstalt eingeschlossen zu werden, zu Forst- oder Gemeindearbeiten, welche seinen Fähigkeiten und Verhältnissen angemessen sind, angehalten werden kann, besagt dasselbe, was bereits das Gesetz von 1852 enthielt, nur daß der Kreis der Arbeiten auf Forst- und Gemeindearbeiten eingeschränkt worden.

Die Vorschrift, daß in Forststrafsachen erkannte Geldstrafen abzuarbeiten sind, kehrt in verschiedenen anderen deutschen Gesetzgebungen wieder, vor Allem in Baden, im Großherzogthum Hessen und in Sachsen, für welches Ziegner-Gnüchtel vollkommen zu Unrecht die praktische Anwendung der Forstarbeit bestreitet; auf diese Bestimmungen wird noch weiter unten zurückzukommen sein. Die badische Verordnung vom 20. 1. 1865, das Verfahren in Forststrafsachen betreffend, betont ganz nachdrücklich: „die uneinbringlichen Geldstrafen müssen, soweit zulässig und nur irgend möglich, durch öffentliche Arbeit abgebüßt werden." Eine besondere Ausbildung erfuhr das Institut in Sachsen und Thüringen. Hier bestand schon seit dem Ende des 17. Jahrhunderts die Handarbeitsstrafe. Ueber dieselbe bestimmt das Kgl. Sächs. Criminalgesetzbuch vom 30. 3. 1838, das als Criminalgesetzbuch für das Herzogthum Sachsen-Altenburg vom 3. 5. 1841 fortexistirte, in Art. 14: „bei Vergehen, welche mit nicht höherer als dreimonatlicher Gefängnißstrafe bedroht sind, können statt mit Gefängniß mit Handarbeit solche Personen belegt werden, welche dieselbe sonst ihrem Stande nach verrichten." Eine Umwandlung der Geldstrafe in Handarbeit war hier noch nicht vorgesehen; ebenso nicht in dem Strafgesetzbuche für das Königreich Sachsen vom 13. 8. 1855, das an Stelle von Gefängnißstrafen bis zu 4 Monaten für Leute gedachter Art Handarbeitsstrafe nachließ, und in dem revidirten Strafgesetzbuche für das Königreich Sachsen vom 1. 10. 1868. Hingegen findet sich dieselbe in dem thüringischen Strafgesetzbuche, welches für Sachsen-Weimar-Eisenach, Sachsen-Meiningen, Sachsen-Coburg-Gotha, Anhalt-Dessau, Anhalt-Köthen, Schwarzburg-Rudolstadt, Schwarzburg-Sondershausen und Reuß jüngere Linie in Kraft getreten ist. Dieses Gesetzbuch ermächtigt den Richter in Art. 14, an Stelle einer 3 Monate nicht übersteigenden Gefängnißstrafe auf Handarbeit zu erkennen, und verordnet in Art. 15: wird auf eine Geldbuße erkannt, so hat der vollziehende Richter dem Verurtheilten eine Zahlungsfrist zu bestimmen, welche 6 Wochen nicht übersteigen darf, unter der Androhung, daß im Falle der Nichtbefolgung mit Gefängnißstrafe oder geeigneten Falles Handarbeitsstrafe (letztere schließen jedoch Anhalt-Dessau und Anhalt-Köthen hier aus) verfahren werde.

Es waren denn auch thüringische Regierungen, auf deren Anregung dem Einführungsgesetze zum Strafgesetzbuche für den norddeutschen Bund, später das deutsche Reich, die Bestimmung einverleibt wurde, es solle sein Bewenden dabei behalten, wenn in Landesgesetzen anstatt der Gefängniß- oder Geldstrafe Forst- oder Gemeindearbeit angedroht oder nachgelassen ist. Daß in Folge eines Redactionsfehlers hierbei die Haftstrafe nicht erwähnt wurde, ist die Ursache zur Verkümmerung des Instituts des Abverdienens von Geldstrafen in Deutschland geworden. Eine besondere Vorliebe für dasselbe herrschte damals nicht. Die Motive sagen: „der § 25 hat den Vorschlag, nicht beizutreibende Geldstrafen dadurch abtragen zu lassen, daß der Verurtheilte durch Arbeitsleistungen die Summe tilge, wenigstens in der Allgemeinheit, in welcher er angerathen wird, zurückweisen zu müssen geglaubt. Denn eine derartige Tilgung uneintreibbarer Geldstrafen durch Arbeit mag bei gewissen Gesetzesverletzungen, z. B. bei einer Verletzung der Holzdiebstahlsgesetze, gesetzgeberisch wohl angebracht sein; zu einer Verallgemeinerung aber dahin, daß alle nicht beizutreibenden Geldstrafen in Arbeitsstrafen zu verwandeln seien, eignet sich der Gedanke nicht." Gründe für letztere Behauptung sind nicht angegeben, und man ist auch in den Parlamentsverhandlungen nicht eingehender auf diesen Punkt zurückgekommen. So haben wir denn jetzt mit Ausnahme dieser Sondergesetze und mit Ausnahme der weiter unten zu erwähnenden Fälle, in welchen eine Geldstrafe gar nicht verwandelt wird, reichsgesetzlich in Deutschland nur Umwandlung der Geld- in die Freiheitsstrafe.

Auch in Oesterreich-Ungarn kommt nur diese Umwandlung vor, wenn man von der erst weiter unten zu besprechenden Niederschlagung gewisser uneinbringlicher Geldstrafen, namentlich der in Steuer-, Stempel- und Gebührensachen erkannten, absieht. Der österreichische Entwurf schlägt Substitution von Gefängniß, Staatsgefängniß (Festungshaft) und Haft vor. Bei der Berathung des Entwurfes III forderte übrigens der Ausschuß die Regierung zur Einbringung einer Vorlage auf, durch welche die Bedingungen festgestellt werden, unter denen eine Geldstrafe durch entsprechende Arbeitsleistung ersetzt werden kann.

Betrachten wir nun die übrigen europäischen Länder, wie sie um die uns zunächst interessirenden Reiche Deutschland und Oesterreich-Ungarn gelagert sind, so verordnet in Rußland das Friedensrichtergesetz von 1864, daß öffentliche Arbeiten gegen Verurtheilte der nichtprivilegirten Classen statt der einfachen Haft angewendet werden können. Die im Gesetze vorgesehene Ausführungsverfügung ist jedoch nicht erlassen, so daß das Institut hier ein Dasein auf dem Papier fristet. Für Finnland gilt dieses Gesetz nicht.

Schweden hatte nach der Hafenordnung vom 24. Januar 1771, dem kgl. Erlasse vom 23. März 1807 und dem kgl. Briefe vom 14. August 1832 Zwangsarbeit ohne Einsperrung als Substitution für nicht eingehende Geldstrafen, nach dem Erlasse vom 10. April 1810 für geschwängerte Mädchen Arbeiten bei der Kirche, nach der Forstordnung vom 1. August 1805 Forstarbeit. Ein Erlaß vom 6. Mai 1813 ordnete an, daß jedermann die Strafe zahlen und den Schuldigen dieselbe bei sich abarbeiten lassen konnte. Fand sich ein solcher Mittelsmann nicht, so trat Gefängniß bei Wasser und Brod ein. Diese verschärfte Freiheitsstrafe für die Dauer von 1—20 Tagen setzte auch das Strafgesetz vom 17. Februar 1864 fest. Wegen angeblicher Gesundheitsgefährdung für die Sträflinge tritt seit dem Gesetze vom 16. Mai 1884 einfaches Gefängniß von 3—60 Tagen an die Stelle.

Für **Norwegen** verdanke ich die nachstehenden Mittheilungen über den bisherigen Rechtszustand der besonderen Güte des Justizministers Prof. **Hagerup** und des Bureauchefs im Justizdepartement **Beichmann**. Eine kgl. Verordnung vom 6. Dezember 1743 bestimmte, daß gemeine Leute die nicht gezahlten Geldstrafen abzuarbeiten hätten und zwar Männer in Festungen, Frauen in Spinnhäusern. Durch einen Tag Arbeit galt eine dänische Mark als bezahlt. Waren die Umstände des Schuldigen so, daß voraussichtlich seine Wohlfahrt dadurch zu Grunde gehen würde, so trat Gefängniß bei Wasser und Brod von 4—28 Tagen an die Stelle. Dies änderte die kgl. Verordnung vom 12. Juli 1799, welche Folgendes bestimmte. Jeder, der eine über ihn verhängte Geldstrafe oder den ihm auferlegten Beitrag zur Unterhaltung seines unehelichen Kindes nicht zu zahlen vermag, muß seine Schuld durch Arbeit, welche den Namen von Extraarbeit erhält, in der ihm von der Militärbehörde angewiesenen Festung verbüßen. Die vom Wachtmeisterlieutenant, bezw. den Unterofficieren, beaufsichtigten Extraarbeiter sollen von den eigentlichen Verbrechern abgesondert und nicht mit Eisen belegt werden, auch in den arbeitsfreien Stunden jede mögliche Freiheit genießen. Sie erhalten täglich 15 Schilling, von denen 7 auf die Strafe verrechnet, bezw. an die Mutter des unehelichen Kindes gezahlt werden. Wegen zahlungsunfähiger Weibspersonen soll an den König zur Erwirkung einer Strafmilderung berichtet werden. Die Praxis hat die Gefängnißstrafe bei Wasser und Brod als nicht dadurch beseitigt betrachtet. Die Motive besagen, daß zwar im Interesse der Gerechtigkeit auch die Armen gestraft werden müßten, daß aber die substituirte Strafe milder als die der eigentlichen Verbrecher zu sein habe, und deshalb Arbeit in den Festungen oder in Besserungs- und Zuchthäusern unter Absonderung von den schweren Verbrechern statthaben solle. Die gedachten Vorschriften sind hinsichtlich der Geldstrafen seit 1842 geändert; es wird Gefängniß und zwar fast ausnahmslos bei Wasser und Brod substituirt. Die Motive des Strafgesetzbuches von 1842 ergeben nichts über den Grund der Aenderung. Es scheint, als sei das Abverdienungssystem nicht streng durchgeführt worden, so daß man die neue Bestimmung nicht als principiell wichtig betrachtete. Die Abverdienung uneinbringlicher Alimentationsbeiträge für uneheliche Kinder, welche auch auf Unterhaltsbeiträge für die eigene Familie ausgedehnt wurde, hielt sich auf Grund eines Gesetzes von 1821 bis zum Gesetze vom 6. Juni 1892, das sie praktisch beseitigte. Letzteres läßt zwar Anhalten zu öffentlichen und privaten Arbeiten, auch nach Muster der schwedischen Gesetzgebung für einen zahlenden Mittelsmann, zu, doch findet sich eine solche Privatperson selten, und zu öffentlichen Arbeiten sind die Leute zu faul und zu wenig arbeitsfähig. Nur in der Festung Vardöhus, in deren Gegend Arbeitermangel herrscht, findet noch Zwangsarbeit von März bis September jeden Jahres in sehr mäßigem Umfange statt. Im Uebrigen tritt Einsperrung in eine Zwangarbeitsanstalt ein und zwar auf längstens 3 Monate. Diese Maßregel hat aber nicht mehr den Charakter des Abverdienens; vielmehr zahlt der Staat an die Gemeinde, der die Anstalt gehört, 47—60 Oere auf den Kopf.

Der neueste Strafgesetzentwurf von Getz läßt jedoch wieder Ableistung der Geldstrafe durch Handarbeit im Staats- oder Gemeindedienste auf Begehren des Verurtheilten zu. Die Umwandlung uneinziehbarer Geldstrafen erfolgt in die schwerere Form der Freiheitsstrafe, die Strafarbeit, auf die Zeit von 1 Tage bis zu 3 Monaten, bei Ideal- oder Realconcurrenz bis zu $4^1/_2$ Monaten.

Dänemark hatte früher wie die anderen scandinavischen Länder Gefängniß bei Wasser und Brod als obligatorische Umwandlungsstrafe. Jetzt tritt einfaches Gefängniß an die Stelle, das aber auf Antrag in geschärftes bei Wasser und Brod verwandelt werden kann; dann werden 6 Tage des letzteren gleich 1 Tage des ersteren gerechnet.

Betreffs Englands ist lediglich zu erwähnen, daß der Entwurf von 1878 keine Zwangsvollstreckung zur Beitreibung von Geldstrafen kennt, vielmehr nur einen Haftzwang bis auf die Dauer von 2 Jahren verhängt.

Die Niederlande vollstrecken die ersten beiden Tage der substituirten Gefängnißstrafe bei Wasser und Brod.

In Frankreich ist die Geldstrafe auf ihr Urbild, die Arbeit, zurückgeführt (Dalloz) durch die Gesetze vom 6. October 1791 und vom 3. Brumaire des Jahres IV, welche den Arbeitstag zur Grundlage der Geldstrafe nehmen. Dieser Keim fand sich im code forestier vom 21. Mai 1827 wieder und wurde durch den code forestier vom 18. Juni 1859 (Art. 210) ausgebildet, indem letzterer Abarbeiten von Geldstrafe, Schadensersatz und Kosten durch Erhaltungs- und Besserungsarbeiten in den Forsten und an den Vicinalwegen nach fruchtloser Beitreibung durch den Steuererheber zuließ. Der Verurtheilte erhält nach Art. 5 des Decrets vom 21. December 1859 eine Benachrichtigung über die Zahl der zu leistenden Arbeitstage oder der Accordarbeit, den Ort, wo die Arbeit auszuführen ist, und die Frist, innerhalb welcher sie vollendet sein muß. Nach Art. 211 des code forestier vom 8. Juni 1859 kann die Verurtheilung zu Geldstrafe auch durch contrainte par corps vollstreckt werden, d. h. durch eine in Entziehung der persönlichen Freiheit bestehende Schuldhaft, welche dazu bestimmt ist, vermögende Verurtheilte zur Zahlung zu zwingen und gegen unvermögende eine Bestrafungsart darzustellen, ohne daß jedoch ihr Strafcharakter allgemein anerkannt wäre. Sie läuft schließlich auf eine Freiheitsstrafe ohne Arbeitszwang heraus und trägt nur einen anderen Namen.

In dem Deportationsgesetze von 1872 ist angeordnet, daß die Geldstrafe abgearbeitet werden kann. Der Entwurf, welchen die 1887 eingesetzte Commission ausgearbeitet hat, läßt an Stelle der uneinbringlichen Geldstrafe nur die contrainte par corps treten. Hingegen kann der Polizeiarrest, welcher von 1—14 Tagen zulässig ist, nach Art. 23 des Entwurfes auf Antrag des Verurtheilten in Strafarbeit von gleicher Dauer zu Gunsten der Gemeinde durch das Gericht umgewandelt werden.

Es herrscht nun in Frankreich, wo man lebhaft für eine erweiterte Anwendung der Geldstrafe eintritt und sich erinnert, daß diese im altfranzösischen Rechte die einzige Strafe war (bei Loysel heißt es: à tout méfait n'échet qu'amende), eine starke Strömung dafür, ganz allgemein das Abverdienen der nicht beitreibbaren Geldstrafen zuzulassen. Hierfür sind u. A. eingetreten: Bonneville de Marsagny, Labroquère, Petit, A. Rivière, Brueyre, Poittevin, Boullaire, de Joinville, Guillot, Vial, mit Einschränkungen auch Léveillé. Man vergleiche die Protokolle über die Berathungen der société générale des prisons betreffs der Mängel der kurzzeitigen Freiheitsstrafen und betreffs des Ersatzes der Freiheitsstrafen, namentlich diejenigen vom 17. Mai 1893 und vom 21. Juni 1893.

In der Schweiz sind nach Art. 28 des Bundesgesetzes vom 20. Juni 1849, betreffend das Verfahren bei Uebertretungen fiscalischer und polizeilicher Bundesgesetze, in den von diesen geregelten Sachen uneinbringliche Geldstrafen in Gefängniß oder öffentliche Arbeit ohne Haft umzuwandeln. Im Uebrigen substituiren der Geldstrafe Arbeitsleistung folgende Cantone, die in sich nach dem Datum ihrer Gesetze (siehe dasselbe bei Stooß) geordnet sind:

Thurgau, wo Geldbußen (Geldstrafen), Gerichtskosten und Entschädigungen bei Zahlungsunfähigkeit abzuverdienen sind und zwar durch

Zwangsarbeit in der Correctionsanstalt Kalchrain oder in der Strafanstalt Tobel. Von den Gemeinderäthen verhängte Bußen sind im Frohndienste abzuverdienen.

Waadt, das Tagearbeit für den Staat vorschreibt.

Luzern hinsichtlich des Polizeistrafgesetzes. An sich tritt hier Gefängniß ein; müßten jedoch mehr als 20 Tage verbüßt werden, so greift statt dessen Arbeitshausstrafe mit Ermäßigung bis auf die Hälfte Platz.

Obwalden. Die Executivbehörde kann die Geldstrafe durch Freiheitsstrafe, verbunden mit Arbeit, abverdienen lassen.

Bern, wo Umwandlung in Gefängniß oder in öffentliche Arbeit stattfindet.

Appenzell-Außerrhoden. Droht das Gesetz für das begangene Verbrechen oder Vergehen neben der Geldstrafe auch Gefängniß an, so tritt Gefängniß, in allen übrigen Fällen Haft oder Arbeitsstrafe ein.

Schwyz, wo Abverdienen mittelst öffentlicher Arbeiten zu Gunsten des Staates eingeführt ist.

St. Gallen. Ist der Schuldige arm, oder ist für ihn oder die Seinigen aus der Geldstrafe ein Nothstand zu besorgen, so ist anstatt derselben auf Gefängniß, und wenn sie über 1500 Frcs. betragen würde, auf Arbeitshaus zu erkennen. Geldstrafen bis zu 1500 Frcs., die sich beim Urtheilsvollzug als unerhebbar beweisen, sind im Vollzugswege in Gefängniß, höhere Geldstrafen in Arbeitshaus umzuwandeln.

Neuenburg. Nach dem Entwurfe sollen uneinbringliche Geldstrafen in Detention mit obligatorischer Arbeit verwandelt werden, statt deren auch Arbeiten auf Rechnung der öffentlichen Gewalt statthaben können.

Genf hat gar keine Umwandlung der Freiheitsstrafe und kommt damit ganz gut aus (Gautier).

Der Entwurf Stooß will die böswillig nach Ablauf der gestellten Frist nicht entrichtete Geldstrafe auf richterliche Verfügung hin durch Arbeit in einer Strafanstalt abverdienen lassen. Ein Zusatzantrag Cornaz, auch Arbeiten für Rechnung einer öffentlichen Behörde stattfinden zu lassen, ist von der Expertencommission angenommen worden.

Das italienische Strafgesetzbuch vom 30. 6. 1889 kennt zwei Arten der Geldstrafe: die multa von 10 bis 10 000 Lire und die ammenda von 1 bis 2000 Lire. An die Stelle der ersteren tritt detenzione, an die der letzteren arresto. Die detenzione wird in besonderen, für sie bestimmten Anstalten vollstreckt. Für den Arrest schreibt das Gesetz die Fälle vor, in welchem er in einem Arbeitshause oder durch Leistung von Arbeiten zu öffentlichem Nutzen zu verbüßen ist. In diesem Falle erfolgt das Abverdienen kraft Gesetzes auf Grund des dasselbe anordnenden Richterspruches. Verweigert der Verurtheilte die Arbeitsleistung, so wird der Arrest in gewöhnlicher Weise vollstreckt. Außerdem ist es aber jedem mit Geldstrafe Belegten gestattet, in der Executionsinstanz zu beantragen, daß der Freiheitsstrafe eine zum Dienste des Staates, einer Provinz oder einer Gemeinde bestimmte Arbeitsleistung substituirt werde. In diesem Falle rechnen zwei Tage Arbeit gleich einem Tage Haft. Das Gesetz sagt hier nicht, daß das Abverdienen in einem Arbeitshause zu geschehen habe. Zur Ausführung ist bisher nur der Art. 6 des kgl. Decrets vom 1. 12. 1889 ergangen, wonach der Staatsanwalt die nöthigen Nachrichten von den zuständigen Verwaltungsbehörden sammelt und dem Verurtheilten die für ihn passende Arbeit zuweist; Letzterer muß sich an dem ihm bestimmten Tage gestellen. Ueber Festsetzung einer Quote des Arbeitsertrages, welche dem Verurtheilten zu seinem Unterhalte auszuzahlen, sind Ausführungsverordnungen vorbehalten. Betreffs des Arbeitshauses fehlt es auch noch an ausreichenden Vorschriften. Das große Gefängnißreglement vom 1. Februar 1891, das 891 Artikel hat und 16 verschiedene Arten von Anstalten kennt, widmet ihnen nur 3 kurze Paragraphen (Art. 487—489). Hierin ist lediglich bestimmt, wer zum Erlaß der Aufnahmeordre zuständig ist, ferner gesagt, daß hinsichtlich der Disciplin, der Arbeit und der Unterhaltung das allgemeine und das innere Reglement maßgebend sind, und endlich verordnet, daß die Verurtheilten, welche nicht einem Arbeitshause überwiesen werden können, ihre Strafe in einem Justizgefängnisse zu verbüßen haben.

Der italienische Justizminister Calenda di Cavani Vincenzo hat in sehr entgegenkommender Weise auf meine Anfrage nach den Ausführungsbestimmungen und nach der Bewährung in der Praxis mich davon benachrichtigt, daß Erlasse über die Quote, welche dem Abverdiener auszuzahlen und welche auf die Strafe zu verrechnen, bislang noch nicht gegeben sind, und daß deshalb die Gerichtspraxis sich dadurch behilft, daß sie der uneinbringlichen Geldstrafe das gewöhnliche Detentions- und Arreststrafhaus substituirt, wo die Verurtheilten dem Arbeitszwange unterworfen sind und ein wirkliches Recht auf einen Arbeitsverdienstantheil wie bei uns nicht haben. Es haben sich der Durchführung des Principes des Abverdienens außerordentliche praktische Schwierigkeiten in den Weg gestellt. Das Justizministerium hat jedoch im Vereine mit den Verwaltungsbehörden die Angelegenheit fortgesetzt bearbeitet und ist der Lösung der Aufgabe näher getreten, festzustellen, in welcher Weise das öffentliche

Interesse hinreichend gewahrt werden kann, wie geeignete Arbeit zu beschaffen, eine gleichmäßige Behandlung der Verurtheilten zu sichern, die berechtigten Interessen der Unternehmer und Pächter öffentlicher Arbeiten zu schonen sind u. s. w. Nach Abschluß dieser Vorarbeiten ist nunmehr ein Grundriß zu einem umfassenden Reglement entworfen, dessen Veröffentlichung in verhältnißmäßig naher Frist zu erwarten ist. Von Erfahrungen, die in Italien gesammelt wären, kann man daher zur Zeit noch nicht sprechen.

In der Türkei muß mit der Beitreibung gegen wirklich zahlungsunfähige Verurtheilte so lange gewartet werden, bis sie in den Besitz von Mitteln gekommen sind. Im Uebrigen werden hier uneinziehbare Geldstrafen in Gefängniß verwandelt.

In sämmtlichen übrigen, vorstehend nicht genannten europäischen Ländern und in den aufgeführten hinsichtlich der nicht besonders erwähnten Fälle wird eine unbeitreibbare Geldstrafe in nicht geschärfte Freiheitsstrafe verwandelt. Ebenso in den meisten außereuropäischen. Von letzteren bildet eine interessante Ausnahme das mexicanische Strafgesetzbuch für den Bundesdistrict und das Territorium Niedercalifornien über gemeine Vergehen und für die ganze Republik über Vergehen gegen den Bund vom 7. 12. 1871, welches in Art. 118 dem unvermögenden Bestraften freistellt, die Geldstrafe durch Uebernahme einer Arbeit zu tilgen, die für die öffentliche Verwaltung von Nutzen ist und ihm von dieser in Tagelohn oder zu festem Preise übertragen wird. Zieht der Verurtheilte die Freiheitsstrafe vor, so wird vorher die Beitreibung der Strafe versucht. Ergiebt sich hierbei, daß die Strafe nicht höher als ein Viertel des vom Schuldigen besessenen Vermögens ist, so wird die Zwangsbeitreibung zu Ende geführt. Anderenfalls geschieht die Vollstreckung nur in dieses Viertel, und wegen des Fehlbetrages tritt Strafhaft ein.

Vorstehende Uebersicht ergiebt, daß die meisten Staaten, welche ein Abverdienen der Geldstrafe kennen, dieses auf bestimmte Arten strafbarer Handlungen einschränken.

Eine Aufzählung der Congresse, welche sich mit der Frage beschäftigt haben, wird sich erübrigen, da die Erörterungen seit 1872 (Gefängniß-Congreß zu London) kaum geruht haben, und keine wissenschaftliche Fachvereinigung von Ruf auf der aufzustellenden Liste fehlen würde.

Um darnach die Hauptfrage zu prüfen, ob das thatsächlich bereits vielfach in Uebung befindliche Abverdienen der Geldstrafen allgemein statthaben soll, muß man sich über die Vorfrage klar sein:

was kann überhaupt an die Stelle der Geldstrafe treten?

Es giebt drei große Gruppen von Maßnahmen, die hier in Betracht kommen. Die eine sieht nach fruchtlosem Versuche von der Beitreibung der Geldstrafe ab und setzt an ihre Stelle ein anderes Strafübel. Die zweite will den endlichen Eingang der Geldstrafe oder die Leistung von etwas dem Gleichwerthigen herbeiführen. Die dritte verzichtet auf jeden Erfolg nach allen vorgedachten Richtungen. Die Verurtheilung zur Geldstrafe trägt stets ein Moment der Bedingung in sich. Eine Bestrafung mit 2 Wochen Gefängniß oder mit 2 Jahren Zuchthaus ist unzweideutigerweise identisch mit einem Zwangsaufenthalte von gewisser Dauer in bestimmt gearteten Anstalten. Die Auferlegung von 20 Mark Geldstrafe aber läßt die weitere Frage entstehen: was soll geschehen, wenn nicht gezahlt wird, wenn das den Spruch des Richters vollstreckende Organ außer Stande ist, das erheischte Goldstück mit derselben Promptheit in den Säckel des Staates zu werfen, mit der es den Uebelthäter selbst in Strafhaft setzt?

I. Zunächst ist es möglich, daß das Recht alle weiteren Versuche einstellt, seinen Willen, daß Geld zu zahlen sei, durchzusetzen, und ein anderes Strafübel über den Verurtheilten verhängt. So handelt man, wenn man sofort Freiheitsstrafe, gleichgültig in welcher Form, substituirt. Früher wurde uneinbringliche Geldstrafe auch durch Prügel abgebüßt. Vor der Neubelebung der Leibesstrafe für diesen Fall schrecken bisher auch die eifrigsten Verfechter der Prügelstrafe denn doch noch zurück. Hingegen findet sich ab und zu, z. B. von Aschrott, der Gedanke angeregt, Hausarrest, wie ihn Oesterreich an Stelle des Arrestes kennt, der Geldstrafe zu substituiren oder durch ihn und sonstige Aufenthaltsbeschränkungen das Abverdienen zu erzwingen. Abgesehen von der Schwierigkeit, den Vollzug des Hausarrestes zu controliren, wäre dieses Strafmittel hier gänzlich unangebracht. Entweder hat der Verurtheilte seinen Beruf daheim in seiner Wohnung, und dann erleidet er durch den Hausarrest, der ihn genau in seiner bisherigen Lebensweise beläßt, gar keine Strafe. Oder er muß, um sein Brod zu finden, sein Heim täglich verlassen; dann wäre Hausarrest eine ungerechtfertigt harte Strafe. In jedem Falle wirkte er überaus ungleich.

II. Diejenigen Maßregeln, welche die Leistung der Geldstrafe oder eines geldwerthen Aequivalentes sichern wollen, bedienen sich entweder des physischen oder des psychischen Zwanges zur Erreichung ihres Zieles. Man kann ersteren auch als directen, letzteren als indirecten Zwang bezeichnen.

Körperlichen Zwang wendet die Schuldhaft, die contrainte par corps des französischen Rechtes, an. Diese hat allerdings eine Doppelnatur. Insoweit sie eine Bestrafungsart Unvermögender ist, unterscheidet sie sich begrifflich nicht von der hülfsweisen Freiheitsstrafe. Insofern aber vermögende Verurtheilte durch sie veranlaßt werden sollen, die Geldstrafe zu entrichten, geht der ihr innewohnende Zwang direct auf Herbeischaffung der urtheilsmäßigen baaren Summe. Ebenso war es nach dem englischen Entwurfe von 1878.

Des Weiteren soll die Arbeit selbst erzwungen werden. Man spricht gemeinhin von Zwangsarbeit mit Einsperrung, welche der Freiheitsstrafe mit Arbeitszwang wie ein Ei dem anderen gleicht, und von Zwangsarbeit ohne Einsperrung. In beiden Fällen ist der Zwang auf die durch Gewaltmaßregeln herbeigeführte Entfaltung einer wirthschaftlichen Thätigkeit gerichtet.

Es hat nun gerade die Aufstellung der Begriffe „Zwangsarbeit mit und ohne Einsperrung" außerordentlich viel zur Herbeiführung von Verwirrung beigetragen. Man glaubt, einen wesentlichen Fortschritt verzeichnen zu können, wenn man an Stelle der tadelnswerthen Zwangsarbeit mit Einschließung die viel löblichere Zwangsarbeit ohne Einschließung setzt. Weit gefehlt! Zunächst ist der Begriff der Zwangsarbeit überhaupt ein sehr vieldeutiger. Der Zwang kann lediglich in dem Transport an die Arbeitsstätte bestehen oder in der strengen Beaufsichtigung daselbst oder in den vielfach abgestuften Maßnahmen zur Ueberwindung von Nachlässigkeit, Faulheit und Widersetzlichkeit, vielleicht in der Anwendung von Dunkelzelle, Lattenarrest oder disciplinarer Prügelstrafe. Ob zu einer solchen Zwangsarbeit noch die nächtliche Verwahrung an dem Orte, an welchem sich die Sträflinge aufhalten, hinzutritt oder nicht, ist begrifflich recht gleichgültig. Der einzig wichtige Unterschied ist nicht: Zwangsarbeit mit oder ohne Einsperrung, sondern: erzwungene oder freiwillig geleistete Arbeit? Man braucht nicht Nationalökonomie getrieben zu haben, um zu ermessen, welch eine Kluft zwischen diesen beiden Arten von Arbeiten liegt. Auch dem schärfsten Arbeitszwange wird sich derjenige, welcher nicht thätig sein will, immer bis zu einem ziemlich hohen Grade entziehen können, wenn man nicht geradezu Marterwerkzeuge, welche ihn zur Arbeit antreiben, anwenden will. Die einzige würdige Aufgabe für einen Gesetzgeber kann nur sein, Mittel und Wege zu finden, um freiwillige Leistungen zu erzielen. Alles Andere ist Nothbehelf.

Da aber diese Scheidung nicht ausreichend in den Vordergrund gerückt worden ist, begegnen wir vielen Vorschlägen, welche nur darauf bedacht sind, das Moment des äußeren Zwanges, welcher auf die Leistung einwirken soll, recht wirksam zu gestalten. So will Borchard Arbeiten bei Bauten von Eisenbahnen, Chausseen, Brücken und dergl. unter Aufsicht eines starken militärischen Commandos, wobei der Hin- und Rückweg je einmal zu vergüten und auf Verlangen die nachher abzuverdienende Hälfte des Lohnes auszuzahlen ist. So spricht sich Le Bon für obligatorische industrielle oder landwirthschaftliche Arbeit oder aber schweren militärischen Dienst mit strenger Disciplin aus. So enthalten die Gesetze allerlei Androhungen von Uebeln, auf die später einzugehen ist.

Es liegt auf der Hand, daß die Vollstreckung einer substituirten Freiheitsstrafe dem Urtheile einen ganz anderen Inhalt giebt, als es ursprünglich hatte, und daß Zwangsarbeit jedenfalls dann verwerflich ist, wenn ihr Zweck durch Arbeit ohne Zwang erreicht werden kann. Insoweit letztere herbeiführbar ist, sind daher erstere beide Maßregeln abzulehnen. Selbstverständlich wird eine rückhaltlos nur aus Liebe zur Arbeit ergriffene Thätigkeit eine außerordentliche Seltenheit sein. Es wird vielmehr ein zwar nicht physischer, aber doch psychischer Antrieb vorhanden sein müssen, und damit gelangen wir zur zweiten Untergruppe des psychischen oder indirecten Zwanges.

In dieser kann man sich so viel verschiedene Fälle denken, wie es Möglichkeiten giebt, den Willen jemandes zu beeinflussen. Von Vorschlägen, welche bezwecken, die Zahlung der Strafe selbst zu veranlassen, ist nur das Wirthshausverbot (Aschrott) zu erwähnen. Es ist auf dem Lande vielfach durchführbar. Wo dies der Fall ist, mag das Verbot statthaben. Wer dem Staate Geld schuldig ist, braucht nicht in's Wirthshaus zu gehen. Er wird dann, selbst wenn er einen Haustrunk ermöglicht, Gelder zur Deckung seiner Verbindlichkeit übrig haben. Und das Gefühl der Beschämung wird ihn veranlassen, für baldige Tilgung der Schuld Sorge zu tragen.

In zweiter Linie kommen Einwirkungen auf die Ehre in Betracht. Nach dem Muster der attischen Gesetzgebung hat schon Filangieri die Untersagung der Ausübung staatsbürgerlicher Rechte bis zur Zahlung der Strafe empfohlen. Schmoelder bezeichnet dies als äußerst wirksam. Mag sein. Aber ist es auch gerecht, Ehrenschmälerungen bei geringfügigen Geldstrafen eintreten zu lassen, die wir mit den meisten Freiheitsstrafen nicht verknüpfen? Bonneville de Marsagny will diejenigen, welche die Geldstrafe nicht zahlen, für bankerott gegenüber dem Staate erklären und ihnen das Recht, zu wählen oder Geschworner zu sein, und andere sonstige Ehrenrechte entziehen. Zu dieser Kategorie von Anregungen gehört auch die seitens v. Massow verlangte Stellung unter Vormundschaft zur Strafe. Es ist allerdings zweifelhaft, ob v. Massow selbst sie für unseren Fall will. Ihre Durchführbarkeit soll hier nicht geprüft werden. Existirte sie, so könnte ein solcher Vormund dazu dienen, durch seine Thätigkeit die Zahl der uneinbringlichen Geldstrafen zu mindern, indem er seinem Mündel Abzüge vom Lohne zwecks Zahlung der Strafe macht.

Im Uebrigen läuft der indirecte Zwang immer darauf hinaus, den Verurtheilten, der nicht zahlt, zu einer dem Werthe des schuldig gebliebenen Geldes gleichkommenden anderweiten Leistung zu veranlassen. Ein etwas complicirtes System hat Garofalo: Herabsetzung der Lebenshaltung des Verurtheilten auf die Stufe eines Arbeiters, Ablieferung des Ueberschusses, Lohnabzüge, Abarbeiten, längere strenge Haft, bedingte Verurtheilung und besondere Cassen zur Entschädigung des Verletzten für Schaden, Angst und Zeitverlust. Strafanstaltsdirector Krell in Hamm befürwortet Abverdienen in bestehenden öffentlichen Etablissements, was identisch mit der sogleich zu erwähnenden Staats- oder Gemeindearbeit sein dürfte. Alle wesentlich in Betracht kommenden Vorschläge lassen sich auf folgende Grundformen zurückführen.

Abarbeiten der Geldstrafe in Staatswerkstätten. Auf den ersten Blick scheint hierfür die Erwägung zu sprechen, daß die Arbeitsfähigkeiten der Verurtheilten außerordentlich verschieden sind, und daß das Darbieten möglichst vieler dementsprechender Arbeitsgelegenheiten füglich nur in derartigen großen öffentlichen Werkstätten erfolgen kann. Die überhaupt erreichbare Individualisirung ist nicht gut anders zu erzielen. Deshalb haben sich auch Nocito und viele Franzosen, namentlich Michaux, dafür ausgesprochen; auch v. Engelberg hält sie in Verkehrscentren für möglich. Allein ihre Errichtung setzt denn doch einen social anders fundirten Staat voraus, als wir ihn haben. Stenglein sagt richtig, daß solche Nationalwerkstätten die Verwandtschaft mit den Utopieen gewisser socialistischer oder communistischer Secten kaum verkennen lassen.

Arbeiten im Interesse des Staates, der Provinz, des Kreises oder der Gemeinde einschließlich der Forstarbeiten. Diese Art Surrogat der Geldstrafe ist diejenige, welche der urtheilsmäßigen Strafe begrifflich am nächsten kommt. Denn wer an den Staat eine Geldsumme zu entrichten hat, welche er normaler Weise doch durch seine Arbeit erwirbt, leistet annähernd das Gleiche, wenn er die Thätigkeit, durch welche er sonst in den Besitz des geschuldeten Betrages gelangt, in den Dienst des Staates oder einer von diesem delegirten Behörde stellt. Muß also eine Substitution eintreten, so ist diese an sich die naturgemäßeste, und es wird später zu prüfen sein, ob sie ausführbar ist.

Abverdienen ohne Einsperrung in besonderen Anstalten, Gefängnissen, Arbeitshäusern oder Armenhäusern. Besondere Anstalten müßten erst errichtet werden. Sie zu fordern, wird, von allen übrigen Gründen abgesehen, jeder unterlassen, der die Möglichkeit der Verwirklichung seiner Gedanken erhofft. Die Reformer auf dem Gebiete des Strafrechts rufen ohnehin bereits nach Trinkerasylen, Anstalten für Geisteskranke und gemindert Zurechnungsfähige, Zwangserziehungsanstalten u. s. w. Ein jedes weitere Verlangen von solchen kostspieligen Neueinrichtungen müßte besser als dieses begründet sein, um gehört zu werden.

Für ein Abverdienen der Geldstrafe im Gefängnisse ohne Einschließung haben sich bereits viele Fürsprecher gefunden, zuletzt v. Engelberg auf dem braunschweiger Congreß des Vereins der deutschen Strafanstaltsbeamten von 1894, wo er allerdings bei diesen Praktikern einer ablehnenden Haltung begegnete; bekämpft wird der erwähnte Gedanke namentlich von Appelius. Man denkt sich die Sache so. Der Verurtheilte soll in der strengen Ordnung des Gefängnisses arbeiten, aber vor den schädlichen Einwirkungen desselben bewahrt bleiben. Er erscheint daher des Morgens zur hausordnungsmäßigen Stunde, arbeitet in den gemeinschaftlichen Sälen oder Höfen, nimmt die Mahlzeiten außerhalb der Gefängnißmauern ein und geht Nachts nach Hause. Eine solche Idee ist einfach unausführbar. Eine Entfernung von 30 Kilometern vom Wohnorte bis zum Sitze des nächsten Gefängnisses ist gar nichts Seltenes; die Maximalzahlen in Preußen sind erschreckend höher. Nun denke man sich jemand, der zur Abgeltung einer dem Staate geschuldeten Summe täglich drei, vier Meilen und mehr ohne jede Entschädigung hin- und wieder zurückläuft, müde an die Arbeit geht, hungrig aus dieser sich heraus begiebt, die zurückbleibenden Gefangenen um deren warmes Mittagessen beneidend, den letzten mitgebrachten Nickel in Schnaps anlegt, von der Destillation an die Gefängnißarbeit zurückkehrt und nach einem vielstündigen Marsche im Regen oder durch den Schnee frierend zu den Seinigen zurückgelangt, oder aber von dem Gelde, das er nicht hat, in fremdem Orte ein Nachtlager bezahlen soll. Eine solche gesetzgeberische Maßregel wäre geradezu antisocial. Und selbst für die großen Städte, für die man ja doch nicht gut Ausnahmebestimmungen erlassen kann, ist ihre Verwirklichung ausgeschlossen.

Darüber, ob die Verurtheilten im Arbeits- oder Armenhause die Strafe abverdienen sollen, wird zum Schlusse zu verhandeln sein. Jedenfalls kann kein Zweifel obwalten, daß es vor beiden Maßregeln vorzuziehen ist, wenn mindestens für einen großen Theil der Strafen in anderer Weise der Eingang der Geldsumme gesichert zu werden vermag. Und daß dies der Fall ist, soll noch gezeigt werden.

Wie wenig übrigens bei derartigen Vorschlägen Rücksicht auf bereits bestehende Einrichtungen genommen wird, beweist die Thatsache, daß auf dem londoner Gefängnißcongresse von 1872 es Graf de Foresta aus Arcona als neue Idee zur Lösung der Frage der uneinziehbaren Geldstrafe hinstellen konnte, die Leute bei Tage harte Zwangsarbeit leisten und Abends wie gewöhnliche Arbeiter in ihre Familien gehen zu lassen, obwohl nach der vorstehenden geschichtlichen Uebersicht dieses Institut längst bekannt war. Auch bei ihm findet sich keine scharfe Scheidung zwischen Zwangs- und freiwilliger Arbeit.

Sogenannte entgeltliche Arbeitsleistung. Stelling hat eine besondere Arbeitsleistung bei Meidung der Freiheitsstrafe construirt. Es soll Vollarbeit bei angemessenem Arbeitspensum außerhalb der Gefängnisse, abgesondert von Gefangenen, in eigener Kleidung, ohne Abzeichen, nicht unter Aufsicht gethan werden. Zu diesem Behufe soll ein eigener, im Wesentlichen landwirthschaftlicher Betrieb, in dessen Nähe sich Gelegenheit zur Einnahme von Mahlzeiten und zur Unterkunft befindet, durch die Justizverwaltung eingerichtet werden. Stelling denkt sich diese Strafe sowohl als principale wie als eventuelle für die uneinziehbare Geldstrafe.

Sein Vorschlag geht von dem richtigen Gedanken aus, daß die freiwillige Arbeitsleistung eine erzieherische Wirkung und eine erhöhte wirthschaftliche Bedeutung hat, die der Zwangsarbeit abgeht. Der Kern ist aber schließlich der der Staatswerkstatt, nur daß eine Verlegung der Scene unter freien Himmel stattgefunden hat. Stelling spricht auch selbst von einem rationell durch einen sachverständigen Director geleiteten Betriebe, einem Absatze der erzeugten landwirthschaftlichen Producte u. s. w. Die unmittelbare Folge davon würde eine beständige Klage über unerträgliche Concurrenz mit der freien Arbeit, eine große Gehässigkeit gegen den Staat sein, der mit umsonst ihm zur Verfügung stehenden Kräften Spargel zieht und Weizen baut und beides zu angeblichen Schleuderpreisen absetzt. Appelius bestreitet auch den Strafcharakter dieser Maßregel.

Darbringen eines selbst gefertigten Werkes. Man hat

gesagt: wenn ein Schuhmacher mit 10 Mk. Geldstrafe belegt ist, die er nicht bezahlen kann, sollte man ihm nachlassen, daß er seine Schuld durch Darbringen eines Paares Stiefel von dem angegebenen Werthe löst. Der Handwerker fertigt sein Werk daheim, der Staat verwendet es für das Militär, für Arme oder sonst angemessen. Das klingt ja ganz annehmbar und läßt sich für ein Paar Stiefel, die jedermann leidlich richtig abtaxiren kann, noch gerade hören, obgleich es schon zweifelhaft wird, was geschehen soll, wenn die Stiefel 9 Mk. 50 Pf. oder 10 Mk. 50 Pf. statt 10 Mk. werth sind, und was etwa mit Damenstiefeln angefangen werden soll. Aber die Unhaltbarkeit dieser Idee leuchtet ein, wenn nun auch Vasen, Handschuhe, Wagenrungen, Grabgitter, Reisekörbe, Frisirjacken und Champagnerkühler sollen dem Staate als Erzeugniß der eigenen Thätigkeit zum Abgelten der Schuldsumme hingegeben werden dürfen. Man könnte sicher sein, daß schleunigst alle alten Ladenhüter dem Staate in Zahlung würden gegeben werden; einen besseren Abnehmer für diese könnte man sich ja gar nicht wünschen. Vermittelungsbureaux, wo man sonst unverkäufliche Sachen zu diesem Zwecke billig erhielte, würden sofort entstehen. Und alle gestohlene Waare würde als mühsam selbstgefertigtes Opus auf dem Altare des Vaterlandes niedergelegt werden. Ganz zu geschweigen von der Casuistik, die sich für den Beamten ergäbe, welcher die Abschätzung der eingelieferten Sachen vorzunehmen hätte. Der Charakter der Strafe entfiele überdies völlig. Jeder würde das ihm entbehrlichste Stück, dessen Verlust ihn nicht schmerzt, als sein Fabricat ausliefern. Zurückgewiesen könnte schlechterdings nichts werden. Wer will denn widerlegen, daß in seinen Mußestunden der Schneider getischlert, der Böttcher geschlossert und die Damenmäntelnähterin Shlipse gefertigt hat?! Da ist es schon besser, daß jeder, welcher ein solches Werk zu liefern im Stande ist, es selbst versilbert und den Erlös an die Staatscasse abführt.

Ein psychischer Zwang, welcher die Entrichtung der Strafe herbeizuführen geeignet ist, liegt endlich in der Androhung besonderer Strafübel, z. B. der verschärften Freiheitsstrafe, für den Fall der Nichtzahlung. Einen Werth für den Gesetzgeber haben solche Mittel erst, wenn andere Maßnahmen erschöpft sind, insbesondere also der Versuch, das Abverdienen herbeizuführen, gescheitert ist. In diesem Zusammenhange wird ihre Besprechung erfolgen.

Daß mit diesen bisher gemachten Vorschlägen die Möglichkeiten, ein freiwilliges Abverdienen der Geldstrafe zu erzielen, noch nicht erschöpft sind, wird später dargelegt werden.

III. Der Staat kann endlich im Falle der Uneinbringlichkeit der Strafe sowohl auf deren Eingang wie auf Verhängung einer materiellen Straffolge verzichten. Die bedingte Verurtheilung zur Geldstrafe gehört nicht hierher, da in diesem Falle ja schon die Hauptfrage, ob überhaupt die Geldstrafe selbst zu entrichten, an eine Bedingung geknüpft ist. Hingegen könnte es hierher zu rechnen sein, wenn der Gesetzgeber auf den logisch falschen Ausweg verfiele, die Geldstrafe unbedingt, die substituirte Freiheitsstrafe bedingt erkennen zu lassen. Ebenso ist die Friedensbürgschaft hier zu erwähnen. Die Zumuthung, solche als Ersatz der unerhebbaren Geldstrafe zu betrachten, rechnet nicht mit den Thatsachen. Wer noch in der Lage ist, Sicherheit oder Bürgschaft seitens dritter Personen zu stellen, kann eben auch den Betrag einer Geldstrafe auftreiben und bedarf nicht der Vergünstigung der Friedensbürgschaft.

Es ist endlich die Niederschlagung der nicht beizutreibenden Geldstrafen von Männern so verschiedener Richtung wie Mittelstaedt und Gautier angeregt worden. In der Sitzung des norddeutschen Reichstages vom 23. 5. 1870 beantragte der Abgeordnete Dr. Schweitzer: „die Geldstrafe kann durch Execution beigetrieben werden; eine Umwandlung derselben in Gefängniß oder Haft findet nicht statt.“ Der stenographische Bericht verzeichnet hierzu Heiterkeit; eine Besprechung des Antrages erfolgte nicht, da derselbe nicht ausreichend unterstützt wurde. Heut sagt Mittelstaedt: „ich halte es für gerechter, absolut unvollstreckbare Geldstrafen einfach unvollstreckt zu lassen, als sie in Freiheitsstrafe umzuwandeln. Die Weltordnung wird dabei nicht aus den Fugen gehen.“ Thatsächlich ist nun zwar schon jetzt die Umwandlung der Geldstrafe in Freiheitsstrafe für einzelne Fälle ausgeschlossen, so in § 15 des Wechselstempelgesetzes vom 10. 6. 1869, in § 24 des Nachdruckgesetzes vom 11. 6. 1870, in § 36 des Stempelabgabengesetzes vom 29. 5. 1885. Dies verallgemeinern, heißt jedoch die Armen ungerecht bevorzugen, sie zu neuen, thatsächlich straffreien Thaten anreizen, durch das geschenkweise Erlassen der Strafe demoralisiren und außerdem die Fälle der Nichtzahlung mehren. Unsere Rechtsordnung bedarf einer Sanction allen Classen gegenüber (Merkel); es wäre ein Freibrief an ganze Bevölkerungsclassen für alle mit Geldstrafe allein bedrohten Delicte (Friedmann), die Bankerotterklärung des Staates (Hagerup).

Aus dem Vorstehenden ergiebt sich, daß zwar im Falle der Nichtentrichtung der Geldstrafe gar vielerlei Wege offen stehen, daß jedoch unter diesen das Abverdienen eine ganz besondere Beachtung verdient.

Es sind deshalb nunmehr die Gründe, welche für und gegen das Institut sprechen, genauer wider einander abzuwägen. Zunächst die

Gründe für das Abverdienen der Geldstrafen.

Von vornherein muß betont werden, daß es verhältnißmäßig wenig Gründe giebt, welche in gleicher Weise für die freiwillig geleistete wie für die erzwungene Arbeit gelten. Es handelt sich bei beiden nur um eine gewisse Gleichheit des in die äußere Erscheinung Tretenden, nicht um solche des inneren Wesens. Stelling geht so weit, zu sagen: Zwangsarbeit ist überhaupt keine Arbeit, da das Wesen der letzteren in der Freiwilligkeit besteht; das ist freilich zu viel behauptet. Doch sind in der That die Unterschiede so stark, die Aehnlichkeiten so schwach, daß schon v. Holtzendorff sie als directe Gegensätze bezeichnete. Hierzu kommt, daß die freiwillige Arbeitsleistung innerhalb des großen Gemeinschaftsbetriebes des wirthschaftlichen Lebens gethan werden kann, während die Zwangsarbeit, wenn sie energisch durchgeführt werden soll, schließlich auf Vollstreckung bei Absonderung des Bestraften von Anderen angewiesen ist. In dieser Hinsicht macht aber Mittelstaedt mit Recht geltend, daß die isolirte Zwangsarbeit nicht nur moralisch, sondern auch industriell tief an Werth unter der gemeinsamen Arbeit steht, und daß die guten Einwirkungen wegfallen, welche Beispiel, Muster, Nachahmung, Wetteifer, mit der Vergesellschaftung verbundene erhöhte Blutswärme, Freude am Geschaffenen, Erwerbstrieb, Hoffnung auf Gewinn und Genuß hervorrufen, ja daß sogar der vernünftige, zweckmäßige, ökonomisch richtige Gebrauch der erlangten Hand- oder Handwerksgeschicklichkeit für den freien Arbeitsmarkt zerstört wird.

Wer Zwang anwendet, wo es nicht nöthig ist, entwürdigt den Menschen zum Thiere. Eine Verurtheilung zu Zwangsarbeit hat, wie Merkel treffend hervorhebt, bei Leuten, welche zahlen, bez. abarbeiten, möchten, schlechthin keine innere Berechtigung. Die Arbeit selbst würde dadurch stigmatisirt werden. In Nachstehendem wird daher nur auf die freiwillige Arbeit Rücksicht genommen werden, wobei jedoch nicht außer Acht zu lassen ist, daß später noch untersucht werden muß, was geschehen soll, wenn die freiwillige Leistung nicht geschieht. Da das Niederschlagen der erkannten Strafe für diesen Fall bereits verworfen ist, muß der Staat dann natürlich irgend welchen Zwang anwenden. Schon die bloße Zwangsandrohung wird genügen, um viele Verurtheilte zum freiwilligen Abverdienen zu veranlassen. So bewirkte die Drohung mit dem Zwange zur Abarbeitung in Norwegen, daß von 900 Transportordres nur rund

100 ausgeführt zu werden brauchten, da die übrigen durch Zahlung der Strafe abgewendet wurden (Beichmann). Ob nun dieser letzte Zwang gerade Zwangsarbeit sein muß, oder welche Form dieselbe anzunehmen hat, ist zur Zeit noch nicht zu untersuchen.

Dieses vorausgeschickt, sind drei Gruppen von Gründen für das Abverdienen zu unterscheiden.

I. Erwägungen aus der Natur der Strafart. Die Geldstrafe kann in drei Formen auftreten: als Schadensersatz an den Verletzten, als Ersatz einer eigentlich andersartig zu verbüßenden Strafe, als öffentliche Strafe. Heut kommt sie, von verschwindenden Ausnahmen abgesehen, nur noch in letzterer Hinsicht in Betracht. Ihre oft erörterten Vortheile sind hier nicht zu besprechen. Ihre Bedeutung beruht darin, daß sie die vermögensrechtliche, wirthschaftliche Persönlichkeit trifft (Wahlberg). Nach dieser Richtung soll dem Schuldigen ein Strafleiden zugefügt werden und die Strafbarkeit mit diesem Strafleiden, nicht mit der Summe des Geldbetrages, in Beziehung gesetzt werden. Das geschieht durch eine gegen den Angeklagten gerichtete, auf Afficirung seines Willens zielende Reaction wegen seines Vergehens mittelst zwangsweiser Minderung des ihm gehörigen Vermögens (Stooß). Und zwar werden ihm Güter von Tauschwerth entzogen, deren er zur Befriedigung seiner Bedürfnisse benöthigt, und die ihm doch nur in beschränktem Maße zur Verfügung stehen (Seidler). In einem ziemlich geringfügigen Maße ist damit vielleicht auch eine Minderung der Ehre verbunden (Zucker). In der Praxis sieht es jedoch nicht diesen theoretischen Erwägungen entsprechend, sondern so aus, daß die Geldstrafe betreffs eines Theiles der davon betroffenen Personen zu einer reinen Einnahmequelle des Staates herabgesunken ist und zwar dergestalt, daß von dem verblassenden Strafcharakter vornehmlich das Gefühl der Ehrenminderung, die Empfindung des Makels, auf der Anklagebank gesessen zu haben, übrig bleibt, während betreffs des Restes der Verurtheilten die Geldstrafe eine „verschleierte Gefängnißstrafe" darstellt.

Besitzt nun der Verurtheilte Güter von Tauschwerth nicht, so muß eine irgendwie geartete Umwandlung des ihm zuzufügenden Strafleidens erfolgen. Es ist aber begrifflich falsch, hierzu ohne Weiteres die Freiheitsstafe zu wählen. Denn diese richtet sich gegen ein anderes Rechtsgut desselben, nämlich gegen seine persönliche Freiheit, seine Ehre, mittelbar auch seine Erwerbsfähigkeit. Demzufolge äußerte auch der damalige Bundescommissar, spätere Justizminister Dr. Friedberg in der Verhandlung des norddeutschen Reichstages vom 5. 3. 1870: „ich bin weit entfernt, zu behaupten, daß Freiheit und Geld überhaupt commensurable Größen sind . . . ., für die gut situirte Classe von Personen ist der § 26 [Umwandlung der Geldstrafe in Freiheitsstrafe] überhaupt nicht geschrieben." Die Motive zum französischen code forestier vom 8. 6. 1859 nennen die Umwandlung der Geld- in Freiheitsstrafe eine Ueberschreitung des Maßes der Gerechtigkeit. Und Nocito bezeichnete auf dem römischen Gefängnißcongresse von 1885 den Grundsatz: qui de aere non habet, luat de corpore als eine barbarische Maxime. Alle Gesichtspunkte, welche zur Beseitigung der Personalschuldhaft im bürgerlichen Recht geführt haben, sprechen noch viel unbedingter für die Abschaffung der durch Einsperrung abzubüßenden Geldstrafe (Mittelstaedt).

Die Geldstrafe ist eine mildere Strafart als die Freiheitsstrafe; dies erkennen auch die Motive zu § 26 des Strafgesetzbuches für den norddeutschen Bund an. Deshalb ist es ungerecht, Freiheitsstrafe an ihre Stelle zu setzen. Das wahre Aequivalent für das nicht vorhandene Vermögen ist die Arbeit, durch welche eben die fehlenden Güter erworben werden.

Nur diese Substitution entspricht dem Principe der Rechtsgleichheit. Freiheitsstrafe ist wenig besser als Prügelstrafe für den Unvermögensfall (v. Holtzendorff).

Durch das Abverdienen läßt sich auch die ungleiche Behandlung verschiedener Bevölkerungsclassen durch das Gesetz, bezw. das Gericht, und die damit verknüpfte sociale Ungerechtigkeit beseitigen oder doch auf ein Minimum einschränken. „Die Verwandlung oder die Erhöhung der Freiheitsstrafe wegen Zahlungsunvermögens des Verurtheilten wird als eine Ungerechtigkeit gegen den Armen und eine Begünstigung des Wohlhabenden gemißbilligt," sagt ein so erfahrener Criminalist wie v. Schwarze. Freiheitsstrafen wegen Insolvenz veranlassen jene erbitternden Vergleiche zwischen dem Privilegium des Reichthums und dem Mißgeschick der Armuth (v. Holtzendorff). In der That, wir haben allen Anlaß, eine Bestrafung des Armen der Armuth halber (Frank), eine strafrechtliche Bevorrechtigung der besitzenden Classen lediglich des Besitzes halber zu unterlassen. Wenn die abgeurtheilte That mit Geld bewerthet war, gründet sich die Vollstreckung der Freiheitsstrafe nicht auf die Schwere der That, nicht auf besonders strafwürdige persönliche Verhältnisse des Thäters, sondern nackt und bloß auf die Thatsache seiner Armuth.

Hat man es hiergegen als eine sociale Ungerechtigkeit ebenso bedenklicher Art bezeichnet, daß bei der Annahme des Principes des Abverdienens Angehörige der sogenannten besseren Classen zu öffentlicher

Arbeit gezwungen werden könnten, so wird sich aus dem Späteren ergeben, daß dies bei einigermaßen gutem Willen nicht nöthig ist. Im Uebrigen aber könnte es nur mit Freuden begrüßt werden, wenn dadurch abermals ein Schritt gegen das Vorurtheil, Arbeit könnte schänden, gethan würde, und manche auf dem Anfange einer schiefen Ebene befindlichen Personen nicht erst nach America auszuwandern brauchten, um des Segens der Arbeit inne zu werden.

II. Erwägungen aus der Person des Verurtheilten und seiner Angehörigen. Bei dem heutigen System ist die Geldstrafe thatsächlich härter als die Freiheitsstrafe (Kulemann), da die Gleichung 3, bezw. 1 bis 15 Mark = 1 Tage so gestellt ist, daß die meisten Verurtheilten in der Freiheit weniger durch den Ertrag eines Arbeitstages verdienen, als durch das Abbüßen der Freiheitsstrafe getilgt gilt. Dies hat das widerwärtige Schauspiel hervorgerufen, aus dem Sitzen im Gefängnisse ein gutes Geschäft zu machen (Krohne). Wir stehen vor der betrübenden Thatsache der Demoralisation weiter Kreise, welche unbedenklich das Sitzen dem Zahlen vorziehen. Krohne hat Recht: wollte man 15 Mark baar für jeden Tag Freiheitsstrafe abzahlen, so würde die Zahl der freiwillig sich Stellenden in die Hunderttausende gehen. Das „Abfaulenzen" der Strafe von Sonnabend zum Sonntag Abend wird zum „nichtswürdigsten Hohn auf die Rechtspflege". Dazu kommt die Ueberproduction an kleinen Strafen; Händler, die ihr Gewerbe im Umherziehen betreiben, Leierkastenmänner und dergleichen Leute bringen es manches Jahr auf 50, ja 100 Strafen. Deshalb ist bis in die Kreise der Gerichtsvollzieher und sonstigen Vollstreckungsbeamten hinein der Grundsatz gedrungen, Geldstrafen seien nicht dazu da, um bezahlt, sondern um abgesessen zu werden (Mittelstaedt).

Da aber mit dem Absitzen außerdem alle wirthschaftlichen und sonstigen Vortheile in Wegfall gerathen, um derentwillen überhaupt auf Geldstrafe erkannt wurde, muß diese Umkehrung des wahren Willens des Gesetzgebers aufgegeben werden. Die gegenwärtige „Freiheitsstrafe mit Müßiggang" (Stenglein) setzt diejenigen, welche vor der Inhaftirung von Rechts wegen bewahrt werden sollen, allen sattsam bekannten ökonomischen und moralischen Schädigungen durch die Freiheitsstrafe aus und zwar, wie Baumgarten mit Recht hervorhebt, vornehmlich jene Gesellschaftsclassen, welche dem gegenüber die geringste Widerstandsfähigkeit besitzen, so daß die erste Aufgabe der Strafe, nicht verschlechternd zu wirken, unerfüllt bleibt. Dadurch wird eine Gleichgültigkeit gegen die Freiheitsstrafe künstlich großgezogen und der Werth der Freiheit herabgesetzt.

Alle diese schlechten Folgen für die Person des Verurtheilten werden durch ein Abarbeiten der Strafe vermieden, das gefährliche: ce n'est que le premier pas qui coute, auf das Collins-Cornwall gerade hier hinsichtlich des Betretens des Gefängnisses hinweist, nicht heraufbeschworen und die Bedeutung der principalen Gefängnißstrafe gesteigert. Man verhütet durch die Strafarbeit, daß ein Unglücklicher zum Verbrecher wird (Prins). Man braucht nur die Nothschreie der Praktiker zu hören! So klagt z. B. Strafanstaltsdirector Krell aus Hamm auf der 55. Generalversammlung der rheinisch-westphälischen Gefängnißgesellschaft von 1883 unter Zustimmung Aller über die verderblichen Folgen, Fortbildungsschüler, welche die Fortbildungsschule nicht besucht haben, Knaben, die andere Kinder mit Steinen geworfen haben, Familienväter, deren Kinder aus dem Schulunterrichte fortgeblieben sind, Geldstrafen in Strafhaft verbüßen zu lassen.

Ferner leidet die Gesundheit des Verurtheilten weniger beim Abverdienen als beim Einsperren (Zucker).

Der Eingriff in die wirthschaftliche Selbstbestimmung des Bestraften unterbleibt oder wird doch erheblich gemildert.

Sein Ehrgefühl, seine Selbstachtung bleiben gewahrt, das Beschämende, der Freiheit beraubt gewesen zu sein, tritt nicht in die Existenz. Borggreve will allerdings hieraus gerade einen Beweis gegen die Strafarbeit entnehmen. Er stellt auf Grund seiner Erfahrungen über Forststräflinge fest, es herrsche bei diesen Gesetzesübertretern die Meinung, nach geleisteter Arbeit und durch dieselbe sowohl dem geschädigten Waldbesitzer wie den sonstigen Mitbürgern gegenüber vollständig restituirt dazustehen. So soll es aber auch sein! Und es ist sehr werthvoll, daß gerade Borggreve bei seiner ablehnenden Haltung diesen guten Erfolg der Strafarbeit feststellt. Bei dem jetzigen Zustande kann es nicht bleiben, daß von zwei gleich Schuldigen der eine, welcher zahlt, in der nämlichen Achtung wie früher dasteht, der andere aber den Makel, im Gefängnisse gewesen zu sein, aufgeheftet erhält.

Das Abverdienen ist nicht bloß nützlich, sondern auch human. Dies erkennt der Commissionsbericht des preußischen Abgeordnetenhauses zum geltenden Forstdiebstahlsgesetze ausdrücklich an. Auch der Abgeordnete Bernhardt hat es in der Sitzung des preußischen Abgeordnetenhauses vom 16. 3. 1878 betont. Es zeigt sich die Humanität namentlich darin, daß das Familienleben des Verurtheilten nicht geschädigt wird, und daß die wirthschaftliche Gefährdung der Familie unterbleibt, welche bei der Verhaftung des Familienoberhauptes nahe liegt.

III. Erwägungen aus den eintretenden Folgen. Die Arbeit selbst soll und wird keine Strafe sein. Dennoch fügt die Arbeitsleistung ein Strafübel zu, das in dem Ausbleiben oder dem nur theilweisen Gewähren von Entgelt besteht. Es wird sogar die Wucht des Richterspruches noch stärker empfunden als beim einmaligen Zahlen der ganzen Strafsumme auf einem Brette.

Die Arbeitsleistung ist ein Mittel zur Zucht und zur Besserung. Ihr wohnt zugleich ein moralischer Zwang inne, auf den u. A. die Zanardelli'schen Motive zum italienischen Strafgesetzbuche mit Recht Werth legen. Ihr eignen die Vortheile der kurzen Freiheitsstrafen ohne deren Mängel.

Die Gemeindearbeit insbesondere hat den Vorzug, das Band zwischen dem Einzelnen und seiner Gemeinde enger zu knüpfen. Wer einen Wald hat mit pflanzen, einen Weg mit chaussiren helfen, freut sich nachher des vollendeten Werkes und hat ein Interesse mehr an der Umgebung, in der er lebt. Die Gemeindearbeit gewährt außerdem, was freilich bestritten ist, den Communen einen wenn auch nur geringen Vortheil.

Das Abverdienen muß zur Milderung des Gegensatzes zwischen den verschiedenen gesellschaftlichen Classen mit beitragen. Der Vermögenslose kann nun auch mit seinem Capital, nämlich seiner Hände Arbeit, zahlen und braucht nicht mehr mit Freiheit zu büßen, wo der Wohlhabende Geld entrichtet.

von Holtzendorff hofft, daß so auch dem Umsichgreifen des Materialismus wird entgegengearbeitet werden.

Eine weitere Folge ist die Entlastung der Gefängnisse und, was ja nicht ausschlaggebend sein darf, aber als Vorzug nicht zu bestreiten ist, die Verminderung der Staatshaushaltskosten.

Ferner wird nothwendig die Zahl der Freiheitsstrafen herabgehen.

Auch gestattet die Durchführung der Abarbeitung eine häufigere Verwendung der Geldstrafen, da der Eingang derselben oder der Arbeit gesichert ist (Zuercher).

Eine kleine, aber wegen der sittlichen Wirkung nicht zu unterschätzende Nebenfolge wird sein, daß das Absitzenlassen der Strafe durch einen Anderen aufhört. Diese Verhöhnung der Rechtspflege findet jetzt viel häufiger statt, als man gemeinhin glaubt, und als sich aus den Verurtheilungen wegen intellectueller Urkundenfälschung entnehmen läßt. Die meisten Fälle bleiben unentdeckt.

Endlich wird sich im Anschlusse an das System des Abarbeitens die Frage nach der Entschädigung des Verletzten regeln lassen. Ein Versuch der Lösung auf diesem Wege ist ja bereits durch die Forstdiebstahlsgesetzgebung gemacht worden.

Betrachten wir nunmehr die

Gründe gegen das Abverdienen der Geldstrafen.

Dieselben lassen sich in drei Hauptgruppen eintheilen.

I. **Bedenken, die auf der Natur der Arbeitsleistung beruhen.** Foinitzky und Andere vertheidigen den Gesichtspunkt, die Arbeit als Quelle des menschlichen Wohlstandes sei keine Strafe oder, was dem gleich kommt, sie sei eine entsittlichende Strafe. Der Einwurf beweist jedoch nichts, da das Strafübel ausschließlich in dem Vorenthalten des Entgeltes liegt.

Friedmann macht geltend, daß mit einem falschen Doctrinarismus die Leistung eines bestimmten Strafbetrages, die nur ein secundärer Punkt sei, als maßgebend hingestellt werde, nicht aber das wirklich Primäre, nämlich der Zweck, ein der That möglichst angemessenes Strafübel zu vollziehen. Auch dieser Einwand, daß in civilistischer Weise der Nachdruck auf die äußere Seite der Sache, auf den ökonomischen Werth des Strafleidens, gelegt werde, trifft nicht zu. Das Gesetz und das erkennende Gericht haben das Primäre, die Angemessenheit des zuzufügenden Strafübels, erwogen und festgesetzt. Ihr Wille geht dahin, den Schuldigen in seiner Eigenschaft als wirthschaftliche Persönlichkeit zu treffen. Dabei muß es sein Bewenden haben, und es ist nur consequent, wenn die Mittel zur Verwirklichung des rechtskräftig verhängten Strafleidens dem wirthschaftlichen Gebiete entnommen werden. Wer für das Abverdienen der Geldstrafen eintritt, will nichts als die reine Durchführung gerade des Primären im Geiste des Gesetzgebers und des Richters.

Man kann ferner einwenden, alle Strafe setze begrifflich einen Zwang voraus, und deshalb sei freiwilliges Abverdienen auszuschließen. Damit würde man aber zu viel beweisen. Denn mit gleichem Rechte könnte man sagen: der Staat darf auch nicht die freiwillig dargebotenen Geldsummen annehmen, sondern muß sie stets durch Zwangsbeitreibung einholen. Ob aber Geld oder Arbeit freiwillig geboten wird, ist von keinem wesentlichen Unterschiede. Ein Zwang wird in jedem Falle gegen den Verurtheilten ausgeübt. Er sieht sich durch das Urtheil in der Verfügungsgewalt über einen Theil seines Vermögens oder seiner Arbeitskraft beschränkt, steht daher der nothwendigen Folge einer Verwirklichung dieser Straffestsetzung gegenüber und handelt unter dem nämlichen Zwange, ob er nun freiwillig kommt und sich des Geldes oder des Ertrages seiner Arbeitskraft entschlägt oder aber den Gerichtsvollzieher oder Gefangenenwärter seines Amtes walten läßt.

Appelius führt aus, daß diejenige Strafe nicht brauchbar sei, welche eines Zwangsmittels entbehre, und daß es ein directes Zwangsmittel zur Arbeit nicht gebe, da es, wie auch Gillischewski hervorhebt, schon in der Strafanstalt unendlich schwer sei, einem absolut renitenten Zögling zu einer vorgeschriebenen Arbeit anzuhalten. Hiermit ist nur ein Einwand gegen die Zwangsarbeit erhoben, die vorläufig nicht in Frage steht. Solange die Arbeit freiwillig geleistet wird, bedarf es keines Zwangsmittels.

A. Rivière befürchtet, daß der Charakter der Strafe als solcher bei der Verbüßung durch Abverdienen wegfallen werde. Möglich ist eine solche Folge, und es wird daher nothwendig sein, die Regelung derartig vorzunehmen, daß diese Gefahr beseitigt wird.

Von verschiedenen Seiten, u. a. auch von Friedmann, ist in's Feld geführt worden, das Ehrgefühl des Verurtheilten werde den Zwang zur öffentlichen Arbeit härter und bitterer empfinden als die einfache Freiheitsentziehung. Und man hat hervorgehoben, daß gerade die besseren Elemente die Abgeschlossenheit des Gefängnisses der öffentlichen Arbeit vorziehen, da mit letzterer eine Schmach für sie verbunden sei. Der erhobene Einwand ist nur dann zutreffend, wenn, was hier nicht vertheidigt wird, die öffentliche Arbeit eine Gestalt erfährt, welche ihren Strafcharakter ohne Weiteres jedermann erkennbar macht. Das Bedenken muß jedoch schwinden, wenn die Verurtheilten nach wie vor mit ihren Nachbarn Hinz und Kunz auf die Arbeit gehen, kein einziges Moment verräth, daß sie heut, abweichend von gestern, eine Strafe abarbeiten, und die einzige Thatsache, in welcher dieses Abverdienen in die Erscheinung tritt, der Umstand ist, daß sie Sonnabends gar keinen oder nur halben Lohn ausbezahlt bekommen.

Richtig ist, daß von zwei Complicen derjenige, welcher zur milderen Geldstrafe verurtheilt ist, längere Zeit zu deren Tilgung gebrauchen kann als sein von vornherein zur Freiheitsstrafe verurtheilter, in höherem Maße schuldiger Genosse. Dies ist aber auch vollständig urtheilsgemäß. Er hat eben genau so, wie geschehen, in der wirthschaftlichen Seite seiner Existenz betroffen werden sollen. Und man darf den außerordentlichen Unterschied nicht übersehen, daß er dafür sich seiner Freiheit nach wie vor erfreut hat, während Jener gesessen und seine Strafe vielleicht bei Wasser und Brod auf hartem Lager verbüßt hat.

Aber man wirft der Strafarbeit auch sonst das Hervorrufen von Ungleichheiten vor. Werner nennt sie die ungleichmäßigste Strafe, die erdacht werden kann. Zuzugeben ist, daß das Abverdienen von verschiedenen Leuten verschieden empfunden werden wird. Dies bleibt jedoch entsprechend ihrer eigenen Individualität und ihren wirthschaftlichen und gesellschaftlichen Verhältnissen, Dingen, welche der Strafrichter nicht schafft, sondern vorfindet. Und es ist mit der Freiheitsstrafe nicht besser. Es ist durchaus nicht dasselbe, ob gegen eine Lehrerin oder gegen eine Prostituirte ein Tag Gefängniß vollstreckt wird. Ueberdies wird gerade dieses Bedenken durch die weiter unten zu machenden Vorschläge erheblich an Werth verlieren.

Nicht völlig zu entkräften ist der gleichfalls aus der Natur der Arbeitsleistung sich herleitende Einwurf von Appelius, es lasse sich keine gleichmäßige Vollstreckung erzielen. Ein Tag unter Aufsicht eines strammen Polizeibeamten in einer großen Stadt sei etwas Anderes als das anscheinend Gleiche in einem kleinen Dörfchen. Man kann nur erwidern, daß da auch der Werth der Zeit und der Arbeit noch ein anderer ist, und daß jedermann die Folgen über sich ergehen lassen muß, welche mit der Wahl seines Aufenthaltsortes verknüpft sind.

II. Bedenken wegen der eintretenden Folgen. Die Gefahr, daß das Zusammenkommen mehrerer doch immerhin bestrafter Personen Anlaß zu neuen Rechtsverletzungen und die Möglichkeit moralisch schlechter Beeinflussung biete, erscheint als eine recht entfernte. Außer Zuercher befürchtet dies eigentlich nur noch Stevens, der aber mehr an die Zwangsarbeit von Elementen der schlechtesten Art zu denken scheint. Rosenfeld sagt zutreffend, die Möglichkeit des Zusammentreffens von Leuten zweifelhafter Moralität mit solchen, deren Moralität schwach ist, liege überall in der Welt vor.

Zucker hat früher verfochten, daß Folge der Strafarbeit eine Art Strafknechtschaft sein würde, welche mit den Principien der modernen Strafrechtspflege in auffälligstem Widerspruche stände. Er hat diesen Gedankengang aber jetzt selbst aufgegeben. Es wird auch dargelegt werden, daß die freiwillig gethane Strafarbeit geradezu ein Gegensatz zur Strafknechtschaft ist.

Nicht ohne alles Gewicht ist der Vorhalt, die Vollstreckung gehe ganz aus der Hand des Richters heraus, eine volle Gewähr für Ordnung und Pünktlichkeit des Vollzuges werde nicht geboten, über die Dauer der Strafe werde schließlich das Ermessen der untersten Vollzugsorgane entscheiden. Zunächst können freilich diese Bemerkungen sich nur auf einen Theil der Strafarbeiten beziehen, nämlich auf die den communalen Körperschaften überwiesenen. Sodann ist doch aber auch nicht zu übersehen, daß ja heutigen Tages überhaupt die Einwirkung der Justiz auf den Strafvollzug eine nur recht bescheidene ist. Haben die Gemeinden den Vortheil von der Strafvollstreckung, so werden sie auch auf ordentliche Durchführung derselben halten. Das Vertrauen kann man zu ihnen haben. Sind doch auch betreffs der Handhabung der Forstarbeit nach dieser Richtung kaum Klagen laut geworden! Gegen den Uebelstand aber, daß die niedrigsten Vollzugsbeamten einen entscheidenden Einfluß auf die Strafdauer haben, lassen sich ausreichend Fürsorgemaßregeln ergreifen.

Dem Einwande, daß ja schließlich doch Freiheitsberaubung das letzte Mittel sei, läßt sich durch den Hinweis begegnen, daß kein Arzt ein ihm bekanntes Heilmittel wissentlich unversucht bleiben lassen wird, wenn er sich Heilung davon verspricht.

Man hat den nämlichen Punkt auch noch von einer anderen Seite beleuchtet und gesagt, es würde durch die Häufung von zwei Eventualitäten dem Schuldigen ein dem Ernste der Strafrechtspflege nicht entsprechendes förmliches Wahlrecht gegeben. Zucker, von dem diese Fassung herrührt, hält sie heut nicht mehr aufrecht. Daß aber die Würde der Strafrechtspflege mit der Verhängung zunächst einer Subsidiar- und dann einer Eventualstrafe sehr wohl bestehen kann, ergiebt der Umstand, daß dies viele Jahrzehnte für Forstsachen schon in Uebung ist. Ja, die Umrechnungen sind früher noch viel complicirter gewesen, worüber man das Nähere aus den Publicanden der Regierungen und Landesjustizbehörden zu § 5 des Holzdiebstahlsgesetzes vom 7. 6. 1821 ersehen kann.

III. Bedenken über die praktische Durchführbarkeit. Baumgarten entfährt es wie ein Stoßseufzer: „die bescheidene Rolle der Zwangsarbeit (richtiger Strafarbeit) unter den neuesten Reformvorschlägen des Strafsystems steht im umgekehrten Verhältnisse zu ihrer principiellen Unanfechtbarkeit und praktischen Eignung." Meyer hingegen, welcher bisher die beklagte Ungerechtigkeit der Umwandlung in Freiheitsstrafe schlechthin als unentbehrlich bezeichnete, fügt in der neuesten Auflage seines Lehrbuches hinzu, daß sie allerdings durch das Abverdienen der Geldstrafe mittelst Arbeit eingeschränkt werden könnte. Wie steht es in Wirklichkeit?

Es werden zunächst Gegengründe vorgebracht, welche in der Arbeitsgewähr selbst liegen. Man sagt: es fehlt an ausreichender Arbeit; namentlich zur Nothstandszeit (Kleinfeller) wird die vorhandene Arbeitsgelegenheit vorzugsweise den unbescholtenen Bürgern zugewendet werden müssen. Außerdem werden nur bestimmte, nicht von jedermann ausführbare Arbeiten zugewiesen werden können. Selbst zur Einrichtung solcher wird man unwirthschaftlicher Weise unnöthige Dinge in Angriff nehmen müssen, wie schon jetzt bei Forststrafen geschieht (Borggreve). Die Arbeitsstätte wird oft so weit entfernt sein, daß es unbillig ist, den Verurtheilten dorthin zu schicken. Die Festsetzung des Werthes der Leistung, ebenso die des Umfanges der Tagewerke, begegnet den größten Schwierigkeiten. Locale Verhältnisse und Bedingungen werden den stärksten Einfluß ausüben, da man Flachland und Gebirgsland nicht gleichmäßig behandeln kann, und in manchen Bezirken eine Arbeitsgewöhnung der ganzen Bevölkerung an bestimmte Thätigkeiten vorhanden ist, die in anderen fehlt.

Ferner werden Bedenken aus der Schwierigkeit der Aufsicht hergeleitet. Wenn man sogar befürchtet, daß dieserhalb neue Beamte würden angestellt werden müssen, was übrigens, wie weiter unten zu zeigen, kaum nothwendig sein wird, so erklärt das Seuffert mit Recht für einen Scheingrund, da dafür andere Beamte erspart werden würden. Es kommt allerdings ganz auf die Art der Organisation an. Uppström theilt mit, daß 1840 in Schweden ein Antrag, Geldstrafen für kleinere Vergehen durch Arbeiten für die Krone, die Kirche, die Armen oder Privatleute, die die Strafe vorschußweise zahlen, abgelten zu lassen, lediglich wegen der Schwierigkeiten der Controle und der zu hohen Kosten abgelehnt wurde.

Drittens bringt man Gründe aus der Person der Arbeiter selbst vor. Es heißt, sie werden gar nicht zur Arbeit kommen. Sie werden nur aus einer Arbeit gerissen und in eine andere geworfen, so daß das Ganze nichts als ein Wechsel der Arbeitsstätte ist (Baron Mackay). Es können überhaupt nur gewisse Personenclassen in Frage kommen; man kann nicht vom Arzte unentgeltliche Krankenbehandlung und von der Modistin Lieferung von Putzartikeln verlangen (v. Liszt). Vielen wird die Fähigkeit zur Verrichtung von Tagelohnarbeiten fehlen, da bei alltäglicher Handarbeit die Rolle, welche betreffs der höheren Fertigkeiten die Ausbildung spielt, von der Uebung, dem Training, eingenommen wird (Baumgarten). Die Schwierigkeit, die Arbeit der Individualität der Arbeitskräfte angemessen anzuweisen, wird unübersteiglich sein, das Außerachtlassen der Individualität aber eine wirthschaftliche Kraftverschwendung bedeuten (Zuercher). Die Faulheit der Arbeiter wird ein ewiges Aergerniß für die Verwaltung bilden (Dreyfus) und zugleich ein schlechtes Beispiel für die fleißigen freien Arbeiter abgeben, da ein wirklicher Zwang gegen Renitente nicht durchführbar ist. Endlich wird die Gesundheit der Arbeiter in verschiedener Weise gefährdet werden, wie z. B. eine Vergleichung von Entsumpfungen und von Straßenbau in trockener Gegend ergiebt (Stenglein).

Auch auf die Mangelhaftigkeit der geleisteten Arbeit beruft man sich. Stenglein erachtet dafür, daß man direct eine Art Pflanzschule für schlechte Arbeitsgewöhnung errichte. Gerade für die Beurtheilung der finanziellen und ökonomischen Erträgnisse ist aber eine außerordentlich scharfe Trennung zwischen der freiwillig geleisteten und der Zwangsarbeit nothwendig, die bisher vielfach zu vermissen ist. Wenn Hagerup den Werth der Strafarbeit gleich dem der Gefängnißarbeit bemißt, so bezieht sich dies ausschließlich auf Zwangsarbeit und ist hierfür zutreffend. Dem freiwillig geschehenden Abverdienen wohnen alle Vorzüge bei, welche die freie Arbeit vor der unfreien hat.

Die Armuth der Sträflinge selbst wird des Weiteren als ein Haupthinderniß für das Abverdienen bezeichnet. Appelius warnt davor, daß die Gemeinde, für welche etwa der Bestrafte arbeitet, als Ortsarmenverband für ihn oder seine Angehörigen eintreten müßte.

An sonstigen Schwierigkeiten der Ausführung wird geltend gemacht, daß die Frage des Unterhaltes der Arbeiter, namentlich hinsichtlich Wohnung und Kost, schwer zu lösen sein wird. Auch befürchtet man Kostenlast, verwickelte Buchführung, Vermehrung der Schreiberei und Peniblität der Oberrechnungskammer. Letztere könnte allerdings die Durchführbarkeit des ganzen Systems in Frage stellen. Für Forststrafarbeiten verlangte sie durch Circularverfügung vom 25. November 1834 wörtlich folgende Bescheinigung: daß die Forststräflinge N. N. bei dem Bau der öffentlichen, vom Fisco zu unterhaltenden Straße N. 8 Tage gearbeitet und dadurch den der Forstcasse N. schuldigen Betrag von 5 Mk. abgearbeitet haben, wird hierdurch bescheinigt. Ort, Datum und Unterschrift der betreffenden Behörde. In dieser Form geht es nicht. Das Äußerste, was an Listenwesen zugestanden werden kann, ist, insoweit Gemeindearbeit in Frage kommen wird, eine einheitliche Liste. Hierin trägt die Gerichtsschreiberei die Namen der Ueberwiesenen unter Angabe der Urtheilssumme ein. Die Verbüßung wird für alle Acten der Strafkammer oder des Schöffengerichtes von einem Generalactenstücke aus controlirt, zu den Specialacten gelangt nur schließlich eine Notiz über erfolgte Vollstreckung. Die Gemeinde erhält in regelmäßigen Zwischenräumen die Liste, veranlaßt ihrerseits das Erforderliche zwecks Abarbeitung und schickt die Liste mit Ausfüllung des vorgedruckten Vermerkes zurück, daß alle Verurtheilte bis auf Nr. . . . . die Strafe abgearbeitet haben, erforderlichenfalls noch mit dem Zusatze, daß zu Nr. . . . . ein theilweises Abverdienen in Höhe von . . . . Mark erfolgt ist. Mehr nicht! Wir ersticken schon in dem unseligen Listenwesen, das auch den gleichgültigsten Vorgängen der Alltagswelt ein weiteres papierenes Scheinleben gewährt.

Appelius hebt hervor, daß Strafarbeit ohne Einsperrung nur für ganz kurze Zeiträume möglich sei und außerdem sich auf die Jahreszeiten Frühling, Sommer und Herbst werde beschränken müssen; denn mit Beginn des Frostes lägen viele Betriebe still, und es begännen die Schwierigkeiten, unbestrafte Arbeitslose zu beschäftigen. Gerade dann aber werde der Wille, abzuverdienen, aus sonstigem Arbeitsmangel besonders rege werden.

Hiermit steht der letzte Einwand in Verbindung, daß die Concurrenz mit der freien Arbeit eine Vermehrung erfahren werde. Seuffert will dem mit der Erwiderung begegnen, daß die Concurrenz nicht geringer wäre, wenn der Verurtheilte selbst als freier Arbeiter thätig gewesen wäre, jedenfalls die geleistete Arbeit den Nationalwohlstand vermehre und deshalb kein Übel sei. So glatt wird sich dieser Gegengrund gegen das Abverdienen aber wohl nicht beseitigen lassen.

Man wird zugestehen müssen, daß diese Zweifel an der Durchführbarkeit des als richtig erkannten Principes, uneinziehbare Geldstrafen durch freiwilliges Abarbeiten der urtheilsmäßigen Summe abverdienen zu lassen, außerordentlich schwerwiegend sind. Sie können nicht mit einem Worte abgemacht werden, es ist vielmehr eingehend zu prüfen:

läßt sich das Abverdienen praktisch durchführen?

Um das Zutreffende der vorstehend dargelegten Gegengründe richtig zu würdigen, wird zunächst Umschau danach zu halten sein, wie sich das Princip da bewährt hat, wo es bereits in Uebung ist. Leider sind die Nachrichten über die bisherigen praktischen Erfahrungen recht dürftig.

In Norwegen sind solche nur über die Zwangsarbeit gesammelt, welche für unsere Frage also zunächst noch ohne Interesse sind. Sie sind nach Hagerup, wie nicht anders zu erwarten, äußerst schlecht, da man keine geldwerthen Arbeitsleistungen zwangsweise erhalten kann. Die

Beschäftigung erfolgte mit Arbeiten des Geniecorps; reglementsmäßig sollten die Sträflinge $^1/_2$ Krone (gleich $56^1/_4$ Pfennig) erhalten, wovon die Hälfte als abverdient gelten sollte. Die Leute waren faul und schwer zu überwachen, ihre Leistung ökonomisch fast gar nichts werth. Beichmann theilt für Norwegen mit, daß von 1878—1882 im Jahresdurchschnitte 130 Zwangsarbeiter in den Festungen, 92 in den Arbeitshäusern und 4—6 bei Privaten waren, und das Abverdienen sich als ziemlich illusorisch herausstellte. In den letzten 5 Jahren vor 1891 sind von 10 000 in den Festungen abzuverdienenden Kronen 2000 abverdient worden, während die von den Festungen aufgewendeten Kosten 9000 Kronen betrugen.

In Frankreich läßt die Praxis in den Departements Côte d'Or, Doubs und Yonne das Abverdienen nicht zu. In dem Jura und dem französischen Theile der Vogesen hat es sich gut bewährt. In anderen Theilen Frankreichs bald ebenso, bald mittelmäßig. In den Gemeindewaldungen arbeiten die Verurtheilten ordentlich; hingegen wird über die Arbeit in den Staatswaldungen geklagt, an deren Gedeihen die Leute sich nicht als interessirt betrachten. Unverbesserliche Forstdiebe läßt man nicht abverdienen, sondern wendet die contrainte par corps gegen sie an. Darüber, daß aus Anlaß der Forstarbeit vielfach gestohlen wird, herrscht kein Zweifel. (Vial, Babinet.) Beschäftigung bei Wegebauten kommt sehr selten vor. Im Ganzen scheint überhaupt die Anwendung von Forstarbeit sich in recht mäßigen Grenzen zu halten. Hingegen beruft man sich auf gute Erfahrungen, welche mit der Strafarbeit bei Negern in Martinique gemacht worden, woraus allerdings wenig für europäische Verhältnisse zu schließen ist.

Für die Schweiz bezeichnet Soldau die Erfahrungen mit Staats- und Gemeindearbeiten als schlecht, da diese Art Arbeit nicht beliebt sei. Betreffs des Cantons Waadt findet sich eine gelegentliche Notiz, daß die Ergebnisse dort „nicht besonders gut" seien. Correvon hingegen sagt, die gesetzlichen Vorschriften seien dort überhaupt todte Buchstaben auf dem Papier geblieben und niemals in Wirklichkeit ausgeübt worden. Es muß aber im Allgemeinen Zufriedenheit mit dem System in der Schweiz herrschen, da es sonst Stooß nicht in den Entwurf aufgenommen haben würde, und da die Expertencommission, in welcher sich kein besonders lebhafter Widerspruch fand, für Beibehaltung der von Stooß formulirten Vorschläge gestimmt hat.

In Italien fehlt es aus den oben angegebenen Gründen noch an praktischen Erfahrungen.

Was Deutschland anlangt, so sprachen sich in Hessen 1876 die meisten Kreisämter in einem vom Ministerium erforderten Gutachten gegen Einführung gemeinnütziger Arbeiten für die der Landespolizeibehörde Ueberwiesenen aus, da solche Arbeiten nur schwer, nicht dauernd und nicht in ausreichender Menge zu beschaffen seien, und die Beaufsichtigung, Unterbringung und Ernährung Schwierigkeiten und Kosten verursachen werde. Einige Kreisämter wie Worms waren im Princip dafür. 1880 trat dann noch einmal das Kreisamt Friedberg energisch dafür ein. (Bennecke.)

Dies und das Vorangeführte beweist, wie geringwerthig die Zwangsarbeit ist. Für die freiwillig geleistete Strafarbeit liegt aber ein werthvolles Zeugniß darin vor, daß die Handarbeitsstrafe des sächsisch-thüringischen Rechtes von den dortigen Juristen durchweg als eine solche bezeichnet wird, welche sich gut bewährt hat. Daß unter den Zustimmenden sich eine Autorität wie v. Schwarze befindet, macht dieses Zeugniß zu einem vollwerthigen. Bestätigt wird dasselbe durch den schon erwähnten Antrag der thüringischen Regierungen, welcher zur Annahme des § 6,2 des Einführungsgesetzes zum St.G.B. geführt hat.

Preußen hatte Forstarbeit schon aus dem Gesetze vom 7. 6. 1821. Es erwies sich die Wahl der Forstarbeit durch den Eigenthümer und die Anordnungen der Landesbehörden zur Erzwingung der Arbeitsleistung als unzweckmäßig. Deshalb erging die Allerhöchste Cabinetsordre vom 28. 4. 1834, in der gesagt wird, daß bisher Forstarbeit nur in seltenen Fällen durch die Waldeigenthümer habe nachgewiesen werden können, und daß Letztere deshalb ermächtigt seien, dem Schuldigen auch andere Arbeit aufzuerlegen, widrigenfalls die Verurtheilten zu sonstigen Arbeiten im Interesse der öffentlichen Verwaltung verwendet werden sollten. Da für die Renitenten der einzige Zwang im Gefängnisse bestand, wurde der Staatsrath um sein Gutachten über diesen Punkt befragt und sprach sich unter dem 16. 5. 1840 für das Aufgeben des Princips aus, daß der Sträfling durch Execution direct zur Arbeit angehalten werden solle. Diese Ansicht wurde in der Allerhöchsten Ordre vom 16. 6. 1840 gebilligt. Demnächst wurde allgemein Gefängnißarbeit eingeführt und hierauf am 2. 6. 1852 das Gesetz, den Diebstahl an Holz und anderen Waldproducten betreffend, erlassen. Die Motive zu § 14 dieses Gesetzes führen aus, daß nunmehr unzweifelhaft seitens der Holzdiebe die Arbeit im freien Zustande derjenigen im Gefängnisse werde vorgezogen werden; deshalb wurde es in die Hände der Behörden gelegt, ob Gefängnißstrafe oder Arbeit ohne Haft im Einzelfalle stattzufinden habe. Auch hieraus ergiebt sich die Werthlosigkeit der Zwangsarbeit im engeren Sinne.

Der Commissionsbericht des preußischen Abgeordnetenhauses über das Forstdiebstahlsgesetz vom 15. 4. 1878 sagt: die Forstarbeit ist in ausgedehntester Uebung in den Staats- und Gemeindeforsten und ihre Beibehaltung dringend wünschenswerth.

In der Praxis werden manchmal besondere Maßnahmen ergriffen, um die Forstarbeit ertragsreich zu machen. So hat ein Oberförster in der Mark Brandenburg nach einer zuverlässigen Mittheilung eine eigenthümliche Art von Talion eingeführt. Er giebt jedem nur dann Arbeit, wenn er in derselben Ausrüstung erscheint, die er beim Diebstahle hatte. Wer mit Pferd und Wagen stahl, muß sich damit auch zur Arbeit einfinden, und wer zwei Pferde mit in die Forst gebracht hatte, muß auch mit zweien arbeiten kommen. Dies soll sich sehr bewähren.

Von Forstsachverständigen äußern sich Borchardt und Borggreve recht abfällig. Borchardt (der Holzdiebstahl in seinen Ursachen, Folgen und Umfang nebst Mitteln zur Abhilfe aus rein praktischer Erfahrung dargestellt. Berlin, Posen und Bromberg. Mittler. 1842) hat auszusetzen, daß der Holzdieb bei der Strafarbeit Gelegenheit zu ferneren Diebstählen erhält, und daß es für den Forstbeamten, der eine große Menge Uebelgesinnter sich gegenüber hat, unthunlich ist, deren Arbeiten für unvollständig und unbrauchbar zu erklären, weshalb er die Dinge nach dem Belieben der Forststräflinge laufen läßt. Borggreve meint, eine Strafe liege für die Verurtheilten eigentlich gar nicht vor, die an Regen-, Schnee- oder Frosttagen so gut wie nichts thäten. Gestraft sei hauptsächlich der Schutzbeamte, der sich eben zum Gefangenenaufseher nicht eigene. Und außerdem die Forstverwaltung, die unnütze Schreibereien davon habe, und der an solchem Tage, von welchem man wisse, an welcher Stelle des Waldes der Forstbeamte sich aufhalte, mehr gestohlen werde, als die geleistete Arbeit werth sei. Borggreve denkt übrigens vornehmlich an die zwangsweise vorgeführten Forststräflinge und erkennt an, daß bei besonderen Local- oder Personalverhältnissen auch Ersprießliches durch die Forstarbeit geleistet sei und geleistet werden könne, freilich nur als Ausnahme. Es ist aber bezeichnend, daß Borchardt und Borggreve trotz alledem das Princip des Abverdienens nicht aufgeben, sondern nur eine andere Organisation wünschen.

Von anderen Praktikern hört man namentlich Klagen über die Frauenarbeit. Die alten Weibspersonen sitzen am Grabenrande und heulen; und bei der Anwesenheit von jungen mildert sich die durch Forsteleven geführte Aufsicht in unerwünschter Weise.

Unter den Juristen hält Gennat die Erfolge in Preußen nicht für groß und schiebt die Schuld hieran zum Theile den Forstbeamten zu, die der Sache kein Interesse entgegenbrächten; er glaubt, daß trotzdem Mittel und Wege sich finden lassen werden, der Einrichtung eine befriedigende Gestalt zu geben. Simonson stellt fest, daß in seinem früheren Amtsbezirke Luckenwalde in den Jahren 1883—1888 bei 421 Ueberweisungen zur Forstarbeit nur in 121 Fällen Arbeit geleistet worden ist. Ich selbst habe auf dem zweiten hallenser Congresse von 1891 meine Erfahrungen, die ich während 9¼ Jahre als Einzelrichter in Schlesien gemacht habe, dahin mitgetheilt, daß die großen Forstverwaltungen sich ablehnend gegen die Forstarbeit verhalten, hingegen der kleine Besitzer von Forstländereien mit dem Abverdienen zufrieden ist, da der ihm Ueberwiesene die Arbeit mehr als einen Act nachbarlicher Gefälligkeit betrachtet und ordentlich leistet. Andere Richter haben gute Erfahrungen gesammelt. So äußerte sich z. B. Kronecker mündlich recht zufrieden über die Leistungen beim Theeren von Kiefern gegen die Raupenplage.

Diese bisherigen praktischen Ergebnisse können jedenfalls nicht gegen die Durchführbarkeit des Abverdienens verwendet werden. Faßt man dieses also weiter ins Auge, so ist zu fragen: für welche Personen ist Arbeit zu beschaffen?

Fast Alle, die sich hiermit befaßt haben, sind darin einig, daß es sich nur um Tagelöhner, Arbeiter, die mittellose ländliche Bevölkerung, kleine Handwerker, ab und zu Dienstboten, Handelsleute, hier und da einmal einen stellenlosen Handlungsgehilfen drehen wird. Für Studirte oder Beamte braucht ein Substitut für eine uneinbringliche Geldstrafe nicht gefunden zu werden (Aschrott). In der That, andere Personen braucht man nicht in Betracht zu ziehen. Man vergegenwärtige sich, daß einerseits zwar das Anwendungsgebiet der Geldstrafe erheblich ausgedehnt werden soll, daß aber andererseits auf eine große Anzahl von Geldstrafen bedingt erkannt werden wird. In letzterer Hinsicht nehme ich Bezug auf den Standpunkt des österreichischen Entwurfes und meine Ausführungen auf dem Congresse von Christiania 1891. Dazu kommt vor allen Dingen die richtige Bemessung der Geldstrafe auf Grund der genauen Kenntniß der Erwerbs-, Vermögens- und Einkommenverhältnisse des Angeklagten, welche der Richter vor Fällung des Spruches besitzt. Ferner die Gewährung von Fristen und Theilzahlungen und die Einziehung der Raten bei Gelegenheit der monatlichen Steuerabholung.

Lammasch sagt: selbst der Handwerksgehilfe und der Tagelöhner wird jene Geldstrafen, zu welchen er bei richtiger Würdigung seiner Verhältnisse allein verurtheilt werden kann, in wöchentlichen Raten abzustatten vermögen, wenn er sich zu diesem Zwecke die Beträge abspart, die er sonst für Tabak und Spirituosen verwendet. Auch die Motive zum schweizerischen Entwurfe stehen auf diesem Standpunkte, indem sie ausführen: „wenn der Richter bei der Strafzumessung auf die Verhältnisse des Schuldigen Rücksicht nimmt und ihm keine höhere Geldstrafe auferlegt, als er nach seinen Mitteln zu zahlen im Stande ist, und wenn überdies die soeben genannten Erleichterungen (Theilzahlungen 2c.) zugelassen werden, so wird es jedem Verurtheilten bei gutem Willen möglich sein, den Betrag der Geldstrafe zu bezahlen." Und ein so erfahrener Praktiker wie Krohne hält es für eine Leichtigkeit, die uneinbringlichen Geldstrafen in ganz Deutschland auf die Zahl von 50 000 herabzubringen, wobei er noch auf den Wegfall von 60—70 000 kurzen Gefängnißstrafen rechnet, und zwar unter voller Wahrung des Ernstes der Strafrechtspflege und ohne Erschütterung des Rechtsgefühls des Volkes.

Dieser Standpunkt muß als der richtige anerkannt und festgehalten werden. Ja, es wird nachher ausgeführt werden, daß die Geldstrafen im Wesentlichen nur gegen stellenlose Leute unbeitreibbar zu sein brauchen.

Was für Arbeit ist dann aber zu beschaffen? Arbeit, welche Leute der vorgenannten Art gemeinhin zu leisten pflegen. In erster Linie wird solche in Betracht kommen, welche sich bisher für das Abverdienen bewährt hat. Als solche sind folgende zu nennen.

Hinsichtlich Frankreichs nach den Circularen vom 4. Februar 1862 und 14. August 1866: Ziehen und Reinigen der Gräben, Zubereiten von Wegebaumaterialien, Unterhaltungs- und Besserungsarbeiten an Straßen und Wegen, Zubereitung des Bodens für Pflanzarbeiten, Einsammeln der Waldsamen, Säen und Pflanzen.

Betreffs des Cantons Waadt: Wegebau, Wegebesserung, Dammaufwerfen, Waldcultur und sonst in der Schweiz Reinigungsarbeiten in Casernen.

Rücksichtlich des Großherzogthums Baden nach der Verordnung vom 20. Januar 1865: Arbeiten in den Culturen, Wegearbeiten, Grenzreinigungen, Grabenziehen, Waldausstakungen, Arbeiten an Landstraßen, Vicinal- und Feldwegen, Verbesserungen landwirthschaftlicher Grundstücke, Beihilfe bei Hoch-, Eisenbahn- und Flußbauten.

Für Preußen gewinnt man die beste Uebersicht, wenn man die Publicanden der Regierungen und Oberprocuratoren zusammenstellt, welche zu § 5 des Holzdiebstahlsgesetzes vom 7. Juni 1821 ergangen sind. Es ist dies geschehen in: Frankfurt a. O. am 15. April 1833, Liegnitz am 6. October 1821, Oppeln und Ratibor am 21. Juli 1825, Danzig und Marienwerder am 15. Juli 1825, Königsberg i. Pr. am 4. Mai 1824, Gumbinnen am 28. October 1833, Stettin am 8. August 1835, Merseburg und Naumburg am 23. October 1834, Arnsberg und Hamm am $\frac{20.\ \text{März}}{9.\ \text{April}}$ 1822, Minden und Paderborn am $\frac{24.\ \text{Juni}}{2.\ \text{Juli}}$ 1833, Cöln am 25. September 1824, Coblenz am 1. September 1822 und Aachen am 25. April 1825, während die übrigen Regierungen und Oberprocuratoren keine Bestimmungen erlassen haben. Da zwischen dem Datum des Gesetzes und der Ausführungsverordnungen längere Zeit — bis zu 14 Jahren — vergangen ist, liegt den letzteren eine reiche Erfahrung zu Grunde. Ein Studium derselben ergiebt nun, daß folgende Strafarbeiten sich als geeignet erwiesen haben: Wegebesserungen, Grabenziehen, Pflanzlöchergraben, Sammeln von Kiehnäpfeln als Brennmaterial und von Holzsämereien, Aufhacken und Wundmachen alter Blößen, Handreichungen der Forstcultur, Reinigen der Gestelle, Klafterholzeinschlagen, Aufarbeiten des Bodens zu Besamungen, Entwässerungen des Forstgrundes, Aufräumen verfallener Gräben und verwachsener Bäche, Umgraben des Bodens mit dem Spaten, Graben und Aufwerfen von Grenzhügeln, Hackarbeiten, Ausroden von Wachholder, Ginster und verkrüppelten Holzpflanzen, Anfuhr von Pflänzlingen, Abhacken des Rasens und Haidefilzes, Beihilfe zum Verpflanzungsgeschäfte, Aushauen der Pfriemen. Dabei ist auch verschiedentlich erwähnt, welche Arbeiten von weiblichen Sträflingen zu erledigen sind.

Stelling will in dem von ihm vorgeschlagenen System der entgeltlichen Arbeitsleistung im Justizbetriebe folgende Arbeiten ausgeführt sehen, betreffs deren er bereits praktische Erfahrungen mit ihm unterstellten Gefangenen gemacht hat: Graben, Pflanzen, Hacken, Krauten, Weidenschälen, Hauen, Obstpflücken, Spargelstechen, Ausroden, Holzzerkleinern, Planiren, Weidenschneiden, Sortiren, Zählen, Bemalen, Zeichnen, Correspondiren, Abschreiben, Packen, Transportiren, Putzen, Ausbessern, Kochen, Waschen, Nähen und vieles Andere, namentlich landwirthschaftliche Arbeit, zu der überhaupt jeder Arbeitsfähige fähig oder doch mindestens anstellig sei.

Es haben außerdem vorgeschlagen: *Garofalo* Arbeiten in Befestigungswerken und Häfen, bei Eisenbahnen, Bergwerken und Drainirungen, Graf *de Foresta* Dienstleistungen in den öffentlichen Anstalten, *v. Liszt*

Mauern aufführen, Aschrott Grundacten abschreiben und Anfertigen anderer Schriftstücke in gerichtlichen Angelegenheiten, Fuld Arbeiten beim Um- und Neubau von Strafanstalten, Landesculturarbeiten und in Nachahmung von österreichischen Einrichtungen das Eindämmen von Wildbächen.

Zweifellos sind manche von diesen in Vorschlag gebrachten Arbeiten nicht zu gebrauchen; dafür kann man an manche andere denken, z. B. Sandkarren, Abtragen von Mauersteinen, Aufschichten von Halden, Klopfen von Chausseesteinen, Schneeschippen, Straßenreinigen, Arbeiten in Moorculturen, auf Rieselfeldern, in Schlachthöfen, Gasanstalten, Parkanlagen, zu Verschönerungszwecken, Vertilgung von Insecten, Einsammlung von Larven u. s. w. Frauenspersonen könnten in Kranken-, Besserungs-, Rettungs-, Erziehungshäusern und ähnlichen Anstalten waschen, reinigen, ausbessern, für dieselben im Stücklohne zu Hause nähen, flicken, Strümpfe an- oder neustricken, ferner Garten-, Forst- oder landwirthschaftliche Arbeiten verrichten u. s. w. Ueberhaupt wird sich solche Thätigkeit empfehlen, welche sonst Handwerker und Arbeiter nur unwillig übernehmen wie kleine Reparaturen und Instandhaltungen. Manche Arbeiten würden vorgenommen werden, die sonst unterbleiben, weil sie an sich zwar wünschenswerth sind, aber keine Arbeitskräfte hierfür vorhanden, bezw. keine Mittel zur Bezahlung dieser verfügbar sind; z. B. Verschönerungsanlagen und dergleichen.

Für wen würden die Arbeiten auszuführen sein? In erster Linie für den Staat, der zum Empfange der Geldstrafe berechtigt ist. Da er aber nur in verhältnißmäßig wenig Fällen als Arbeitgeber wird auftreten können, für jemand, den der Staat an seine Stelle setzt. Hierfür bieten sich die Provinz, der Kreis, die Gemeinde dar und zwar in der genannten Reihenfolge, alle natürlich nur, um öffentliche, d. h. im öffentlichen Interesse erfolgende, Arbeiten ausführen zu lassen. Doch kann aus den oben betreffs der Arbeit in Gefängnissen ohne Einsperrung dargelegten Gründen nur derjenige Arbeitgeber in Betracht kommen, welcher Arbeitsgelegenheit am Wohnsitze oder Aufenthaltsorte des Bestraften zu gewähren vermag. Der Ort des erkennenden Gerichtes muß außer Betracht bleiben. Im Wesentlichen wird es also auf Gemeindearbeit hinauslaufen. Wir haben ja in Deutschland nicht wie in Norwegen Gemeinden, von denen jedes einzelne Gehöft derart weit von dem anderen entfernt liegt, daß jeder wirkliche Zusammenhang aufhört, und es Gemeindearbeiten gar nicht giebt. Auch die selbständigen Gutsbezirke in Preußen werden keine Schwierigkeiten bereiten, da in ihnen immer Arbeiten wie Wegebessern, Grabenräumen und dergl. vorhanden sind, und die Verurtheilten aus solchen Bezirken durchweg fähig zu derartigen Thätigkeiten sind. Die Verhältnisse in Oesterreich bedingen jedenfalls manche Abweichung, deren nähere Bestimmung durch genaue Kenner der dortigen Zustände erfolgen muß.

Die Gemeinde kann nun auf zweierlei Weise in Thätigkeit treten. Entweder sie giebt selbst Arbeit. Oder sie weist nur Arbeit nach. Ersterer Fall wird hier vorläufig ins Auge gefaßt. Letzerer kann sich aber auch oft ereignen. Denn die größeren Gemeinden haben viele Betriebe nicht in eigener Regie, sondern an Unternehmer vergeben. In diesen Fällen wird die Gemeinde die, welche sich zum Abverdienen melden, oft an die Unternehmer weisen. Das muß zulässig sein, doch liegt dann nicht mehr Gemeindearbeit vor. Vielmehr verhält sich die Sache so, als ob der Abverdiener bei irgend einer Privatperson beschäftigt wäre. Wie es aber in solchem Falle zu halten ist, wird weiter unten bei der Vorbringung der eigenen Vorschläge darzulegen sein. Geht die Gemeinde darauf ein, auch von anderen Arbeitgebern die Bitte um Zuweisung von Arbeitskräften entgegenzunehmen und den zum Abarbeiten sich meldenden Personen zu übermitteln, so würde zu der Möglichkeit, daß jede Geldstrafe abgearbeitet werden kann, noch die weitere hinzutreten, daß eine möglichste Individualisirung durchführbar ist, wie sich aus dem Späteren ergeben wird.

Eine im Wege der amtlichen Verfügung erfolgende Ueberweisung des Abverdieners an eine Privatperson, welche die Geldstrafensumme dem Staate vorschußweise entrichtet, wie das Uppstroem nach scandinavischem Muster empfiehlt, ist zu verwerfen, da dies nur eine Form der verpönten Schuldknechtschaft wäre. Derartiges muß dem freien Uebereinkommen überlassen bleiben. In dieser Form geschieht es häufig; z. B. der Meister bezahlt die Geldstrafe, zu der sein Geselle verurtheilt ist, und zieht sie ihm ratenweise vom Lohne ab.

Soll die Gemeinde dem Staate eine Vergütung für die Ueberweisung der Arbeitskräfte zahlen? An und für sich sollte man meinen: ja. Dann giebt es aber keine Gemeindearbeit. Die Leistung, welche die Communen erhalten, ist immerhin minderwerthig und erheischt ihrerseits manchen Kostenaufwand. Ohne eine lebendige, willige Mitarbeit der Gemeinden ist das Abverdienen überhaupt nicht durchzuführen. Und man kann solche nur erzielen, wenn die Ueberweisung unentgeltlich geschieht. Da die Arbeiten dort ja zu öffentlichen Zwecken erfolgen, ist es nicht dem Staats- und Strafzwecke zuwider, wenn die Gemeinden, die so viel für die Bedürfnisse des Staates aufzuwenden haben, hier einen kleinen Vortheil einheimsen. Denn andererseits erspart der Staat durch die Ueberweisung viel. Es handelt sich ausschließlich um die Geldstrafen, welche nicht gezahlt werden, und derenthalben heut der Staat die Kosten für die Gefängnisse und für den Unterhalt der Gefangenen ausgiebt, ohne eine andere Gegenleistung als die unzureichende der Gefangenenarbeit zu erhalten.

Der Staat verzichtet ja auch nach Lage der gegenwärtigen Gesetzgebung bereits auf viele Geldstrafen. So fließen Geldstrafen zu: nach § 33 des Postgesetzes vom 28. 10. 1871 den Postarmen- oder Unterstützungscassen; nach § 107 der Seemannsordnung vom 27. 12. 1872 der Seemannscasse, bezw. der Ortsarmencasse des Heimathshafens des Schiffes; nach § 70 des Personenstandsgesetzes vom 6. 2. 1875 den Gemeinden, welche die sachlichen Kosten der Standesämter zu tragen haben; nach § 34 des preußischen Forstdiebstahlsgesetzes vom 15. 4. 1878 dem Beschädigten; nach § 17 des Nahrungsmittelgesetzes vom 14. 5. 1879 den Cassen, welche die Kosten der Unterhaltung der zur technischen Untersuchung von Nahrungs- und Genußmitteln bestimmten öffentlichen Anstalt tragen; nach §§ 116. 146 der Gewerbeordnung Hilfscassen, anderen zum Besten der Arbeiter bestehenden Cassen oder Ortsarmencassen; nach § 7 des preußischen Gesetzes vom 23. 4. 1883, betreffend den Erlaß polizeilicher Strafverfügungen wegen Uebertretungen, demjenigen, welcher die sachlichen Kosten der Polizeiverwaltung zu tragen hat. Und Berner sagt, daß die zu solchen socialen Zwecken dienstbar gemachten Strafgelder mehr Nutzen stiften, als wenn sie in der allgemeinen Staatscasse verschwinden.

Wie soll die Ausführung der Gemeindearbeit geregelt sein? An die Spitze ist der Satz zu stellen, daß die Behörde, welche die Arbeit giebt, — der Kürze halber soll nur von der Gemeinde gesprochen werden — Vollstreckungsbehörde wird, der mit vollem Vertrauen entgegenzutreten ist. Dann wird die Arbeitsleistung auch herbeigeführt werden. Das Strafgesetzbuch regelt die allgemeinen Gesichtspunkte; die Ausführung dieser Leitsätze erfolgt im Verwaltungswege. Die Ueberweisung des Verurtheilten kommt durch die bereits erwähnte Liste zu Stande. Wie sich der weitere Gang des Verfahrens zu gestalten hat, wird am besten klar werden, wenn man sich vergegenwärtigt, in welcher Weise die Sache bisher praktisch gehandhabt worden ist. Es seien einige ausländische und inländische Beispiele herausgegriffen.

In Frankreich können nach Art. 210 des code forestier vom

8. 6. 1859 die Forststräflinge entweder nach Tagewerken oder nach einem Tagelohn beschäftigt werden, welchen der Generalrath für jede Gemeinde im Voraus festsetzt. Hierzu ist eine Verfügung des Finanzministers vom 27. 12. 1861 ergangen, welche Folgendes anordnet. Die Bemessung der Tagewerke geschieht durch den Forstinspector. Wer darum bittet, erhält zu seiner Verpflegung entweder Geld oder Beköstigung in natura und zwar vom Waldeigenthümer. Der Betrag wird nach dem Decret vom 21. 12. 1859 durch den Präfecten festgesetzt und darf nicht unter $^1/_3$ und nicht über $^1/_2$ desjenigen Satzes sein, auf welchen der Generalrath den Tageslohn normirt hat. Die Verabreichung dieses Geldbetrages oder der Beköstigung geschieht aber nicht geschenkweise; vielmehr ist der Betrag hinterher abzuarbeiten.

Nach der erwähnten Verfügung des Finanzministers vom 27. 12. 1861 hat nun der Waldeigenthümer die vorhandenen Arbeitsgelegenheiten bei den Verwaltungsbehörden anzumelden. Diese führen Listen, in welcher jeder Fall in einer Querspalte erledigt wird. Sie weisen dem Verurtheilten die vorhandene Arbeitsgelegenheit nach und fordern ihn zum Abverdienen auf. Für dasselbe wird ihm eine Frist gesetzt. Erledigt er den Auftrag frist- und ordnungsmäßig, so wird der Fall in den Listen gelöscht und das Gericht benachrichtigt. Meldet sich der Verurtheilte zwar, ist er aber ungehorsam oder nachlässig, oder führt er die Arbeit unordentlich oder fehlerhaft aus, so kann nach dem Decret vom 21. 12. 1859, der Verfügung vom 27. 12. 1861 und dem Circular vom 4. 2. 1862 der Forst- oder Wegeinspector, welcher die Aufsicht über die dem Bestraften zugewiesene Arbeit hat, die Wohlthat des Abverdienens für verfallen erklären. Ebenso, wenn die Arbeit nicht in der festgesetzten Frist erledigt ist; doch gelangt dann das wirklich Geleistete in Abzug. In allen diesen Fällen und ebenso nach Art. 210 des code forestier dann, wenn der Bestrafte sich überhaupt nicht zum Abverdienen gestellt, wird die substituirte Freiheitsstrafe vollstreckt.

Im Canton Waadt läßt sich nach dem Gesetze vom 17. 3. 1875 der Verurtheilte beim staatlichen Einnehmer behufs Verwendung zu öffentlichen Arbeiten einschreiben. Dieser macht Mittheilung an den Wegeaufseher und den Waldaufseher. Letztere gestatten dem Sträfling das Abarbeiten seiner Strafe unter Nachweis von Arbeit. Meldet er sich nicht, oder arbeitet er schlecht, so wird Gefängnißstrafe vollstreckt.

In Baden haben nach der Verordnung vom 20. 1. 1865 alle diejenigen, bei welchen Gelegenheit vorhanden ist, die Arbeit der Frevler zu benutzen, insbesondere die Vertreter der Gemeinden und Körperschaften, die Waldeigenthümer, die Domänenverwaltungen, Wasser- und Bauinspectionen, Bezirksbauinspectionen u. s. w. die Bezirksforstei von dieser Arbeitsgelegenheit fortwährend in Kenntniß zu erhalten. Die Bezirksforstei muß auch stets selbst zu ermitteln suchen, wo die Strafarbeiter auf nützliche Weise beschäftigt werden können. Für die Leistungen der Frevler erfolgt keine Vergütung. Der, zu dessen Gunsten die Arbeit stattfindet, hat die Kosten der Aufseher zu tragen. Der Aufseher erhält eine Liste der zum Abverdienst bestimmten Personen von der Bezirksforstei oder von anderen Behörden oder Personen und setzt sich mit demjenigen, für welchen die Arbeit verrichtet werden soll, über Zeit, Ort und Art des Vollzuges in's Einvernehmen. Dann erläßt er Vorladung auf bestimmte Zeit an die Sträflinge. Wer nicht kommt, wird durch Polizeibedienstete abgeholt. Wer es an dem nöthigen Fleiße oder an Gehorsam fehlen läßt, ebenso, wer wiederholt ohne hinreichende Entschuldigung ausbleibt, wird dem Strafgerichte angezeigt, welches ihn bis auf 8 Tage in's Gefängniß steckt. Diese Gefängnißstrafe wird nicht auf die Forstfrevelstrafe angerechnet. Dann wird der Verurtheilte auf's Neue zur Arbeit geholt.

In Preußen ist eine Justizministerial-Verfügung vom 23. 1. 1854 folgenden Inhalts ergangen. Der Sträfling muß während der nach der Gewohnheit jedes Ortes für Lohnarbeiter hergebrachten Stundenzahl mit Gewährung der ortsüblichen Ruhestunden und in Ermangelung einer unstreitigen Gewohnheit von Sonnenaufgang bis Sonnenuntergang arbeiten, wobei er zum Frühstücke, zum Mittagbrode und zur Vesper jedesmal eine Ruhestunde genießt. Im Winter fällt die Ruhestunde zur Vesper fort. Die zur Zurücklegung des Weges vom Wohnorte des Sträflings bis zum Arbeitsorte gewöhnlich erforderliche Zeit wird in die Arbeitszeit eingerechnet. Die Geräthschaften hat er selbst mitzubringen, widrigenfalls er zur Arbeit nicht zugelassen wird. Ueberzeugen sich aber die Dorfgerichte und Polizeibehörden, daß er keine Geräthschaften hat, so muß sie ihm der Waldeigenthümer liefern. Für die Beköstigung hat er selbst zu sorgen. Ist er dazu nicht im Stande, so hat ihm der Waldeigenthümer, nachdem der Sträfling die Arbeit fleißig begonnen hat, zwei Pfund Brod oder deren Marktpreis zu verabfolgen. Nachlässige Arbeit, Widersetzlichkeit, Beschädigung der gelieferten Geräthschaften zieht Disciplinarstrafen, wie sie gegen Gefangene verhängt werden, nach sich. Auch kann Entlassung aus der Arbeit und Vollstreckung von Freiheitsstrafe erfolgen.

Noch viel mehr Einzelvorschriften enthalten die bereits erwähnten Publicanden der Regierungen und Oberprocuratoren zu § 5 des preußischen Holzdiebstahlsgesetzes vom 7. 6. 1821. Von dem Wege zur Arbeitsstätte wurde nach denselben gewöhnlich nur so viel angerechnet, wie über eine halbe Stunde überschoß.

Wer möchte nach diesen Mustern, die beliebig vermehrt werden können, daran zweifeln, daß sich eine verständige Regelung des Abverdienens ermöglichen läßt, sobald Arbeit und Arbeiter gegeben sind? Es werden zwei Grundformen der Beschäftigung auseinanderzuhalten sein: die in geschlossenen Räumen und die im Freien. Immer aber muß die Arbeit als freie geleistet werden, ohne jede Detention, die den Verurtheilten dem Gefangenen gleichstellt, und grundsätzlich in Gemeinschaft mit anderen freien Arbeitern, insoweit gemeinsam zu erledigende Arbeit, wie es doch die Regel sein wird, in Frage kommt. Die mit Geldstrafe Belegten sind ja gemeinhin um nichts besser und um nichts schlechter als die anderen Leute, mit denen sie die nämliche Arbeit verrichten sollen. So wird die zwecks Abverdienens einer nicht beitreibbaren Geldstrafe geleistete Arbeit, kurzweg Strafarbeit, von der eigentlichen Zwangsarbeit oder Strafknechtschaft geschieden, was Mittelstaedt für die Hauptschwierigkeit des Problems erklärt. Ja noch mehr: bei der Strafarbeit hat überhaupt gar kein Zwang Platz zu greifen. Sie hat nur unter dem psychischen Zwange, daß sonst etwas Schlimmeres an ihre Stelle tritt, im Uebrigen aber vollkommen freiwillig stattzufinden; geschieht dies nicht, so unterbleibt sie ganz. Wodurch der psychische Zwang hineingetragen werden soll, ist später zu erörtern.

Dadurch ergeben sich gewisse leitende Grundsätze von selbst. Die Gemeinde sammelt den Nachweis über die verschiedenen Arbeitsgelegenheiten an einer Centralstelle. An diese werden die Verurtheilten durch die bereits erwähnte Liste überwiesen. Die Gemeinde, welcher allein die Festsetzung der Arbeit und des Lohnes zusteht, theilt dem Ueberwiesenen die Arbeitsgelegenheit mit und fordert ihn zum Abverdienen mit Festsetzung einer bestimmten Frist, je nach Art der Arbeitsgelegenheit auch eines bestimmten Tages, zum Abverdienen auf. Ueber Länge der Arbeitszeit, Ruhepausen, Anrechnung des Weges auf die Arbeitszeit und dergleichen bestimmt die Gemeinde, wobei sie sich nach dem, was ortsüblich ist, unter Beobachtung gewisser durch das Gesetz festgelegter Normen zu richten hat. Beispielsweise wird vorzusehen sein, ob eine Unterbrechung der länger andauernden Strafarbeit zulässig sein soll, wie sie das sächsische Strafgesetzbuch vom 13. 8. 1855 und das sächsische Forststrafgesetz vom 30. 4. 1873 mit der Einschränkung gestatten, daß in jeder Woche mindestens drei Strafarbeitstage zu verbüßen sind. Die Arbeitsanweisung erfolgt unter Berücksichtigung der Fähigkeiten des Ueberwiesenen, doch so, daß keine wirthschaftliche Verschwendung von Arbeitskräften statthat, und eine effective Dienstleistung erzielt wird, nicht ein bloßes Anwesendsein bei der Arbeit (Zuercher). Die Gemeinden werden gewöhnlich nicht allzu viele Arbeiten gleichzeitig zu vergeben haben, so daß der Nachtheil wegfällt, welcher aus der verschiedenen Ergiebigkeit der einzelnen Arbeit und der dadurch herbeigeführten ungleichartigen Behandlung gleich schuldiger Complicen entstehen könnte.

Die Kosten der Aufsicht trägt die Gemeinde. Man mache sich davon aber keine übertriebenen Vorstellungen. Bei einer Regelung der Sache in der hier vertretenen Art werden weder die besonderen Arbeitsaufseher nothwendig sein, von denen v. Jagemann spricht, noch werden die Arbeiterarmeeen gebildet werden, die Stenglein bei Eisenbahnbauten, Flußcorrectionen, Entwässerungen u. s. w. entstehen sieht. Da jeder Bestrafte in seiner Gemeinde bleibt, und die Gesammtzahl durch die noch anzugebenden Mittel außerordentlich herabgesetzt werden wird, kann es sich stets nur um eine bescheidene Zahl von Menschen handeln, die nebenher im Getriebe untergebracht werden und eine andere Aufsicht als die bei sonstigen Gemeindearbeiten überhaupt nicht erheischen. Selbst in großen Städten wird kaum hier und da die Neuanstellung von Aufsichtspersonal in Frage kommen. Gerade hier, wo es sich um mehrere Betriebe handelt, wird bei der Vertheilung der Abverdiener auf dieselben die Zunahme der einzelnen Colonnen nicht so beträchtlich sein, daß das normale Aufsichtspersonal nicht zur Bewältigung der Aufgabe hinreichend sein sollte.

Von den kleinen Orten fürchtet Borggreve allerdings, es werde die Strafe dadurch illusorisch, daß der Gemeindediener oder Feldhüter, welcher beaufsichtigen soll, mit dem Defraudanten Hinz oder Kunz verwandt, verschwägert oder befreundet ist. Er hätte noch hinzusetzen können: oder verfeindet. Freilich sind die thatsächlichen Verhältnisse so. Aber ist es denn mit dem einzigen Gefangenenaufseher am kleinen Amtsgerichte, der zugleich Gerichtsdiener ist, und dessen Frau vielleicht die Tochter des Materialwaarenhändlers oder Fleischers am Orte ist, etwa anders? Und hat man aus diesem Grunde Klagen über lässige oder ungerecht harte Vollstreckung gehört? Gott sei Dank: wer ein Amt in Deutschland hat, pflegt desselben noch zu warten. Und wenn wirklich einmal irgendwo ein Auge zugedrückt wird, oder der Arm der Machtbehörde ein wenig fester zufaßt: soll darum die ganze Reform unterbleiben? Soll ewig das Bessere der Feind des Guten sein, bloß weil etwas ganz Vollkommenes niemals zu leisten ist?

Die so schwerwiegend erscheinenden Bedenken, daß beim Abverdienen die Strafe ihren wahren Inhalt nicht durch den Richterspruch, sondern durch die untersten Organe der Gemeindeverwaltung erhält, daß die Strafvollstreckung dem Richter entzogen wird, sind, wie bei dieser Gelegenheit bemerkt werden mag, überhaupt nicht von großer Bedeutung. Hat es denn heut der Richter, welcher den Spruch fällt, in der Hand, ob der Verurtheilte im Gefängnisse mit Dütenkleben oder mit Holzzerkleinern, mit Caféverlesen, Cocosfaserdrehen oder Gartenumgraben beschäftigt wird, ob er gerade Graupensuppe oder Seefisch als Mittagbrod bekommt? Alle Strafe erhält ihren wahren Inhalt erst durch die Art der Vollstreckung.

Es ist darum auch müßig, wenn man sich darüber den Kopf zerbricht, wie es denn mit Streitigkeiten zwischen dem Aufsichtsbeamten und dem Strafarbeiter gehalten werden soll. Die Regierungsverordnung von Danzig und Marienwerder vom 15. 7. 1825 hatte in § 17 zwar auch hierüber Anordnungen getroffen. Es heißt dort: wenn Streit entsteht, ob die dem Verurtheilten zugewiesene Arbeit zweckmäßig geleistet worden, so entscheidet darüber der Forstinspector nach eingenommenem Augenschein; es bleibt jedoch dem Verurtheilten der Recurs an den Forstrichter offen. Haben wir denn aber in der Gefängnißverwaltung zwei Instanzen mit einem förmlichen Verfahren, wenn der Gefangene mit der Bewerthung seiner Arbeit unzufrieden ist? Hört man, daß die Schnitter einen Recursrichter anrufen, wenn sie vermeinen, daß der Gutsinspector für das Hauen eines Morgens Roggen einen höheren Einheitspreis hätte bewilligen sollen? Nein: gewisse Grundsätze für die Bewerthung der Arbeit müssen allerdings feststehen, und darüber wird noch des Genaueren zu verhandeln sein. Im Uebrigen aber Vertrauen zu den Gemeinden! Die Sache wird glatter in der Praxis gehen, als man heut vom grünen Tische aus glaubt. Und paßt die Sache einem Querkopfe nicht, so kann er aus der ihm angebotenen Gemeindearbeit ja jeden Augenblick herausgehen. Festgehalten soll er nicht werden. Die Folgen dieses Schrittes wird er dann später an sich erfahren.

Auch die Frage wegen der Geräthschaften liegt nicht allzu schwierig. Zu jeder Arbeit gehört Handwerkszeug. Selbst zum Steineklopfen ist ein Hammer nothwendig, und es ist eine Sitzgelegenheit herzurichten; wer es irgend kann, setzt sich auch noch eine Schutzbrille auf und stellt sich einen Strohschirm oder dergleichen als Windfang auf. Andere Arbeiten erfordern Axt, Beil, Spaten, Hacke, Sense, Sichel, Schurzfell u. s. w. Viele der Verurtheilten besitzen aber diese Dinge. Und wer sie nicht hat, kann sie sich leihen. Wer das Leben der unteren Classen nicht kennt, weiß nicht, in welchem ausgiebigem Maße Armuth von Armuth Unterstützungen erfährt. Es giebt freilich Leute, die so im Elend sitzen, daß sie kein Werkzeug haben, und die wegen irgend welcher persönlicher Verhältnisse solches auch nicht geborgt erhalten. Für derartige seltene Fälle kann der, welcher die Arbeit gewährt, auch die Utensilien vorhalten, und damit der Betreffende nicht vor den unbestraften Mitarbeitern im Vorzuge ist, einen angemessenen Betrag für die Leihe berechnen, der im Wege der Ueberstundenarbeit oder sonstwie abzuarbeiten ist. Das Erfordern auch nur einer ganz geringen Vergütung wird genügen, um das Erscheinen ohne Handwerkszeug zur verschwindenden Ausnahme zu machen. Uebrigens ist ein Herhalten von Geräthschaften durch den Arbeitgeber an den Abverdiener im Bedarfsfalle seit jeher in Uebung gewesen, wie außer den bereits angezogenen Vorschriften u. a. die preußische Allerh. Cabinetsordre vom 28. 4. 1834 beweist.

Daß jemand, der nicht Geld besitzt, um eine ihm auferlegte Strafe zu bezahlen, nicht lange dieselbe abzuverdienen vermag, wenn nicht irgendwie eine bescheidene Fristung seiner Existenz gesichert wird, und daß unmöglich die Armenverwaltung in Anspruch genommen werden kann, um den Abverdiener und seine Familie zu erhalten, steht außer Frage. Es ist deshalb die frühere Praxis, welche für Preußen auf den § 5 des Forstdiebstahlsgesetzes vom 7. 6. 1821 zurückgeht, beizubehalten und dem Entschädigten ein Theil seines Arbeitsverdienstes auszuzahlen. Allein nur auf Antrag, da es genug Leute giebt, welche kein baares Geld in der Tasche behalten können, von den übrigen verdienenden Familienmitgliedern jedoch während einer solchen Zeit des Abarbeitens mit erhalten werden. Ein Mindestbetrag ist nicht festzusetzen, der Höchstbetrag aber in Anbetracht einerseits des Strafzweckes, andererseits der Angehörigen des Bestraften auf die Hälfte des Arbeitsverdienstes zu bemessen. Die Auszahlung findet in baar statt, nachdem mindestens eine halbe Tagesarbeit zur Zufriedenheit geleistet worden. Wo die Verhältnisse derart liegen, mag auch eine Vereinbarung auf Naturalverpflegung oder Gewähr von Speisemarken getroffen werden. Die gegebene Entschädigung ist hinterher abzuarbeiten.

Nach Beendigung der Arbeit sind die Abverdiener jeden Abend nach Hause zu entlassen. Eine detentionsartige Verwahrung während der Nachtstunden ist absolut ausgeschlossen.

Die erfolgte Arbeitsleistung wird lediglich durch die üblichen Lohnlisten controlirt. Ist die Strafe vollständig abverdient, so wird der letzte Tag der Arbeitszeit in die gerichtliche Ueberweisungsliste eingetragen.

Im Falle der Nichtinnehaltung der gestellten Frist oder bewilligten Nachfrist zum Arbeitsantritte, der Nachlässigkeit, Faulheit, der liederlichen oder fehlerhaften Arbeitsausführung wird der Verurtheilte, wenn man es nicht zunächst mit einer Vermahnung oder einem Verweise versuchen will, einfach aus der Arbeit entlassen. Die gerichtliche Liste wird dementsprechend unter Vermerk des etwa bereits abgearbeiteten Theilbetrages berichtigt. Erledigte Ueberweisungslisten werden an das Gericht zurückgeschickt.

Zahlung des nicht abverdienten Restes ist jederzeit entgegenzunehmen.

Stellvertretung in der Arbeit, welche u. a. das erwähnte mexicanische Strafgesetzbuch vom 7. 12. 1871 zuläßt, ist unzulässig, da eine solche dem Strafzwecke widerstreiten würde.

Sehr einfach erledigt sich auch die Frage, wem die Wahl, ob Strafarbeit stattzufinden hat, zustehen soll. Es kommen der Richter, der Vollstreckungsbeamte, der Bestrafte und der Beschädigte in Frage. Dem Richter wollen diese Machtbefugniß u. A. Oehlschlaeger, der hierüber in der Sitzung des Preußischen Abgeordnetenhauses vom 16. 3. 1878 betreffs des Forstdiebstahlsgesetzes sprach, Bernhardt und Solms beilegen. Der Beschädigte wurde hiermit durch das preußische Holzdiebstahlsgesetz vom 7. 6. 1821 betraut, während das nächste vom 2. 6. 1852 bereits erhebliche Einschränkungen hinzufügte. Den Verurtheilten lassen entscheiden das italienische Strafgesetzbuch, der Entwurf Michaux und der norwegische Entwurf. Bei dem hier vertretenen Standpunkte kann keine Frage sein, daß der Bestrafte allein frei hierüber Entschluß faßt. Nur einer freiwillig von ihm geleisteten Thätigkeit wird die Wirkung beigelegt, daß dadurch unter Vermeidung der Einsperrung die Geldstrafe abverdient wird. Will der Verurtheilte von einer solchen Vergünstigung keinen Gebrauch machen, so hat er es sich selbst zuzuschreiben, wenn härtere Maßregeln gegen ihn ergriffen werden.

Wenn zeitweise keine Arbeit vorhanden ist, namentlich im strengen Winter oder bei einem Nothstande, so muß mit der Vollstreckung gewartet werden. Angenehm ist dies ja nicht; aber es läßt sich ertragen.

Schwieriger liegt die Frage, wenn eine Gemeinde principiell sich weigert, Arbeit zwecks Abverdienens von Geldstrafen zuzuweisen. Der Fall kann eintreten; zwar auf dem Lande und in kleineren Städten voraussichtlich nicht, wohl aber einmal in einer großen Stadt, die schlechte Erfahrungen mit ihren Unternehmungen zur Linderung des Schicksals der Arbeitslosen gemacht hat. In diesem Falle die Gemeinde zur Beschaffung von Arbeit zwingen, würde den ersten Schritt zur Proclamirung des Rechtes auf Arbeit bedeuten. Man wird in solchem Falle zunächst den Weg versuchen müssen, die Abverdiener einer Nachbargemeinde zu überweisen. Diese pflegen gerade vor den Thoren einer großen Stadt zu liegen und so besonders geartete Verhältnisse zu besitzen, daß sie gewöhnlich unentgeltliche Arbeitskräfte zu benutzen bereit sein werden. Ist eine solche Maßregel nicht durchführbar, so wird nichts übrig bleiben, als daß der Staat, für den ja die Geldstrafe an sich bestimmt ist, selbst Gelegenheit zum Abverdienen schafft, wozu er namentlich in den großen Städten in der Lage ist. Es wäre ungerecht, in solchem Falle etwa ausnahmsweise Verwandlung in Freiheitsstrafe eintreten zu lassen. Hauptaufgabe wird sein, die Frage des Abarbeitens der Geldstrafen so zu regeln, daß die Gemeinden ein Interesse daran haben, die ihnen überwiesenen Personen auch wirklich angemessen zu beschäftigen. Kann man die weiteren Kreise des Volkes davon überzeugen, daß es gilt, hier an einer socialen Aufgabe mitzuarbeiten, so werden die Gemeinden sich von einem solchen Werke nicht ausschließen.

Je länger das Abverdienen dauert, desto schwerer trifft es den Bestraften und seine Angehörigen. Es muß irgend ein längstens Zeitmaß gesetzlich bestimmt sein. Nicht etwa im Urtheile; dieses lautet schlankweg auf Geld ohne irgend welche Substitution. Das Geld soll gezahlt oder abverdient werden. Wer faul ist, mag langsamer, wer fleißig, rascher damit fertig werden. Aber ein schließliches Ende muß für jeden einmal eintreten, da man für eine mit Geldstrafe belegte That nicht bis an sein Lebensende mit dem Abarbeiten zu thun haben kann. Eine Grenze ist ja ohnehin dadurch gegeben, daß jedenfalls das Höchstmaß der für die betreffende strafbare Handlung angedrohten principalen Freiheitsstrafe nicht überschritten werden darf. Es ist aber auch die u. a. in der Preußischen Allerh. Cabinetsordre vom 5. 4. 1831 nebst Rescript vom 8. 4. 1831 anerkannte Thatsache zu beachten, daß mit der Zunahme der Dauer sich das Uebel, welches den Bestraften in Rücksicht auf seinen Nahrungszustand trifft, schnell steigert.

Die Maximaldauer der Handarbeitsstrafe des sächsisch-thüringischen Rechtes betrug 4 Wochen; der Entwurf Michaux begrenzt die Strafarbeit auf 2 Monate. Das schweizerische Bundesgesetz vom 20. 6. 1849, der Entwurf von Neuenburg und der Entwurf Stooß dehnen dieselbe bis auf ein Jahr aus. Im italienischen Strafgesetzbuche ist die Längstdauer nicht angegeben; doch wird man als solche 2 Jahre zu betrachten haben, da die substituirte Freiheitsstrafe höchstens 1 Jahr sein darf, und zwei Tage Arbeit gleich einem Tage Freiheitsstrafe rechnen.

Friedmann, der nach Tagelöhnen rechnet, kommt auf ein Höchstmaß von 40 Tagelöhnen, gleichbedeutend mit 60 Hafttagen. Gennat schlägt einen Monat vor; allerdings denkt er sich die Strafarbeit nicht als Ersatz der Geldstrafe, sondern als Hauptstrafe.

Zur Zeit geht die hilfsweise Freiheitsstrafe in Deutschland bis zu 6 Wochen Haft, bez. 1 Jahr Gefängniß, und bei Realconcurrenz bis zu 3 Monaten, bez. 2 Jahren Gefängniß. Das sind sehr hohe Sätze, die ihre Bedeutung nur für Wucher und dergleichen Vergehen haben. In der Praxis des Abverdienens wird es sich nur um die kleineren Strafen handeln. Anders als nach Monaten wird sich die Längstdauer des Abverdienens nicht bemessen lassen. Außerordentlich beachtenswerth ist eine Bestimmung im norwegischen Entwurfe von Getz, welche behufs richtiger Bemessung der Geldstrafe selbst gegeben ist. Die Geldstrafe ist darnach innerhalb der Grenzen eines gesetzlichen Maximums und Minimums so auszumessen, daß bei Vergehen die Strafe nicht unter das voraussichtliche dreitägige Einkommen des Verurtheilten herabgeht und nicht dessen voraussichtliches dreimonatliches Einkommen übersteigt, während bei Uebertretungen diese Maße durch das voraussichtliche Einkommen eines Tages, bez. $1^1/_2$ Monates gegeben sind. Für Personen, welche ein regelmäßiges Einkommen nicht besitzen, soll der durchschnittliche Verbrauch der Bemessung der Geldstrafe zu Grunde gelegt werden. Bei Beachtung ähnlicher Grundsätze wird sich ein verständiger Maximalsatz für die Dauer des Abverdienens finden lassen.

Es ist nun die Frage zu prüfen:

wie soll die Umrechnung der Geldstrafe in Arbeitsleistung geschehen?

Wie verschieden der Werth des Geldes in den einzelnen Theilen Deutschlands von je geschätzt worden, sieht man am besten aus der Zusammenstellung in Weiske's Rechtslexikon, Artikel Strafe, Seite 599 der Ausgabe von 1856, wonach damals ein Tag Gefängniß in den einzelnen Ländern gleichgestellt wurde mit $^1/_3$—1, $^1/_3$—3, 1—3, 1, $1^1/_4$, $^1/_3$—10 Thalern, 1—4, $3^1/_8$, $^1/_2$—5 Gulden. Auch die Arbeit ist, wie Seidler richtig bemerkt, keineswegs ein Gut, welches für alle Zeit denselben Werth hat, wie es denn ein solches Gut überhaupt nicht giebt. Dennoch läßt sich ein für die hier zu verfolgenden Zwecke ausreichender Umwandlungsmaßstab auf Grund der Thatsache gewinnen, daß in Folge des § 8 des Gesetzes vom 15. 6. 1883, betreffend die Krankenversicherung der Arbeiter, jetzt überall der ortsübliche Tagelohn gewöhnlicher Tagearbeiter von der höheren Verwaltungsbehörde nach Anhörung der Gemeindebehörde festgesetzt wird.

Ein falscher Umwandlungsmaßstab ruft direct neue Strafthaten hervor. Man mag bei Borchardt nachlesen, wie durch einen solchen Fehler nach dem früheren preußischen Rechte ein Holzdieb immer ein gutes Geschäft machte, selbst wenn er bei jedem Diebstahle ertappt, verurtheilt und zu Strafarbeit herangezogen wurde; er stand sich auf 1¼ Thaler für die nämliche Zeit, in der er durch ehrliche Arbeit nur 1 Thaler verdienen konnte.

Man wird davon ausgehen müssen, daß die Strafarbeit schon wegen der nicht ausreichenden Vorkenntnisse, bezw. der mangelhaften Uebung gemeinhin minderwerthig gegenüber der Arbeit eines gewöhnlich dieselbe Arbeit verrichtenden Tagelöhners ist. Ausnahmsweise kann sie dieser aber auch gleichkommen, z. B. bei jemandem, welcher Sand karrt oder die beladenen Hunde (Handwagen) in Bergwerken fährt, hierbei genau in Reihe und Glied bleibt und gerade dieselbe Arbeit am Tagesschlusse geleistet hat wie seine Genossen. Ein gewisser Spielraum muß also demjenigen, welcher die Arbeit giebt, gewahrt bleiben.

Am gerechtesten wird sich die Arbeit bewerthen lassen, wenn man sie im Stücklohn ausgiebt. Für Berechnung nach Tagelohn sprechen sich zwar aus: Stenglein, weil eine Umsetzung nach Maß und Qualität der Arbeit kaum denkbar sei und zu Willkürlichkeiten des Aufsichtspersonals führen werde, und Zuercher, weil der geschickte Arbeiter nicht dem ungeübten gegenüber im Vortheile sein dürfe. Allein die Einrichtung der Tagewerke, bei welchen schneller und besser gearbeitet wird, hat sich bereits bewährt. Und es handelt sich um eine wirthschaftliche Leistung: entweder soll gezahlt oder geldwerthe Arbeit geliefert werden; wer rascher geldwerthe Arbeit vor sich bringt, hat eher ein Aequivalent für den geschuldeten Geldbetrag geleistet. Ueberdies gestattet Stücklohnarbeit Anpassung an die Individualität, und es liegt ferner in der Nöthigung zur Mehrleistung ein erziehliches Moment (Seuffert). Darum finden wir auch Accordarbeit für Strafarbeiter in der Forststrafgesetzgebung Frankreichs, wo nach Art. 2 des Circulars vom 4. 2. 1862 dieselbe als erheblich vortheilhafter von der Forstverwaltung der im Tagelohne vorgezogen wird, in dem sächsischen Generale vom 21. 3. 1825, in Artikel 84 des Großh.

hessischen Forststrafgesetzes vom 4. 2. 1837, in der preußischen Forststrafgesetzgebung bis einschließlich zum Gesetze vom 15. 4. 1878, auch in dem preußischen Gesetze vom 11. 4. 1854 u. s. w.

In einzelnen Fällen kann sich ein gemischtes System empfehlen, so daß der Strafarbeiter am ersten oder an den ersten Tagen im Tagelohn behufs ausreichender Erlernung der Arbeit und dann im Stücklohn beschäftigt wird.

Das festgesetzte Tagewerk wird unter Berücksichtigung des ortsüblichen Tagelohns mit einem festen Satze bewerthet. Dieser Betrag gilt, falls sich der Strafarbeiter nicht einen Verdienstantheil hat auszahlen lassen, nach Fertigstellung des Werkes als abverdient von der Geldstrafe. Der Verurtheilte kann also nun nach Hause gehen oder sich neue Arbeit geben lassen. Andererseits muß er aber auch, falls er an einem Tage nicht fertig wird, dasselbe ohne weitere Vergütung am nächsten Tage fertig stellen. So wurde es auch mit den Tagewerken nach dem sächsischen Generale vom 21. 3. 1825 und nach der Preuß. Allerh. Cabinetsordre vom 28. 4. 1834 gehalten, während die neuere Gesetzgebung die Festsetzung eines Tageswerkes fälschlich nur eine Wirkung zu Gunsten des Verurtheilten üben läßt.

Bei Bemessung des Tagewerkes, beziehungsweise des Einheitssatzes für Accordleistungen finden am passendsten Ausgleiche wegen weiter Entfernung des Wohnortes von der Arbeitsstätte und dgl. statt. Außerdem kann eine Erhöhung der Bewerthung erfolgen, wenn der Verurtheilte gewisse werthvolle Geräthschaften mitbringt oder, wie es von kleinen Stellenbesitzern auf dem Lande schon jetzt bei der Forstarbeit geschieht, Pferd und Wagen gestellt.

Ein umständlicher Tarif zur Bewerthung von Stücklohnarbeiten findet sich im preußischen Justizministerialblatte von 1854 S. 32—34, noch ausführlichere, in denen Hunderte von Arbeitspensen angegeben sind, in den bereits erwähnten Publicanden der Regierungen und Oberprocuratoren zu § 5 des preußischen Holzdiebstahlsgesetzes vom 7. 6. 1821. Hierin ist auch z. B. die Bestimmung enthalten, daß die Arbeitspensen für Männer von mittlerer Körperkraft festzusetzen und für körperschwache Männer oder Frauen oder Nichterwachsene um $\frac{1}{4}$—$\frac{1}{3}$ zu ermäßigen sind. Die Festsetzung des Stücklohnes wird ebenso wie die Bemessung des Tagewerkes im Voraus erfolgen können, während der Tagelohn hinterher am Tagesschlusse bestimmt werden sollte, um dem Verurtheilten einen Ansporn zum Fleiße zu geben und dem Aufseher eine durchaus zu wünschende Machtbefugniß gegenüber dem Ueberwiesenen in die Hand zu legen.

Muß die Berechnung im Tagelohn erfolgen, so wurde dieser früher auf $1/_3$—$1/_2$ des ortsüblichen Satzes bemessen. Simonson schätzt den Werth der Forstarbeit auf 60 Pf. täglich in einer Gegend, wo der übliche Lohnsatz 1 Mk. 50 Pf. war. Das ist sehr niedrig. Stelling, der übrigens zu ganz falschen Schlüssen kommt, hat gefunden, daß beim Zerkleinern von Buchenscheitholz ein Gefangener, der keine weitere Vorbildung hat, $7/_{10}$ der Arbeit eines routinirten Tagearbeiters leistet. von Liszt scheint dem Strafarbeiter den vollen ortsüblichen Tagelohn zuwenden zu wollen, was die Motive zum preußischen Forstdiebstahlsgesetze vom 15. 4. 1878 ursprünglich auch beabsichtigten. Aschrott verlangt alljährliche, im Voraus erfolgende Festsetzung für jeden Amtsgerichtsbezirk.

Durch Festsetzung abstracter Zahlen regeln die Sache folgende Länder:

Frankreich, wo der Werth der Strafarbeit im Voraus für jede Gemeinde durch den Generalrath festgesetzt wird.

Die Schweiz, wo im ganzen Bundesgebiete für die durch das Gesetz vom 30. 6. 1849 betroffenen Angelegenheiten 1 Tag öffentliche Arbeit = 4 Frcs. gilt, und die einzelnen Kantone folgende Berechnung aufmachen:

Bern 1 Tag öffentliche Arbeit = 1 Frc. 50 Rappen.

Waadt 1 Tag Strafarbeit = 3 Frcs., wenn die Geldstrafe cumulativ mit Freiheitsstrafe verhängt ist; hingegen = 3—6 Frcs. je nach dem Werthe der Arbeitsleistung, wenn auf Geldstrafe allein erkannt ist.

Luzern wandelt zwar principaliter Geldstrafe in Gefängniß um und zwar 6 Frcs. = 1 Tag Zuchthaus, 4 Frcs. = 1 Tag Gefängniß, setzt aber an deren Stelle Arbeit im Arbeitshause mit Ermäßigung bis auf die Hälfte, wenn mehr als 20 Tage Gefängniß erkannt werden müßten.

Obwalden 1 Tag Strafarbeit = 1—3 Frcs., je nach der Verschiedenheit der Fälle und der Personen.

Appenzell-Außerrhoden 1 Tag Arbeit = wenigstens 5 Frcs. Der Umwandlungssatz wird, was nicht zu billigen, vom Gerichte schon bei Fällung des Urtheils bestimmt.

Schwyz 1 Tag Zwangsarbeit = 1 Frc.

S. Gallen 1 Tag Arbeitshaus = 10 Frcs.

Nach dem thüringischen Strafgesetzbuche wurde früher ein Tag Handarbeit mit 15 Groschen berechnet und

in Meiningen mit 1 Gulden rheinisch.

Es erscheint am richtigsten, dem Arbeitgeber für Männer einen Spielraum zwischen $^2/_3$ und ausnahmsweise der vollen Höhe des ortsüblichen Tagelohnes zu belassen, Frauen, Unerwachsene und gemindert Arbeitsfähige aber auf $^2/_3$ dieses Satzes anzuweisen und dabei vorzuschreiben, daß die gedachten Beträge bei Bemessung der Einheitssätze für Stücklohnarbeiten zu berücksichtigen sind.

Billigenswerth ist auch eine Bestimmung des hessischen Forststrafgesetzes vom 4. 2. 1837, daß ein überschießender halber Tag Arbeit zu Gunsten des Frevlers nicht berücksichtigt werden soll.

Hiernach muß die Durchführbarkeit des Abverdienens als nachgewiesen gelten, wenn es zutrifft, daß dauernd oder doch wenigstens annähernd ständig Gelegenheit zu Arbeit zu beschaffen ist, welche von jedermann ohne besondere Vorkenntnisse verrichtet werden kann, und wenn eine unbillige Concurrenz mit der freien Arbeit zu verhüten ist. Es ist vorauszusehen, daß die Verhältnisse nach diesen Richtungen verschieden in den verschiedenen Theilen Deutschlands liegen werden. Die Ansichten, welche in der Literatur vertreten werden, sind einander diametral entgegengesetzt. Private Erkundigungen ergaben manches sehr Ermuthigende. Ein genauer Kenner von Mitteldeutschland versicherte z. B., daß dort stets für Landesculturzwecke ausreichende und genügende Arbeit gewährt werden könne. Um aber doch eine etwas sicherere Unterlage bieten zu können, habe ich 35 Groß-, Mittel- und Kleinstädte und 17 ländliche Kreise aus ganz Deutschland ausgewählt, welche mir besonders typisch für die in Betracht kommenden Verhältnisse erschienen, und mich an deren Vertreter mit der Bitte um Auskunft über die soeben gedachten Fragen gewendet, hiermit die weitere Bitte um Mittheilung darüber verknüpfend, wie hoch der Werth einer Tagesleistung durchschnittlich zu schätzen, ob er in einem Procentsatze des ortsüblichen Tagelohnes ausdrückbar, und ob eine Bewerthung der Arbeitsleistung nach den Grundsätzen vom Stücklohne in der Praxis zu erzielen sei. Darauf sind 39 meistens sehr ausführliche Antworten und zwar 28 von Oberbürgermeistern und Bürgermeistern und 11 von Vertretern der Landkreise eingegangen; es ist nicht ausgeschlossen, daß noch einige nachfolgen werden. Ich erfülle eine aufrichtig empfundene Herzenspflicht, wenn ich diesen Herren ebenso wie den bereits genannten Herren Ministern Calenda di Cavani Vincenzo und Hagerup und Herrn Ministerialbureauchef Beichmann für ihre wohlwollende und gütige Förderung der vorliegenden Arbeit auch an dieser Stelle meinen wärmsten Dank ausspreche.

Der Inhalt dieser

39 gutachtlichen Aeußerungen von Oberbürgermeistern, Bürgermeistern, Landräthen, Kreisdirectoren und Oberamtmännern

beschränkt sich nicht allein auf die aufgeworfenen Fragen, sondern erörtert auch eine Anzahl von allgemeinen Gesichtspunkten. Hierbei sind theilweise Bedenken vorgebracht, welche allein auf die auch diesseits verworfene Zwangsarbeit passen, andere, welche bei einer Regelung nach den demnächst zu machenden weiteren Vorschlägen nicht in Frage kommen würden, und es liegt dies daran, daß es nicht möglich war, den Herren das hier vertretene Programm vollständig zu entwickeln. In jedem Falle wird es aber interessant sein, eine lückenlose Zusammenstellung der Meinungen zu erhalten.

Geäußert sind sie von den Oberbürgermeistern und Bürgermeistern folgender Städte: Berlin, Breslau, Leipzig, Cöln, München, Hannover, Magdeburg, Frankfurt a. Main, Elberfeld, Stuttgart, Straßburg i. Elsaß, Stettin, Bremen, Cassel, Kiel, Posen, Metz, Darmstadt, Carlsruhe i. Baden, Plauen i. Voigtlande, Guben, Gotha, Oldenburg, Weimar, Allenstein, Greiz, Clausthal i. Oberharz, Pyrmont und Münstermaifeld, sowie von den Landräthen, Kreisdirectoren und Oberamtmännern der Kreise Sonderburg auf Alsen, des Stader Marschkreises zu Stade, Münster i. Westfalen, St. Goar a. Rheine, des mansfelder Gebirgskreises, Freiburg i. Breisgau, Gebweiler i. Elsaß, Sigmaringen, des westhavelländischen Kreises zu Rathenow, Bunzlau und Elbing. Zufällig beziehen sich die ausgebliebenen Antworten betreffs der Städte fast ausschließlich und betreffs der Landkreise ausnahmlos auf den Norden und Osten Deutschlands.

Vor allen Dingen ist es höchst beachtenswerth, daß es *schon jetzt ganze Bezirke giebt, in denen eine Nichtzahlung von Geldstrafen so gut wie gar nicht mehr vorkommt.* So wird die ganze Frage für den Kreis Sonderburg auf Alsen für ziemlich bedeutungslos erklärt, da Fälle, in denen verhängte Geldstrafen nicht beizutreiben wären, zu den größten Seltenheiten gehören. Im Oberamte Sigmaringen bezahlen erfahrungsmäßig die zu einer Geldstrafe Verurtheilten durchweg ihre Strafe, soweit es sich nicht um Bettler und Landstreicher handelt. Im Amtsgerichtsbezirke Sigmaringen ereignen sich durchschnittlich 2 bis 3 Fälle im Jahre, in denen Geldstrafen nicht beigetrieben werden können; fast ausschließlich handelt es sich dabei um Forstfrevel. Aehnlich liegen die Verhältnisse bei den 4 anderen Amtsgerichten Hohenzollerns. Im Kreise Gebweiler i. Elsaß kommen nicht beitreibbare Geldstrafen außer bei

Bettlern und Landstreichern eigentlich nur noch bei Schulversäumnißstrafen und zwar immerhin selten vor und werden hier meistens im Gnadenwege niedergeschlagen. Die Fälle, in welchen im westhavelländischen Kreise und dessen Nachbarkreisen die Bezahlung einer Geldstrafe unmöglich wird, sind auf dem Lande äußerst selten und beschränken sich in den Städten auf arbeitsscheue, leichtsinnige, kranke oder alte Leute. Auch in den übrigen Landkreisen erfolgt bei weitem überwiegend Baarzahlung der Strafe. Von den Vertretern der Städte wird wiederholt angeführt, daß mit der Einführung von Zahlungsfristen und Theilzahlungen, welche durchweg warm empfohlen werden, die Menge der uneinziehbaren Geldsummen ganz erheblich zurückgehen werde, und daß in diesem Falle arbeitsfähige und arbeitswillige Verurtheilte eine vernünftig bemessene Geldstrafe stets bezahlen würden, von Unglücksfällen und Stellenlosigkeit abgesehen.

Das Princip, Geldstrafe abverdienen zu lassen, wird mehrfach ausdrücklich als richtig anerkannt. Wo es befehdet wird, geschieht es mit Zusätzen, welche erkennen lassen, daß es nur wegen der Schwierigkeiten der praktischen Durchführung geschieht, namentlich der daraus befürchteten Concurrenz mit der freien Arbeit halber. Von den zustimmenden Aeußerungen seien folgende erwähnt. München: der Gedanke ist an und für sich gewiß in hohem Grade begrüßenswerth, seine Realisirung dürfte aber, soweit Unternehmungen größerer Städte hiebei in Betracht kommen, sich schwerlich verwirklichen lassen; ... vielmehr dürfte es Aufgabe des Staates sein, im Sinne Ihrer dankenswerthen Anregung vorzugehen; Straßburg i. Elsaß: eine Reform des Systems der Geldstrafe in dem angedeuteten Sinne erscheint sowohl im Interesse der Verurtheilten wie des Staates sehr erwünscht; Gotha: Sympathieen, welche man einer Regelung der Angelegenheit in diesem Sinne entgegenbringen kann; Pyrmont: ich bin der festen Ueberzeugung, daß es in einem hohen Grade im Interesse vieler Gemeinden liegen wird, wenn gesetzlich bestimmt wird, daß nicht beitreibbare Geldstrafen abverdient werden können; Münstermaifeld: im Allgemeinen kann ich es als zweckmäßig und einem fühlbaren Bedürfniß entsprechend ansehen, wenn gesetzliche Bestimmungen darüber erlassen würden, in welcher Weise die zu Geldstrafen Verurtheilten diese im Falle der Nichtbeitreibbarkeit statt durch Haft durch Arbeiten, welche von jedermann ohne besondere Vorkenntnisse verrichtet werden können, und welche von den Gemeinden zu öffentlichen Zwecken zu übertragen, abzuverdienen gestattet würde. Berlin „verkennt die Bedeutung der angeregten Frage keineswegs“. Von den Landkreisen: Elbing: die geäußerten Ansichten betreffs der Möglichkeit, die Ausgleichung unbeitreiblicher Geldstrafen durch öffentliche Zwangsarbeiten praktisch durchzuführen, vermag ich nur vollkommen zu theilen; Münster i. W.: .... hat ganz bestimmt einen moralischen Werth, da dann nicht mehr Armuth mit Gefängniß bestraft wird; Freiburg i. B.: die angeregte Frage ist eine zeitgemäße und der reiflichen Erwägung werth; mansfelder Gebirgskreis: ein wahrer Segen, wenn die Geldstrafen abverdient werden könnten; Westhavelland: eine Nothwendigkeit der geplanten Maaßregel ist nicht vorhanden, ihre Durchführbarkeit erscheint gesichert; Bunzlau: das Abverdienen an sich wünschenswerth. Der heftigste Gegner ist Stettin: „ich kann mich für den Gedanken nicht erwärmen. Dem armen Sünder kann zur gerechten Ausgleichung mit dem reicheren besser geholfen werden durch Berücksichtigung der Armuth bei Abmessung der Strafe und der von Ihnen betonten Ratenzahlung und Stundung. Wenn aber der Drang der Zeit nach socialen Verbesserungen doch noch eine glückliche Motivirung gefunden hat, so wird dieser Versuch m. E. an der Unausführbarkeit in der Praxis scheitern. .... Will der Staat jedem Orte die heimischen Strafarbeiter schenkungsweise überlassen? Dann würden die Gemeinden ein solches Geschenk verständigerweise ablehnen, das ihnen einen kläglichen Vortheil mit berechtigter Anfeindung gewährt ... Mein Votum ist durchaus verneinend.“ Und Leipzig sagt, daß Forstarbeit zwar gerechtfertigt sei, weil das Publicum hier immer noch nicht vollbürtige Strafen, sondern mehr Bußen für vorliegend erachtet, und beim Forstdiebe vorausgesetzt werden kann, daß er die stammverwandte Handarbeitsstrafe wird verrichten können, daß jedoch eine Verallgemeinerung dieser Specialität des Abverdienens verkehrt und unpraktisch sein würde. (Entgegengesetzt über diesen Punkt Pyrmont.)

Trotz mancher Zustimmung im Principe verhalten sich die Städte über 100 000 Einwohner ablehnend, weil sie das Abverdienen nicht für praktisch durchführbar, namentlich der gefürchteten Concurrenz wegen, erachten. Im Uebrigen sind die Stimmen getheilt. Es wurden folgende allgemeine Bedenken erhoben, wobei bemerkt wird, daß die Bezeichnung des Urhebers unmöglich bei allen Stellen erfolgen konnte.

Eine Verpflichtung der Gemeinden zur Beschaffung von Arbeitsgelegenheit bedeutet Proclamation des Rechtes auf Arbeit im Sinne der Socialdemokraten (Stettin). Die Volksehre wird die Zwangsarbeit und die Gefängnißstrafe für einen gleichen Makel halten (Stettin); ja Haft erscheint weniger schimpflich als öffentliche Arbeit (Posen); das Gefühl der Abarbeitenden wird durch die Art der Arbeit, z. B. durch Straßenkehren, verletzt (Elberfeld). Es ist nicht angängig, dem Einen die Vergünstigung des Abarbeitens zu gestatten, den Anderen einzusperren (Leipzig). Auf die freien Arbeiter, die überdies nur widerwillig mit den Bestraften zusammen arbeiten werden, wird ein schlechter moralischer Einfluß ausgeübt (Leipzig, Hannover, Frankfurt a. M., Cassel, Posen, Darmstadt; entgegengesetzt Bunzlau). Die freie Arbeit wird discreditirt (Leipzig, Darmstadt); insbesondere würde die Frohnde, in welcher namentlich Wegearbeiten von jedem Eingesessenen antheilsweise nach Maßgabe seiner Steuerkraft persönlich abzuarbeiten sind, in den Augen der Pflichtigen leicht den Charakter einer Strafe annehmen (St.-Goar). Die Verhältnisse in Stadt und Land erfordern eine verschiedenartige Regelung. Eine allgemeine Anordnung des Abverdienens ist vorläufig zu verwerfen. Einen Versuch zunächst mit den zur Vollstreckung gelangenden Polizeiverfügungen empfiehlt Plauen i. V. Eine gesunde Socialpolitik berücksichtigt zunächst die freien Arbeiter. Zulässig dürfte das Abverdienen überhaupt nur für Uebertretungen sein; bei Vergehen würde das Interesse der verletzten Rechtsordnung dadurch nicht ausreichend gewahrt (Darmstadt). Oeffentliche Arbeiten sind von zu schwankendem Werthe, um als Surrogat der Geldstrafen benutzt und treffend abgeschätzt werden zu können (Kiel). Die Zeit bis zur Abverbüßung wird zu lang, und hinausgeschobene Strafe ist nur halbe Strafe. Der subsidiären Haft wohnt in höherem Maße der Charakter einer Strafe inne; um Ueberlastung der Detentionslocale und zeitweiliges Brachliegen rüstiger Kräfte zu vermeiden, empfiehlt sich mehr als die Strafarbeit die Ausdehnung des Systems der bedingten Verurtheilung auf die Geldstrafen (St.-Goar). Eine Umwandlung in Haftstrafe ist weniger fühlbar als Abverdienen, weil man zu deren Verbüßung auch arbeitsfreie Zeit (z. B. Sonntag) mit verwenden kann und dabei der Sorge für den eigenen Lebensunterhalt während der Haftdauer überhoben ist (Clausthal i. H.). Schreibereien, Abrechnungen, Reclamationen, Oberaufsicht der Justizbehörde sind zu befürchten und müssen abgelehnt werden.

Die bisherigen Erfahrungen mit Zwangsanstalten, Verpflegungsstationen, Armen- und Nothstandsarbeiten werden als schlecht bezeichnet. Es wird stellenweise nicht der Unterhalt verdient. Arbeit ist schwer zu beschaffen, die Arbeitsproducte noch schwerer abzusetzen. Die Nothstandsarbeit ist besonders geringwerthig bei hohen Kosten. In Leipzig mußte die Arbeit der Almosenempfänger von der Marstallverwaltung schließlich abgelehnt werden, weil Zahl der Erscheinenden und Qualität der Leistungen zu wechselnd waren. Beim Bau der Chemnitz-Riesaer Eisenbahn 1852 liefen die nothleidenden Weber nach einigen Tagen wieder fort, weil die Arbeit ihnen ungewohnt war, und sie sich nicht einrichten konnten. Cassel hat große Schwierigkeiten, die Vagabunden auch nur zum Abverdienen von Unkosten, Wohnung und Nachtlager zu bringen. In Kiel hat sich ein Nichtbefolgen der strengen Dienstvorschriften und im Nichtbereitsein zu nothwendigen Arbeiten, namentlich Nachts, herausgestellt. (Berlin, Leipzig, Frankfurt a. M., Cöln, Straßburg i. E., Stettin, Cassel, Kiel, Guben, Oldenburg.)

Bei eingerichteten festen Betrieben ist eine Störung zu befürchten, da die Strafarbeiter, abgesehen von Widerwilligkeit, Ungewandtheit u. s. w., zu sprunghaft, zu unregelmäßig kommen und arbeiten würden. Ungeschulte Arbeiter sind hier wenig zu gebrauchen. Ebenso ist es beim Einstellen von Strafarbeitern in jeden vorhandenen festen Arbeitsstamm. (Berlin, Breslau, Leipzig, Frankfurt a. M., Bremen, Kiel, Cassel, Oldenburg.)

Betreffs der Aufsicht werden allgemein Schwierigkeiten befürchtet, namentlich der Kosten wegen, auf dem Lande auch wegen Beschaffung des Aufsichtspersonals; insbesondere die Gemeindevorsteher seien bis an die Grenze ihrer Leistungsfähigkeit belastet. Bunzlau sieht in dem Punkte der Aufsicht die einzige Schwierigkeit für die Durchführung des Abverdienens von Geldstrafen auf dem Lande, abgesehen davon, daß Gemeindearbeiten nicht jederzeit angewiesen werden können, und will um deswillen die Geldstrafen nicht bei Gemeinden, sondern in Staatsbetrieben, z. B. bei Bahnarbeiten, abarbeiten lassen. Ebenso erblickt der Landrath des mansfelder Gebirgskreises die Schwierigkeit der Ausführung nicht so sehr im Mangel an Arbeitsobjecten als in der Beschaffung irgendwelcher Aufsicht. Freiburg i. B. empfiehlt Auswahl solcher Arbeiten, welche möglichst wenig Aufsicht erheischen.

Darin, daß die Bestimmung des Werthes der geleisteten Arbeit in gewissen Grenzen den Aufsichtsbeamten anvertraut werden muß, erblicken wegen der Möglichkeit von Willkür und Ungerechtigkeit eine Gefahr Magdeburg, Frankfurt a. M., Posen und Darmstadt; der Oberbürgermeister letzterer Stadt glaubt, daß zahlreiche Reclamationen die Folge hiervon sein werden. Hingegen erachten Bemessung und Bewerthung der Arbeit durch einen zuverlässigen Beamten an der Hand allgemein festgelegter Grundsätze für zulässig Straßburg i. E., Plauen i. V. und Clausthal i. H., Plauen allerdings mit dem Zusatze, daß es nicht ohne alle Nachtheile sei. Allenstein glaubt, daß bei Festsetzung von Stücklohn für andere als Forstarbeiten die Strafarbeiter zu sehr vom Wohlwollen des Aufsehers abhängen würden.

Bedenken betreffs der Person der Abverdiener werden namentlich aus der mangelnden Vorbildung und den körperlichen Fähigkeiten mehrfach vorgebracht, jedoch nur von Großstädten; auch wird auf die Verlegenheiten hingewiesen, welche alte, schwache, halbinvalide und kränkliche Personen bereiten. Gesundheitsgefährdung bei ungewohnten Arbeiten in Wind und Wetter betonen Berlin und Leipzig; der Oberbürgermeister letzterer Stadt auch, daß durch grobe Arbeit eine zu feinen Arbeiten geschickte Hand verdorben wird. Daß zufolge Ungewandtheit der Bestrafte zu lange wird arbeiten müssen und dadurch zu hart behandelt erscheint, auch wirthschaftlich schwer geschädigt wird, heben Magdeburg und Darmstadt hervor. Gestattung von Stellvertretung erachtet der Landrath des mansfelder Gebirgskreises für angebracht, sogar nothwendig. Plauen nimmt für die Gemeinden in Anspruch, daß sie betreffs der Verwendung von Leuten aus besseren Ständen keine Beschränkung auferlegt erhalten.

Mangelhaftigkeit der Arbeitsleistung, mindestens unnöthige Verschwendung von Zeit auf dieselbe, wird für die Mehrzahl der Fälle durchweg befürchtet; außerdem Faulheit, Widerspenstigkeit, verschiedenartiger Ausfall der Güte der Arbeit.

Als sonstige Schwierigkeit für die Ausführung des Abverdienens wird der Mangel an Werkzeugen und Werkstätten bezeichnet. Freiburg i. B. verlangt geräumige Fristen zur Vollendung der Abverdienungsarbeiten, damit es dem Arbeiter möglich ist, sie als Nebenbeschäftigung zu verrichten, da er sonst die Mittel für seinen Unterhalt während der Arbeitszeit nicht aufbringen könnte.

Auch hinsichtlich der Kosten werden Bedenken vorgebracht. Uebernahme von Ausgaben für den Justizfiscus wird wie jede Mehrbelastung des Gemeindehaushaltes abgelehnt. Die Kosten für die Aufsicht und die allgemeine Verwaltung werden als theuer bezeichnet, ein Vortheil für die Gemeinde bei unentgeltlicher Ueberlassung der Arbeitskräfte seitens des Staates nur von Pyrmont erwartet. Mehrfach kehrt die Besorgniß wieder, bei längerer Dauer der Strafarbeit werde der Verurtheilte oder doch seine Familie der Armenverwaltung zur Last fallen, und es wären überhaupt für Beschaffung von Kost und Wohnung des Sträflings Anstalten zu treffen. Abzug von 1 pCt. des Verdienstes auf Generalunkosten wird von Straßburg i. E. in Vorschlag gebracht. Endlich wird die Vermehrung der Ausgaben für die Zwecke der Unfallversicherung und aus Anlaß von Unglücksfällen im Betriebe hervorgehoben.

Was die Gefahr einer Concurrenz mit der freien Arbeit anlangt, so erachten diese alle Großstädte und die meisten Mittelstädte für vorliegend; für das Land wird sie nicht befürchtet, vielmehr ausdrücklich als nicht vorhanden bezeichnet. Es fehlt in den größeren Städten nicht an Arbeitern, sondern an Arbeit. Bei dem starken Andrange zu den Städten ist durch das Abverdienen Zunahme der allgemeinen Noth und vermehrte Erbitterung der freien Arbeiter zu gewärtigen. Das sociale Elend würde durch das Abverdienen nicht gelindert werden; vielmehr erwüchse daraus gerade ein willkommenes Agitationsmittel. Eine Härte würde namentlich auch gegen die Halbinvaliden, Alten und Schwachen vorliegen, welche bisher diejenigen leichten Arbeiten erledigten, die nunmehr den Abverdienern würden zugewiesen werden.

Hinsichtlich der Landkreise kann eine Concurrenz mit der freien Arbeit nur in Betracht kommen, falls zur Winterszeit ein Massenandrang von Abverdienern stattfinden sollte (Freiburg i. B. und Sigmaringen). Sonderburg erachtet es für möglich, daß die mit Geldstrafe Belegten mehr und mehr den Versuch machen würden, die Strafe abzuverdienen, die sie bis jetzt bezahlen, wodurch den freien Arbeitern eine unliebsame Concurrenz entstehen würde.

In der gedachten Weise stellen eine Schädigung der freien Arbeit in Aussicht: Berlin, Leipzig, Cöln, München, Magdeburg, Frankfurt a. M., Elberfeld, Stuttgart, Straßburg i. E., Stettin, Cassel, Kiel, Posen, Metz, Darmstadt, Guben, Gotha — dies jedoch nur für November bis März —, Oldenburg, Greiz und Clausthal i. H..

Hinsichtlich der Arbeitsgelegenheit schlägt Gotha Culturarbeiten, die sonst nicht lohnen, vor; Weimar will eventuell Einsperrung in Arbeitsanstalten, Armenhäuser und dergl., wo Holzspalten als Arbeit einzuführen, ist aber im Princip überhaupt dagegen. Posen erklärt es als vielleicht nicht unmöglich, der Land- und Forstwirthschaft in dem an Arbeitermangel leidenden Osten durch planmäßige Zuweisung der Abverdienenden zu helfen, macht aber selbst auf die Schwierigkeiten der Vertheilung, die Höhe der Transportkosten und den Unwillen städtischer Arbeiter gegen Landarbeit aufmerksam. München will ein Abverdienen im Dienste des Staates und erklärt: „es würde dadurch eine Vertheilung der so gewonnenen Arbeitskräfte im ganzen Lande ermöglicht und insbesondere da, wo es gerade an Arbeitskräften fehlt, ein Ausgleich herzustellen sein. Die Gebiete auf denen der Staat Beschäftigung gewähren kann, sind so außerordentlich mannigfaltige, daß die Verwendung von Arbeitskräften im Sinne Ihrer Anregung thatsächlich einem Bedürfnisse abhelfen würde.

Bedeutende Unternehmungen, deren Ausführung nicht unbedingt nothwendig, jedoch immerhin wünschenswerth wäre, müssen oft zurückgestellt werden, weil die hierfür erforderlichen Mittel der Landesvertretung zu hoch erscheinen; hier könnte durch Beschäftigung von Leuten, die ihre Geldstrafen abverdienen wollten, manches große Werk, wenn auch allerdings nur allmählich, gefördert werden." Stettin erachtet ein Versenden der Verurtheilten für ausgeschlossen. Ueberweisung der Arbeiter durch die Gemeinden an Corporationen und größere Unternehmer will Freiburg i. B. zulassen.

Ständig Arbeit dem Abverdiener zu geben, sind folgende Städte, bezw. Kreise in der Lage: Hannover und Magdeburg, beide für eine beschränkte Zahl, Magdeburg nur für einen großen Theil des Jahres, Plauen dauernd, Gotha mit Ausnahme von November bis März für eine beschränkte Anzahl, ohne für die günstigere Jahreszeit eine Garantie übernehmen zu können, Weimar immer, Allenstein stets mit Forstarbeiten, Pyrmont fast immer; und von den Kreisen Bunzlau während des größten Theiles des Jahres, der westhavelländische Kreis immer in Stadt und Land, der mansfelder Gebirgskreis (umsonst geleistete Gemeindearbeit ist jederzeit bestens zu verwerthen), Münster i. W., wo sich jedoch ein Amtsbezirk ablehnend verhält, für jede Stadt- und Landgemeinde, namentlich im Sommer betreffs der Wegearbeiten, Freiburg i. B. bis auf den Winter, St. Goar immer hinsichtlich der Wegearbeiten.

Betreffs nachgedachter Arbeiten haben die dabei vermerkten Städte, bezw. Kreise erklärt, daß sie allein bei ihnen in Frage kommmen könnten, falls das Abverdienen von Geldstrafen eingeführt würde, wobei jedoch bemerkt werden muß, daß namentlich die großen Städte ungeschulte Kräfte nur vorübergehend einzustellen bereit sein würden und von den Leitern ihrer Betriebe ungünstige Antworten erhalten haben:

Steineklopfen: Cöln, München, Frankfurt a. M., jedoch nur in beschränktem Maße, da diese Fertigkeit Uebung erfordert, Kiel mit Ausnahme von Basalt- und Keupersteinen, Pyrmont mit denselben Ausnahmen, besonders Mergel und Kalksteine als geeignet empfehlend, Stuttgart, Plauen, Gotha, Weimar, Greiz; von den Kreisen: Sigmaringen. Elberfeld ist gegen diese Beschäftigung, da sie größere Uebung erfordert.

Erdarbeiten und Bodenplaniren: Breslau bei Neubauten, München, Magdeburg bei Anlagen von Straßen und Einebnen früherer Festungswerke, Straßburg, Gotha bei Anlegung neuer Straßen, Guben.

Sortiren von Steinen und Abbruchsmaterial: Breslau, Leipzig und Plauen.

Verschiedene Bauarbeiten: Plauen Abladen von Baumaterialien, Gotha Abbruchsarbeiten, Pyrmont Arbeiten auf Lagerplätzen; Kreis Westhavelland. Hingegen erklärt Leipzig, daß Maurerarbeiten, Trottoirlegen, Granitarbeiten und Knackschlagen zum Theil große Handfertigkeit, Fachkenntniß und Uebung erfordern und deshalb außer Betracht bleiben müssen.

Wegebauten und andere Wegearbeiten: München (Betoniren), Hannover, Frankfurt a. M. Chausseekratzen in beschränktem Maßstabe, Plauen, Gotha, Allenstein, Pyrmont; die Kreise Bunzlau, Westhavelland, mansfelder Gebirgskreis, Münster i. W., St. Goar, Sigmaringen, letzteres jedoch nur im Frühjahr.

Straßenreinigen: Berlin, Breslau, Hannover, Magdeburg, Frankfurt a. M. in beschränktem Maße, Elberfeld, Straßburg i. E., Kiel, Plauen, Guben, Gotha, Weimar, Greiz, Pyrmont, Kreis Westhavelland.

Schneeschippen: Magdeburg, Stuttgart, Straßburg, Bremen, Pyrmont; Kreise Westhavelland und Sigmaringen.

Schleusen, Kanäle und Gräben räumen: Leipzig, jedoch in sehr geringem Umfange, Magdeburg, Allenstein; Kreise Bunzlau und Westhavelland.

Land- und forstwirthschaftliche Arbeiten: Berlin auf den Rieselfeldern, Hannover in den Forsten, Allenstein (Schälen des Fichtenholzes, Stangensortiren, sonstige Forstarbeiten); Oberamt Sigmaringen in den Forsten, jedoch nur im Winter und vielleicht noch im Frühjahr.

Garten- und Parkanlagen: Berlin, Breslau, Hannover, Kiel, Plauen, Weimar; in Leipzig wären nur wenige Arbeiten, zu denen nicht ein besonderes Geschick erforderlich ist.

Arbeiten in öffentlichen städtischen Anstalten: Plauen Schuhmacher und Schneider darin zu verwenden; Kreis Westhavelland Gasanstalten, Schlachthäuser und Schulen.

Holzspalten: Gotha und Weimar; Kreis Gebweiler i. Elsaß.

Botendienste: Kreis Westhavelland.

Schließlich verbreiten sich die gutachtlichen Aeußerungen noch über die Bewerthung der Arbeit. Allgemein wird Stücklohn als das Erstrebenswerthere hingestellt, vielfach aber ausgeführt, daß Zuweisung von Arbeit in Stücklohn oft sehr schwer sei. Straßburg und Clausthal meinen, daß Stücklohn, wo es nur irgend geht, einzuführen; ähnlich Plauen, Gotha, Weimar, Greiz, Kreis Freiburg und St. Goar.

Den Tagelohn wollen in Procenten des ortsüblichen Tagelohnes bewilligen: Allenstein (50 pCt.), Breslau (50—$66^2/_3$ pCt.), Hannover, Magdeburg, Posen, Clausthal ($66^2/_3$ pCt.), Kreis Westhavelland (75 pCt.), St. Goar (50—$66^2/_3$ pCt.).

Vollen ortsüblichen Tagelohn gestehen zu: Gotha den als fleißig bekannten Arbeitern, Pyrmont; Kreis Bunzlau.

Feste Sätze geben an: Darmstadt (1 Mk. 20 Pf., bei freier Kost 1 Mk.), Weimar (höchstens 1 Mk. 40 Pf.) und Kreis Münster i. W. (1 Mk. bei eigener Beköstigung, falls die Arbeit durch Aufseher controlirt wird).

Hiermit mögen die Auszüge aus den vorgedachten 39 Schreiben geschlossen werden. Sie sind absichtlich von kritischen Bemerkungen nicht unterbrochen worden. Es soll aber auch hinterher in ihre Besprechung nicht eingetreten werden. Gründe und Gegengründe sind ja bereits vorher eingehend erörtert worden. Man wird je nach dem Standpunkte, den man einnimmt, das Entgegengesetzteste aus diesem werthvollen Materiale, das die Männer der Praxis geliefert haben, herauslesen können. Diesseits wird die Auffassung gehegt, daß Folgendes daraus hervorgeht. Ernstliche Gründe gegen die Richtigkeit des Princips, uneintreibbare Geldstrafen müßten abverdient werden, sind nicht beizubringen. Seine Verwirklichung begegnet jedoch außerordentlich starken Schwierigkeiten, von denen diejenige der Concurrenz mit der freien Arbeit an erster Stelle hervorzuheben ist. Unüberwindlich sind diese Schwierigkeiten nicht. Hieraus ergeben sich folgende

Schlußfolgerungen und Vorschläge.

Der Grundsatz, daß an Stelle einer erkannten Geldstrafe, welche sich als uneinziehbar erweist, Freiheitsstrafe nicht treten darf, und daß von allen Maßregeln, welche sonst in Betracht kommen können, das Abverdienen der Strafe durch eine geldwerthe Arbeitsleistung die einzige sachdienliche und den Strafzwecken entsprechende ist, muß als theoretisch nachgewiesen gelten. Es ist deshalb eine Aufgabe der Criminalpolitik, für seine Verwirklichung Sorge zu tragen. Where there's a will, there's a way.

Wenn die bisherigen praktischen Erfolge nicht überall befriedigt haben, so liegt das nicht an der Unrichtigkeit des Principes, sondern an der mangelhaften Anwendung desselben. Der bisher stattgehabten Strafarbeit haftet viel zu sehr der Charakter der Unfreiheit, der Zwangsarbeit an. Das System muß umgekehrt auf dem Grundsatze der vollsten Freiheit und der reinen Freiwilligkeit der Leistung auferbaut werden, damit ein Ergebniß von wirklichem wirthschaftlichen Werthe erzielt werde. Die Baarentrichtung der Geldstrafe ist bei den untersten Schichten, wie bereits **Friedmann** richtig erkannt hat, zur Zeit überhaupt nicht zu erreichen, es sei denn, daß sie freiwillig zahlten. Und so ist auch eine geldwerthe Arbeit nicht zu erlangen, wenn sie der Verurtheilte nicht entweder aus wirklicher Lust an der Arbeit — was selten der Fall sein wird — oder deshalb aus eigenem Antriebe leistet, weil er sich sagt, daß er im Falle entgegengesetzten Handelns sich erheblich schlechter steht. In beiden Beziehungen kann eine wesentliche Wandelung des bestehenden Zustandes zum Besseren herbeigeführt werden.

Als Hauptaufgabe ist zu betrachten, daß Baarzahlung erfolgt. Die Ueberzeugung ist, man kann wohl sagen, allgemein, daß jetzt schon die meisten und bei einer zweckentsprechenden Reform der Geldstrafe fast alle Geldstrafen gezahlt werden können. Was in Sonderburg, Gebweiler, Hohenzollern, dem westhavelländischen Kreise heut unter an sich ungünstigen Umständen gelingt, kann allgemein erzielt werden, wenn man die oben bereits erörterten Maßnahmen für richtige Bemessung der Strafe und deren Vollstreckung ergreift.

Zur Sicherung des Einganges der erkannten, den actenmäßig festgestellten Vermögens-, Einkommens- und Erwerbsverhältnissen des Schuldigen angepaßten Geldstrafen reichen nun aber Zahlungsfristen, Bewilligung von Theilzahlungen, die übrigens nicht durch das Urtheil, sondern in der Executionsinstanz erfolgen sollte, Einziehung durch den Steuererheber, Wirthshausverbot u. s. w. noch nicht aus. Es muß vielmehr in der Erkenntniß, daß, je weniger angenehm die Folgen der Nichtzahlung sind, um so seltener diese eintritt (v. **Lilienthal**), eine Reihenfolge von Maßnahmen nach einander ergriffen werden, welche immer ungünstiger für den Bestraften werden. Erster Abschnitt: die Unbeitreibbarkeit der Geldstrafe wird festgestellt. Zweiter Abschnitt: dem Bestraften wird die Möglichkeit eröffnet, unter Beibehaltung seiner gewohnten Arbeitsstätte von den laufenden Einnahmen die Strafe zu erlegen. Dritter Abschnitt: dem Bestraften wird die Möglichkeit eröffnet, unter Aufgeben seiner gewohnten Arbeitsstätte die Strafe abzuverdienen; hierbei wird seine Arbeit jedoch zu einem niedrigeren Satze als dem ortsüblichen Tagelohne bewerthet. Vierter Abschnitt: der Bestrafte wird unter Beraubung seiner Freiheit im Zwangswege zum Abverdienen seiner Geldstrafe angehalten; hierbei wird seine Arbeit jedoch noch niedriger als beim freiwilligen Abverdienen in der Freiheit bewerthet. Alle diese

Folgen des Nichtzahlens sind dem Verurtheilten bei der Zahlungsaufforderung in gemeinverständlicher Form formularmäßig mitzutheilen; jede Verfügung, welche einen neuen Abschnitt einleitet, setzt ebenso die noch bevorstehenden Vollstreckungsmaßregeln auseinander, jedesmal mit dem Zusatze, daß dieselben durch Zahlung immer abgewendet werden können. Dieser Hinweis darf jedoch nicht in abstracten Worten geschehen, sondern muß die concreten Thatsachen erwähnen, insbesondere z. B. die sogleich zu erörternde Zulässigkeit von freiwilligen Lohnabzügen, von Zahlung durch Gerichtskostenmarken u. s. w. Hiernach stellt sich der Gang der Sache folgendermaßen.

Erster Abschnitt: die Feststellung der Unbeitreibbarkeit der Geldstrafe. Eine Erörterung dieses Punktes, namentlich also der Frage, inwieweit überhaupt einer Zwangsvollstreckung das Wort zu reden sei, liegt außerhalb des Rahmens unseres Themas, welches nach dieser Richtung die Zweifel als bereits durch den Gesetzgeber gelöst voraussetzt.

Zweiter Abschnitt: die Zahlung ohne Aufgeben der gewohnten Beschäftigung. In dieser Hinsicht ist dem Verurtheilten zunächst anheimzugeben, sich mit dem Schutzfürsorgevereine seines Bezirkes in Verbindung zu setzen. Diese Vereine werden bereit sein, in ausgedehntem Maße dadurch helfend einzutreten, daß sie die Geldstrafen vorschußweise zur Staatskasse abführen und in derselben Weise, wie sie dies jetzt bereits mit den entlassenen Strafgefangenen thun, unter Zustimmung des Verurtheilten im Wege der freien Vereinbarung mit dessen Arbeitgeber den verauslagten Betrag sich durch ratenweise freiwillige Lohnabzüge wiedererstatten lassen. Es ist dies kein auf's Gerathewohl gemachter Vorschlag, sondern er beruht auf einer Rücksprache mit berufenen Kennen der einschlägigen Verhältnisse. Der berliner Verein zur Besserung der Strafgefangenen zahlte bei einer Mitgliederzahl von 406 Personen im Jahre 1893 von einer effectiven Gesammtausgabe von 20 624 Mk. 76 Pf. über die Hälfte, nämlich 11 719 Mk. 15 Pf., für Eisenbahnfahrkarten, Werkzeuge, Vorschußzahlungen und baare Unterstützungen der entlassenen Strafgefangenen aus und erhielt seitens der in Arbeit gebrachten Pfleglinge von den Auslagen für Eisenbahnbeförderung, Arbeitsgeräth und Vorschüsse 9080 Mk. 61 Pf. auf dem gedachten Wege zurückerstattet. Wenn man bedenkt, daß die Unterstützungen nicht zurückzuzahlen waren, so sieht man, daß diese Vereine bei ihrer Organisation ein nennenswerthes Risico mit der vorschußweisen Zahlung von Geldstrafen nicht laufen. Sie ziehen es sich bei Heller und Pfennig ratenweise wieder ein. Eine etwa erforderliche Vermehrung des eigenen

Betriebsfonds würde für die Vereine nicht unübersteiglichen Hindernissen begegnen.

Das Verhältniß, welches die Schutzfürsorgevereine mit den Arbeitgebern herstellen, kann aber auch zwischen Letzteren und dem Staate selbst herbeigeführt werden. Deshalb ist der Bestrafte ferner aufzufordern, eventuell mit seinem Arbeitgeber eine Vereinbarung zu treffen, daß dieser den Betrag der Geldstrafe allmählich in wöchentlichen Theilbeträgen vom Lohn abzieht. Der Verurtheilte ist für diesen Fall darauf hinzuweisen, daß er dann den Namen und die Adresse des Arbeitgebers und die Höhe des wöchentlichen Abzuges anzuzeigen hat.

Ehe die weitere Entwicklung dieses Falles dargelegt wird, sei mit wenigen Worten zu der Frage Stellung genommen, ob nicht die Beschlagnahme des Arbeitslohnes zur Deckung der Geldstrafe zugelassen werden soll. Eine solche Maßregel ist zu verwerfen. Eine Lohnbeschlagnahme, welche man der außerehelichen Mutter gegen ihren Schwängerer, dem außerehelichen Kinde gegen seinen natürlichen Vater versagt, zur Sicherung für eine Geldstrafe zuzulassen, die vielleicht wegen verbotswidrigen Leierkastenspiels, Rasirens eines Kunden während der Sonntagsruhe oder, wenn es hoch kommt, Beleidigung eines Schutzmannes erkannt ist, wäre ein Act brutaler Fiscalität, ein Hohn auf die sociale Gerechtigkeit.

Die hiermit außerdem verknüpfte Erbitterung gegen den Arbeitgeber, welcher sich in den Augen des Arbeitnehmers zum Werkzeuge der Vollzugsbehörde gebrauchen läßt (Appelius), würde aber nicht entstehen, wenn der durch die Beschlagnahme zu erreichende Erfolg durch freies Uebereinkommen erzielt würde. Derartige Lohnabzüge würden dem Arbeiter auch nichts Ungewohntes sein, da sie schon jetzt nicht bloß als privatstrafweise erfolgende Lohnkürzungen auf Grund der Fabrikordnungen, sondern auch als Beiträge zu Cassen und Wohlfahrtseinrichtungen gang und gäbe sind.

Zeigt nun der Verurtheilte oder für ihn sein Arbeitgeber das Zustandekommen einer Vereinbarung der gedachten Art an, so erhält Letzterer ein Formular zugeschickt, auf welchem er sich zur Ausführung der freiwilligen Lohnabzüge für die Dauer des Arbeitsverhältnisses verpflichtet, außerdem aber eine in Felder eingetheilte Karte, in welche er bei den Postanstalten käufliche Gerichtskostenmarken in Höhe der Lohnabzüge wöchentlich bis zur Tilgung der Schuld einklebt. Der Gedanke, die Einführung solcher Gerichtskostenmarken vorzuschlagen, ist mir dadurch gekommen, daß v. Lilienthal die Quittungskarte zur Ratentilgung der Geldstrafen durch Einkleben von Zusatzmarken auf Grund eines dies anordnenden behördlichen Vermerkes verwenden will. Abgesehen davon, daß dies vollständig dem Wesen und der Aufgabe der Quittungskarte widerstreiten würde, läge darin nur eine andere Form der soeben verworfenen Lohnbeschlagnahme vor. Marken überhaupt aber zu verwenden, ist eine sehr fruchtbare Idee, die ja auf allen möglichen Gebieten jetzt eine Rolle spielt. Gerichtskostenmarken würden nun in der That sehr praktisch sein. Wie viele Scherereien könnten dem Publicum erspart bleiben, wenn es die Gerichtskostenrechnung einfach nach Aufkleben der im postalischen Wege erhältlichen Marken zurückzuschicken brauchte! Dieselben würden dann zugleich für das Abtragen von Geldstrafen in Theilbeträgen außerordentlich verwendbar sein.

Zu diesem Behufe müßte auch die erste Zahlungsaufforderung, welche der Schuldige nach der Rechtskraft des Urtheils erhält, mit einer angehefteten, in Felder getheilten Seite versehen sein und ihn darauf hinweisen, daß er berechtigt ist, seine Schuld durch fortlaufendes Einkleben von Gerichtskostenmarken selbst zu tilgen.

Dem Verurtheilten ist schließlich anheimzustellen, ob er nicht mit seinem Arbeitgeber eine Abrede dahin treffen kann, daß dieser die Geldstrafe vorschußweise an den Staat zahlt und allmählich von dem Schuldigen einzieht. Thatsächlich würden viele Arbeitgeber hierauf eingehen, sobald es sich um einen bereits erprobten Arbeitnehmer handelt.

Die Entwerthung der Gerichtskostenmarken würde praktisch dadurch erfolgen, daß der Verurtheilte auf sie seinen Namen und das Datum setzt. Dadurch würde der Möglichkeit ihrer nachträglichen Loslösung aus der Karte und ihrer Verwendung zu anderen Zwecken ebenso vorgebeugt wie einer Unterschlagung seitens des Arbeitgebers gegenüber dem Arbeitnehmer. Es würde außerdem die leichte Durchführung einer Controle darüber gesichert, daß die Theilzahlungen auch thatsächlich erfolgen. Denn es brauchte nur der Steuererheber bei seinen monatlichen Rundgängen die Karte mit den entwertheten Marken sich vom Arbeitgeber, bezw. dem selbst die Marken einklebenden Arbeitnehmer vorlegen zu lassen. Er würde dann auch die Karten, welche Marken in Höhe der geschuldeten Straffumme enthalten, einsammeln und dem Gerichte übersenden.

Ein ernstlicher Einwand, daß durch die gemachten Vorschläge Fälle geschaffen würden, welche mit den von verschiedenen Autoren als strafbare Entrichtung der Geldstrafe durch einen Dritten angesehenen identisch sind, ist wohl nicht zu erwarten, da die Zahlung vorschußweise auf Rechnung des Angeklagten geschieht, und dieser das Strafübel der nothwendigen Wiedererstattung erleidet.

Es lassen sich noch andere Vorschläge entwickeln, wie es dem Verurtheilten ermöglicht werden soll, die Geldstrafe so abzuzahlen, daß die Leistung freiwillig geschieht, und daß er nicht aus seiner gewohnten Arbeit gerissen wird. Es ist widersinnig, jemand, welcher eine Geldstrafe zahlen soll, aus den Bedingungen herauszunehmen, unter welchen er am besten in der Lage ist, seiner Zahlungsverbindlichkeit nachzukommen. Sobald der Staat hierin irgendwie eingreift, muß er die Verhältnisse verschlechtern. Es ist ausgeschlossen, daß, sobald jemand, der Beschäftigung hat, zum Abverdienen durch öffentliche Arbeiten angehalten wird, er bei einem solchen Wechsel der Arbeitsstätte Vortheil haben könnte. Wer Arbeit hat, kann eine seinen Verhältnissen entsprechend bemessene Geldstrafe abzahlen, vorausgesetzt, daß er bei Unglücksfällen und Krankheit seiner eigenen Person oder seiner Angehörigen angemessenen Ausstand erhält. Er wird sie auch bezahlen, wenn er durch die an ihn gerichtete Zahlungsaufforderung erfährt, daß und welche Nachtheile er erleidet, falls er seiner Verbindlichkeit nicht nachkommt.

Dritter Abschnit: das Abverdienen der Geldstrafe durch Strafarbeit. Wird diese unter dem Durchschnitte des ortsüblichen Tagelohnes entlohnt, so läßt es niemand zu ihr kommen, der eine besser bezahlte Beschäftigung hat. Es wird also die befürchtete große Armee der Abverdiener gar nicht entstehen. Beschränkt sich aber die Zahl der Abverdiener auf die Stellenlosen, zu denen vielleicht noch eine kleine Zahl leichtsinniger Leute hinzuträte, welche sich durch nichts zu einer verständigen Regelung ihrer eigenen Angelegenheiten bewegen lassen, so wäre auch die Gefahr ausgeschlossen, daß durch die Gemeindearbeit eine Vermehrung der Concurrenz mit der freien Arbeit entstände. Denn die Stellenlosen sind ja diejenigen, welche die ohnehin bereits bestehende Concurrenz hervorrufen, bez. unter ihr am meisten leiden. Man kann sie also nicht doppelt zählen. Jedenfalls wäre dann dieser Punkt nicht mehr so schwerwiegend.

Man könnte nun aber auch die Nachtheile, welche mit der Gemeindearbeit verbunden sind, dadurch mildern, daß die Gemeinden, wie weiter oben bereits angedeutet, einen Theil der bei ihnen zur Verbüßung von Strafarbeit sich Meldenden an ihre eigenen Lieferanten, Pächter, Unternehmer u. s. w., sowie an Privatleute, die sich dieserhalb der Gemeinde zur Verfügung stellen, verweisen könnte. Die Gemeinde übernähme dann nur die Rolle eines Arbeitsvermittlers und vollstreckte keine Strafarbeit. Der Arbeitgeber, zu welchem der Verurtheilte kommt, würde sich genau so zu verhalten haben wie der im zweiten Abschnitte erwähnte private

Arbeitgeber, namentlich also auch den Verpflichtungsschein unterschreiben, daß er die frei vereinbarten Lohnabzüge während der Dauer des Lohnverhältnisses machen wird.

Auf diese Weise würde der Kreis der Personen, welche Strafarbeit zu leisten haben, auf die denkbar kleinste Zahl eingeschränkt werden und viele der Bedenken entfallen, welche die oben ausführlich wiedergegebenen 39 Gutachten mit Recht von ihrem Standpunkt aus geltend machen.

Die Gemeindearbeit, unter welcher, wie oben gesagt, Staats-, Provinzial- und Kreisarbeit mit eingeschlossen wird, würde nun für die verhältnißmäßig geringe Zahl der Fälle, in welchen sie anzuwenden wäre, in der Art auszugestalten sein, wie dies oben eingehend dargelegt worden. Es wird die Behauptung hoffentlich nicht mehr als ein Phantom zu bezeichnen sein, daß sie in dem beschränkten Umfange ihrer Anwendung praktisch durchführbar ist. Und ebenso nicht, daß Arbeitsgelegenheit beschafft werden kann, welche in dem für Handarbeit nothwendigen Maße eine Berücksichtigung der Individualität gestattet, wirthschaftlichen Nutzeffect hat und darum mit Schaffensfreudigkeit verrichtet wird, keine übermäßige Aufsicht erfordert, überwiegend in Tagewerken zugetheilt oder nach Stücklohn berechnet werden kann und von den Verurtheilten thatsächlich mit wirthschaftlichem Erfolge verrichtet zu werden vermag. Daß ihre Leistung in Gemeinschaft mit anderen freien Arbeitern erfolgt, ist heutigen Tages, wo überall bescholtene und unbescholtene Personen in den Einzelbetrieben nebeneinander thätig sind, an sich unbedenklich und nicht ein Nachtheil, sondern ein Vorzug des Systems. Trotz des unvermeidbaren Einflusses localer Verhältnisse, welcher eine untrennbare Folge von der Wahl des Wohnsitzes oder Aufenthaltsortes ist, bleibt der der Strafcharakter durch die vollständige oder theilweise Entziehung des Arbeitsertrages gewahrt; eine äußerliche Gleichheit der Strafmittel wird, wie Zucker mit Recht betont, nicht durch den Strafzweck geboten, würde ihm sogar zuwiderlaufen. Durch die bis zur Hälfte des Arbeitsgewinnstes zulässige Baar- oder Naturallöhnung des Verurtheilten wird eine Belastung des Ortsarmenverbandes verhindert, durch die Pflicht, die erhaltenen Beträge gleichfalls nachträglich abzuarbeiten, ein ungerechtfertigter Vortheil des Abverdieners vermieden. Die Setzung einer Grenze für die zulässige Zeitdauer der Strafarbeit verhütet die Gefahr socialer Ungerechtigkeit und ungleichmäßiger Behandlung dessen, der zahlt, gegenüber dem, welcher abverdient.

Aber auch die Störung des eingerichteten Abverdienungsbetriebes durch das sprunghafte Kommen und Gehen der Abverdiener läßt sich vermeiden. Ist der Kreis derer, welche die Geldstrafe abarbeiten, auf die stellenlosen Leute und diejenigen, welche aus Leichtsinn und Unwirthschaftlichkeit zum Abtragen von Theilzahlungen nicht gelangen, eingeengt, so steht dem nichts im Wege, daß die Aufforderung zum Abverdienen unter Setzung einer genau innezuhaltenden kurzen Frist oder selbst eines bestimmten Tages zum Antritte der Strafarbeit erfolgt. Denn wer in der Lage der genannten Leute ist, kann jeden Tag kommen. Es ist dann aber auch des Weiteren zulässig, daß die Strafarbeit hinter einander weg ohne Unterbrechung selbst auf Wochen und länger hinaus geleistet werden muß. Der, wer außer Stellung ist, verschlechtert ja durch das Abverdienen seiner Strafe nicht seine und seiner Familie Lage, da er nun doch wenigstens einen halben Verdienst nach Hause bringt, der vor dem Verhungern schützt. Es ist ausreichend, wenn für gewisse berücksichtigenswerthe Fälle die Ausnahme zugelassen wird, daß in jeder Woche nur einen um den anderen Werktag oder die erste, bzw. zweite Wochenhälfte hinter einander Strafarbeit gethan zu werden braucht. Zur Gestattung weiterer Unterbrechungen der einmal begonnenen Arbeit liegt nicht der mindeste Anlaß vor. Wer sich dem nicht fügt, wird durch die Entziehung der Wohlthat des Abverdienens nicht beschwert. Die von den Oberbürgermeistern der Städte München und Posen angeregte planmäßige Verschickung von Abverdienern nach Gegenden, in welchen Arbeitsmangel herrscht, paßt nicht in den Rahmen des hier vertretenen Systems und kann nicht befürwortet werden.

Da die Frage vollständig von derjenigen des Ersatzes kurzzeitiger Freiheitsstrafen losgelöst ist und bis zu diesem Abschnitte ihrer Regelung grundsätzlich von Zwangsarbeit absieht, findet die petitio principii nicht statt, welche sonst Platz greift, wenn man die kurzzeitigen Freiheitsstrafen vermeiden will und an ihre Stelle Freiheitsberaubung oder Freiheitsminderung durch Zwang zu gemeinnützigen oder öffentlichen Arbeiten setzt. Es wird auch eine scharfe Sonderung der vermögensrechtlichen Geldstrafe von der die volle Persönlichkeit treffenden Freiheitsstrafe unter Verhütung eines ungewohnten Druckes auf die ärmeren Classen durchgeführt. Endlich findet nicht ein Unterschied zwischen der für Uebertretungen und der für Vergehen verhängten Geldstrafe statt, welcher dem untheilbaren Charakter der Geldstrafe zuwiderlaufen würde.

Vierter Abschnitt: das mit Einsperrung verbundene zwangsweise Abverdienen. Gegen denjenigen, wider welchen die Mittel der drei ersten Abschnitte des Verfahrens ergebnißlos geblieben sind, muß ein staatlicher Zwang angewendet werden, da es für unannehmbar erklärt worden ist, daß der Staat im Falle der Uneinbringlichkeit einer Geldstrafe auf die Verhängung einer materiellen Straffolge verzichtet. Die bedingte Verurtheilung zur Geldstrafe bleibt außer Betracht, da bei ihr ja überhaupt kein Versuch zur Vollstreckung der Geldstrafe gemacht wird. Wie nun der Zwang gegen denjenigen, welcher weder zahlt noch freiwillig abverdient, zu gestalten ist, wird Gegenstand des letzten Haupttheiles dieses Gutachtens sein.

Nach dessen Erledigung werden auch zwei Einwände geprüft werden, welche man gegen das ganze System erheben kann: der der Langsamkeit der Vollstreckung und der des gekünstelten Aufbaues. Vorher ist nur noch festzustellen, daß die in der ersten Hauptfrage des Themas enthaltenen Einzelfragen erledigt sind. Die Auflösung der Gesammtfrage ist eingangs dahin erfolgt: soll ein Abverdienen der Geldstrafen stattfinden? Antwort: ja. Soll dies auf Grund zwingender Vorschrift oder nur vergünstigungsweise — als Zulassung — geschehen? Antwort: vergünstigungsweise; jeder Zwang ist vom Uebel. Soll an erster Stelle Freiwilligkeit der Leistung angestrebt werden? Antwort wiederum ja. Soll die Maßregel eine besondere Förderung seitens des Gesetzgebers erfahren? Antwort: ja, innerhalb der vorgedachten Grenzen. Es ist endlich die zu der zweiten Hauptfrage des Themas überleitende Unterfrage bereits bejaht, ob im Falle der Nichtleistung eine weitere Androhung stattfinden soll. Nunmehr ist zu prüfen:

soll die Androhung eines Zwanges stets oder nur dann statthaben, wenn als Grund der Nichtzahlung Mangel guten Willens zur Tilgung der Strafe festgestellt worden ist?

Das System, wie es bisher auf dem Grundsatze der Freiwilligkeit auferbaut worden, hat offensichtlich vorläufig noch Lücken. Zunächst ist möglich, daß schon Fälle, auf welche es an sich Anwendung finden könnte, ausscheiden, wenn nämlich die Gemeinde den zwar zahlungsunfähigen, aber arbeitswilligen und -fähigen Personen, welche sich zum Abverdienen melden, erklärt, es sei keine Gelegenheit vorhanden. Eine solche Möglichkeit ist mehr theoretisch als praktisch. Was in diesem Falle geschehen soll, ist bereits weiter oben gesagt worden.

Sodann aber giebt es eine Anzahl Menschen, welche zwar delictsfähig, aber weder zahlungs- noch arbeitsfähig sind. Auf sie ist bisher nur ganz nebenher Rücksicht genommen worden, weil sie eben noch nicht interessirten. Ihre Menge ist in verschiedene Gruppen aufzulösen.

Zuerst kommt in Frage, ob ein dauerndes oder ein vorübergehendes Hinderniß vorliegt. Wird letzteres bescheinigt, so ist es richtiger, mit der

Vollstreckung des Urtheils bis zur Behebung des Hemmnisses zu warten, als an die Stelle der Geldstrafe etwas ihrem Wesen Zuwiderlaufendes zu setzen.

Handelt es sich aber um eine dauernde Erscheinung, so kommt es darauf an, ob diese nur eine Minderung oder eine Aufhebung der Arbeitsfähigkeit bedingt. In ersterem Falle kann ein Abverdienen der Geldstrafe durch leichtere Arbeiten stattfinden, und es ist Sache der Ausführungsverordnungen, zu bestimmen, in welcher Weise die dadurch verursachte Beeinflussung der Bewerthung des Arbeitsertrages, deren Grundsätze gesetzlich festzulegen, geregelt werden soll. Als solche relativ unfähige Leute kommen namentlich in Betracht: ältere, kränkliche, gebrechliche, halbinvalide, jugendliche, der Arbeit noch nicht gewohnte Personen. Hingegen rechnen diejenigen körperlich gesunden Erwachsenen, welche nur der gewöhnlichen Handarbeit unkundig sind, nicht hierher. Sie mögen sich, zunächst bei geringerer Entlohnung, einarbeiten; es ist schon oben gesagt, daß ihnen etwa $^2/_3$ des sonst für Strafarbeit üblichen Satzes zuzubilligen sein wird.

Zu den absolut arbeitsunfähigen Personen gehören altersschwache, gelähmte, ganzinvalide und dergleichen Leute. Meistens werden es solche sein, an welchen sich die Armenpflege versündigt. Wären sie in Armenpflegeanstalten, so wären sie gar nicht in die Lage gekommen, diejenige Strafthat zu begehen, derentwegen Geldstrafe gegen sie verhängt worden ist. Es ist daher auch nach dieser Richtung wie nach so vielen anderen von einer dringend nothwendigen verständigen Reform der Armengesetzgebung und -verwaltung viel zu hoffen. Aber freilich: beleidigen können sie im Armenhause auch und sonst noch in die Lage kommen, eine gerichtlich gegen sie ausgesprochene Geldstrafe trotz ihrer Armuth bezahlen zu sollen. Was dann? Merkel will, daß in diesen Fällen sogleich auf Haft erkannt werden und Geldstrafe ausgeschlossen bleiben muß. Dem kann nicht beigepflichtet werden. Der Richter vermag niemals trotz sorgfältigster Ermittelungen über die wirthschaftlichen Verhältnisse des Angeklagten vorher zu wissen, ob die Verurtheilten zur Zeit der Strafvollstreckung in der Lage sein werden, die verhängte Strafe zu entrichten. Die hier in Betracht kommenden Personen erhalten z. B. oft unerwartet namhaftere Almosen, durch welche sie in den Stand gesetzt werden, eine solche Geldstrafe in baar an die Staatscasse abzuführen. Wozu ihnen also im Voraus diese Möglichkeit dadurch abschneiden, daß man principaliter auf Freiheitsstrafe erkennt? Vielmehr wird die Absetzung eines nachträglichen, das Urtheil ergänzenden Beschlusses, wenn es beliebt, auch Ergänzungsurtheiles, nicht umgangen werden können. Ein derartiger Beschluß wird auch nothwendig, wenn ein Angeklagter, der zur Zeit der Hauptverhandlung noch gesund und arbeitskräftig war, nachträglich in Siechthum verfällt oder sonst die Arbeitskraft dauernd verliert. Da in allen solchen Fällen aus den früher entwickelten Gründen nicht auf jede Straffolge verzichtet werden kann, muß man sich nach einem sehr leichten Ersatzmittel umsehen. Der Verweis erscheint ungeeignet. Deshalb wird die leichteste Freiheitsstrafe zu substituiren sein, nämlich einfache Haft ohne Arbeitszwang, jedoch, wo es irgend gesetzlich zulässig, nach den Grundsätzen der bedingten Verurtheilung. Vorbedingung hierfür ist Nachweis völliger Zahlungs- und Arbeitsunfähigkeit.

Davor, daß ein nachträglicher Beschluß zu fassen, braucht man nicht zurückzuschrecken. Es fällt dafür ja auch in allen Urtheilen das Auswerfen der hilfsweisen Freiheitsstrafe fort, da stets nur auf die Geldstrafe erkannt wird, ohne daß ausgedrückt würde, was im Falle ihrer Nichtzahlung zu geschehen hat. Andererseits werden solche Beschlüsse in der Strafvollstreckungsinstanz auch sonst noch nothwendig werden. Geräth z. B. ein zu einer hohen Geldstrafe verurtheilter Kaufmann nach dem Urtheilsspruche in Concurs, so würde er die unter andersgearteten Umständen über ihn verhängte Strafe nun nicht zahlen können, und es wäre auch das Ansinnen, daß er den gesammten, seiner Lage nun nicht mehr entsprechenden Betrag abarbeiten solle, ein ungerechtes. Deshalb ist der Weg zu betreten, den auch der Entwurf Stooß durch die Anordnung einschlägt: gestalten sich die Verhältnisse des Schuldigen nach dem Urtheile wesentlich ungünstiger, so kann der Richter den Betrag der Geldstrafe angemessen ermäßigen.

So ist es gelungen, bis hierher für alle Kategorieen Bestimmungen zu treffen, ohne daß als letztes Mittel das Verweisen auf den Gnadenweg übrig geblieben wäre.

Nur eine Classe von an sich arbeitsfähigen Menschen ist noch übrig, hinsichtlich welcher man aus in ihrer Person liegenden Gründen den Versuch eines freiwilligen Abverdienens nicht machen kann. Dies sind die Fluchtverdächtigen, die Arbeitsscheuen, die Bettler, Landstreicher u. s. w. Es ist nicht sicher, ob bei der Fassung des Themas an sie gedacht wurde, als von der Feststellung des Mangels an gutem Willen zur Tilgung der Strafe gesprochen ward. Wer soll denn über guten oder bösen Willen entscheiden? Der Gerichtsvollzieher, bezw. der Steuerexecutor, welcher den fruchtlosen Versuch einer Beitreibung der Strafe macht? Oder der Richter in einem Nachtragsurtheile oder -beschlusse? Auf Grund welcher Thatsachen denn? Die Fassung des Gedankens ist nicht glücklich. Was noch außer der Thatsache der Uneinbringlichkeit verlangt wird, muß genauer angegeben werden. Man hat das bereits in der Schweiz erörtert, wo der Entwurf Stooß lautet: „bezahlt der Verurtheilte die Geldstrafe innerhalb dreier Monate oder innerhalb der richterlich bestimmten Frist böswillig nicht, so hat er den Betrag auf richterliche Verfügung hin durch Arbeit in einer Strafanstalt abzuverdienen." Diese Fassung ist in der Expertencommission mit Erfolg beanstandet und von Stooß selbst dahin geändert worden: „bezahlt der Verurtheilte die Geldstrafe, die er in baar oder in Arbeit hätte leisten können, innerhalb der richterlich bestimmten Frist nicht, so u. s. w.," ohne daß man sagen könnte, daß der neue Wortlaut nun gerade unanfechtbar wäre.

Ist gegen Fluchtverdächtige, Landstreicher, Arbeitsscheue u. s. w. eine Geldstrafe, die ja überhaupt betreffs ihrer ein äußerst ungeeignetes Strafmittel ist, aus irgend einem Grunde erkannt, so kann es am Ende aller Enden eigentlich ziemlich gleichgültig sein, wo diese Leute untergebracht werden. Sie sind mit wenigen Ausnahmen der Stamm aller möglichen Anstalten. Ihr Lebensweg führt von der Landstraße nach der Landstraße auf dem Umwege über Kranken- und Siechenhäuser, Naturalverpflegungsstationen, Arbeitercolonieen, Polizeigefängnisse, Haftlocale, Gerichtsgefängnisse, Arbeitshäuser u. s. w. Ihnen selbst ist jedes Unterkommen recht, und viel Unrecht geschieht ihnen nicht, wenn die vier getünchten Wände, in welche sie kommen, einmal eine andere Aufschrift auf der Außenseite haben, als eigentlich für das diesmalige Vorkommniß angezeigt gewesen wäre. Allein trotz alledem: man muß gerecht sein. Man muß sich vergegenwärtigen, daß wir den Bettler niemals um des Bettels willen, den Landstreicher nicht des Landstreichens halber und den Arbeitsscheuen nicht wegen seiner Arbeitsscheu mit Geldstrafe belegen; da treten ja andere principale Strafen ein. Und würde es nicht auch der verkommenste Stromer als eine Unbilligkeit und Härte empfinden, wenn man ihn für 1, 2 Mark in's Arbeitshaus steckt, die vergeblich von ihm deshalb eingefordert werden, weil er auf seiner Wanderung mit seinem Pudel in ein Dorf gekommen ist, wo Hundesperre herrscht, und der Angeklagte die dieserhalb erlassenen Polizeivorschriften nicht beachtet hat?

Dazu kommt, daß außer für das fahrende Volk noch ein Ersatzmittel der Geldstrafe für alle diejenigen leichtsinnigen, faulen und widerspenstigen Leute zu finden ist, welche die ihnen angetragene Wohlthat des Abverdienens verwirkt haben. Ein Unterschied zwischen beiden Untergruppen ist nicht zu machen. Die Einen haben sich in der Vollstreckungsinstanz der Wohlthat des Abverdienens nicht würdig erzeigt. Die Anderen sind derselben schon zur Zeit des Urtheils unwerth. Bemerkt sei übrigens, daß das äußere Kennzeichen der Letzteren lediglich der Fluchtverdacht ist. Der Richter hat daher bei Fluchtverdächtigen sofort im Urtheile der erkannten Geldstrafe dasjenige Strafübel zu unterstellen, welches jetzt ermittelt werden soll; dies ist die einzige Ausnahme von der sonst feststehenden Regel, daß im Urtheil eine hilfsweise Strafe für den Fall der Uneinziehbarkeit der Geldsumme nicht auszuwerfen ist.

Was soll nun gegen die Fluchtverdächtigen sowohl wie gegen die, welche das Abverdienen in der Strafvollstreckungsinstanz gar nicht begonnen oder verwirkt haben, geschehen?

Soll das Erzwingen des Abverdienens angedroht werden?

Lammasch will sich mit einfacher Haft begnügen. Bei dem in diesem Gutachten verfolgten Gedankengange muß aber verlangt werden, daß der Grundsatz, einen ökonomischen Ersatz für die nicht gezahlte Geldstrafe einzufordern, streng bis in seine letzten Consequenzen durchgeführt werde. Das Gesetz darf sich nicht von denen verhöhnen lassen, welche ausrufen:

Tu peux me condamner, o justice ennemie,
Mais me faire payer! parbleu, je t'en défie.

Es ist bei uns dieselbe Gesinnung zu brechen, aus der heraus nach einer Mittheilung Correvon's an die société générale des prisons zu Paris ein Gefangenenwärter im Canton Waadt auf den Vorhalt, die Gefangenen brauchten ja nicht zu sitzen, sie könnten ihre Strafe draußen abarbeiten, die Antwort erhielt: „da würden wir ja schöne Esel sein. Es ist jetzt Winter, wir sitzen hier hinter dem warmen Ofen und bekommen gut zu essen. Wir ziehen vor, hier zu bleiben.“ Wenn solche Gesinnungslumpen und alle hartnäckigen Rechtsbrecher ihren Willen durchsetzen und nicht nöthig haben, entweder zu zahlen oder eine geldwerthe Arbeitsleistung zu entrichten, dann liegt für die besseren Elemente nicht der geringste Anlaß vor, freiwillig zu zahlen oder abzuverdienen. Das auf dem Fundamente der Freiwilligkeit errichtete System hat nur dann Lebensfähigkeit in sich, wenn der Verurtheilte unter dem starken psychischen Zwange steht: „du mußt ja in deinem eigenen Interesse freiwillig leisten, weil du sonst doch genau zu dem Nämlichen unter erheblich schlechteren Bedingungen mit Erfolg wider deinen Willen angehalten wirst.“ Es kann deshalb etwas Anderes als das erzwungene Abverdienen überhaupt nicht in Frage kommen. Gerade dieses ist der Schlußstein und der ganze Halt des freiwilligen Abverdienens. Heut sagt sich der Verurtheilte: zahlen oder sitzen? Und er wählt das, was ihm das Vortheilhaftere zu sein scheint. In Zukunft soll er sich sagen: sogleich zahlen, in Raten zahlen, freiwillig abverdienen oder gezwungen abverdienen? Und er wird wiederum das wählen, was ihm das Vortheilhafteste zu sein scheint. Aber der Gesetzgeber muß mit allen Mitteln es durchdrücken, daß das erzwungene Abverdienen auch in den Augen des tief Gesunkenen sich nicht als das Vorzuziehende darstellen kann. Die Nachtheile dieses letzten Vollstreckungsmodus müssen so grell sein, daß sie für das Volk geradezu sprichwörtlich werden.

Die Frage ist also nicht, ob überhaupt erzwungenes Abverdienen Platz greifen soll, sondern wie es auszugestalten ist. Man könnte ja nun leicht auf die Idee gerathen, es so scharf wie möglich sein zu lassen, mit anderen Worten eine Schuldknechtschaft härtester Art herzustellen. Das wäre aber über das Ziel geschossen. Es muß daran festgehalten werden, daß das Delict, welches die Strafe hervorgerufen hat, immerhin leichterer Art war, und daß nichts als der ökonomische Effect: Leistung, welche als Ersatz einer bestimmten Geldsumme gelten kann, herbeigeführt werden soll. Auch an dieser Stelle der Strafvollstreckung darf ein schroffer Gegensatz zwischen dem Reichen, der zahlt, und dem Armen, der abarbeitet, nicht in die Erscheinung treten. Daher muß jeder Zwang, der mehr bezweckt als die Beraubung der Freiheit und das fortdauernde Thätigsein in dem zuertheilten Arbeitsbetriebe, unterbleiben. Alle Strafvollstreckungshandlungen dürfen nur auf den einen Endzweck zielen, Geld oder geldgleiche Arbeit zu bekommen.

Es tritt daher hier abermals die Frage auf, wie der Werth der Arbeitsleistung zu berechnen sei. Man kann entweder wie beim freiwilligen Abverdienen die Arbeit nach Stück- oder Tagelohnsätzen bewerthen oder aber ein festes Werthverhältniß aufstellen, nach welchem durch einen Tag der mit Einsperrung verbundenen Zwangsarbeit ein Theilbetrag der Geldstrafe als getilgt angesehen wird. Betreffs beider Berechnungsarten entsteht die Vorfrage, wie weit eigentlich die Relation mit der freiwillig geleisteten Arbeit herzustellen ist.

In letzterer Beziehung giebt es drei Principien in der Gesetzgebung, die auch in der Literatur verfochten werden. Man rechnet mehr Arbeit gleich weniger Freiheitsstrafe, Arbeit gleich Freiheitsstrafe oder weniger Arbeit gleich mehr Freiheitsstrafe.

Mehr Arbeit setzen mit weniger Freiheitsstrafe gleichbedeutend: der Befehl des Kurfürsten Friedrich August von Sachsen vom 7. 9. 1698, wonach 3 Tage Handarbeit gleich einem Tage Gefängniß sind; die Strafproceßordnung des Cantons Bern von 1854, die den Tag Arbeit mit 1 Frc. 50 Rappen, den Tag Gefängniß aber mit 4 Frcs. bewerthet; das italienische Strafgesetzbuch vom 30. 6. 1889, das zwei Tage Arbeit für gleichwerthig mit einem Tag detenzione oder arresto erklärt. Appelius spricht davon, 1 Tag Gefängniß mit 1 oder 2 Tagen Arbeit auf die gleiche Stufe zu stellen. Und Stelling kommt gar zu der Idee, 1—15 Tage Arbeit für einen Tag Gefängniß gleichzuhalten. Diese letztere Uebertreibung zeigt am besten den Fehler des Principes. Man könnte eine Prämie für Entdeckung des Mannes aussetzen, der lieber 60 Tage Strafarbeit leistet, als daß er 4 Tage sitzt.

Strafarbeit und Gefängniß rechnen gleich hoch: das sächsische Generale vom 30. 4. 1783 (ein Tag Handarbeit gleich einem Tage Gefängniß); die sächsische Verordnung vom 30. 11. 1814 (1 Tag Gefängniß = 1 Tage Handarbeit = 10 Groschen Geldstrafe); das preußische Holzdiebstahlsgesetz vom 7. 6. 1821 und seine Nachfolger; das sächsische Forstdiebstahlsgesetz vom 30. 4. 1873 u. s. w. Nach dem sächsischen Strafgesetzbuche vom 13. 8. 1855 ist sogar 1 Tag Arbeit = 1 Tage geschärften Gefängnisses.

Weniger Arbeit erachten für gleichwerthig mit mehr Gefängniß: das Großherzoglich hessische Forststrafgesetz vom 4. 2. 1837, Art. 84 (1 Tag Arbeit = 30 Kreuzer, 1 Tag Gefängniß = 20 Kreuzer, also 1 Tag Arbeit = $1^1/_2$ Tag Gefängniß); Canton Waadt (1 Tag Arbeit = 3 bis 6 Frcs., 1 Tag Gefängniß = 3 Frcs.) und Canton St. Gallen (1 Tag Arbeit im Arbeitshause = 10 Frcs., 1 Tag Gefängniß = 5 Frcs.).

Die hier vertretenen Grundsätze erheischen, daß die freiwillig geleistete Strafarbeit höher bewerthet wird als die Zwangsarbeit, welche mit Einsperrung verbunden ist. So allein entspricht es der wirthschaftlichen Bedeutung der freien gegenüber der erzwungenen Arbeit. Der höhere Werth der ersteren muß ziffernmäßig ganz klar in's Auge springen, damit jedermann sofort den Nachtheil erkennt, der ihm droht, wenn er es auf die Zwangsarbeit ankommen läßt.

Damit ist die Berechnung der letzteren selbst aber noch nicht entschieden. An und für sich könnte man auch für sie nach den oben gegebenen Auseinandersetzungen Ermittelung des Werthes im Einzelfalle verlangen, principaliter im Stücklohn, eventuell nach einem mäßigen Procentsatze des ortsüblichen Tagelohnes. Hier würden aber der Bureaukratismus, das Listenwesen, die kleinlichen Scherereien, die Monita der Oberrechnungskammer, Dinge, in welchen eine Selbstverwaltungskörperschaft viel freier und ungezwungener dasteht, geradezu unerträgliche Zustände herbeiführen. Es ist auch das Wesen der Zwangsarbeit ein so grundverschiedenes von dem der freiwillig geleisteten Arbeit, daß die Grundsätze der letzteren nicht ohne Weiteres auf erstere übertragen werden können. Krohne schlägt einen festen Umwandlungsmaßstab nach dem wirthschaftlichen Werthe der Gefangenenarbeit vor: durch einen Tag Zwangsarbeit gelten 20, höchstens 25 Pfennige von der Geldstrafe als abverdient. Vielleicht wird man etwas höher kommen können. Da aber der Zwangssträfling Unterkunft, Verpflegung und selbst Kleidung erhält, würde jedenfalls auch bei optimistischer Berechnung 50 Pf. die äußerste Grenze sein, bis zu der gegangen werden kann.

Ueber dieses Ergebniß dürfen sich auch diejenigen nicht beklagen, welche die Wohlthat des freiwilligen Abverdienens haben verfallen lassen. De se quaeri debent. Disciplinarstrafen, welche während der Dauer der Zwangsarbeit zu verbüßen sind und an wirklicher Arbeitsleistung verhindern, dürfen mit dem feststehenden Tageswerthe nicht auf die Geldstrafe verrechnet werden. Die Maximaldauer der Zwangsarbeitsstrafe muß erheblich länger sein als die für das freiwillige Abverdienen gesetzte und sie um mindestens das Doppelte übertreffen.

So ließe sich ein zwangsweises Abarbeiten durchführen. Robin meint, es werde strafend, bessernd und die Sittlichkeit befördernd wirken; Stenglein verspricht sich nichts als widerwillig und möglichst schlecht geleistete Arbeit davon. Vielleicht liegt die Wahrheit in der Mitte.

Empfiehlt es sich, das zwangsweise Abverdienen in einer Anstalt stattfinden zu lassen?

Zweifellos, da eine Einsperrung nothwendig wird. Es ist oben bereits dargelegt worden, daß ein Zwang zur Arbeit ohne Einsperrung sich nicht durchsetzen läßt. In einer Anstalt läßt er sich ermöglichen. Diese Erfahrung hat man überall da gemacht, wo man den Fehler des begrifflichen Widerspruches machte und eine freiwillige, in Freiheit geleistete Arbeit durch Zwang herbeizuführen suchte. So wurde nach der badischen Verordnung vom 20. 1. 1865 jeder Renitente zur Brechung seines Widerstandes in's Gefängniß geworfen. Und so verfuhren auch die mehrerwähnten Publicanden zu § 5 des preußischen Holzdiebstahlsgesetzes vom 7. 6. 1821. Es wurden z. B. nach der liegnitzer Regierungsverordnung vom 6. 10. 1821, welcher diejenige von Oppeln und Ratibor vom 21. 7. 1825 folgte, unter Berufung auf den von der civilprocessualen executio ad faciendum handelnden und daher gar nicht hierher passenden

§ 52 Tit. 24 Th. I A.G.O. diejenigen Personen, welche sich der Forstarbeit nicht unterzogen, bis zu 3 Monaten in gefänglicher Haft behalten, aus der sie nur entlassen wurden, wenn sie sich zur Leistung der Arbeit bereit erklärten. Die Einsperrungszeit wurde auf die Waldarbeit nicht angerechnet. Man sieht: außerhalb einer Anstalt ist Zwangsarbeit nicht durchzusetzen.

Soll diese Anstalt ein Arbeitshaus sein?

Es ist nicht ganz klar, ob man bei Aufstellung dieser Frage an besondere neu zu errichtende Arbeitsanstalten wie in Italien gedacht hat oder an die bestehenden Arbeitshäuser (Correctionsanstalten). Eigene Anstalten würden ja individualisirende Regelung gestatten, aber nie ausreichend belegt sein, unnützes Geld kosten und darum zwecklos sein. Locale für die einfache Haft, für welche Friedmann eintritt, widerstreiten begrifflich dem Arbeitszwange, ebenso Festungshaft. Qualificirte Haft ist eine ausnahmsweise Strafe für ganz bestimmte Classen von Personen und verträgt keine ausgedehntere Anwendung; es würden sonst diejenigen Abverdiener, welche das Abarbeiten in der Freiheit nur zufolge geringer eigener Schuld haben verfallen lassen, mit dem liederlichen und arbeitsscheuen Gesindel der qualificirten Haft auf die gleiche Stufe von der öffentlichen Meinung gestellt werden. Das Armenhaus, von dem Krohne gelegentlich spricht, wäre an sich die beste und geeignetste Anstalt. Aber solche sind nur in beschränkter Anzahl vorhanden und würden an chronischem Arbeitsmangel leiden. Bleiben nur noch Arbeitshaus und Gefängniß, beide mit der Möglichkeit einer Gemeinschaftshaft mit anderen Sträflingen oder Trennung von diesen, welche letztere nothwendig ausgeführt werden müßte, das Gefängniß außerdem mit der Möglichkeit der Vollstreckung in verschärfter Form. v. Liszt und Rosenfeld wollen allerdings einen scharfen Zwangsarrest von längstens 6 Wochen substituiren, äußern sich aber nicht genauer über dessen Einrichtung.

Wo die Strafarbeit besteht oder bestand, ist die Strafe des Arbeitshauses daneben selbständig einhergegangen. In Italien sind die Dinge, wie erwähnt, noch in Fluß. Nur in den scandinavischen Ländern trat eine gewisse Verbindung zwischen Strafarbeit und Arbeitshaus ein. Und in der Schweiz sind es vier Cantone, welche die nicht einziehbare Geldstrafe im Strafarbeitshause abverdienen lassen:

Canton Thurgau. In der Arbeitsanstalt Kalchrain werden Geldstrafen, Justizial- und Untersuchungskosten und gerichtlich ausgesprochene

Entschädigungen abverdient. Die entlassenen Personen bekommen keinen Arbeitsverdienstantheil ausgezahlt. Hauptbeschäftigung Landwirthschaft, daneben Handwerkerarbeiten für die Anstalt.

Canton Appenzell-Außerrhoden. Dauer der Unterbringung 3 Monate bis 3 Jahre. Beschäftigung ebenso, weibliche Personen verrichten häusliche Arbeiten.

Canton Luzern. An sich werden Geldstrafen in Gefängniß verwandelt. Wenn jedoch mehr als 20 Tage Gefängniß verbüßt werden müßten, wird an deren Stelle Arbeitshausstrafe mit Ermäßigung bis auf die Hälfte gesetzt.

Canton St.-Gallen. Hier werden merkwürdiger Weise nur Geldstrafen von mehr als 1500 Frcs. im Arbeitshause abgearbeitet, also gerade von präsumptiv wohlhabenderen Personen, während bei uns niemand gegen Leute, die in's Arbeitshaus gehören, auf solche Summen erkennen würde.

In der Schweiz finden sich so ziemlich alle möglichen Arten des Abverdienens vertreten. Auf Grund dieses buntscheckigen Rechtszustandes kommt der Entwurf Stooß zu der Bestimmung, daß die weder bezahlten noch durch freie Arbeit abgegoltenen Geldstrafen durch Arbeit in einer Strafanstalt abzuverdienen sind. Die Motive bemerken hierzu, das Zweckmäßigste würden besondere Anstalten für Zwangsabverdiener sein. Da diese aber wegen der damit verbundenen Kosten nicht errichtet werden könnten, vermöchte das Gesetz eine bestimmte Strafanstalt für das Abverdienen überhaupt nicht zu bezeichnen. Die Wahl müsse dem Richter überlassen bleiben, der vorzugsweise Gefängniß oder Arbeitsanstalt wählen werde. Jedenfalls dürfe die Freiheitsentziehung nur Mittel zu dem Zwecke sein, das Abarbeiten des schuldigen Betrages herbeizuführen.

Für das Arbeitshaus spricht sich außer Krohne, der jedoch eventuell auch andere Anstalten zulassen will, namentlich Merkel aus. Ihm ist maßgebend, daß der Zwang hier am besten durchführbar ist, und er findet die Härte der Maßregel durch die Widersetzlichkeit begründet, mit welcher der Schuldige sich seinen Pflichten zu entziehen sucht. Die Unterbringung müsse dergestalt geschehen, daß das Arbeitshaus nicht eine Ersatzstrafe darstelle, daß vielmehr die Detention und der Arbeitszwang nur als eine Executionsform sich charakterisire.

Es ist aber nicht ohne Grund, wenn der Verein der deutschen Strafanstaltsbeamten schon in seiner zweiten Generalversammlung zu Dresden vom Jahre 1867 beschlossen hat, über den Antrag, zahlungsunfähige Schuldner in den Arbeitshäusern unterzubringen, zur Tagesordnung überzugehen. Nicht nur für die jetzt beseitigte civile Schuldhaft, sondern auch für das zwangsweise Abverdienen ist das Arbeitshaus eine ungenügende Anstalt. Zunächst sei vorbemerkt, daß der durch schweizerische Verhältnisse bedingte Verlegenheitsausweg von Stooß, die Wahl dem Richter zu überlassen, für Deutschland nicht gangbar ist; die große Härte ungleichmäßiger Behandlung würde die unmittelbare Folge einer solchen Bestimmung sein. Der Gesetzgeber muß sich also entschließen. Und er wird das Arbeitshaus verwerfen müssen.

Zunächst widerstreitet die Natur des Arbeitshauses seiner Verwendung für das Zwangsabverdienen von Geldstrafen. Die Arbeitshäuser dienen ja verschiedenen Zwecken, u. a. der Armenpflege, der Vollstreckung der qualificirten Haft, sogar der Zwangserziehung von jugendlichen Personen; ihr Wesen besteht doch aber in den Diensten, welche sie im Kampfe gegen die Vagabondage und außerdem gegen den Bettel und schuldhaften Müßiggang leisten. Gegen diese Landplage sollen sie nicht bloß eine Schutzmaßregel bilden, sondern einerseits abschreckend, andererseits erzieherisch wirken. Auf letzterem Felde liegt ihre höchste Aufgabe: der Corrigende soll an Arbeit, Ordnung, regelmäßige Lebensführung gewöhnt werden, des Segens der Arbeit inne werden und die Fähigkeit erringen, nach seiner Entlassung durch ehrliche Beschäftigung sich selbst zu erhalten. Die Zwangsabverdiener sollen aber gar nicht der Gegenstand von Erziehungsversuchen zur Arbeit sein. Wenn sie dem Staate eine bestimmte Summe nicht entrichten, so mag dies in gewissen, vielleicht in vielen Fällen an Arbeitsscheu liegen; aber es ist durchaus nicht immer der Fall. Wie viel sociales Elend wird durch die Flagge: Uneinbringlichkeit der Geldstrafe gedeckt! Nicht Erziehung zur Arbeit überhaupt, sondern Erzwingung einer ganz speciell gearteten Arbeitsleistung, die nämlich einen genau ausgemessenen wirthschaftlichen Werth repräsentirt, steht in Frage. Man würde dem Arbeitshause seinen abschreckenden Charakter nehmen, wollte man ihm die seinem Wesen fremden Elemente der Geldstrafenabverdiener einfügen. Zweifellos steht die Frage des Abarbeitens von Geldstrafen im Zusammenhange mit derjenigen der Landstreicherei, deren Reform nach dem leider eingetretenen Fiasco der Verpflegungsstationen immer dringender wird. Und es wäre auch nur zu billigen, wenn derjenige Theil der Verurtheilten, welcher seinen Eigenschaften und seinem Thun und Treiben nach in's Arbeitshaus gehört, dort auch seine unbezahlten Geldstrafen zwangsweise abverdiente. Aber jeder Versuch einer Absonderung dieser Elemente von den anderen muß scheitern.

Ueberdies würde es auch social ungerecht und criminalpolitisch unklug sein, zu der Arbeitshausbevölkerung, welche überwiegend aus Stromern, Umhertreibern, Faulpelzen, sittlich Gesunkenen und Gebrüdern Liederlich besteht, die Abverdiener hinzuzuschicken. Man vergegenwärtige sich die Folgen, welche es haben würde, wenn man einen Familienvater, der sein Kind aus Noth die Schule versäumen ließ, einen Fortbildungsschüler, der in einer Anwandlung von Leichtfertigkeit statt in den Fortbildungsunterricht in das Wirthshaus ging, eine Nähterin, die sich bisher trotz aller Anfechtungen von der Prostitution glücklich noch fern gehalten hat, zu den Tagedieben und Strolchen, beziehungsweise zu den Dirnen steckte. Da hilft es auch nichts, wenn die Zwangsabverdiener in einen besonderen Flügel der Anstalt gelegt werden. Das Stigma, welches die Volksmeinung aufprägt, haftet am Orte der Strafverbüßung.

Und wie steht es mit der praktischen Durchführbarkeit? Wir haben in Deutschland nach v. Hippel 47 Arbeitshäuser mit 10 Filial- und Nebenanstalten. Auf Preußen entfallen 24, also auf jede Provinz etwa 2; auf Bayern und Sachsen je 3, auf Württemberg und Elsaß-Lothringen je 2, im Uebrigen auf jeden Staat 1, jedoch mit der Einschränkung, daß 8 Staaten auf die Mitbenutzung von in anderen Staatsgebieten belegenen Anstalten angewiesen sind. Will man da die Zwangsabverdiener, von denen sich niemand bei seinem Geldmangel freiwillig gestellt, während sie in's nächste Gerichtsgefängniß ohne Weiteres laufen, um sich die Schande der Abholung zu ersparen, durch ihren halben Heimathsstaat transportiren, um sie 1 oder 3 oder 10 Mark abverdienen zu lassen? Sollen etwa die Transportkosten auch noch abgearbeitet werden?! Das will doch niemand. Wer zahlt also die Transportgebühr? Und wie soll es nach der Verbüßung der Strafe werden? Dann steht der Familienvater, der keinen Pfennig in der Tasche hat, 10 oder 20 Meilen von seiner Heimath entfernt auf der Straße. Soll ihn nun der Armenverband zurückschicken? Jedes abverdiente Markstück würde ein Goldstück Kosten verursachen.

Und dabei welche unpraktische Verschiebung der Anstaltsinsassen! Die Gefängnisse entvölkern sich, da alle Geldstrafen entweder bezahlt oder in Arbeitshäusern abgearbeitet werden. Und die Arbeitshäuser werden vergrößert, um die Abverdiener aufzunehmen. Man schätzt die Zahl der Arbeitsanstaltsinsassen für Deutschland auf 20 000. Nach v. Hippel betrug die durchschnittliche tägliche Belegungsziffer für 1891/92, von Bayern abgesehen, rund 10 500. Die höchste Belegungsfähigkeit ist rund 14 000. Da nun die Zahl der thatsächlichen Höchstbelegung natürlich bedeutend über der des Tagesdurchschnittes steht, und viele Arbeitshäuser schon jetzt überfüllt sind, müßten sich die Staaten auf ganz unnöthige Neubauten einlassen.

Endlich würde der Grundsatz verletzt werden, daß die Geldstrafe die geringere Strafe gegenüber der principal erkannten Freiheitsstrafe sein muß. Würde ihr Arbeitshaus substituirt, so wäre das eine schwerere Strafart als das Gefängniß. So bewerthet die Volksmeinung diese beiden Anstalten und auch oft der Gesetzgeber, der z. B. im thüringischen Strafgesetzbuche 1 Monat Handarbeitsstrafe = 1 Monat Gefängniß = $^2/_3$ Monat Arbeitshaus = $^1/_2$ Monat Zuchthaus setzte.

Hiernach muß das Arbeitshaus nach allen Richtungen sowohl als Ersatzmittel wie als Vollstreckungsform für die uneinbringliche Geldstrafe verworfen werden. Letztere ist vielmehr im Gefängnisse abzuverdienen. Der Einwand, daß dann die Personen, welche nur wegen Uebertretungen bestraft sind, schlechter daran sind als zur Zeit, wo sie nur einfache Haft zu verbüßen haben, ist nicht stichhaltig, da hier vom Standpunkte der Reform des Strafgesetzbuches aus verhandelt wird. Sollte übrigens zu jenem Zeitpunkt eine mildere Form der mit Arbeitszwang verbundenen Einschließung als das Gefängniß vorhanden, insbesondere die einfache Haft mit Arbeitszwang ausgestattet sein, so wäre natürlich die leichteste der vorhandrnen Formen zu wählen. Die zwangsweise Herbeiführung der freiwillig nicht geleisteten Arbeit ist alles, worauf es ankommt.

Man könnte noch an die verschärfte Freiheitsstrafe denken, die von Simonson, Fuld u. A. für diesen Fall empfohlen wird. Vielleicht ließe sich dann sogar eine Verwerthung des Gedankens in's Auge fassen, welcher dem System des schwedischen Strafgesetzbuches vom 16. 7. 1864 zu Grunde liegt. Dieses verwandelt Geldstrafe in Gefängniß bei Wasser und Brod und berechnet einen Tag Gefängniß während der ersten 5 Tage = 5 Reichsthalern, während der zweiten 5 Tage = 10 Reichsthalern, während der dritten 5 Tage = 25 Reichsthalern und während des Restes der Strafdauer = 50 Reichsthalern; es werden höchstens 20 Tage vollstreckt. Die Umwandlung in geschärfte Freiheitsstrafe hat in Schweden von 1813—1884 bestanden.

Sonst begegnet uns dieses Ersatzmittel der uneinziehbaren Geldstrafe in Norwegen seit 1842; in Dänemark, wo ein diesbezüglicher Antrag des Verurtheilten erforderlich ist, und sodann 1 Tag bei Wasser und Brod gleich 6 Tagen der sonst substituirten einfachen Freiheitsstrafe gerechnet wird; in den Niederlanden während der ersten zwei Tage der hilfsweisen Freiheitsstrafe; in Hessen nach dem Forststrafgesetze vom 4. 2. 1837 unter Zulassung der Schärfung durch Wasser und Brot, Dunkelzelle,

Untersagung des Genusses geistiger Getränke, des Tabakrauchens und des Schnupfens; in Preußen nach dem ehemals geltenden Forststrafrechte in einzelnen Regierungsbezirken, z. B. in Danzig und Marienwerder nach § 11 der Regierungsverordnung vom 15. 7. 1825 und in Stettin nach § 5 und 8 der Verordnung vom 8. 8. 1835.

Es ist zweifellos zutreffend und wird durch van Hamel ausdrücklich als Erfahrungssatz bestätigt, daß die Androhung von Strafverschärfungen den Eingang vieler sonst unbeglichen bleibender Geldstrafen sichert. Allein man muß sich darüber klar sein, welchen Erfolg man überhaupt durch die Freiheitsstrafe herbeiführen will. Wer eine wirksame Ersatzstrafe für die uneinbringliche Geldstrafe will, mag die Strafverschärfungen wählen, wenn er sich über das schwere Bedenken hinwegzusetzen vermag, daß dann die Unterschiede zwischen dem vermögenden Mann, der zahlt, und dem Unvermögenden, der selbst im Gefängnisse hungern muß, noch viel greller hervortreten. Wer aber in der Freiheitsstrafe, wie es hier geschieht, gar nicht ein Ersatzmittel der Strafe, sondern nur einen Executionsmodus sieht, der angewendet wird, um die Leistung der Arbeit zu erzwingen, muß die Strafverschärfungen für diesen Fall ablehnen. Denn wer hungert, kann nicht mit Nutzeffect arbeiten und somit auch seine Geldstrafe nicht abverdienen.

Demgemäß ist das erzwungene Abverdienen der weder bezahlten noch freiwillig abgearbeiteten Geldstrafen in dem mit Strafverschärfungen nicht verbundenen Gefängnisse herbeizuführen.

Es sind nun noch zwei Einwendungen, welche gegen das ganze hier vertretene System erhoben werden können, zu erörtern.

Man kann sagen: es verstößt gegen den Grundsatz, daß die Strafen rasch vollstreckt werden müssen. Allerdings: seine Durchführung kostet Zeit. Allein auch heutzutage ist die Vollstreckung von Geldstrafen keine Angelegenheit, die sich durch besondere Schnelligkeit auszeichnete. Immerhin wird mit der ersten Theilzahlung sehr bald ein Anfang gemacht werden können. Und das bleibt die Hauptsache, daß die Reaction der Rechtsordnung nicht zu spät der That nachfolgt. Wenn der Staat sich nun aber damit begnügt, einen Theil und nicht das Ganze einzuziehen, so wird durch den Umstand, daß die Vollstreckung sich immer wieder bis zur endlichen Tilgung der Geldsumme wiederholt, die Wucht der Strafe nicht abgeschwächt, sondern zufolge der steten Erinnerung an die Verpflichtung, der Rechtsordnung Genüge zu leisten, verstärkt.

Es läßt sich ferner einwenden, daß das System gekünstelt sei. Auch hierin liegt etwas Wahres. Aber dies entspricht nur dem Gange der allgemeinen Rechtsentwicklung. Als man die Pferdediebe aufhing, brauchte man sich nicht großen Sorgen wegen der Durchführung der Strafvollstreckung hinzugeben. Heut wird immer mehr und mehr Gewicht auf die Ausgestaltung der Vollstreckung gelegt. Ist es nicht eine Schande, daß man Hunderte von Strafrichtern in Deutschland an den Fingern herzuzählen vermag, die nie in ihrem Leben ein größeres Gefängniß, geschweige denn ein Arbeits- oder Zuchthaus gesehen haben und also täglich Strafen erkennen, von deren Inhalte sie keine Ahnung haben? Das muß anders werden. Der Strafrichter der Zukunft muß eine erhöhte Sorgfalt der Strafvollstreckung zuwenden und darf sich eventuell auch einmal eine kleine Mühe nicht verdrießen lassen, wenn er sieht, daß er damit der Gerechtigkeit und der allgemeinen Wohlfahrt einen Dienst leistet. Es ist überdies das System nicht gekünstelter als andere bereits bestehende, da es überall an Vorhandenes anknüpft und nicht etwas materiell Neues, sondern nur etwas verallgemeinertes und anders verwerthetes Altes schafft. Es darf auf sich die Devise anwenden, welche Aloys v. Bozóky-Nagy-Várad auf dem Römercongresse von 1885 gebraucht hat — vielleicht ist ein Anderer als er der Urheber dieses Satzes —: dans l'une main la peine, dans l'autre du pain!

Wenn hiermit die Erörterungen geschlossen werden, so wird nicht verkannt, daß die Schwierigkeiten, welche sich der Verwirklichung des vielbesprochenen Abverdienens von unerhebbaren Geldstrafen ohne Einsperrung in den Weg stellen, sehr groß sind. Da aber das Princip als richtig erkannt worden ist, sollte ein umfassender Versuch gemacht werden, darzustellen, wie es wohl mit seiner praktischen Ausführung gehalten werden könnte. Es wird noch der Mitarbeit Vieler bedürfen, um zu einem brauchbaren Ergebnisse zu gelangen, so daß an jeden Sachverständigen die horazische Bitte gerichtet werden muß:

> si quid novisti rectius istis,
> Candidus imperti.

Zum Schlusse aber sei dem deutschen Juristentage ein Wunsch nicht vorenthalten, welchen der Landrath des mansfelder Gebirgskreises in seiner obenerwähnten gutachtlichen Aeußerung dahin ausgesprochen hat: „der Juristentag muß vor allen Dingen das grüne Tuch vor der Berathung in die Rumpelkammer bringen.“ Mit dieser Anschauung läßt es sich wohl rechtfertigen, wenn in vorstehendem Gutachten viele thatsächliche Betrachtungen den rechtlichen und rechtsgeschichtlichen Erwägungen beigesellt worden sind.

In Zusammenfassung der angestellten Erörterungen werden dem Deutschen Juristentage folgende Leitsätze unterbreitet.

I. Ein freiwilliges Abverdienen der unter Berücksichtigung aller Vermögens-, Erwerbs- und Einkommensverhältnisse der Schuldigen zu bemessenden Geldstrafen ist nur dann durchführbar, wenn die umfassendsten Vorkehrungen getroffen sind, um die Nichtentrichtung der Baarsumme auf eine mäßige Zahl von Ausnahmefällen einzuschränken.

II. Zu diesem Zwecke empfiehlt sich außer der Bewilligung von Zahlungsfristen und Theilzahlungen die Förderung folgender mit Zwang nicht verbundener Maßnahmen: vorschußweise Zahlung der Strafsummen durch den Arbeitgeber des Verurtheilten oder einen Schutzfürsorgeverein unter der Verpflichtung des Schuldigen zur Wiedererstattung in Theilbeträgen, Vereinbarung mit dem Arbeitgeber über wöchentliche Lohnabzüge, Einführung von Gerichtskostenmarken zur Erleichterung der Ratenzahlungen, Verwendung solcher Marken durch den Verurtheilten selbst auf einer mit der gerichtlichen Zahlungsaufforderung verbundenen Karte, Nachweis aller erfolgter Theilzahlungen durch Vorzeigung der entwertheten Gerichtskostenmarken an den zu diesem Behufe sich monatlich einfindenden Steuererheber bis zum völligen Abtragen der Summe, in geeigneten Fällen Wirthshausverbot.

III. Mit Ausnahme des Falles des Fluchtverdachtes des Verurtheilten ist für die trotzdem nicht gezahlten Geldstrafen freiwilliges Abverdienen ihres Betrages zuzulassen. Das Abarbeiten hat in voller Freiheit unter Ausschluß jeden Zwanges gemeinschaftlich mit freien Arbeitern für Rechnung des Staates, der Provinz, des Kreises oder der Gemeinde am Wohnsitze oder Aufenthaltsorte des Verurtheilten zu öffentlichen Zwecken möglichst nach den Grundsätzen des Stücklohnes zu erfolgen und ist so zu bewerthen, daß der regelmäßige Ertrag eines Tages $^2/_3$ des ortsüblichen Tagelohnes gleichkommt, jedoch ausnahmsweise bis zu dessen voller Höhe steigen kann. Auf Verlangen des Verurtheilten ist ihm ein nachher gleichfalls abzuverdienender Theilbetrag, höchstens die Hälfte, dieser Summe auszuzahlen.

IV. Gegen vorübergehend Arbeitsunfähige ist die Strafarbeit auszusetzen. Betreffs gemindert Arbeitsfähiger muß die Beeinflussung der Bewerthung des Arbeitsertrages geregelt werden. Absolut Arbeitsunfähige sind auf Grund des Nachweises ihrer Zahlungs- und Arbeitsunfähigkeit durch einen das Urtheil ergänzenden Beschluß mit einfacher Haft ohne Arbeitszwang und zwar in geeigneten Fällen unter Befolgung der Grundsätze der bedingten Verurtheilung zu bestrafen.

V. Im Uebrigen ist gegen fluchtverdächtige Verurtheilte, sowie gegen diejenigen, welche von der Vergünstigung des Abverdienens keinen Gebrauch gemacht oder dieselbe durch ihr Verhalten verwirkt haben, das erzwungene Abverdienen der erkannten Geldstrafe in einer Anstalt durchzuführen, gleichgültig, worin die Nichtentrichtung der Strafe ihren Grund hat. Dieses Zwangsabverdienen ist Vollstreckungsart, nicht Ersatzstrafe, zum Zwecke der Herbeiführung der Arbeitsleistung. Sein Ertrag ist erheblich geringer zu bewerthen als der der freiwillig geleisteten Strafarbeit, seine Längstdauer auf mindestens das Doppelte des Höchstbetrages der letzteren zu bemessen. Die Vollstreckung hat nicht im Arbeitshause, sondern in dem mit Strafschärfungen nicht verbundenen Gefängnisse zu geschehen.

IX.

Gutachten des Herrn Stadtrath Dr. Flesch in Frankfurt a. M.

über die Frage:

Inwieweit empfiehlt sich bei der anzustrebenden Revision der Civilproceßordnung eine besondere Behandlung des kleinen Immobiliarbesitzes im Sinne des Heimstättenrechts?

Im Jahre 1891 hatten Herr Justizrath Dr. Humser und ich das Ersuchen gestellt, daß die Frage:

> Ob und in welcher Beziehung unser Recht der Zwangsvollstreckung, insbesondere der § 715 C.P.O. einer Aenderung bedürftig erscheine,

seitens des Juristentags einer Prüfung unterzogen werde.

Die ständige Deputation hatte diesem Wunsche in der Form Folge gegeben, daß sie dem XXII. Juristentag die etwas erweiterte Frage vorlegte:

> Empfiehlt sich eine grundsätzliche Vermehrung der bestehenden Beschränkungen der Zwangsvollstreckung etwa in der Richtung einer allgemeinen Competenzwohlfahrt?

Gutachten hierüber wurden von den Herren Amtsrichtern Dr. Bunsen (Rostock) und Dr. Falkmann (Liegnitz) erstattet (Verhandlungen des XXII. Juristentages Band I 240, II 29); in der demnächst zu Augsburg stattfindenden Tagung ward sodann, unter Zustimmung des Referenten, Hof- und Gerichts-Advocats Dr. Millanich, die Frage durch einstimmiges Votum der ersten Abtheilung und demnächst des Plenums des Juristentags, gemäß einem von Herrn Dr. Humser als Correferenten und mir gemeinsam gestellten Antrag, dahin beantwortet:

> Die Bestimmungen der Civilproceßordnung über die Beschränkungen der Zwangsvollstreckung sind revisionsbedürftig. Aufgabe der Revision muß der bessere Schutz derjenigen Vermögenstheile sein, die zur Führung einer geordneten Wirthschaft und zur ausgiebigen Verwerthung der persönlichen Arbeitskraft des Haushaltungsvorstandes erforderlich sind.

Die nunmehr zur Erörterung stehende Frage ist unmittelbar den Anregungen entsprungen, welche zu Augsburg während der Diskussion über die obige Resolution mehrfach, insbesondere seitens des Vorsitzenden, Herrn Reichsgerichts-Senats-Präsidenten Dr. Drechsler gegeben waren (vgl. Verhandlungen, Bd. IV S. 95), und sie enthält nichts als eine Weiterführung oder Specialisirung des dort behandelten Gegenstandes: der Reformbedürftigkeit der in unserem Recht vorhandenen Bestimmungen über die Beschränkungen der Zwangsvollstreckung.

Unsere Civilproceßordnung, insbesondere § 715 C.P.O. schützt nur einen gewissen, wie allgemein anerkannt ungenügend definirten Bestand an Mobiliarbesitz. Dieser Bestand soll erweitert werden im Interesse der dauernden Ermöglichung der Führung einer geordneten Wirthschaft und der ausgiebigen Verwerthung der persönlichen Arbeitskraft des Haushaltungsvorstandes.

Kommen nicht unter Umständen ganz dieselben Gesichtspunkte auch in Betracht, um den dauernden Verbleib eines gewissen Immobiliareigenthums bei dem Haushaltungsvorstand als wünschenswerth bezw. als zur Aufrechthaltung des Familienlebens, zur Durchführung der elterlichen Erziehungs- und Alimentationspflicht unbedingt nothwendig erscheinen zu lassen?

Es bedarf nur der Aufwerfung dieser Frage, um zu zeigen, daß sie und mit ihr auch die seitens der Deputation gestellte, an der Spitze dieser Zeilen stehende, ganz unmöglich principiell verneint werden können, daß es aber mindestens zweifelhaft ist, ob das Material zu einer irgend genaueren Beantwortung auf dem Boden der juristischen Erörterung gewonnen werden kann.

Die Feststellung der Fälle, in welchen nach den vorhandenen concreten Verhältnissen die Sicherung eines gewissen Immobiliarbesitzes zur Erreichung der angeführten Zwecke erforderlich ist, scheint überwiegend Sache der täglichen Erfahrung, der Volkswirthschaft, der Socialpolitik zu sein. Die Jurisprudenz mag sie registriren, ihre Beordnung im Einzelnen formuliren und in Paragraphen bringen, aber sie kann sie so wenig auffinden und bestimmen, als sie etwa die Fälle, in denen der formlose Vertrag besser ist als der schriftliche, der Wechsel besser als eine gewöhnliche Schuldurkunde aus der Theorie entwickeln kann. Auch der in der Frage enthaltene ausdrückliche Hinweis auf einen vermuthlichen Anwendungsfall, das sog. Heimstättenrecht, fördert wenig, schon deshalb nicht, weil dies Rechtsinstitut weder in Deutschland noch in den anderen europäischen Staaten in praktischer Geltung ist und weil das, was z. B. in Nordamerica als homestead law, homestead exemption bezeichnet wird, principiell und fundamental von dem verschieden ist, was in Deutschland in der letzten Zeit so benannt wurde. Unter diesen Umständen erscheint es am zweckmäßigsten, wenn zur Beantwortung der gestellten Frage nicht von allgemeinen volkswirthschaftlichen oder socialpolitischen Erörterungen und auch nicht von dem unbestimmten Begriff des Heimstättenrechts ausgegangen wird, sondern von dem Rechtsgebiet, auf welchem sich die Erörterungen des Augsburger Juristentags bewegten und das sich von selbst darbietet, wenn in diesem Zusammenhang von der Revision der Civilproceßordnung die Rede ist: — vom Recht der Zwangsvollstreckung.

II.

Zwangsvollstreckung ist die im staatlichen Interesse erfolgende und vom Staat bewirkte Durchführung von Anforderungen gegen die seiner Gerichtsbarkeit unterworfenen Personen, welche eintritt, nachdem die Anforderungen durch Gesetz oder Urtheil, sei es vorläufig oder endgültig, als zur Durchführung geeignet anerkannt sind.[1])

Ihren regelmäßigen Ausgangspunkt nimmt sie — ganz ähnlich wie die Strafe — aus der durch Richterspruch festgestellten Verantwortlichkeit einer bestimmten Person für die bei einem Anderen vorhandene Schädigung. Aber ihre Aufgaben erschöpfen sich in dem gewöhnlich allein beachteten Versuch der Beseitigung dieser Schädigung so wenig, als etwa die Strafe ihren einzigen Zweck oder auch nur ihren Hauptzweck in der Gewährung einer Genugthuung an den durch das Verbrechen Betroffenen hat. Maßgebend für sie ist nicht das Interesse des Schuldners, sondern das des Staates, insoweit dies die Durchführung der ergangenen Urtheile,

[1]) Vgl. zu dem Folgenden meinen Aufsatz über Zwangsvollstreckung im Conrad'schen Handwörterbuch der Staatswissenschaften Bd. IV S 932 ff., wo insbesondere auch der einheitliche Charakter der Zw. aus Civilforderungen, Verwaltungsakten, Geldstrafen und ihr Verhältniß zur Strafe erörtert ist.

d. h. die Aufrechthaltung der Autorität der Gerichte, der Superiorität des Richterspruchs über den Einzelwillen erfordert. Der in ihr begrifflich liegende Zwang richtet sich ebenso wie gegen den Schuldner, der zu einer Leistung gezwungen wird, auch gegen den Gläubiger, der verhindert werden soll, den Schuldner mehr zu schädigen, als zur Durchführung seines als berechtigt anerkannten Anspruchs unbedingt nöthig ist und in einer Art, die mit der geltenden Rechtsordnung, oder, was der Hauptsache nach dasselbe ist, mit der jeweils bestehenden Wirthschaftsordnung unvereinbar ist. Die Beschränkungen der Zwangsvollstreckung, denen wir in allen Gesetzgebungen begegnen, sind hiernach nicht etwa principwidrige Ausnahmsvorschriften und entspringen nicht lediglich einem unklaren, undefinirbaren Gefühl der „billigen Nachsicht gegen den Schuldner“[2]), sondern sie sind im Wesen der Zwangsvollstreckung gegründet, ebenso wie die Möglichkeit der Eigenthumsbeschränkungen durch den Begriff des Eigenthums selbst gegeben ist. Das Maß der Beschränkungen aber wechselt mit der sich stets ändernden Auffassung über die Grundlage und die Aufgaben des Staatswesens. Im modernen, auf Arbeitstheilung, d. h. Berufstrennung, auf Arbeitsvertrag und Familieneinheit[3]) gegründeten Staate umfaßt es alle diejenigen Dinge, die nothwendig sind, damit jemand eine seiner Berufsausbildung ungefähr entsprechende Arbeit übernehmen und seinen Pflichten als Familienvorstand dauernd nachkommen kann.

Dies ist der Gedanke, der den Executions-Beschränkungen aller modernen Gesetzgebungen zu Grunde liegt und der auch in unserer C.P.O. (§ 715 und 749) zu einem längeren Katalog derjenigen Dinge und Rechte geführt hat, die zur Aufrechthaltung des Lebens des Schuldners oder seiner Familie, sowie zur Weiterführung seines Berufs unentbehrlich sind und bezüglich deren der Staat deshalb jede Hilfe versagt, wenn sie von den Gläubigern in Anspruch genommen werden sollen.[4])

---

[2]) So die Begründung des Entwurfs der Civilproceßordnung zum § 651 S. 555.

[3]) Wir verstehen hierunter die Thatsache, daß in den modernen Culturstaaten durchweg der Einzelne, insofern er nicht im Besitz von Vermögen ist, auf den Abschluß von Arbeitsverträgen und, insofern er arbeitsunfähig ist, auf die Alimentation durch seine Familienangehörigen (Eltern, Kinder u. s. w.) angewiesen ist.

Jede Existenz, die ihre Hilfsmittel nicht aus diesen drei Quellen — Vermögensgenuß, Arbeitsvertrag, Alimentationsanspruch — zieht, liegt, von wenigen Ausnahmsfällen (des Mönchs, des Soldaten während der Wehrpflicht u. s. w.) abgesehen, außerhalb der normalen Wirthschafts- und Rechtsordnung, mag man dabei an die Leistungen der öffentlichen Armenpflege, der Privatwohlthätigkeit oder an den Lebensunterhalt der Verbrecher u. s. w. in oder außer dem Gefängniß denken.

[4]) Auch dann, wenn der Schuldner selbst auf sie zu verzichten bereit ist;

Müßten nach den Verhältnissen, die in Deutschland bestehen und für den deutschen Juristen maßgebend sind, auch Immobilien hierzu gehören? Indem wir die Frage unter diesen Gesichtspunkt stellen, haben wir den Vortheil, aus der Beantwortung diejenigen Momente leicht ausscheiden zu können, die außerhalb der juristischen Betrachtung liegen und deshalb vom Juristentag wenigstens nicht ex professo, d. h. auf Grund der seinen Mitgliedern als Juristen innewohnenden Sachkunde und mit dem Anspruch auf vorzugsweise Autorität ihrer Entscheidung behandelt werden können.

Wir haben es zu thun mit dem Grund und Boden nicht als volkswirthschaftlichen Factor, der neben dem Capital und der Arbeit steht, und auch nicht mit dem Grund und Boden als Unterlage der landwirthschaftlichem oder sonst einer speciellen Production, sondern einfach mit dem Grund und Boden als Bestandtheil vieler Privatvermögen und mit der Frage, ob er in diesen Privatvermögen belassen werden soll, auch wenn dieselben zur Befriedigung rechtskräftig anerkannter Forderungen gegen den Eigner nicht ausreichen. Wenn jemand unter Hinweis auf unser Verhältniß zu den Nachbarstaaten erklärt, daß zur gesicherten Versorgung des Staates mit Lebensmitteln oder zur Erhöhung der Wehrkraft des Staates es nothwendig sei, den deutschen Bauern, die Bauernschaft (Pächter? Erbleihebesitzer? Eigenthümer?) zu schützen,[5]) so mag die Politik prüfen, welche Art der Bodenvertheilung für den Staat am zuträglichsten ist, die Landwirthschaftskunde mag feststellen, was nach den concreten Verhältnissen u. s. w. innerhalb des betreffenden Staates als bäuerlicher Grundbesitz zu betrachten ist. Die Statistik mag alsdann feststellen, inwieweit das jeweils bestehende Verhältniß zwischen größerem, mittlerem und kleinerem Grundbesitz jenen

---

Verzicht auf die Geltendmachung der Pfandbefreiung ist nach der m. E. richtigen Ansicht unzulässig. Vergl. Burlage: Die Pfändung bei Personen, welche Landwirthschaft betreiben, p. 63—82.

Daß andererseits bei der Freilassung einzelner Dinge, z. B. der Orden und Ehrenzeichen, oder der zum Betrieb einer Apotheke gehörigen Geräthe, auch andere Rücksichten zu den im Text erwähnten zutreten, ist für die Sache ebenso gleichgiltig, wie die bedauerliche Thatsache, daß nach der — in mehreren Staaten durch Specialgesetze beseitigten — Praxis des gemeinen Rechts, in ganz consequenter Weise die Retention auch der zum Leben unentbehrlichen Dinge wenigstens einzelnen Gläubigern (insbes. den Vermiethern) gestattet und gesetzlich geschützt ist.

[5]) Aus diesem Gesichtspunkt und mit Berufung auf die Autorität Moltke's begründete Graf von Dönhoff-Friedrichstein im Reichstag den von ihm eingebrachten Heimstätten-Gesetzentwurf (Sitzung v. 3. Febr. 1892; Berichte p. 3472).

Forderungen entspricht und in welchen Landestheilen oder für welche Culturart die Reformmaßregeln am dringlichsten sind. Hat dann die Volkswirthschaft die Rückwirkungen untersucht, welche die im Interesse des Staats erforderte Reform auf die verwandten Gebiete des Wirthschaftslebens (die landwirthschaftliche Industrie, den Bergbau, das Wegewesen u. s. w.) haben würde, und welche Einschränkungen des an sich Wünschenswerthen hiernach nothwendig sind, so kann die Gesetzgebung ihr Werk thun. Die Rechtswissenschaft wird hierbei wie überall, wo es sich um die praktische Durchführung eines gesetzgeberischen Gedankens handelt, die vornehmste Hilfe des Gesetzgebers sein, aber ihre Arbeit wird wesentlich in der Formulirung der aus jenen Gesichtspunkten festgestellten Forderungen und nach der Seite der juristischen Technik liegen.

Ebenso kann lediglich vom Standpunkt der inneren Politik oder der socialpolitischen Betrachtung aus die Ansicht bestehen, daß der Wegzug der Landbevölkerung nach den Städten, die Verwandlung der mit kleinem Grundbesitz ansässigen ländlichen Arbeiter in städtisches Proletariat ein Uebel ist, das bekämpft werden muß, sei es im Interesse der ärmeren Bevölkerung selbst, die sich auf der eigenen Scholle immer noch glücklicher entwickelt als in den Miethkasernen der Großstädte, sei es, weil der Großgrundbesitz die ihm von manchen Parteien zugewiesene politische und sociale Stellung nicht ausfüllen kann, wenn ihm die Hintersassen fehlen, wenn er genöthigt ist, anstatt mit erbangesessenen Arbeitern, mit Sachsengängern, mit über die Grenze kommenden russischen und polnischen Taglöhnern zu wirthschaften. — Es kann endlich, um ganz specielle Fragen zu berühren, nützlich scheinen, den Anreiz zur Ansiedelung auf bestimmten Gegenden zu steigern: für die Angehörigen bestimmter Confessionen oder Nationalitäten (z. B. der Deutschen auf polnischen Gütern) oder für jeden der überhaupt geneigt ist, sein Capital und seine Arbeitskraft dort (in Moorländereien, Haideland, Oedländereien u. dgl.) aufzuwenden. In all' diesen Fällen mag der Wunsch vorhanden sein, Leute, welche geeignet sind, zur Erfüllung des angestrebten Zweckes beizutragen, gegen den Zugriff ihrer Gläubiger zu schützen, d. h. zu verhindern, daß in Folge des vom Staat auf Antrag der Gläubiger bewirkten Zwangsverkaufs der Liegenschaft die Eigenthümer genöthigt werden, ein Land zu verlassen, in welchem die Erfüllung wichtiger staatlicher Interessen gerade von ihrer Anwesenheit und ihrer Arbeit bedingt ist. In allen diesen Fällen wird die Sicherung eines gewissen Immobilienbesitzes vor Zwangsvollstreckung wohl erörtert werden können; aber die Jurisprudenz wird sich an dieser Erörterung kaum betheiligen, sie wird erklären, daß, wenn politische oder nationale Gründe, oder die Rücksicht auf einzelne Gesellschaftsschichten oder Berufsclassen, oder der Wunsch, gewisse Ansiedler zu privilegiren, dies erfordern, es technisch sehr einfach ist, einen Paragraphen in die Beordnung der Zwangsvollstreckung aufzunehmen,[6]) nach welchem gewisse Grundstücke nicht gepfändet werden dürfen. Nur wird dabei darauf aufmerksam zu machen sein, daß, ganz abgesehen von dem selbstverständlichen Schutz erworbener Rechte und von der Nothwendigkeit der ganz genauen Bezeichnung der Momente, an deren Vorhandensein der besondere Schutz geknüpft werden soll, die Befreiung von der Zwangsvollstreckung nur eins und fast das unbedeutendste Mittel ist, das anzuwenden wäre. Die Beschränkung der freien Veräußerlichkeit und Verpfändbarkeit, der freien Vererblichkeit, die gesetzgeberische Fürsorge dafür, daß das Grundstück nur zu dem bestimmten Zweck benutzt werden darf, z. B. nur landwirthschaftlich, nicht zur Errichtung einer Fabrik, einer Villa, zur Vergrößerung eines anstoßenden anderweiten Grundbesitzes, sind weit wichtiger, als lediglich die Beschränkung der Zwangsvollstreckung.

Ohne also zu einer der angedeuteten nicht juristischen Fragen Stellung zu nehmen, kann schon jetzt erklärt werden, daß die Revision der C.P.O. nicht der Punkt wäre, von dem aus eine der gewünschten Reformen bewirkt werden kann. Es bedürfte hierzu vielmehr einer dem besonderen Zwecke angepaßten Special-Gesetzgebung, und zur Vorberathung dieser Special-Gesetzgebung wäre nicht der Juristentag, sondern in erster Linie die Interessen-Vertretungen, welche das Specialgesetz fordern und demnächst die politischen Körperschaften berufen. Die Entscheidung über die dem Gesetz zu Grunde zu legenden Principien wird hierbei natürlich ganz anders ausfallen, je nachdem in den Parlamenten die eine oder andere wirthschaftliche Classe oder in den Interessen-Vertretungen, z. B. den Landwirthschaftskammern, den Provinziallandtagen u. s. w., die eine oder andere politische Partei die Oberhand hat.

III.

Es könnte hiernach scheinen, als ob wir die gestellte Frage aus systematischen Gründen wie aus Gründen der Competenz des Juristen-

[6]) Die Frage des Platzes der Zwangsvollstreckung im Rechtssystem ist hier nicht zu erörtern; ihre Aufnahme in die C.P.O. ist m. E. wenig glücklich und wird ihrer Bedeutung nicht in dem Maße gerecht, wie ihre Beordnung durch Specialgesetzgebung (vgl. das Schweizer Bundesgesetz über Schuldbetreibung und Concurse vom 11. April 1889).

tages einfach negativ zu beantworten hätten. Dies wäre indeß verfrüht schon um deswillen, weil wir den Inhalt der Heimstätten-Gesetzgebung, auf die in der Frage ausdrücklich exemplificirt ist, bisher nicht geprüft haben.

Ein Heimstättenrecht giebt es in Deutschland und in den europäischen Staaten überhaupt derzeit nicht. Wir verstehen demgemäß hier unter dem Begriff nur die Gesetzesvorschläge, welche unter Berufung auf die Gesetzgebung der Vereinigten Staaten seit Längerem insbesondere auch in der deutschen Presse discutirt werden, und welche die Schaffung von sogen. Heimstätten zum Gegenstand haben. Insbesondere kommt in Betracht der Gesetzentwurf, der, soviel mir bekannt, vom Kammerherrn von Riepenhausen verfaßt, dem Reichstag erstmals mit dem Datum vom 21. Juni 1890 seitens des Grafen von Dönhof-Friedrichstein und 27 Genossen vorgelegt ward. Dieser Entwurf ward dann im Jahre 1892 im Reichstag nach eingehender Vorberathung durch eine Commission discutirt, und ist am 4. December 1894 aufs Neue und in wenig veränderter Form eingebracht worden.[7])

Der Inhalt dieses Entwurfs ist im Wesentlichen der folgende:

Jeder Angehörige des Deutschen Reichs hat nach vollendetem 24. Jahr das Recht zur Errichtung einer Heimstätte (§ 1).

Die Heimstätte darf die Größe eines Bauernhofs nicht übersteigen, sie muß wenigstens einer Familie Wohnung gewähren und die Erzeugung landwirthschaftlicher Producte ermöglichen. Zubehör zur

---

[7]) Drucksachen des Reichstags 8. Legislaturperiode, I. Session 1890/92, Nr. 99 (Entwurf). Nr. 711. Bericht der XXIV. Commission; stenogr. Berichte vom 3. Februar 1892; Drucksachen der 9. Legislaturperiode III. Session 1894/95, No. 19. Von den vielfachen Abdrücken des Entwurfs verdient die Broschüre „Heimstättenrecht, ein Recht für jedermann", Berlin 1891 bei Wilhelmi, um deswillen Erwähnung, weil sie eine reichhaltige Sammlung von Preßstimmen, Aussprüchen namhafter Politiker u. s. w. über den Entwurf enthält.

Im Uebrigen wird wegen der Literatur einfach auf den Artikel Sering's im Handwörterbuch der Staatswissenschaften (IV, S. 449 ff.) verwiesen. Insoweit der Zusammenhang des Entwurfs mit dem americanischen homestead law und das Verhältniß zwischen diesen Gesetzen und den exemption laws im Allgemeinen in Betracht kommt, wären wohl noch hinzuzufügen meine dem Verein für Armenpflege erstatteten Gutachten über die Wohnungsnoth vom Standpunkt der Armenpflege (Schriften des Vereins Heft VI 1889 u. XI 1890), ferner meine Aufsätze „Die Zwangsvollstreckung in den Vereinigten Staaten und in Deutschland" (Blätter für sociale Praxis I. Jahrg. Nr. 34) und der Artikel „Zwangsvollstreckung" im Handwörterbuch.

Heimstätte sind die nothwendigen Wirthschaftsgebäude und das zum Wirthschaftsbetrieb unentbehrliche Inventar (Geräth, Dünger u. s. w.) (§ 2).

Die Heimstätte darf nur bis zur Hälfte des Werths und zwar nur mit Renten oder Annuitäten verschuldet sein (§ 3) und — abgesehen von Mißernten, der Nothwendigkeit, Miterben abzufinden oder zu nothwendigen Meliorationen — nur mit Bewilligung der Heimstättenbehörde und mit begründetem Anlaß mit Renten oder innerhalb zweckentsprechender Zeit zu tilgenden Annuitäten belastet werden (§ 4).

Die Heimstätte unterliegt der Zwangsvollstreckung nur aus Forderungen, welche der Errichtung vorausgehen oder aus Lieferungen und Leistungen herrühren, die zur Errichtung oder dem Ausbau der Heimstätte verwandt werden; ferner wegen rückständiger Renten und Annuitäten, wegen gesetzlicher Verpflichtungen und wegen Verpflichtungen aus unerlaubten Handlungen (§ 5).

Sie ist untheilbar und vorbehaltlich des Nießbrauchsrechts des überlebenden Ehegatten im Erbgang nur auf einen Erben — den Anerben — übertragbar (§ 6).

Veräußerung ist nur mit Genehmigung des Ehegatten zuläßig (§ 7).

Alles Weitere — über die Bestimmungen der Maximal- und Minimalgröße, über Stempel- und Steuerfreiheit, über Heimstätten-Erbrecht und die Heimstättenbehörde — bleibt der Landesgesetzgebung vorbehalten (§ 9).

Man sieht sofort, daß in diesem Entwurf das Pfändungsverbot, wie dem Raum so auch der Bedeutung nach, etwas ganz Untergeordnetes ist. Nicht darauf kommt es dem Gesetzgeber an, daß analog den mehrerwähnten Beschränkungen der Zwangsvollstreckung in Mobilien der Staat es ablehnen soll, den Gläubigern zur Befriedigung aus demjenigen Stück Grundeigenthum des Schuldners zu helfen, dessen dieser zur Erfüllung seiner Verpflichtungen gegen seine Angehörigen, zur Aufrechthaltung seiner Stellung innerhalb der Volkswirthschaft bedarf,[8]) sondern lediglich die

---

[8]) The privilege of the debtor to enjoy the necessary comforts of life shall be recognized by wholesome laws, exemting a reasonable amount of property from seizure or sale for the payment of any debt or liability — lautet die Bestimmung, durch welche die Constitution des Staates Indiana der Gesetzgebung den Erlaß von Executionsbeschränkungen zur Pflicht macht. Diesem „Grundrecht" gemäß erklärten dann die revised statutes vom 1881 cap. I sect. 703 bis 704 Eigenthum im Betrag von nicht mehr als 600 Dollars, es sei beweglich oder unbeweglich, wie der Schuldner es sich auswählt, (real or personal

dauernde Benutzung eines Terrains zur Landwirthschaft und durch Landwirthschaft treibende Kleinbesitzer ist beabsichtigt.

Demgemäß ist denn auch in dem Note 7 erwähnten Commissionsbericht und noch mehr in den Reichstagsverhandlungen von 1892 zwar sehr viel die Rede von der Nothwendigkeit der Erhaltung des Bauernstandes, von der Nothlage der Landwirthschaft, dem Höferecht und den Fideicommissen, dem Nutzen der Seßhaftmachung der Arbeiter u. s. w., aber so gut wie nicht von Executionsbeschränkungen, von der Civilproceßordnung, von dem Verhältniß zwischen Gläubiger und Schuldner. Weit entfernt, jene Gesichtspunkte für unerheblich zu erklären, muß doch gesagt werden, daß sie nicht diejenigen sind, nach welchen eine Versammlung von Fachjuristen einen Gegenstand zu erörtern vermag, und auch der Umstand, daß nach der gewichtigen Autorität Gierke's das Heimstättenrecht im Sinne des Entwurfs „ein durch und durch deutsches Recht" ist, „aus der Tiefe unseres deutschen Rechtsbewußtseins hervorgeht" (vergl. die in Note 7 erwähnte Broschüre S. 38) reicht doch kaum hin, um eine juristische Debatte über den Gegenstand fruchtbar zu machen. Auch die an unserm heutigen Recht so vielfach vermißte gerechte Gestaltung des Arbeitsvertrages, das Gleichgewicht zwischen Leistung und Gegenleistung liegt im innersten Wesen wie jedes Rechts, so auch des deutschen Rechts begründet.[9]) Deshalb gehört aber die grundlegende Discussion über die Einführung von Arbeitskammern oder des Normalarbeitstages oder ähnlicher Reformvorschläge nicht vor eine Juristenversammlung. Anders wäre es natürlich, wenn über die Tendenz des Entwurfs selbst kein Streit mehr wäre; wenn lediglich darüber zu debattiren wäre, ob diese Tendenz in der vorliegenden Fassung zum klaren und genügenden Ausdruck gekommen sei. Aber die an die Spitze gestellte Frage selbst zeigt am besten, daß dies nicht der Fall ist.

Wir glauben hiernach, daß wenigstens das Heimstättenrecht im Sinne des dem Reichstag derzeit vorgelegten Entwurfs — ebenso wie seiner Zeit die ungleich wichtigeren socialpolitischen Gesetze oder wie der derzeit in Preußen in Berathung befindliche Gesetzesentwurf über die Verpflegungs-

---

or both, as the debtor may select) für pfandfrei (labor laws p. 135), vorausgesetzt, daß das Eigenthum „owned by any resident householder" ist, einem ansässigen Haushaltungsvorstand angehört.

[9]) Vgl. Grimm, Deutsche Rechtsalterthümer, Vorrede XV: „Hier bloß das Rechtsverhältniß berührend, glaube ich, die Hörigkeit und Knechtschaft der Vergangenheit war in Vielem leichter und liebreicher als das gedrückte Dasein unserer Bauern und Fabriktaglöhner."

stationen — der erste Versuch, die Gesetzgebung mit dem großem Problem der Arbeitslosigkeit zu befassen — außerhalb der Discussion des Juristentags liegt, und daß speciell bei der Revision der Civilproceßordnung er nicht beachtet werden kann.[10])

IV.

Indeß ist der besprochene Entwurf nicht die einzige „Heimstättengesetzgebung". Wort und Begriff ist vielmehr dem Recht der Vereinigten Staaten entlehnt, freilich in einer Art, daß einer der Hauptbefürworter des Entwurfs, der Reichstagsabgeordnete Gamp, selbst zugestand, daß der Zusammenhang nur ein „außerordentlich loser" sei (Reichstagsberichte vom 3. 2. 1892 S. 3976).

Die Kenntniß dieser Gesetze, der homestead laws ist uns dadurch erleichtert, daß wir nicht, wie die Väter des Entwurfs von 1891, auf die ganz unvollständigen und einseitigen Angaben Rudolf Meyer's oder auf die schwer zugänglichen und vielbändigen americanischen Staatengesetze angewiesen sind,[11]) sondern das Material in handlicher Form in dem Second special report of the commissioner of labor, labor laws of the various states, territories and the district of Columbia, Washington 1892, vereinigt finden. Diese 559 Seiten starke Publication enthält die gesammten Arbeitergesetze — labor laws — der einzelnen Staaten der nordamericanischen Union, und als solche fanden auch die Vorschriften über die Executionsbeschränkungen an beweglichen und unbeweglichen Gütern, die exemption laws neben den Gesetzen über Arbeitercoalitionen, Arbeiterschutz u. s. w., Aufnahme, weil, wie der Herausgeber Caroll D. Wright in der Vorrede S. 4 erklärt, die exemption laws „ein gutes Beispiel derjenigen Classe von Gesetzen, die trotz ihrer allgemeinen Anwendbarkeit doch derzeit die arbeitenden Classen näher als andere berühren und unmittelbaren

---

[10]) Nur in der Anmerkung sei gesagt, daß uns zur Festhaltung der Landarbeiter auf dem Lande die Reform der Dienstordnungen, d. h. des Arbeitsvertrags, und die Verminderung des Anreizes zu den § 6 zu streifenden harten Maßregeln weit wichtiger scheint, als die Schaffung von Zwergfideicommissen.

[11]) Rudolf Meyer, Heimstätten- und andere Wirthschaftsgesetze, 1883. Die Ergänzungen und Vervollständigungen dieses Materials, welche in meinem erwähnten, dem Verein für Armenpflege erstatteten Gutachten, das 1888 erschien (Heft VI der Vereinsschriften S. 157 ff., S. 171), enthalten sind, scheinen den Vätern des Entwurfs unbekannt geblieben zu sein. Auf die im Text erwähnte Sammlung der labor laws ist bereits in meinem Artikel „Zwangsvollstreckung" im Handwörterbuch aufmerksam gemacht.

Einfluß auf ihre Lage haben". Der Grundgedanke dieser Gesetze, von denen die homestead laws also nur ein Theil sind, ist bereits in Note 8 mit den Worten der Verfassung eines der Unionsstaaten mitgetheilt. Weitere Citate ähnlichen Inhalts aus den Verfassungen anderer Staaten finden sich in meinen Note 7 angeführten Aufsätzen, und das daselbst angeführte Gutachten enthält genaue Angaben über die Art und den Umfang, in welchem auf Grund dieser Auffassung von der Nothwendigkeit des Schutzes eines gewissen Güterbesitzes dem Schuldner das Recht gewährt wird, einen aufs Genaueste aufgezählten oder der Werthsumme nach bestimmten Bestand an beweglichen Dingen dem Gläubiger zu entziehen: aus seinem, dem Gläubiger verfallenen Vermögen „herauszunehmen". Ganz dasselbe Recht zum „herausnehmen", zum Aussondern hat er aber auch bezüglich eines gewissen Immobiliarbesitzes, der sog. homestead. Aber die bezüglichen Bestimmungen, die speciellen homestead laws, unterscheiden sich von dem in § 3 besprochenen Heimstättengesetzentwurf hauptsächlich in drei Punkten:

Wie fast alle exemption laws kommen sie nicht jedem Staatsbürger in gleichem Maße zu gute (vgl. § 1 des Entwurfs: „Jeder Angehörige des Deutschen Reichs hat nach vollendetem 24. Lebensjahr das Recht zur Errichtung einer Heimstätte"), sondern vorzugsweise, vielfach ausschließlich den mit einer Haushaltung ansässigen Familienvorständen, sie beschränken sich nicht auf Bauernhöfe oder landwirthschaftlich benutztes Terrain, sondern schützen auch städtischen Immobiliarbesitz; und die Heimstättenqualität bedingt weder besonderes Erbrecht (Anerbenrecht), noch Belastungsbeschränkungen, dauert dafür aber auch nicht ad infinitum, sondern nur so lange, als der Eigenthümer oder dessen Wittwe und minderjährige Kinder darauf wohnen.

Mit dieser Tendenz des Schutzes des sicheren Obdachs, dieser unentbehrlichsten Voraussetzung allen Familienlebens, stimmt es durchaus überein, daß in einzelnen Staaten, z. B. in Michigan, Californien u. s. w., anstatt der homestead die Antheilscheine an gewissen, für den Bau kleinerer Wohnungen bestimmten Baugesellschaften der Pfändung entzogen sind, wenn sie Hausvätern gehören, die keine homestead haben,[12])

---

[12]) Labor laws S. 249. Die neueste Statistik der in den vereinigten Staaten bestehenden building and loan associations, gleichfalls von dem commissioner of labor herausgegeben, weist 5838 Gesellschaften mit 1 745 725 Mitgliedern — darunter 70 pCt. Arbeiter — und einem Capital von 450 667 594 Dollars auf. Ihering hat bekanntlich erklärt, alle Zwecke der Gesellschaft würden stufenweise zuerst vom Individuum, später vom Verein und, wenn sie vollständig

und daß in anderen Staaten auch die Summe, zu der die homestead-Liegenschaft versichert war, ausdrücklich für pfandfrei erklärt ist.[13])

Im Uebrigen ist es hier nicht beabsichtigt, eine ausführliche Darstellung des homestead-Rechts zu geben oder Citate zu häufen, die, nachdem erst eine relativ leicht zugängliche Quelle nachgewiesen ist, leicht zu beschaffen sind. Lediglich mag das Folgende bemerkt sein:

Die bereits Note 7 angeführte Bestimmung, daß das eximirte Eigenthum „owned by a resident householder“ sein muß, daß also die Exemptionen wenigstens im vollen Umfang nur im Staat ansässigen Familienvätern zukommen sollen, kehrt in allen diesen Gesetzen wieder.

„Jeder Bürger des Staates, Mann oder Frau, der eine Haushaltung und eine Familie hat, ist berechtigt, das Land und die Gebäude, die von ihm besessen und bewohnt sind, frei von jeder Beschlagnahme oder Pfändung zu halten, vorausgesetzt, daß es nicht mehr als 160 Acres oder an Werth nicht mehr als zweitausend Dollars sind, heißt es im Staate Mississippi (l. l. S. 270). Fast dieselben Worte „a lot of land, owned and occupied as a residence by a householder having a family“ auch in New-York lab. l. 347. In Virginien wird das in den Exemptions- und homestead-Gesetzen gebrauchte Wort „householder“ durch ein besonderes Gesetz dahin erklärt: „Das Wort „Haushalter“, das in diesem Capitel gebraucht wird, soll gleichbedeutend sein mit dem Ausdruck Haushalter oder Familienvorstand (householder or head of a family); und der Ausdruck Arbeiter (laboring man) soll so aufgefaßt werden, daß er in sich schließt alle Haushalter (householder), die Lohn für ihre Dienste empfangen“ (lab. l. 492, Virginia, Constitution von 1869 sect. I, Code von 1887 c. 178 sect. 3657). Gelegentlich wird auch ganz genau definirt, wer als head of a family zu betrachten ist. So z. B. Idaho l. l. 120: „Wer in seiner Fürsorge und Pflege sein Kind, Stiefkind, minderjährige Geschwister oder minderjährige Kinder verstorbener Geschwister, Eltern oder Großeltern, Eltern des verstorbenen Ehegatten hat“ u. s. w., ähnlich Jowa lab. l. 150 u. s. w.

Ebenso scharf ist auch die Zeit definirt, innerhalb deren diese Aussonderungsbefugniß das Privileg der Unangreifbarkeit der homestead endigt, — die übrigens ganz ähnlich wie im deutschen Entwurf im Wesentlichen durch Eintragung in ein öffentliches Register begründet wird.

---

ausgewachsen sind, vom Staat übernommen (Zweck im Recht I S. 304). In America ist das Wohnungswesen anscheinend im Begriff, von der ersten dieser Stufen zur zweiten überzugehen.

[13]) Wisconsin a. a. O. S. 516.

Sie hört auf, wie sie nicht mehr Wohnstätte ist, also mit dem Tod des Eigenthümers, oder aber, um die im Staate New-York gültigen Bestimmungen zu citiren, Code of civil procedure, 1883 (p. 282) sect. 1400: Die Exemption dauert nach dem Tode der Person, zu deren Gunsten das Eigenthum eximirt war, fort, wie folgt:

1. Wenn der Verstorbene eine Frau war, dauert sie fort zu Gunsten ihrer überlebenden Kinder bis zur Majorennität ihres jüngsten Kindes.

2. Wenn der Verstorbene ein Mann war, dauert sie fort zu Gunsten seiner Wittwe und überlebenden Kinder bis zur Majorennität des jüngsten überlebenden Kindes und bis zum Tod der Wittwe.

Aber die Exemption (Aussonderungsbefugniß, exemption) hört früher auf, wenn das Eigenthum aufhört, besessen zu sein als Wohnung (to be occupied as a residence) seitens einer Person, zu deren Gunsten sie fortdauern kann, insoweit nichts Anderes im folgenden Abschnitt vorgeschrieben ist.

(Sect. 1401.) Das Recht der Exemption (the right to exemption) einer zu demselben befugten Person wird durch diejenige, den Zeitraum eines Jahres nicht übersteigende Unterbrechung des Besitzens des eximirten Eigenthums als Wohnung nicht geschädigt, welche eintritt in Folge der Beschädigung oder Zerstörung des Wohnhauses auf dem Gelände.[14])

Ganz logisch ist dann, wenn, außer dem — vergl. Anmerkung 13 — erwähnten Privileg der Versicherungsgelder (pretium succedit in locum rei) auch bestimmt ist, daß die Wittwe, Ehefrau oder die minderjährigen Kinder das Recht haben, aus der Erbmasse heraus eine homestead zu begründen, wenn der Ehemann es unterlassen hatte; — aber auch, daß keine zwei homesteads in der Familie sein dürfen, daß insbesondere nicht Mann und Frau jedes besonders zu der Begründung schreiten können.[15])

Auch die Größe der homestead ist genau definirt, aber in ver-

---

[14]) Labor laws S. 347. Ganz ähnlich, wenn auch kürzer Newhampshire lab. l. S. 307, Missouri S. 278 u. s. w. Ich mache darauf aufmerksam, wie die lediglich von der homestead sprechenden Bestimmungen der New-Yorker Civilproceßordnung, ganz ebenso, wie die von der Aussonderungsbefugniß an beweglichen Dingen handelnden Paragraphen (sect. 1390—1392) stets den allgemeinen Ausdruck „exemption" („Herausnahme", „Aussonderung") anwenden. Das americanische homestead law ist eben nichts Anderes, als der auf das Immobiliarvermögen bezügliche Theil der Pfändungsbeschränkungen und hat mit den agrarisch-patriarchalisch-romantischen Gesichtspunkten des deutschen Heimstättengesetzentwurfs wenig gemein.

[15]) lab. l. S. 54 Alabama; S. 392 Ohio; S. 181 Louisiana.

schiedener Art. Vielfach — vergl. Indiana (Anmerkung 8) — nur durch Angabe des Werthbetrages, den die executionsfrei zu lassende Liegenschaft, einerlei ob in Stadt oder Land belegen, höchstens haben darf. In anderen Staaten ist das Flächenmaß ausschließlich maßgebend; oder wird die auf dem flachen Land gelegene homestead nach dem Flächenmaß, die städtische nach dem Grundstückswerth bestimmt; während wieder in anderen genau angegeben ist, wie groß je nach der Einwohnerzahl der Stadt oder nach ihrer Lage auf dem Land die homestead sein darf. Ausgangspunkt scheint hierbei für das flache Land die ländliche Einzelwirthschaft — das „Bauerngut" des deutschen Entwurfs —, für die Städte die Einzelwohnung zu sein,[16]) und zu dem Grund und Boden gehört auf dem Land stets das Zubehör von Gebäuden u. s. w.

Neben dem pfandfreien Immobiliarbesitz steht aber überall, um das nochmals zu betonen, der pfandfreie Mobilienbesitz, gewissermaßen die bewegliche homestead, die Ausstattung an wirthschaftlichen Gütern, Vorräthen, Gebrauchsgegenständen u. s. w., die ja auch für den Bestand einer Familie im Rechtsinn ebenso unentbehrlich und unentbehrlicher ist, wie das durch die homestead den Grundeigenthümern gesicherte Obdach, und deren gesetzlicher Schutz daher, solange eben nur die Minderheit der Familienvorstände Grundbesitz hat, noch weit wichtiger ist. Um nur ein Beispiel zu geben, ist in New-York für jeden householder pfandfrei, bezw. hat jeder Haushalter das Recht, aus seinem der Execution unterworfenen Vermögen herauszunehmen (auszusondern) neben der homestead (ein Bauplatz mit Gebäuden im Werth von nicht über 1000 Dollar owned and occupied as a residence by a householder having a family): 1. Die Spinnräder und Oefen im Wohnhaus; eine Nähmaschine. 2. Die

[16]) Vergl. l. l. 235, Michigan Art. 16 der constitution: Every homestead of not exceeding forty acres of land and the dwelling house there on and the appartenances to be selected by the owner thereof and not included in any town plat, city or village; or instead thereof, at the option of the owner, any lot in any city village, or recorded town plat . . . . . not exceeding in value 1500 Dollars. Andererseits gilt als homestead in Minnesota (lab. l. 257) auf dem flachen Lande ein Terrain von nicht mehr als 80 Acker sammt Zubehör an Wohngebäuden u. s. w.; ferner in Städten von mehr als 5000 Einwohnern ein Bauplatz (one lot) und in kleineren Städten ein Stück Land von 1/2 Acker. — Noch genauer abgestuft in Missouri (lab. l. p. 278): „Auf dem Land nicht mehr als 160 Acker oder nicht mehr als 1500 Dollar Werth; in Städten von mehr als 40 000 Einwohnern 18 Quadratruthen (square rods) oder 3000 Dollar, in Städten von mehr als 10 000 Einwohnern 30 Quadratruthen oder 1500 Dollar; in kleineren Städten nicht mehr als 15 Acker oder 1500 Dollar Werth.

Familienbibel, Familienbilder und Schulbücher; sonstige Bücher aus der Familienbibliothek im Werth von nicht mehr als 50 Dollar. 3. Hausthiere (10 Schafe, 2 Schweine) sammt Futter; Nahrungsmittel, Brennmaterial, Oel, Licht für 60 Tage. Alle Kleider, Betten, Bettstellen und Bettung, die für den Schuldner und seine Familie nothwendig sind; Kochgeräthe; 1 Tisch, 6 Stühle, 6 Messer, Gabeln, Löffel, Teller, Tassen (und sonstiges, ganz genau verzeichnetes Geräth); Handwerkszeug für einen Arbeiter, nicht mehr als 25 Dollar. Außerdem aber noch und zuzüglich zu den genannten Dingen (in addition to the exemptions allowed by the last section) Hausgeräth, Werkzeug, Bücher im Werth von nicht über 250 Dollar when owned by a person being a householder or having a family for which he provides.[17])

Die übrige Gestaltung der Aussonderungsgesetze (exemption laws) oder der Grundstücks-Aussonderung (homestead exemption) im Speciellen interessirt hier nicht. Bemerkt sei nur, daß die Erschwerungen oder Beschränkungen der Verpfändbarkeit des Heimstätten-Gesetzentwurfes dem amerikanischen Recht, in dem das Privileg der Unangreifbarkeit nach einer gewissen Zeit mit Nothwendigkeit exspirirt, natürlich fremd sind, und daß bei den Forderungen, denen gegenüber das Privileg versagt, insbesondere auch die Forderungen der Bauhandwerker und der Arbeitslohn genannt ist. Als Beleg hierfür wie für die Formulirung des gesetzgeberischen Gedankens überhaupt mag auf die

Anlage 1

verwiesen werden, welche die im Staat Maine gültigen Bestimmungen im Urtext und in einer — nicht juristisch genauen, aber wohl für den Zweck hinreichenden — Uebersetzung enthält.

V.

Vergleicht man die in § 3 und 4 gegebenen Mittheilungen über Heimstättenrecht und homestead law, so wird sich zunächst ergeben, daß die Competenzeinreden, welche gegen die Behandlung des deutschen Entwurfs seitens des Juristentags und speciell gelegentlich der Revision der

---

[17]) lab. l. 346. Geschützt im ausreichenden Maße ist also nicht nur das Haus, welches die Wohnung giebt, sondern noch mehr und noch sorgfältiger das Geräthe, ohne das die Wohnung nicht wohnlich ist. Gerade dieser früher ganz übersehene Zusammenhang der Frage des Mobiliarschutzes mit der Wohnungsfrage war für mich der Ausgangspunkt, um von der Erörterung der Wohnungsfrage aus die Nachahmung der exemption laws zu empfehlen.

Civilproceßordnung zu erheben waren, der Erörterung des amerikanischen Gesetzes kaum entgegengestellt werden könnten.

Dasselbe behandelt lediglich das Verhältniß, das zwischen Gläubiger und Schuldner besteht, wenn der erstere eine vom Staat als berechtigt anerkannte Forderung unter Zuhilfenahme der staatlichen Autorität durchsetzen will; bezw. die Frage, inwieweit der Staat seine Hilfe leihen soll, wenn der Gläubiger zwecks Befriedigung seiner Forderung denjenigen Bestand an (Mobiliar- oder) Immobiliar-Eigenthum angreifen will, dessen der Schuldner bedarf, um sich innerhalb des Staates, in dem er wohnt, dauernd zu behaupten, bezw. um dort durch Abschluß von Arbeitsverträgen dauernd seinen Alimentationspflichten, Erziehungspflichten u. s. w. genügen zu können. Es wird kaum bestritten werden können, daß diese Dinge ganz hervorragend im Gebiet der Rechtsordnung und speciell der Zwangsvollstreckung belegen sind, und daß zu ihrer Erörterung die Juristen als solche ebensosehr berufen und verpflichtet sind, wie sie zum Studium anderer Fragen (z. B. ob der mittlere und kleine ländliche Grundbesitz in einem Staate schutzbedürftig ist, auf welchem Wege dem Abzug der Landarbeiter nach den Städten gesteuert werden kann, ob die Beförderung des Anerbenrechts, Höferechts, der Rentenverschuldung im Interesse der Volkswirthschaft liegt) nicht sind.

Andererseits wird für die Beantwortung der in diesem Gutachten gestellten speciellen Frage nicht viel damit gewonnen, wenn festgestellt ist, daß die homestead laws der Rechtspflege und nicht der „Verwaltung im engeren Sinn" angehören,[18]) und daß sie daher mit Fug ihren Platz in der Civilproceßordnung bezw. im Recht der Zwangsvollstreckung und nicht in der volkswirthschaftlichen oder wohlfahrtspolizeilichen Specialgesetzgebung — neben den Gesetzen über Verkoppelungen, Ablösungen, Rentengüter, Höferollen u. s. w. finden würden.

In Deutschland ist in Folge der Dichtigkeit der Bevölkerung schon längst nur ein relativ kleiner Theil der Einwohner im Besitz von Grundeigenthum. Inoccupirtes Terrain, an dessen Occupation und Nutzbarmachung der Staat ein Interesse hätte, existirt nicht. Bei dem „Landhunger" der deutschen Bauern, den Bennigsen in seiner Rede über das Heimstättenrecht so richtig charakterisirte,[19]) existirt die Gefahr der Werthzerstörung nicht, auf deren Abwehr bei der Regelung der Zwangsvollstreckung in Mobilien und in schwer beleihbare und verwerthbare Liegenschaften von

---

[18]) Vergl. G. Meyer, Deutsches Verwaltungsrecht § 1.

[19]) Stenographische Berichte a. a. O. S. 3980.

größerem Umfang so hervorragendes Gewicht gelegt werden muß. Auch bei unbeschränktester Zulassung der Zwangsvollstreckung in kleinere Grundstücke wird eine Schädigung der Besitzer durch unterwerthigen Verkauf kaum je stattfinden.[20])

Verlohnt es sich unter diesen Umständen, in Deutschland die Zwangsvollstreckung in Immobilien zu beschränken, d. h. zu verhindern, daß jemand, der bisher zu der Minorität der Grundeigenthümer gehörte, fortab der Majorität derjenigen eingereiht wird, die genöthigt sind, sich die für ihre Wirthschaft erforderte Nutzung von Grund und Boden vertragsmäßig zu beschaffen? Verlohnt sich dies, insbesondere Angesichts des Umstandes, daß die Verhinderung der Subhastation doch nicht bewirken kann, daß der Grundeigenthümer die Baarmittel u. s. w. hat, ohne die eine rationelle Bewirthschaftung des Terrains oder Pflege des Gebäudes unmöglich ist?[21])

VI.

Bei Beantwortung dieser Frage, der letzten, die wir uns vor Formulirung unseres Gutachtens stellen müssen, ist davon auszugehen, daß vom Standpunkt der Beschränkung der Zwangsvollstreckung aus der Grund und Boden ganz ebenso wie die eximirten beweglichen Dinge nur insofern in Betracht kommen kann, als das Eigenthum an ihm nothwendig ist, um eine „sociale Gewebezelle",[22]) eine Familie, lebenskräftig zu erhalten.

Die Familie bedarf aber des Grund und Bodens stets mittelbar, insofern ohne irgend welche Verfügung über Grund und Boden kein Obdach für die arbeitsunfähigen Familienglieder, keine Arbeitsstätte für das Familienhaupt zu schaffen ist, und vielfach unmittelbar, wenn nämlich das Familienhaupt die Mittel zum Unterhalt seiner Familie — rechtlich: zur Erziehung und Alimentation seiner Angehörigen — nicht durch Arbeitsverträge, sondern durch Verkauf der von ihm gewonnenen Früchte eines zu seiner Verfügung stehenden Stück Landes sich beschaffen muß, d. h.

---

[20]) Vergl. über diese Werthzerstörung meine Ausführungen im Handwörterbuch; vergl. auch die in dem interessanten Aufsatz R. Schneider's Ueber das sog. Heimstättenrecht, Schmoller's Jahrbuch XVI 43—100, S. 66, citirte Aeußerung Sismondi's. Das preußische Gesetz betr. die Zwangsvollstreckung in Immobilien vom 13. Juli 1883 beugt der Werthzerstörung, diesem volkswirthschaftlich so nachtheiligen Effect der Zwangsvollstreckung, indirect vor durch die Vorschriften über das geringste Gebot, das Deckungsprincip u. s. w.

[21]) Aehnliche Gesetzpunkte hat im Reichstag von Bar in einer ausgezeichneten Rede geltend gemacht. Stenograph. Bericht 3973 ff.

[22]) Schäffle, Bau u. Leben I, S. 212 ff.

wenn er den selbständigen Betrieb des Ackerbaues zum ausschließlichen Beruf oder zu seinem den Umständen nach unentbehrlichen Nebenerwerb gemacht hat. Durch welches Rechtsgeschäft oder welche Staatseinrichtung er die hierzu erforderliche Verfügung über Grund und Boden erlangt, ob durch Kauf, Miethe, Pacht oder durch Erbrecht, durch Zuweisung von Allmendland u. s. w.; ob durch volles oder beschränktes Eigenthum gilt vollständig gleich; und es könnte daher scheinen, als ob die Gesetzgebung bisher sich mit Recht begnügt hätte, den Grundeigenthümer, den die Gläubiger aus seinem Eigenthum herausdrängen wollen, darauf hinzuweisen, daß es ihm unverwehrt ist, sich auf dem einen oder anderen dieser Wege anderes Terrain zu verschaffen, wozu er, insofern es sich um entgeltliche Rechtsgeschäfte handelt, die Mittel durch Verwerthung seiner Arbeitskraft gewinnen muß.

Auch dürfte diese Verweisung in großen Städten, und insofern Grund und Boden nur mittelbar, nämlich als Unterlage der Wohn- und Arbeitsstätte in Betracht kommen, ausreichen.

Es existirt zwar bekanntlich in allen Großstädten gleichmäßig und aus in allen Großstädten gleichen Ursachen Wohnungsnoth im Sinn des Mangels an gesunden, zum behaglichen Aufenthalt der Familienglieder während der arbeitsfreien Zeit des Familienhauptes geeigneten Wohnungen, deren Preis in angemessenem Verhältniß zum Arbeitslohn steht.

Aber diese Wohnungsnoth hat ihre Ursachen weniger in der Gewohnheit der miethweisen Benutzung der Wohnungen, als in den volkswirthschaftlichen Thatsachen, durch welche die capitallose Bevölkerung beim Abschluß ihrer Arbeitsverträge benachtheiligt ist: die Wohnfrage ist Lohnfrage. Ich glaube daher nicht, daß die homestead laws, so sehr ich dieselben principiell billige, in den nordamericanischen Großstädten von besonderem Erfolg sind,[23]) und möchte bestreiten, daß ihre Nachahmung speciell zur Lösung der Wohnungsfrage, insbesondere insoweit das Wohnungselend der städtischen und industriellen Bevölkerung in Frage kommt, in irgend erheblicher Weise beitragen könnte.

---

[23]) Mit Ausnahme wohl der Bestimmung über die Privilegirung der Antheile an Baugenossenschaften und der Versicherungsgelder, die den Werth einer Sparprämie haben mag. — Im Uebrigen ist hier nicht der Ort, die Gründe auszuführen, die ein für alle Mal gegen die Belastung gewöhnlich bezahlter Arbeiter mit Grundeigenthum, d. h. gegen die Immobilisirung ihrer etwaigen Ersparnisse sprechen.

Neben der städtischen Bevölkerung steht aber die des flachen Landes. Bezüglich derselben fehlt dem Referenten nun allerdings die unmittelbare Anschauung und Erfahrung, die ich, soweit die Verhältnisse der ärmeren Classen in Städten in Betracht kommen, durch eine vieljährige Thätigkeit als Vorsitzender der Armenverwaltung und des Gewerbegerichts meiner Vaterstadt erworben zu haben glaube.

Immerhin ist mir aber gerade aus der Thätigkeit im Armenwesen sehr wohl bekannt, wie in Folge des Unterstützungswohnsitz-Gesetzes mit seiner m. E. ganz verkehrten Anknüpfung der Armenlast an kleine und kleinste locale Verbände für die Vorstände dieser Verbände (Dorfgemeinden, Rittergutsbesitzer u. s. w.) ein mächtiger Reiz vorhanden ist, verarmende Familien obdachlos zu machen, um die drohende Unterstützungslast einer anderen Gemeinde oder dem stärkeren Landarmenverband zuzuweisen. Diese systematische Züchtung der Obdachs- und Heimathslosigkeit,[24]) an der die Armengesetzgebung übrigens keineswegs allein die Schuld trägt, da auch Rücksichten auf den Wegebau, die Schullasten u. s. w. concurriren, — würde immerhin durch die Einführung der Heimstätten-Exemption gemindert; wer sich erst ein kleines Anwesen durch Ersparnisse u. s. w. verschafft hat, wäre wenigstens sicher, daß er selbst, seine Wittwe, seine minderjährigen Kinder nicht mehr aus dem Eigenthum vertrieben und demnächst durch Versagung jeder miethweisen Unterkunft zum Verlassen der Gegend gezwungen werden könnten. Das Heimstättenrecht würde so gewissermaßen als Correctur mancher Härten unseres Verwaltungsrechts dienen, wie es in America eine im Interesse der Ehefrau und Wittwe wirkende Correctur des mangelhaften ehelichen Güterrechts sein soll.

Abgesehen von dieser systematischen und planmäßigen Versagung miethweiser Unterkunft mögen aber auch in manchen Bezirken die Verhältnisse so liegen, daß thatsächlich Miethwohnungen nicht vorhanden sind, so daß jede Familie, deren Grundstück subhastirt wird, ohne Weiteres zur Auswanderung gezwungen ist. Die Einführung des Heimstättenrechts, das in diesem letzteren Fall einem mehr localen Bedürfniß genügen würde, hätte von dem erst erwähnten Gesichtspunkt aus vielleicht den Vortheil, den Widerspruch zu vermindern, der jetzt den Bestrebungen auf

---

[24]) An derselben betheiligen sich, insoweit ländliche Arbeiter ohne Grundbesitz in Betracht kommen, ganz vornehmlich auch die Inhaber größerer Gutsbezirke und Gutsherrschaften, also Angehörige gerade derjenigen politischen und socialen Kreise, welche den Heimstätten-Gesetzentwurf eingebracht haben und vertreten. Vergl. Das Landarmenwesen, herausgegeben von Dr. Münsterberg; Schriften des Deutschen Vereins für Armenpflege Heft X, S. 42.

Minderung der Machtbefugnisse jener kleinsten Verwaltungseinheiten — der Zwerggemeinden, der Rittergutsbezirke u. s. w. — so vielfach entgegengesetzt wird.

Nach Allem sind wir der Ansicht, daß es, wenn auch nicht von besonders großer Tragweite, so doch immerhin nach manchen Gesichtspunkten zweckmäßig und praktisch wäre, im Zusammenhang mit dem Katalog unpfändbarer Sachen, der — den vorjährigen Erörterungen des Juristentages entsprechend — ohnehin bedeutend erweitert werden muß, eine Vorschrift zu erlassen, nach welcher solchen Grundstücken, die ihrer Beschaffenheit nach geeignet sind, einer Familie von geringem Einkommen zur Wohnstätte zu dienen, in einfacher und wenig kostspieliger Weise die Heimstättenqualität verliehen werden könnte. Die Wirkung dieser Verleihung wäre dann, daß das Grundstück, solange es in der angegebenen Art von dem Eigenthümer oder dessen Frau, Wittwe, minderjährigen Kindern benutzt wird, in kein Zwangsvollstreckungsverfahren — außer vielleicht wegen des Ankaufspreises, der Ansprüche der mit der Erbauung oder Reparatur der Baulichkeiten betrauten Handwerker, wegen Delictsschulden u. s. w. — einbezogen werden dürfte. Die zulässige Größe des Heimstättengrundstücks würde wohl am besten durch einen von den Localbehörden nach Analogie des „ortsüblichen Tagelohns“ (§ 8 K.Verf.G.) normirten, im Reichsgesetz nur dem Maximum nach festgestellten Wertbetrag bestimmt. Wollte man sehr vorsichtig sein, und auch die Fälle der zufälligen Steigerungen des Grundwerths, die Möglichkeit der Expropriation einer Heimstätte u. s. w. in Rechnung ziehen, so könnte vielleicht noch eine Clausel Platz finden, wonach die Gläubiger oder jeder, der im Besitz des Expropriationsrechts ist, das Grundstück erwerben kann, wenn er den bei der Errichtung der Heimstätte angenommenen oder den sonst ermittelten höheren Werth zahlt, außerdem aber den Heimstättenberechtigten bis zum Ende des Subhastationsverbots die Benutzung einer nach richterlicher Schätzung dem Heimstättengrundstück gleichartigen Wohnstätte sicherzustellen vermag.

Etwas andere Momente, als bei Haus- oder Wohngrundstücken kommen bei der Frage der Ausdehnung des Pfändungsverbots auf landwirthschaftlich benutzte Grundstücke zur Erwägung.

Das Gesetz schützt die zur Ausübung des Berufs nothwendigen Gegenstände, weil die Berufsgliederung (vgl. § 1) neben dem Arbeitsvertrag und neben der Familieneinheit eine der wesentlichsten Grundlagen unserer Volkswirthschaft bildet. Aber das Gesetz schützt nicht die Stellung des Einzelnen im Beruf. Nicht das ist der Zweck der Festsetzung des

Katalogs der eximirten Dinge, daß jemand der Unternehmer ist, sein Geschäft dauernd an demselben Ort oder überhaupt dauernd betreiben soll, sondern lediglich, daß jemand, der eine bestimmte Arbeit (z. B. ein bestimmtes Handwerk) erlernt hat, nicht plötzlich an deren Verrichtung verhindert und in Folge dessen erwerbsunfähig gemacht, oder mindestens zu einer ganz anderen ihm fremden Arbeit gezwungen werden soll.

Die Grundstücke, die ein Bauer besitzt und bearbeitet, sind aber nicht nur Arbeitsinstrumente, wie die Werkzeuge des Buchbinders, des Schlossers u. s. w, sondern sie machen ihn auch zum Arbeitgeber und Unternehmer; sie bestimmen und bedingen, wie den Ort seiner Thätigkeit, so auch seinen Platz in der Wirthschaftsordnung. Indem das Gesetz seine Grundstücke der Execution entzieht, verleiht es zugleich ihm selbst einen Schutz, dessen sich der kleine Handwerker, der kleine Kaufmann u. s. w. nicht erfreut.

Wenn zur Begründung dieser Bevorzugung auf die besondere Bedeutung des Bauernstandes für den Staat hingewiesen werden sollte, so wäre, wie gleichfalls bereits bemerkt (§ 2), zu erwidern, daß das Pfändungsverbot zur Erhaltung des Bauernstandes oder zur Sicherung der Mitglieder dieses Standes so gut wie nichts beiträgt, so lange nicht auch die Betriebsmittel geschützt sind, ferner gesicherte Absatzverhältnisse bestehen und die übermäßige Belastung des Gutes und die Nothwendigkeit der allzuraschen Amortisirung der bei Erbtheilungen, zu Meliorationen u. s. w. aufgenommenen Capitalien verhütet ist. Es ist eben ein Unterschied, ob der Einzelne bezw. dessen Familie verhindert werden soll, unter gen Stand herunter zu sinken, in dem er geboren und für dessen besondere Aufgaben er als besonders tauglich betrachtet wird, — oder ob er lediglich verhindert werden soll, unfähig zur Erfüllung der Verpflichtungen zu werden, die er, gleichviel in welchem Stand oder in welcher Berufsstellung als Familienvater gegen die Seinen und damit gegen den Staat selbst hat. So verschieden aber die zu dem einen oder anderen dieser Ziele erforderten Mittel sind, so kann es doch unter Umständen zutreffen, daß die Wege zu beiden parallel gehen. Insbesondere wird man, um die Obdachlosigkeit und damit das Auseinanderfallen der Familie zu hindern, genöthigt sein, die Arbeitsgelegenheit zu erhalten, die dem Familienvorstand gewohnt und vertraut ist. Grade diese Nothwendigkeit, mit deren Ueberwindung, soweit die besitzlose Bevölkerung in Betracht kommt, die praktische Armenpflege täglich zu kämpfen hat und die jetzt endlich auch Gegenstand der vorbeugenden Fürsorge der Staatsverwaltung und der Gesetzgebung zu werden beginnt, tritt aber bei der landbauenden Bevölkerung in besonders schwieriger und besonders complicirter Gestalt auf. Sind die landwirthschaftlichen Verhältnisse in einem Bezirk so gestaltet, daß ausschließlich kleine Ackergüter vorhanden sind, welche von den Eigenthümern im Wesentlichen ohne Hilfe fremder Arbeitskräfte bebaut werden, oder ist nach den örtlichen Verhältnissen die Gelegenheit zum Erwerb durch Arbeitsvertrag (in der Industrie oder Landwirthschaft) so spärlich vorhanden, daß auch diejenigen, welche ihre Arbeitskraft von Anderen zu miethen pflegen, auf Nebenerwerb durch Bebauung eigenen Geländes mit Nothwendigkeit angewiesen sind, so ist eben die Entziehung dieses Bauernguts oder dieses Kleinstellenbesitzes direct gleichbedeutend mit der Vernichtung der gesammten Existenz des früheren Eigenthümers.[25]) Der Grundbesitz, dessen Ausscheidung aus einem Privatvermögen in der Regel die Stellung des Inhabers in Staat, in der Gemeinde oder in dem durch das Privatrecht geordneten Verkehr ganz unangetastet läßt, hat hier die Bedeutung eines „für den Schuldner und seine Familie unentbehrlichen" Gegenstandes, so gut wie irgend einer der in Art. 714 C.P.O. aufgeführten Mobiliarstücke und kann daher wohl, insoweit und insolange er diese Eigenschaft hat, den gleichen Schutz beanspruchen. Eine Vorschrift, die besagte, daß außer dem Wohngrundstück, dessen vorher Erwähnung gethan ward, auch Ackergrundstücken durch Landesgesetz und nach Anhörung der Localvertretungen (Provinziallandtage u. s. w.) die Qualität als Heimstätte beigelegt werden kann, falls nach den im betr. Landestheil vorhandenen Verhältnissen die Führung eines geordneten Haushalts von dem Vorhandensein eines gewissen Grundeigenthums bedingt ist, erscheint uns daher als principiell nicht ungerechtfertigt.[26]) Bedingung müßte dabei natürlich sein, daß das Heimstättengrundstück von dem Heimstättenberechtigten selbst bebaut würde und daß der Werth bezw. der Ertrag bei sorgfältiger Bewirthschaftung nicht größer sein dürfte, als dem durchschnitt-

---

[25]) Beispiele für das eine oder das andere aus den verschiedensten Landestheilen findet man leicht, wenn man die Veröffentlichungen des Vereins für Socialpolitik über die Verhältnisse der Landarbeiter aufs Gerathewohl aufschlägt oder die Urtheile in Streitsachen der landwirthschaftlichen Berufsgenossenschaften oder des Bundesamts für das Heimathwesen durchblättert.

[26]) Vielfach wird freilich auch unter derartigen Verhältnissen die Einführung des Heimstättenrechts, das doch die wirthschaftliche Ausnutzung des Grund und Bodens oft hindern mag, ein weniger geeignetes Mittel der Sanirung sein als die Vermehrung der Arbeitsgelegenheit durch Besserung der Verkehrs- und Absatzverhältnisse, Einführung von Industrie u. s. w.

lichen Arbeitserwerb eines Bauern oder eines hauptsächlich als Tagelöhner u. s. w. beschäftigten Kleinstellenbesitzers entspricht. Ueber materielle Details (Größe des Werths, Vorschriften für den Fall der Betriebsänderung oder des Berufswechsels, Verpachtung während der Minderjährigkeit der hinterbliebenen Kinder, Ausnahmen zu Gunsten welcher Forderungen) und formelle Details (Soll das Reichsgesetz die landwirthschaftlichen Heimstätten direct einführen oder nur den Landesgesetzen die Einführung gestatten?) braucht hier nicht gesprochen zu werden, schon um deshalb nicht, weil diese Fragen weit eher vor eine Versammlung von Landwirthschaftskundigen als vor den Juristentag gehören.

VII.

Nach Allem sind wir der Ansicht, daß die eingangs gestellte Frage dahin zu beantworten sei:

> Bei der Revision des achten Buches der Civilproceßordnung, welche gemäß der Resolution des XXII. Juristentages insbesondere auch „den besseren Schutz derjenigen Vermögenstheile anzustreben hat, die zur Führung einer geordneten Wirthschaft und zur ausgiebigen Verwerthung der persönlichen Arbeitskraft des Haushaltungsvorstandes erforderlich sind", ist außer der unbedingt nothwendigen Erweiterung des Kreises der unpfändbaren Mobilien auch die Eximirung von Grundeigenthum zweckmäßig, wenn und insoweit als nach den besonderen Verhältnissen einzelner Gegenden anzunehmen ist, daß die durch die Zwangsvollstreckung bewirkte Entziehung des Eigenthums den Schuldner dauernd unfähig zur Beschaffung des ausreichenden Unterhalts oder zur Gewinnung eines gesicherten Obdaches für seine Familie machen würde.
>
> Als Vorbild für den Inhalt der hiernach erforderlichen Vorschriften empfehlen sich im Allgemeinen die Aussonderungsgesetze (exemption laws) der Staaten der Nordamericanischen Union,[27]) insbesondere, insoweit Immobilien in Betracht kommen, die Bestimmungen über die Heimstätten-Aussonderung (homestead exemption).

---

[27]) Ein ausführlicher, dem im Text Gesagten vollentsprechender Entwurf der Abänderung des § 715 C.P.O., an dessen Abfassung wesentlich auch der jetzige Finanzminister Miquel betheiligt war, findet sich in den Schriften des Vereins

Indem ich dies Gutachten hiermit beschließe, weiß ich wohl, daß ich meine Absicht, überall streng auf dem rein juristischen Gebiet zu bleiben, nicht erfüllen konnte. In der Hauptsache hoffe ich jedoch innerhalb unserer Grenzen geblieben zu sein; und jedenfalls bedauere ich lebhaft, daß der mir vergönnte Raum und die mir zu Gebote stehende Zeit nicht ausreicht, um in eine ausführliche Erörterung der Schäden einzutreten, welche die übermäßige Ausdehnung der Zwangsvollstreckung in unserem Recht durch die einseitige Identificirung der Interessen des Gläubigers mit denen des Staates und der Allgemeinheit täglich unserer Volkswirthschaft und insbesondere dem Gedeihen unserer unteren Classen zufügt. Ist doch der materielle Verlust, den die Schuldner durch die Verschleuderung der Pfandstücke weit unter dem Kostenpreis und noch viel weiter unter dem Nutzungswerth erleiden, — so enorm er auch bei der enormen Zahl der Zwangsvollstreckungen ist, noch gering im Vergleich zu der Minderung des Sparsinns, der Arbeitslust, des Sinns für Häuslichkeit und Familienleben, die jede bis zu den Grenzen des § 715 C.P.O. durchgeführte Execution mit Nothwendigkeit verursacht, und die, unbeschadet der Schnelligkeit, Schneidigkeit und Schärfe der Zwangsvollstreckung vermieden werden könnte und vermieden werden müßte! Der Schutz der kleinen Vermögen, die Sicherung nicht eines Existenzminimums, sondern einer anständigen würdigen Lebenshaltung, der Nachweis, daß das Eigenthum nicht nothwendig Fremdthum[28]) werden, d. h. dem Zugriff des ökonomisch Stärkeren überlassen sein muß, — das sind die großen Probleme, die mit dem Versuch der Reform unserer Zwangsvollstreckung nicht gelöst, sondern in Angriff genommen worden sind. Möge die auf so hohe Ziele gerichtete Arbeit des Juristentags von Erfolg sein, indem sie zeigt, daß die Durchführung der Rechtsordnung im Staate nicht mit der Wohlfahrt der unteren Classen erkauft werden muß.

---

für Armenpflege Heft XI S. 68 ff. (Bericht der zum Studium der Frage: „Die Wohnungsnoth vom Standpunkt der Armenpflege" eingesetzten Untercommission. Abdrücke dieses Entwurfs lagen auch dem XXII. Juristentag bei Berathung seiner Resolution vor.

[28]) „Das Eigenthum ist Fremdthum geworden, das ist der Satz, in welchen sich unser kritischer Nachweis (über die Zerstörung der Frucht individueller Arbeit durch die gesellschaftlichen Zusammenhänge) comprimiren ließe", sagt Lassalle, Bastiat-Schultze S. 171. Der Satz verliert viel von seiner relativen Wahrheit, sowie sich unsere Rechtsordnung entschließt, nicht alle Consequenzen der geltenden Wirthschaftsordnung ohne weiteres als freie Handlungen der davon Betroffenen aufzufassen, für welche die letzteren aber so streng verantwortlich zu machen sind, wie für die Folgen der von ihnen begangenen Delicte u. s. w.

Anlage 1.

Maine. Revised Statutes of 1883[20]). Chapter 81. — Exemption from execution, etc. — Homesteads.

Section 63. — A lot of land and dwelling-house and out-buildings thereon, the property of a householder in actual possession thereof and not the owner of an exempted lot purchased from the State, is exempt from attachment and levy on execution as provided in the following sections.

Section 64. — Such person may file in the registry of deeds in the county or district where the land lies, a certificate signed by him, declaring his wish for such exemption and describing the land and buildings; and the register, for fifty cents, shall record it in a suitable book; and so much of such property as does not exceed five hundred dollars in value, is exempt from attachment or levy on execution issued on a judgment recovered for any debt, contracted jointly or severally by such person after the date of the recording thereof; and the record in the register's office is prima facie evidence that the certificate purposing to be there recorded, was made, signed, and filed as there appears.

Section 66. — After his death, the exempted premises shall not be sold for payment of his debts during the widowhood of his widow; or the minority of any of his children; but may be occupied by his widow during her widowhood and by his children during minority, free from claim by any creditor of his estate. But this and the three preceding sections do not exempt such property from the lien of mechanics or material men.

Uebersetzung.

Maine: Revidirte Statuten von 1883. Capitel 81: Aussonderung aus der Zwangsvollstreckung u. s. w.; — Heimstätten.

Abschnitt 63. Eine Baustelle nebst dem darauf errichteten Wohnhause und Nebengebäuden, wenn solche Eigenthum des Haushaltsvorstandes sind und sich in dessen wirklichem Besitze befinden, voraus-

[29]) Labor laws p. 190 ff.; — vergl. mit dieser Wiedergabe der Vorschriften über die homestead exemption, die ebenfalls wörtliche Uebersetzung der Vorschriften über die Exemptionen an beweglichen Sachen in dem Note 7 und Note 27 citirten Gutachten.

gesetzt, daß derselbe nicht Eigenthümer einer vom Staate gekauften und befreiten Baustelle ist, sind von gerichtlicher Beschlagnahme und Zwangsverkauf befreit nach Maßgabe der in folgenden Abschnitten enthaltenen Bestimmungen:

Abschnitt 64. Ein solcher Besitzer kann in der Registratur für Grundbriefe der Grafschaft oder des Districts, in welchem das Grundstück gelegen ist, eine von ihm unterzeichnete schriftliche Erklärung einreichen, welche sein Gesuch um Befreiung und die Bezeichnung der Baustelle und der Gebäulichkeiten enthalten soll.

Der Beamte soll diese Erklärung gegen Entrichtung einer Gebühr von 50 Cents in ein dazu (gehaltenes) geeignetes Buch eintragen. Und so viel von dem Werthe des Besitzthums, soweit er den Betrag von fünfhundert Dollar nicht übersteigt, soll dann befreit sein von gerichtlicher Beschlagnahme und Zwangsverkauf, der in Folge richterlichen Erkenntnisses verwirkt worden ist für irgend eine Schuld, die der Besitzer, sei es persönlich für sich allein oder in Verbindung mit Dritten eingegangen haben mag, jedoch erst, nachdem er sein Gesuch um Befreiung hat eintragen lassen. Der Eintrag in das Grundbuchregister soll als offenkundiger Beweis gelten, daß die Erklärung auch wirklich abgegeben, unterzeichnet und gleichlautend eingetragen worden ist.

Abschnitt 66. Nach dem Ableben des Besitzers darf während des Wittwenstandes der überlebenden Ehefrau oder solange minderjährige Kinder vorhanden sind, das Anwesen für von ihm gemachte Schulden nicht verkauft werden.

Dasselbe soll im Besitze und Nutznießung der überlebenden Ehefrau, so lange dieselbe sich nicht wieder verheirathet oder solange minderjährige Kinder vorhanden sind, verbleiben und gegen jede Schuldforderung, die irgend ein Gläubiger gegen den Nachlaß des Verstorbenen haben sollte, gesetzlich geschützt sein. Jedoch befreien weder dieser noch die drei vorangehenden Abschnitte das Anwesen von Forderungen, welche von Handwerkern oder Baulieferanten kraft ihres Vorrechts gegen dasselbe gemacht werden.

Druck von Leonhard Simion in Berlin SW.

FSC
www.fsc.org
MIX
Papier | Fördert gute Waldnutzung
FSC® C083411

Kolibri 360 GmbH
Ferdinand-Jühlke-Straße 7
99095 Erfurt, Deutschland
produktsicherheit@kolibri360.de